中国改革开放史料丛书

就业体制改革

莫　荣　主编

中国工人出版社

“中国改革开放史料丛书”
编委会

总序

铭记改革开放历史
奋进新时代新征程

历史是一面镜子，也是一部教科书。重视历史，研究历史，借鉴历史，是中华几千年文明的一个优良传统。当代中国是历史中国的延续和发展，书写着中国人民和中华民族不懈奋斗的宏伟篇章。历史的无穷魅力在于包含了大量丰富的史料。史料是保存历史、记述历史、再现历史的基本素材和重要依据。重视历史的学习、研究和传承，必须重视史料的收集、整理、汇辑。

改革开放是中国人民和中华民族发展史上一次伟大革命，正是这场伟大革命推动了中国特色社会主义事业的伟大飞跃。1978 年底，中国共产党召开具有重大历史意义的十一届三中全会，开启了改革开放历史新时期。从那时以来，中国共产党带领全国人民以一往无前的进取精神和波澜壮阔的创新实践，谱写了壮丽史诗。改革开放 40 多年来，从农村到城市，从生产到投资、流通、分配、消费，从所有制结构到企业形式，从经济领域到生产关系和上层建筑的某些环节，都进行了系统和全面改革，成功实现了从高度集中的计划经济体制到充满活力的社会主义市场经济体制的伟大历史性转变；对外开放从建立经济特区到沿海、沿江、沿边，从东部到中西部地区，再到加入世界贸易组织，从大规模“引进来”到大踏步“走出去”，成功实现了从封闭半封闭到全方位开放的伟大历史性转变。我们在深化经济体制改革的同时，不断深化政治体制、文化体制、社会体制、生态文明体制改革和其他领域改革，不断推进国家治理体系和治理能力现代化。在改革开放推动下，我国经济和社会发展取得了举世瞩目的辉煌成就，实现了人民生活由温饱不足到小康宽裕的伟大历史性转变。事实雄辩地证明，改革开放是决定当代中国前途命运的关键一招，是当代中国发展进步的动力之源，是大踏步赶上时代前进步伐的重要法宝，为实现中华民族伟大复兴提供了充满新活力的体制保障和快速发展的物质条件，中华民族迎来了从站起来、富起来到强起来的伟大飞跃。

现在，我国在广袤大地上全面建成小康社会，正阔步迈向全面建设社会主义现代化国家的新征程。在庆祝中国共产党成立 100 周年大会上，习近平总书记强调，“以史为鉴，可以知兴替。我们要用历史映照现实、远观未来，从中国共产党的百年奋斗中看清楚过去我们为什么能够成功、弄明白未来我们怎样才能继续成功，从而在新的征程上更加坚定、更加自觉地牢记初心使命、开创美好未来”。改革开放以来的岁月将彪炳于中华民族发展的壮丽史册。40 多年来，中国共产党从理论到实践的伟大创造，探索和积累的宝贵经验是党和人民弥足珍贵的精神财富，对于新时代坚持和发展中国特色社会主义有着极为重要的指导意义，应当倍加珍惜。

总序

2022年，党的二十大召开。“中国改革开放史料丛书”的出版，为了铭记改革开放以来的光辉历史过程，收集、保存、传承40多年的宝贵历史资料，也为了以实际行动落实党中央关于加强改革开放史教育的部署要求，展示改革开放历史的史料价值。

这套丛书共有20卷。分别是：《中国特色社会主义市场经济体制形成与发展》《计划投资体制改革》《农业农村改革》《对外开放》《行政体制改革》《财政税收体制改革》《价格体制改革》《经济特区发展》《城市改革与发展》《国有企业改革》《金融体制改革》《教育体制改革》《收入分配改革》《科技体制改革》《外贸体制改革》《商品与要素市场改革》《就业体制改革》《社会保障体制改革》《民营经济发展》《改革开放大事记》，力求从不同领域、不同角度，全面、系统、客观记录我国改革开放40多年的历史进程，重点收录具有重要价值的史料，特别是历史文献、重要人物和事件、实物和口述史料，以期在服务全面深化改革开放事业、加强改革开放史研究和教育中提供参考、发挥作用。

这套丛书的各卷主编和参与者大多是相关领域知名的专家学者，也是我国改革开放的亲历者、见证者。丛书集结了他们长期亲历和研究我国改革开放的重要成果，凝聚了他们对改革开放伟大事业的深厚情怀和责任担当。中国工人出版社对这套丛书的出版给予了大力支持，集全社之力，不舍昼夜，为本书如期付梓出版不辞辛劳；中国（海南）改革发展研究院作为30多年如一日勇立改革开放潮头、以建言改革为己任的改革智库，为此书的策划、组织和出版作出了重要贡献，彰显出改革智库记录好、传播好改革开放历史的初心使命。我作为这套丛书的编委会主任，在此向为本套丛书付出艰辛努力的各位编委会成员、作者，对中国工人出版社的领导、编辑表示由衷的敬意和感谢！

这套丛书内容时间跨度大，涉及领域多，涵盖方面广，力图史料全面、翔实、准确，任务艰巨。由于时间较紧，难免有不足之处，恳请读者批评指正。

魏礼群

2024 年 3 月

前言

20 世纪 80 年代以来，世界经济一体化进程波澜起伏，我国改革开放持续推进，经济社会发生翻天覆地的历史巨变。伴随全球化扩展和市场改革进程，我国经济社会发展和就业在体制转轨、结构调整持续深化中，遭遇国际经济危机、金融危机以及重大自然灾害等多种因素的影响；面临着周期性、结构性、摩擦性矛盾相互交织，转轨就业、青年就业和农村转移就业同时出现等各种复杂局面，决定了在拥有 10 多亿人口的中国，就业形势之严峻、问题之复杂、任务之艰巨，是世界任何国家都未有过的。但我们走过来了，而且走得风生水起，获得世界的赞誉。中国就业表现曾在 2017 年、2018 年连续两年被全球著名商业教育机构瑞士洛桑国际管理学院评为全球第一。

作为亲历者、研究者和参与者，我非常幸运

地赶上了这一历程，种种波澜起伏、酸甜苦辣，细细回顾、其味无穷。我 1988 年 7 月研究生毕业，被分配到劳动部劳动科学研究所从事就业理论和政策研究，一干就是 30 多年。刚工作时，正赶上我国劳动力市场发生巨大变革的前夜，劳动部一些劳动就业领域的领导和专家敏锐发现这一问题，成立了劳动就业研究小组，我有幸从一开始就参加了该小组的科研工作，参与了大量就业理论政策研究，如充分就业理论、就业优先战略、农村劳动力就业、就业发展规划等，得到众多领导和专家在理论和实践上的悉心指导。这些科研成果在客观上推动了市场导向就业机制的改革实践，为我国就业提供了方向指引。对我个人而言，最大的收获则是实现了从学术研究到政策理论研究的巨大转变。我在就业政策理论研究方面的价值立场、战略思维、系统观念、逻辑框架、科学方法、观点表述，就是从参加这些研究中学到的。

实现从学术研究转向政策理论研究，从学术创新和逻辑完善转向服务党和国家改革发展的大局，需要站位不断提高，视野不断扩展。

进入新时代，党中央又有新的更高的要求。2020 年 8 月，习近平总书记在中南海主持召开经济社会领域专家座谈会，我有幸受邀参会，聆听习近平总书记关于发展中国特色社会主义政治经济学、社会学的讲话。习近平总书记强调，理论源于实践，又用来指导实践。新时代改革开放和社会主义现代化建设的丰富实践是理论和政策研究的“富矿”，我国经济社会领域理论工作者大有可为。习近平总书记希望经济社会领域理论工作者：一是从国情出发，从中国实践中来、到中国实践中去，把论文写在祖国大地上，使理论和政策创新符合中国实际、具有中国特色，不断发展中国特色社会主义政治经济学、社会学。二是深入调研，察实情、出实招，充分反映实际情况，使理论和政策创新有根有据、合情合理。三是把握规律，坚持马克思主义立场、观点、方法，透过现象看本质，从短期波动中探究长期趋势，使理论和政策创新充分体现先进性和科学性。四是树立国际视野，从中国和世界的联系互动中探讨人类面临的共同课题，为构建人类命运共同体贡献中国智慧、中国方案。习近平总书记的重要讲话吹响了经济社会领域理论工作者探索建立新时代中国特色社会主义政治经济学的号角，令人备受鼓舞。作为就业领域科研人员，需要在建立具有中国特色的就业理论、中国特色的劳动经济学方面做出新的探索和贡献。

党的十八大以来，以习近平同志为核心的党中央坚持以人民为中心的发展思想，把就业放在经济和社会发展的优先位置，作为最大的民生工程、民心工程、根基工程，就业优先实现了从战略到政策落地的重大转变。作为一名就业领域科研人员，我深刻感受到这10年来的巨大变化和成效：

稳就业成效明显。就业规模稳步扩大，城镇新增就业年均1200万人以上。就业质量进一步提升，劳动者收入与GDP同步增长。创业就业环境显著改善，创业带动就业能力持续增强，市场主体超过1.5亿户。劳动者素质不断提高，人力资源结构不断优化，劳动者就业创业能力明显提高。

经济发展创造和稳定就业岗位取得显著成效。实施就业优先从战略要求实化到具体政策举措，坚决按照“六稳”、“六保”要求扎实做好稳就业保就业工作。积极培育了一大批新的就业增长点。有效缓解了部分特别困难地区和困难行业就业压力。

开展了大量创新举措和有益探索。将就业优先政策纳入宏观政策层面，加强组织领导，健全有利于更充分更高质量就业的促进机制。实施就业扶贫，为打赢脱贫攻坚战提供了强大助力。扶持新业态新模式发展，就业新渠道源源不断。运用信息化技术，开展在线就业服务技术手段创新。拓展政策空间，扩大失业保险保障范围完善制度和功能，有效防范失业风险。

在抗疫复工复产中突出就业优先导向。出台一系列力度大针对性强的组合政策和专项措施，援企、减负、稳岗、扩就业并举，确保就业局势总体稳定。发展新的服务平台，助力推动复工复产稳就业。统筹疫情防控和复工复产工作，引导劳动者安全有序流动就业。通过实施“互联网+职业技能培训计划”、以工代训等多种方式，广泛开展职业技能培训。

在就业优先政策实施过程中，我国也形成了一些基本经验。一是坚持以人民为中心的发展思想，贯彻就业是最大民生的执政理念。二是坚持人力资源是第一资源的理念，发挥人力资本和人才资源的重要作用。三是坚持发挥市场机制的决定性作用，与不断强化政府责任和政策引导相结合。四是坚持扩大就业与发展经济的良性互动，使经济发展与就业的增长点有效结合。五是坚持在城乡一体化进程中推进全方位就业服务，支持重点群体就业和兜底困难群体就业。六是坚持与时俱进，不断优化完善就业优先政策，强化政策执行力。

长期在政府科研机构从事就业理论和政策研究的经历，让我深感确有责任总结这一艰辛奋进、成就斐然的中国特色就业之路。2021年，中国（海南）改革发展研究院和中国工人出版社约请我负责撰写本书。同期，我也正在从事就业优先政策和实践方面问题研究，我本人入选了中宣部、教育部、科技部联合评选的文化名家暨“四个一批”人才项目。由于本书编写内容与我当前从事研究的方向和内容完全相符，所以就欣然答应下来。

在全书写作过程中，中国就业促进会会长张小建对写作大纲给予了耐心细致的指导，提出了重要意见，并对书稿进行了审改。小建会长曾经担任劳动和社会保障部、人力资源和社会保障部副部长，长期负责就业政策研究制定和就业工作推进实施，是中国就业政策理论界的领军人物，也是就业改革的重要参与者和决策执行者，亲身经历了中国40多年就业改革的风风雨雨，近些年带领中国就业促进会充分发挥建言献策职责，多次向党中央、国务院及人力资源和社会保障部递交有关就业的研究报告和政策建议。这次汇集史料和编写本书第二、第三部分内容，中国就业促进会秘书处的同志全体参与，贡献了力量。在本书编写过程中，中国劳动和社会保障科学研究院是重要的参与者。中国劳动和社会保障科学研究院也是中国就业改革理论政策研究机构，参与了大量重要改革理论政策的研究制定，如劳动力市场理论、新时期就业方针、社会保障稳就业政策等。这次编写本书，中国劳动和社会保障科学研究院的一些研究人员也参与了总论和历程篇的写作，贡献了智慧。

本书的呈现，特别要感谢老领导宋晓梧研究员的大力推荐，他曾经在20世纪90年代中期主持过中国劳动和社会保障科学研究院的工作，后担任国家发展和改革委员会秘书长、宏观经济研究院院长，国务院振兴东北地区等老工业基地领导小组办公室副主任等职务，对改革特别是就业和社会保障制度改革情有独钟。感谢中国（海南）改革发展研究院和中国工人出版社约请我负责本书的编写。

在这里，还要对参与编写本书的中国劳动保障科学研究院的陈云、鲍春雷、陈玉杰、曹佳、李付俊和楚珊珊等同志，中国就业促进会的李燕萍、颛孙静、刘明媛、王琦、陈寅、苏颖、宋晶梅等同志一并致谢！

由于编者视野和角度限制，加上时间紧迫，力量有限，肯定存有很多遗漏、不足乃至谬误之处，敬请广大读者批评指正。

莫荣

2024 年 3 月 1 日

目录

第一部分
历程篇

第二部分

史料篇

CHINA'S REFORM AND OPENING UP

第一部分

历程篇

总 论

中国就业体制改革发展的成就与启示

▼

改革开放40多年来，我国就业体制变革和劳动力转移的基本逻辑是伴随着改革和发展逐步深化的。就业体制由计划管理向市场化转变，工业化、城镇化过程中劳动力从第一产业向第二、第三产业转移，成为中国经济增长奇迹的重要支撑。改革开放后，我国城镇就业体制变革和劳动力转移形成了具有中国特色的典型特征，积累了可供借鉴的历史经验。

1978年，改革开放拉开历史的大幕，自此，我国经济社会发展经历了翻天覆地的变化。这场历史巨变涉及政治、经济、文化、社会、科技等各个维度和各个层面的变革，它是社会各种结构和关系的整体性、根本性变化。在这一变革的过程中，要求人们不断地解放思想、更新概念，开展与时俱进的认识和实践活动，为改革社会管理的基本制度和运行机制提供新思路，采取新措施，形成新动力和新形态，同时，也要注意化解新的矛盾和风险，以推动和维持经济社会全面、协调和可持续的发展。在此背景下，我国就业领域经历了一系列深刻变革，在不断改革创新中适应经济社会发展趋势。从改革初期面对城镇青年就业压力，农村劳动力大规模转移就业，到国企改革下岗职工分流，同时面临转轨就业、青年就业和农村转移就业“三碰头”的局面，再到历经重大自然灾害和国际金融危机冲击，经济新常态下结构调整和转型升级影响，应对中美经贸摩擦冲突，新冠疫情影响，等等。在推进改革和化解风险过程中，我国总体上保持了就业局势的稳定，既实现了就业增长，保障了基本民生，也为促进经济发展、维护社会稳定，提供了有力支撑。认真研究总结改革开放以来我国就业制度改革的经验，对深入中国特色就业理论和政策的认识，更加科学地把握中国特色社会主义建设过程中就业发展的内在规律，更好应对当前和今后一段时期的就业挑战，具有重要的现实意义，对进一步讲好中国就业故事，深化中国特色就业理论认知，提升发展中国特色就业工作的制度自信和道路自信具有重要意义。

回顾改革开放以来我国就业制度发展历程，在不同的阶段，面临不同的形势和任务，改革的内容、重点各有差异，理论、政策和实践也不断创新和发展，一方面呈现了总体推进不动摇、循序渐进不折腾，另一方面也体现了不同阶段鲜明的历史特征。总的来看，我国就业制度发展历程可以大致分三个时期进行梳理。

一、改革开放初期的就业改革和发展

改革开放初期，我国再次面临巨大的就业压力。20 世纪 60 年代初期，生育高峰积累的新成长劳动力，农村土地制度改革后需要转移的大量富余劳动力，集中回城要求就业的城镇上山下乡青年，改革发展对旧经济部门进行改造需要转移就业的企业人员，国家机关改革释放的部分工作人员，等等，都增加了就业的总量压力，就业形势面临十分复杂的局面。邓小平曾指出，“现在中国有近十亿人口，娃娃们长大了要就业，一年就有七八百万，世界上都在谈就业问题，我们这里就更复杂”[①]。面对严峻的就业局势，党和国家领导人坚持实事求是，解放思想，破除社会主义不存在失业的认识禁锢，开始重新思考我国的就业和失业问题，对社会主义初级阶段解决就业问题进行了重新认识和政策革新。

（一）坚持以改革开放和发展经济，解决复杂严峻的就业问题

改革开放前期，围绕社会主义计划经济向有计划的商品经济转变，我国在思想认识和理论上逐步打破了社会主义计划经济体制下的一些思想认识限制，对劳动力商品、劳动价值论、失业和隐性失业等问题进行了讨论。在综合考虑各方面因素基础上，明确就业问题是一个综合的政治、经济和社会的问题，不能只依靠把城镇青年下放农村、限制农村劳动力进城、政府安置的单一路子和办法，需要系统谋划，坚持在改革开放和发展经济中解决就业问题。从而在扩大就业需求，改革体制机制，控制劳动供给等方面作出了重大改革。

第一，认识到实行城乡分割的劳动力管理体制和将城镇青年送到农村不能有效解决就业问题。1978 年 3 月 28 日，邓小平在和胡乔木、邓力群谈话时指出，“要研究一下，使我们的城市能容纳更多

① 中共中央文献研究室编：《邓小平年谱（一九七五— 一九九七）》（上），北京：中央文献出版社，1998 年版，第 190–191 页。

的劳动力。现在搞上山下乡，这不是长期的办法”[①]。在这一思想指导下，党中央从接收知识青年返城开始，逐步打开了城市劳动力市场的大门，也为后来农村改革后农村劳动力转移就业提供了基础。

第二，在经济制度上要开辟新的经济领域，做到容纳更多的劳动力。通过对社会主义基本经济制度的再认识，大力推动经济体制改革，通过发展多种所有制经济，促进经济的全面发展。在农村，一方面，通过农村土地制度改革，实行土地承包制，实施多种经营，激发农民生产积极性，促进农业快速发展。大力发展农村工副业和养殖业以及乡镇企业等，鼓励农民进入小城镇投资、务工。1984 年 1 月，中共中央下发的《关于 1984 年农村工作的通知》还肯定了农民离开耕地，转入小工业和小集镇的服务业，并提出允许务工、经商、办服务业的农民自理口粮到集镇落户。另一方面，在城镇，发展个体工商经济和私营经济，鼓励多种经营，推动低效的国有和集体企业改制改组，重新建立有效的生产体系，提高企业生产经营效率，建立可持续发展的经济体系，保障劳动者的稳定就业，解决大量人员待业（实际上是隐性失业）问题。

（二）出台“三结合”方针，推动就业制度改革开放

在宏观经济体制变革的前提下，反思计划体制下的劳动就业的政策思路，着手改革就业制度，探索劳动力市场建设。1980 年 8 月，全国劳动就业工作会议明确指出，计划体制下的“统包统配”是造成就业问题的重要原因。提出在解决劳动就业问题上，要打破劳动力

① 中共中央文献研究室编：《邓小平年谱（一九七五— 一九九七）》（上），北京：中央文献出版社，第 298 页。

全部由国家包下来的老框框，实行在国家统筹规划和指导下，劳动部门介绍就业、自愿组织起来就业和自谋职业相结合的“三结合”就业方针，陆续出台了一系列文件，并提出了具体的“6条门路”。

如果说党中央在改革初期提出的“三结合”就业方针与促进科技人员流动，在某种程度上是为缓解当时的城镇就业压力而采取的应急性对策，那么之后进行的招工制度和劳动合同制度，则是在源头机制上进一步突破了统包统配的劳动就业制度。1986年7月，国务院印发《国营企业实行劳动合同制暂行规定》《国营企业招用工人暂行规定》《国营企业辞退违纪职工暂行规定》《国营企业职工待业保险暂行规定》。1987年9月，劳动人事部召开全国搞活固定工制度试点工作会议，提出劳动制度改革的目标模式，是将当前以固定工为主体的用工制度逐步改变为多种用工形式并存的劳动合同制，实现企业和职工的相互选择，把职工队伍的相对稳定和合理流动统一起来，建立有中国特色的社会主义劳动制度体系。

与此同时，国家也开始对科技人员和技术工人等实现计划调配的人员实施了促进其流动的政策。针对一些部门和单位科技人员严重不足，而另一些部门和单位却存在科技人员积压或用非所学、用非所长的现象，1983年7月，国务院印发《关于科技人员合理流动的若干规定》。1987年5月，劳动人事部发布《全民所有制单位技术工人合理流动暂行规定》，对技术工人的合理流动做出了政策规定。1989年3月，国务院批转国家教委《关于改革高等学校毕业生分配制度的报告》，拉开了改革大学生毕业分配制度的帷幕。这一系列政策措施的实施，产生了非常明显的效果。1980年8月，全国劳动就业工作会议研究确定解决就业问题的思路和方略，成为其后一段时期内劳动就业工作的重要指导，构成了劳动就业的基本政策框架，突破了劳动力资源完全计划配置的机制体制，为以后的市场就业机制的形成奠定了基础。

城镇劳动就业制度的松动，打破了长期计划管理体制形成的传统就业观念和思想禁锢。为 1984 年以后的几次“下海”大潮提供了政策动力，由此形成了个体户以及之后的私营企业主等一些新的社会成员和身份，同时推动了社会分工的细化和复杂化、职业的丰富化以及居民经济收入结构的多样化。在社会组织和社会关系方面，开始推动去组织化、去单位化的进程，为单位体制的解体和之后的国有企业改革奠定了社会基础，同时对社会成员与社会组织和国家之间的关系产生深刻影响，也为后来新时期就业方针的提出创造了条件。这一时期的改革，使企业逐步获得了用人自主权，用工制度也从僵化走向灵活，同时，随着搞活固定用工制度，企业开始出现富余人员问题，隐性失业问题逐步凸显。由于市场导向的就业机制尚未完全形成，计划调控职能仍然发挥作用，计划体制遗留下来的局限性依然很明显，市场配置人力资源的作用未能得到充分的发挥。

（三）发展创新劳动服务公司制度，为构建公共就业服务与人力资源市场服务体系提供组织基础

劳动服务公司是为贯彻执行“三结合”就业方针而创办的，是经济体制转轨特殊时期的特殊产物，是中国就业制度改革史上一面鲜明的旗帜。1979 年 4 月，中共中央召开工作会议，李先念再次提出，“要拨出一点资金，在大、中城市办好劳动服务公司”[①]。根

① 李先念：《在中央工作会议上的讲话》，《李先念文选》，北京：人民出版社，1989 年版，第 365 页。

据党中央、国务院的要求，各地开始正式组建劳动服务公司。1979年1月，上海市徐汇区劳动局建立了全市第一家区级劳动服务公司，为返沪知青开拓岗位，安置工作，这一服务模式迅速在上海市全面推进。1980年8月，中共中央转发全国劳动就业会议议定的文件《关于进一步做好城镇劳动就业工作》，提出劳动服务公司要逐步发展成为社会上调节劳动力的一种组织形式，起吞吐劳动力的作用。1982年9月，劳动人事部发布《关于劳动服务公司若干问题的意见》，对劳动服务公司的职能、性质、目的、发展方向提出了具体意见。此后，劳动服务公司不断涌现，截至1985年，全国劳动服务公司发展到21.8万所，提供就业岗位615万个，经营收入达369亿元，利润25亿元，吸纳就业能力大大增强。

1986年，国务院印发《国营企业实行劳动合同制暂行规定》《国营企业招用工人暂行规定》《国营企业辞退违纪职工暂行规定》《国营企业职工待业保险暂行规定》，要求劳动服务公司担负起待业职工和待业保险基金管理的新职责。1989年，为贯彻中央关于清理整顿公司的要求，促进劳动服务公司更好地发挥其社会和经济作用，劳动部发布《关于劳动服务公司清理整顿工作有关问题的通知》《关于劳动服务公司清理整顿工作的实施意见》，提出将县以上各级地方劳动部门原设置的劳动服务公司作为承担政府行政职能的就业服务管理机构，改为就业服务局，不再称劳动服务公司。就业服务局是管理劳动服务公司的事业机构，不再从事生产经营，主要负责组织集体经济扩大就业，同时承担职业介绍、就业训练、职工待业保险职能。企事业单位劳动服务公司改称为劳动就业服务企业，继续承担安置待业人员就业和组织进行生产经营、劳动服务等活动。由此开始建立了中国公共就业服务体系的框架，初步形成以职业介绍、就业训练、失业保险、生产自救为“四大支柱”的公共就业服务体系的雏形。

二、社会主义市场经济体制建立和完善时期的就业改革发展

经过改革启动后一段时间的发展以及20世纪90年代初期的治理整顿，我国经济社会发展进入了一个新的阶段。人们的基本生活物质条件逐步走出以往短缺经济时代。在这一时期，经济体制改革在实践中逐步探索，从计划经济为主、市场调节为辅，经过有计划的商品经济，党的十四大终于确立了社会主义市场经济体制的改革目标。

从20世纪90年代到21世纪前10多年的时间，我国经济社会发生了深刻变化，经济保持了较快的增长，但也经历过一些困难时期。就业方面，出现所谓“三碰头”的情况，也就是大量农村富余劳动力、下岗失业人员和新成长劳动力在同一时期达到就业需求的高峰期。这一时期，解决好就业问题一直是我国经济社会发展的重大任务。在建立社会主义市场经济体制的目标指引下，继续以经济建设为中心，以推进国有企业改革为重点，紧紧围绕社会主义市场经济体制的建立这一主线展开国家经济社会活动。在就业方面，以建立适应社会主义市场经济相适应的劳动就业制度为主要目标，在理论、政策和实践方面都取得了较大进展。

（一）确立社会主义市场经济的劳动就业机制，制定新时期就业方针

社会主义市场经济体制的建立，在劳动就业方面主要体现在劳动力市场化配置机制的建立。在总结国内外经验和地方实践的基础上，我国政府确立了“劳动者自主择业，市场调节就业，政府促进就业”的新时期就业方针，坚持通过发展经济、调整经济结构、深化改革、协调发展城乡经济以及完善社会保障体系促进就业，并采取各种有效措施，千方百计增加就业，扩大就业规模，努力把失业率控制在社会可承受的限度内。

20 世纪 80 年代末期至 20 世纪 90 年代初期，我国的劳动就业政策，以促进和规范劳动力的流动，建立劳动力流动机制和市场为主要内容，是以增强市场配置劳动力要素、提高用人单位用人自主权为主要导向的。一系列以加快劳动力流动为核心的政策措施密集推出。1990 年 2 月，劳动部发布《关于继续做好优化劳动组合试点工作的意见》，在全国范围内积极进行以“优化劳动组合”为内容的用工制度改革。之后，又密集出台一系列改革措施，提出深化企业劳动人事、工资分配和社会保险制度改革，在企业内部真正形成“干部能上能下、职工能进能出、工资能升能降”的机制。在“破三铁”的口号下，建立了劳动力流动机制，并全面推行劳动合同制度。1994 年 7 月，《中华人民共和国劳动法》进一步从法律上明确了劳动合同制度的地位和作用。这一时期的劳动就业政策，是在国家以往对科技人员和技术工人的流动做出政策规定之后，对普通企业职工流动又做出规定，是从建立现代企业制度、推动劳动力商品化的理论基础上进行的政策活动，其核心是通过劳动合同制的

实施，推进市场就业机制的建立。通过市场就业来促进就业发展，不断扩大城乡就业规模。

20 世纪 90 年代后期到 21 世纪初期，随着国有企业改革攻坚的深入，出现大量国有企业职工下岗失业。因此，我国实施了以促进国有企业下岗职工再就业为主要内容的就业政策，并最终促进了积极就业政策体系的建立。1995 年 4 月，国务院办公厅转发劳动部《关于实施再就业工程的报告》，标志着再就业工程的正式启动。在 1996 年 11 月召开的中央经济工作会议上，党中央提出必须把搞好国有企业放在更加突出的地位，大力推行再就业工程，对国有企业富余职工实行减员增效、下岗分流，解决国有企业人员过多的问题。1997 年 1 月，国务院召开全国国有企业职工再就业工作会议，强调要通过减员增效、下岗分流、规范破产、鼓励兼并来推动国有企业机制的转换，促进国民经济结构的调整，解决国有企业困难。1997 年 3 月，国务院下发《关于在若干城市试行国有企业兼并破产和职工再就业有关问题的补充通知》，明确将优化资本结构试点城市从 58 个扩大到 111 个。

1998 年，党中央提出要用三年左右的时间，通过改革、改组、改造和加强管理，使大多数国有大中型亏损企业摆脱困境，力争在 20 世纪末使大多数国有大中型骨干企业初步建立起现代企业制度。“三年脱困”目标的提出，意味着能否使下岗人员得到妥善安置，成为改革成败的关键。1998 年 6 月，中共中央、国务院下发《关于切实做好国有企业下岗职工基本生活保障和再就业工作的通知》，对再就业工程的工作重点有所调整。根据国有企业改革的总体部署并考虑到社会各方面的承受能力，党中央要求重点解决国有企业下岗职工基本生活保障和再就业问题，把保障他们的基本生活作为首要任务，并力争每年实现再就业的人数大于当年新增下岗的职工人数；争取用五年左右的时间，初步建立起适应社会主义市场经济体制要求的社会保障体系和就业机制。

在推动城镇企业职工进入市场流动的同时，党中央对20世纪80年代以来的大量农村劳动力流动所形成的“民工潮”及其所带来的问题也给予了更多的关注和重视，采取了一系列措施，努力规范农村劳动力的流动情况。1994年11月，劳动部发布《农村劳动力跨省流动就业管理暂行规定》，对用人单位跨省招用农村劳动力的条件、方式等做出了规定。1995年5月，劳动部发出《关于抓紧落实流动就业凭证管理制度的通知》，要求尽快在全国范围内建立和完善统一的流动就业凭证管理制度。但在实际操作中，这种规定增加了政府对劳动力市场的干预，也在一定程度上增加了农村劳动者的流动成本，限制了农村劳动者的就业机会。从2000年开始，中央政府的有关文件表现出对农村劳动力流动的积极支持和鼓励，明确提出改革城乡分割体制，取消对农民进城就业的不合理限制的指导性思路。2006年3月，国务院发布的《关于解决农民工问题的若干意见》提出了“着力完善政策和管理，推进体制改革和制度创新，逐步建立城乡统一的劳动力市场和公平竞争的就业制度，建立保障农民工合法权益的政策体系和执法监督机制，建立惠及农民工的城乡公共服务体制和制度，拓宽农村劳动力转移就业渠道，保护和调动农民工的积极性，促进城乡经济繁荣和社会全面进步，推动社会主义新农村建设和中国特色的工业化、城镇化、现代化健康发展”的指导思想，并提出五项基本原则：一是公平对待，一视同仁；二是强化服务，完善管理；三是统筹规划，合理引导；

四是因地制宜，分类指导；五是立足当前，着眼长远。[①] 在此基础上，国务院成立农民工工作办公室，作为专门统筹管理协调农民工问题的机构。

（二）提出就业是民生之本，逐步确立就业在国民经济社会发展中的优先位置，实施就业优先战略

改革开放以来，我国经济保持了高速增长，经济体制和经济结构都发生了深刻变化，在这个过程中，就业与经济的关系始终处于一种相对紧张状态。如何处理好经济改革发展与实现就业充分，保持就业稳定的关系一直是政府和研究者关注的重要问题。

党的十六大明确提出“千方百计扩大就业”，“各级党委和政府必须把改善创业环境和增加就业岗位作为重要职责”[②]。2006 年 10 月，党的十六届六中全会通过的《中共中央关于构建社会主义和谐社会若干重大问题的决定》把社会就业比较充分，覆盖城乡居民的社会保障体系基本建立，作为到 2020 年构建社会主义和谐社会的目标和主要任务之一。2009 年 12 月，中央经济工作会议指出，扩大就业是保障和改善民生的头等大事，要把促进就业放在经济社会发展优先位置，“就业优先”目标得以确立。2010 年 10 月，党的十七届五中全会通过的《中共中央关于制定国民经济和社会发展第十二个五年规划的建议》将就业优先作为我国社会经济发展的

---

① 《国务院关于解决农民工问题的若干意见》，《中华人民共和国国务院公报》，2006 年 04 期。

② 《全面建设小康社会开创中国社会主义事业新局面——在中国共产党第十六次全国代表大会上的报告》，北京：人民出版社，2002 年版。

战略，进一步明确就业优先战略。

（三）建立完善积极的就业政策体系，《中华人民共和国就业促进法》奠定就业制度的法制基础

为了应对国有企业下岗职工走出再就业服务中心，从根本上解决其就业问题，2002 年 9 月，党中央和国务院召开全国再就业工作会议。随后，中共中央、国务院下发《关于进一步做好下岗失业人员再就业工作的通知》，推出一系列促进就业再就业的政策，确立了我国积极就业政策的基本框架。积极就业政策的实施，使 3000 多万名国有企业下岗职工得到妥善安置，先后有 2800 多万名下岗失业人员实现再就业。2005 年 11 月，国务院下发《关于进一步加强就业再就业工作的通知》，对之前政策进行了延续、扩展、调整、充实。积极的就业政策核心内容主要包括：以提高经济增长对就业的拉动能力为取向的宏观经济政策；以重点促进下岗失业人员再就业为取向的扶持政策；以实现劳动力与就业需求合理匹配为取向的劳动力市场政策；以减少失业为取向的宏观调控政策；以既能有效地保障下岗失业人员基本生活，又能积极促进再就业为取向的社会保障政策。①

2008 年下半年，国际金融危机爆发，也引发了全球就业危机。为应对金融危机的严重冲击，党中央审时度势，及时实施一揽子政策计划。在就业方面，从 2008 年 9 月底到 2009 年 2 月初，短短不到半年时间，国务院下发了 4 个就业文件，出台了一系列政策

---

① 《国务院关于进一步加强就业再就业工作的通知》，《中华人民共和国国务院公报》，2005 年 35 期。

措施，帮助企业和劳动者度过危机，由此形成了更加积极的就业政策体系。在政策推动和各方努力下，我国就业率先走出困境，2009年下半年就业状况已基本恢复到国际金融危机爆发前的水平。

这一时期，在总结改革开放以来就业理论创新、制度政策改革和实践经验的基础上，我国于2007年制定颁布《中华人民共和国就业促进法》，为我国就业制度改革和政策体系发展奠定了法制基础，就业工作逐步进入法制化轨道。《中华人民共和国就业促进法》规定，坚持经济发展同扩大就业良性互动，实现社会和谐稳定，明确促进就业工作的机制和政府以及有关社会组织在促进就业工作中的职责。我国把扩大就业放在经济社会发展的突出位置，实施积极的就业政策，坚持劳动者自主择业、市场调节就业、政府促进就业的方针，多渠道扩大就业，逐步实现社会就业比较充分的目标。

三、中国特色社会主义新时代的就业改革发展

经过改革开放40多年的持续高速发展，我国社会主义建设取得历史性的进步，经济社会的方方面面发生了翻天覆地的变化。党的十九大的报告作出了中国特色社会主义发展进入新时代的重大论断，指出我国社会主要矛盾已经转化为人民日益增长的美好生活需要和不平衡不充分的发展之间的矛盾。这种时代性变化与社会主要矛盾转换，同样在就业领域得到明显体现。随着我国经济社会发展与劳动力供给趋势变化，我国就业的基本形势和主要矛盾也在发生深刻变化。在2014年12月的中央经济工作会上，习近平总书记指出，“当前形势下，就业形势会发生一些变化。一方面，劳动年龄

人口减少，就业总量矛盾相对有所缓解；另一方面，结构性就业矛盾进一步凸显”[①]。从就业总量和结构方面，明确了此后一个时期我国就业形势特征的基本面。

从总量上看，劳动力供给增速趋缓，总量逐步减少，总量压力相对缓解，但仍然高位持压。从 2012 年开始，我国的劳动年龄人口数量出现持续下降，与以往高速增长的发展趋势明显不同，就业总量的压力从增量向存量转变。在总量压力由持续攀升进入高位平台的情况上，就业结构性矛盾有所凸显。与改革开放初期和国有企业改革攻坚阶段出现的就业结构性矛盾不同，当前就业结构性矛盾是在经济社会发展的持续转型到一定阶段时形成的，劳动力的需求和供给结构都存在显著的转型特征。从供给侧看，一方面，劳动力供给总量已从无限供给向有限供给转变，劳动力结构明显变化，劳动者人力资本投资增加，劳动者就业观念方式多元，就业预期提高；另一方面，大量劳动者职业技能和知识水平偏低、部分劳动者就业观念落后等情况也仍然存在。从需求侧看，一方面，经济发展进入“新常态”，随着工业化、信息化、城镇化的不断深化，企业生产转型升级，消费结构、消费观念和要求提升，数字经济等新产业、新技术、新模式对劳动者的知识技能素质和服务能力水平要求显著提高；另一方面，低端产业链条中生产企业和传统服务业仍然存在，大量的低端就业岗位无法适应劳动者预期的情况也没有彻底改变。与此同时，城乡二元结构正在逐渐打破，但体制分割没有完全消除；各地区发展迅速但仍然不平衡；居民收入水平上升但仍然

---

① 习近平：《在中央经济工作会议上的讲话》，载中共中央文献研究室编：《习近平关于社会主义社会建设论述摘编》，北京：中央文献出版社，2017 年版，第 69 页。

差距较大；社会流动普遍存在但劳动力市场阶层变化趋缓。

在新时代经济社会发展和就业形势条件下，以习近平同志为核心的党中央进一步丰富和发展了中国特色就业理论，指导了就业政策创新和实践发展，提出了新时期就业工作的新目标、新方针、新任务，进一步完善就业优先战略和积极就业政策，取得了举世瞩目的成就。

（一）进一步明确“就业”在经济社会发展中的新定位，提出实现更加充分和更高质量就业的新目标

经济社会发展进入新的历史时期，党对就业在保障和提升民生水平、促进经济发展和质量提升、防范社会风险和稳定社会秩序等方面的基础性、关键性地位和作用有了更加系统和深入的认识。

党的十九大报告明确指出“就业是最大的民生”，这是对就业是民生之本思想的进一步深化，对就业问题在整个国民经济和社会生活中的重要性和作用进一步提升。不但要保障人民的基本生存生活，还要满足使每个劳动者获得生产机会，为其提供合适的就业岗位，通过就业发挥劳动者的才能，实现个人的全面自由发展，同时也激发社会活力，创造社会的生机。从就业“优先”到就业“底线”，就业不仅仅是民生问题，还是经济问题，党和政府高度重视就业和经济的关系，特别强调就业是宏观调控的“下限”和“底线”，是宏观调控的触发器。在此认知基础上，党和政府进一步明确提出了我国就业发展的新目标和新任务。从党的十八大报告提出要“推动实现更高质量的就业”，之后，逐步发展并明确提出了实现“更加充分和更高质量就业”目标。这种目标任务的变化，和我国社会主要矛盾的转换是相适应的，劳动者对更好就业的向往要

求，经济发展从规模型向质量型发展，不仅要实现“充分就业”，还要更加注重就业质量问题。

（二）坚持以改革和发展促进就业创业，创新就业方针推进“大众创业、万众创新”

促进就业创业与改革发展有着密切的关系。新时期经济社会发展和改革发展进入新阶段，需要更加重视实现经济发展与就业促进的良性互动，更加重视以全面改革促进就业创业。2012 年 12 月，习近平总书记在广东考察工作时指出，“我们必须统筹抓好经济社会发展和促进就业工作，千方百计增加就业岗位，着力在提高就业质量、提高劳动人口尤其是就业困难人口就业能力、改善创业环境上下功夫，建立全员培训制度，引导劳动力适应和促进企业实现转型升级”①。2013 年 5 月，习近平总书记在天津考察时强调，“就业是民生之本，解决就业问题根本要靠发展”②。同年 8 月，习近平总书记在沈阳多福社区座谈会上说：“就业是永恒的课题，更是世界性难题。我国每年新增 1000 多万就业人口，必须大力促进就业创业，一是要集中精力抓发展，二是要把就业再就业工作做实，三是劳动者要转变观念。”③ 2016 年 4 月，习近平总书记在知识分子、劳动模范、青年代表座谈会上的讲话指出，“各级党委和政府要关心和爱护广大劳动群众，切实把党和国家相关政策措施落实到

① 习近平：《在广东考察工作时的讲话》，载中共中央文献研究室编：《习近平关于社会主义社会建设论述摘编》，北京：中央文献研究出版社，2017 年版，第 65 页。
② 习近平：《在天津考察工作时的讲话》，《人民日报》，2013 年 5 月 16 日。
③《习近平：就业是永恒课题》，中国政府网，2013 年 8 月 30 日。

位，不断推进相关领域改革创新，坚决扫除制约广大劳动群众就业创业的体制机制和政策障碍，不断完善就业创业扶持政策、降低就业创业成本，支持广大劳动群众积极就业、大胆创业”[①]。

2012年11月，党的十八大报告明确“劳动者自主就业、市场调节就业、政府促进就业和鼓励创业”的方针，将“鼓励创业”作为就业工作方针的重要内容，这是对新时期就业工作的重大理论创新。“创业带动就业”是以人民为中心的发展的本质要求，体现人力资源作为“第一资源”主体价值的就业理论，是对市场就业机制的创新与完善。“创业带动就业”就是要建立从源头上创造就业的机制，表明我国的就业机制正在发生积极的变化，对实施就业优先战略，完善就业促进长效机制，形成就业新格局具有深远意义。我国政府高度重视创业创新，将推动大众创业、万众创新作为实现经济发展的“双引擎”之一，作为实现两个“中高”目标的重要动力，同时也是劳动者实现个人梦想的重要途径。近年来，党和政府制定出台了一系列政策措施，大力持续推进大众创业、万众创新，每天新注册登记的企业达到1.6万个。创业带动就业的倍增效应日益显现，成为促进就业的新动能。

（三）就业优先战略和积极就业政策迭代升级，就业优先政策体系不断丰富

改革开放以来，具有中国特色的积极就业政策体系和服务体系不断发展完善，成为稳定和扩大就业的有力保障。积极就业政策不

---

① 习近平：《在知识分子、劳动模范、青年代表座谈会上的讲话》，北京：人民出版社，2016年版，第10页。

断迭代升级。党的十八大以来，中央政府更加重视就业工作，历年政府工作报告对“就业优先”多有着墨，在经济新常态下，我国就业形势面临许多新的挑战。在此背景下，党中央、国务院高度重视，坚持把稳定和扩大就业作为宏观调控的重要目标，大力实施就业优先战略，推动大众创业、万众创新，丰富和完善积极就业政策体系。继2015年4月国务院印发《关于进一步做好新形势下就业创业工作的意见》后，2017年4月国务院印发《关于做好当前和今后一段时期就业创业工作的意见》，其中的主要政策内容包括：围绕实施就业优先战略，把稳定和扩大就业作为经济运行的下限，同时将城镇新增就业、调查失业率作为宏观调控的具体指标；围绕着促进以创业带动就业提出了一系列政策；针对各类重点群体就业提出了新的政策措施；提出了支持新就业形态发展的系列政策措施；在加强就业服务和职业培训方面也提出了明确要求。[①] 与此同时，国务院还连续发出多个促进“大众创新、万众创业”、就业精准扶贫、支持新业态发展、重点群体就业等方面的文件，形成了新一轮的积极就业政策的集成与创新。

2017年党的十九大印发报告明确指出，“就业是最大的民生。要坚持就业优先战略和积极就业政策，实现更高质量和更充分就业”[②]。2018年7月，中央政治局会议针对经济社会发展形势，提出“六稳”*工作思路和任务，并将稳就业作为“六稳”之首。同年

* “六稳”是指稳就业、稳金融、稳外贸、稳外资、稳投资、稳预期工作。

① 《国务院关于做好当前和今后一段时期就业创业工作的意见》，《中华人民共和国国务院公报》，2017年12期。

② 习近平：《决胜全面建成小康社会 夺取新时代中国特色社会主义伟大胜利——在中国共产党第十九次全国代表大会上的报告》，北京：人民出版社，2017年版，第46页。

* “六保”是指保居民就业、保基本民生、保市场主体、保粮食能源安全、保产业链供应链稳定、保基层运转。

12月，中央经济工作会议首次提出“实施就业优先政策”。2019年3月，十三届全国人大二次会议进一步明确就业优先政策要全面发力，并首次将就业优先政策纳入宏观政策框架。2020年初，突如其来的新冠肺炎疫情对经济社会发展带来前所未有的冲击，一季度经济指标回落明显，就业压力突显。同年4月，中共中央政治局召开会议，首次提出“六保”*，在“六保”中，把就业放在首位。

（四）统筹人力资源市场，建设更加完善的劳动力市场服务体系

劳动力市场已经成为劳动力流动配置的重要手段，是高校毕业生、农民工等重点群体实现就业的主要载体。改革开放40多年来，党中央、国务院高度重视劳动力市场服务机构和体系建设，制定出台了一系列政策措施，健全完善市场机制，加强市场监管，提高服务水平，推进统一规范、竞争有序的劳动力市场体系建设。同时，还全面深化改革，为创造更加公平有效的劳动力市场，提高公共就业创业服务水平，实现更高质量和更充分就业，释放更多的改革红利。2015年10月，党的十八届五中全会通过《中共中央关于制定国民经济和社会发展第十三个五年规划的建议》，提出“统筹人力资源市场，打破城乡、地区、行业分割和身份、性别歧视，维护劳动者平等就业权利。加强对灵活就业、新就业形态的扶持，促进劳动者自主就业”①。

从早期开办劳务市场和人才市场，到劳动力市场、人才市场

① 《中共中央关于制定国民经济和社会发展第十三个五年规划的建议》，北京：人民出版社，2015年版，第35页。

向人力资源市场整合发展，我国逐步建立起覆盖省、市、县、街道（乡镇）、社区（村）的五级公共就业服务网络，确立了免费提供政策咨询、信息发布、职业指导、职业介绍、创业服务等的基本公共就业服务制度，覆盖城乡的公共就业服务体系基本形成。目前，我国已形成包括公共服务体系和市场化服务体系在内，民营、国有、外资等不同类别服务机构共同发展的格局。劳动力市场服务内容和能力不断提升，招聘服务、人事代理、档案管理、社会保障经费代收代缴等传统产品继续提供，人才测评、人力资源管理咨询等新兴业态全面兴起，与互联网、金融等产业领域跨界融合的创新产品层出不穷。近年来，人力资源服务业快速发展，成为现代服务业的重要内容，促进劳动力市场服务体系更加完善。2014 年 12 月，人力资源社会保障部、国家发改委、财政部印发《关于加快发展人力资源服务业的意见》，首次对发展人力资源服务业作出全面部署。2018 年 5 月，国务院第 7 次常务会议通过我国人力资源要素市场领域第一部行政法规《人力资源市场暂行条例》，通过立法的手段，确认人才市场和劳动力市场的整合改革的成果，推动建立统一的管理制度和管理规范，推动形成统一的人力资源市场体系；明确建立政府宏观调控、市场公平竞争、单位自主用人、个人自主择业，人力资源服务机构诚信服务的人力资源流动配置的机制；提出要破除户籍、地域、身份等体制机制的弊端，促进人力资源的自由有序流动。同年 12 月，人力资源社会保障部、国家发改委、财政部印发《关于推进全方位公共就业服务的指导意见》，围绕完善城乡统筹的公共就业服务制度，扩大服务供给，创新运行机制，建立覆盖全民、贯穿全程、辐射全域、便捷高效的全方位公共就业服务体系做出了系统的政策安排。同时，人力资源社会保障部还修改

《就业服务和就业管理规定》，对公共就业服务的相关具体内容和措施做了新的规范和要求。人力资源市场体系和全方位公共就业服务体系的加快建设，为落实各项就业政策、为劳动者提供更加及时有效的就业服务、防范各类失业风险提供了重要保障。

四、改革发展的成就与启示

（一）化解就业压力和失业风险，就业规模持续扩大，就业形势保持稳定

改革开放以来，我国人口不断增长，劳动年龄人口约9亿人，是世界上人口和劳动力最多的国家之一。持续高速增长的劳动力总量给就业带来巨大压力，经过长期艰苦努力，就业规模不断扩大，失业水平长期保持较低。特别是在应对多次金融危机、汶川地震、新冠肺炎疫情等各种经济社会和自然灾害的风险与危机中，党和政府审时度势积极作为，推进制度变革，不断创新和发展就业政策，保持了就业局势的总体稳定。

就业局势的稳定，为实现社会稳定提供坚实保障，在处理改革、发展和稳定的基本关系中发挥了重要作用，为持续推进改革、实现经济增长和维持社会和谐提供了重要支撑。就业问题解决得好，使我国大量人力资源得到较充分的开发和利用，由就业的“包袱”变成了推动生产力发展的“财富”。

（二）就业结构不断优化调整，助推经济社会结构的调整优化

改革开放以来，我国经济社会结构发生巨变。就业结构的变动是经济社会变革的内在部分，同时也是推动其他经济社会变革的重要因素。在城乡、区域、产业、不同经济成分主体之间，我国的就业结构发生了深刻变化。

就业结构的调整与各种经济社会结构的变动相互适应、相互促进，实现了我国经济社会发展的整体优化与升级，与我国经济结构尤其是社会阶层结构的相互形塑也有着密不可分的关系。当前，我国经济社会发展进入高质量发展，以创新驱动为新动能的阶段，就业结构调整对经济社会结构的影响将更加显著。

（三）形成具有中国特色的就业理论与政策体系，成为稳定和扩大就业的有力保障

就业改革发展，既是就业实践工作不断取得进展的过程，也是我国就业理论认识不断深化和政策制度不断完善的过程。中国特色就业理论是以马克思主义世界观和方法论为指导，坚持马克思主义基本观点和原理，结合我国经济社会特别是就业方面的国情和实际，为解决我国就业问题，实现社会比较充分和更高质量就业目标，而形成并不断丰富发展起来的理论体系，是对我国就业问题的性质、解决就业问题的指导思想、理论原则、方针政策、目标任务等方面认识的集中体现，是指导解决社会就业问题的科学理论。

伴随我国经济社会发展进程，就业形势的不断变化和就业实践的不断推进，中国特色就业理论也不断发展、丰富，既一脉相承，

又与时俱进、不断创新。它有着特殊的突出特点，如坚持就业是民生之本，以人民为中心的理论价值品格，坚持就业优先战略，坚持发挥政府和市场两个作用等。与就业理论发展相适应，改革开放以来，具有中国特色的积极就业政策体系和服务体系也不断发展完善，成为稳定和扩大就业的有力保障。从改革初期化解就业压力、探索市场就业的一系列政策措施，到2002年开始确立积极就业政策体系的基本框架，到2005年积极就业政策的进一步延续扩展，再到2008年应对金融危机形成了更加积极的就业政策，以及党的十八大以来应对经济新常态和新时代经济社会高质量发展挑战，提出和实施就业优先政策，具有鲜明中国特色的就业政策体系内容不断丰富和完善。

（四）形成了具有中国特色的就业制度体系，实现从“引进来”到“走出去”的转变

改革开放之初，我国就业发展从基础理论、制度法律到政策创新，都注重引进学习和借鉴国外最新的理论政策，吸纳发达国家和一些国际组织提供的经验做法，再结合自身实际创造性地提出相关理论观念、概念，制定出台相应政策措施。随着改革开放持续深化、中国就业在解决发展中国家大规模劳动力就业，在应对重大经济结构调整和金融危机风险等方面取得举世瞩目的成就，逐步形成了具有中国特色的就业方案。中国就业也开始逐步走向世界。在此过程中，有关方面积极主动多渠道、多方式推进就业领域的国际交流合作。在各类国际活动中，讲好就业领域的中国故事、介绍中国经验、贡献中国智慧，成为重要且受广泛欢迎的内容。

改革开放以来，我国就业改革发展过程波澜壮阔、成就斐然，

总结这一历史过程，能获得一些有益启示：

第一，始终坚持以人民为中心的根本立场，将就业作为事关基本民生和经济社会发展的头等大事。中国共产党始终将保障劳动者就业权利，不断提高人民生活水平作为最重要的执政内容。历代领导人都把就业问题看作是维护人民群众基本权利的重要举措。2015年11月，中共中央政治局就马克思主义政治经济学基本原理和方法论进行第二十八次集体学习，习近平总书记在主持学习时强调，“要坚持以人民为中心的发展思想，这是马克思主义政治经济学的根本立场”[①]。2017年10月，党的十九大报告提出，“党的一切工作必须以最广大人民根本利益为最高标准”[②]，正是一贯坚持这样的指导思想，我国政府始终将解决就业问题放在经济社会发展的优先位置，作为政府工作的重要内容和目标。

第二，始终坚持实事求是，与时俱进推进就业理论和政策创新。根据我国经济社会发展不同阶段以及就业形势的实际情况、主要矛盾和特点，实事求是地做出客观全面的判断，从问题出发，不断深化就业理论认知，创新就业体制机制和政策措施，科学规划发展目标和路径。在不同的发展阶段，确定了不同的就业方针，制定实施不同重点内容的就业政策和措施，抓住不同条件下的就业主要矛盾和重点群体，解决突出矛盾，维持就业局势的总体稳定。

第三，坚持就业与经济社会发展的良性互动，与经济社会其他

---

① 习近平：《不断开拓当代中国马克思主义政治经济学新境界》，《求是》，2020年16期。

② 习近平：《决胜全面建成小康社会 夺取新时代中国特色社会主义伟大胜利——在中国共产党第十九次全国代表大会上的报告》，北京：人民出版社，2017年版。

领域的改革创新紧密结合。既坚持把稳定和扩大就业摆在经济社会发展的优先位置，又坚持把发展经济作为解决就业问题的根本途径，坚持将就业制度改革和政策创新与经济社会其他领域的改革创新紧密结合。在推进农村改革、国企改革、加速城镇化、应对经济危机、助推经济发展方式转型和高质量发展等方面发挥重要作用，保持了就业与经济社会发展的良性互动，相互协调、相互促进与提升。

第四，坚持市场导向，重视政府作用。2013 年 11 月，习近平总书记在《关于〈中共中央关于全面深化改革若干重大问题的决定〉的说明》指出，“市场在资源配置中起决定性作用，并不是起全部作用”[①]。2014 年 5 月，中共中央政治局就使市场在资源配置中起决定性作用和更好发挥政府作用进行第十五次集体学习，习近平总书记在主持学习时强调，“使市场在资源配置中起决定性作用和更好发挥政府作用，二者是有机统一的，不是相互否定的，不能把二者割裂开来、对立起来”，“学会正确运用‘看不见的手’和‘看得见的手’，成为善于驾驭政府和市场关系的行家里手”[②]。改革开放 40 多年来，以改革“统包统配”为突破口，始终坚持市场导向的就业体制机制改革方向，推动劳动力资源的市场化配置机制的建立完善，坚持发挥市场在促进就业中的决定性作用，推动统一开放、竞争有序的人力资源市场体系建设，促进人力资源充分开

① 习近平：《关于〈中共中央关于全面深化改革若干重大问题的决定〉的说明》，《人民日报》，2013 年 11 月 16 日。

②《习近平：正确发挥市场作用和政府作用 推动经济社会持续健康发展》，中国政府网，2014 年 5 月 27 日。

发、合理流动和有效配置利用。2013 年 11 月，党的十八届三中全会通过《中共中央关于全面深化改革若干重大问题的决定》，提出“经济体制改革是全面深化改革的重点，核心问题是处理好政府和市场的关系，使市场在资源配置中起决定性作用和更好发挥政府作用”[①]。政府与市场关系在就业问题上集中体现在就业方针的实施中，既坚持市场和劳动者个体的主动性和决定性，同时也重视政府责任和作用，尤其是在解决重点群体就业方面，政府责任不可轻视。

第五，坚持政策创新和完善服务相配套，确保方针政策落地生效。在实行不同创新政策的同时，注重建立与之相配套的就业服务体系，通过广泛覆盖和高效运作的就业服务，为政策的落地生效提供保障。一方面，通过公共部门基本建立了覆盖城乡的公共就业服务体系，推动统一人力资源市场的建立，开展普惠性的免费的全方位公共就业服务；另一方面，着力发展市场化服务体系，鼓励发展各类人力资源服务机构和服务产业，提供更加便捷高效和更有针对性的就业服务。通过服务将相关政策落实到劳动者的求职、就业和职业技能培训等方面，最终实现劳动者的充分和高质量就业。

纵观我国未来就业形势发展，仍将在较长一段时期内呈现就业总量高位持压、结构矛盾常态常新、总体局势稳中有忧、稳中存变的基本态势。劳动力总量供给趋减、人口老龄化进程加速、宏观经济不确定性增加、新业态发展、新技术变革及其影响等都将对就业形势发出新的挑战。就业问题的复杂性、艰巨性、长期性依然存

① 《中共中央关于全面深化改革若干重大问题的决定》，北京：人民出版社，2013 年版，第 5 页。

在。解决好就业问题是长期面临的一项重大战略任务，需要始终坚持初心使命，不断推进改革创新，推动更加充分更高质量就业目标的实现。

第一章
改革统包统配制度，实行“三结合”方针

▼

我国就业制度的演变历程，是与政治经济体制变革相适应的。改革开放之前，我国主要实行重工业优先发展战略，计划经济体制与之相适应，就业领域实行以统包统配为特征的计划就业制度。1978 年，国家开始思考“计划经济和市场经济相结合”，党的十一届三中全会提出，坚决实行按经济规律办事，重视价值规律的作用。由此，计划经济向市场经济的过渡也成为党的十一届三中全会后我国就业改革的首选方向，内生于计划经济体制下的统包统配就业模式无法顺应转轨形势下的就业要求，计划就业制度改革势在必行。

第一节　就业制度改革背景

一、党的工作重心转移，就业制度改革方向逐步调整

党的十一届三中全会确定了解放思想、开动脑筋、实事求是、团结一致向前看的指导方针，作出了把全党工作重点转移到国民经济建设上来的战略决策。这是党第一次明确解决了从 1957 年以来一直未能解决好的工作重点转移问题，全会还提出对陷于失调的国

民经济比例关系进行调整，对权力过分集中的经济管理体制着手改革，在自力更生的基础上积极发展同世界各国平等互利的经济合作，由此确立了对外开放、对内搞活经济的重要方针。这次会议还明确指出，城乡人民的生活必须在生产发展的基础上逐步改善，必须坚决反对对人民生活中的迫切问题漠不关心的官僚主义态度。

党的十一届三中全会推动就业指导思想的重大转变，主要表现为劳动力资源从计划配置逐渐向市场配置机制的转变。1979 年 4 月，中共中央工作会议提出调整、改革、整顿、提高的方针和经济体制改革原则性意见，其中包括：以计划经济为主，同时充分重视市场调节的辅助作用；扩大企业自主权，把企业经营好坏同职工物质利益挂起钩来；精简行政机构，更好地运用经济手段管理经济；等等。[①] 1982 年 9 月，党的十二大题为《全面开创社会主义现代化建设新局面》的报告提出“计划经济为主、市场调节为辅”的原则。1984 年 10 月，党的十二届三中全会通过《中共中央关于经济体制改革的决定》，提出“社会主义经济是公有制基础上的有计划的商品经济”这一论断，明确指出“商品经济的充分发展，是社会经济发展的不可逾越的阶段，是实现我国经济现代化的必要条件”，“要使企业真正成为相对独立的经济实体，成为自主经营、自负盈亏的社会主义商品生产者和经营者，具有自我改造和发展的能力，成为具有一定权利和义务的法人”[②]。在当时的历史条件下，这是相当大的突破。1987 年 10 月，党的十三大报告提出，要运用

① 赵德馨:《中华人民共和国经济史（1967—1984）》，郑州：河南人民出版社，1989 年版，第 577 页。

②《中共中央关于经济体制改革的决定》，北京：人民出版社，1984 年版，第 13 页。

计划调节和市场调控两种手段，指出社会主义有计划商品经济的体制，应该是“计划与市场内在统一的体制”，“计划和市场的作用范围都是覆盖全社会的”，新的运行机制总体上来说应当是“国家调节市场，市场引导企业”的机制。随着市场经济体制改革的不断深入，以“计划调节和市场调控相结合”为方向的就业制度改革也逐步展开。

二、改革初期城镇就业形势日趋严重

20 世纪 70 年代末，城镇新增劳动力高峰和知青回城洪峰叠加，城镇累积待业（失业）人员达到高峰，劳动力供大于求的矛盾显现，就业形势日趋严重。

新中国成立之初，对于控制人口增长，使之与经济的发展相适应这样一个重大国策问题认识不足，出现两次人口出生高峰。第一次人口出生高峰是 1950 年至 1958 年，9 年出生 1.87 亿人，平均每年出生约 2080 万人。这一时期出生的人口陆续在 1966 年至 1974 年达到劳动年龄，此时正值国民经济遭受最严重破坏的“文化大革命”时期，企业停产、学校停课，城镇就业和继续升学均行不通，知识青年（以下简称“知青”）上山下乡运动成功解决城镇新成长劳动力就业问题。1978 年底，党中央决定统筹解决知青问题，不再分散插队。1979 年，对上山下乡政策作出调整，知青集中返回城市，其就业问题成为国家当时最大的难题。

第二次高峰是 1962 年至 1975 年，14 年里共出生 3.55 亿人，平均每年出生 2500 多万人，这一时期出生的人口分别在 1978 年至 1991 年进入劳动年龄，达到就业年龄的城镇青年大部分集中在城镇等待就业（见表 1–1）。两次高峰时期出生的人口集中到同一时期就业，形成劳动力供给的巨大压力，城镇就业矛盾显现。

表 1–1　1978—1991 年中国城镇待业情况

年份	城镇待业人数（万人）	待业率（%）
1978	530	5.3
1979	568	5.4
1980	542	4.9
1981	440	3.8
1982	379	3.2
1983	271	2.3
1984	236	1.9
1985	239	1.8
1986	264	2.0
1987	277	2.0
1988	296	2.0
1989	378	2.6
1990	383	2.5
1991	352	2.3

资料来源：国家统计局网站统计数据整理。

在劳动力供给大幅增加的同时，劳动者就业渠道有限，就业机会不足。一是当时的所有制结构单一，就业渠道闭塞。计划经济时期盲目追求“一大二公三纯”，人为地搞所有制形式的过渡，限制了就业门路的扩大。二是产业发展不平衡，城镇青年就业规模受到束缚。所有制结构不合理，导致产业结构发展失衡。相当长一段时期，我国片面强调优先发展重工业的战略，导致生产效率低，人员相对过剩。从 1967 年到 1976 年的 10 年中，工业劳动生产率按净值有 6 年处于下降，工业、服务业主要由国营企业从事生产经营，轻重工业比例失调，从事重工业的职工占到60%以上，商业、饮食业和服务业处于萎缩状况，影响了就业规模的扩大，也限制了国民经济发展。加之“文化大革命”时期国民经济和生产建设事业陷于停产半停产的状态，就业岗位十分有限，劳动力供大于求的矛盾显现，劳动就业形势日益严重。[①]

三、统包统配制度走向僵化，广开就业门路成为必然选择

新中国成立后，我国经济建设面临困难，生产力水平也较低，长期实行重工业优先发展导向的高度集中的计划经济体制，形成了城乡隔离分治、农业支持工业的局面，反映在劳动就业上，表现为城镇劳动力就业由国家“统包统配”，农村劳动力作为调节城镇劳动力供求的蓄水池。

统包统配制度的主要特点是对劳动力的计划配置、统包就业、行政调配、城乡分割。具体表现：一是国家对城镇劳动力实行统一计划管理；二是国家对城镇劳动力实行统包就业，各类人员通过劳动部门被安排到全民单位并几乎成了唯一的就业渠道；三是政府对用人单位的数量和招收范围实行严格的审批程序，用人单位和劳动者没有更多的选择余地，劳动者一旦被招用，便以国家职工的身份固定下来，不能流动；四是对劳动力调剂实行统一调配，从部门、地区、单位之间人员的调剂，到组织劳动力支援重点项目建设，再

① 张小建：《中国就业改革发展 40 年》，北京：中国劳动社会保障出版社，2019 年版，第 4–5 页。

到解决夫妻分居或上班路远之困难，均依靠统一调配；五是劳动力管理的城乡分割，限制农村劳动力流动。[①]在当时历史条件下，这一就业制度对我国国民经济恢复、社会秩序稳定和大规模经济建设起到了重要的积极作用。但随着社会经济情况的不断变化，其弊端日益凸显，主要表现为就业渠道堵塞、就业方式单一、劳动效率较低、劳动者积极性受到制约、主动性发挥不足等，特别是在大量知青集中返城后，就业矛盾较为严重。

在这种情形下，政府在改革之初采取了诸多就业举措，主要有三类：一是号召未达到退休年龄的职工提前退休，允许子女顶替；二是实行分片包干，要求各个机关、企业、事业单位把职工子女中的未就业青年包下来，没有职工指标的，就收进来当长期临时工，提倡一个人的工作两个人干，三个人的饭五个人吃；三是组织青年积极发展城市集体所有制企业，广开就业门路。此外，还采取了一项措施，即清理计划外用工。1979 年 3 月，国务院批转国家计委《关于清理压缩计划外用工的办法》，提出清理国家劳动计划以外使用的农村劳动力，补充城镇待业青年。

然而，这种“分片包干”的举措很快便难以为继，弊端日益显现。一是企业人浮于事现象加剧。过去“三个人的活五个人干”，现在是“三个人的活七个人干”，既造成了劳动力资源的浪费，也致使企业负担加重，成本加大，利润减少，效率降低。招工由劳动部门下达指标，企业既不能拒收，也不能选择，更无权辞退职工，这与扩大企业自主权的改革目标相背离。二是企业劳动者素质下

① 张小建：《民生之本——为实现劳动者充分就业而奋斗》，北京：中国劳动社会保障出版社，2011 年版，第 133–134 页。

降。许多熟练业务、经验丰富的老职工提前退休，换上一批不懂业务技术的青年，一些职工让自己能力最差的子女顶替，退休顶替变为“择劣”录取，影响了企业的劳动者素质。三是部分全民办集体形式徒有其名。虽然由全民所有制企业兴办厂内集体企业在缓和就业压力方面产生了一些效果，但也带来了不少新问题，如兴办的集体企业名义上自负盈亏，实际上人、财、物都依赖于全民所有制企业，集体企业没有真正发展起来，国营企业背上了越来越沉重的包袱。

四、各地积极探索就业工作新思路

为解决就业问题，许多地方政府开始将目光转向体制外，在现有企事业单位之外探索新的就业门路。例如，从 1978 年 7 月开始，北京市组织了专门班子对城市社会经济结构进行了调研，1979 年 3 月 4 日，对全市待业青年的数量、分布等情况进行了摸排。调查发现，北京市“大批人无事干，大量事无人干”；商业、饮食、服务网点大量减少，城市生活有许多难处，尤其以“饮食难”、“成衣难”、“修理难”的三难问题最为典型；全市城市人口平均每 6700 人才有一家饭馆。北京市从调查中找到了解决就业问题的办法，即将劳动就业同发展城市集体经济，特别是新兴的生产服务合作社结合起来。1979 年 4 月上旬首先在崇文区试点，4 月下旬召开大型现场会，会后立即在全市 10 个城区和近郊区全面铺开。1979 年 6 月底，北京市有 6.1 万多名待业青年找到就业岗位，涵盖茶水站、酒馆、馄饨挑、搬运、照相以及各种临时性的劳动服务等 100 多个行业。同年 7 月，中共中央、国务院批转北京市委、市革委会

《关于安排城市青年就业问题的报告》，肯定了北京市广开就业门路，大力组织集体所有制和各种生产服务事业的做法。同一时期，上海、天津、广州、福州等许多城市也都采取了类似的做法。[①] 地方前期就业工作新思路、新做法、新实践的总结和推广，为党中央提出了一系列广开就业门路的方针政策和措施手段，也为缓解就业矛盾奠定了基础。

第二节　“三结合”就业方针

一、“三结合”就业方针的提出和实施

面对日趋严峻的就业形势，政府寻求更加灵活的安置就业制度，以缓解当时的待业高峰，在国家统筹规划与指导下实行了“三结合”就业方针。

（一）提出“三结合”就业方针

1980 年 8 月，中共中央召开全国劳动就业工作会议。随后，中共中央转发会议文件《进一步做好城镇劳动就业工作》，从经济、社会发展的全局出发，全面分析了我国就业矛盾的原因，在总结历史经验的基础上，根据党中央搞活经济的方针，结合所有制结构的调整，明确提出解决就业问题的根本途径：在国家统筹规划和

① 《北京市委、市革委会关于安排城市青年就业问题的报告》，《劳动工作》，1979 年 01 期。

指导下，实行劳动部门介绍就业、自愿组织起来就业和自谋职业相结合的方针，即“三结合”就业方针。

为了更好地贯彻“三结合”就业方针，解决好劳动就业问题，这次全国劳动就业工作会议提出了八条具体措施：一是大力扶持兴办各种类型的自负盈亏的合作社和合作小组；二是有条件的国营企业，应当积极支持待业青年办合作社；三是发展以知青为主的集体所有制场（厂）队和农工商联合企业；四是鼓励和扶植城镇个体经济的发展；五是某些行业或工种可以根据实际情况改革用工制度和工时制度；六是改革中等教育制度，发展职业技术教育；七是建立劳动服务公司，主要担负介绍就业、输送临时工、组织生产和服务、进行职业培训等各项任务；八是解决安置就业经费，在中央和地方两级财政中，每年拨一笔专款，用于生产自救、以工代赈和职业培训等事业。会议还强调，国家依法保护合作经济组织的所有权和经营自主权，任何部门、任何单位、任何个人都不得以任何借口侵犯。城镇个体经济是社会主义公有制经济不可缺少的补充，应适当发展；对个体经济要积极予以鼓励和扶植，不得刁难、歧视；一切守法的个体劳动者，应当受到社会尊重。

（二）统筹推进“三结合”就业方针

1981 年 10 月，中共中央、国务院印发《关于广开门路，搞活经济，解决城镇就业问题的若干决定》（以下简称《决定》），重申了“三结合”就业方针，强调要把解决就业问题同调整所有制结构和产业结构相结合，在发展经济和各项建设事业的基础上，有计划有步骤地解决城镇就业问题；提出了逐步改革国营企业的经济体制和劳动制度、解决“大锅饭”和“铁饭碗”问题的初步设想；提出大力提倡和指导待业青年组织起来，在集体经济单位就业；发展城镇劳动者个体经济，增加自谋职业的渠道。要求各级党委和政府责成各有关职能部门和各产业部门，以及群团组织，在统筹规划下，协同工作，为发展城镇集体经济和个体经济切实负起应尽的责任，并指定一个适宜的综合部门担负组织、协调工作。[①]随后，辽宁、吉林、黑龙江、河北、上海等省市，在当地政府领导下设立了城镇集体经济办公室。国务院还指定工商行政管理部门负责管理个体经济，指导建立各级个体劳动者协会，组织个体劳动者进行自我教育、自我服务和自我管理。[②]

1981 年 5 月，国家劳动总局、国家城建总局、公安部、工商行政管理总局联合发出《关于解决发展城镇集体经济和个体经济所需场地问题的通知》，要求各地采取积极态度，进行统筹规划，合理解决民办集体、街办小集体、劳动服务公司办的生产、服务网点和个体工商户所需要的场地问题。[③]

1981 年和 1983 年，国务院先后印发《关于城镇非农业个体经济若干政策规定》《关于城镇非农业个体经济若干政策性规定的补充规定》《关于城镇集体所有制经济若干政策问题的暂行规定》《关于城镇劳动者合作经营的若干规定》，在资金筹集、工资福利、劳动保护和社会保险方面制定了一系列扶持政策和措施，进一步为解

---

① 《中共中央、国务院关于广开门路，搞活经济，解决城镇就业问题的若干决定》，载中共中央文献研究室编：《三中全会以来重要文献选编》（下），北京：中央文献出版社，2011 年版，第 299–300 页。

② 张小建：《民生之本——为实现劳动者充分就业而奋斗》，北京：中国劳动社会保障出版社，2011 年版，第 136–137 页。

③ 《国家劳动总局、国家城市建设总局、公安部、工商行政管理总局关于解决发展城镇集体经济和个体经济所需场地问题的通知》，《中华人民共和国国务院公报》，1981 年 10 期。

决多年积累的城镇待业问题奠定了坚实的政策基础。

二、“三结合”就业方针的具体内容

（一）劳动部门介绍就业

劳动部门介绍就业启动了市场性质的就业，它以双方自愿为原则。劳动部门通过下设的劳动介绍所或授权劳动服务公司为企业和劳动者提供信息促进匹配，劳动部门扮演“红娘”角色而非包办。介绍就业的对象主要是城镇待业人员，即城镇非农户口、在一定劳动年龄内、有劳动能力、无业且要求就业，并在当地就业服务机构登记待业的人员，包括待业青年和其他待业人员。1986 年 7 月，国务院印发《国营企业实行劳动合同制暂行规定》《国营企业招用工人暂行规定》《国营企业辞退违纪职工暂行规定》《国营企业职工待业保险暂行规定》后，介绍就业的对象增加了合同期满不再续订合同的职工、破产企业待业职工和违纪被辞退的职工，介绍就业的形式也更加多样化。市、县劳动服务公司统筹组织相关登记工作，区、街、镇和企事业单位劳动服务公司发挥协助作用。到 1987 年底，全国已有 28 个省、自治区、直辖市建立了技术工人交流服务机构，有几十个城市建立了职业介绍所。

（二）自愿组织起来就业

组织起来就业与介绍现成的工作岗位就业不同，是在自愿的基础上，先把劳动者组织起来，筹集少量资金，举办集体经济，开发社会所需要的生产和服务事业。通过劳动积累，逐步扩大生产经营规模，改善生产经营和生活条件。1979—1987 年，通过组织新集体企业就业的有1441万人，占同期新就业总人数的20%。新集体组织形式主要包括以下四种：

一是劳动服务公司组织的集体经济。1979年后涌现出的劳动服务公司成为组织待业人员就业的一种卓有成效的组织形式，并逐步成为登记管理待业人员，组织就业前培训，开展职业介绍和组织集体经济吸收待业人员就业的一种综合机构。劳动服务公司接受劳动部门的指导，可以由企业、事业单位主办，也可以由部队、机关、团体主办，成为劳动部门与其他各个单位、部门之间的联结点，组成全国社会劳动力管理网络，改变了过去只靠劳动行政部门单枪匹马做就业工作的被动局面。

二是全民所有制单位举办的集体经济。国营企业举办集体经济主要是为了安置本单位职工待业子女和富余职工。厂办集体可以为本企业服务，也可以为社会服务，坚持独立经营、独立核算、自负盈亏，避免和国营企业混在一起"吃大锅饭"。实践表明，通过全民办集体经济的形式解决就业问题，在当时是必要的，但需要制定法规、制度，进一步明确全民单位所办集体企业的所有制性质，与国有企业理顺财产关系与责权利关系，促进集体企业的正常发展。

三是街道和居民委员会举办的集体经济。这类集体企业主要是解决居民待业子女和其他社会待业人员就业问题，同时也是街道和居民委员会各项社会事业经费的重要来源。这类企业资金投入较少，一般从事劳动密集型生产，如服装加工、手工艺制品、塑料和纸袋加工、日用小商品生产等，以及服务性事业，如零售商业、餐饮业、修理服务行业等。经过几年的发展，不少街道小厂生产出市场急需的商品，有的还成为了名牌产品畅销国外。

四是群众自筹资金自愿组合兴办的集体企业。群众自办集体企业，也叫民办集体，是在国家税收优惠政策的扶持下，依靠待业人员自筹资金办起来的。这类企业中，劳动者即是生产资料所有者，属于名副其实的集体所有制经济，但在当时的体制下，民办集体的发展困难较多，因而所占比重不大。

与此同时，老集体企业也吸收了一部分待业人员就业。1979—1987年，区、县以上老集体企业通过招收新工人和补充自然减员共计吸收了1161万人就业，占同期新增就业总人数的16.5%。

（三）自谋职业

“三结合”就业方针所讲的自谋职业，主要是指从事个体经营。《决定》强调，“按照国民经济的需要适当发展城镇劳动者个体经济，增加自谋职业的渠道”，“个体劳动者，是我国社会主义的劳动者。他们的劳动，同国营、集体企业职工一样，都是建设社会主义所必需的，都是光荣的。对他们的社会和政治地位，应与国营、集体企业职工一视同仁”[①]。1982年12月，第五届全国人民代表大会第五次会议通过了新修改的《中华人民共和国宪法》，其中第十一条规定，“在法律规定范围内的城乡劳动者个体经济，是社会主义公有制经济的补充。国家保护个体经济的合法的权利和利益。国家通过行政管理，指导、帮助和监督个体经济”[②]，以根本法的形式肯定了个体经济的地位。

---

① 《中共中央、国务院关于广开门路，搞活经济，解决城镇就业问题的若干决定》，载中共中央文献研究室编：《三中全会以来重要文献选编》（下），北京：中央文献出版社，2011年版，第298–299页。

② 《中华人民共和国宪法》，《中华人民共和国国务院公报》，1982年20期。

三、"三结合"就业方针的成效与意义

"三结合"就业方针实施不久便显示出了强大的生命力，在实践中成效显著，对解决重点群体就业、扩大就业规模、优化就业结构、实现市场导向就业机制转型发挥了重要的积极作用。

（一）城镇就业工作取得阶段性突破，基本解决了长期积累的重点群体就业问题

这一时期重点群体就业问题即为待业青年。1979 年到 1988 年的 10 年中，全国城镇新增就业人数共计 7888 万人，平均每年安置约 789 万人，解决了 1980 年以前积累下来的包括返城知青在内的城镇待业青年失业问题。至 1982 年，已有 24 个省（区、市）将 1980 年底以前积累下来的待业青年基本安置完毕。

1979 年到 1988 年，全国共安置近 5000 万人就业，占全国城镇社会劳动力总数的 36.8%。尤其是 1985 年，城镇登记失业率从 1979 年的 5.4%下降到 1.8%，创历史最低（见表 1-2）。与此同时，这一时期城镇新成长劳动力也大多获得了就业机会，还容纳了 1000 万名转移到城镇就业的农村劳动力。

表 1-2　1979—1988 年我国城镇新增就业人数（单位：万人）

年份	1979	1980	1981	1982	1983	1984
新增城镇就业人数	707	651	603	475	415	423
年份	1985	1986	1987	1988	合计	
新增城镇就业人数	402	417	414	428	4935	

资料来源：赖德胜、李长安、张淇主编：《中国就业60年》，北京：中国劳动社会保障出版社，2010年版，第178–179页。

（二）完全依靠政府安置的从业观念逐渐松动，大大拓宽了就业渠道

在国家开放政策支持和规划指导下，“三结合”就业方针改变了过去城镇青年完全依赖于政府安排就业的单一渠道，转变为国家、集体、个人多种就业渠道齐上阵的新局面，改变了原来重全民、轻集体和个体的就业理念，激发了劳动者作为就业主体的积极性。

城镇社会劳动者总人数中，国有单位、集体单位、个体劳动者就业占比分别由 1978 年的 78.3%、21.5%、0.2%变为 1986 年的 70.2%、25.7%、3.7%，多渠道扩大就业成效显著。随着待业人员由过去消极等待国家发“铁饭碗”转向积极创业，城镇个体经济萎缩的局面被迅速扭转，愿意从事个体经济的人越来越多。1978—1987 年，城镇个体劳动者人数从 15 万人增加到 569 万人，9 年增长了 36 倍。到 1987 年，个体工商业户出现了由商业经营型向生产经营型发展的趋势，约有 8%的个体户突破了雇工 8 人的限额，开始向私营企业发展。

（三）产业结构调整积极适应变化，就业结构随之更加优化

长期以来，我国实行优先发展重工业的经济战略，束缚了轻工业和第三产业的发展及其吸收劳动力就业的能力。1978 年，我国第一、第二、第三产业从业人员所占比重分别为 70.5%、17.3%、12.2%。随着“三结合”就业方针的贯彻实施，各地日益重视集体经济与个体经济的发展，推动了商业、饮食业等第三产业的发展，服务网点增长几倍甚至十几倍，吸纳就业人数大大增加，相应调整

了劳动力在产业间的配置。

截至1986年，第一产业从业人员占比下降约10个百分点，第二、第三产业从业人员所占比重分别提高4个和5个百分点，产业就业结构得到明显优化。截至1987年，城乡劳动者总人数增长了31%，85%的城镇个体劳动者从事商业、饮食业、服务业等第三产业。与此同时，科技信息、咨询服务、技术交流、社会保险等新兴行业也开始发展，为人们提供更多服务的同时就业容量明显扩大。

“三结合”就业方针的提出，表明我国开始从长期依靠政府统包就业的单一轨道，转向同时鼓励劳动者积极主动就业、自主创业和自谋职业的多元化轨道上来，敞开了全民、集体、个体“三扇门”，找到了解决改革初期就业困境的出路，改变了“统包统配”的计划就业制度。同时“三结合”就业方针中“自愿组织起来”的“自愿”和“自谋职业”中的“自谋”，既反映了社会主义制度下劳动的性质，也反映了在市场法则和价值规律要求下就业行为的特征，对于引导劳动者走向市场就业具有积极作用。

四、就业方针需要根据改革发展要求与时俱进

“三结合”就业方针在改革初期取得了相当好的效果，且一定程度上改变了“统包统配”就业制度的基础，但其作为计划经济体制下的产物，这一举措属于“增量”改革，并未突破原有就业制度的框架，依然在计划经济体制总体改革框架内推进，政府主导安置就业的本质并未根本改变，因此，这一改革并未完全触动计划就业制度的本质。

随着社会主义市场经济体制的推进，其局限性开始显现，主要

表现在两方面：一方面，就业制度的增量改革未完全摆脱政府统包就业原则，隐性失业依然存在。这一时期就业制度的改革是从增量改革开始的，扩大了就业门路，拓宽了就业面，但企业用人自主权并未完全确立，没有对劳动力存量用工制度进行改革，许多人仍端着“铁饭碗”，吃着“大锅饭”，新增劳动力中仍然有多数人被安置到国营企业就业，导致国营企业人员冗余、效率较低。例如，各地采取允许子女顶替、实行按单位包干的做法，曾被形象地称为“谁家的孩子谁来抱”，虽然在较短时间内安置了大批待业青年，也安定了社会，但也形成向企业“塞人”现象，加剧了企业的人浮于事，职工素质也很难保证。另一方面，就业覆盖面不全。劳动服务公司的出现标志着我国劳动力市场从无到有，但其功能有限，主要负责返城知青和城镇新增劳动力就业，未实现存量劳动者的广泛覆盖。

第三节　劳动服务公司

一、劳动服务公司的兴起和发展

劳动服务公司是为执行“三结合”就业方针而创办的，是经济体制转轨特殊时期的特殊产物，是中国就业制度改革史上一面鲜明的旗帜。回顾 1979 年至1990 年劳动服务公司的兴起发展历程，其历史沿革大致可分为三个阶段。

（一）初创培育阶段（1979—1983 年）

在我国，劳动服务公司发端于 20 世纪 70 年代末，但其经验实际上来自 20 世纪 50 年代初期部分省市在失业工人中组织生产自救、以工代赈的成功实践，即由劳动部门将待业青年组织起来进行管理，为其安排劳务、组织临时性生产劳动，或者组织学习和培训。基于地方做法和经验的总结，1978 年 7 月，在国务院务虚会上，国家劳动总局提交《关于劳动工资的汇报提纲》，建议在大中城市组建劳动服务公司，统一管理社会劳动力，统一调节职工余缺。1979 年 4 月，中共中央召开工作会议，李先念提出，“要拨出一点资金，在大中城市办好劳动服务公司”①。同年 6 月，五届全国人大二次会议上强调，在全国大、中城市办好劳动服务公司，通过多种形式，陆续把待业人员全部组织起来进行就业训练和劳动服务。

根据党中央、国务院的要求，各地开始正式组建劳动服务公司。1979 年 1 月，上海市徐汇区劳动局建立了全市第一家区级劳动服务公司，为返沪知青开拓岗位，安置工作，这一服务模式迅速在上海市全面推进。1979 年 2 月 13 日，《人民日报》刊登了上海市徐汇区设立劳动服务公司的消息，这是首次在报刊媒体上出现劳动服务公司的名称。

1980 年上半年之前，劳动服务公司仅在待业人员多、安置任务繁重且较为具备条件的大城市和少数县城试办，并以劳动部门和基层行政部门创办为主。1980 年 8 月，中共中央转发了全国劳动

---

① 李先念：《在中央工作会议上的讲话》，《李先念文选》，北京：人民出版社，1989 年版，第 365 页。

就业会议文件《进一步做好城镇劳动就业工作》，提出将来劳动服务公司要逐步发展成为社会上调节劳动力的一种组织形式，起吞吐劳动力的作用。1981 年 10 月，《决定》要求各地“建立和健全劳动服务公司机构，充实人员，更好地发挥它的作用”，“应当使之逐步发展成组织经济事业、统筹劳动就业、输送和管理企业临时工、开展就业训练的一种综合性机构”，“有关部门要从供产销渠道、银行贷款、经营场地、财政税收政策、开办经费等方面给予必要的支持和帮助”[①]。1982 年 9 月，劳动人事部发布《关于劳动服务公司若干问题的意见》，对劳动服务公司的职能、性质、目的、发展方向提出了具体意见。此后劳动服务公司不断涌现。

创办初期的劳动服务公司以安置就业型为主，主要特点是组织待业人员因地制宜，广开门路，有工做工、无工学习，艰苦创业。具体表现为大批青年失业人员自愿组织起来，使用简单生产工具，运用少量资金，从事生产或劳务以糊口谋生。虽然未形成规模，但调动了劳动者自力更生、积极创业的能动性，在政府部门、国有企事业单位的帮助下，待业人员或围绕主业进行产业链延伸的生产或生活服务，或根据社会需求组织新的生产服务，逐步形成自我发展的能力。截至 1983 年，全国劳动服务公司发展到 13.4 万所，提供就业岗位 395 万个，经营收入达 134 亿元，利润 12 亿元，大大缓解了就业压力。[②]

---

① 《中共中央、国务院关于广开门路，搞活经济，解决城镇就业问题的若干决定》，载中共中央文献研究室编：《三中全会以来重要文献选编》（下），北京：中央文献出版社，2011 年版，第 300–301 页。

② 张小建：《民生之本——为实现劳动者充分就业而奋斗》，北京：中国劳动社会保障出版社，2011 年版，第 146 页。

（二）发展壮大阶段（1984—1985 年）

在党和国家的高度重视和巨大支持下，从 20 世纪 80 年代开始，劳动服务公司在全国范围内迅速发展壮大。1984 年末，全国已有各级劳动服务公司 38674 所，其中各级劳动部门办 3220 所，县镇、街道办 7176 所，企业事业单位办 28278 所，吸收就业和接收培训的超过 800 万人。

这一时期的劳动服务公司以生产经营型为主，主要特点是劳动服务公司生产经营能力及其规模迅速扩大。短短两年时间，企事业单位为安排本单位职工子女和富余劳动力兴办的劳动服务公司快速发展，整体实力不断增强。截至 1985 年，全国劳动服务公司发展到 21.8 万所，提供就业岗位 615 万个，经营收入达 369 亿元，利润 25 亿元，吸纳就业能力大大增强。

（三）巩固提升阶段（1986—1990 年）

1986 年，国务院相继印发《国营企业实行劳动合同制暂行规定》《国营企业招用工人暂行规定》《国营企业辞退违纪职工暂行规定》《国营企业职工待业保险暂行规定》，要求劳动服务公司担负起待业职工和待业保险基金管理的新职责。1989 年，为贯彻中央关于清理整顿公司的要求，促进劳动服务公司更好地发挥其社会和经济作用，劳动部发布《关于劳动服务公司清理整顿工作有关问题的通知》《关于劳动服务公司清理整顿工作的实施意见》，提出将县以上各级地方劳动部门原设置的劳动服务公司作为承担政府行政职能的就业服务管理机构，改为就业服务局，不再称劳动服务公司。就业服务局是管理劳动服务公司的事业机构，不再从事生产经营，主要负责组织集体经济扩大就业，同时承担职业介绍、就业训练、职工待业保险职能。企事业单位劳动服务公司任务不变，继续安置待业人员，进行生产经营活动。由此开始建立了中国公共就业服务体系的框架，初步形成以职业介绍、就业训练、失业保险、生产自救为“四大支柱”的公共就业服务体系的雏形。同时，对企业、事业单位创办的劳动服务公司，继续保留原来的名称。1990年11月，国务院印发《劳动就业服务企业管理规定》，将这类集体所有制经济组织界定为劳动就业服务企业，形成了一批中国特色的就业型企业群。

这一时期的劳动服务公司以生产服务型为主，主要特点是通过强化对劳动服务公司的管理，巩固其就业安置能力，提升就业服务水平，实现稳步发展。在中央文件的推动下，各级劳动部门与劳动服务公司理顺了工作关系，将行政和经营职能剥离开来，转型为劳动就业服务企业，成为安置就业的重要基地，并将巩固和发展劳动就业服务企业纳入国民经济和社会发展规划，给予大力支持。截至1990年，全国劳动服务公司发展到20多万所，提供就业岗位820万个，经营收入达907亿元，创利税82亿元，成为城镇集体经济的重要组成部分以及解决城镇就业的重要途径。

二、劳动服务公司的主要职能和类型

回顾劳动服务公司的发展历程，可以发现劳动服务公司的初始职能较为简单，主要是保证待业青年和新增劳动力处于有组织的状态。随着党中央和国务院先后制定了一系列创建劳动服务公司的法规和规范性文件，通过兴办集体经济广开就业门路成为其重要职能。随之劳动服务公司发展方向不断明晰，职能不断加强，服务内容和手段愈加丰富，就业形式更加多样，为就业服务的进一步开展奠定了基础。总的来看，劳动服务公司职能主要包括管理劳动力资源、开展就业训练、提供失业保险三方面。

（一）对社会劳动力资源进行组织管理

1980 年 8 月，中共中央转发全国劳动就业会议文件《进一步做好城镇劳动就业工作》，规定劳动服务公司担负介绍就业，输送临时工，组织生产、服务，进行职业培训等任务。此后，劳动服务公司承担起待业人员的登记管理任务，旨在及时准确掌握劳动力变动；为劳动者提供就业信息、就业指导和职业介绍；为企业提供用工指导；依托劳动生产基地，开展劳务承包活动；依托培训基地组织学习、培训，提高待业人员素质。

1979—1987 年，通过劳动服务公司集体企业就业的人数累计达 1400 万人，其中本单位就业的有 730 万人，输出的劳动力为 670 万人。同一时期的培训达 1055 万人次，其中 60%推荐到用人单位，15%组织起来就业，5%自谋职业。

（二）对待业人员开展就业训练

1980 年，国家劳动总局广泛推广了西安市劳动服务公司通过创办就业训练中心组织待业人员开展技术培训的经验，各地纷纷效仿开设就业训练中心。

1981 年 10 月，《决定》提出，“可以组织就业训练，对待业青年传授职业技能和进行管理教育”，“要普遍开展对城镇待业青年就业前的培训，逐步做到使一切需要进行培训的人员，先经过培训再就业”，“有条件的地方可以建立就业训练中心”[①]。就业训练从此成为劳动服务公司的主要职能之一，内容以实操技能为主，同时涉及职业道德、文化和技术理论、安全生产教育等。训练经费来源于国家资助、办学单位自筹和学员缴费。至1986年底，全国开设就业训练中心共计1606家，每年培训60万人。

（三）为待业职工提供失业保险

1986年，国家开始建立待业职工保险制度。同时，也成立待业保险基金，劳动服务公司负责资金的筹集、管理、发放和使用，为失业职工提供必要的物质援助，并提供专业培训、职业介绍*等服务。此外，劳动服务公司在劳动行政部门授权下为劳动力市场供求双方提供信息，牵线搭桥，以促进再就业匹配。截至1991年，全国共有各级待业保险机构2000多所，累计为30万待业职工提供了失业保险，帮助其中19.4万人实现了再就业。

与此同时，劳动服务公司按其隶属关系及主要职能特点，可划分成以下三类。

一是地、市、县创办的劳动服务公司。其任务是在同级劳动部门领导下，对社会劳动力（包括农村进城务工人员）进行就业登记、资源统计和组织管理，全面掌握社会劳动力的资源状况；举办职业介绍机构，开展劳务交流、职业介绍、信息咨询和就业指导；开办就业训练中心，推动社会各方面多层次、多形式开展就业训练

* 1986年国务院发布《国营企业实行劳动合同制暂行规定》《国营企业招用工人暂行规定》《国营企业辞退违纪职工暂行规定》《国营企业职工待业保险暂行规定》之前，职业介绍对象主要是城镇待业人员，此后增加了合同期满不再续订合同的职工、破产企业待业职工和违纪被辞退的职工。

① 《中共中央、国务院关于广开门路，搞活经济，解决城镇就业问题的若干决定》，载中共中央文献研究室编：《三中全会以来重要文献选编》（下），北京：中央文献出版社，2011年版，第301–302页。

和转业训练；合理使用就业经费，发展集体经济，建立劳动生产基地，组织生产自救；管理职工待业保险金的收缴、使用和发放；行使劳动部门赋予的其他行政职权。

二是街道、镇、乡设立的劳动服务公司或劳动服务站。其任务是负责社会劳动力的登记、组织、管理；开办培训班，组织就业训练和转业训练；广开就业门路，组织、指导待业人员就业；管理直接兴办的经济实体；为农村富余劳动力的就地转移和劳务输出提供服务。

三是企业、事业、机关等单位兴办的劳动服务公司。它的任务是发展集体经济，广开就业门路，开展就业训练和转业训练，为本单位职工子女和富余人员创造就业条件。

由此看来，在劳动部门赋能下，劳动服务公司可以由企业、事业、机关单位创建，可以由街道、县、乡镇设立，也可以由学校、机关、团体和部队创办，成为劳动部门与其他各单位、部门之间的联结点，并组成全国社会劳动力资源管理网络，改变了过去单纯依靠行政调配管理就业工作的被动局面，初步建立起了劳务市场，有效促进了劳动力的社会调节。

三、劳动服务公司的成效与经验

劳动服务公司是探索中国特色劳动就业道路的伟大创举，为解难题、兜底线、惠民生、保稳定、促发展提供了持续且强有力的支撑。

（一）为缓解当时就业局势作出了重大贡献

发端于20世纪70年代末的劳动服务公司具有以问题导向谋划改革开放的特质。改革是由问题倒逼而产生，又在不断解决问题中而深化，劳动服务公司的创办是为了执行“三结合”方针，从而解决历史遗留下来的青年待业问题。

1979—1990 年，劳动服务公司累计安置了 1600 多万名城镇待业人员，承担了同期全国就业安置任务的近 20%，占城镇集体所有制企业总安置人数的 30%，为减缓当时的待业高峰发挥了积极作用，成为当时城镇人民生活和国民经济发展中不可缺少的组成部分。1979—1989 年，劳动服务公司在安置就业的同时，还为国家重点建设项目输送了 600 多万名合格的劳动力，为国营企业安置了 120 万名富余人员，发挥了吞吐调节劳动力的“蓄水池”功能。

（二）在推动劳动就业制度改革中发挥了重要作用

劳动服务公司具有市场导向的特质，开辟了非国营经济的新就业渠道，在就业制度从计划体制向市场机制转换过程中扮演了重要角色，改变了高度集中的计划经济体制下劳动就业的统包统配和单一的行政手段，建立了一套社会管理和经济手段相结合的工作模式，实现了社会效益、经济效益和安置效益的有机结合。同时，也为企业推行劳动合同制、形成能进能出的劳动力“蓄水池”创造了社会条件。

随着改革开放的深化，劳动服务公司完成了历史使命并逐渐消失，但正是以劳动服务公司为依托，公共就业服务体系得以逐步建立和完善，“劳务派遣”最初模式得以成型和发展，就业型企业的种子得以遍地开花。

（三）对现阶段就业工作仍有启发意义

劳动服务公司具有就业保障特质和创新创业特质。劳动服务公司通过将待业青年组织起来从事生产，避免向国有企业“塞人”现象，同时为有需要的国有企业输送经过培训的劳动力，这种就业保障机制，切实维护劳动者基本权益，收到了实效。劳动服务公司也具有双创模式和形态的雏形。其特点是没有现成的摊子和岗位，通过创业实现就业，即要看社会需要什么以及待业人员能干什么，基于此自找门路，生产自救，闯出一片新的天地。当时待业人员所从事的都是投资少、见效快、就业容量大、与经济发展和人民生活保障密切相关的，如轻工、手工、商贸、服务、餐饮、修理业等，既填补了服务业空白，满足了社会生产生活需求，又调整了严重失衡的产业结构。①

就业问题成为党在改革开放路线确立时首先要解决的一大民生问题，也就自然而然成为改革首先触及的重要领域。“三结合”方针摆脱了计划经济体制的束缚，带动我国就业工作在经济体制改革发展中取得重大进展。尽管如此，这一方针也只是在旧框架下生长出来的一种新就业机制，并未涉及就业存量，没有从根本上改变传统的计划就业制度。传统就业制度的核心是固定用工制度，具有增量改革特质的“三结合”就业方针是中国就业制度改革迈出的第一步，第二步则是在局部试点的基础上，盘活存量，在各个层次上逐步推开国有企业用工制度改革。

① 张左己：《劳动服务公司沿革与中国就业改革》，《中国人力资源社会保障》，2018 年 12 期。

第二章

改革企业用工制度，启动再就业工程

▼

用工制度是企业为解决生产需要对社会劳动力进行招收、使用方面所实行的制度。在高度集中的计划经济体制下，用工制度以国家固定工为主体，企业没有用人自主权，劳动者没有择业自主权和流动自由。随着计划经济体制向双轨制经济体制转变，僵化的固定工制度与企业扩大自主权的改革，以及按需配置劳动力的要求相矛盾，同时伴随隐性失业显性化，改革已势在必行。

第一节　启动再就业工程的改革背景

一、转换企业经营机制是适应社会主义市场经济发展的需要

新中国成立后，高度集中的计划经济体制为国民经济恢复和大规模经济建设提供了强有力的劳动力保障，但随着时间推移，其历史局限性日益凸显。

1978 年，党的十一届三中全会公报要求在改革的实践中逐渐

摆脱“计划经济是社会主义经济的基本特征”这一传统理论理念。在此背景下，就业制度改革呼之欲出。此后一直到20世纪八九十年代，国有企业先后进行了放权让利（1978—1980年）、工业经济责任制（1981—1982年）、利改税（1983—1984年）、承包责任制（1985—1992年）、深化改革（1993—2001年）几个阶段的改革。在此过程中，一是以1984年10月党的十二届三中全会为标志，我国改革从农村扩展到城市，对计划和市场的认识也不断深化，市场取向的改革理论和实践不断发展。在这些理念指导下，国家承认企业是相对独立的商品生产者和经营者，而非行政机关的附属，转换企业经营机制，对所有权和经营权两权分离成为顺应市场化改革的关键举措。二是以1992年7月国务院公布的《全民所有制工业企业转换经营机制条例》为转折点，将国有大中型企业推向市场，成为国有企业深化改革的强大推动力。随着国民经济结构调整和国有企业改革的推进，企业招工和用工制度方面的改革也同步进行。

二、搞活企业用工机制深化劳动用工制度改革的内在要求

在计划经济时期，我国依靠行政手段直接控制用工数量、用工形式和用工办法，实行“统一就业”制度，把劳动者统一分配到企业，劳动者与企业之间的劳动关系是终身固定的，企业没有择人的自主权，劳动者没有择业的自主权，由此形成所谓的固定工制度，也有“铁饭碗”之称。以固定工为主体的企业用工制度曾在集中力量进行工业化建设中起过积极作用。但是随着生产发展，很快就显露出国家统得过死、企业包得过多、职工固定过度等弊端。一方

面，在运行上，企业没有用人自主权，人员只进不出，劳动力难以流动，企业生产效率和组织效率较低；劳动者一次分配定终身，职工难以根据自己的专长、意愿和素质等条件选择职业或工作岗位，不利于职工发挥其能动性。另一方面，在分配上，长期存在的平均主义、“大锅饭”导致“干与不干一个样”、“干多干少一个样”、“干好干坏一个样”，劳动者积极性下降。

1984年10月，党的十二届三中全会通过的《关于经济体制改革的决定》中，提出经济体制改革的中心环节是搞活企业。搞活企业主要是解决好国家和企业之间的关系问题，即扩大企业自主权，调动企业的积极性；确立职工和企业的正确关系，调动劳动者的积极性和创造力。因此，为适应改革进程要求，1984年以国企改革为主要内容的经济体制改革全面展开，拉开了深化劳动制度改革的序幕。

三、农村劳动力转移就业一定程度上推动了市场化就业制度改革

20世纪80年代中期，我国开始放松对农村富余劳动力转移的限制，在政策上允许农民自带口粮进入城市务工经商，大批农村劳动力开始向城市流动，流动就业的企业也主要是非国营企业。加上东南沿海地区的开放，大量引入外资、建立合资企业，特别是“三来一补”* 劳动密集型产业的发展，企业用工需求大大增加，大量农村剩余劳动力开始离开家乡向东南沿海地区流动，流动就业的企业也主要是非国营企业，形成了所谓的“民工潮”。

* “三来一补”指来料加工、来样加工、来件装配和补偿贸易。

就当时的情况而言，在一定程度上民工的流动给城市居民就业

造成了压力，但却是在市场机制下形成的，带动了国有企业就业观念的更新，对传统就业机制产生了强大冲击，在无形中促进了我国劳动力市场的形成，对市场导向的就业制度改革起到了推波助澜的作用。[①]

第二节　实行劳动合同制度

一、劳动合同制的试点与推行

随着国有企业自主权的逐步落实，我国在企业招工和用工制度方面进行了积极探索和改革，其中最重要的就是劳动合同制。这一制度是继“三结合”就业方针实施后的又一大历史性改革，为之后劳动力市场的培育发展和就业制度的市场化改革奠定了基础。

（一）劳动合同制的试点工作的开展

20 世纪 80 年代初期，根据党中央的改革精神，各地区和部门开始在新招职工中实行劳动合同制的试点。深圳是全国首个试行劳动合同制的城市。1982 年，劳动人事部专门组织专家赴深圳特区，帮助其设计符合市场经济要求的企业用工制度，即劳动合同制度。至 1982 年末，实行劳动合同制的试点已扩展到北京、广东、广西、湖北、江苏、安徽、江西、上海等省、自治区、直辖市的部

① 王大犇:《改革开放 40 年来中国就业制度的转变》,《工会理论研究》，2018 年 06 期。

分地区，劳动合同制工人达 16 万人。随后劳动合同制又在党中央确定的 14 个对外开放的沿海城市推开。1983 年，劳动合同制的试行范围扩大到 9 个省份的部分市县。

试点的初步成功大大提振了政府相关部门的信心。在总结各地经验的基础上，劳动人事部于 1983 年 1 月召开了部分省、市试行劳动合同制座谈会，并于会后发布《关于积极试行劳动合同制的通知》，这是中央政府关于实行劳动合同制的第一个专项文件，标志着国有企业劳动合同制度改革试点工作的正式启动。1984 年，矿山、建筑、搬运等行业先行改革用工制度，改革的方向是逐步降低固定工的比例，提高临时工、季节工的比重，积极推行劳动合同制。同年，国务院先后批转了关于矿山、建筑和搬运装卸作业从农村招用合同制工人的规定。

劳动合同制的试点与推行并非一帆风顺，从一开始就伴随着激烈的争论。20 世纪 80 年代初中期，劳动合同制与发展劳动力市场、劳动力是否是商品等争论成为改革初期劳动保障领域的热点问题。为了统一思想认识，劳动人事部多次召开全国性的用工制度改革研讨会，组织各方专家进行研究，逐步形成了统一的思想认识。在实践中，劳动合同制试点逐步扩大。1984 年末，全国劳动合同制工人有 170 多万人，1985 年增加到 300 多万人。到 1986 年底，全国 29 个省、自治区、直辖市均在不同范围内试行了劳动合同制，其中广东、浙江、上海、福建等省市还在新招工人中普遍实行了劳动合同制。截至 1986 年 6 月，全国劳动合同制工人已达 360 万人。

（二）劳动合同制在新招职工中的全面推行

经过几年的试点，1986 年 7 月，国务院印发《国营企业实行劳动合同制暂行规定》《国营企业招用工人暂行规定》《国营企业辞退违纪职工暂行规定》和《国营企业职工待业保险暂行规定》。其核心内容就是要在全国范围内对新招职工普遍推行劳动合同制，实行新人新制度（新招职工实行劳动合同制）、老人老制度（原有固定职工保留固定工制度）；主要目标是建立一套能够责权利相统一、稳定性与灵活性相结合的新型劳动制度；实现统筹就业、择优录用、灵活调节、能进能出，有利于劳动力的合理使用和合理流动，逐步实现劳动力管理的社会化，从而充分调动企业和劳动者的积极性。

截至 1991 年，全国全民所有制单位的劳动合同制工人达到 1406 万人，劳动合同制工人占全民所有制单位职工人数的比重上升到 14%；全国集体所有制企业的劳动合同制工人达到近 300 万人，约占集体所有制企业职工人数的 10%；从 1988 年开始，原来统包统配的技工学校毕业生也纳入了劳动合同制的实行范围。实践证明，劳动合同制作为一种新型用工制度，用工期限可长可短，企业职工能进能出，既有相对的稳定性，又有必要的灵活性；既吸取了固定工制度的优势，又克服了它的弊端，做到企业和劳动者的双向选择，较好地适应了社会化大生产和经济体制改革的需要。

二、劳动合同制的内容与配套举措

1986 年 7 月，国务院印发《国营企业实行劳动合同制暂行规定》，确定了国有企业用人的主体地位。此后，国有企业为了打破长期以来形成的"铁饭碗"、"大锅饭"，真正实行"各尽所能、按劳分配"，调动劳动者积极性，从而解放生产力，提高经济效益。其主要做法是：在新招工人中普遍推行劳动合同制，用签订劳动合同的形式，明确劳动者和用人单位的权责。

（一）劳动合同制的主要内容

试行劳动合同制的范围，既包括全民所有制单位，也包括区、县以上集体所有制单位；既包括普通工种，也包括技术工种。试行对象为新招用工人，当时考虑是在一定时期内以"新人新制度、老人老制度"作为过渡，经过一段时期，最终达到所有职工都实行劳动合同制。招用合同制工人，必须签订劳动合同。常年性生产、工作岗位，需要长期使用的工人，可以签订长期合同，也可以签订短期（如 3 ~ 5 年）合同；合同期满后生产、工作仍需要留用的，可以续订合同。有毒有害工种，从保护工人健康出发，需要定期轮换的，可以签订定期轮换合同。使用临时工和季节工，也需要签订劳动合同。

签订劳动合同，须规定双方的义务、责任和权利，合同期限的长短可以根据企业需要和工人意愿由双方协商确定。劳动合同期满，即终止合同；如双方同意，也可以续订合同。任何一方违反合同，都应追究违约责任。合同制工人的工资福利和劳动保险待遇，与本企业同工种、同岗位的固定工人保持同等水平。所不同的是，对福利和劳动保险方面做了一些改革，即企业"包"的成分有所减少，对减少的部分用工资性补贴予以补偿。实行劳动合同制使企业拥有了一定的用人自主权，同时尊重工人应该享有的权利，改变了当时单纯用行政手段分配和录用工人的办法，做到工人和企业相互选择、平等协商，用经济、法律和行政相结合的手段来确定和调节劳动关系，对促进劳动力的合理使用和合理流动都有积极作用。

（二）劳动合同制的配套举措

为了进一步强化劳动合同制的推行，政府部门还落实了相配套的改革措施。一是废除“内招”职工子女办法和“子女顶替”制度，实行新的招用工人办法。要求做到面向社会、公开招收、全面考核、择优录用，这对于促进公平就业、提高职工队伍素质、发挥劳动者的积极性，落实企业用人自主权、加强企业管理等都具有重要意义。二是允许企业辞退违纪职工。赋予了企业辞退违纪职工的权利，这对于解决企业劳动纪律松弛问题、改观企业劳动纪律，增强企业活力等具有积极作用。三是建立失业保险制度。与《国营企业实行劳动合同制暂行规定》同时出台的还有《国营企业职工待业保险暂行规定》，这是事实上第一次承认社会主义制度也存在失业问题，是适应就业制度改革、灵活调节劳动力、保障国有企业职工待业期间基本生活的重要举措。

三、劳动合同制试行的成效与挑战

劳动合同制的试行对于促进就业、强化职工管理、提高经营效率，为企业优化资源配置、经营效益提高等都起到了很好的促进作用，改革取得初步成效。

（一）初步确立双向选择的新型用工制度雏形

劳动合同制改变了原有固定工制度中的一套老办法，通过签订合同的方式，规定劳动者和企业的权利和责任，实行权、责、利相结合，这是一种企业和工人相互选择的机制，是一种双向选择的新型用工制度雏形。同时，合同制工人大多是经过就业前培训和考试择优录取的，素质较高、能力较强，在提高劳动生产率的同时，有利于人尽其才、各尽其能，增强企业活力。随着改革的深入，劳动合同制的积极作用将进一步显现。

（二）以“固定工”为主体就业制度开始破冰

劳动合同制的实行打破了长期以来的终身雇佣制度，也改变了原来只有到全民所有制单位端上“铁饭碗”才算就业的认知。劳动合同制贯彻的是“多劳多得、少劳少得、不劳不得”的理念，“铁饭碗”的废除使更多青年学文化、学技术，树立自立自强观念，增强了竞争意识，职工在劳动态度、纪律、责任心等主观能动性方面都有很大改进，劳动者积极性显著提高。

（三）劳动合同制试行带来挑战

劳动合同制触动了长期以来国家统得过死、企业包得过多、职工固定过度的业已僵化的旧制度，开始从广开就业门路的多渠道就业格局向企业招工面向社会公开招收从而在新增劳动力中确立双向选择关系的转变，这是带有方向性的重大变革。

劳动合同制在实行过程中取得了一些成效，但仍存在一些问题。为减少新老体制转型冲击，劳动合同制开始时仅在新招工人中普遍推行，对老职工仍保留固定工制度，这种“一厂两制”的过渡办法在实际运行中暴露出一些矛盾。企业反映新老职工互相攀比，管理难度加大。因此，不触动老职工占大部分的固定工制度，就业制度改革就无从谈起。

第三节　改革固定工制度

一、搞活固定工制度的初步探索

改革初期，劳动合同制实行的是“新人新办法，老人老办法”的“一厂两制”举措，这种用工双轨制度为改革创造了一个较为稳定的环境。但是新旧两种制度长期并存，弊端日渐凸显。在当时全民所有制单位9300多万名职工中，新的劳动合同制职工比重较小，仅占职工总数的14%左右，原有的固定工过于庞大，占80%以上。因此，仅靠以新招合同制工人的自然增长来冲销固定工队伍变得不太可能。为巩固在新招工人中实行的劳动合同制，突破企业的人事、分配制度改革障碍，必须对原有的固定工制度进行根本改革，彻底消除“铁饭碗”的弊端，为此，劳动部提出了“三步走”的方略。①

第一步：在企业内部搞活固定工制度。通过优化劳动组合和一系列配套改革措施，实现选优汰劣，使大部分职工按生产需要择优

---

① 张小建：《中国就业改革发展40年》，北京：中国劳动社会保障出版社，2019年版，第29–30页。

上岗，保持生产一线人员队伍的精干，把不适岗和不需要的富余人员撤离岗位。

第二步：实行人员能进能出。对企业固定工实行合同化管理，把富余人员导向社会安置。

第三步：变双轨制为单轨制。完全取消固定工的身份，建立包括经营者、管理者和劳动者在内的全员劳动合同制，结束用工制度双轨并行的局面，企业和职工的劳动关系全部用劳动合同形式确定。

1992 年 7 月，国务院公布《全民所有制工业企业转换经营机制条例》，明确规定了企业的 14 项自主经营权，包括劳动用工权，人事管理权，工资、奖金分配权等；企业实行职工能进能出、能上能下，收入能高能低。劳动合同制也从城市试点到在新招工人中实行，再逐步扩展到企业中老职工。由此在企业范围内消除了老职工和新职工的用工差别，打破了“铁饭碗”和“铁交椅”，有利于促进劳动者竞争上岗，实现劳动力合理流动优化劳动组合和生产要素资源配置。

二、国有企业富余人员分流是搞活固定工制度的重要环节

1993 年 11 月，党的十四届三中全会通过的《中共中央关于建立社会主义市场经济体制若干问题的决定》指出，国有企业改革的方向是建立适应市场经济和社会化大生产要求的，产权明晰、权责明确、政企分开和科学管理的现代企业制度，使企业成为自主经营、自负盈亏、自我发展、自我约束的法人实体和市场竞争主

体。[1] 为推进建立现代企业制度，1994 年，国务院决定在百家国有大中型企业和 3 个国家控股公司进行试点，同时在 18 个城市进行“优化资本结构”的配套改革试点，以城市为依托，在整体推进国有企业转换经营机制的前提下，采取多种政策，通过破产、兼并探索建立国有企业优胜劣汰机制，并在补充企业资金、减轻企业债务负担、分离社会服务功能、分流富余人员、资产多元化等方面实现重点突破，尤其是在企业破产、兼并和职工再就业方面取得一定成效。1996 年，试点扩展到 58 个城市，1997 年扩大的 111 个城市，使得大多数国有大中型亏损企业摆脱困境，初步建立现代企业制度。

推进企业改革要求配套的用工制度改革。在转换企业经营机制、建立现代企业制度过程中，为落实企业自主权，开始配套进行劳动制度改革，改革企业固定用工制度。换言之，将国有企业富余人员分流出去，卸下人浮于事的包袱，是搞活固定工制度的重要环节之一。为此，1993 年 4 月，国务院印发《国有企业富余职工安置规定》；1996 年 10 月，中共中央、国务院下发《关于进一步解决部分企业职工生活困难问题的通知》；1997 年 9 月，劳动部、国家计委、国家经贸委等十部门联合发布《关于进一步建立和完善国有企业困难职工解困工作制度的意见》；等等。这些举措都提出通过深化改革解决困难企业问题，做好分流安置工作。企业经营机制的转换以及现代企业制度的建立，使企业获得的自主权逐步扩大，全员劳动合同制的实施，使企业能够根据生产经营的需要使用劳动力，企业在劳动力市场上的主体地位得以确立。

---

① 《中共中央关于建立社会主义市场经济体制若干问题的决定》，北京：人民出版社，1993 年版，第 5–6 页。

三、劳动法的颁布实施确立了我国劳动用工制度的新规范

1995年1月，《中华人民共和国劳动法》（以下简称《劳动法》）正式实施，明确了企业实行劳动聘用制，从法律意义上彻底打破了“铁饭碗”式的就业制度。《劳动法》是新中国成立以来第一部全面规范劳动关系、确定劳动标准的基本法，结束了我国成立45年来没有劳动法的历史，是劳动法制建设的重要里程碑。

《劳动法》用专门章节对劳动合同进行了规定，充分肯定了劳动体制改革成果，以法律形式赋予劳动者择业自主权和用人单位用人自主权，对于进一步深化经济体制改革，完善劳动力市场，建立现代企业制度起到了强有力的推动和保障作用。《劳动法》规定，劳动合同是劳动者与用人单位确立劳动关系、明确双方权利和义务的协议；建立劳动关系应当订立劳动合同。订立和变更劳动合同应当遵循平等自愿、协商一致的原则，不得违反法律、行政法规的规定。劳动合同依法订立即具有法律约束力，当事人必须履行劳动合同规定的义务。同时，《劳动法》明确规定了劳动合同订立的原则、主要内容和违法责任。这些规定，平等地保护了劳动者和用人单位的合法权益，保持了劳动关系的相对稳定，保证了劳动者竞争机会均等，保证了劳动力在劳动力市场中通畅有效地流动，使劳动者和生产资料的最优化组合成为可能，为协调稳定劳动关系和社会经济的平稳发展创造了条件。

1994年8月，劳动部发出《关于全面实行劳动合同制的通知》，部署全面实行劳动合同制，要求各地认真总结经验，积极研

究制定配套法规政策，促进劳动合同制度的建立和运行。[①] 此后，劳动合同制度改革取得突破性进展。1995 年底，全国实行劳动合同制度的企业职工占到全国企业职工总数的 85%，完成了国务院确定的 1995 年末全国企业职工实行劳动合同制人数达到 80%的目标。[②] 1996 年底，全国城镇企业职工签订劳动合同的人数达 10600 万人，占城镇企业职工总数的 96.4%，乡镇企业签订劳动合同的职工超 1500 万人。[③] 全国城镇企业实现了全面建立劳动合同制度的目标。至此，全体职工，包括管理人员、技术人员和生产工人、服务人员都与企业订立了劳动合同，明确了双方的责任、权利和利益，用法律形式规范了劳动关系。在全员劳动合同制基础上，消除了企业干部与工人、各种不同用工形式和不同所有制职工之间的身份界限，在实现劳动力资源的市场配置，促进劳动关系和谐稳定方面发挥了十分重要的作用。

总的来说，20 世纪 80 年代初期，随着“三结合”就业方针的实行，劳动者就业和企业用人的主体地位也得到初步确立，劳动力市场开始发育，出现了职工交流中心、人才市场、劳动力市场等形式的职业介绍机构。1986 年 7 月，国务院印发《国营企业实行劳动合同制暂行规定》，明确了国营（国有）企业实行劳动者合同制，打破了传统的职工能进不能出的用人制度，从制度上确立了国有企业的用人主体地位。1992 年 7 月，国务院公布《全民所有制工业企业转换经营机制条例》，进一步明确了国有工业企业的用人主

① 《劳动部发出关于全面实行劳动合同制的通知》，《技术经济信息》，1994 年 10 期。
② 《1995 年劳动事业发展年度公报》，《劳动保护科学技术》，1996 年 04 期。
③ 《1996 年度劳动事业发展统计公报》，《劳动保护科学技术》，1997 年 03 期。

体地位，推动国有企业进入市场。1995年1月，《劳动法》开始施行，进一步明确了劳动合同制度，从制度上保证了企业用人的自主权，保障了劳动者的合法权益。至此，我国就业制度完成了改革的第一步和第二步，开始了向市场化就业过渡的历程，这也是我国就业制度改革的第三步。

第四节　实施再就业工程，落实下岗职工再就业

一、再就业工程的必要性

20世纪90年代，随着劳动合同制的实行和固定工制度的改革，国有企业针对长期以来形成的“铁饭碗”、平均主义导致的冗员过多问题，强调“减员增效”、“优化组合”，开始“下岗分流”，出现一批企业终止、解除合同的人员，企业大批富余人员需要通过社会进行分流安置。由此，国有企业从原来安置就业的主渠道，转变为向社会排放劳动力的发源地，企业内部矛盾开始向社会矛盾转化，因而凸显出再就业问题。

从1993年开始，为了防止经济过热带来严重的通货膨胀，国家开始实施“双紧”政策，即适度从紧的财政政策和适度从紧的货币政策，在使经济运行实现“软着陆”的同时，开始着手大规模分流安置企业富余人员。1997年亚洲金融危机的爆发使结构调整的矛盾更为突出，国有企业面临一些问题，大量富余人员需要分流安置。与此同时，随着金融体制改革开始，不良企业不能得到贷款，一批企业拖欠工资、停产歇业，失业人员开始增加。1997年底，

全国国有企业职工分流及下岗职工已达1274万人。[①] 国有企业下岗职工再就业问题已成为社会关注的焦点问题。

“八五”期间，随着企业改革的深化和产业结构的调整，失业问题呈上升趋势，特别是部分国有和城镇集体企业经营困难，出现不同程度的停产、半停产现象。据统计，全国城镇停产、半停产企业涉及职工在700万人左右，如果按照企业富余人员口径测算，数量更大，约占企业全部人员的三分之一。这类问题的存在，增大了企业的人工成本，降低了劳动生产率，不仅成为制约国有企业发展的重要原因之一，也成为影响全国经济和社会发展的重要问题。富余人员和下岗职工问题，成为改革发展中的一个重大课题。

二、再就业工程的提出和实施进展

（一）再就业工程的提出

1993年，劳动部在总结各地经验的基础上，借鉴英国等国家“就业重振”的口号和利用项目推进工作的做法，提出了“再就业工程”，作为全国性的就业工作项目在劳动系统正式推出。这是中国就业工作词典上首次正式使用“再就业”一词，从而与初次求职就业的人员划分开，增强了工作群体的针对性。这也是首次在社会工作特别是劳动工作中采用经济建设中“工程”的提法，从而集结了当时所有政策与服务的效能来推进工作。

① 《做好再就业工作必须加大再就业培训力度——国有企业下岗职工再就业培训情况介绍》，《中国培训》，1998年12期。

（二）再就业工程的实施进展

1994年起，再就业工程首先在上海、沈阳、青岛、成都、西安、杭州等30个城市试点。经过一年实践，取得明显效果。1995年4月，国务院办公厅转发劳动部《关于实施再就业工程的报告》，在全国推广再就业工程，得到大中型城市政府的响应。1996年4月，劳动部办公厅发出《关于全面实施再就业工程有关问题的通知》，部署重点抓好200个城市的再就业工程工作，并于当年10月在山东济南召开了全国200个城市实施再就业工程现场会，交流了有关情况和经验，进一步推动再就业工程。

1997年1月，国务院召开全国国有企业职工再就业会议，提出了"鼓励兼并、规范破产、下岗分流、减员增效、实施再就业工程"的方针，再就业工程从部门工作上升为全党全国的重大行动，并作为一项全局性工作进行部署。1997年12月，中共中央、国务院在北京召开中央经济工作会议，提出积极推进国有企业的战略性改组，在组建一批大型企业集团的同时，加快放开搞活国有小企业的步伐；进一步实施鼓励兼并、规范破产、下岗分流、减员增效和再就业工程。要求在建立现代企业制度的过程中，要采取各种措施，多渠道、多形式落实资金来源，妥善安排下岗职工和城市贫困人口的生活；组织实施好再就业工程，千方百计解决好职工的再就业。[①] 至此，为解决企业富余职工和失业职工而启动的再就业工程向更大范围扩展，在全国推开。

---

① 《1997年中央经济工作会议》，中国政府网，2008年12月5日。

三、再就业工程的主要内容

再就业工程是综合运用政策扶持和各种就业服务手段，促进失业职工尽快实现再就业，帮助企业妥善安置和分流富余职工的社会系统工程。通过发挥政府、企业、劳动者三方的积极性，实行由企业安置、个人自谋职业和社会帮助安置相结合，为市场就业中的困难群体人员提供重点就业服务，并做好相应的管理工作。实施再就业工程的目的是：充分发挥就业服务体系整体功能，帮助失业人员实现再就业；改革单纯依靠企业救济解决困难职工生活的状况，推动企业转换经营机制。重点对象是失业6个月以上有求职要求的失业职工和6个月以上基本生活无保障的企业富余职工。主要工作措施包括以下八个方面。

1．开展职业指导

定期召开职业指导座谈会，为失业者介绍职业信息、求职方法，进行就业形势、政策、观念教育，指导和帮助其制订实现再就业的计划、措施。对积极参加并得到提高者，可优先推荐介绍就业；对无故不参加者，停发失业救济金。

2．组织就业培训

鼓励失业职工、富余职工积极参加转业训练和转岗培训，支持企业开展培训活动，动员社会力量利用多种形式提高他们的职业技能和就业能力。培训所需费用以自筹为主，不足时可用失业保险基金的转业训练费予以补贴。

3．鼓励、扶持企业和社会对失业职工和富余职工进行开发性安置

凡兴办第三产业安置失业职工和富余职工达到一定比例的，可享受劳服企业的优惠政策；确需扶持的，经劳动部门核准可借给一定数量的生产自救费，作为启动资金或流动资金，必要时可运用适量待业保险基金作为企业向银行贷款的贴息。

4．鼓励用人单位招用失业职工和富余职工

凡招用失业职工，并签订一年以上劳动合同的，可将其应享受的失业救济金作为工资性补贴，一次性付给用人单位。凡招用富余职工并签订一年以上劳动合同的，可由富余职工的原单位按规定支付给用人单位安置费。支持企业组织富余职工到乡镇企业或其他联营企业从事生产经营和劳务工作。

5．大力支持失业职工和富余职工组织起来就业和自谋职业

对就业所需的场地、摊位、设施、能源等，可与有关部门协调，统筹规划，做好安排。对组织起来就业和自谋职业的失业职工，可将其应享受的失业救济金一次性付给本人，作为开办资金；对自谋职业的富余职工，由企业按规定支付安置费，并解除劳动关系。

6．在行业、企业间调剂余缺

支持企业主管部门对富余职工进行行业、企业间的余缺调剂，协助办理有关手续，并提供相应的就业指导、信息和咨询等服务。

7．实行试用期制

用人单位招用富余职工可先进行试用，试用期一般为3～6个月，试用期内原单位保留其劳动关系。试用合格者，重新签订劳动合同，不合格者可以退回原单位。

8．大力兴办劳服企业和生产自救基地

对劳服企业及自办、联办等多种形式的生产自救基地，安置富余职工达到一定比例的享受国家有关优惠政策。创办和发展生产自救基地所需资金，采取多方筹集和劳动积累相结合，必要时可用失业保险基金中的生产自救费适当补助。

四、再就业服务中心的产生和运作

（一）再就业服务中心的建立和发展

各地在推进再就业工程的过程中，结合当地实际并进行创新，探索出了一些行之有效的举措，如上海、青岛、沈阳等地都有许多成功的经验。其中，上海市创建再就业服务中心的做法具有典型性。1996 年 7 月，上海市在下岗待工人员最多、职工分流难度最大的上海纺织控股（集团）公司和上海仪电控股（集团）公司率先挂牌成立了再就业服务中心，承担起促进职工再就业与保障职工基本生活的双重功能。这是政府、社会、企业、职工齐心协力推进再就业工程迈出的实质性一步。1996 年下半年，这一做法在上海全市普遍推开。

1997 年 3 月，国务院下发《关于在若干城市试行国有企业兼并破产和职工再就业有关问题的补充通知》，其中要求结合劳动就业、社会保障制度改革和当地的具体情况，建立再就业服务中心，积极开拓就业门路，关心破产企业职工生活，妥善安置破产企业职工，保持社会稳定。[①] 同年 8 月，劳动部、国家经贸委、财政部联合发出《关于在企业“优化资本结构”试点城市建立再就业服务中心的通知》，对相关的具体问题作出了规定。与此同时，国家经贸

① 《国务院关于在若干城市试行国有企业兼并破产和职工再就业有关问题的补充通知》，《中华人民共和国国务院公报》，1997 年 08 期。

委、劳动部、财政部、中国人民银行还印发《上海市实施再就业工程，建立职工再就业服务中心经验调查报告》。经过大力推动，各地在企业中陆续建立起再就业服务中心，再就业工程进入了新的发展阶段。

1998 年 5 月，针对国有企业大量富余人员集中下岗失业的问题，中共中央、国务院在北京召开了国有企业下岗职工基本生活保障和再就业工作会议。同年 6 月，中共中央、国务院下发《关于切实做好国有企业下岗职工基本生活保障和再就业工作的通知》，围绕“两个确保”，就建立就业服务中心、拓宽分流安置和再就业渠道、完善社会保障体系、强化再就业培训等措施提出了具体要求。这一文件标志着深化国有企业解困、下岗职工基本生活保障与再就业工程的密切结合。

（二）再就业服务中心的运作

再就业服务中心为下岗职工提供服务，主要承担发放基本生活费、缴纳社会保险费用、组织参加职业指导和再就业培训三项职能，依靠“三三制”筹措资金。下岗职工进再就业服务中心签协议，协议期限原则上不超过 3 年。随着下岗职工在再就业服务中心协议期满，出再就业服务中心人员的时间相对集中，部分再就业条件较好的人员顺利实现了再就业，滞留在中心的多为年龄偏大、技能单一、能力较差的人员，就业比较困难。针对这部分群体，2001 年 5 月，劳动和社会保障部发出《关于开展再就业援助行动的通知》，帮助下岗职工解决出中心后的再就业和社会保障难题。在促进就业方面，主要是积极开拓社区就业渠道，形成一批再就业基地；广泛收集用工信息，向每位有再就业愿望的下岗职工和失业人员提供3次基本符合其条件的就业信息；定期组织下岗职工专场招聘会；为每位下岗职工提供一次免费培训机会。

截至1998年底，全国国有企业下岗职工有1219万人，609万人实现再就业，再就业率为50%，没有实现再就业的职工中99%的进入再就业服务中心。[①] 改革实践证明，这项工作对推进国有企业改革和发展，维护社会稳定，确实发挥了积极的促进作用。

五、再就业工程的实施效果

再就业工程是一项主动的、积极的劳动力市场政策，对失业的治理具有直接和长远的影响。随着该工程的深入开展，逐步形成了独具特色的就业政策体系，包括政府扶持、财政支持、岗位开拓、就业援助、各方参与、资源优化、优化服务等一系列举措，对促进改革、发展、稳定发挥了重要作用。

（一）保障下岗职工的基本生活及再就业，维护社会稳定

1998—2001年，全国国有企业下岗职工累计2550万人，绝大多数先后进入再就业服务中心，并按时领到基本生活费。按照“三三制”原则，全国共筹集专项资金847亿元（其中中央财政补助434亿元）。[②]

可以说，在社会保障体系不断完善、市场机制不够健全的情况下，国有企业下岗职工基本生活保障制度为保障下岗职工的基本生

① 《1998年中国人权事业的进展》，《中华人民共和国国务院公报》，1999年4月13日。
② 毛健：《回忆“三条保障线”的确立》，《中国人力资源社会保障》，2018年04期。

活发挥了积极作用。一些地方逐步摆脱了依靠传统产业和国有企业的观念，转向第三产业、社区服务、非国营经济单位和小企业、自谋职业等再就业，探索了多种形式、多种渠道安置下岗职工的途径。这是一项成功的过渡性举措，先后有3000万人平稳实现了再就业，较好地化解了转型过程中的矛盾，维护了社会稳定。

（二）深化国有企业改革和劳动制度改革，就业服务和社会保障创新发展

通过实施再就业工程，配合国有企业深化改革和劳动用工制度改革，重点对改革中所分流的富余人员和解除劳动合同的失业职工开展工作，对当时化解国有企业富余人员分流安置和失业职工再就业的难题起到积极作用。全国国有企业职工人数由1997年末的7131万人减少到2000年末的5546万人，减轻了企业负担，为企业深化改革、解困攻坚发挥了作用。

结合再就业工程的实施，各地还通过实施“三年千万再就业培训计划”，提高下岗失业人员再就业能力，提供“131”免费就业服务*，使下一批下岗失业人员实现了再就业。再就业工程的实施，为制定和实施积极的就业政策、向市场化就业全面过渡提供了基础，也为搞好政策、服务和保障等措施的结合来推进工作提供了样板，为以后建立完善公共就业服务制度奠定了基础。

* “131”免费就业服务是指为每个下岗失业人员免费提供1次职业指导、3次职业介绍、1次转岗培训。

（三）政策有待进一步改革之处

在肯定再就业工程积极成果的同时，也出现了一些问题：一方面，这项制度从设计到实施，更多侧重生活保障，对于再就业缺乏整体设计和政策资金支持，仅靠保障基本生活越来越无法满足下岗

职工需要，帮助其尽快实现再就业的工作力度有待加强；另一方面，再就业工程仅靠劳动部门和企业主管部门来推动，缺乏其他有关部门的配合，难以形成工作合力。尤其是受1997年亚洲金融风暴的影响，“再就业工程”项目有限的资金和一般性措施难以应对。

总体来看，再就业工程是我国建设有中国特色的社会主义市场经济的又一壮举，它与“三结合”就业方针、国有企业用工制度变革所奠定的基础，对走出中国特色的就业工作新路子、开辟中国就业的新纪元以及创建新中国就业史上内容涉及最广、政策项目最全的一套政策体系夯实了基础。

第三章
创设并不断发展完善积极就业政策

▼

世纪之交，我国改革开放和现代化建设进入新的阶段，各项事业稳步推进，对外开放提高到新的水平，国民经济持续快速健康发展。但进一步推进改革和结构调整的任务仍然十分艰巨繁重，我国的就业体制改革进入攻坚阶段。

第一节　积极就业政策创立的背景

一、国有企业改革进入攻坚阶段

20 世纪 90 年代后期到 21 世纪初期，我国经济改革和发展取得重要进展，国民经济保持较快增长。国有企业改革和经济结构战略性调整取得实质性进展，按照“鼓励兼并、规范破产、下岗分流、减员增效、实施再就业工程”的方针，国有企业改革工作稳步推进。重点行业和企业脱困工作取得显著成效。国有经济整体质量提高，优胜劣汰机制初步形成。

2001 年加入世界贸易组织后，为适应国际经济形势的新变化，我国国有企业在改制重组、结构调整、减员增效等方面进一步加大了力度。非公有经济、中小企业和第三产业有了较大发展。国民经济运行的市场化程度显著提高，社会主义市场机制建设迈出重要步伐。

二、市场就业机制初步形成

20 世纪 90 年代以来，由于长期的计划经济体制运行形成的后遗症以及国家加大改革和经济结构调整的力度，国有企业职工下岗问题开始日益突出，引起全社会的普遍关注。1998 年 6 月，中共中央、国务院下发《关于切实做好国有企业下岗职工基本生活保障和再就业工作的通知》，提出争取用五年左右的时间，初步建立起适应社会主义市场经济体制要求的社会保障体系和就业机制的目标。同时，也强调了市场就业机制的内容，即要建立和完善市场就业机制，实行在国家政策指导下，劳动者自主择业、市场调节就业和政府促进就业的方针。市场导向就业机制的内涵主要包括两个方面：一是确立劳动者和用人单位的市场主体地位。用人单位和劳动者在统一、公开、平等、规范的条件下，做到通过市场进行双向选择。其作用也体现在企业用人、工资分配的过程中。二是劳动者求职、单位招工及职业介绍行为规范有序，市场服务功能完善，工资参与市场调节，劳动力合理流动，初步形成统一开放、竞争有序的劳动力市场，对劳动力资源配置起基础性作用。

三、“三碰头”就业局面

随着我国人口结构的变化和农村政策的调整，城镇新增劳动力在“十五”期间每年增长近1000万人，处于高峰，加上历年累积的下岗失业人员，每年城镇需要安排就业的人员为2200万～2300万人，而每年新增就业岗位仅700万～800万个，年度供大于求的缺口为1400万～1500万个。同时，农村还有1.5亿个富余劳动力需要寻找到新的就业岗位。

我国当时面临着国有企业下岗职工转轨就业、青年就业和农村转移就业同时出现、相互交织的“三碰头”局面，就业方面的主要矛盾是劳动者充分就业的需求与劳动力总量过大、素质不相适应之间的矛盾。妥善解决好城镇下岗失业人员再就业问题、城镇新增劳动力就业问题、农村劳动力转移就业问题成为最紧迫的事情。面对这一复杂局面，党中央、国务院明确提出，要从长远大局考虑，统筹兼顾，解决好就业再就业的问题，更要在一个时期内抓住主要矛盾，突出工作重点，将有限的财力、人力集中到解决主要矛盾上。为此进一步明确，在一个时期内将工作重点转到再就业上来，着力解决下岗失业人员的再就业问题。

四、下岗失业人员再就业问题成为焦点

1998年6月，中共中央、国务院下发《关于切实做好国有企业下岗职工基本生活保障和再就业工作的通知》，将保障国有企业下岗职工基本生活作为首要任务，积极推进下岗职工基本生活保障、失业保险、城市居民最低生活保障相互衔接的三条保障线制度，并要求企业建立再就业服务中心，与下岗职工签订进中心的三年协议，发放生活保障金。三年里，国有企业下岗职工绝大多数进入再就业服务中心并按时领到生活费。这在当时我国市场就业机制

不健全和社会保障体系不完善的情况下，作为一种过渡性的措施，保障了下岗职工基本生活。但在这个特定历史阶段，下岗失业人员再就业问题依然是我国就业问题的焦点。

具体来讲，一是下岗职工面临出中心后怎么办的问题，尤其是到了 2001 年下半年，由于三年期满下岗职工出再就业服务中心的时间集中，失业人数陡然增长，“出中心难、再就业难”问题开始显现，只有通过再就业才能解决他们的生存和发展问题。二是政府努力使下岗职工由保生活向促进就业转变，也需要解决再就业问题。一方面，大多数下岗失业人员上有老、下有小，家庭负担重，仅靠领取基本生活费、失业保险金或“低保”补差维持生活，很容易沦为城镇中最困难的群体，必须采取更加积极有效的扶持政策，帮助他们尽快实现再就业，靠劳动收入的提高从根本上摆脱生活上的困境。另一方面，随着下岗失业人员积累增多，再就业难的问题较为突出。他们中多数人年龄偏大、文化程度偏低、技能单一，就业竞争能力弱，若不采取积极的扶持政策，他们的再就业很难实现，而失业周期的拉长，又会进一步加剧他们及其家庭的生活困难。三是随着国有企业职工的减少，社会保障参与率逐年下降，同样需要通过再就业进而促进社会保障参与率的提高。如果没有劳动能力的人“吃社保”，有劳动能力的人也“吃社保”，社会保险基金将入不敷出。促进下岗失业人员再就业，不仅可以减少这方面的支出，而且作为参保人员，还会按照规定缴纳社会保险费，增加社会保险基金收入。

第二节　建立和实施积极的就业政策

一、对就业问题的新认识和新思路

（一）提出“就业是民生之本”的理念

2002 年 9 月，中共中央、国务院在北京召开全国再就业工作会议，从战略和全局的高度，深入分析了经济发展、国有企业改革、结构调整和就业工作的形势，提出了“就业是民生之本”的理念。[①]

“就业是民生之本”的提出，对就业问题的极端重要性做出了深入浅出的科学概括。就业问题是一个世界性的难题，当时的中国有 12 亿多人口，就业问题比任何一个国家都要复杂，扩大就业的任务比任何一个国家都繁重，必须把就业和再就业工作作为长期的战略任务，坚持不懈地抓紧抓好。

（二）地方实践和国际经验做法奠定基础

首先，经济发展的良好态势为解决我国就业问题创造了有利条件。2002 年以后，我国经济进入一个高速发展阶段。经济快速发展，有利于产业结构、行业布局及经济组织形式的调整和完善，为解决我国就业问题提供了广阔的空间，也提供了财政、税收、金融等方面支持就业的物质条件。

---

① 江泽民：《全党全社会共同努力，进一步做好就业和再就业工作》，载中共中央文献研究室编：《十五大以来重要文献选编》（下），北京：中央文献出版社，2011 年版，第 725 页。

其次，国内各地区和有关部门的探索实践为解决我国就业问题奠定了坚实基础。在实施“再就业工程”和国有企业下岗职工基本生活保障的实践中，各地区、各有关部门按照中央的统一部署和要求，在促进再就业方面进行了积极探索，提供了实践基础。例如，通过所得税减免等措施，发展服务业扩大就业；通过税收优惠、小额信贷等措施，鼓励下岗失业人员自谋职业和自主创业；通过给予工资补贴等措施，帮扶就业困难人员再就业。同时，在加强就业服务和再就业培训方面也创造了一些成功的经验做法。

最后，发达国家的有益经验为解决我国就业问题提供了重要借鉴。劳动和社会保障部组织的专项研究发现，各国政府都把促进就业作为施政纲领的重要内容，注重运用税收、财政、信贷、贸易以及人力资本投资等政策来促进就业，化解失业压力，“熨平”经济周期中失业率的波动。例如：美国采取优惠政策，发展中小型企业；德国实施提高职业介绍效率政策，扶持失业者创业；英国改失业救济为“找工作补助”，鼓励失业者从享受福利补贴走向工作岗位；法国、韩国、西班牙等国家实行岗位或工资补贴，鼓励企业吸纳就业困难人员。结合我国国情，认真学习汲取他国有益经验，也为我国制定积极的就业政策拓宽了思路。

（三）明确新就业门路，设计积极就业政策框架和重点

随着将促进再就业作为工作重点的进一步明确，要着力解决的就是“人往哪里去，就业岗位从何来”的问题。特别是在曾作为就业主渠道的传统制造业、国有企业等吸纳能力减弱的情况下，新的就业岗位从何而来？扩大就业再就业路在何方？为破解这个难题，从 2001 年开始，国务院领导组织劳动和社会保障部、国家经

贸委、财政部等有关部门和专家对国际经验和地方实践进行深入研究，赴 12 个省市开展专题调研，召开 11 个省区市负责人专题座谈会。通过大规模大范围的深度调研，认真总结各地实践，梳理成功经验做法，认识到促进就业再就业是有潜力、有门路的，只要瞄准新的就业增长点，就能够创造出更多的就业岗位。提出大力发展第三产业、鼓励发展多种所有制经济、促进跨地区的劳务协作和对外劳务输出、支持有条件的国有大中型企业主辅分离和辅业改制、鼓励更多下岗失业人员自主创业和灵活就业等五个方面作为主攻方向，开辟新的就业门路。

2002 年上半年，党中央成立了由 11 个部门负责同志参加组成的政策文件起草组，紧锣密鼓地进行政策的研究制定工作。在深入调研，广泛听取地方和企业意见，统一各部门共识的基础上，进一步明确了政策制定的思路，即从五个方面来设计积极就业政策框架和重点：一是提高经济增长对就业拉动能力的宏观经济政策；二是重点促进下岗失业人员再就业的扶持政策；三是通过加强就业服务和职业培训促进市场供求合理匹配的劳动力市场政策；四是规范企业减员、引导大企业安置富余人员，减轻社会失业压力的政策；五是继续做好保障下岗失业人员特别是困难群体基本生活的社会保障政策。

（四）标志性政策文件开启中国积极就业政策的创发之路

经过政策文件起草组数十次反复修改完善，并广泛征求各地、各部门和企业意见后，2002 年 9 月，全国再就业工作会议对即将出台的就业政策文件进行了认真讨论和完善，会后中共中央、国务院下发《关于进一步做好下岗失业人员再就业工作的通知》（以下简称“12 号文件”），奠定了我国积极就业政策的总目标总框架，也为就业和社会保障立法打下了坚实基础。

以 2002 年全国再就业工作会议和“12 号文件”为起点，具有中国特色的积极的就业政策正式登上就业工作的历史舞台。伴随着中国就业的发展变化和工作需要，积极的就业政策在解决不同阶段突出问题过程中不断调整和完善，逐步形成了一套涉及面广、扶持力度大、项目内容多的较为完整的就业政策体系。其思路和框架可简明地归纳为：五大支柱（经济拉动、政策扶持、市场服务、政府调控、社会保障），六个领域（中小企业、第三产业、多种经营、劳动密集、灵活就业、劳务输出），十项政策措施（税费减免、小额贷款、社保补贴、就业援助、主辅分离、就业服务、财政投入、社会保障、规范裁员、社区平台），由此组成积极就业政策的整个框架。

二、积极就业政策的实施效果与推进落实

（一）积极就业政策在“十五”期间取得明显成效

经过各级政府、各有关部门和社会各方面的共同努力，我国积极就业政策顺利展开，在扩大就业规模的同时，下岗失业问题得到初步缓解，城镇登记失业率得到有效控制，就业局势基本稳定。

1．实施积极的就业政策，就业结构进一步改善

“十五”期间，我国各地把经济发展、结构调整和促进就业紧密结合，把发展劳动密集型产业和吸纳劳动力大的服务业作为重点，形成经济与扩大就业的良性互动，促进就业较大增长，就业结构进一步优化。截至“十五”期末，中国城乡就业人数达到 7.6 亿人，比

“九五”期末增加了4000万人；其中城镇就业人数近2.7亿人，比“九五”期末增加了4200万人。“十五”期间，第三产业从业人员大幅增加。

“十五”期间，在总结各地成功经验和借鉴世界各国行之有效做法的基础上，我国制定实施了一系列促进就业再就业的政策措施，包括税费减免、小额信贷、社会保险补贴、岗位补贴、职业介绍与培训补贴、主辅分离等政策，形成了一整套有中国特色的积极就业政策体系。积极的就业政策实施后，在促进就业特别是国有企业下岗失业人员再就业方面发挥了明显效应。“十五”期间，有1800多万名国有企业下岗失业人员实现了再就业。2003—2006年，通过实施就业援助，帮助370多万名就业困难人员实现了再就业。在总结实践经验的基础上，2005年11月，国务院下发《关于进一步加强就业再就业工作的通知》，进一步总结、扩展、调整、充实了积极就业政策。为全面解决转轨时期历史遗留的下岗职工再就业问题，建立市场导向就业机制奠定了坚实基础。

2．市场导向就业机制初步确立，城乡统筹就业开始起步

“劳动者自主择业、市场调节就业和政府促进就业”的机制初步确立，在劳动力资源配置中发挥了基础性作用。劳动者就业观念发生重大变化，就业方式日趋多样化。就业服务体系初步形成，公共就业服务专业化、制度化和社会化水平进一步提高，全国绝大部分街道社区建立了劳动保障工作平台，承担起下岗失业人员再就业和离退休人员管理服务工作。

此外，我国还建立了适应市场化、社会化的职业培训体系，再就业培训和创业培训扎实推进，高技能人才占技能劳动者的比例有了一定增长。职业资格证书制度建立并不断完善，初步实现了技能人才评价与就业、使用、待遇相衔接，到“十五”期末，全国有6000多万人次取得职业资格证书。城镇新增劳动力就业和下岗失业人员再就业工作整体推进，高校毕业生初次就业率均超过了70%，农村劳动力进城就业环境得到改善，取消了对农村劳动力进城就业的限制性政策和不合理收费，农村劳动力转移培训就业工作进一步加强。各地还积极开展了城乡统筹就业试点工作，城乡统筹就业工作开始起步。

（二）督促检查再就业政策的执行

积极的就业政策在实行中，党中央和国务院非常重视执行问题。2002年9月的全国再就业工作会议上就明确提出，切实加强对再就业工作的督促检查，这是使各项政策措施落实到实处的重要保证。党中央和国务院还要求各地区、各部门建立健全再就业工作督促检查机制，把日常检查和不定期的抽样调查结合起来，以检查促整改。此后，各部门建立起自上而下的定期检查制度，开展专项检查，公布举报电话，发现问题及时处理。劳动和社会保障部门加强劳动保障监察工作，大力整顿劳动力市场秩序。新闻媒体通过开辟专栏等各种形式，广泛宣传再就业的方针政策，介绍再就业先进经验，推广再就业典型，积极引导下岗失业人员转变观念。①

2003年初，为加强积极再就业政策工作的组织领导和实施力度，也为了有效应对“非典疫情”对就业工作的影响，国务院决定建立再就业工作部际联席会议制度，劳动和社会保障部牵头，由国

① 莫荣：《中国积极就业政策：形式、发展和完善》，北京：社会科学文献出版社，2015年版，第86页。

家发改委等 13 个部门和单位组成，国务院办公厅参加。国务院再就业工作部际联席会议制度的建立，为协调国务院各部门共同做好再就业工作提供了组织保证，也为后来更加积极的就业政策，以及就业优先政策的落实和工作开展提供了制度基础。

（三）积极就业政策的进一步推进与落实

为推动积极就业政策的落实，2003 年 8 月，中共中央、国务院召开全国再就业工作座谈会，强调就业是民生之本，促进就业是安国之策，对就业再就业工作进行再动员、再部署。会议强调，各级党委和政府要以增加就业岗位为目标，以落实再就业政策为主线，以强化再就业服务为手段，以加大资金投入为保障，以帮助困难人员就业为重点，继续把再就业工作抓紧抓实，切实抓出成效。

此外，会议还从大力开发就业岗位、全面落实再就业扶持政策、增加再就业资金投入、强化再就业技能培训等方面对积极就业政策的进一步推进和落实作出重要部署，为后期积极就业政策的调整与延伸发展提供了思路与完善空间。

第三节　积极就业政策在实施中的延伸发展

一、积极就业政策的完善过程

以《关于进一步做好下岗失业人员再就业工作的通知》为龙头的积极就业政策，是我国积极就业政策的开篇之作，开创了政府积极促进市场就业的政策导向，既跳出了计划体制下政府安置就业的老路子，又体现了对市场就业的积极引导和规范。但是，这一阶段的政策仍处于摸索阶段，对象范围主要限定在国有企业下岗失业人员，对税收减免、社会保险补贴等核心政策也暂定以三年为限，一些操作办法也还不够完善。到2005年，国有企业下岗失业问题虽已解决大部分，但还有一部分下岗失业人员未能实现再就业，已实现再就业的人员也还不稳定，加上集体企业下岗失业问题显现出来，仍需要继续获得政策扶持。而2002年制定的政策到期后是否继续实行，政策实施范围和对象是否要根据实际情况调整，成为新的考验。与此同时，农民工流动就业和青年就业问题也逐步显现出来，需要统筹考虑。

2005年，劳动和社会保障部会同有关部门总结评估各项再就业扶持政策的实际效果，分析存在问题，研究提出下一步政策走向的建议。国务院就业工作部际联席会议专门召开会议听取地方政府和部门的意见。在调查研究和总结评估基础上，统一思想认识，决定对原有政策进行延续、扩展、调整和充实。

从2005年5月开始，劳动和社会保障部会同有关部门就再就业扶持政策的实施效果开展总结评估，总结2002年到2005年就业再就业工作取得的成绩，评估各项再就业扶持政策的实际效果，分析存在的问题及原因，研究提出进一步完善就业再就业政策的意见和建议。

（一）关于再就业政策实施效果

经过总结评估，各地一致认为，经过各地区、各部门的共同努力，就业再就业工作取得较大进展，就业规模不断扩大，政策效应明显发挥，一大批下岗失业人员通过政策扶持实现了再就业，对巩固国有企业改革成果、促进经济发展、维护社会稳定发挥了重要作用，得到了广大人民群众特别是下岗失业人员的普遍欢迎。主要表现在以下四个方面：

第一，发展经济与扩大就业的良性互动开始形成，促进就业有较大幅度的增长。各地把经济发展、结构调整和促进就业紧密结合，通过大力发展第三产业特别是服务业，积极推动劳动密集型行业和中小企业的发展，扩大了就业容量，城镇新增就业人数稳步上升，较好地完成了就业再就业的目标任务。

第二，再就业扶持政策产生了积极作用，促进劳动者自谋职业和企业吸纳就业。从 2003 年至 2005 年上半年，共有 1208 万名下岗失业人员通过各种渠道实现了再就业，其中通过实施税费减免、小额担保贷款政策，全国共有 392 万人自谋职业，25 万人享受小额担保贷款政策实现了自主创业。此外通过实施主辅分离、辅业改制的相关政策，分流安置了 131 万名富余人员，进一步减轻了国有企业的冗员负担。

第三，公共就业服务制度初步建立，职业培训促进就业取得成效。公共集约服务专业化、制度化和社会化水平进一步提高。2003—2005 年先后为 1300 万名下岗失业人员提供了免费就业服务，同时共有 1100 万名下岗失业人员参加了再就业培训，培训后就业率达到 60%。

第四，失业调控得以加强，大学生就业和改善农民工就业环境工作稳步提高。各地普遍注意把握好国有企业关闭破产、经济性裁员的力度，并与促进就业相结合，有效地控制了失业率。[①]

---

① 莫荣：《中国积极就业政策：形式、发展和完善》，北京：社会科学文献出版社，2015 年版，第 95–96 页。

（二）政策实施中存在的主要问题

首先，政策适用范围较窄、执行期限较短，影响了政策效果的充分发挥。如政策的适用对象范围主要集中在国有企业的下岗失业人员，多数集体企业的下岗失业人员享受不到政策扶持，感到不公平。再如社会保险补贴政策仅限于服务型企业，在其他类型企业以及以灵活就业方式实现再就业的下岗失业人员也要求享受政策。再比如社会保险补贴仅限于养老保险和失业保险两个险种，而广大下岗失业人员还非常关注医疗保险的问题。

其次，一些政策操作程序比较复杂，准入条件或“门槛”较高。例如，小额担保贷款政策，贷款申请审核涉及劳动保障、财政、银行等多个部门，申请手续比较复杂，审批周期较长；多数地区要求下岗失业人员提供反担保，但很多下岗失业人员因难以提供反担保而申请不到贷款。再如，一些财政资金补贴政策，由于准入条件较高，审批程序比较复杂，使得一些企业和人员申请不到或不能按时拿到补贴资金。

最后，少数政策设计存在漏洞或缺陷。例如，规定企业吸纳下岗失业人员达到职工总数的30%即可免除全部的营业税、企业所得税等四项税收，这种税收减免方式漏洞很大。一方面，一些规模较小的企业用较低的工资成本招用了很少的下岗失业人员，却因此减免了税收；另一方面，一些规模较大的企业即使招用了很多下岗失业人员，却因达不到30%的比例而享受不到税收减免。再如，在工商登记注册中存在“个体工商户”（雇工 7 人以下）与“私营企业”（雇工 8 人以上）的差异，而政策规定下岗失业人员注册为“个体工商户”即可免营业税等四项税收，由于跟踪管理不到位，使得个别企业和个人利用政策差异，将“私营企业”注册为“个体工商户”，以享受更优惠的税收减免。

二、新一轮积极就业政策的提出与演进

2005 年 11 月，在调查研究和总结评估的基础上，国务院下发《关于进一步加强就业再就业工作的通知》(以下简称“36 号文件”)，“36 号文件”是中国积极就业政策的又一个里程碑式的重要文件，对原有政策进行了延续、扩展、调整和充实，增加了政策的针对性和有效性，确立了新一轮积极就业政策体系，明确指出“在重点解决好体制转轨遗留的再就业问题的同时，努力做好城镇新增劳动力就业和农村富余劳动力转移就业工作，有步骤地统筹城乡就业和提高劳动者素质，探索建立市场经济条件下促进就业的长效机制”[①]。其后，国务院就业工作部际联席会议各成员单位密切配合，在两个月内，起草完成了宣传提纲、综合配套、资金管理、税收减免、小额担保贷款、收费减免、失业保险试点等配套文件，使相关文件的政策得到进一步细化，更具操作性。

从“36 号文件”的内容上看，一是对原政策的延续。继续保留原有的税费减免、社会保险补贴、小额担保贷款及贴息等主要扶持政策，并将政策审批截止期限延长至 2008 年底。二是对原政策的扩展。将厂办大集体企业的下岗职工纳入政策扶持对象范围。同时，将就业困难人员范围进一步扩大，增加了厂办大集体企业下岗

① 《国务院关于进一步加强就业再就业工作的通知》,《中华人民共和国教育部公报》, 2006 年Z1 期。

职工中的“4050”人员及长期失业人员。三是对原政策的调整。在税收减免政策中对从事个体经营的税收优惠，从原来的没有限额调整为在定额内按四个税种依次减免；对鼓励企业吸纳人员的税收优惠，由过去的按比例减免调整为按实际招用人数定额依次减免。四是对原政策的充实。增加了对就业困难人员从事灵活就业的社会保险补贴政策，主要是为了稳定灵活就业，有效解决他们的参保续保问题，使隐性就业显性化，以利于就业管理。这些政策的新变化是适应新的就业形势和任务，使行之有效的扶持政策得到继续坚持，并针对管理、操作上存在的具体问题，从积极层面加以改进和完善。因此，可以说新一轮政策是对积极就业政策的继承、丰富和发展。①

三、新一轮积极就业政策执行

“36 号文件”下发后，根据新形势新任务的要求，国务院再就业工作部际联席会议制度调整为国务院就业工作部际联席会议制度，充实了会员单位，完善了议事规则。在国务院直接领导下开展工作，定期交流工作进展情况，协调解决政策落实中的难点问题，督促检查各部门政策落实情况和工作情况，统一协调各部门行动，指导推动全国再就业工作。各省、自治区、直辖市政府也相应建立联席会议协调机制。同时，就业工作目标责任制度得到健全。将实现“城镇新增就业人员”、控制“城镇登记失业率”指标作为经济

① 张小建：《中国就业改革发展 40 年》，北京：中国劳动社会保障出版社，2019 年版，第 80 页。

社会发展的重要内容，纳入国民经济和社会发展年度计划，并在全国人大会议上向全社会公开承诺；建立政府和有关部门促进就业目标责任，层层分解到省、市、县一级，并通过建立考核评估体系，确保各项目标任务的完成。

国务院就业工作部际联席会议各成员单位积极行动，大力推进政策落实。2006 年 3 月，国务院就业工作部际联席会议组织了新一轮积极就业政策培训，全国劳动保障系统和有关部门 700 余人参加。同年 6 月，劳动和社会保障部、财政部、中国人民银行在江西南昌联合召开落实就业政策推动创业促就业工作座谈会，明确推动创业带动就业工作的重要目标。同年 11 月，中国人民银行在江苏南京召开推动小额担保贷款促进就业经验交流会，推动小额担保贷款促进就业工作。

第四章
建立公共就业服务体系，统筹群体就业

▼

自 20 世纪 90 年代起，我国把开发利用和合理配置人力资源作为发展劳动力市场的出发点。广开就业门路，更多地吸纳城镇劳动力就业。鼓励和引导农村富余劳动力逐步向非农产业转移和地区间的有序流动。形成用人单位和劳动者双向选择、合理流动的就业机制。把建立一个竞争公平、运行有序、调控有力、服务完善的现代劳动力市场作为重要目标。

第一节　公共就业服务建立的背景

一、劳动力市场概念的形成是公共就业服务建立的基础

改革开放之前，由于长期实行计划经济体制，劳动力市场的概念基本不存在。改革开放后，我国城镇经济结构由单一向多元化转变，“三结合”的就业方针拓宽了就业渠道，社会上出现了以职业介绍和技术工人交流为主要内容的“劳务市场”，这也是劳动力市

场的雏形。当时由于社会主义姓“社”还是姓“资”的问题，劳动力市场概念被有意回避。

1989 年，劳动部就业问题研究小组研究形成《关于我国劳务市场机制问题研究报告》，在社会对市场的质疑声中明确坚持市场导向的政策。1993 年 11 月，党的十四届三中全会通过《中共中央关于建立社会主义市场经济体制若干问题的决定》，在强调发展要素市场时，正式使用了“劳动力市场”的概念，提出改革劳动制度，逐步形成劳动力市场，要把开发利用和合理配置人力资源作为发展劳动力市场的出发点。广开就业门路，更多地吸纳城镇劳动力就业。鼓励和引导农村剩余劳动力逐步向非农产业转移和地区间的有序流动。形成用人单位和劳动者双向选择、合理流动的就业机制。1993 年，劳动部在劳动体制改革总体设想中，将建立一个竞争公平、运行有序、调控有力、服务完善的现代劳动力市场作为重要目标。①

二、劳动力市场政策措施为建立公共就业服务体系提供了支撑

党的十四大之后，劳动力市场的培育发展主要从三个方面推进。

1．培育市场主体

以 20 世纪 90 年代中期全面实行劳动合同制为标志，一方面，开始形成劳动者竞争就业和主要通过市场就业，为劳动者的自主择

① 张小建：《中国就业改革发展 40 年》，北京：中国劳动社会保障出版社，2019 年版，第 103–104 页。

业和对自身劳动力的自由支配创造了宽松的环境和条件，初步确立了劳动者在劳动力市场中的主体地位。另一方面，企业经营机制的转换以及现代企业制度的建立，使企业获得的自主权逐步扩大，全员劳动合同制的实施，使企业能够根据生产经营的需要使用劳动力，企业在劳动力市场上的主体地位得以确立。

2．发展服务体系

1990 年 1 月，劳动部发布《职业介绍暂行规定》，将组织劳务市场的专门服务机构正式命名为“职业介绍所”，并明确其性质、任务和管理方法，使其担负起在市场就业中开展就业指导与咨询，进行职业介绍的任务。1993 年 4 月，国务院以及劳动部联合有关部门相继发布的有关政策文件，对培育发展劳动力市场、完善社会保障制度、促进职业技能开发等作出明确规定。就业服务逐步形成以职业介绍、就业训练、劳服企业和失业保险为主的“四大支柱”，对促进就业发挥了巨大作用，也为以后的就业服务体系的建立奠定了基础。

3．建立运行规则

1994 年 7 月，《劳动法》的正式颁布为劳动力市场发展提供了法律依据。《劳动法》颁布后，当年我国出台了 17 个配套部颁规章，之后两年又连续出台了 100 多个配套规章和政策性文件，涵盖了向市场就业过渡和劳动力市场管理的诸多方面，初步建立了劳动力市场运行的基本管理制度。①

① 张小建：《中国就业改革发展 40 年》，北京：中国劳动社会保障出版社，2019 年版，第 105 页。

第二节　公共就业服务体系的建立与发展

受国情影响，我国公共就业服务走了一条不同于其他市场经济国家的道路。伴随着市场经济体制改革深化与劳动力市场的培育、发展和不断完善，我国公共就业服务先后经历了初创阶段（20世纪80年代）、体系逐步成型阶段（20世纪90年代）、服务制度建立健全阶段（进入21世纪）三个发展阶段。

一、公共就业服务的概念及内涵

公共就业服务是指由政府出资，向劳动者提供的公益性就业服务。国际劳工组织在《就业服务公约》中明确，各国应建立一个全国性的公共的、无偿的职业介绍体系。公共就业服务在全球已有一个世纪的发展历史。实践表明，公共就业服务是提高市场信息透明度，确保市场公平，防止就业歧视并使各类弱势群体得到帮助的重要力量，同时公共就业服务也是政府调控市场和促进就业的重要手段。

《中华人民共和国就业促进法》规定："县级以上人民政府建立健全公共就业服务体系，设立公共就业服务机构，为劳动者免费提供下列服务：（1）就业政策法规咨询；（2）职业供求信息、市场工资指导价位信息和职业培训信息发布；（3）职业指导和职业介绍；（4）对就业困难人员实施就业援助；（5）办理就业登记、失业登记等事务；（6）其他公共就业服务。公共就业服务机构应当不断提高服务的质量和效率，不得从事经营性活动。公共就业服务经费纳入同级财政预算。”[①] 依据法律，我国的公共就业服务具有四个基本要素：一是以促进就业为目的。二是以提供公益服务来定性。三是以政府服务公众的职能为定位。四是公共政策和公共财政给予保障和支持。

二、公共就业服务的发展脉络

（一）公共就业服务的初创阶段

20 世纪 80 年代初，面对大批知识青年返城，我国就业形势的异常严峻，中央政府提出了“三结合”就业方针，实行劳动部门介绍就业、劳动者组织起来就业和自谋职业。一种新型的集安置青年就业和培训于一体的社会经济组织——劳动服务公司应运而生，到 20 世纪 80 年代末已在全国普及，在落实“三结合”就业方针，推动城镇青年就业中发挥了积极作用。

之后，原区（县）以上各级劳动部门所属的劳动服务公司转变为公共就业服务机构，即就业管理服务局（中心），承担职业介绍、就业训练、失业保险、生产自救等四位一体就业服务工作；与此同时，针对登记失业人员的求职服务、培训服务和失业保障等一整套工作模式也逐步建立，初步形成我国公共就业服务体系的雏形，成为劳动部门促进社会就业的主要阵地和服务劳动者就业的窗口。但当时由于没有稳定的财政经费支撑，不少服务项目采取收费方式，服务的广度深度受到局限。

---

① 《中华人民共和国就业促进法》,《中华人民共和国全国人民代表大会常务委员会公报》, 2007 年 06 期。

（二）公共就业服务体系逐步成型阶段

20世纪90年代末，面对国有企业改革中上千万下岗失业人员，以往的服务模式已难以适应需要。1998年6月，中共中央、国务院发布的《关于切实做好国有企业下岗职工基本生活保障和再就业工作的通知》首次提出，“要建立和完善市场就业机制，实行在国家政策指导下，劳动者自主择业、市场调节就业和政府促进就业的方针。要按照科学化、规范化、现代化的要求，大力加强劳动力市场建设”①。

1999年，劳动和社会保障部部署全国100个城市进行“三化”建设的先行试点，出台了劳动力市场管理法规、规章和服务规范，就业服务综合性服务场所的基础设施和计算机网络等建设上了一个新台阶，公共就业服务机构功能及服务能力大大加强，民办职业中介机构也有较快发展，形成了公共就业服务机构为主体，民办职业中介机构为补充的劳动力市场服务体系，为逐步建立市场导向的就业服务机制奠定了基础。在劳动力市场“三化”建设过程中，我国公共就业服务体系初步形成，不仅对当时迫切需要解决的下岗职工再就业发挥了积极作用，也使我国公共就业服务机构自身建设迈上新台阶。

---

① 《中共中央、国务院关于切实做好国有企业下岗职工基本生活保障和再就业工作的通知》，载中共中央文献研究室编：《十五大以来重要文献选编》（上），北京：中央文献出版社，2011年版，第354页。

（三）公共就业服务体系和制度的建立健全阶段

进入 21 世纪，随着积极就业政策的实施，公共就业服务体系和制度建设步入快车道。2002 年 9 月，中共中央、国务院下发《关于进一步做好下岗失业人员再就业工作的通知》，要求各级政府建立公共就业服务制度，对下岗职工和所有登记失业人员实行免费就业服务，并明确了财政支付的职业介绍补贴和职业培训补贴作为免费服务和培训的资金来源。2003 年 8 月，在全国再就业工作座谈会上，进一步提出就业服务要实行制度化、专业化和社会化的要求。2005 年，公共就业服务机构向所有求职者免费开放，职业培训补贴范围也覆盖到进城务工的农村劳动者。2007 年，劳动和社会保障部对公共就业服务的六项服务职能（综合服务、信息发布、职业介绍、职业指导、培训与创业服务、就业和失业管理）作了具体规定，并大力推行“一站式”服务。

三、公共就业服务体系发展成效及新要求

（一）公共就业服务体系发展成效

在党中央、国务院的正确领导和高度重视下，在各级政府的支持下，我国公共就业服务机构体系，采用全国统一标识，在大中城市市区两级及部分有条件的小城市逐步建立起以公共职业介绍机构为窗口的综合性服务场所，在基层街道和社区设立了劳动保障工作平台。逐步构建了中央、省、市、区（县）、街道（乡镇）、社区五级管理、六级服务的公共就业服务网络，形成了融职业信息、职业介绍、职业指导和劳动保障事务代理服务于一体，并同职业培

训、失业人员管理、就业岗位开发、创业培训、开业指导等职能的公共就业服务机构相衔接的“一站式”便捷服务体系。各级公共就业服务平台在人员配备、资金保障、技术支撑和服务方式与内容等方面也取得了长足进步。

至此，我国公共就业服务法律法规、制度政策体系基本成型；体系建设尤其是基层服务平台建设不断加强；就业信息服务系统和网络普遍建立，信息化服务手段得到广泛应用；经费保障进一步强化；服务领域不断延伸和扩大，服务方式不断创新；部分城市实行了政府招标购买就业服务或鼓励公共和民营就业服务机构合作提供服务等方式。

（二）公共就业服务体系发展新要求

40多年来，随着就业工作和人才工作的发展，我国已经形成了县区以上综合性服务机构（包括政府举办的人才交流服务机构和劳动就业服务机构），以及街道（乡镇）社区基层服务窗口，此外还包括就业训练、创业服务等服务实体，形成了覆盖省、市、县区、街道（乡镇）和社区的公共就业服务网络，为高校毕业生、农村转移劳动力、下岗失业人员、就业困难人员以及各类市场主体提供公共就业服务，尤其是“全方位公共就业服务”*理念深入实施。2018年12月，人力资源社会保障部、国家发改委、财政部联合印发《关于推进全方位公共就业服务的指导意见》，旨在全面推进全方位公共就业服务的深入实施，也是我国实现更加充分和更高质量就业的必然选择。全方位具体体现在以下“五化”。

*“全方位公共就业服务”指围绕促进就业、落实就业政策、满足劳动者实现就业和自主创业、满足单位用人需求、实现劳动力供求匹配的全面优质服务。

1．推进公共就业服务专业化

面对劳动力市场主体多元化、个性化和高端化的需求，公共就业服务不能再局限于传统的单一的招聘中介和相关业务咨询服务等，而是以专业化的服务，为劳动力市场主体提供科学的、专业的、综合的服务，不断拓展职业指导服务功能，加大对重点群体的精准帮扶，创新就业服务方式等，以专业突出高端、体现个性、适应多元。也就是让专业的人员做专业的事情，由专门的机构做专项的工作，让专注的人员做专业的工作。

2．推进公共就业服务信息化

对内坚持业务协同，信息共享。对外在劳动力市场建设中坚持线上市场与线下市场“双轮驱动”。充分发挥互联网资源的优势，将公共就业服务内容、服务方式、服务渠道以及服务资源网络化和信息化，使公共就业服务更加方便、更加快捷、更加透明以及用户至上得到更高体现。以“互联网+”思维引领、支持公共就业服务和就业管理工作的理念创新、模式创新和技术创新。运用“互联网+”提供的创新动力和创新平台，从理念、内容、模式、机制和方法等方面实现公共就业服务的创新以及组织和流程再造。

3．推进公共就业服务精细化

注重公共就业服务人性化和个性化，针对不同服务对象、不同服务环节，为其提供集约、规范、科学、人性化的全方位服务；实现公共就业服务从宏观式服务向标准化服务、被动服务向主动服务、单一服务向综合服务、单向服务向双向服务转变。

4．推进公共就业服务全程化

服务环节上，既关注劳动者就业前的动向和引导培养，也做好劳动者就业过程中的推荐和服务，同时关注劳动者就业后的“携行”服务。服务内容上，既关注劳动者的就业意愿提升，也关注劳动者的就业能力培养，同时关注劳动者的就业发展。服务时间上，做到全天候、全方位以及全区域，确保劳动者随时随地能够得到公共就业服务。

5．推进公共就业服务均等化

推进公共就业服务普惠制度，让所有服务对象都能享受到均等的公共就业服务，不仅在服务覆盖范围上要做到“横向到边，纵向到底”，确保无空白，而且在服务内容、服务质量和待遇水平等方面也能按照标准化的要求对所有服务对象无差异地提供。

第三节　重点群体就业

一、我国高校毕业生就业政策变迁

青年就业问题一直是世界关注的重点，也是我国要实现的主要就业目标之一。高校毕业生作为青年群体中的重点人群，其就业问题直接与国家的经济建设和产业发展息息相关。从 1999 年开始，我国高等教育进入了快速扩张期，高校毕业生规模由 1999 年的 90 万人增至 2022 年的 1076 万人。2008 年以来，高校毕业生已经超过当年新生劳动力总量的一半，解决高校毕业生就业问题成为人社部门的首要就业工作任务。高校毕业生就业政策是高等教育领域中的一个重要命题。新中国成立 70 多年来，我国的毕业生就业政策变迁经历了以“统包统配”为主要特征的计划调控阶段和以“双向选择、自主择业”为特征的市场调控阶段。[①]

（一）国家统包统配阶段

1952年7月，政务院印发《关于1952年暑假全国高等学校毕业生统筹分配工作的指示》，指出高等学校毕业生的工作由政府分配，这是完全符合国家实际情况和发展需要的。1958年4月，中共中央印发《关于高等学校和中等技术学校下放问题的意见》，指出由中央教育部和其他有关部门直接领导的学校的毕业生，原则上由中央统一分配，也可以同学校所在的地方商定分成比例，分配一部分给所在的省、市或自治区。划归省、市或者自治区领导的学校的毕业生，原则上由省、市或者自治区分配。

1981年2月，国务院批转国家计委、教育部、国家人事局《关于改进1981年普通高等学校毕业生分配工作的报告》，其中规定，对1981年全国普通高等学校毕业生的分配，拟试行的国家统一计划下，采取抽成调剂，分级安排的办法。这一阶段的主要特征是由国家包下来统一分配即统包统配。统包统配的毕业生分配制度在计划经济时代发挥了重要作用，为国家建设尤其是边远地区和艰苦行业输送了大批优秀人才，一定程度上缓解了区域之间人才需求不平衡的问题。然而，统包统配的毕业生分配制度以强制性的行政命令式政策工具为调节手段，忽略了用人单位的用人需求和毕业生的就业自主选择权，同时，随着计划经济向市场经济的转变，这种就业政策逐渐暴露出许多弊端，越来越不适应社会发展的新形势。

---

① 朱家德、胡海青：《建国以来我国高校毕业生就业政策的变迁逻辑——基于历史制度主义的分析》，《中国高教研究》，2010年04期。

（二）供需双向选择向自主择业过渡阶段

改革开放后，在党和政府的领导下，农村全面推行家庭联产承包责任制，城市实行企业经营承包责任制与股份制改革，打破了计划经济时期单一的公有制形式，极大地调动了人民的生产积极性，经济规模的扩大带来了对人才需求的急增。企业对人才的渴求，迫切需要高校教育改革来适应市场经济形势的发展。1985 年，中共中央印发《关于教育体制改革的决定》，指出对于国家计划内的学生，其毕业分配，实行在国家计划指导下，由本人选报志愿、学校推荐、用人单位择优录用的制度。① 1989 年 3 月，国务院批转国家教委《关于改革高等学校毕业生分配制度报告》，又明确提出在过渡阶段实行以学校为主导向社会推荐就业，毕业生和用人单位在一定范围内双向选择的办法。1993 年 2 月，中共中央、国务院印发《中国教育改革和发展纲要》，明确指出要改革高等学校毕业生“统包统配”和“包当干部”的就业制度，实行少数毕业生由国家安排就业，多数由学生“自主择业”的就业制度。② 1994 年 4 月，国家教委发布《关于进一步改革普通高等学校招生和毕业生就业制度的试点意见》，其中明确指出引导学生毕业后参与劳动力市场的竞争，国家不再以行政分配而是以方针政策指导、奖学金制度和社会就业需求信息来引导毕业生自主择业。

这样，逐步建立起学生上学自己缴纳部分培养费用、毕业后多数人自主择业的机制。由此，招生制度的“并轨改革”直接带来了

① 《中共中央关于教育体制改革的决定》，《中华人民共和国国务院公报》，1985 年 15 期。
② 《中国教育改革和发展纲要》，《人民教育》，1993 年 04 期。

不同招生类型的毕业生就业制度的改革，主要根据国家任务计划、委托和定向培养、自费等三类招生类型对所属毕业生就业分别作出规定，如国家任务计划招收的学生，原则上仍由国家负责在一定范围内安排就业，实行学校与用人单位“供需见面”，落实毕业生就业方案，并逐步推行毕业生与用人单位“双向选择”的办法；委托和定向培养的学生按合同就业；自费生自主择业。

这一时期高校毕业生就业制度的基本特征是：从政府层面来讲，是政府计划指导下的、保守型的“供需见面、双向选择”。政府和学校对大学生就业还起着绝对主导作用，但是逐步放开的趋势已经显现，政府不再是全包全揽，而只是宏观指导。政府的职能开始明确，高校在大学生就业中的主导作用明显加强，已经从政府计划体系下脱离出来，成为毕业生与用人单位的“桥梁”，在一定程度上左右着毕业生的就业去向。

（三）确立市场导向和自主择业阶段

随着改革开放的逐步深入，多种经济形式得到认可与并存，三大产业的多元化发展，经济市场化程度越来越高，市场对于人才的需求也日趋多元化。1992 年 10 月，党的十四大报告又作出关于建立社会主义市场经济体制的决定，并将“建立社会主义市场经济”写入《中华人民共和国宪法》。社会主义市场经济体制确立之后，行政、教育等各项体制的配套改革都被提上日程。

1993 年 2 月，国务院印发《中国教育改革和发展纲要》，明确规定除对师范类学科和某些艰苦行业、边远地区的毕业生，实行在一定范围内定向就业外，大部分毕业生实行在国家方针、政策指导下，通过人才劳务市场自主择业的就业办法。[①] 1994 年 7 月，国务院印发《关于〈中国教育改革和发展纲要〉的实施意见》，又进一步明确规定了招生和毕业生就业制度的改革措施，即高等学校逐步实行“并轨”招生，学生缴费上学，毕业后自主择业。随着 1999 年前后招生制度“并轨改革”的完成，高校毕业生就业政策进入自主择业阶段。1999 年 1 月，国务院批转教育部《面向 21 世纪教育振兴行动计划》，其中规定：“到 2000 年左右，建立起比较完善的由学校和有关部门推荐、学生和用人单位在国家政策指导下通过人才劳务市场双向选择、自主择业的毕业生就业制度。”[②] 此外，取消向毕业生发放“派遣证”的做法，改为向毕业生发放“就业报到证”。1999 年 6 月，中共中央、国务院召开的全国教育工作会议中也明确指出，要建立的毕业生就业制度应当是一个不包分配、竞争上岗、择优录用的用人制度。由此，以“计划、分配、派遣”为主要特征的“统包统配”毕业生分配制度宣告结束，高校毕业生就业政策正式进入了市场导向的自主择业阶段。

2002 年 3 月，国务院办公厅转发教育部等部门《关于进一步深化普通高等学校毕业生就业制度改革有关问题意见的通知》，其中明确规定：“建立市场导向、政府调控、学校推荐、学生与用人单位双向选择的就业机制，努力实现高校毕业生的充分就业。”[③] 自此，高校毕业生进入劳动力市场自主择业成为常态，市场导向政策范式确立。

---

① 《中国教育改革和发展纲要》，《人民教育》，1993 年 04 期。

② 《国务院批转教育部面向 21 世纪教育振兴行动计划的通知》，《中华人民共和国国务院公报》，1999 年 02 期。

③ 《国务院办公厅转发教育部等部门关于进一步深化普通高等学校毕业生就业制度改革有关问题意见的通知》，《中华人民共和国国务院公报》，2002 年 11 期。

（四）高校毕业生市场就业方式多元并存、就业政策服务不断增强阶段

1．高校毕业生就业规模不断扩大，亟须针对性政策服务促进就业

改革开放以来，随着我国社会主义市场经济体制发展不断完善，特别是高校扩招以来，以市场为导向的毕业生、高校、用人单位、政府四位一体的大学生就业格局已初步形成。当前高校毕业生自主择业、市场导向的基本就业方式已成趋势，但随着经济形式以及社会经济发展对高校毕业生的需求的不断变化，高校毕业生的就业形式也逐步多元化，包括单位就业、灵活就业、创业等就业形式都成为高校毕业生就业的选择。同时随着高校毕业生就业的市场化导向越来越明显，劳动力市场的结构性就业问题也同样在高校毕业生这个群体中显现，尤其是在高校扩招以来，高校毕业生的供给规模不断扩大，高校毕业生毕业就业的规模性和结构性矛盾不断体现，促进高校毕业生就业也逐步成为政府相关部门重要的工作内容。

针对日益严峻的高校毕业生就业问题，党中央将高校毕业生就业摆在更加突出的位置，出台一系列有效的政策措施。特别是党的十八大以来，党中央、国务院对高校毕业生就业工作作出一系列重大决策部署，人力资源社会保障部及相关部门按照党中央指示精神，继续把高校毕业生就业摆在就业工作的首位，持续完善促进高校毕业生就业的政策措施，不断优化高校毕业生就业的管理手段和服务方式，有效提升对高校毕业生就业的支持力度。

2．促进高校毕业生市场就业的政策体系基本形成

我国高校毕业生就业促进政策始于 21 世纪初，最早是为了解

决因高等教育扩招而带来的毕业生人数迅速增加的总量压力问题，主要做法是通过就业指导和就业服务加强引导和援助，使其尽快找到工作岗位，功能和手段都比较单一。2009年，为了应对国际金融危机对我国就业特别是高校毕业生群体就业的挑战，党中央一年之内颁布了10余部促进高校毕业生就业的政策文件，形成一揽子的政策措施，促进高校毕业生的政策体系基本形成。随后又经过近10年的发展，特别是党的十八大以来，政策的范围、内容以及功能都不断提升，政策体系日臻完善。

一是鼓励高校毕业生到基层和中西部就业政策。结合实施科教兴国战略和人才强国战略，我国从2005年开始出台了一系列引导和鼓励高校毕业生到城乡基层和中西部就业的政策文件，对到城乡基层和中西部就业的高校毕业生规定了包括助学贷款偿还、工资和补贴、晋升和考学、人事代理服务等多个方面的优惠政策。近年来，高校毕业生到基层实现就业的领域不断拓宽，党中央及各部委实施了一系列鼓励高校毕业生面向基层就业的专门项目，包括大学生志愿服务西部计划、三支一扶计划、农村义务教育阶段学校教师特设岗位计划、选聘高校毕业生到村任职工作和基层农技推广特设岗位计划等。

二是鼓励中小微企业和科研机构等吸纳高校毕业生就业政策。我国出台了多项鼓励中小微企业吸纳高校毕业生就业的优惠政策，主要是通过提供扶持发展资金、贷款贴息、小额担保贷款、社保补贴和培训补贴等方式鼓励其吸纳高校毕业生就业。此外，为鼓励高校、科研机构和企业，尤其是创新型企业，聘用优秀高校毕业生从事相关研究工作，我国对其参与研究工作期间的劳务性费用和社会保险作出了安排，研究期间的工作时间将被视为工龄，并计入社保缴费年限中。

三是鼓励高校毕业生创业政策。为落实“促进以创业带动就业”的战略部署，我国近些年出台了一系列鼓励扶持高校毕业生创业的优惠政策，2010 年和 2014 年分别启动实施了两轮“大学生创业引领计划”，基本形成了较为完善的支持高校毕业生创业的政策制度和服务体系。政策内容主要包括税收减免、行政性收费减免、资金支持（贷款资金、创投资金等）、创业经营场所支持、创业教育和创业培训支持、创业服务与指导等。

四是就业服务政策。在运用财税、金融、资金补贴等各类政策促进高校毕业生就业创业的同时，我国不断完善公共就业服务政策，帮助高校毕业生就业。具体政策内容包括：公共就业人才服务机构免费为高校毕业生提供政策咨询、就业信息、职业指导、职业介绍、就业援助等各项公共就业服务；鼓励高校毕业生参加职业技能培训，以帮助其掌握满足市场和企业实际需求的实用技能，比如实施毕业证书和职业资格（技能等级）证书“双证书”制度等；制定了高校毕业生就业见习制度，对就业见习基地建设、毕业生见习期限、见习期间基本生活补助、人事代理服务以及见习组织管理等方面作出了具体规定；加强对困难高校毕业生的就业援助和帮扶。

二、我国女性就业政策变迁

（一）保障妇女的平等就业权益

改革开放以来，随着经济体制改革的全面展开，伴随竞争机制的普遍引入，招工中的性别歧视有所显现。为保障妇女的平等就业权益，1988 年 9 月，国务院印发《女职工劳动保护规定》，规定：

“凡适合妇女从事劳动的单位，不得拒绝招收女职工。”[①] 1992 年 4 月，七届全国人大五次会议通过《中华人民共和国妇女权益保障法》，规定“国家保障妇女享有与男子平等的劳动权利”，“各单位在录用职工时，除不适合妇女的工种或者岗位外，不得以性别为由拒绝录用妇女或者提高对妇女的录用标准”[②]。2005 年，十届全国人大常委会第十七次会议修订通过《中华人民共和国妇女权益保障法》，专门设置了“劳动和社会保障权益”章节，进一步要求用人单位在录用、签订劳动（聘用）合同或者服务协议时不得歧视妇女，进一步规定“各单位在录用女职工时，应当依法与其签订劳动（聘用）合同或者服务协议，劳动（聘用）合同或者服务协议中不得规定限制女职工结婚、生育的内容”[③]。

此外，1999 年 6 月中共中央、国务院下发的《关于切实做好国有企业下岗职工基本生活保障和再就业工作的通知》，2005 年 3 月人事部、国家工商行政管理总局修订的《人才市场管理规定》，2007 年 8 月十届全国人大常委会第二十九次会议通过的《中华人民共和国就业促进法》，2007 年 11 月劳动和社会保障部发布的《就业服务与就业管理规定》以及《中国妇女发展纲要（1995—2000 年）》《中国妇女发展纲要（2001—2010 年）》《中国妇女发展纲要（2011—2020 年）》等，均要求用人单位促进妇女平等就业，禁止性别歧视。

---

① 《女职工劳动保护规定》，《中华人民共和国国务院公报》，1988 年 16 期。
② 《中华人民共和国妇女权益保障法》，《中华人民共和国国务院公报》，1992 年 11 期。
③ 《中华人民共和国妇女权益保障法》，《中华人民共和国国务院公报》，2005 年 30 期。

（二）新时代女性就业政策

随着我国社会经济的发展，我国女性就业的政策体系也在不断拓展和完善。我国对女性就业问题经历了一个从单一方面到多层次帮扶的发展历程，女性就业政策日趋深化和全面。

我国已经形成了以《中华人民共和国宪法》为核心，《中华人民共和国劳动法》《中华人民共和国劳动合同法》《中华人民共和国就业促进法》为基础，《中华人民共和国妇女权益保障法》为支持，《女职工劳动保护规定》《女职工禁忌劳动范围规定》《就业训练规定》《就业服务与就业管理规定》等国务院、人力资源社会保障部、全国妇女联合会相关条例和规章为补充的就业政策体系。这些政策各有侧重，又互相联系，构成了当前促进女性就业的主要政策框架。

三、我国残疾人就业政策变迁

（一）1978—2007 年残疾人就业政策的变革

这一时期的残疾人就业政策是社会办福利企业集中就业和自主就业相结合，越来越注重保障残疾人就业的权利。随着改革开放的推进和社会主义市场经济体制的建立，残疾人就业政策也获得长足的发展，对残疾人劳动就业的安排由过去属于生产自救性质的福利企业集体就业发展到多种形式的就业，这有利于实现从保障基本生存需要上升至劳动权利、自我实现等较高层次需求的满足。

具体来说，自 1978 年 12 月党的十一届三中全会以后，国家实行改革开放的政策，残疾人就业政策也随之发生了变化。1985 年 9 月，民政部的“大连会议”重新定义了福利企业的性质，即“福利企业本质上属于企业，福利企业必须走企业化管理道路”。民政部不再独家经营福利企业，而是国家通过提供税收优惠、劳动招工指标要求等方面对福利企业加以定义和扶持，放开福利企业的兴办标准。这一政策极大地调动了街道、厂矿、乡镇兴办福利企业的积极性，到 1988 年，全国福利企业达到 4 万多家，吸纳了 65.9 万名残疾人就业[①]。

进入 20 世纪 90 年代，随着我国社会主义市场经济的逐步确立，伴随着《中华人民共和国残疾人保障法》的出台和实施，残疾人按比例就业和灵活就业政策对促进残疾人就业发挥了更大的作用。《社会福利企业招用残疾人职工暂行规定》《分散按比例安排残疾人就业办法》《残疾人就业保障金管理暂行规定》《工伤保险条例》等政策法规，对残疾人劳动就业的权利进一步加以保障，要求各级政府统筹规划、为残疾人就业创造条件。特别是 2007 年 2 月《残疾人就业条例》的颁布，直接提出残疾人就业实行集中就业与分散就业相结合的方针，促进了多元就业格局的形成，至此，我国残疾人就业形成了福利企业集中就业、按比例分散就业、个体灵活就业三大主要就业方式。根据《2007 年中国残疾人事业发展统计公报》，2007 年，我国城镇新安排 39.2 万名残疾人就业，其中集中就业的残疾人 11.9 万人，社会各单位按比例安排残疾人就业 11.5 万人，个体就业和多种形式灵活就业的残疾人 15.8 万人；农村残疾人就业达到 1696.5 万人。

① 许琳：《论我国残疾人分散按比例就业》，《现代经济探讨》，1996 年 10 期。

（二）2008 年以来残疾人就业政策的新发展

随着改革开放的深入和中国特色社会主义市场经济的不断完善，残疾人就业的重要性一再被强调，残疾人就业工作成为各级政府关注的重点工作领域之一。更重要的是，残疾人就业政策不再单独依靠就业形式的调整和开拓，而是通过完善残疾人就业服务体系而提高残疾人就业的数量和质量。可以说，就业服务体系建设是这一时期残疾人就业政策发展的重点所在。

如何使残疾人人力资本的积累满足劳动力市场的需求，通过何种途径增加对残疾人就业的辅助，如何对就业困难的残疾人提供就业援助，是残疾人就业工作和政策面临的深层次的挑战。2008 年 4 月，十一届全国人大常委会第二次会议修订通过《中华人民共和国残疾人保障法》，随后，陆续出台了中共中央和国务院印发的《关于促进残疾人事业发展的意见》，中国残疾人联合会、卫生部、国家中医药管理局及人力资源社会保障部四部委联合印发的《盲人医疗按摩管理办法》以及《国家基本公共服务体系“十二五”规划》《中国残疾人事业“十二五”发展纲要》《“十三五”加快残疾人小康进程规划纲要》《“十三五”推进基本公共服务均等化规划》《“十四五”残疾人保障和发展规划》等，强调就业服务和职业培训的重要性，对残疾人就业政策支持内容和实行就业援助等做出了一系列具体规定。通过这一系列的努力，根据《2021 年残疾人事业发展统计公报》，2021 年，我国城乡持证残疾人新增就业 40.8 万人。其中，城镇新增就业 13.2 万人，农村新增就业 27.6 万人；全国城乡实名培训残疾人 57.1 万人。全国城乡持证残疾人就业人数为 881.6 万人，其中按比例就业 81.8 万人，集中就业 26.8

万人，个体就业 63.5 万人，公益性岗位就业 14.8 万人，辅助性就业 14.3 万人，灵活就业（含社区、居家就业）250.3 万人，从事农业种养加 430.1 万人。[①]

（三）我国现行残疾人就业政策的主要内容

随着改革开放的发展和社会主义和谐社会的建设，残疾人就业政策也日益完善，残疾人就业政策从单纯的就业保护发展为遵循劳动力市场运行规律的劳动力供给支持政策、提供劳动力需求政策和供给与需求的匹配政策。

1．增加残疾人人力资本投入，提升其就业能力的劳动力供给支持政策

通过教育培训政策提高残疾人的人力资本积累。《中华人民共和国残疾人保障法》明确规定："残疾人教育，实行普及与提高相结合、以普及为重点的方针，着重发展义务教育和职业技术教育。"[②] 2017 年 1 月，国务院第 161 次常务会议修订通过的《残疾人教育条例》强调，保障残疾人的教育机会平等、积极推进融合教育，加强对残疾人教育的支持保障，涵盖了残疾人学前教育、义务教育、职业教育、普通高级中等以上教育及继续教育的内容。

"人人享有康复"政策推动残疾人就业能力。职业康复是残疾人就业能力建设的重要助力，也是促进残疾人就业的根本措施。康复工作的开展有利于促进残疾人就业。《中华人民共和国残疾人保

---

① 《2021 年残疾人事业发展统计公报》，中国残联网站，2022 年 4 月 6 日。
② 《中华人民共和国残疾人保障法》，《中华人民共和国全国人民代表大会常务委员会公报》，2008 年 04 期。

障法》对康复工作做了全面的规定，奠定了康复工作开展的基础。2017 年 1 月，国务院第 161 次常务会议通过的《残疾预防和残疾人康复条例》，是为预防残疾的发生、减轻残疾程度，帮助残疾人恢复或者补偿功能，促进残疾人平等、充分地参与社会生活，发展参与预防和残疾人康复事业的专门法律。

2．增加残疾人劳动力的市场需求，为残疾人创造更多的就业岗位

残疾人就业安置通常具有强制性和扶持性的特点。强制性体现在依法推动按比例安排残疾人就业；扶持性体现在为福利企业、招收残疾人的企业、残疾人个人提供各种补贴、政策优惠。

在强制性政策方面。《中华人民共和国宪法》赋予残疾人享有劳动的权利；《中华人民共和国残疾人保障法》重点强调残疾人的劳动就业权利，对几种安置、按比例安置、自主就业、农村劳动以及各种优惠与扶持政策都有明确的规定。2007 年 2 月，国务院第 169 次常务会议通过《残疾人就业条例》，其宗旨在于促进残疾人就业、保障残疾人的劳动权利，第 8 条提到“用人单位安排残疾人就业的比例不得低于本单位在职职工总数的 1.5%”，并规定“集中使用残疾人的用人单位中从事全日制工作的残疾人职工，应当占本单位在职职工总数的 25%以上”①。

在扶持性政策方面。扶持与支持政策体现在对福利企业、其他吸纳残疾人就业的用人单位、残疾人个体就业者的税收、信贷、社会保险金等优惠、补贴政策之上。

---

① 《残疾人就业条例》,《中华人民共和国国务院公报》，2007 年 11 期。

3．发展残疾人就业服务，提高劳动力市场供求匹配效率

在残疾就业服务政策方面。各级残疾人就业服务机构数量和就业服务人员数量不断增加，综合服务设施建设不断加强，对残疾人的就业服务日益完善。在就业服务方面，我国政府也出台了各种促进政策。2016 年 10 月，中国残联、国家发改委、民政部、人力资源社会保障部等六部门联合发布《残疾人促进就业“十三五”实施方案》，要求各级残疾人就业服务机构要充分发挥作用，为残疾人提供有针对性的就业服务；公共就业服务机构和基层劳动就业社会保障公共服务平台也要将残疾人列为重点服务对象，免费提供职业介绍、职业指导等针对性就业服务。

在促进残疾人就业环境的无障碍化方面。无障碍建设为残疾人就业提供更有利的物质条件和就业环境。2012 年 6 月，国务院公布《无障碍环境建设条例》，将残疾人无障碍建设包括了无障碍设施建设、无障碍信息交流、无障碍社会服务，从法律制度的层面解决无障碍环境建设面临的亟待解决的问题，改变无障碍信息交流建设滞后、无障碍社区服务水平亟待提高的困境。

第五章
促进农村劳动力转移就业，推进城乡统筹就业

▼

改革开放后，在城乡经济体制改革的推动下，逐步打破城乡分割的格局，为农业富余劳动力向非农产业转移和进城务工经商创造了有利条件与广阔空间。从就业角度看，五个一号文件和同期国务院及有关部门的政策文件，首先通过推行家庭联产承包责任制和大幅度提高农产品收购价格，充分调动了农民农业生产积极性；其次鼓励发展农业多种经营和乡镇企业，向农村生产的深度广度进军；最后又及时放宽了对流动的限制，允许农民自理口粮到小城镇务工经商。

第一节　农村劳动力转移就业的发展背景及历程

一、实行家庭联产承包责任制，农村劳动力得到解放

在计划经济体制下，我国农民基本上是被束缚在土地上，就业渠道十分狭窄。1980 年 9 月，中共中央召开的省、市、自治区党委第一书记座谈会，充分肯定了农民自己创造的“包产到户”农业

生产责任制形式，从此拉开了农村改革的序幕。包产到户（包括包干到户）后来被概括为“家庭联产承包责任制”，成为改革开放后农业的主要生产经营形式。

到 1983 年底，我国已有 1.75 亿农户实行了包产到户，占农户总数的 94.5%。1982—1986 年，中共中央连续发出五个一号文件，强力指导农村改革一步步深入。1987 年 3 月，邓小平指出：“大量农业劳动力转移到新兴的城镇和新兴的中小企业，这恐怕是必由之路。总不能老把农民束缚在小块土地上，那样有什么希望？”[①]

二、引导农村劳动力自理口粮到小城镇务工经商

政策的“松绑”，使过去农业生产靠集体全力组织还显缺乏的劳动力一下子富余出来，随着市场机制的启动，农村商品生产空前活跃，农民就业领域大大拓宽。

1984 年 1 月，第三个中央一号文件《中共中央关于一九八四年农村工作的通知》明确提出，允许务工、经商、办服务业的农民自理口粮到集镇落户。第三个中央一号文件还指出，随着农村分工分业的发展，将有越来越多的人脱离耕地经营，从事林牧渔等生产，并将有较大部分转入小工业和小集镇服务业。强调这可以为农业生产向深度广度进军、为改变人口和工业的布局创造更有利条件，有

① 邓小平：《怎样评价一个国家的政治体制》，《邓小平文选》（第三卷），北京：人民出版社，1993 年版，第 213–214 页。

利于改变“八亿农民搞饭吃”的局面，有利于农民富裕起来。[①] 1985年1月，第四个中央一号文件《中共中央、国务院关于进一步活跃农村经济的十项政策》进一步提出，城市应继续办好各类农产品批发市场和贸易中心，允许农民进城开店设坊，兴办服务业，提供各种劳务。城市要在用地和服务设施方面提供便利条件。运用经济杠杆，鼓励宜于分散生产或需要密集劳动的产业，从城市向小城镇和农村扩散。[②]

三、乡镇企业成为农村劳动力转移就业的主阵地

我国的乡镇企业产生于20世纪50年代，它是沿着副业—社队企业—乡镇企业这一条路线逐步向前发展的。20世纪70年代，在东部沿海地区，由于人口增长速度过快和人多地少等各种矛盾十分突出，发展社队企业成为转移农业富余劳动力、壮大集体经济的迫切需要，沿海地区社队企业率先兴起并带动全国有了较大发展。改革开放以后，家庭联产承包责任制的全面推行使得农民的生产积极性及劳动热情空前高涨，农业生产迅速增长，为农村非农产品的发展提供了良好物质条件。农业劳动生产率的迅速提高又使得大量的农村劳动力从土地的束缚中解放出来，迫切需要大力发展非农产业予以吸收。

---

① 《中共中央关于一九八四年农村工作的通知》，载中共中央文献研究室编：《十二大以来重要文献选编》（上），北京：中央文献出版社，2011年版，第370–371页。

② 《中共中央、国务院关于进一步活跃农村经济的十项政策》，载中共中央文献研究室编：《十二大以来重要文献选编》（中），北京：中央文献出版社，2011年版，第97页。

在这种情况下，1978—1983年，我国连续出台了一系列扶持社队企业发展的政策文件，从资金、贷款、税收、产供销等方面为壮大社队企业提供帮助。这些方针、政策和措施，调动了广大干部和群众的积极性与创造性，造就了一个适宜的社会经济环境，使得社队企业在全国各地广泛地兴办起来。截至1983年，全国社队企业突破500万家，共吸收农村劳动力3235万人，总产值达到1008亿元。与此同时，农村个体、联户办企业也随之兴起并逐渐发展壮大。1984年，社队企业和农民联户及家庭办的企业被统一称为乡镇企业，党和政府以更大的力度鼓励支持其发展。1985年1月，第四个中央一号文件下发后，我国对乡镇企业采取了更加积极扶持的政策，企业在组织生产、产品销售等方面获得更大的自主权，乡镇企业进入了一个全面发展的高峰期，并吸纳了大量的农村劳动力。到1988年，乡镇企业从业人员达9545万人，总产值达7018亿元，实现利税836亿元。①

四、流向城市的“民工潮”要求冲破城乡二元管理体制

20世纪80年代末期，随着农村改革的不断推进，成千上万的农村劳动力开始进城务工经商，农民工数量大幅增加。改革开放初期农民工数量为100万～200万人，到20世纪80年代末已增加到3000万人。特别是从1988年底开始的国民经济三年治理整顿中，

① 张小建:《民生之本——为实现劳动者充分就业而奋斗》，北京：中国劳动社会保障出版社，2011年版，第127页。

乡镇企业发展放慢，而东部沿海地区以及大城市的快速发展，不仅产生了众多的就业机会，而且提供了比农业经济效益高的收入，对农村劳动力产生了强烈的吸引力，农村劳动力开始更多地涌进城市寻找新的就业门路。这些进入城市工作但户籍仍在农村的劳动者被称为“农民工”。1989 年春节前后，我国首次出现了农村劳动力大规模跨地区流动的“民工潮”，引起了全社会的关注。1993 年，我国农民工数量高达 6200 万人，比 1989 年增长了一倍多。数以千万计的农民工大规模异地流动，许多处于无序状态。“民工潮”作为改革开放后出现的新现象，对以往的管理体制和管理制度都造成了较大影响。如何看待这种社会现象，是否应该允许农民自由地外出打工，对农村劳动力大规模流动要不要加以限制？这是一个在当时引发了社会议论的焦点问题。

在应对“民工潮”的初期，我国还是运用计划管理的思维和方法，要求确定一个时期内城市使用农村劳动力的规划，由劳动部门从严审批，重点清退来自农村的计划外用工。从历史来看，在市场资源配置过程中，包括劳动力在内的各种生产要素按照经济规律在产业间和区域间流动，是经济社会发展的一个重要特征。“民工潮”的背后，是解放了生产力的农村劳动者对扩大就业的巨大需求和自主选择。人口流动特别是农村劳动力向非农产业的转移和向城镇的流动是历史规律，只能顺应潮流，宜疏不宜堵。清、堵的管理措施虽然是要缓解“民工潮”的冲击，但实际上是不合时宜的，也难以贯彻。之后，被农村劳动力跨地区流动有序化工程所取代。而有序化工程的基本点，就是允许流动，在提供就业服务的同时加强管理，引导有序流动。

五、农村劳动力跨地区流动有序化工程

（一）农村劳动力跨地区流动有序化工程的主要内容

1989年首次出现“民工潮”后，农民工大规模跨地区流动引起了社会的广泛关注。1993年11月，党的十四届三中全会通过《中共中央关于建立社会主义市场经济体制若干问题的决定》，提出要鼓励和引导农村剩余劳动力逐步向非农产业转移和在地区间有序流动。这与过去的提法有了很大的转变，不仅肯定了农村劳动力转移和在地区间流动的合理性，同时提出了引导有序的要求。

与此同时，劳动部发出《农村劳动力跨地区流动有序化——“城乡协调就业计划”第一期工程的通知》，正式推出“农村劳动力跨地区流动有序化工程”。这是劳动部第一次明确要求全国劳动部门对农村劳动力就业工作承担起管理服务的任务，并将其作为“培育和发展劳动力市场，加强就业服务体系建设，完成社会主义市场经济条件下就业工作任务的新举措”。农村劳动力跨地区流动有序化工程实施范围面向全国，在劳动力主要输入、输出地重点实施，工程期3年，自1993年10月起，至1996年12月结束。农村劳动力跨地区流动有序化工程的主要目标是要在全国形成与市场经济相适应的劳动力跨地区流动的基本制度、市场信息系统和服务网络，使农村劳动力流动规模较大的输出、输入地区实现农村劳动力流动的有序化。

（二）农村劳动力跨地区流动有序化工程的成效

我国通过农村劳动力跨地区流动有序化工程的实施，一是建立起各有关部门相互协调、联合行动的工作机制。劳动、公安、民政、铁路、交通等部门建立鼓励协调机制，在春运前 2～3 个月，共同分析形势，研究对策，制定政策措施，同时春运期间各部门分头落实相应措施，并深入各地进行指导。二是建立了劳动协作组织和机制。通过有序化工程，建立了华南、华东、华北三大区域劳动力市场信息网，加强信息沟通，共同采取措施。三是制定了农村劳动流动就业的管理制度。1994 年 11 月，劳动部印发《农村劳动力跨省流动就业管理暂行规定》，规定由输出地发放就业卡，输入地发放就业证，证卡合一生效，并对跨省招用农民工的服务和管理作出规定。四是逐步为农村劳动者提供就业服务和培训，通过有序化工程的实施，各地就业服务机构把服务工作向农村拓展，乡镇劳动服务站由此发展起来，成为开展农村就业服务的依托，就地为劳动者提供就业信息和服务。[①]

农村劳动力跨地区流动有序化工程实施后，建立了农村劳动力跨地区流动就业的基本制度、信息系统和服务网络，在全国建立乡镇劳动就业服务机构 2 万多个，江苏、上海、广东等地乡镇建立劳动服务机构率已达 80%以上；大力发展区域性劳动力市场，加强输出地和输入地的劳务合作。1996 年，华南、华东、华北三大区域劳动力市场信息网联结全国 21 个省、自治区、直辖市，覆盖了全国面积的 40%和 5 亿多劳动人口。[②] 在国家宏观政策指导下，华南、华东、华北三大区域网沟通区域内各协作省之间农村劳动力的

① 张小建：《中国就业改革发展 40 年》，北京：中国劳动社会保障出版社，2019 年版，第 95 页。
② 黄海霞：《农村剩余劳动力如何有序流动?——访劳动部部长李伯勇》，《瞭望新闻周刊》，1996 年 13 期。

供求信息，利用市场机制合理开发和配置劳动力资源，引导农村劳动力跨地区有序流动，疏导“民工潮”。

第二节　农村劳动力开发就业试点

一、农村劳动力开发就业试点的背景

针对“民工潮”对原有就业管理体制的影响，1990 年劳动部劳动就业问题研究小组对农村劳动力的就业问题进行了重点研究，形成《关于中国农村就业问题的研究报告》。该报告认为，无论从解决中国就业问题的根本任务，还是从做好城镇就业工作考虑，农村劳动力就业都具有决定性的作用，必须引起足够重视。我国丰富的农村劳动力资源不宜被看作是包袱，而应看作是促进经济发展的巨大动力，农村就业的基本方向应以充分开发利用丰富的劳动力资源为基点，实行以劳动力替代其他短缺资源的战略，将亿万名农村劳动者转化为高效率的商品生产者。[①]

此后，劳动部形成共识，要在就业管理中首先为劳动者积极参与市场竞争寻求适合自身要求的就业领域和岗位提供条件，并在此基础上加强市场就业的组织和协调。也正是基于此，劳动部与农业部等相关部门和研究机构建立了密切的工作联系，并就共同开展政策研究和推动实践工作试点达成了共识。

---

① 劳动部劳动就业问题研究小组：《关于中国农村就业问题研究》，《中国劳动》，1990 年 04 期。

二、农村劳动力开发就业试点的主要内容

农村劳动力开发就业试点项目始于1991年，当时的背景是农村富余劳动力问题较为突出，并出现了“民工潮”。为了总结实践经验，探索改革思路，研究制定政策，促进农村劳动力开发就业，开展了3期项目试点，持续了十多年。

（一）探索基层农村劳动力开发就业的多种途径及相关政策——第一期试点（1991—1993年）

1991年1月，劳动部、农业部和国务院发展研究中心发出《关于建立并实施中国农村劳动力开发就业试点项目的通知》，正式启动试点工作。首期试点的任务有3项：第一，探索不同自然、经济和社会条件下农村劳动力开发就业的具体途径、实现方式和相应的政策措施。第二，建立同各种就业方式相配套的社会化服务体系和组织管理形式。第三，研究政府统筹管理城乡就业的政策、法规和宏观调控办法。期望通过试点达到示范效应、管理效应和决策效应。

1991—1993年，先后在四川、广东、湖北、安徽、山东、浙江等省建立了10个试验点，40多个联系点；各试验点根据项目任务要求，结合本地实际，选择不同重点内容：第一，组织农村劳动力在传统农业、新型农业和非农产业中开发就业。第二，组织农村劳动力在不同所有制形式下自主就业。第三，组织农村劳动力在城乡之间合理流动以及对外劳务输出。第四，开展多种形式的培训，提高农村劳动者素质。第五，运用市场机制，对城乡劳动力就业实行计划与市场调节相结合的统筹管理。第六，建立农村劳动力就业的社会化服务体系。第七，以建设小城镇为依托吸纳农村劳动力等。

试点工作稳步推进，取得较好的成效。1993 年 2 月，试点指导小组进行了总结，认为试点项目实施两年来，创造并总结了一批成功的经验，制定实施了一些行之有效的政策，初步形成了新的工作机制。

（二）在更大范围内探索政策和制度的创新——第二期试点（1993—1996 年）

1993 年 6 月，劳动部、农业部和国务院发展研究中心印发《关于在省一级开展农村劳动力开发就业试点工作的意见》，开始第二期试点，确定了四川、广东、甘肃、山东、江苏、湖北、安徽、河北 8 个省作为省级试点地区，试点县增加到 100 多个。省级试点的指导思想是：以充分开发利用农村劳动力资源为出发点，努力探索农村就业与经济协调发展的规律，开拓、扩大农村就业和提高劳动者素质的有效途径，为各类地区提供示范经验，推动全国农村劳动力开发就业工作。

省级试点的主要任务目标包括五个方面：第一，建立按市场机制运行、城乡协调的劳动力管理体制。第二，制定并实施有利于促进经济和就业协调发展的政策。第三，形成农村经济部门、劳动管理部门及有关部门各司其职、协调配合、共同促进农村就业的工作关系。第四，建立有助于农村劳动者自主择业和劳动力有序流动的就业服务和社会保障体系。第五，在本省、区取得提高农村劳动者素质和就业水平的实效。

试点的主要工作内容有八项：第一，调整农业内部结构，加强农业综合开发，发展“高产、优质、高效”农业，增加就业岗位。第二，调整农村产业结构。加快发展乡镇工业和服务业，鼓励发展家庭手工业和其他副业，促进农业富余劳动力向非农产业转移。第三，把经济开发区建设、农村工业小区建设与发展小城镇结合起来，促进乡镇企业和农村各种生产要素相对集中，推进农村城市化进程。第四，建立统一开放的劳务市场，完善劳务市场管理规则，疏通农村富余劳动力进城务工的正常渠道。第五，发展有组织的劳务交流，开展地区间、国际间的劳务合作，引导农村劳动力合理、有序流动。第六，发展农村就业服务，建立多种形式的就业服务网络，逐步完善服务职能，为农村劳动者自主就业创造条件。第七，建立农村劳动者养老、伤残保险等社会保障制度，健全乡镇企业劳动管理制度，保障劳动者的权益。第八，制定职业培训发展规划，建立完善相应制度，调动社会各方面力量，建立培训基地，形成网络，大力开展职业技能培训，努力提高农村劳动者素质。

在试点过程中，各地都建立了有关部门相互协调的工作机制，其中劳动部门将就业服务机构的服务活动延伸到乡镇，在乡镇建立服务机构，尤具重要意义。1996 年，试点指导小组进行总结，认为两期试点工作取得了成功，出台了一批适应改革需要的新政策，为统筹城乡就业工作提供了经验；从中央到地方，政府各有关部门之间加强合作，初步建立起协调配合的工作机制；各试点地区通过试点，扩大了农村就业门路，增加了就业岗位，提高了农村劳动者的素质和能力，促进了劳动力合理有序流动。

（三）在重点领域探索城乡统筹就业的模式和机制——第三期试点（2000—2003 年）

在“两部一中心”前两期试点的基础上，2000 年 7 月，劳动和社会保障部、国家计委、农业部、科技部、建设部、水利部和国务院发展研究中心联合发出《关于进一步开展农村劳动力开发就业试点工作的通知》，决定在一些有条件的地区深化和扩展试点，进一步推动农村劳动力开发就业工作。这一期试点与前两期试点的不同之处是，通过设立不同专题，选择有工作基础或紧迫需求的地区分别攻关，创造经验，发挥带动全局工作的作用。

在城乡统筹就业试点，针对劳动力市场城乡分割、农村就业服务薄弱、就业制度不健全等问题，在沿海和经济发达地区以及部分具备条件的中西部地区，选择一些中小城市或县城，按照城乡统筹就业的原则，逐步建立统一开放、竞争、有序、城乡一体化的劳动力市场，大力推进城镇化进程。制定建立了统一的劳动力市场规划和就业制度，探索建立了一体化的劳动管理制度和政策。

在转移培训试点，针对农村劳动力素质较低，而对其培训工作比较薄弱的情况，在农村富余劳动力数量多、外出务工规模较大的地区，以及输入劳动力较多、外来务工规模较大的地区，选择一些地市，开展农村富余劳动力向非农产业转移的职业培训。统一制定农村富余劳动力转移培训规划，大力组织农村劳动力职业培训；完善了农村劳动力职业培训制度，形成了完善的培训体系。

在推进西部开发就业试点，配合西部大开发战略，以西部省份为依托，建立跨省区的劳务协作关系，加强西部地区农村劳动力开发就业工作。制定了完善西部地区农村就业促进政策，建立了中西部农村职业培训基地，开展跨省区劳务协作，探索建立了市场化运作、规模化经营、一体化服务的劳务输出模式。

在鼓励扶持返乡创业试点，针对越来越多外出打工的农民工返乡创业的需求，采取多种措施，鼓励和扶持外出务工人员返乡创业。制定了优惠政策，营造了创业环境；建立了外出务工和返乡创业双向流动机制，树立了一批返乡创业典型。

2000年至2003年，劳动和社会保障部、国家计委、农业部、科技部、建设部、水利部和国务院发展研究中心七部门通过组织有条件的地区开展不同专题的试点，在农村就业工作方面进行了有益的探索，取得了重要的成果，为后来几年制定全国性政策和在地方推动工作积累了经验。

三、农村劳动力开发就业试点取得的主要成效与经验

1991—2003年，我国在一些地区施行农村劳动力开发就业试点工作，探索不同经济社会条件下农村劳动力开发就业的具体途径、实现方式和政策措施，建立与各种就业方式相配套的社会化服务体系和组织管理形式，研究政府统筹管理城乡就业的政策、法规和宏观调控办法，促进农村劳动力就业。在此期间，农村劳动力开发就业试点工作不断向更深层次、更大范围扩展，最终确定了以城乡统筹就业、转移培训、推进西部开发就业、鼓励支持返乡创业四项内容为重点的工作思路。在此过程中，各试点地区根据本地试点内容，既消化吸收实践中已有的成功经验，又不断突破政策的限制，推动制度创新。

在农村劳动力开发就业试点的工作中，我国总结了以下四条基本经验：一是将农村劳动力资源的开发利用同当地经济发展紧密结合，充分调动农村劳动者自主就业和创业的积极性；二是根据社会主义市场经济的规律，积极培育城乡联动的劳动力市场并不断健全完善；三是在制定城镇就业工作规划和政策的同时，加强对农村就业的规划指导和管理服务；四是利用农村劳动力开发就业试点地区城乡就业服务网络的发展，为劳动就业的社会化服务和规范化管理

创造条件。①

第三节　统筹城乡就业

一、统筹城乡就业的背景及意义

（一）统筹城乡就业是实现充分就业的应有之义

我国作为农村劳动力大量富余的发展中国家，在相当长的一段时期内，农村劳动力就业问题将始终是影响我国经济和社会发展的重大问题。加快农村劳动力向非农产业转移，推进城乡统筹就业，对实现社会就业更加充分目标具有非常重要的现实意义。充分就业，不仅包括城镇劳动者的充分就业，也包括农村劳动者摆脱不充分就业状态转移到制造业和服务业实现充分就业。在改革开放发展历程中，针对计划体制的城乡分割和二元结构，“城乡统筹”始终作为一个重要方针，其内涵在不同阶段也在不断发生变化。

20世纪80年代，“城乡统筹”更多地用于强调在城镇就业压力较大的情况下，要控制农民进城就业，坚持“就地转移”的方针，防止对城市就业造成影响。20世纪90年代，“城乡统筹”强调对农村劳动力的就业问题也要考虑，“城门”要适度打开，但政府应加强疏导和调控，通过将管理服务逐步向农村延伸，引导农村劳动力有序流动。进入21世纪后，“城乡统筹”被赋予了新的内

① 张小建：《中国就业改革发展40年》，北京：中国劳动社会保障出版社，2019年版，第98页。

涵，作为国家经济社会发展城乡统筹方针的一个方面，其目标是建立城乡劳动者平等参与市场竞争的就业制度。同时，要完善面向城乡全体劳动者的均等化的公共就业服务和职业培训。

（二）实现统筹城乡充分就业的新要求

为了实现城乡统筹的充分就业，我国在以下方面寻求新的突破：一方面，推动农村劳动力转移就业在规模上稳步扩大，在素质上不断提升，为实现城乡统筹、就业更加充分奠定坚实基础；另一方面，必须推动工资支付、劳动管理、培训就业、社会保障、公共服务、权益维护、文化生活和机制建设等取得新成效。

具体来讲，一是进一步完善农村劳动力转移就业政策并落实见效；二是建立健全农村劳动力转移就业服务体系、工作平台、服务网络和信息统计等基础建设；三是积极拓宽农村劳动力就地就近就业、自主创业和异地转移就业的渠道；四是针对劳动者就业和企业用工需求，结合进城求职农民工、刚刚上岗农民工及农村“两后生”等不同群体特点，组织开展实用技能培训、企业上岗和技能提升培训、预备制技能培训；五是加强劳动合同管理，解决工资拖欠和偏低问题；六是积极稳妥地解决好农民工社会保障、进城居住环境、子女教育等问题。

二、推进统筹城乡就业试点

20 世纪 90 年代以来，伴随着市场化、城镇化进程的不断加快，城乡统筹就业工作被列入日程并不断推进。2006 年 7 月，劳动和社会保障部、国家发改委、财政部和农业部联合发出《关于印发统筹城乡就业试点工作指导意见的通知》，明确了统筹城乡就业试点工作的目标和主要任务，在成都、嘉兴等 27 个地区启动试点工作，从 2006 年下半年开始启动，至 2008 年底结束。在开发就业岗位、提高素质能力、实现公平就业和促进稳定就业方面加大工作力度，取得重大进展，为全国的统筹城乡就业工作带了个好头，创造了经验。

一是逐步建立与经济发展紧密结合、全方位开发城乡就业的新格局。各试点城市统筹考虑和管理城乡劳动力资源，积极制定有利于扩大就业的经济发展战略，大力开发城乡就业岗位，将经济增长点转化为就业增长点，为解决城市就业和农村富余劳动力就业开创了新的领域。

二是逐步建立面向城乡劳动者一体化的人力资源市场及服务体系。各试点城市逐步打破区域和身份户籍界限，取消各种限制农村劳动力进城务工就业的政策规定和制度障碍，努力促进劳动者平等就业。构建城乡一体的人力资源市场管理制度，将公共就业服务体系延伸到乡村，免费为城乡劳动者提供平等的职业指导、职业介绍和政策咨询服务。

三是逐步健全惠及城乡劳动者的就业创业扶持政策。各试点城市把社保补贴政策、小额担保贷款和贴息政策、就业困难家庭援助政策向农村延伸，使农村劳动者在就地就近就业和回乡创业时也能享受到就业扶持政策。例如，泰州市实施“技能就业帮扶工程”，对农村贫困家庭给予免费的“五包”技能培训就业政策，即包技能学习、包食宿交通、包鉴定发证、包实习单位、包推荐就业，实现“培训一人、就业一人、脱贫一户”目标。再如，南宁市把农村零转移就业家庭纳入就业援助范围，对全市农村零转移就业家庭进行全面调查，通过延伸就业服务，提供免费就业培训、岗位信息、职业介绍等，优先帮助农村零转移就业家庭人员实现转移就业。

四是逐步建立培训促进就业的新机制。各试点城市建立健全职业培训制度，开展面向城乡各类劳动者的职业技能培训，创新培训方式，提高培训质量，并将参加技能培训和鉴定的农村劳动者纳入补贴范围。例如，泰州市在试点期间建成 2 个省级、10 个市级培训基地，154 家乡镇成人职业学校和民办培训机构，74 家农村劳动力定点培训机构，年培训 2.5 万~3 万人，培训工种近 30 个。再如，嘉兴市建立了农村劳动力培训申报备案制度、统一电子档案管理制度、用工服务跟踪制度和培训效果评价制度等相关制度，并切实强化考核督察力度，为农村劳动力培训奠定了坚实的制度基础。

五是逐步优化促进稳定就业的环境。各试点城市加强劳动保障监督执法，推动建立农民工工资支付预警、应急和保证金制度，努力确保农民工工资支付；发展和谐劳动关系，依法保障农民工劳动权益；扩大社会保险覆盖面，解决农民工融入城市的住房、子女教育、公共服务等问题。例如，宝鸡市对纳入城市建设规划范围的失地农民，以及在市区有稳定工作并有固定住所的农民纳入城市户籍管理，提供廉租房屋；教育部门按照“免试就近入学”的原则，无条件地接受学区内持有《暂住证》的农民工子女接受义务教育，在入学条件和收费等方面与当地学生同等对待。

在试点地区的带动下，城乡统筹就业在全国基本铺开。到 2010 年末，全国农民工总量达到 2.42 亿人[①]。

① 张小建：《民生之本——为实现劳动者充分就业而奋斗》，北京：中国劳动社会保障出版社，2011 年版，第 150 页。

三、统筹城乡就业试点工作取得的成效

全国统筹城乡就业试点工作中，各试点城市围绕“开发就业、平等就业、素质就业、稳定就业”的目标，开拓创新，积极推进，创造性地开展工作，制定有利于促进就业的经济发展战略、有利于开发城乡就业岗位的政策，努力扩大就业规模；构建平等就业制度，提供平等的就业服务，完善市场就业机制；加大资金投入，落实农民工培训补贴政策，创新培训方式，提高培训质量；确保农民工工资支付，规范劳动关系，加强劳动保障监督执法，探索建立农民工社会保障制度，推进维权和社会保障。

城乡统筹就业试点工作经过两年努力，取得了积极成效。一是扩大了统筹城乡就业的影响。各参与城市进一步增强了对统筹城乡就业发展的认识，把统筹城乡就业列为统筹城乡发展的重要任务。二是强化了统筹城乡就业的服务手段。试点使劳动保障工作手段得到加强，城乡统筹就业服务格局开始形成，为形成城乡社会发展一体化新格局奠定了服务基础。三是培育了有文化、懂技术、会经营的新型农民。通过实施城乡统一的素质就业计划，对本地城乡和外来农村劳动力实行统一的培训制度，建立了劳动预备制度、免费培训制度、政府购买培训成果制度，以及“培训—认证—就业”一条龙服务等制度。不少地区开展了农村劳动力的创业培训，也取得了较为显著的效果。此外，还探索了与城乡统筹就业相适应的多层次的社会保障体系。

第六章

实施新时期就业方针，制定《中华人民共和国就业促进法》

▼

根据我国社会主义初级阶段的基本国情和实现“两个转变”的现实需要，以充分开发利用丰富的劳动力资源为出发点，依靠社会各方面的力量，深入推进再就业工程，我国的就业制度也面临调整。1993 年 11 月，党的十四届三中全会通过《中共中央关于建立社会主义市场经济体制若干问题的决定》，正式提出了培育和发展劳动力市场，明确了劳动力市场的地位。

第一节　就业方针的与时俱进

一、市场经济下就业方针形成的背景

1992 年 10 月，党的十四大报告明确指出，“我国经济体制改革的目标是建立社会主义市场经济体制，以利于进一步解放和发展生产力。……要大力发展全国的统一市场，进一步扩大市场的作用，并依据客观规律的要求，运用好经济政策、经济法规、计划指

导和必要的行政管理，引导市场健康发展”[①]。

1993 年 3 月，八届全国人大一次会议通过《中华人民共和国宪法修正案》，《中华人民共和国宪法》的第十五条修改为“国家实行社会主义市场经济”。这标志着我国经济体制改革从“摸着石头过河”逐步走向自觉有序推进的转变，有力地推动了我国社会主义现代化建设事业的迅猛发展。

二、新时期就业方针的提出与含义

面对新时期的形势和任务，就业工作迫切需要提出新的方针。1992 年 10 月，党的十四大报告强调，“可以广开就业门路，为经济结构调整、企业经营机制转换和政府机构改革创造重要条件”[②]。为此，从 1997 年 8 月开始，劳动和社会保障部着手研究新时期的就业方针。经过广泛征求意见和认真研究讨论，最终形成了新时期的就业方针：劳动者自主择业，市场调节就业，政府促进就业。

在劳动力市场上，劳动者是就业的主体，有就业的权利和择业的自由；企业等用人主体和劳动者的行为以及劳动力的供求匹配受市场机制调节和市场规则规范；政府则承担促进就业的职责。新时期的就业方针不仅强调了市场调节的基础性作用，同时强调了充分鼓励和调动劳动者自主择业的积极性和创造性，强调了政府促进

① 江泽民：《加快改革开放和现代化建设步伐 夺取有中国特色社会主义事业的更大胜利——在中国共产党第十四次全国代表大会上的报告》，北京：人民出版社，第 23 页。

② 江泽民：《加快改革开放和现代化建设步伐 夺取有中国特色社会主义事业的更大胜利——在中国共产党第十四次全国代表大会上的报告》，北京：人民出版社，第 23 页。

就业的责任。1998年6月，中共中央、国务院下发《关于切实做好国有企业下岗职工基本生活保障和再就业工作的通知》，确立了“劳动者自主择业、市场调节就业、政府促进就业”的就业方针，其核心含义为：劳动者自主择业，即劳动者进入劳动力市场，通过各种渠道自谋职业和自主就业；市场调节就业，即通过培育和发展劳动力市场，以市场机制为配置劳动力资源的基础性调节手段，实现用人单位和劳动者的双向选择；政府促进就业，即政府通过宏观经济与就业协调发展的政策，发展经济，包括发展第三产业、个体私营经济，增加就业岗位；实行积极的就业政策，扩大投入，健全和发展就业服务体系；采取必要措施，帮助下岗职工和其他特殊群体实现就业。[①]

三、新时期就业方针的意义和作用

我国新时期就业方针反映了三个层次的问题：第一，个人就业的基本权益；第二，市场机制的核心作用；第三，政府在增加就业总量方面的作用。与传统的“三结合”就业方针有着本质的区别。[②]市场经济体制下的就业方针是市场经济体制的必然要求在劳动力市场的改革体现，其意义和作用体现在以下几个方面：

一是继承性与改革性。市场经济体制下的就业方针继承了“三结合”就业方针中的“自谋职业”等市场就业的思想，进一步明确

① 《中共中央、国务院关于切实做好国有企业下岗职工基本生活保障和再就业工作的通知》,《人民日报》，1998年6月23日。

② 杨宜勇:《关于新就业方针》,《经济师》，1998年07期。

了政府在市场经济条件下“促进就业的作用”。二是提出政府和市场的关系初论。新的就业方针中政府的主要作用有两个方面，通过宏观经济政策调控增加就业总量，维护劳动力市场的秩序。政府不再像“三结合”就业方针那样需要具体安置就业，但要维护企业和劳动者个人的合法权利。明确市场在资源配置中的基础作用。三是突出个人的自主作用。新的就业方针改变了传统思维的次序——“国家、集体、个人”，是将劳动者自主择业的位置放在首位，突出个人的自主作用，强调市场机制的基础配置，政府的宏观调控作用。四是促进就业服务体系的建立。随着劳动力市场的发展，我国职业介绍机构应运而生，截至 1998 年已达 3 万多家。除了职业介绍服务，还通过就业培训、劳动就业服务企业和失业保险共计 4 项具有中国特色的就业服务体系促进就业。

第二节　《中华人民共和国就业促进法》的背景

一、执政理念不断深化为就业法制化提供现实基础

党中央、国务院高度重视就业工作。在 2002 年 9 月召开的全国再就业工作会议上，首次提出了“就业是民生之本”的思想。党中央把就业工作摆在经济社会发展更加突出的位置，要求坚持以人为本，实现社会的协调可持续发展。随着政府依法行政理念的不断深化，面对严峻的就业形势和繁重的就业任务，通过立法促进就业政策的制度化、法律化，建立促进就业的长效机制成为必然。

2002 年 9 月，中共中央、国务院下发的《关于进一步做好下

岗失业人员再就业工作的通知》奠定了我国积极就业政策的总框架；之后几年下发的《关于进一步加强就业再就业工作的通知》《关于做好促进就业工作的通知》等政策文件，以及各部门、各地方为落实中央部署出台的大量配套性政策，对积极就业政策进一步延续、扩展、调整和充实，并在实践中贯彻落实取得成效，为制定就业促进法提供了丰富的现实基础。

此外，国外也普遍通过立法促就业和治理失业，为我国提供国际借鉴。各国政府的法律侧重点和形式各不相同，有专门立法，也有将促进就业内容放在相关促进中小企业发展、强化就业服务或某一群体保护的法律中。例如，《俄罗斯居民就业法》《德国就业促进法》《秘鲁就业促进法》《韩国基本就业政策法》等。有些国家将促进就业的内容纳入综合性的劳动法典之中，如法国、越南。有些国家将促进就业的内容分别纳入不同的专项立法中，如美国、英国、日本等。我国参考借鉴多国就业法律及《国际劳工公约》，并结合实际情况，采取专门立法形式开展就业促进法的研究设计工作。

二、市场就业和城乡统筹要求就业政策扩展普惠并走向法制化

1991 年，劳动部开始组织就业促进法的研究设计工作，通过总结汲取改革开放以来促进就业的成功经验，参考借鉴《国际劳工公约》和部分国家的就业立法，着手起草了就业促进法初稿。广泛征求有关部门和地方的意见，又做了数次修改，曾于 1996 年初向国务院上报送审稿。但后来由于就业形势出现了新的情况，国有企业下岗职工的问题亟须解决，就业立法因条件和时机还不够成熟而

搁置下来。

从 2003 年开始实施的积极的就业政策，对打开我国下岗职工再就业工作的新局面发挥了重要作用。2005 年，我国积极就业政策进一步延续、扩展、调整和充实，为推行市场就业和建立长效工作机制奠定了基础。在积极就业政策实施取得成效，并且统筹城乡就业也有所突破的背景下，就业立法的条件已具备，且立法的必要性和紧迫性也更加突出。为更好地将政策长效化、法制化，劳动和社会保障部在开展“就业促进立法可行性研究”和“世界各国就业促进立法比较研究”的基础上，于 2005 年 4 月草拟了《中华人民共和国就业促进法（草案）》，并与国务院就业工作部际联席会议有关成员单位共同成立调研起草小组，通过开展深入调查和广泛研讨，数次征求地方和部门意见，召开就业促进立法国际研讨会，形成了《中华人民共和国就业促进法（草案）》（送审稿），于 2005 年 10 月报送国务院。国务院法制办先后多次征求了中央有关部门和单位以及各省、自治区、直辖市人民政府的意见，又会同劳动和社会保障部召开多次专家论证会，就统筹就业、公平就业、管理体制、境外就业和人力资源市场等专题进行论证，并赴湖北、天津、上海等地进行实地调研，在此基础上进一步完善了《中华人民共和国就业促进法（草案）》。2007 年 1 月，国务院第 164 次常务会议讨论通过《中华人民共和国就业促进法（草案）》草案并提请全国人民代表大会常务委员会审议。

2007 年 2 月、6 月、8 月，十届全国人大常委会第 26、28、29 次会议分别对《中华人民共和国就业促进法（草案）》进行了一读、二读、三读审议，最终以高票通过。其间，全国人民代表大会常务委员会邀请劳动保障部劳动科学研究所莫荣在会议上作了专题讲座，题目是《完善我国促进就业的法律制度》，从我国就业的现状和问题、就业促进法是建立就业长效机制的必然选择、对就业立法的几点建议三个方面作了讲解。同年3月25日，全国人大常委会办公厅发出《关于公布〈就业促进法（草案）〉征求意见的通知》，此后一个月的时间里，共收到11020件意见，主要来自基层群众、在校大学生、进城务工人员、农民等，这些人员所提意见占总数的70%，将近一半意见集中在公平就业和就业歧视问题上；针对政府部门管理方面，群众意见较大的主要是一些行政部门收费问题；在税收优惠政策、公共服务机构服务质量、市场中介机构规范化等方面也有不少建议和意见。在全国人大常委会审议过程中，对草案修改争论较多的内容，一是如何规定促进就业的具体措施，把现行有效的政策尽量具体化并纳入法律中；二是公平就业问题是否要单独成章，如对乙肝病毒携带者等群体就业如何规定；三是如何统一人才市场和劳动力市场；四是如何规定职业培训和职业资格制度；五是对就业援助如何作出统一规定，并赋予地方一定的灵活性。

历经三次全国人大常委会会议审议及多次专门委员会研讨，《中华人民共和国就业促进法》于2007年8月30日公布，并于2008年1月1日起施行。

第三节　《中华人民共和国就业促进法》的实施

一、完善对积极就业政策的传承

就业促进法的出台为就业工作法制化提供了良好契机，但是法律的有些规定还比较原则。因此，各职能部门抓紧研究制定相关配套法规，使就业促进法的主要内容具体化，更具可操作性。同时开始清理过去的法规、规章和政策文件，并推动指导地方根据实际情况制定相应的地方规章，出台地方就业促进条例或相关办法。

积极就业政策的实践为实施《中华人民共和国就业促进法》奠定了坚实的基础。为更好地实现政策与法律的衔接，在就业促进法保留现行积极就业政策体系核心内容的基础上，国家着重解决三个问题：一是保持政策的连续性，使职业培训、职业介绍、鼓励自主创业和就业援助等有关政策长效化、普惠化、规范化。二是在总结现行政策操作实践的基础上，进一步充实和调整相关政策，使法律规定的政策支持对象和项目能够得到落实。三是要增强政策的可操作性，使法律规定能够取得实效。

2008 年 2 月，国务院下发的《关于做好促进就业工作的通知》提出了就业政策与法律衔接的意见建议，并对做好法律的贯彻落实提出明确要求。此后，人力资源社会保障部、国家发改委、财政部、中国人民银行等部门加强协调配合，研究制定了资金管理、小额信贷、收费减免等配套政策。各地也根据新形势和新任务，对就业政策进行了认真研究、调整和完善，出台了地方性实施意见。

二、《中华人民共和国就业促进法》的初步成效

2008 年是《中华人民共和国就业促进法》实施的第一年，随着中国经济面对国际经济形势变化和国内一系列自然灾害带来的问题和挑战，《中华人民共和国就业促进法》经受住了复杂局面的考验，效果初步显现。从国际社会来看，当时美国金融危机愈演愈

烈并波及欧洲，导致失业增加，居民购买力下降，实体经济下滑，对我国外贸产生较大影响。从国内社会来看，2008年的雨雪冰冻灾害、汶川大地震和洪涝灾害，给国内经济直接造成了巨大的经济损失，影响企业的正常生产经营，随着原材料、节能减排等成本上升，企业普遍出现工资上涨、人工成本增加；人民币汇率升值，出口下降，减缓了经济增长的速度，减弱了经济对就业岗位的拉动作用。虽然面对国际国内诸多不利因素的影响，但随着《中华人民共和国就业促进法》的出台和积极就业政策的进一步完善落实，我国就业工作稳步推进，取得难得的成效。

2008年底，全国城镇新增就业1113万人，完成全年工作目标的111%；下岗失业人员再就业500万人，完成全年工作目标的100%；就业困难人员实现就业143万人，完成全年工作目标的143%。① 与此同时，为了应对国际金融危机对就业的影响，政府及时出台了稳定就业局势的政策措施，以及促进高校毕业生就业的八项措施等，以进一步促进就业局势的稳定。

三、就业立法的现实和历史意义

《中华人民共和国就业促进法》的出台完善了我国劳动保障法律体系，为实施积极就业政策提供了法律保障，是一部推动经济发展与扩大就业良性互动，促进实现社会和谐稳定的重要法律，对推动中国就业改革发展具有十分重大的现实意义和深远的历史意义。

① 《2008年中国城镇新增就业1113万 人失业率为4.2%》，中国新闻网，2009年1月20日。

（一）明确政府的重要职责，推进就业工作法制化进程

就业是民生之本、财富之源。实现更加充分的就业是构建社会主义和谐社会的一项重要任务。《中华人民共和国就业促进法》的颁布实施，将党中央和国务院的战略思想法制化，将党和政府的执政理念具体化。该法开宗明义地宣言了其制定的宗旨*。同时明确规定，国家把扩大就业放在经济社会发展的突出位置。专门规定县级以上人民政府把扩大就业作为经济和社会发展的重要目标和重要职责，建立促进就业的目标责任制度并进行考核和监督，从而第一次通过法律形式明确了就业工作在经济社会发展中的重要地位，并用法制手段强化了促进就业作为政府的重要职责。

* 制定《中华人民共和国就业促进法》的宗旨为：促进就业，促进经济发展与扩大就业相协调，促进社会和谐稳定。

《中华人民共和国就业促进法》的出台推进了就业工作法制化进程。通过综合性高位阶的法制化手段进一步加大就业工作力度，建立起促进就业的长效机制。明确规定实施积极的就业政策，坚持劳动者自主择业、市场调节就业、政府促进就业的方针。不仅将经过实践检验行之有效的积极就业政策上升为法律规范，并且进一步明确了要使促进就业的大政方针法定化，使促进就业的工作机制和工作体系法制化，使促进就业的各项政策措施和资金投入制度化，为解决好我国长期、艰巨、复杂的就业问题提供了坚实的制度支持和法律保障。

（二）完善中国劳动保障法律体系，保障就业服务组织体系更加健全

立法是世界各国促进就业最为普遍最为重要的手段。《中华人民共和国宪法》和《中华人民共和国劳动法》都对促进就业做出了

原则性的规定，对促进就业发挥了积极作用。但解决我国就业问题，还需要专门的有具体规定的就业促进立法。特别是随着我国经济社会的发展，城镇化、工业化、市场化、国际化进程加快的过程中，就业、劳动关系、社会保障等领域都出现了诸多新问题和新挑战，亟须健全的劳动保障法律体系的保障，使得整个劳动保障工作尽快走上法制化轨道。《中华人民共和国就业促进法》的出台从法律高度对促进就业工作作出历史性的概括总结和展望性的拓展延续，填补了《中华人民共和国劳动法》通过后国家法律层面在就业领域的缺位，标志着我国以《中华人民共和国宪法》为根本依据，以《中华人民共和国劳动法》为基础，以《中华人民共和国就业促进法》《中华人民共和国劳动合同法》《中华人民共和国劳动争议调解仲裁法》《中华人民共和国社会保险法》为主干，以相关法律法规为配套的劳动保障法律体系建设进一步完善。

此外，针对工作中整体基础薄弱、制度建设不足的问题，为加强基础建设，规范各项制度，《中华人民共和国就业促进法》从加强制度和基础建设着手，对政策支持、公平就业、就业服务和管理、职业教育和培训、就业援助，以及监督检查等做了具体的、明确的规定，使对市场的培育发展与对市场行为的规范有机结合，使强化公共就业服务和职业培训发展与相关制度的建设整体结合，使运用政策促进就业与严格执行政策规定相结合，为进一步解决在政策落实、基础建设和推进环节等方面不到位、不规范、无保障等问题，促进就业管理服务组织体系更加健全和保障措施更为有力提供了保证。

第七章
职业技能开发政策制度的改革与完善

▼

职业技能开发工作关系着就业和民生，也关系着人才和发展。职业技能开发是实施扩大就业发展战略、解决就业总量矛盾和结构性矛盾、促进就业和稳定就业的根本措施，也是贯彻落实人才强国战略、加快技能人才队伍建设的重要任务。基于历史条件和经济社会发展阶段的差异化，我国在不同的历史时期采取了不同的发展战略和具体政策，取得了举世瞩目的成就，逐步形成了具有中国特色的职业技能开发体系，对提高劳动者素质、促进和稳定就业、促进经济发展和社会和谐起到了积极的作用。

第一节　职业技能开发的恢复重建与快速发展

一、职业技能开发恢复重建

1978 年 12 月，党的十一届三中全会做出了全党工作重点转移到经济建设中来的重大战略决策，我国进入了现代化建设的新的历史时期。邓小平高度重视技术工人培养工作，在 1978 年 4 月的全国教育工作会议上曾深刻指出，“我们要掌握和发展现代科学文化知识和各行各业的新技术新工艺，要创造比资本主义更高的劳动生产率，把我国建设成为现代化的社会主义强国，并且在上层建筑领域最终战胜资产阶级的影响，就必须培养具有高度科学文化水平的劳动者，必须造就宏大的又红又专的工人阶级知识分子队伍”[①]。这一时期，职业培训有了前所未有的全面发展，技工学校得到迅速恢复和发展，学徒培训继续发挥应有的作用，在职工人技术培训日益走上正规化，工人考核制度得到恢复和完善。

1977 年 11—12 月，全国计划会议要求恢复“文化大革命”期间取消的技工学校。为更好地服务劳动就业，1978 年 2 月，国务院决定将技工学校管理权限由教育部重新划归国家劳动总局管理。1978 年 12 月，国家劳动总局在北京召开全国培训工作会议，把职业培训提高到实现四个现代化需要的高度，并要求从这样一个高度去认识、强化和发展技工培训事业。此次会议对以后恢复和发展技术工人队伍培养奠定了非常重要的基础。

1979 年 2 月，国家劳动总局公布《技工学校工作条例（试行）》。1982 年 12 月，五届全国人大五次会议通过《中华人民共和国国民经济和社会发展第六个五年计划》，提出“招生任务不足的技工学校应当承担培训在职工人的任务，有的可以培训待业青年”[②]。技工学校开始承担起培养中级技术工人和培训在职工人的双重任务。1983 年 4 月，劳动人事部印发《关于改革技工学校毕业生分配制度等问

① 邓小平：《在全国教育工作会议上的讲话》，《邓小平文选》（第二卷），北京：人民出版社，1994 年版，第 104 页。

② 《中华人民共和国国民经济和社会发展第六个五年计划》，《中华人民共和国国务院公报》，1983 年 09 期。

题的意见》，对技工院校培训的对象和任务做出更加明确的规定，即在坚持培训中级技工的同时，应积极地、主动地承担起在职工人轮训和待业青年的培训任务。在一系列政策推动和各地积极响应下，到 1984 年，全国技工学校共招生 75.9 万人，是 1977 年的 5.77 倍，在校生达 191.8 万人，是 1977 年的 7.89 倍。在技术工人评价方面，新中国成立之初，我国按照苏联模式制订了第一批工人技术等级标准，形成了工人技术等级标准的多等级结构（八级）。1978 年，我国开始第二次全国性修订工人技术等级标准工作，1979 年 8 月，国家劳动总局发出《关于试行新修订的工人技术等级标准的通知》，将工人技术等级标准分为初、中、高三等八级。其中，1 ~ 3 级为初级工，4 ~ 6 级为中级工，7 ~ 8 级为高级工。1983 年 4 月，劳动人事部公布《工人技术等级考核暂行条例》，对工人技术等级考核做出制度性规定，并对考核种类、方法和组织管理等做出具体规定。该条例的发布标志着中断多年的考工制度得到全面恢复。

二、职业技能开发快速发展

“六五”计划的圆满完成使得我国经济水平明显好转，国民经济逐步走上稳步发展的健康轨道。职业技能开发工作经历了几年的重建迎来蓬勃发展的新态势。1984 年 10 月，党的十二届三中全会的召开，标志着我国经济体制改革开始由农村转向城市，以城市为重点的全面经济体制改革开始推进，各行各业建设也急需大批专业技能人才。1993 年 11 月，党的十四届三中全会通过《中共中央关于建设社会主义市场经济体制若干问题的决定》，明确提出建立社会主义市场经济体制的改革目标和现代企业制度的基本特征。因此，该阶段的职业技能开发的主要目标是优化工人队伍结构、提高工人队伍素质，解决下岗失业人员就业问题。

（一）职业培训蓬勃开展

1985 年 5 月，中共中央通过《关于教育体制改革的决定》（以下简称《决定》），要求改革有关劳动人事制度，实行“先培训，后就业”的原则。[①] 这是国家培训就业政策的基本原则，强调了培训政策与劳动就业制度的关联性。1992 年 2 月，劳动部印发《关于加强工人培训工作的决定》。1993 年 2 月，中共中央、国务院印发《中国教育改革和发展纲要》（以下简称《纲要》），强调要认真实行“先培训，后就业”的制度，对未经培训已就业的劳动者要进行岗前培训，并且优先录用经过培训的学生。[②] 1994 年 7 月，八届全国人大常委会第八次会议通过《中华人民共和国劳动法》，首次以立法形式保障了职业培训工作的开展。1996 年 5 月，八届全国人大常委会第十九次会议通过《中华人民共和国职业教育法》，对职业培训类型、等级、培训机构进行了说明，并在此明确国家实行劳动者在就业前或者上岗前接受必要的职业教育的制度。[③]

为贯彻落实《中华人民共和国劳动法》和《中华人民共和国职业教育法》，1994 年 12 月，劳动部发布《就业训练规定》，明确就

① 《中共中央关于教育体制改革的决定》，《中华人民共和国国务院公报》，1985 年 15 期。
② 《中国教育改革和发展纲要》，《人民教育》，1993 年 04 期。
③ 《中华人民共和国职业教育法》，《中华人民共和国国务院公报》，1996 年 16 期。

业训练的组织管理、考核发证、经费安排、就业训练中心建设以及非劳动部门组织的就业训练的管理和实施等内容。

1．新生劳动力培训

为提高新生劳动力职业素质，1996年起，劳动部在36个城市开展了劳动预备制试点，面向“两后生”*开展1～3年的职业培训，致力于完善新生劳动力就业前的职业培训和职业教育制度。1999年6月，国务院印发《关于积极推进劳动预备制度加快提高劳动者素质的意见》，要求从1999年起，在全国城镇普遍推行劳动预备制度，组织城镇未能升学的初、高中毕业生以及农村未能继续升学并准备从事非农产业工作或进城务工的初、高中毕业生，在就业前接受一段时间的职业培训和职业教育。[①] 这标志着劳动预备制度作为新时期的一项培训就业制度，在全国范围内得到正式确认。

* “两后生”是扶贫政策中的农村贫困户，指初、高中毕业生未能继续升入大学或中专院校就读的农村贫困家庭中的富余劳动力，这一群体为年龄在15至22周岁之间的未婚青年。

2．下岗失业人员再就业培训

随着改革的深入，国有企业内部长期存在的隐性失业问题日益显性化，在减员增效的用人制度改革中，产生了大量的下岗失业人员。1993年底，劳动部开始“再就业工程试点”。1995年4月，国务院办公厅转发劳动部《关于实施再就业工程的报告》。1998年5月，中共中央、国务院在北京召开国有企业下岗职工基本生活保障和再就业工作会议，同年6月，中共中央、国务院下发《关于切实做好国有企业下岗职工基本生活保障和再就业工作的通知》，要求加强劳动力市场建设，强化就业培训。1998—2000年，劳动部开始实施“三年千万”再就业培训计划，开展下岗工人再就业培

① 《国务院办公厅转发劳动保障部等部门关于积极推进劳动预备制度加快提高劳动者素质意见的通知》，《中华人民共和国国务院公报》，1999年25期。

训。为加强对企业培训工作的指导，1996 年 10 月，劳动部、国家经贸委印发《企业职工培训规定》，明确了企业和职工在培训方面的责任和培训的保障，推动企业按照职工工资总额的 1.5%计取职工培训经费。[①]

（二）技工院校改革与提升

1986 年 11 月，劳动人事部、国家教委联合公布《技工学校工作条例》，共 9 章 44 条，从学校性质、任务和培养目标、招生对象、修业年限和毕业生分配方针、管理体制、学校设置的原则、规模、办学形式和审批权限等对技工学校办学实施规范化管理。为使技工学校适应建立社会主义市场经济体制的要求，1989 年 5 月和 1993 年 9 月，劳动部分别印发《关于技工学校深化改革的意见》《关于深化技工学校教育改革的决定》，确立了技工学校按照劳动力市场的需求，拓展培训领域，服务社会的改革方针，并提出了推动技工学校改革的多项措施，使技工学校开始从单一、封闭、呆板的体制向多形式、多层次、灵活的方式转变，并同经济体制、劳动制度改革相配套。

总的看来，改革开放使技工学校获得了快速发展，1995 年全国技工学校达到 4521 所，遍及机械、电子、航空、航天、电力、石油等 30 个部门和系统，在校生达 198 万人。[②]

---

① 《关于印发〈企业职工培训规定〉的通知（摘要）》，《中华人民共和国国务院公报》，1997 年 06 期。

② 人力资源和社会保障部职业能力建设司、中国劳动和社会保障科学研究院：《中国技工院校发展报告（2017 年）》，北京：中国劳动社会保障出版社，2017 年版，第 51 页。

（三）职业资格证书制度建立

1993年7月，劳动部印发《职业技能鉴定规定》，明确提出“职业技能鉴定施行政府指导下的社会化管理体制”[①]，国家职业技能鉴定工作体系得以建立。同年11月，党的十四届三中全会通过的《中共中央关于建立社会主义市场经济体制若干问题的决定》指出：“要制订各种职业资格标准和录用标准，实行学历文凭和职业资格两种证书制度。”[②]

1994年7月，八届全国人大常委会第八次会议通过《中华人民共和国劳动法》，使职业资格制度以国家法律的形式得以确立，职业资格制度进入快速发展轨道。1999年5月，劳动保障部发布我国首部《中华人民共和国职业分类大典》，按照以职业活动为核心、以职业能力为导向的指导思想，建立动态的国家职业分类和职业标准体系，并将国家职业资格等级规范为五个等级（见图7–1）。

（四）职业技能竞赛迅速发展，技术工人表彰制度建立

我国的职业技能竞赛始于20世纪50年代的工人技术比赛、技术比武等活动，具有广泛的群众基础。改革开放以来，尤其是20世纪80年代开始逐步恢复，但也是主要集中在企业内的岗位练兵。到了20世纪90年代，我国开始组织全国性的综合类的技术比赛。特别是1993年的首届中国青年奥林匹克技能竞赛，成为我国

① 《职业技能鉴定规定》，《中国劳动科学》，1994年01期。
② 《中共中央关于建立社会主义市场经济体制若干问题的决定》，北京：人民出版社，1993年版，第29页。

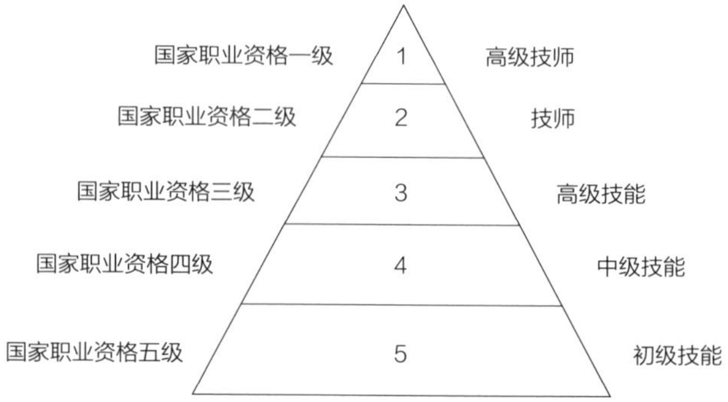

图 7-1　国家职业资格制度的五个级别

竞赛工作领域的一个里程碑。全国 29 个省（市）的上百万青工参加岗位练兵，5000 多人参加省级角逐，300 多人参加全国决赛。

为宣传优秀技术工人和能工巧匠的先进事迹，表彰他们为企业、为国家作出的突出贡献，劳动和社会保障部从 1995 年开始，会同 46 个行业主管部门及各省、自治区、直辖市建立了“中华技能大奖”和“全国技术能手”评选表彰制度。“中华技能大奖”和“全国技术能手”的表彰和奖励是政府部门对技术工人技术、技能水平的最高奖励。“中华技能大奖”是对优秀技术工人的最高奖项，主要突出在全国和国际方面的影响，突出技术创新。“全国技术能手”是优秀技术工人的荣誉称号，主要突出本行业、本企业的贡献和影响。1995—1997 年，每年开展一次“中华技能大奖”和“全国技术能手”的评选表彰，从 1998 年开始，每两年开展一次。

第二节　职业技能开发的规范发展

经过多年的改革，我国社会主义市场经济体制初步建立，劳动力市场机制已经开始对劳动力资源的配置起到基础性作用，以市场为导向的就业机制初步形成。与此同时，我国社会对职业技能开发工作重要性的认识不断深入，逐步认识到其对提高劳动者职业能力和素质、促进就业、改善就业质量、化解就业结构性矛盾的重要作用。

一、面向全体劳动者的职业培训制度逐步确立

进入 21 世纪，我国经济社会发展进入了新的阶段，职业培训工作的重点从被动的解决就业问题转向积极主动的技能开发，从重点针对某一特殊群体转向面向全体劳动者。2002 年 7 月，劳动和社会保障部发布《加强职业培训提高就业能力计划》，提出以市场需求为导向，大力开展职业培训工作；全面推行职业资格证书制度，大力推行就业准入制度；实施第二期“三年千万”再就业培训计划，在 100 个社区就业联系城市普遍推广创业培训工作。[①] 同年 9 月，为加强技工培养，劳动和社会保障部启动高技能人才培训工程。

2005 年 5 月，为进一步强化高技能人才工作，推动实现数量就业与素质就业的并举，劳动和社会保障部发布《国家高技能人才东部地区培训工程方案》，提出要推广上海公共实训基地的经验，率先在重点城市建立一批面向社会、高效能的公共实训基地和鉴定

① 《加强职业培训提高就业能力计划》，《中国培训》，2002 年 08 期。

平台。同年11月，国务院下发《关于进一步加强就业再就业工作的通知》，要求广泛发动全社会教育培训资源，为城乡劳动者开展多层次、多形式的职业培训。要通过资质认定，确定一批培训质量高、就业效果好的教育培训机构作为定点机构。[①] 这样基本确立了我国职业技能培训工作的主要内容和工作方向，为以后奠定了基础。随后，劳动和社会保障部相继实施职业培训"5+1"计划行动，包括新技师培养带动计划、城镇技能再就业计划、能力促创业计划、农村劳动力技能就业计划和国家技能资格导航计划五项计划以及技能岗位对接行动。

2006年6月，中共中央办公厅、国务院办公厅印发《关于进一步加强高技能人才工作的意见》，提出加快培养一大批数量充足、结构合理、素质优良的技术技能型、复合技能型和知识技能型高技能人才。[②] 2006年10月和2007年10月，党的十六届六中全会通过的《中共中央关于构建社会主义和谐社会若干重大问题的决定》和党的十七大报告都明确提出健全面向全体劳动者的职业教育培训制度。2010年10月，国务院印发《关于加强职业培训促进就业的意见》，提出加快构建面向全体劳动者的职业培训制度。同时，在该阶段，随着职业培训工作的全面推进，民办培训机构也有了较大的发展。2001年9月，民政部、劳动和社会保障部发布《职业培训类民办非企业单位登记办法（试行）》。2004年6月，教育部发布《中华人民共和国中外合作办学条例实施办法》，明确了中

① 《国务院关于进一步加强就业再就业工作的通知》，《中华人民共和国国务院公报》，2005年35期。

② 《关于进一步加强高技能人才工作的意见》，《人民日报》，2006年6月12日。

外合作办学机构的设立、组织与活动、办学项目审批、管理与监督等内容。2008 年 11 月，人力资源社会保障部发出《关于进一步加强民办职业培训学校管理工作的通知》，对民办培训学校的设立、审批、教学管理、监督和服务等都提出了明确要求。

二、技工院校跨越式发展

为促进技工学校适应社会主义市场经济发展的要求，使一度陷入困境的技工教育事业重新焕发生机和活力，2000 年 5 月，劳动和社会保障部发出《关于加快技工院校改革工作的通知》，指导和部署技工学校按照“调整布局、提高层次、突出特色、服务就业”的 16 字方针，实施调整改革。2002 年 7 月，国务院在北京召开第四次全国职业教育工作会议。会后，国务院印发《关于大力推进职业教育改革与发展的决定》。经过多年的努力，改革取得明显成果，技工学校在校生人数、招生规模都有大幅度提高，培养层次有了大幅度提升。在此期间，为满足经济发展对高技能人才的需求，在高级技工学校快速发展的同时，一些地方开始试点办技师学院，在培养高级技工的基础上培养技师，初步形成了由技工学校、高级技工学校、技师学院构成的高级技能人才培养体系。

2005 年 11 月，国务院召开第六次全国职业教育工作会议，印发《关于大力发展职业教育的决定》，提出“有中国特色的现代职业教育体系”[①]。随后，党中央、国务院出台了一系列促进技能人才

① 《国务院关于大力发展职业教育的决定》，《中华人民共和国国务院公报》，2005 年 35 期。

队伍建设和职业教育发展的政策措施，加大了技能人才队伍建设的力度，提升了技能人才的社会地位，改善了职业教育的发展环境，为技工院校提供了更大的发展空间。

在这一时期，技工院校呈现出跨越式发展的态势。截至2009年底，全国共有技工院校3064所，完成学制招生156万人，面向社会开展各类技能培训达到484万人次。

三、职业资格快速发展和改革推进

2000年12月，劳动和社会保障部发布《关于大力推进职业资格证书制度建设的若干意见》，要求在全社会实行学业证书、职业资格证书并重的制度，职业资格证书制度建设坚持政府指导下的社会化管理原则。[①] 2006年6月，中共中央办公厅、国务院办公厅印发《关于进一步加强高技能人才工作的意见》，要求“健全和完善高技能人才考核评价制度”[②]。在推行社会化鉴定的同时，针对不同鉴定对象，我国也开始探索建立多元化的技能人才评价机制。一方面，开展了企业内鉴定试点，加快推进职业院校资格认证试点的步伐；另一方面，也组织开展了专项职业能力考核。

这一时期，职业资格证书几乎覆盖了各类人群，包括社会从业人员、企业在职职工、职业院校学生和农民工等，并初步建立了针对不同鉴定对象的多元化技能人才评价机制，在提高劳动者的就业能力、创新能力和创业能力等方面取得了实效。各地和有关行业

① 《关于大力推进职业资格证书制度建设的若干意见》，《中国培训》，2000年12期。
② 《关于进一步加强高技能人才工作的意见》，《人民日报》，2006年6月12日。

部门建立了相应的职业技能鉴定指导和实施工作体系，初步形成国家、地方（行业）、鉴定所（站）三级运作的实施工作网络。1994—2008 年，全国累计参加鉴定的总人数已超过 1 亿人次。

2007 年 12 月，国务院办公厅印发《关于清理规范各类职业资格相关活动的通知》(以下简称《通知》)，拉开了对职业资格专项集中清理整顿的“大幕”。《通知》明确规定了清理规范职业资格的设置、职业资格考试和鉴定、职业资格证书的印制和发放、职业资格培训和收费等，并提出了改革完善职业资格证书制度的指导意见。

四、职业技能竞赛和技能人才表彰制度逐渐完善

进入 21 世纪以来，随着我国经济的高速发展，对技能劳动者的需求越来越大，随之职业技能竞赛作为选拔优秀技能劳动者的一个特别有效的抓手，越来越被重视。劳动部门制定了一系列加强职业技能竞赛的文件，包括劳动和社会保障部发出的《关于加强职业技能竞赛管理工作的通知》，以及《国家职业技能竞赛技术规程》《国家职业技能竞赛裁判员管理办法》《国家职业技能竞赛组织实施指南》等。自 2004 年起，劳动和社会保障部开始将全国各级各类竞赛活动进行整合，组织开展“全国职业技能竞赛”系列活动。截至 2010 年，共组织国家级一类竞赛活动 28 项，国家级二类竞赛活动 146 项，其他类竞赛 4 项，参与亚太地区和港澳地区的国际性和地区间竞赛 6 次，参与竞赛人数达 1000 多万人，涉及的竞赛职业

工种有上百个。[①]

在技能人才表彰方面，2000 年 8 月，劳动和社会保障部发布《中华技能大奖和全国技术能手评选表彰管理办法》，明确了“中华技能大奖”和“全国技术能手”的评选周期、评选人数、评选条件、评选程序和表彰奖励。为表彰和宣传在培养高技能人才工作中作出突出贡献的单位和个人，营造促进高技能人才成长的良好环境。

第三节　建立终身职业技能开发体系

党的十八大以来，我国经济社会发展步入了新的历史时期，加快转变经济发展方式、调整产业结构、实施创新驱动发展战略、建设创新型国家，都需要一大批高素质技能人才作支撑。这一时期，我国职业技能开发工作的出发点也从短期的技能训练为主转向推行终身技能养成。

一、构建终身职业技能培训体系

党的十八大以来，党中央、国务院制定政策，从培训载体、培训对象和培训模式、培训激励机制、培训基础能力（教材、标准）、培训师资、培训监督评价等多个方面推动职业培训工作。例如，2018 年 5 月国务院印发的《关于推行终身职业技能培训制度

① 王晓初、信长星主编：《就业促进与职业能力建设》，北京：中国劳动社会保障出版社，2012 年版，第 325–326 页。

的意见》，2019 年 5 月国务院办公厅印发的《职业技能提升行动方案（2019—2021 年）》，2021 年 6 月人力资源社会保障部发布的《“技能中国行动”实施方案》，等等。特别是《职业技能提升行动方案（2019—2021 年）》强调，把职业技能培训作为保持就业稳定、缓解结构性就业矛盾的关键举措，作为经济转型升级和高质量发展的重要支撑，从失业保险基金结余中拿出 1000 亿元，面向职工、就业重点群体、贫困劳动力等城乡各类劳动者，大规模开展职业技能培训。2021 年 12 月，人力资源社会保障部、教育部、国家发改委、财政部发布《“十四五”职业技能培训规划》，这是我国第一部职业培训规划，在我国职业技能培训工作史上具有划时代的意义，也标志了我国初步建立了覆盖全体劳动者的终身职业培训政策体系。

为促进高技能人才培养及部分重点群体的就业创业技能的提升，这一时期我国实施了一系列重点项目，包括公共实训基地建设、农民工职业技能提升计划——“春潮行动”、化解过剩产能企业职工特别职业培训计划、农民工等人员返乡创业培训五年行动计划、百城技能振兴专项活动、企业新型学徒制、职业技能提升行动、技能中国行动等。其中，“春潮行动”旨在提升农村转移就业劳动者职业素质和就业创业能力，党的十八大以来，我国开展农民工培训 8287 万人次，年均 921 万人次；化解过剩产能企业职工特别职业培训计划从 2016 年至 2020 年，利用 5 年左右的时间，使有培训愿望和需求的企业失业人员和转岗职工都能接受一次相应的政府补贴性职业培训。2015 年 8 月，人力资源社会保障部、财政部发出《关于开展企业新型学徒制试点工作的通知》，制订《企业新型学徒制试点工作方案》，启动了企业新型学徒制试点工作，在 22

个省开展了两批试点工作，并于2018年在全国范围内推行。2019年5月，国务院办公厅印发《职业技能提升行动方案（2019—2021年）》，提出从2019年至2021年，三年共开展各类补贴性职业技能培训5000万人次以上。[①] 2021年6月，人力资源社会保障部发布《"技能中国行动"实施方案》，提出"十四五"期间，新增技能人才4000万人以上，技能人才占就业人员比例达到30%，东部省份高技能人才占技能人才比例达到35%，中西部省份高技能人才占技能人才比例在现有基础上提高2～3个百分点。[②]

同时，我国还建立了多元的培训资金渠道，包括职业技能提升资金、就业补助资金、失业保险基金、职业教育专项经费、人才工作经费、企业职工教育培训经费、个人投入及社会捐赠。其中，2017年5月，人力资源社会保障部、财政部发出《关于失业保险支持参保职工提升职业技能有关问题的通知》，新增技能提升补贴，缴纳失业保险三年以上、当年取得职业资格证书或技能等级证书的企业职工可享受补贴，国家中等职业教育基础能力建设项目经费也可用于中等职业学校（含技工院校）的基础设施建设和设备设施购置。2017年10月，财政部、人力资源社会保障部印发《就业补助资金管理办法》，规定就业补助资金可用于职业培训补贴和职业技能鉴定补贴。

党的十八大以来，我国共开展政府补贴的职业培训17634.6万人次。其中，2020年全年共组织补贴性职业技能培训2700.5万人

---

① 《国务院办公厅关于印发职业技能提升行动方案（2019—2021年）的通知》，《中华人民共和国国务院公报》，2019年16期。

② 《"技能中国行动"实施方案》，《中国人力资源社会保障》，2021年08期。

次和以工代训 2209.6 万人次，培训农民工 1046.6 万人次，培训贫困劳动力 270.4 万人次，培训城镇登记失业人员 80.5 万人次，培训高校应届毕业生 109.8 万人次。[①]

二、技工教育高质量发展

为适应经济发展方式转变和产业结构调整要求，大力推进职业教育改革创新，提高技术技能人才培养质量，这一阶段国家出台了大量的政策支持技工院校的发展。

1．强化政策保障

为规范技工院校设置，促进学校建设和发展，2013 年 1 月，人力资源社会保障部发出《关于做好国家级重点技工院校评估工作的通知》，推动示范性技工院校建设，促进技工院校提升办学水平。2014 年 12 月，为推动技工院校提升服务于经济转型和服务于破解就业结构性矛盾的能力，人力资源社会保障部印发《关于推进技工院校改革创新的若干意见》，指导技工院校遵循“高端引领、校企合作、多元办学、内涵发展”的方针，强化校企合作，深化教学改革，推动技工院校新一轮改革创新。2016 年 12 月，人力资源社会保障部印发《技工教育“十三五”规划》，明确了“十三五”时期技工教育发展的目标和重点工作任务。2017 年 3 月，教育部、国家发改委、财政部和人力资源社会保障部印发《高中阶段教育普及攻坚计划（2017—2020 年）》，提出“健全教育、人力资源

① 《2020 年度人力资源和社会保障事业发展统计公报》，人社部网站，2021 年 6 月 3 日。

社会保障等相关部门招生工作协调机制，建立中等职业学校和普通高中统一招生平台，切实落实普职大体相当的要求”[①]。2021 年 11 月，人力资源社会保障部印发《技工教育“十四五”规划》，明确提出推动技工教育高质量发展，注重德技并修、多元办学、校企合作、提质培优，实现创新发展，建设现代技术工人培养体系。

2．深入推进校企合作

2017 年 10 月，党的十九大报告明确提出“完善职业教育和培训体系，深化产教融合、校企合作”的人才培养之路，同年 12 月国务院办公厅印发的《关于深化产教融合的若干意见》与 2018 年 2 月教育部和国家发改委等六部门印发的《职业学校校企合作促进办法》配套组成了职业教育校企合作的基本制度框架。同时，大力推进企业新型学徒制。

3．助力脱贫攻坚和乡村振兴

2016 年 7 月，人力资源社会保障部、国务院扶贫办部署推进技能脱贫千校行动，为就读技工院校的贫困家庭学生，开辟招生绿色通道，在入学、选择专业、安排订单定向培养班（企业冠名班）、落实助学政策、实习、推荐就业等方面实行优先政策。2018 年 10 月，人力资源社会保障部办公厅发出《关于进一步做好技工院校建档立卡贫困家庭学生资助工作的通知》，要求为建档立卡贫困家庭学生开设绿色通道，优先落实中职资助政策，确保做到对建档立卡贫困学生应助尽助、应补尽补，不漏一人。

在这一阶段，我国的技工院校实现了从规模发展向内涵发展

① 《教育部等四部门关于印发〈高中阶段教育普及攻坚计划（2017—2020 年）〉的通知》，教育部网站，2017 年 3 月 30 日。

的转变。截至2021年底，全国共有技工学校2492所，在校学生426.7万人，2021年技工学校面向社会开展培训600.7万人次，为促进就业和经济社会发展提供了强有力的技能人才支撑。[①]

三、技能人才多元评价制度建立

党的十八大以来，国务院大力推进简政放权、放管结合、职能转变工作。随后，按照《第十二届全国人民代表大会第一次会议关于国务院机构改革和职能转变方案的决定》，2013年以来，国务院先后分7批共取消了434项职业资格许可和认定事项，占国务院部门设置职业资格总数的70%以上。职业资格清理整顿是发挥企业在人才培养和评价中的主体地位的必然途径，也是建立政府职业资格监管与企业技能等级自主评价互相衔接的国家职业资格体系的前提和保障。

2017年9月，人力资源社会保障部发布《国家职业资格目录》，实行清单式管理，包括140项职业资格，其中技能人员职业资格81项*，专业技术人员职业资格59项。为深入推进改革，加大“放管服”力度，进一步简政放权，加快政府职能转变，形成科学化、社会化、多元化的技能人才评价机制。2018年底，人力资源社会保障部部署推动职业技能等级认定试点工作，中国国家铁路集团有限公司等18家中央企业参加了试点。2019年4月，人力资源社会保障部再次要求各地根据实际，选择本地区的企业开展职业

* 81项技能人员职业资格含准入类5项，水平评价类76项。

① 《2021年度人力资源和社会保障事业发展统计公报》，人社部网站，2022年6月7日。

技能等级认定试点工作。除此以外，还面向社会遴选确定社会培训评价组织，也就是通过第三方评价机构开展职业技能等级认定。

2019 年 8 月，人力资源社会保障部印发《关于改革完善技能人才评价制度的意见》，提出坚持多元评价。2021 年 11 月，人力资源社会保障部发布《国家职业资格目录（2021 年版）》，共计 72 项职业资格。除与公共安全、人身健康等密切相关的职业工种外，73 项水平评价类技能人员职业资格全部退出《国家职业资格目录》，不再由政府或其授权的单位认定发证。优化后的《国家职业资格目录》，与 2017 年版相比，职业资格减少了 68 项，削减 49%。同时，为进一步规范职业技能等级认定工作，2020 年，人力资源社会保障部相继印发《职业技能等级认定工作规程（试行）》《技能人才评价质量督导工作规程（试行）》。截至 2021 年 11 月底，全国共有 11000 多家企业、3100 多家社会培训评价组织完成备案，720 多万人取得职业技能等级证书。①

四、职业技能竞赛蓬勃发展和表彰激励制度创新

我国于 2010 年加入世界技能组织。2011 年以来，我国共组团参加了 5 届世界技能大赛，累计取得 36 金 29 银 20 铜 58 个优胜奖的优异成绩。

2011 年 10 月 4 日，我国首次参加在英国伦敦举办的第 41 届世界技能大赛，共参与 6 个项目（数控车、数控铣、CAD机械设

① 《行远自迩 笃行不殆，回望职业能力建设司鏖战的 2021》，《技能中国》，2022 年 1 月 1 日。

计、焊接、网站设计、美发），取得 1 银 5 优胜、平均分第一的优异成绩。2015 年 8 月 11—16 日，第 43 届世界技能大赛在巴西圣保罗举行，中国代表团实现金牌“零”的突破，取得了 5 金 6 银 4 铜 11 优胜的成绩。第 45 届世界技能大赛于 2019 年 8 月在俄罗斯喀山举行，我国派出 63 名选手，参加了运输与物流、结构与建筑技术、制造与工程技术、信息与通信技术、创意艺术与时尚、社会与个人服务等六大领域全部 56 个项目的比赛，共获得 16 金 14 银 5 铜和 17 个优胜奖，位列金牌榜、奖牌榜、团体总分第一名。

2019 年 9 月，习近平总书记对我国技能选手在第 45 届世界技能大赛上取得的佳绩作出重要指示。习近平总书记强调，劳动者素质对一个国家、一个民族发展至关重要。技术工人队伍是支撑中国制造、中国创造的重要基础，对推动经济高质量发展具有重要作用。要健全技能人才培养、使用、评价、激励制度，大力发展技工教育，大规模开展职业技能培训，加快培养大批高素质劳动者和技术技能人才。要在全社会弘扬精益求精的工匠精神，激励广大青年走技能成才、技能报国之路。[①]这充分体现了党中央、国务院对我国技能人才工作的重视和对技能人才的关心。

我国已初步形成了以世界技能大赛为龙头，以国内技能竞赛为主体，以岗位练兵技术比武为基础，世界技能大赛与国内技能竞赛相互衔接、协调发展的技能竞赛体系。2019—2021 年，我国不断强化职业技能竞赛引领作用，把技能竞赛岗位练兵作为提高劳动者岗位技能的有力抓手，组织开展“一带一路”国际技能大赛、“三

---

① 《习近平：弘扬精益求精的工匠精神 激励广大青年走技能成才技能报国之路》，《人民日报》，2019 年 9 月 24 日。

区三州”职业技能大赛、中华人民共和国第一届职业技能大赛、全国扶贫职业技能大赛、全国新职业技术技能大赛、全国乡村振兴职业技能大赛、全国技工院校学生创业创新大赛、全国技工院校教师职业能力大赛以及全国行业职业技能竞赛等多项赛事活动。同时，为扩大技能人才社会影响，我国不断创新激励表彰和竞赛机制。每两年在全国范围内组织表彰 30 名“中华技能大奖”获得者、300 名“全国技术能手”和 100 家国家技能人才培育突出贡献单位和 80 名国家技能人才培育突出贡献个人。积极推动落实提升高技能人才待遇，让“中华技能大奖”获得者享受省部级表彰奖励获得者待遇。

第八章
应对金融贸易危机，实施更加积极就业政策

▼

由美国次贷危机引发的全球金融危机对实体经济造成了巨大的冲击，给全球经济蒙上了阴影，给我国就业形势也带来了不利影响。由于经济增长速度趋缓，对就业的拉动能力减弱，新增就业人数增速减缓。经济下行导致企业对用工需求进一步减少，而新增就业需求仍在增加，"一减一增"导致的供需失衡对中国就业市场形成较大的压力。

第一节　应对金融危机实施更加积极的就业政策

2008年下半年，美国次贷危机引发了一场历史罕见、冲击力极强、波及范围极广的国际金融危机；不仅导致世界经济增速放缓、贸易萎缩、企业破产倒闭，也造成严重的全球性"就业危机"。当时，我国经济外向依存度较高，在国际金融危机的影响下，出口开始下降，再加上人民币升值压力、能源价格波动剧烈等因素影响，使国内经济增速开始回落，拉动就业能力减弱，城镇新增就业增速趋缓。

一、金融危机对我国经济和就业产生影响

金融危机首先影响外向型企业和外部投资及其就业。由于外部需求降低，订单减少，出口增速迅速下降，由2008年3月的30.6%，下降到2009年3月的–17.1%。按照出口每变化一个百分点影响20万个就业机会来算，相当于减少了约950万个就业机会。一时间，大量出口加工型企业和外贸企业受到影响，陷入经营困境。同时，由于资金链的断裂，外部投资也开始减少，使外商在建和拟建投资项目受到影响，对实体经济和就业也产生了不利影响。金融危机通过产业链和消费等途径迅速向实体经济蔓延。中国作为出口产品的生产方，不仅出口企业受到影响，那些为其提供能源、原材料、物流和服务的企业也随之受到影响，其中资源型行业因国际大宗商品市场价格的大幅下滑和国内需求的减弱受损较大，不少企业经营出现问题。

金融危机对我国农民工就业产生直接影响。农民工占第二产业全部从业人员的58%，占加工制造业从业人员的68%，特别是沿海出口加工型企业的农民工就业人数众多，由金融危机造成的失业、待岗或返乡情况较为严重。据国家统计局调查，2009年春节前，有1200多万的农民工因受金融危机的影响暂时失去就业岗位返乡，占外出农民工总量的8.5%。

另外，金融危机加大劳动力供大于求的矛盾。一是与原有矛盾形成叠加矛盾。金融危机对中国经济和就业的影响具有突发性的特点，在2008年下半年集中显现，适逢中国经济出现下行苗头，加上我国经济体系自身存在的产能过剩、对外需求依赖过高、中小企业生产环境不良、抗风险能力弱等固有问题，使其对经济和就业的

影响进一步加大。从就业方面看，我国人力资源市场中，失业人员再就业、城镇新增劳动力就业和农业富余劳动力转移就业形成“三峰叠加”，而能够大量吸纳就业的第三产业发展相对迟缓。二是企业岗位开始减少，失业增加，城镇失业率上升，困难群体就业难度加大。据人力资源社会保障部对部分省区的抽样调查显示，2008年10月至2009年1月，平均有40%的企业出现过岗位减少，企业最先裁掉的是灵活就业群体，而经济形势的不好进一步导致他们再就业难度加大。三是城镇新增就业大幅下降。2002年以来，中国每年新增就业岗位为1000多万个，就业岗位连续保持了净增长。而金融危机导致的外需下降、生产萎缩和人员失业，直接影响到新增就业。从2008年第二季度开始，全国城镇新增就业出现下降，截至2008年12月，城镇新增就业人数仅为38万人，比2008年1月下降54.2%。

二、保增长、保民生、保稳定的决策部署

为积极应对国际金融危机的影响，党中央、国务院作出全力“保增长、保民生、保稳定”的战略决策。在进行部署时，把促就业作为实现“保增长、保民生、保稳定”的重要措施，在实施推动经济增长的一揽子计划中努力拉动就业。

2009年3月和6月，国务院先后两次召开常务会议，专题研究就业问题，强调稳定就业局势，促进就业增长，对于应对国际金融危机、保持经济平稳较快发展、维护社会稳定具有重要意义。与此同时，中央财政用于支持就业工作的专项资金投入大幅增长，2009年和2010年的预算安排分别达到420亿元和433亿元。

三、稳定和扩大就业的六项举措形成组合拳

从2008年9月底到2009年2月初，在短短不到半年的时间里，国务院为做好就业工作先后出台四个文件，包括一个综合性文件和三个专门文件，涉及促进创业带动就业、高校毕业生就业、农民工就业的相关政策；国务院就业工作部际联席会议有关部门联合制定了三个文件，涉及减轻企业负担稳定就业、实施特别职业培训计划、开展就业服务系列活动等相关工作。这些政策措施从六个方面形成“组合拳”。

（一）发展经济拉动就业

经济增长是扩大就业的火车头。应对国际金融危机，我国在实行扩大内需、拉动经济增长等一揽子计划的同时，努力使经济增长尽可能多地创造就业岗位，实现经济增长与就业增长的良性互动。

一方面，我国把落实党中央扩大内需、拉动经济增长的各项政策措施与促进就业紧密结合起来，特别是实施政府投资和重大项目时，把增加就业岗位和人力资源配置作为重要内容。2008—2010年，我国新增4万亿元的投资，在推动经济发展的同时，创造了2200万个就业岗位。[①] 另一方面，保护和提高中小企业吸纳就业的能力，充分发挥服务业吸纳就业的优势。落实鼓励中小企业发展的各项扶持政策，着力帮助企业解决生产经营中的突出问题，切实发挥中小企业吸纳就业的主体作用；大力发展第三产业，特别是要大

① 《尹蔚民：两年新增4万亿投资创造2200万个工作岗位》，中国新闻网，2010年9月16日。

力发展具有增长潜力的社会管理、公共服务、生产服务、生活服务、救助服务等服务业，使其在扩大就业中发挥更大作用。

（二）帮扶企业稳定就业

企业稳定是就业稳定的关键。2009—2010 年，我国连续实施了援助企业的“五缓四减三补贴”特别政策。

2008 年 12 月，人力资源社会保障部、财政部、国家税务总局印发《关于采取积极措施减轻企业负担稳定就业局势有关问题的通知》，提出在政府加大投入、确保社会保险待遇水平不降低的前提下，允许困难企业在一定期限内缓缴基本养老保险、基本医疗保险、失业保险、工伤保险、生育保险五项社会保险费，允许统筹地区阶段性降低基本医疗保险、失业保险、工伤保险、生育保险四项社会保险费费率；对采取在岗培训、轮班工作、协商薪酬等办法稳定员工队伍，并保证不裁员或少裁员的困难企业，运用失业保险基金给予一定期限的社会保险补贴和岗位补贴，运用财政资金给予一定的职业培训补贴。[①] 这些政策的实施降低了企业生产经营成本，缓解了资金压力，对企业渡过难关稳定就业发挥了关键性作用。2009 年，我国为 160 多万户困难企业稳定了 6000 万个岗位。[②] 同年 2 月，国务院下发《关于做好当前经济形势下就业工作的通知》，提出规范企业裁员行为，对企业裁减人员超过一定规模

---

① 《人力资源和社会保障部、财政部、国家税务总局关于采取积极措施减轻企业负担稳定就业局势有关问题的通知》，人社部网站，2008 年 12 月 22 日。

② 《尹蔚民：两年新增 4 万亿投资创造 2200 万个工作岗位》，中国新闻网，2010 年 9 月 16 日。

或比例的，要求其向当地政府报告，保护劳动者权益。

（三）政策扶持鼓励创业

劳动者自主创业是经济和就业新的增长点。鼓励支持劳动者自主创业、自谋职业、灵活就业，是扩大就业的有效途径。劳动者通过创业，在实现自身就业的同时，还可以带动更多就业。而劳动者通过短期就业、季节性就业、非全日制就业、自营就业、派遣就业，以及兼职就业、远程就业等多种灵活形式就业，也已成为就业的一个重要途径。

为此，2008 年 9 月，国务院办公厅转发人力资源社会保障部等部门《关于促进以创业带动就业工作指导意见的通知》，提出全力推进以创业带动就业。从增强创业意识、提高创业能力和改善创业环境着手，加快形成政策扶持、创业培训、创业服务“三位一体”的工作机制，使更多有创业意识和创业能力的劳动者成功创业。与此同时，还明确了一系列扶持政策，包括有利于劳动者创业的税收优惠、小额担保贷款、资金补贴、场地安排等扶持政策；加快清理和消除阻碍创业的各种行业性、地区性、经营性壁垒，放宽市场准入限制，简化立项、审批和办证手续；鼓励金融机构积极提供融资支持；搞好基础设施及配套建设，为劳动者创业提供所需的生产经营场所。

（四）重点人群统筹就业

在这一时期，我国突出重点，针对不同人群分类施策。其中，把高校毕业生就业放在就业工作的首位。2009 年 1 月，国务院办公厅下发《关于加强普通高等学校毕业生就业工作的通知》，提出鼓励和引导高校毕业生到城乡基层就业；对到农村基层和城市社区从事社会管理和公共服务工作且符合条件的高校毕业生，给予社会保险和岗位补贴、代偿学费和助学贷款、考研考公务员优先等政策支持。2009 年，我国共组织 3.5 万名高校毕业生到农村基层从事“三支一扶”的工作。2009 年 2 月，科技部、教育部、财政部等五部门印发《关于鼓励科研项目单位吸纳和稳定高校毕业生就业的意见》，鼓励高校、科研机构和企业聘用高校毕业生作为研究助理或辅助人员参与研究工作。

此外，我国还鼓励和支持高校毕业生自主创业。对高校毕业生从事个体经营符合条件的，免收行政事业性收费，并享受有关的税收优惠政策、小额担保贷款和创业经营场所安排等扶持政策；建设了一批投资少、见效快的大学生创业园或创业孵化基地。开展多种形式的高校毕业生就业服务活动，完善登记毕业生求职和登记失业毕业生就业、见习、创业等服务，清理影响高校毕业生就业的制度性障碍和限制。经过这一系列政策措施的扶持与实施，2009 年，我国高校毕业生就业率高达 87%。

做好应对国际金融危机的就业工作，对农民工这个重点群体也需要特别关注。2009 年 1 月，中共中央政治局进行第十一次集体学习，强调引导企业履行社会责任，支持企业多留用农民工。2008 年 12 月，中共中央、国务院关于印发《2009 年促进农业稳定发展农民持续增收的若干意见》，提出对生产经营遇到暂时困难的企业，鼓励其采取多种措施稳定就业岗位；城乡基础设施建设和新增公益性就业岗位，要尽量多使用农民工；采取以工代赈等方式引导农民参与农业农村基础设施建设。[①] 此外，在积极支持农民工返乡创业方面，我国从贷款发放、税费减免、工商登记、信息咨询等方面予以支持。在创业资金方面，鼓励和引导金融机构加大信贷支持力度。

与此同时，我国还积极推进零就业家庭等困难人员的就业工作。2009 年 2 月，国务院发出《关于做好当前经济形势下就业工作的通知》，提出强化对就业困难人员、零就业家庭以及关停企业失业人员的就业援助，集中开展上门服务和“一对一”的援助服务；同时，拓宽复员转业军人安置渠道，鼓励自主创业，鼓励到基层一线和经济社会发展最需要的地方去工作。2010 年，就业困难人员就业 165 万人，为全年目标 100 万人的 165%。[②]

（五）强化培训促进就业

发挥培训对劳动力提升和储备的双重功能。在就业供求矛盾较大的情况下，组织大规模的职业培训，既是提高劳动者职业素质的重要措施，也是延缓劳动力进入市场、做好人才储备的迫切需要，这是世界各国缓解失业压力的主要方法之一。为此，人力资源社会保障部、国家发展改革委、财政部联合实施了特别职业培训计划。该计划的出台，从短期来看，保证了部分困难企业职工能够留在企业，并稳定了暂时找不到工作的劳动者；从长远来看，提高了劳动

① 《中共中央、国务院关于 2009 年促进农业稳定发展农民持续增收的若干意见》，《中华人民共和国农业部公报》，2009 年 02 期。
② 《人力资源社会保障部介绍 2010 年就业等工作进展》，中国政府网，2011 年 1 月 25 日。

者的职业技能素质，改善了劳动力市场供需不匹配状况，适应了未来劳动力需求变化，充分发挥了职业培训稳定就业和解决结构性就业问题的作用。2009—2010 年，特别职业培训计划用两年的时间，依托技工院校和各类职业培训机构，运用培训补贴政策，组织困难企业职工岗位培训、农民工实用技能培训、失业人员就业培训、新成长劳动力劳动预备制培训、退役士兵免费职业培训。

2010 年 11 月，在总结特别职业培训计划实施情况的基础上，国务院印发《关于加强职业培训促进就业的意见》，强调职业培训是促进就业和经济发展的重大措施，要适应扩大就业规模、提高就业质量和增强企业竞争力的需要，大规模开展就业扶持培训、岗位技能提升培训和创业培训。同时规定，城乡有就业要求和培训愿望的劳动者参加就业技能培训和创业培训，按规定给予培训费补贴；对新录用的劳动者开展岗前培训的企业，给予培训费补贴；对通过鉴定并取得职业资格证书的，给予一次性职业技能鉴定补贴；对城乡未继续升学的应届初高中毕业生参加劳动预备制培训，给予培训费补贴，并对其中经济困难学员给予生活费补贴。①

（六）加强服务促进就业

改善就业服务是促进就业的重要保证。为加强就业服务工作，2009 年 2 月，国务院下发《关于做好当前经济形势下就业工作的通知》，提出按照“制度化、专业化、社会化”的要求，进一步完善公共就业服务制度，不断提高县、乡镇（街道）、社区基层公共

---

①《国务院关于加强职业培训促进就业的意见》，《中华人民共和国国务院公报》，2010 年 31 期。

就业服务能力。

从2008年开始，人力资源社会保障部会同教育部、全国总工会、共青团中央、全国妇联等部门和社会团体每年联合组织开展就业服务系列活动。包括开展高校毕业生就业服务系列活动，通过安排见习活动、组织用人单位进院校送岗位、完善网络招聘平台、举办招聘会等措施，强化对高校毕业生的免费就业服务；开展就业援助系列活动，集中上门服务，提供“一对一”援助服务，重点帮扶失业人员和就业困难人员再就业；开展“春风行动”系列活动，对流动就业的农民工，及时提供岗位信息、职业介绍和职业培训，帮助其转换岗位，对已返乡的农民工，加强政策咨询和信息服务，促进返乡农民工更好创业或有组织地外出就业。

为掌握国际金融危机给就业带来冲击的真实情况，人力资源社会保障部在10个有代表性的省份建立了就业快速调查制度，对25个县、250个村的农民工流动情况，15个城市、513家企业岗位流失情况开展逐一调查，并及时向国务院报告情况，为准确掌握就业形势变化、有针对性地研究制定政策提供了可靠依据。同时，国务院就业工作部际联席会议各成员单位也组织开展了大规模的就业工作专题调研或专项督查。

四、政策实施效果

（一）就业增长回升，总体就业局势稳定，重点群体就业有新进展

2009年，全国城镇新增就业1102万人，为全年目标900万人的122%；下岗失业人员再就业514万人，为全年目标500万人

的 103%；就业困难人员就业 164 万人，为全年目标 100 万人的 164%。2009 年末，全国实有城镇登记失业人员 921 万人，城镇登记失业率为 4.3%，[①] 基本恢复到正常水平。到 2010 年，新增就业更是达到 1168 万人，[②] 可以说在世界各国中，我国率先走出了失业陷阱。

具体来说，在这一时期，我国总体就业局势比较稳定，主要得益于四个方面的因素：一是积极就业政策的多年实施已有一定的工作基础，仍在继续发挥作用。比如，对困难群体实行就业援助业已列入就业促进法，地方也一直没有放松这项工作，尽管危机的冲击较大，但由于政策的持续实施，这部分群体的就业依然保持增长。二是由于地区经济结构的差异，金融危机使沿海地区的就业遭受重大损失，而中西部地区受到的影响较小，新增就业数高于往年同期，因此，新增就业还在延续增长，有利于总体就业局势的稳定。三是我国国内消费需求保持了增长的势头，弥补了部分外需减少的损失。政府对拉动内需的启动快，进而带动服务业发展和就业增加。四是就业新政在扩大就业、稳定就业上开始发挥作用。

在这一时期，我国重点群体的就业状况也有所发展。一是农民工就业基本稳定。由于这个群体流动的弹性大，风险的抗力大，二元结构容量大，再加上政策措施及时得当，不仅为农民工继续进城就业打开通道，而且为他们返乡就近就业和创业提供相应的扶助支持，使绝大部分农民工又回到城市找到工作，还有一部分就地就业或准备就业。二是大学生就业基本稳定。由于政府采取政策先

---

① 《人力资源和社会保障部举行 2009 年第四季度新闻发布会》，国务院新闻办公室网站，2010 年 1 月 22 日。

② 《人力资源社会保障部 2010 年第四季度新闻发布会》，人社部网站，2011 年 1 月 25 日。

导、开拓门路、强化服务，创造了良好的就业环境，给大学生吃了颗“定心丸”。加上大学生就业观念的变化，就业局势基本稳定。2009年毕业季时，就业签约率与国际金融危机到来之前的2008年同期基本持平。三是困难群体就业基本稳定。因为有过去一段解决“4050”人员、零就业家庭等攻坚战的经验，以及就业援助在各地实现制度化的基础，所以，困难群体就业工作虽然不易，但因为有了最有力的政策保障和服务支持，帮助困难群体就业工作也取得了新的进展。

（二）职业技能培训作用进一步发挥，实现应急举措与建立长效机制互相衔接

特别培训计划的出台以及用失业保险金支持企业进行职工培训，短期内保证了部分企业职工能够留在企业中，并稳定了暂时找不到工作的劳动者情绪，从长期看提高了劳动者的职业技能素质，改善了劳动力市场需求不匹配的状况，适应未来劳动力需求变化，充分发挥了职业技能培训稳就业和解决结构性就业矛盾的作用。2009年上半年，全国共开展了1214万人次的职业培训，其中困难企业职工培训121万人次，农民工培训537万人次，城镇失业人员培训239万人次，新成长劳动力培训149万人次，创业培训52万人次。[①] 截至2009年第三季度，特别职业培训计划的实施在全国共开展各类职业培训2000多万人次。全国参加职业技能鉴定人数为956.9万人次，比2008年同期增加72.9万人次，增幅为8.2%；获

---

① 《人力资源和社会保障部举行2009年第二季度新闻发布会》，国务院新闻办公室网站，2009年7月25日。

取职业资格证书人数为 813.6 万人，比 2008 年同期增加 62 万人，增幅为 8.3%，其中新增技师和高级技师 16.4 万人，比 2008 年同期增加 1 万人，增幅为 6.5%。

为应对国际金融危机冲击制定并实施的一系列政策措施取得成效，新的工作机制也开始形成。国家出台的系列宏观经济政策中，明确在发展经济的过程中大力促进就业，使促进就业与经济发展更加紧密结合；明确扩大就业与稳定就业两手抓，通过稳定生产和稳定市场开辟就业新增长点，通过全面落实减轻企业负担的政策措施稳定就业。实现应急举措与建立长效机制互相衔接，我国在出台临时政策的同时更加关注长远发展，不断建立健全长效机制。

第二节　应对中美贸易摩擦冲击实施的就业政策

中美贸易摩擦的实质，其实是美国在“美国优先”的口号下，抛弃相互尊重、平等协商等国际交往基本准则，实行单边主义、保护主义和经济霸权主义，对中国作出一系列不实指责，利用不断加征关税等手段进行经济恫吓，试图采取极限施压方法将自身利益诉求强加于中国。因此，中美贸易摩擦是一个长期过程，将成为常态，在不同时段具体内容、程度不同，总体上呈时间延长、范围不断扩大、涉及领域不断深化、程度不断加深的演进过程。中美贸易摩擦的内容十分广泛，加征关税只是其中最为直接和鲜明的一种方式。为及时了解中美经贸摩擦对我国就业的影响情况，2018 年 6 月，人力资源社会保障部建立了企业用工动态监测，2018 年 7 月至 2019 年 4 月的监测数据显示，监测企业员工总量下降 1.3%。

一、稳存量扩增量强培训兜底线，助力企业纾难解困

党中央、国务院始终坚持就业优先，及时推出实施就业优先政策，围绕“稳就业、稳金融、稳外贸、稳投资、稳外资、稳预期”制定出台一系列政策措施，既帮助企业解决面临的困难、克服外部影响、保持就业局势总体稳定，又为经济高质量发展积蓄长期动力。

（一）扶持企业稳就业存量

2018年11月，习近平总书记在民营企业座谈会上指出，“民营经济具有‘五六七八九’的特征，即贡献了百分之五十以上的税收，百分之六十以上的国内生产总值，百分之七十以上的技术创新成果，百分之八十以上的城镇劳动就业，百分之九十以上的企业数量”，“我国民营经济已经成为推动我国发展不可或缺的力量，成为创业就业的主要领域、技术创新的重要主体、国家税收的重要来源”①。这充分证明了民营企业、中小微企业创造就业岗位的强大能力。2018年11月，国务院出台《关于做好当前和今后一个时期促进就业工作的若干意见》，对不裁员或少裁员的参保企业，可返还其上年度实际缴纳失业保险费的50%，发挥政府性融资担保机构

① 习近平：《在民营企业座谈会上的讲话》，《论坚持全面深化改革》，北京：中央文献出版社，2018年版，第479–480页。

作用支持小微企业。[①]

2019 年 1 月 4 日，中国银保监会召开座谈会，强调稳就业主要靠千千万万小微企业，小微企业发展离不开普惠金融支持。1 月 9 日，国务院常务会议决定再推出一批针对小微企业的普惠性减税措施，大幅放宽可享受企业所得税优惠的小型微利企业标准，同时加大所得税优惠力度。调整后优惠政策将覆盖 95%以上的纳税企业，其中 98%为民营企业。

与此同时，在 2018 年底和 2019 年初，多省份密集发布了"稳就业"的政策举措。例如，黑龙江"十二条"(《黑龙江省做好就业创业工作十二条政策措施》)、山东"二十条"(《山东省人民政府关于进一步稳定和扩大就业的若干意见》)、河南"十七条"(《河南省人民政府关于做好当前和今后一个时期促进就业工作的实施意见》) 等，不仅省一级政府在出台相关文件，中山、佛山等地市一级政府也对外公布了促就业的政策。

与党中央的"稳就业"的要求相比，很多地方迈出的步子更大些。比如，失业保险金返还可到 70%、降低医疗保险费率、对于困难企业可暂缓缴纳"五险"等。例如，山东"二十条"在中央提出的失业保险费返还的基础上，还提出了"五暂缓"，即从 2019 年 1 月 1 日至 2020 年 12 月 31 日，阶段性允许困难企业缓缴养老、医疗、失业、工伤、生育 5 项社会保险，缓缴期间免收滞纳金。再如，黑龙江"十二条"提出，深度贫困县可返还其上年度实际缴纳失业保险费的 60%；湖北则表示，对不裁员或纳入化解过

---

① 《国务院关于做好当前和今后一个时期促进就业工作的若干意见》,《中华人民共和国国务院公报》，2018 年 35 期。

剩产能清单的参保企业，可返还其上年度实际缴纳失业保险费的70%；中山市的"就业十条"（即《中山市进一步促进就业若干政策措施》）还提出阶段性降低基本医疗保险用人单位缴费费率（不含退休职工一次性缴费），费率由2.0%降至1.5%，实施至2020年底；北京鼓励用人单位招用北京市城乡就业困难人员、退役士兵、企业分流职工等的岗位补贴标准由每人每年5000元提高到每人每年8000元。

2019年2月，中共中央办公厅、国务院办公厅印发《关于加强金融服务民营企业的若干意见》，要求缓解民营企业融资难融资贵问题，充分发挥民营企业对经济增长和创造就业的重要支撑作用。

2019年，我国金融对小微、民营企业支持力度明显加大，全国民营企业贷款、普惠小微贷款增量分别是2018年的1.4倍、1.7倍。基于线上招聘数据统计，进行线上招聘的小微企业数量在进入2019年后迅速增加，前4个月累计同比增长18.1%。从需求人数来看，小微企业在2018年和2019年就业需求上升，同比增速分别为5.5%和11.9%。

（二）鼓励创业扩就业增量

改革实践证明，创业具有倍增的就业效应，能够孵化更多市场主体，从而带动大量就业。为了减少中美贸易摩擦对就业创业的影响，我国一方面加大创业担保贷款贴息及奖补政策支持力度，比如对符合申请条件的自主创业人员，创业担保贷款可申请额度由原来的10万元提高到不超过15万元。另一方面，还将符合条件的小微企业创业担保贷款申请额度，从200万元提高到300万元，提高幅度达50%。另外，在这一时期，各地也纷纷加快建设重点群体创业孵化载体，为创业者提供低成本场地支持、指导服务和政策扶持，还根据入驻实体数量、孵化效果和带动就业成效，对创业孵化基地给予一定奖补。例如，福州市对认定为国家级、省级、市级科技企业孵化器的创业孵化基地、创业大本营、众创空间等各类创业孵化载体，分别给予130万元、70万元、15万元奖励；对认定为国家级专业化众创空间的，给予100万元奖励。

扩大就业见习补贴范围。2018年12月，人力资源社会保障部、财政部、商务部、国务院国资委、共青团中央、全国工商联发出《关于实施三年百万青年见习计划的通知》，决定自2019年1月1日起，实施三年百万青年见习计划，帮助离校2年内未就业高校毕业生和16～24岁失业青年参加就业见习，提升就业能力，并给予就业见习补贴，并适当提高补贴标准。

随后，各地根据本地产业发展、行业特色和青年意愿，确定了一批民营企业、国有企业、事业单位、社会组织等作为就业见习单位，挖掘了一批金融、教育、医疗等现代服务业及5G、半导体等高端制造业企业见习岗位。同时，对参加就业见习的未就业高校毕业生和失业青年，由见习单位给予基本生活费，办理人身意外伤害保险。一些地方还结合实际提高见习补贴标准，或对留用见习生的见习单位给予一次性补贴。三年中，共有150万名未就业毕业生和失业青年参加见习，已完成人员中，有40%被见习单位直接留用，推动创业创新向更高水平、更高质量发展，充分发挥创业带动就业倍增效应，扩大就业容量。

（三）加强培训提就业能力

在中美贸易摩擦的情况下，如何通过练足内功，打造一支知识型、技能型、创新型高素质技能人才队伍，成为支撑我国经济产业持续高质量发展的最为关键一环。加强职业培训是促进就业和经济发展的重大举措，也是提高劳动者就业创业能力的主要途径，更是解决就业总量矛盾和结构性矛盾、促进就业和稳定就业的根本措施。

2019 年 4 月，国务院常务会议确定使用 1000 亿元失业保险基金结余实施职业技能提升行动的措施，提高劳动者素质和就业创业能力；讨论通过高职院校扩招 100 万人实施方案，加快培养各类技术技能人才促进扩大就业。同年 5 月，国务院办公厅印发《职业技能提升行动方案（2019—2021 年）》，提出将一定比例的就业补助资金、地方人才经费和行业产业发展经费中用于职业技能培训的资金，以及从失业保险基金结余中拿出 1000 亿元，统筹用于职业技能提升行动，对职工等重点群体开展有针对性的职业技能培训。①

此外，从 2019 年起，我国放宽技术技能提升补贴申领条件，原来企业在职职工申领补贴需参加失业保险 3 年以上，改为只需要 1 年以上，且政策将延续至 2020 年底；参保职工取得职业资格证书或职业技能等级证书的，可在参保地申请技术技能提升补贴。例如，河北参保职工取得初级（五级）职业资格证书或职业技能等级证书的补贴标准为 1000 元，中级（四级）为 1500 元，高级（三级）为 2000 元，其中对列入河北省紧缺急需职业（工种）目录的，补贴标准提高 10%。再如，《北京市职业技能提升行动实施方案（2019—2021 年）》规定 2019 年以后新取得初级工、中级工、高级工、技师、高级技师等国家职业资格证书或职业技能等级证书的

---

① 《国务院办公厅关于印发职业技能提升行动方案（2019—2021 年）的通知》，《中华人民共和国国务院公报》，2019 年 16 期。

企业职工，分别给予个人1000元、1500元、2000元、2500元、3000元的技能提升补贴。

2019年，人力资源社会保障部共组织补贴性职业技能培训1877.1万人次，主要涉及培训企业职工646.9万人次，培训农民工741.4万人次，培训贫困劳动力259.7万人次，培训城镇登记失业人员135.5万人次，培训高校应届毕业生99万人次。2019年，全国共有1720.9万人报名参加专业技术人员资格考试，321.4万人取得资格证书。全国累计共有3234.4万人取得各类专业技术人员资格证书。全年发放稳岗补贴惠及职工7290万人，发放技能提升补贴惠及职工122万人。

2019年10月，教育部办公厅、人力资源社会保障部办公厅等十四部门印发《职业院校全面开展职业培训 促进就业创业行动计划》，提出大力开展失业人员再就业培训；面向长期失业青年、农村留守妇女、大龄失业人员等，开发周期短、需求大、易就业的培训项目。①

二、政策实施效果

2019年，中美贸易摩擦是我国经济发展最大的外部影响因素。在中美贸易摩擦持续、不确定性加强的情况下，我国经济不可避免地受到一些影响，也对就业产生直接或间接的影响。涉美贸易相关行业企业用工的不稳定性增加，一些企业特别是外商企业用工

① 《教育部办公厅等十四部门关于印发〈职业院校全面开展职业培训 促进就业创业行动计划〉的通知》，《中华人民共和国教育部公报》，2019年12期。

规模有所减少，外贸依赖程度较大地区稳就业压力有所增加。但在“稳就业”政策加码，实施稳岗、扩容、兜底、防风险系列措施下，我国就业局势保持总体稳定，政策实施取得良好效果。

（一）就业增长保持高位运行，市场供求保持动态平衡

从统计数据来看，2019 年全国城镇新增就业 1352 万人，超过《政府工作报告》确定的年增 1100 万人目标，仍延续近年年超 1300 万人实际工作目标的高增长态势，是自 2008 年以来第二高位。在劳动年龄人口持续下降的情况下，2019 年全国就业人员总量为 77471 万人，比 2018 年减少 115 万人，但城镇就业规模仍持续扩大，达到 44247 万人，比 2019 年增加 828 万人。2019 年全国城镇调查失业率保持在 5%左右，年末为 5.2%。各季度城镇登记失业人数同比均低于 2018 年，年末为 945 万人，城镇登记失业率为 3.6%，两者都为近年来的低点。城镇登记失业率和调查失业率“两率”均在年度工作调控目标范围之内。

公共就业服务机构和网络招聘机构市场供求监测数据显示，2019 年劳动力市场供求总体上保持了动态平衡，市场供求规模没有出现显著失衡。100 个城市公共就业服务机构市场供求分析显示，全年各季度市场求人倍率均保持在 1.2 以上，招聘需求岗位数持续大于求职人数，市场调节仍有一定余地。同时网络招聘市场监测需求人数与求职人数比例也保持基本平衡，需求人数略大于求职人数。

（二）企业用工保持总体稳定，群体就业基本稳定

企业是吸纳就业的主体，企业用工情况，直接反映就业形势的

基本情况。据对全国各地5万多家企业岗位的监测显示，监测企业岗位没有出现显著波动，新招工企业比例和招工数量保持基本稳定，企业岗位人员流失幅度没有大幅上升，没有出现大面积、规模性裁员，用工总体上仍保持稳定。从调研情况看，各地反映企业用工情况相对稳定，部分企业仍然存在缺工和招工难现象。

高校毕业生就业是重中之重。从统计数据来看，2019年高校应届毕业生就业保持稳定，年底就业率与往年基本持平，大专以上青年调查失业率与往年比较没有明显上升，就业形势稳定。据国家统计局数据显示，2019年农民工总量规模继续扩大，比2018年增加241万人，达到29077万人，增幅0.8%。其中，本地农民工11652万人，增长0.7%；外出农民工17425万人，增长0.9%。农民工收入保持稳步增长，2019年月均收入3962元，比上年增加241元，增长6.5%。[①] 据对2000个行政村监测显示，农村劳动力有序转移，各地新返乡人数与新外出人数保持稳定，没有出现明显的规模回流现象。

尽管2019年就业局势保持总体稳定，但也出现了一些新变化，经济下行压力和外部经济环境变化对就业影响有所显现，如就业增长减弱，失业水平有所抬升，市场需求有所减弱，企业稳岗压力持续，中美贸易摩擦下部分行业和地区就业压力加大，部分劳动者劳动收入增幅下降等，需要我国在经济社会发展中持续发力。

---

① 《2019年农民工监测调查报告》，国家统计局网站，2020年4月30日。

第三节　面对失业职工安置实施失业保险三位一体改革

一、失业保险是稳定就业和社会的重要机制

失业保险制度依循的是基于大数法则建立的社会风险分担机制。但其特殊性在于所保障的是失业风险，而失业的原因归结为劳动者自身无法控制的社会经济因素，如经济周期、产业结构调整、重大技术进步、国际贸易变动等，失业率及其变化规律很难准确预测。而失业保险是为了反失业，这就决定了失业保险基金的支出规模要具有反经济周期特征，即经济越是处于不景气阶段，越需要失业保险基金扩大支出规模。这在客观上要求失业保险基金必须有相对充足的结余，以应对经济波动导致的规模性失业风险。因此，一定规模的基金结余，是失业保险制度存在的经济基础，是发挥制度功能的动力之源，是稳定就业局势的重要保障。

我国失业保险制度的建立和发展，在经济社会发展过程中，充分发挥了劳动力市场“安全阀”和经济结构调整“减震器”的作用。尤其是2008年《中华人民共和国就业促进法》颁布实施以来，在应对2008年国际金融危机时实行“一缓一减三补贴”政策；在支持汶川地震灾后重建中采取应急保障措施；在推进淘汰落后和化解过剩产能过程中推出稳岗补贴政策；在落实2015年党中央减税降费决策部署中连续三次阶段性降低失业保险费率；在配合实施国家人才强国战略过程中，分别于2017年推出技能提升补贴政策，2019年从失业保险基金结余中拿出1000亿元用于职业技能提升行动；在应对2017年中美贸易摩擦、落实党中央稳就业方针过程中

实施稳岗返还政策，为维护社会稳定大局和促进就业局势稳定发挥了积极作用，失业保险已不再仅是社会保障措施，更是稳定社会、稳定就业的重要机制。

二、充分发挥失业保险“三位一体”制度功能

我国失业保险制度从初创阶段服务于国企改革的基本出发点开始，经过长期的摸索和实践，逐渐形成“保生活、防失业、促就业”三位一体的失业保险复合功能体系，为建立和完善社会主义市场经济体制作出重大贡献的同时，也体现了中国特色社会主义制度的优越性。

（一）民生减震阀：坚持基础定位保生活

失业保险是社会保险的重要内容，并以国家立法的形式来实现强制实施，归集失业保险费构成专门基金，保障失业的参保职工的基本生活是其基础功能。自《失业保险条例》颁布之后，失业保险基金即按照国家提出的“三三制”原则出资，确保了国有企业3000万职工下岗后生活有着落，在经济结构调整和国有企业深化改革中展示了制度力量。

经过23年的制度发展，参保覆盖面逐年扩大，2021年末我国参加失业保险职工人数已经达到2.29亿人，基本实现失业人员应保尽保。[①] 近年来，每年为超过400万失业人员发放失业保险金，

① 《人口规模持续扩大 就业形势保持稳定——党的十八大以来经济社会发展成就系列报告之十八》，中国政府网，2022年10月10日。

待遇调整基本与经济社会发展同步。2020年，为应对新冠肺炎疫情的影响，创新实施失业保险扩围政策，对不符合领取失业保险金条件的参保失业人员发放失业补助金、临时生活补助，首次将保障范围扩展至城乡所有参保失业人员，政策实施以来，共发放失业保险待遇1782亿元。2021年共为608万名失业人员发放了不同期限的失业保险金，失业保险金月人均水平1585元，并为失业人员缴纳医疗保险费129亿元。[①]可以说，在“应保尽保”持续推进的基础上，我国失业保险制度“应发尽发”的受益规模庞大、内涵日渐丰富，参保职工失业后不仅能维持基本生活，而且还能实现病有所医，极大地缓解了失业之痛，民生底线被牢牢兜住。

（二）社会稳定器：拓展重点功能防失业

从源头上稳定存量就业，减少社会失业增量，维护经济和社会稳定，是我国失业保险制度的重要功能之一。在多次重要的事件中，失业保险一直充当着社会稳定器的作用。

2008年汶川地震灾后，失业保险采取应急措施支持灾后重建，稳定了人心。同时，面对国际金融危机的冲击，通过实施“一缓一减三补贴”来缓减企业失业保险费，支付企业的社保补贴、岗位补贴和培训补贴，稳定了就业。党的十八大以来，面对“三期叠加”时期，采取了稳岗返还失业保险费措施引导企业不裁员少裁员，对去产能企业采取了降低门槛、提高标准的倾斜性政策，加大扶困扶危力度，支持企业实施转岗安置和创造稳定就业岗位，稳定

① 《2021年度人力资源和社会保障事业发展统计公报》，中国政府网，2022年6月7日。

了发展。

稳岗补贴政策实施以来，稳定就业效应逐步显现，共向 168 万家企业发放补贴 757 亿元，稳定职工 1.8 亿人次。2017 年，我国失业保险制度又创新实施了支持参保职工技能提升补贴政策，引导职工积极提升职业能力和就业竞争力，将失业保险的参保受益对象扩展到参保职工，累计向 563 万人次发放 89 亿元技能提升补贴。从根本上增强就业稳定性，提升抵御失业风险能力，既减轻了失业保险基金支付压力，又有效防范了社会震荡，实现了稳定社会大局和制度平稳运行的双赢。2018 年，党中央明确提出“六稳”方针，其中将稳就业摆在首位。为支持企业稳定就业岗位以此稳住就业，应对重大经济波动、重大突发事件中的规模性失业风险，人力资源社会保障部在现有稳岗补贴政策的同时推出了对暂时性生产经营困难且恢复有望、坚持不裁员少裁员的企业，给予更大力度稳岗返还的应急举措，减轻了企业负担，缓解了失业压力，稳定了社会预期。2020 年以来，为加大失业保险稳岗返还政策力度，我国将中小微企业返还比例从 50%最高提至 100%，叠加实施力度更大的困难企业稳岗返还。2021 年，将受益主体由企业扩大到个体工商户、社会团体等，将返还比例由 50%调整为大企业 30%、中小微企业为 60%。累计向 1298 万户次企业发放 2583 亿元，惠及职工超过 5 亿人。[①]

① 桂桢：《构建具有中国特色积极的失业保险制度》，《中国社会保障》，2022 年 05 期。

（三）就业助推剂：明确目标导向促就业

我国高度重视保障和改善民生，强调就业是民生之本，是最大的民生，实施就业优先战略和积极就业政策。主动强化就业政策属性，丰富积极就业政策有机组成，推动实现更高质量更加充分就业，是我国失业保险制度落实中央就业优先战略的重要体现，也是制度持续发展的目标。

2006 年，人力资源社会保障部会同财政部在北京、上海、江苏、浙江、福建、山东、广东 7 省市，进行了扩大失业保险基金支出范围试点工作，试点地区的失业保险基金可以用于职业培训补贴、职业介绍补贴、社会保险补贴、岗位补贴等。随后几年，这些试点省市不断扩大支出项目的范围。2012 年，湖南省开始把失业保险基金支出范围扩大到岗位补贴、转岗培训补贴、预防失业与失业人员服务费用支出；湖北、陕西等省份将对用人单位发放的稳岗补贴标准提高到该单位上年度失业保险缴费额的 40%；甘肃省通过合理运用失业保险基金完善失业人员尽快就业政策、医疗保险政策、农民工参加失业保险政策；等等。

从 2015 年开始，我国失业保险为落实党中央降成本总体部署和国务院关于减税降费、“放水养鱼”的要求，调控治理更加坚决主动，连续三次实施阶段性降低费率政策，从 3%阶段性降至 1%。2020 年，在降费率基础上，实施惠企力度更大的中小微企业免征单位保费、大型企业减半征收、允许缓缴保费政策。“降、免、减、缓”直接减收近 7000 亿元，降低了用工成本，增强了企业活力，增加了就业机会。[①] 经过持续完善当前失业保险制度总体运行平稳，当期基金收支平衡略有结余，能够实现长期可持续性，具备较强的抵御经济波动、应对规模性失业风险的能力。

三、化解过剩产能中失业保险政策措施及效果

受发展阶段变化、需求结构调整、体制机制缺陷等多种因素的综合影响，我国部分行业，特别是钢铁、煤炭等传统行业出现了产能过剩，为此，去产能成为供给侧改革的首要任务。去产能涉及大量职工，仅钢铁行业“十三五”期间将压减粗钢产能 1 亿 ~ 1.5 亿吨，需退出 50 万人。钢铁产业链长，对上下游产业影响大，按 1 : 4 ~ 1 : 5 测算，预计影响产业链上劳动者 200 万 ~ 250 万人。全国煤炭行业 3 ~ 5 年内要退出煤炭产能 5 亿吨左右，涉及 130 万人；煤炭产业作为基础产业，也将影响下游火电、煤化工等产业，受影响职工规模较大。同时，水泥、电解铝、平板玻璃、船舶等多个行业产能严重过剩，去产能安置职工数量大、时间紧、任务重。

党中央、国务院高度重视淘汰落后产能和化解过剩产能工作。2010 年 2 月，国务院下发《关于进一步加强淘汰落后产能工作的通知》，加大了淘汰落后产能的力度。2013 年 10 月，国务院印发《关于化解产能严重过剩矛盾的指导意见》，使化解过剩产能工作进入了新阶段。此后，国家及地方密集出台了一系列重大政策措施，下大气力治理产能过剩问题。在化解过剩产能过程中，失业保

① 桂桢：《构建具有中国特色积极的失业保险制度》，《中国社会保障》，2022 年 05 期。

险进行了三位一体改革。

1．国家制定并完善失业保险基金援企稳岗政策

2014年11月，人力资源社会保障部、财政部、国家发改委和工业和信息化部印发《关于失业保险支持企业稳定岗位有关问题的通知》，进一步细化了国务院《关于进一步优化企业兼并重组市场环境的意见》对失业保险基金使用范围的规定，明确规定：“各地区对符合上述政策范围和基本条件的企业，在兼并重组、化解产能过剩以及淘汰落后产能期间，可按不超过该企业及其职工上年度实际缴纳失业保险费总额的50%给予稳岗补贴，所需资金从失业保险基金中列支。”① 2016年2月，国务院印发《关于钢铁行业化解过剩产能实现脱困发展的意见》《关于煤炭行业化解过剩产能实现脱困发展的意见》，其中规定：“对符合条件的失业人员按规定发放失业保险金，符合救助条件的应及时纳入社会救助范围，保障其基本生活”，“稳定现有工作岗位，对采取措施不裁员或少裁员的生产经营困难企业，通过失业保险基金发放稳岗补贴”②。在去产能工作中，失业保险援企稳岗政策不断得到落实，不裁员或少裁员的企业及时得到稳岗补贴。2016年，全国使用失业保险基金发放稳岗补贴259亿元，比2015年同期增长104%，惠及企业46万家，比2015年同期增长411%，涉及职工4832万人，比2015年同期增长179%。③

①《四部委关于失业保险支持企业稳定岗位有关问题的通知》，人社部网站，2014年11月18日。

②《国务院关于煤炭行业化解过剩产能实现脱困发展的意见》，《中华人民共和国国务院公报》，2016年06期。

③《2016年度人力资源和社会保障事业发展统计公报》，人社部网站，2017年5月31日。

2．制定并实施降低社会保险费率政策

为降低企业成本，减轻企业负担，2015 年，人力资源社会保障部、财政部连续发出《关于调整失业保险费率有关问题的通知》《关于适当降低生育保险费率的通知》《关于调整工伤保险费率政策的通知》，下调失业、生育、工伤三险费率。2016 年 4 月，人力资源社会保障部、财政部发出《关于阶段性降低社会保险费率的通知》，再次针对降低社会保险费率做出调整。调整后各险种费率为：养老保险费率为 27%（单位缴费率 19%、个人缴费率 8%），医疗保险费率仍为 8%（单位缴费率 6%、个人缴费率 2%），失业保险费率下调为 1%～1.5%（其中个人缴费率不超过 0.5%），工伤保险平均费率下调为 0.75%（单位缴费、个人不缴），生育保险平均费率下调为不超过 0.5%（单位缴费、个人不缴）。2017 年 2 月，人力资源社会保障部、财政部发出《关于阶段性降低失业保险费率有关问题的通知》，决定从 2017 年 1 月 1 日起，失业保险总费率为 1.5%的省（区、市），可以将总费率降至 1%。至此，“五险”的总费率由 41%降至 36.75%，其中，企业负担 26.25%，个人负担 10.5%。

3．落实并完善社会保险转移接续政策

2011 年 4 月人力资源社会保障部、国家发改委等七部门发布的《关于做好淘汰落后产能和兼并重组企业职工安置工作的意见》、2013 年 10 月国务院印发的《关于化解产能严重过剩矛盾的指导意见》先后明确如何做好下岗失业人员社会保险关系转移和接续工作，要求按规定落实好其社会保障待遇。2016 年 2 月，国务院印发《关于钢铁行业化解过剩产能实现脱困发展的意见》《国务院关于煤炭行业化解过剩产能实现脱困发展的意见》，进一步明确提出偿还拖欠的职工在岗期间工资和补缴社会保险费用，并做好社会保险关系转移接续手续等工作。同年 4 月，人力资源社会保障部、国家发改委发布《关于在化解钢铁煤炭行业过剩产能实现脱困发展过程中做好职工安置工作的意见》也明确提出加强社会保障衔接工作，同时明确各地要按照《工伤保险条例》和人力资源社会保障部、财政部等四部门发出《关于做好国有企业老工伤人员等纳入工伤保险统筹管理有关工作的通知》的规定，妥善解决工伤人员的待遇问题。

政府在化解过剩产能中通过开拓多种政策渠道，促进职工就业与安置，其积极效果主要体现在以下几个方面：第一，将就业扶持政策惠及去产能企业的在职职工和失业人员，有利于其尽快找到新的工作岗位；第二，鼓励企业吸纳就业和企业内部安置，实施失业保险按规定支持企业稳定岗位政策，积极发挥失业保险预防失业、促进就业的功能；第三，对有意愿创业的去产能企业职工和失业人员，给予创业扶持政策，成功促进创业带动就业；第四，实施内退和公益性岗位托底帮扶政策，使许多年龄大、体弱多病、就业困难的职工得到兜底帮助。截至 2016 年底，已分流安置职工 72.6 万人。截至 2017 年底，已经分流安置职工 110 多万人。化解过剩产能职工就业安置工作取得了重要进展。

第九章

确立就业优先战略，创新完善就业方针

▼

20 世纪 90 年代以来，民生的保障和改善成为经济发展的出发点和落脚点，而就业工作作为民生头等大事，其重要性越来越突出。就业问题事关亿万劳动者及其家庭的切身利益，如何认识和看待扩大就业在深化改革、经济发展和社会稳定中的地位和作用，成为宏观决策必须考虑的重大问题。

第一节　就业优先战略的产生与发展

一、就业优先战略的背景

（一）就业优先战略的提出始于 20 世纪末

1995 年 3 月，在丹麦首都哥本哈根，联合国召开世界社会发展首脑会议，与会各国领导人一致承诺将促进充分就业作为经济和社会政策的一个基本优先目标。2001 年，在全球就业论坛大会上通过的《全球就业议程》明确提出，各国政府要把生产性的就业置于经济和社会政策的核心位置，并使充分的、生产性的和自由选择的就业成为宏观经济战略和国家政策的总目标。在我国，对就业在经济社会发展中的重要性的认识是经过实践后一步步明确并不断提升的。

20 世纪 90 年代末期，为应对亚洲金融危机的冲击和国内下岗大潮，我国的一些专家学者就建议要在结构调整和企业改革中优先考虑下岗人员再就业，这种理念与党中央、国务院的决心决策相吻合，使国家对解决下岗失业问题的部署从确保基本生活向促进再就业转变。2003 年 3 月，面对再就业工作的新形势和新任务，中央政治局就“世界就业发展趋势和我国就业政策研究”进行第三次集体学习，强调就业是民生之本，促进就业是安国之策，明确提出实行促进就业的长期战略和政策，将就业放在经济社会发展突出位置，实际上起到了统一决策思想，强调就业重要地位的作用。2009 年 2 月，为应对国际金融危机对就业的影响，国务院下发《关于做好当前经济形势下就业工作的通知》，提出“切实把就业工作摆在更加突出的重要位置，努力确保就业形势基本稳定”，并将应对国际金融危机采取的就业政策措施定位为“更加积极的就业政策”。[①] 也是由于“危机倒逼”，这在应对国际金融危机中进一步强化了各级党委政府对就业工作重要作用和战略地位的认识。

“十二五”期间，民生的保障和改善成为经济发展的出发点和落脚点，而就业工作作为民生头等大事，其重要性越来越突出。就业问题事关亿万劳动者及其家庭的切身利益，既是保障和改善民生的重要基础和条件，又是全面实现小康和构建和谐社会的重要目标

① 《国务院关于做好当前经济形势下就业工作的通知》，中国政府网，2009 年 2 月 10 日。

和标志。解决得好，就业率提高，失业率下降，人民生活有保障，收入有来源，发展有基础，有助于国家健康发展。许多发达国家在20世纪提出充分就业的目标，我国在确定2020年全面建成小康社会蓝图时，将实现充分就业作为重要目标。其主要任务不仅是为每个公民提供平等的就业机会，保障他们就业的权利，而且是要将社会失业率降低到一定限度，同时要促使劳动者就业技能提升、劳动关系稳定和享有相应的社会保障。因此，越是重视民生就越要解决好就业问题。

（二）加快经济发展方式转变要求优先考虑就业

“十二五”时期，我国经济发展方式发生三个重大转变，即由主要依靠投资出口推动向依靠消费、投资、出口协调拉动转变，由主要依靠第二产业带动向依靠第一、第二、第三产业协同带动转变，由主要依靠增加物质资源消耗向主要依靠科技进步、劳动者素质提高、管理创新转变。经济发展方式的三大转变对我国就业格局产生重大影响，这就要求我们必须贯彻就业优先战略，将就业作为经济社会发展和结构调整的重要目标，融入经济发展方式的转化之中，实现经济增长、经济发展方式转变与就业扩大提升的良性互动。

“十二五”时期，由于城市化、工业化、市场化、国际化步伐加快，我国就业结构、方式、总量和质量发生重大变化。劳动力供大于求的总量性矛盾仍存在，就业的结构性矛盾也不断加大，因此，就业工作不能有丝毫放松，必须实施就业优先战略，引领就业工作攻坚克难，取得持续发展。一是“十二五”时期我国劳动力供给达到峰值，规模巨大且继续增长的人口数量、城镇新增劳动力供大于求的总体形势，将给经济社会发展带来较大压力。二是

“十二五”时期能否做好劳动力素质的提升和劳动力资源的有效利用，将关系到人口红利优势能否持续。三是“十二五”时期就业结构性矛盾略显突出，还必须解决好淘汰落后产能中的结构性失业、经济发展方式转变中劳动力结构调整、高校毕业生和农民工转移就业等重点群体的就业问题。

二、就业优先战略的确立和完善

2009 年 12 月，中央经济工作会议指出，扩大就业是保障和改善民生的头等大事，要把促进就业作为经济社会发展的优先目标，这是由国家层面正式明确“就业优先”。2011 年 3 月，《中华人民共和国国民经济和社会发展第十二个五年规划纲要》中明确提出实施就业优先战略，并进行部署和要求：“坚持把促进就业放在经济社会发展的优先位置，健全劳动者自主择业、市场调节就业、政府促进就业相结合的机制，创造平等就业机会，提高就业质量，努力实现充分就业。”① 这标志着国家将“就业优先”作为战略来实施，对整个就业工作提出了新的要求。同时也意味着我国的经济发展取向开始从单纯的“增长优先”逐步向“就业优先”的均衡发展转变，在考虑促进经济发展的同时，更充分地考虑扩大就业的需要，以实现经济发展与扩大就业的良性互动。

2012 年 2 月，国务院批转《促进就业规划（2011—2015 年）》，又以此为主线，落实就业优先战略，提出各级政府在制定国民经济

---

①《中华人民共和国国民经济和社会发展第十二个五年规划纲要》，北京：人民出版社，2011 年版，第 91 页。

计划、对产业结构和产业布局进行重大调整时，把就业作为经济社会发展的优先目标予以考虑，建立健全经济发展、产业结构调整与扩大就业良性互动的长效机制。①

2018年7月，中共中央政治局召开会议，针对当时经济形势提出六条政策措施，要求做好稳就业、稳金融、稳外贸、稳外资、稳投资、稳预期工作，这是党中央首次把“稳就业”作为经济工作的“六稳”之首。在第六条做好民生保障和社会稳定工作方面，要求把稳定就业放在更加突出位置。这是党中央第一次明确把就业同时作为经济工作、民生工作的首要任务来抓。同年12月，中央经济工作会议强调，要进一步稳就业、稳金融、稳外贸、稳外资、稳投资、稳预期，提振市场信心，增强人民群众获得感、幸福感、安全感，保持经济持续健康发展和社会大局稳定。社会政策要强化兜底保障功能，实施就业优先政策，确保群众基本生活底线，寓管理于服务之中。这是党中央第一次提出“实施就业优先政策”。

2019年3月，《政府工作报告》多次提到就业。例如，“要正确把握宏观政策取向，继续实施积极的财政政策和稳健的货币政策，实施就业优先政策，加强政策协调配合，确保经济运行在合理区间，促进经济社会持续健康发展”，“就业优先政策要全面发力。就业是民生之本、财富之源。今年首次将就业优先政策置于宏观政策层面，旨在强化各方面重视就业、支持就业的导向。当前和今后一个时期，我国就业总量压力不减、结构性矛盾凸显，新的影响因素还在增加，必须把就业摆在更加突出位置。稳增长

① 《国务院关于批转促进就业规划（2011—2015年）的通知》，《中华人民共和国国务院公报》，2012年05期。

首要是为保就业”。[①]

党中央明确把“稳就业”作为经济工作的“六稳”之首,《政府工作报告》把就业作为宏观经济政策优先目标，并作为宏观经济政策调整和实施的依据和手段，实现了就业目标、政策、手段的“三统一”，极大提升和改善了宏观经济政策体系。这彰显了党和国家对就业问题的极端重视，同时也对宏观调控部门就业工作提出了新的更高的要求，就业要从宏观经济调控的幕后走到前台。

第二节　就业优先战略的实施与成效

树立“就业优先”的理念，国家将实施就业优先战略体现到实践行动和行为中。

一、实施就业优先战略的基本内涵和原则

我国的就业优先战略的基本内涵包括四个方面：一是目标优先。在经济社会发展目标中，更为侧重就业目标，通过促进就业增加劳动者收入，进而促进经济社会发展。二是调控加力。在宏观调控中，就业政策站位更高，就业政策要摆在财政政策、货币政策之前，支持有利于就业增长的宏观调控，宏观调控对就业产生不利影响时，要及早采取措施预防，拿出解决方案。三是政策协同。在政

① 《政府工作报告——2019 年 3 月 5 日在第十三届全国人民代表大会第二次会议上》,《人民日报》,2019 年 3 月 16 日。

策导向上，更多运用就业政策，把职业教育培训政策置前，通过提高劳动者素质解决结构性就业矛盾，满足经济社会发展对人力资源的需要，促进提高劳动生产率。四是保障增强。在资金投入上，更加优先保障就业，满足职业教育培训、职业介绍、积极的就业政策资金需求。加强政府就业责任，把它作为目标考核的主要内容。

我国实施就业优先战略的主要原则：一是坚持以人民为中心，将改善民生与稳定经济增长有机结合；二是坚持与经济质量增长良性互动，实现更高质量更充分就业目标；三是坚持与经济社会政策协调衔接，将就业创业政策与相关经济社会政策协调衔接；四是坚持强化政府责任与动员社会各方重视就业相结合，坚持市场机制的就业改革方向。

二、实施就业优先战略的成效

（一）明确就业的战略定位，引领中国就业持久稳定增长

在我国就业成功走出国际金融危机冲击造成的困境后，在步入“十二五”之际，明确提出实施就业优先战略，并把促进充分就业作为促进经济社会发展优先目标，不仅为就业与经济社会发展的关系做了很好定位，而且使就业工作的重要地位和作用进一步凸显，对我国就业持久稳定增长具有“定海神针”之作用。

“十二五”期间，国家和地方把实施就业优先战略纳入经济社会发展总体规划，出台就业促进专项规划或地方性法规，以保障和改善民生为重点，在规划建设、开发项目、升级产业中都统筹考虑开发和创造更多就业岗位，鼓励多渠道多形式就业，促进创业带动就业，我国就业规模持续扩大，就业结构更加优化，创业带动

就业效应进一步发挥。2011—2015年，城镇新增就业分别为1221万人、1266万人、1310万人、1322万人、1312万人，累计新增6400万人以上。在这五年中，城镇登记失业率延续低位运行平稳态势，持续控制在4.5%以内的目标。[①]

（二）强化全社会对就业高度重视和支持

党和政府高度重视就业工作，把促进就业作为保障和改善民生的头等大事，摆在经济社会发展的优先位置，实施就业优先战略，就业规模持续扩大，就业局势保持稳定。与此同时，我国还加快建立统一规范灵活的人力资源市场，初步形成了覆盖城乡的公共就业服务体系，市场机制在人力资源配置中的基础性作用得到更好发挥，劳动者自主择业、市场调节就业和政府促进就业的市场就业新格局业已形成并逐步走向完善。

就业优先战略的确立和实施，将就业是民生之本理念在党和国家执政中进一步强化，对扩大就业、改善民生、稳定社会和促进经济社会发展都产生积极且深远的影响，并逐步成为各级党政与社会各界的共识，促使全社会高度重视和支持就业。实施就业优先战略不仅顺应了经济发展方式转变的需要，也使劳动者感到自己最关心最现实的民生和利益问题得到很好关注，还为劳动就业战线推动工作创造了更好的条件，提供了重要动力和强有力的保障，对整个经济社会发展和促进就业稳定发挥了重要作用。

---

① 《中国连续4年城镇新增就业人数超1200万 平等就业权利得到保障》，国务院新闻办公室网站，2016年6月15日。

第三节　完善就业方针，深入实施“双创”

一、经济新常态下完善就业方针的背景

党的十八大以来，在经济发展进入新常态的大背景下，面对就业形势的新变化和新挑战，党中央、国务院把就业作为重中之重，牢固树立就业优先的发展理念，正确处理好稳增长、保就业和调结构之间的关系，以“大众创业、万众创新”为重大动力，驱动经济转型和就业转型，推动实现比较充分和高质量的就业。

（一）经济新常态下就业面临的新挑战

随着我国经济步入新常态时期，就业工作也面临一系列新挑战。

一是劳动力就业总量压力依然存在。“十三五”时期年均需在城镇就业的新成长劳动力在1500万人以上，加上近千万的城镇登记失业人员，需在城镇就业的劳动力年均约2500万人，与“十二五”时期基本持平。同时随着城镇化加速推进，“十三五”时期每年还有近300万人的农业富余劳动力需要转移就业。

二是就业结构性矛盾比较突出。一方面，随着产业转型升级和技术进步，高层次人才和技能人才出现短缺。而企业效益下滑也使工资增长、福利提升受到影响，在劳动者预期不变的情况下，一线普通工人和服务员特别是苦、脏、累、险岗位的吸引力进一步下降，招工难问题仍将持续。另一方面，一些低技能劳动者就业困难。特别是随着供给侧结构性改革力度加大，造成一大批职工转岗就业，其中不少人年龄偏大，技能和经验趋同，转业转岗能力较差，就业难问题更加突出，结构性和摩擦性失业较多。

三是青年就业压力较大。“十三五”时期我国高校毕业生规模持续增加，2016 年、2017 年、2018 年高校毕业生人数分别达到 765 万人、795 万人、820 万人。而市场上适合的岗位还不充足，企业招聘意愿有所下降，加之高校毕业生教育结构、就业观念与市场需求脱节的结构性矛盾仍然存在，就业压力仍然较大。同时，新生代农民工比重大幅增加，他们的文化水平和技能素质总体不高，但对就业岗位有更高的要求，对融入城市有更强的诉求，一旦经济下滑出现大规模失业，他们很难回到农村。

四是新就业形态的发展提出新的要求。新就业形态的出现，创造了大量就业岗位，成为就业的新增长点。由于其灵活、自主的特点，新就业形态在劳动关系、工资支付、社会保险、用工管理等方面都不同于传统的就业用工模式，这就要求就业政策必须适应新就业形态的特点，在用工和社会保险等制度方面加以充实和完善。同时，作为促进就业的新途径，还必须采取多种措施支持新就业形态发展。因此，新形势下，新就业形态的发展对就业工作提出新的要求。

（二）宏观调控要坚持以就业为底线

解决好经济发展、结构调整和扩大就业、减少失业的关系，是政府促进就业的首要责任。要坚持就业优先是宏观调控目标的首要选择。

一方面，就业岗位的增加依赖于经济增长，增加就业要依靠经济持续健康发展；而扩大就业有助经济增长，就业的增加为经济持续健康发展提供强大的人力资源支撑。另一方面，就业优先的目标要求宏观经济政策必须与就业政策相协调。宏观调控要以增加就业为核心目标，综合评价对就业、失业带来的影响后进行决策和布局，在制定财税、金融、产业、贸易、投资等重大政策时要与就业政策相配套和衔接。另外，经济运行要以就业为“晴雨表”、“稳定器”。在经济下行压力持续加大、结构调整深入推进的背景下，针对就业面临的新形势，国家始终坚持扩大就业的发展战略，把稳定和扩大就业作为经济运行合理区间的下限，将就业相关指标纳入国民经济和社会发展规划及年度计划，合理确定经济增长速度和发展模式，科学把握宏观调控的方向和力度，以稳增长促就业，以鼓励创业就业带动经济增长，增强经济对就业的拉动能力。

二、创业带动就业政策的完善发展历程

（一）创业带动就业政策的三个发展时期

我国创业带动就业政策从改革开放初期到现在经历了萌芽期、初步形成和发展期、加速完善期。

1．政策萌芽期

从 1978 年改革初期到 2002 年是创业政策的萌芽期。这一时期我国虽然没有明确提出创业带动就业的政策概念，但在推动就业的实践和制度改革方面，作出了实质性突破，为创业带动就业政策的提出奠定了坚实的思想认识、理论和实践基础。1980 年 8 月，中共中央召开全国劳动就业工作会议，提出通过改革“统包统配”劳动就业制度，实行在国家统筹规划和指导下，劳动部门介绍就业、自愿组织起来就业和自谋职业相结合的“三结合”就业方针，推进组织起来就业和自谋职业，促进个体和私营经济的发展，打开了就业的“三扇门”。1993 年 4 月，国务院发布《国有企业富余职工安置规定》，提出了探索分流安置国有企业富余职工的办法，包

括鼓励和支持企业富余职工自找门路、自谋职业。1995 年 4 月，国务院办公厅转发劳动部《关于实施再就业工程的报告》，包括两项重要内容：一是鼓励企业对富余职工进行开发性安置。二是对失业职工和企业富余职工组织起来就业和自谋职业所需的场地、摊位、设施、能源等，有关部门应积极协助做好安排。1998 年 6 月，中共中央、国务院发布《关于切实做好国有企业下岗职工基本生活保障和再就业工作的通知》，要求把发展中小企业、劳动就业服务企业作为促进再就业的重要途径。

这一时期的劳动就业政策虽然没有提出创业概念，但在具体政策上提出了从资金、场地等方面加大鼓励和扶持劳动者自主创业的力度，也逐步明确了将发展中小微企业作为促进就业的重要途径，创业带动就业的政策开始萌生。

2．初步形成和发展期

进入 21 世纪，劳动力市场结构发生深刻变化，就业迎来城乡新成长劳动力、农村富余劳动力，下岗失业人员“三碰头”的局面。为了应对这一世纪难题，2002 年 9 月，中共中央、国务院召开全国再就业工作会议，之后下发《关于进一步做好下岗失业人员再就业工作的通知》，推出一系列促进就业再就业的政策，确立了我国积极就业政策的基本框架。在积极的就业政策体系中，包括积极发展具有比较优势和市场需求的劳动密集型产业和企业，特别是就业容量大的私营、个体经济和中小企业。明确对下岗失业人员自谋职业和自主创业，在有条件的地方设立专门窗口，实行工商登记、税务办理、劳动保障事务代理等“一条龙”服务。组织开展多层次、多形式的再就业培训，提高下岗失业人员的就业能力。对有开业条件的人员开展创业培训和开业指导，提供项目咨询、跟踪扶持等服务，通过培养创业带头人带动更多人就业。

2002年12月，中国人民银行、财政部、国家经贸委、劳动和社会保障部印发《下岗失业人员小额担保贷款管理办法》，明确提出了小额担保贷款扶持创业的政策。在此基础上，随着积极就业政策的不断发展，创业带动就业的政策体系也逐步形成和发展。2005年11月国务院下发的《关于进一步加强就业再就业工作的通知》和2007年8月十届全国人大常委会第二十九次会议审议通过的《中华人民共和国就业促进法》，均明确国家实行有利于促进就业的税收政策，鼓励劳动者自主创业，对自主创业人员在一定期限内给予小额信贷等扶持政策措施。2007年10月，党的十七大报告提出“促进以创业带动就业”，标志着我国就业政策向积极就业政策又迈出了一大步，从以往被动的安置人员就业，向主动的创造就业岗位的就业政策模式转变。2008年，国务院要求劳动和社会保障部等多部门调研推进创业的政策，并将原本对城市下岗失业人员创业的政策和新起草的农村返乡创业政策合并。同年2月，国务院下发《关于做好促进就业工作的通知》。有关政府职能部门密集出台具体政策，对鼓励支持劳动者自主创业的收费减免、税收优惠、小额担保贷款等政策作了进一步的补充和完善。9月，国务院办公厅转发人力资源社会保障部等部门《关于促进以创业带动就业工作的指导意见》，对以创业促就业工作进行专项部署和具体安排，标志着促进以创业带动就业工作进入全面推动的新阶段。12月，中央经济工作会议上明确提出，坚持推进结构升级和扶持就业创业相协调。2009年2月，国务院下发《关于做好当前经济形势下就业工作的通知》，鼓励劳动者自谋职业、自主创业，要求宽松创业和投资环境，完善落实市场准入、场地安排、税费减免、小额担保贷款、免费就业服务和职业培训补贴等扶持政策。[①]同年3月，《政府工作报告》强调，大力支持自主创业、自谋职业，促进以创业带动就业，在市场准入、财税金融、经营用地等方面提供便利和优惠，鼓励更多劳动者成为创业者。[②]党中央、国务院的重大决策以及推进这一工作的重要指向，使各级党政领导重视程度和工作力度大为加强。

总体来看，这一时期是我国创业带动就业政策的产生和形成时期，基本构建了创业带动就业政策体系的核心框架，在政策性质、政策定位、政策目标、政策内容、政策实施、政策监管等方面都有了很大发展。

3．加速完善期

党的十八大以来是创业带动就业政策加快完善阶段。2012年，党的十八大报告提出了实现更高质量就业的目标，明确“劳动者自主就业、市场调节就业、政府促进就业和鼓励创业”的方针，将“鼓励创业”作为新时代就业工作方针的重要内容，这是对就业工作的重大理论创新。之后，我国大力推动“大众创业、万众创新”。一系列政策措施密集出台，大大拓展了原有政策体系框架，内容更加丰富，政策更加具体，政策力度更大。

这一时期我国总体就业形势发生深刻变化，从需求方面看，经济发展进入新常态，经济增速持续放缓，发展方式转型升级和结构调整进入关键阶段，国内外经济环境发生变化，城乡结构、区域结构、社会结构、产业结构和消费结构也发生明显变化，就业岗位产

① 《国务院关于做好当前经济形势下就业工作的通知》，中国政府网，2009年2月10日。

② 《政府工作报告——2019年3月5日在第十三届全国人民代表大会第二次会议上》，《人民日报》，2019年3月16日。

生的基础条件随之改变。从供给方面看，劳动年龄人口从持续增长进入下降通道，人力资源结构发生深刻变化，劳动者就业观念、就业方式也出现新的特征，劳动力要素供给条件显著变化。加之移动互联信息技术发展，以及完善高速的物流体系建设等一些技术和基础条件变化，新的就业方式不断涌现，创新创业带动就业成为经济社会发展阶段特征，也是内在要求和必然选择。

（二）“双创”为创新创业者提供更好服务

“双创”*是适应经济社会发展需要而作出的一项重大决策，是适应我国经济步入中高速发展阶段提出的战略号召，是我国新时期改革发展的强劲动力。

* “双创”即“大众创业，万众创新”。

2014 年 9 月，在第八届夏季达沃斯论坛上，李克强提出“大众创业、万众创新”这一号召。当时他提出，“在中国 960 万平方公里土地上掀起一个‘大众创业’、‘草根创业’的新浪潮”，“形成‘万众创新’、‘人人创新’的新态势”①。2015 年 3 月，《政府工作报告》中提到，“打造大众创业、万众创新和增加公共产品、公共服务双引擎”。2015 年 6 月，国务院印发《关于大力推进大众创业万众创新若干政策措施的意见》，提出大力推进大众创业、万众创新。

提出推进“大众创业、万众创新”以来，国家和地方层面陆续出台了一系列支持“双创”的政策措施，创业带动就业倍增效应进一步释放，创业带动就业能力不断增强，重点群体就业工作

① 《李克强：在第八届夏季达沃斯论坛上的致辞》，中国政府网，2014 年 9 月 11 日。

扎实推进。

一方面，各地方不断畅通创业通道，扩大创业带动就业效应，调动劳动者创业积极性。坚持深化“放管服”改革，不断优化创业环境，通过深化行政审批制度、商事等制度改革，降低市场准入门槛，破除制约劳动者创业的体制机制障碍。同时，实施创业创新人才引进计划、创业培训计划、开展支持农民工等人员返乡创业试点等，支持鼓励大中专毕业生及专业人才转变观念，发挥知识和技术优势，成为创业的引领者。在这一阶段，我国还进一步放宽外国人才申请签证、工作许可、居留许可和永久居留证的条件，简化审批流程，加大创业启动资金支持力度，吸引更多境外高端人才来华创业创新。另一方面，强化创业服务，提高创业成功率。各地方不断建设有特色、高水平的区域、高校和科研院所、企业“双创”示范基地，提升创业服务能力；积极推广新型孵化模式，发展众创空间、孵化基地、创业园区等，提供项目开发、开业指导、融资等“一条龙”服务，支持劳动者成功创业；有些地方还建设小微企业创业创新基地，形成线上与线下、孵化与投资相结合的开放式综合服务载体，根据创业主体不同阶段、不同需求，提供有针对性的专业化、差别化、定制化指导服务，为企业创业兴业提供低成本、便利化服务，促进创业企业加快发展。同时，构建面向人人的创业服务平台，深入推进创业型城市创建活动，积极培育创业生态系统。

（三）促进就业创业政策持续丰富完善

为适应新常态，稳住就业这一经济发展最基本的支撑，国家出台新一轮促进就业创业的政策和规划，提出新形势下推进就业工作的总体要求和指导思想：实施就业优先战略，把实施积极的就业政策摆在更加突出的位置，贯彻劳动者自主就业、市场调节就业、政府促进就业和鼓励创业的方针，不断提升劳动者素质，实现比较充分和更高质量的就业。

2015 年 4 月，国务院印发《关于进一步做好新形势下就业创业工作的意见》（以下简称“23 号文件”），作为这一时期就业创业工作的指导性文件。“23 号文件”从深入实施就业优先战略、积极推进创业带动就业、统筹推进高校毕业生等重点群体就业、加强就业创业服务和职业培训、强化组织领导五个方面对做好新形势下就业创业工作提出明确要求。其最大的亮点就是把鼓励创业和促进就业更好地结合在一起，落实政府促进就业和鼓励创业相结合的新方针和新要求，并做到与时俱进，对积极就业政策进行了扩展、充实、提升和创新。具体来说，一方面，让实施就业优先的战略有更明确的指向，也让积极推动创业带动就业有了更加具体的举措。另一方面，开始统筹推进重点群体就业工作，在促进高校毕业生就业、帮扶困难人员就业、做好农村劳动力转移就业、复转复退军人就业和残疾人就业等方面的多项政策又进一步地拓展和放宽，在加强就业服务、创业服务和职业培训、创业培训方面有了新的内容，对强化组织领导和保证资金投入有更加切实的要求。

2016 年 11 月，国务院印发《“十三五”脱贫攻坚规划》，返乡农民工创业培训行动作为六项“就业扶贫”专项行动中的重要一项被提上日程。

2017 年 1 月，国务院印发《“十三五”促进就业规划》，明确就业扶贫重点从劳务输出为主向多渠道就业创业并重转变，工作手段从大规模招聘为主向以精准识别、精准施策为基础的个性化服务转变，就业渠道从劳务协作为主向就业创业新载体转变，这些新举措在实施中开始取得成效。同年 4 月，国务院印发《关于做好当前和今后一段时期就业创业工作的意见》（以下简称“28 号文件”），提出坚持实施就业优先战略、支持新就业形态发展、促进以创业带动就业、抓好重点群体就业创业，以及强化教育培训和就业创业服务等五个方面的政策措施，中国就业政策迎来“升级版”。

“28 号文件”是根据我国经济社会形势的不断变化，对以往就业政策的继承和创新。其核心特点就是继续强调通过稳增长、保就业，支持新就业形态发展，并针对重点群体和行业在就业中的突出矛盾和问题采取针对性措施。与“23 号文件”相比，“28 号文件”不仅对已有政策进行了进一步扩展完善，而且提出了许多方面的新举措、新亮点。

在新举措方面，一是注重宏观经济与就业政策的协同。细化宏观政策与就业联动，在制定财税、金融、产业、贸易、投资等重大政策时，综合评价对就业岗位、就业环境、失业风险等带来的影响。二是支持新就业形态发展。鼓励创业创新发展的优惠政策面向新兴业态企业开放，要求从业者与新兴业态企业签订劳动合同，企业依法为从业者参加社会保险，符合条件的可按规定享受吸纳就业扶持政策。三是针对高校毕业生就业实施“两项计划”，即就业创业促进计划、基层成长计划，引导鼓励高校毕业生到城乡基层、中小微企业、社会组织等就业，扩大见习补贴、求职创业补贴政策使用范围，将企业吸纳就业扶持政策扩大到吸纳高校毕业生就业的社会组织。

在新亮点方面：一是更加强调简政放权，注重服务便民。如创业环境营造上，深化“放管服”改革，在“五证合一”的基础上，推进个体工商户“两证整合”，推动“多证合一”；优化高校毕业生录用（聘用）流程，为高校毕业生求职就业提供便利；细化服务标准和流程，建立“互联网+”公共就业创业服务平台，便捷公共服务等。二是更加强调底线思维，突出风险防范。把稳定和扩大就业作为区间调控的下限；对去产能任务重、待岗职工多、失业风险大的困难地区，实施就业援助行动；强化分类帮扶和实名制动态管理，确保零就业家庭、有劳动能力的成员均处于失业状态的低保家庭至少有一人稳定就业；按照分级预警、分层响应、分类施策的原则，制定应对规模性失业风险预案。三是更加强调责任担当，强化激励问责。首次明确政府主要负责同志为本地区就业工作第一责任人；强调按照中央与地方财政事权和支出责任的划分原则，合理安排就业资金支出；首次在就业工作领域提出健全激励机制和容错纠错机制，对大胆探索、担当尽责、不谋私利，但在依法依规履行职责过程中由于难以预见的因素出现失误或错误的，可容错免责。

三、新方针指导下实施就业创业新政取得的成效

以“23 号文件”和“28 号文件”为标志，我国积极就业政策引领就业创业工作进入新阶段。在此期间，针对经济新常态带来的新问题，国务院又陆续出台支持农民工就业创业、推进“双创”和“互联网+”行动、加快电子商务发展、推进简政放权及税收优惠等一系列政策措施。人力资源社会保障、发改、财政、教育、国税等部门，以及地方各级政府都创造性地开展工作，制定具体方案和配套政策，采取多种措施扩大就业，取得了明显效果，就业形势在稳中向好的同时逐步形成了新格局。

（一）就业创业持续增长，就业结构持续优化

在这一时期，我国经济发展的一个重要特点是，在经济增速换挡的同时，就业保持总体稳定。“十二五”期间，连续五年城镇新增就业人数在1200万人以上，累计新增就业超过6400万人。[①] 31个大城市城镇调查失业率也保持低位运行。就业规模持续扩大，就业格局发生重大变化。

同时，积极就业政策不断得到完善，重点人群就业成效明显。2013—2016年，高校毕业生连续四年实现就业创业人数“双增长”，登记的高校毕业生创业人数分别为35.9万人、47.8万人、55.9万人、61.5万人。支持鼓励农民工返乡创业政策力度的不断加大，亦使农民工返乡创业成为新趋势。据农业部统计，截至2016年末，从农村流向城镇的各类人员返乡创业的人数累计达到570多万人。其中，农民工返乡创业累计达到450万人，占各类返乡下乡创业人员的68.5%。还有约130万居住在城镇的科技人员、中高等院校毕业生等下乡创业创新。[②]

经济进入新常态以来，国务院陆续出台了一系列重要政策和举措，支持经济转型升级。2012年，服务业首次成为国民经济第一大产业，2016年，服务业增加值占经济比重上升至51.6%，占据了半壁江山。2012—2016年，第三产业就业人数累计增加6067万人，第三产业就业人数占比从36.1%升至43.5%，上升7.4个百分点，[③] 服务业就业比重大幅上升，成为吸纳就业最多的产业。经济

① 《“十二五”时期我国城镇累计新增就业6400万人》，人民网，2015年12月29日。
② 《农民工返乡创业人数达450万》，中国政府网，2016年12月2日。
③ 《就业稳中向好 饭碗越端越牢》，《人民日报》，2017年6月19日。

结构的不断优化，使经济增长拉动就业能力不断增强的同时，就业结构也得到持续优化。

（二）拓展就业新空间

在“双创”推动下，我国市场活力和创新动力被全面激活，新经济新就业新职业不断涌现，大量新职业新岗位成为就业增长的重要源泉。自 2014 年推行商事制度改革以来，截至 2017 年底，日均新设市场主体增加到 5.27 万户。新动能对经济社会发展和就业创业的贡献明显，尤其是互联网经济迅猛发展。据国家统计局公布的数据显示，2017 年前三季度全国网上零售额 48787 亿元，同比增长 34.2%，比上年同期加快 8.1 个百分点。据估算，在全部增加的就业中，新动能的贡献达到 70%左右。

在这一时期，我国围绕适应新就业形态特点、拓展就业新空间，提出了支持新就业形态发展的政策。一是支持新业态发展。加快调整政策取向，通过完善税收、社会保险等方面政策法规，促进社会资源通过共享实现高效充分利用，推动共享经济等新经济形态加快发展，创造更多新增就业机会。二是完善适应新就业形态特点的用工和社会保险等制度。支持劳动者通过新业态实现多元化就业，从业者与新业态企业签订劳动合同的，企业要依法为其参加职工社会保险，符合条件的企业可按规定享受企业吸纳就业扶持政策。探索适应灵活就业人员的失业、工伤保险保障方式，符合条件的可享受灵活就业、自主创业扶持政策。

第十章
实施就业扶贫攻坚，不断加强就业保障体系

▼

党的十八大以来，以习近平同志为核心的党中央把脱贫攻坚摆在治国理政的突出位置，把脱贫攻坚作为全面建成小康社会的底线任务，组织开展了声势浩大的脱贫攻坚人民战争。就业是最大的民生，稳定的就业意味着一份稳定的收入和社会保障，是解决贫困人口最直接、最有效的脱贫办法，也是贫困人口分享社会发展成果、融入社会的主要方式，为贫困人口实现自我价值、创造社会价值提供了平台。

第一节　就业扶贫的背景和意义

摆脱贫困，是中国人民千百年来的梦想。中国共产党从成立之日起就确立了“为天下劳苦人民谋幸福”的初心。改革开放以来，党带领人民取得了反贫困的伟大成就，人民生活水平总体上发生了很大变化，但由于我国还处于社会主义初级阶段，各地发展条件不同，还有为数不少的困难群众。

党的十八大以来，以习近平同志为核心的党中央把脱贫攻坚纳

入“五位一体”总体布局和“四个全面”战略布局，摆到治国理政的突出位置，作出一系列重大决策部署，举全党全国全社会之力推进，重视程度之高、政策举措之实、工作力度之大前所未有。2015年10月，党的十八届五中全会通过《中共中央关于制定国民经济和社会发展第十三个五年规划的建议》，把“扶贫攻坚战”改成“脱贫攻坚战”，就实施脱贫攻坚工程作出部署。同年11月，在中央扶贫开发工作会议上，习近平总书记发表重要讲话并强调，“消除贫困、改善民生、逐步实现共同富裕，是社会主义的本质要求，是我们党的重要使命。全面建成小康社会，是我们对全国人民的庄严承诺。脱贫攻坚战的冲锋号已经吹响。我们要立下愚公移山志，咬定目标、苦干实干，坚决打赢脱贫攻坚战，确保到2020年所有贫困地区和贫困人口一道迈入全面小康社会”①。2015年11月，中共中央、国务院印发《关于打赢脱贫攻坚战的决定》，全面打响脱贫攻坚战。此后，习近平总书记又专门在宁夏银川主持召开东西部扶贫协作座谈会、在山西太原主持召开深度贫困地区脱贫攻坚座谈会，作出一系列有针对性的部署。2017年10月，党的十九大题报告明确把精准脱贫作为全面建成小康社会三大攻坚战之一。2019年4月，习近平总书记在重庆主持召开解决“两不愁三保障”突出问题座谈会，强调“确保我国现行标准下农村贫困人口实现脱贫，贫困县全部摘帽，解决区域性整体贫困”，“各行业部门要围绕脱贫攻坚目标任务，按照尽锐出战要求，切实履职尽责、合力

① 习近平：《坚持精准扶贫、精准脱贫、坚决打赢脱贫攻坚战（2015年11月27日）》，《习近平谈治国理政》（第二卷），北京：外文出版社，2017年版，第83页。

攻坚”[1]。

《关于打赢脱贫攻坚战的决定》明确提出精准扶贫、精准脱贫的方略，具体包括六个精准和五个一批：六个精准是指扶持对象精准、项目安排精准、资金使用精准、措施到户精准、因村派人精准、脱贫成效精准；五个一批是指发展生产脱贫一批、易地搬迁脱贫一批、生态补偿脱贫一批、发展教育脱贫一批、社会保障兜底一批。就业扶贫被纳入国际扶贫的整体战略规划，各级部门对就业扶贫的理论和思想认识得到不断深化，就业扶贫对脱贫攻坚的重要意义形成普遍共识。

第一，就业扶贫是摆脱贫困最有效、最直接的方法。就业是收入之源。2016 年 7 月，习近平总书记在宁夏银川主持召开东西部扶贫协作座谈会时强调，“一人就业，全家脱贫，增加就业是最有效最直接的脱贫方式。长期坚持还可以有效解决贫困代际传递问题”[2]。让贫困劳动力都能获得一门谋生的手艺，有一份稳定的工作，是“拔穷根”、阻断贫困代际传递的重要途径。用“就业扶贫”告别“输血式扶贫”，对脱贫或提升家庭可支配收入水平起到立竿见影的效果。以往数据来看，贫困地区工资性收入在家庭整体收入中的占比更高，与其他地区相比，工资性收入较其他类收入的贡献率也更高。因此，促进贫困地区劳动力就业、提高劳动工资类收入在精准扶贫、脱贫攻坚工作中具有重要作用，也是高质量脱贫的关键所在。

第二，就业扶贫是扶贫与扶志相结合的重要手段。2015 年，

---

① 习近平：《在解决“两不愁三保障”突出问题座谈会上的讲话》，《求是》，2019 年 16 期。
② 中共中央文献研究室编：《习近平扶贫论述摘编》，北京：中央文献出版社，2018 年版，第 104 页。

习近平总书记在中央扶贫开发工作会议上指出，“幸福不会从天降。好日子是干出来的。脱贫致富终究要靠贫困群众用自己的辛勤劳动来实现”[①]。2017年1月，习近平总书记在河北张家口看望慰问基层干部群众时强调，“要把扶贫同扶志结合起来，着力激发贫困群众发展生产、脱贫致富的主动性，着力培育贫困群众自力更生的意识和观念，引导广大群众依靠勤劳双手和顽强意志实现脱贫致富”[②]。2017年12月，习近平总书记在中央经济工作会议上提出，“变输血为造血，实现可持续稳固脱贫”[③]。2018年2月，习近平总书记在打好精准脱贫攻坚战座谈会上特别强调，“坚持扶贫和扶志、扶智相结合”[④]。就业扶贫有助于提升贫困劳动力的技能，激发其创造致富的内生动力，调动贫困群众的积极性、主动性和创造性，增加贫困劳动力和家庭的“造血”功能，是将扶贫与扶志有效结合的重要手段。

第三，就业扶贫是建立扶贫长效机制的关键所在。2016年1月，习近平总书记在深度贫困地区脱贫攻坚座谈会上提到，“一个健康向上的民族，就应该鼓励劳动、鼓励就业、鼓励靠自己的努力养活家庭，服务社会，贡献国家。要改进工作方式方法，改变简单给钱、给物、给牛羊的做法，多采用生产奖补、劳务补助、以工代

---

① 习近平：《在中央扶贫开发工作会议上的讲话》，载中共中央文献研究室编：《十八大以来重要文献选编》（下），北京：中央文献出版社，2018年版，第50页。

② 中共中央文献研究室编：《习近平扶贫论述摘编》，北京：中央文献出版社，2018年版，第140页。

③ 中共中央文献研究室编：《习近平扶贫论述摘编》，北京：中央文献出版社，2018年版，第142页。

④ 中共中央文献研究室编：《习近平扶贫论述摘编》，北京：中央文献出版社，2018年版，第143页。

赈等机制，不大包大揽，不包办代替，教育和引导广大群众用自己的辛勤劳动实现脱贫致富”[①]。帮助劳动者树立劳动致富观念，培养就业能力，获得劳动机会，是帮助贫困劳动者及家庭实现可持续脱贫的直接高效途径，能够更有效调动贫困群众的积极性、主动性、创造性，培养贫困地区和贫困群众自我发展能力，形成稳定脱贫的长效机制。2020 年 3 月，面对新冠肺炎疫情，习近平总书记在决战决胜脱贫攻坚座谈会上指出，“要优先支持贫困劳动力务工就业，在企业复工复产、重大项目开工、物流体系建设等方面优先组织和使用贫困劳动力，鼓励企业更多招用贫困地区特别是建档立卡贫困家庭人员，通过东西部扶贫协作‘点对点’帮助贫困劳动力尽快有序返岗”[②]。对于易地搬迁的后续扶持最关键的是就业，2020 年 4 月，习近平总书记在安康市平利县老县镇锦屏社区考察调研时指出，移得出、稳得住、住得下去，才能安居乐业。要住得下去就要靠稳定就业，务工是主要出路。要实实在在做好就业工作，不能搞形式主义。[③]

第二节　就业扶贫的政策与实践

党中央、国务院对就业扶贫高度重视，2015 年 11 月中共中

① 中共中央文献研究室编：《习近平扶贫论述摘编》，北京：中央文献出版社，2018 年版，第 142 页。
② 《习近平：在决战决胜脱贫攻坚座谈会上的讲话》，中国政府网，2020 年 3 月 6 日。
③ 《习近平谈易地搬迁脱贫：后续帮扶最关键的是就业》，中国政府网，2020 年 4 月 22 日。

央、国务院印发的《关于打赢脱贫攻坚战的决定》和2018年6月中共中央、国务院印发的《关于打赢脱贫攻坚战三年行动的指导意见》都对就业扶贫提出了明确要求。人力资源社会保障部门将做好就业扶贫作为践行“两个维护”的具体举措，作为重大政治任务，凝心聚力，尽锐出击，全力以赴帮助贫困劳动力就业创业，助力打赢脱贫攻坚战。据统计，贫困劳动力务工规模从2016年的1527万人增长至2020年的3243万人，93.8%的建档立卡贫困户受惠于就业帮扶政策，工资性收入占比逐年上升，贫困劳动力及其家庭收入状况明显改善。我国的具体就业扶贫工作主要从以下方面着力推进。

一、强化部署推动，始终把就业扶贫摆在重要位置

就业扶贫是国家扶贫攻坚整体事业和战略框架中的重要内容。在国家整体战略框架的基础上，构建形成了推进就业扶贫工作的协同治理机制。

在国家层面，形成了总体就业扶贫工作的目标、思路和政策框架，在政策导向、技术平台支持、工作督察等方面发挥中央政府部门的主导和引导作用。在地方主责方面，就是落实地方政府和人力资源社会保障部门在推进就业扶贫中的主体责任，根据总体规划制定工作目标，研究实施符合当地实际的就业扶贫政策，落实资金、人员、资源，并具体组织实施，完成工作目标。其中，以人力资源社会保障部门为主责单位，加强政府相关部门协同，既有人力资源社会保障系统内部就业、社保、职业技能培训、劳动关系等职能部门的协同合作，也有人力资源社会保障系统与发改、财政及其他部

门之间的协同，推进就业扶贫相关的产业项目、资金、土地等因素的落实。2018 年，人力资源社会保障部、国务院扶贫办发出《关于下达 2018—2020 年就业扶贫目标任务的通知》，制定就业扶贫三年行动工作方案，分阶段明确工作任务，压实工作责任。在此期间，人力资源社会保障部每年会同国务院扶贫办印发做好就业扶贫工作的通知，在全国就业工作座谈会上与各项重点任务同部署、同安排。多次举办就业扶贫培训班、就业扶贫座谈会、现场会，提升系统内政策业务水平，推进就业扶贫重点工作。

二、开展劳务协作试点，明确就业扶贫工作方向

促进贫困劳动力实现就业脱贫，其根本在于开发足量有效的就业岗位。贫困地区围绕推进贫困劳动力就近就业、外出转移就业、创业带动就业、公益托底保障就业制定了系列政策，探索很多有效的工作实践。贫困劳动力就业有着自己的特殊性，尤其在深度贫困地区，劳动者就业观念、就业方式、就业能力、行为习惯、语言文化等都有着自身突出的特点，当地自然经济社会条件也难以提供足够的高质量的就业岗位。一些劳动者对外出就业心存疑惧。

2016 年 4 月，人力资源社会保障部与国务院扶贫办正式启动广东、湖南、湖北劳务协作脱贫试点工作。试点时间为 3 个月，范围涵盖了广东省及 4 个市、湖南省及 4 个市州 2 个县、湖北省及郧西县的几十万贫困劳动者，探索可推广、可复制的劳务协作工作机制和政策措施。试点工作开展后，湖南省湘西自治州稳定就业贫困劳动者 18.96 万人，新增转移就业 2.2 万人，已就业劳动力占全州有就业意愿贫困劳动者的 96.5%；湖北省郧西县共新增外出就

业8000余人；广东省累计接收试点3县贫困劳动者381人，技工院校录取贫困家庭“两后生”157人，精准核实在广州、深圳、佛山、东莞4市就业的贫困劳动者1423人。2016年8月，在全面总结试点经验和各地实践的基础上，确立了推动劳务输出和鼓励就地就近就业并重两大方向，既要通过劳务协作大力组织贫困劳动力外出务工，也要拓展就地就近渠道支持贫困劳动力在本地就业。探索形成了四条渠道，即发展扶贫车间吸纳就业，支持返乡创业带动就业，开展有组织劳务输出，开发公益性岗位兜底安置。

1．实施多层次、多方式区域协作，推动贫困劳动力转移就业

充分发挥我国社会主义制度优越性，利用我国经济社会发展区域比较优势，实现区域间产业梯度转移和人力资源区域配置，促进贫困劳动力转移就业，是我国就业扶贫的重要途径和经验。2016年7月，习近平总书记在宁夏银川主持召开东西部扶贫协作座谈会上的讲话强调，产业合作、劳务协作、人才支援、资金支持都要瞄准建档立卡贫困人口脱贫精准发力。要着眼于增加就业，建立和完善劳务输出对接机制，提高劳务输出脱贫的组织化程度①。

为了促进贫困劳动力外出转移就业，人力资源社会保障部门针对劳动者、就业服务机构和主体、用人单位等不同政策主体制定了相应的鼓励性政策。包括针对贫困劳动力外出务工提供一次性交通补助和生活补助；针对中介服务机构和劳务经纪人等劳动力市场服务主体提供一定额度的就业服务补贴、职业介绍补贴等；培育扶持发展特色劳务品牌和家政服务业品牌，对带动农村贫困劳动力转移

①《习近平：认清形势聚焦精准深化帮扶确保实效 切实做好新形势下东西部扶贫协作工作》，《人民日报》，2016年7月22日。

就业的给予奖励和补贴。同时在实践中，逐步建立了基本覆盖全域的多层次劳务协作体系，既有中央部门对接和定点的，也有省市之间、地区之间、县市区之间的协作，也有企业和社会组织与地区之间的协作。有的建立了制度化的协作机制，设立了相应的组织机构和专门人员队伍。在协作关系和方式上，既有定点对口的，也有自由组合市场决定的，既有简单劳务协作的，也有产业和劳务结合的协作。有的在输入地和输出地之间建立了人社领域业务的全方位协作，建立了贫困劳动力共享数据信息机制，在劳动力资源调查、就业岗位推荐、职业技能培训、优惠政策制定、维权保障和人员管理等方面，建立了“一条龙”的就业扶贫协作机制。

2．多渠道开发就业岗位，促进贫困劳动力就地就近就业

2015年11月，习近平总书记在中央扶贫开发工作会议上指出，“扶贫不是慈善救济，而是要引导和支持所有有劳动能力的人，依靠自己的双手开创美好明天”，“要立足当地资源，宜农则农、宜林则林、宜牧则牧、宜商则商、宜游则游，通过扶持发展特色产业，实现就地脱贫”①。促进贫困劳动力就地就近就业脱贫，关键在因地制宜开发当地经济社会发展潜在资源，创造新的就业岗位，为贫困劳动力提供就业机会和增收渠道。总结各地实践经验，在促进贫困劳动力实现本地就业方面的主要做法如下：

一是引入新项目、建设新载体、创造新岗位。各地围绕当地经济发展特点，面向基础设施建设，小城镇建设开发，引入产业项目，发展加工工业，开发民族手工业等，通过建设扶贫车间、卫星

① 中共中央文献研究室编：《习近平扶贫论述摘编》，北京：中央文献出版社，2018年版，第65-66页。

工厂、扶贫基地等载体积极在家门口大力开发就业岗位，吸纳劳动力就业，让贫困劳动力实现增收脱贫。例如，甘肃临夏州建立了政府主导、覆盖到村、延伸到户的扶贫车间，为贫困妇女、家庭留守人员、轻度残疾者等不适合外出务工经商的贫困劳动力创造了就地就近的就业机会，截至2020年底，累计建成使用扶贫车间340家，吸纳就业15561人，其中贫困劳动力7939人，月平均工资2000元以上，帮助贫困群众实现稳定增收脱贫。

二是帮扶本地企业，稳定现有就业岗位。各地都将鼓励企业吸纳作为重要就业扶贫渠道给予政策支持。包括企业吸纳贫困户劳动力稳定就业的，可享受社会保险补贴；按照吸纳人数给予一次性奖补、财政贴息的专项贷款。

三是鼓励创业带动转移就业。2012年11月，党的十八大报告将政府促进就业和鼓励创业作为新的就业方针的重要内容。将鼓励创业实现和带动就业纳入就业扶贫政策框架，是题中应有之义。这既包括直接鼓励和扶持贫困劳动者通过自己创业实现就业，也包括鼓励和扶持其他人员创业吸纳贫困劳动力就业。在创业带动就业扶贫方面主要的政策措施和服务方式，包括开展创业培训、创业项目推介、建设创业孵化园区和平台、完善创业担保贷款政策、加大创业扶持专项基金支持力度，对吸纳贫困劳动力就业的创业项目和人员提供场地、资金、租金、物业、创业担保贷款、岗位补贴、社保补贴等方面系列优惠政策。

四是开发公益岗位，托底贫困劳动力就业。各地区结合自身经济社会发展特点，特别是当地街道、社区等基层社会治理领域事业发展需要，开发公益性岗位托底贫困劳动力就业脱贫。公益性岗位主要有两大类，一类是由人力资源社会保障部门组织开发，享受人力资源社会保障领域公益岗位政策的，另一类是由其他部门单位开发的享有政策性补贴的一些就业岗位。这两类岗位，有的有重叠且重复享受政策，有的分开独立，不重复享受政策，但都纳入就业扶贫的统计范围。公益性岗位涉及的领域主要是街道社区的辅助性、服务性工作岗位，还有一些落实公共政策的辅助性岗位，如生态保护、保洁保绿，孤老和留守儿童看护，道路维护、就业扶贫员、综治维稳、禁毒防艾员等公益性岗位。在一些深度贫困地区，也安排部分公益岗位安置用于管理公有资产经营岗位。从公益岗位形式看，有全日制的，也有非全日制的；从关系类型看，有劳动合同制的，也有派遣性质的，还有劳务性质的。公益岗位的数量主要根据地方资金承受能力确定。相关政策优惠内容和水平也各有差异。岗位开发和管理，既有统一到一个部门开发管理和使用的，也有各个部门各自开发管理和使用的。例如，甘肃陇南市武都区通过乡村公益性岗位托底安置就业，建档立卡贫困户户均年增收 6000 ~ 8000 元以上，带贫效益明显，真正实现了“就业一人，脱贫一户”目标。其共开发环卫保洁员、道路养护员、地质灾害预警员、爱心理发员、劳动保障协管员等乡村公益性岗位 6477 个。

三、完善政策体系，全方位保障贫困劳动力就业创业

贫困劳动力是劳动力中的弱势群体，积极的就业创业扶持政策他们都可以享受。2016 年以来，围绕促进贫困劳动力就业，加大扶持力度，对贫困劳动力本人、各类市场主体、就业服务机构都有更加优惠的政策，我国相继出台《关于在打赢脱贫攻坚战中做好人力资源社会保障扶贫工作的意见》《关于切实做好就业扶贫工作的

指导意见》《关于做好当前和今后一段时期就业创业工作的意见》《关于做好2018年就业扶贫工作的通知》《关于进一步加大就业扶贫政策支持力度着力提高劳务组织化程度的通知》《关于做好易地扶贫搬迁就业帮扶工作的通知》《关于应对新冠肺炎疫情进一步做好就业扶贫工作的通知》《关于进一步做好就业扶贫工作的通知》等一系列政策文件，形成了一套专门针对贫困劳动力就业的精准帮扶政策，对发展扶贫车间吸纳、支持返乡创业带动、开展有组织劳务输出、开发公益性岗位安置都有专门的支持政策措施。政策覆盖就业扶贫工作涉及的各类用人单位、各类服务主体和贫困劳动力就业创业各个渠道，与普通劳动者相比，贫困劳动力就业创业可享受的补贴项目更多，补贴标准更高。具体内容包括：

1．支持企业等经营主体吸纳贫困劳动力政策

包括以工代训职业培训补贴、社会保险补贴、就业扶贫基地一次性资金奖补。对企业、农民专业合作社和扶贫车间等生产经营主体吸纳贫困劳动力就业并开展以工代训的，给予一定期限的职业培训补贴；对企业吸纳贫困劳动力就业的，参照就业困难人员给予社会保险补贴；对吸纳贫困劳动力就业数量多、成效好的就业扶贫基地，可通过就业补助资金等给予一次性资金奖补。

2．支持贫困劳动力就业创业政策

包括一次性创业补贴、创业担保贷款、一次性求职创业补贴、公益性岗位补贴等。对首次创办小微企业或从事个体经营的，可给予一次性创业补贴；对创业的贫困劳动力，可申请创业担保贷款及贴息；对到县外就业的，给予一次性求职创业补贴；对就业困难的贫困劳动力开发公益性岗位安置并给予补贴。

3．支持中介服务机构开展就业服务政策

包括就业创业服务补助。对各级公共就业服务机构针对贫困劳动力开展职业指导、专场招聘等就业服务活动的，给予就业创业服务补助，并适当提高补助标准；对人力资源服务机构、劳务经纪人等市场主体开展有组织劳务输出的，给予就业创业服务补助。

第三节　做好政策衔接，持续助推乡村振兴

2020 年，以习近平同志为核心的党中央团结带领全党全国各族人民，经过 8 年持续奋斗，如期完成了新时代脱贫攻坚目标任务，取得了令全世界刮目相看的重大胜利。农村贫困人口全部实现脱贫、贫困县全部摘帽、区域性整体贫困得到解决。“两不愁”质量水平明显提升，“三保障”突出问题彻底消除。贫困人口收入水平大幅度提高，自主脱贫能力稳步增强。贫困地区生产生活条件明显改善，经济社会发展明显加快。脱贫攻坚取得全面胜利，提前 10 年实现《联合国 2030 年可持续发展议程》减贫目标，实现了全面小康路上一个都不掉队，在促进全体人民共同富裕的道路上迈出了坚实的一步。

脱贫摘帽不是终点，而是新生活、新奋斗的起点。2020 年 3 月，习近平总书记在决战决胜脱贫攻坚座谈会上强调，“接续推进全面脱贫与乡村振兴有效衔接”，“要针对主要矛盾的变化，厘清工作思路，推动减贫战略和工作体系平稳转型，统筹纳入乡村振兴战略，建立长短结合、标本兼治的体制机制”[①]。2020 年 12 月，中

① 《习近平：在决战决胜脱贫攻坚座谈会上的讲话》,《人民日报》，2020 年 3 月 7 日。

共中央、国务院印发的《关于实现巩固拓展脱贫攻坚成果同乡村振兴有效衔接的意见》指出，打赢脱贫攻坚战、全面建成小康社会后，要在巩固拓展脱贫攻坚成果的基础上，做好乡村振兴这篇大文章，接续推进脱贫地区发展和群众生活改善。[①]在推进乡村振兴过程中，就业工作仍然大有可为。

一、严格落实“四个不摘”总体要求

2021年5月，人力资源社会保障部、国家发改委等五部门联合印发《关于切实加强就业帮扶巩固拓展脱贫攻坚成果助力乡村振兴的指导意见》，提出就业是巩固拓展脱贫攻坚成果的基本措施；要严格落实“四个不摘”*总体要求，健全完善农村低收入人口和欠发达地区就业帮扶机制，促进脱贫人口稳定就业，助力提升脱贫地区整体发展水平。

*“四个不摘”指严格落实摘帽不摘责任、严格落实摘帽不摘政策、严格落实摘帽不摘帮扶、严格落实摘帽不摘监管。

为集中倾斜支持重点帮扶县，2021年6月，人力资源社会保障部、国家乡村振兴局发布《国家乡村振兴重点帮扶地区职业技能提升工程实施方案》，提出以国家乡村振兴重点帮扶县和西藏、新疆等为重点，综合考虑大型特大型易地扶贫搬迁安置区技能培训需求，建立完善职业指导、分类培训、技能评价、就业服务协同联动的公共服务体系。加强技工教育和职业培训基础能力建设，加大帮扶力度，努力实现每个有培训需求的脱贫家庭和防止返贫致贫监测对象家庭劳动力都有机会接受职业技能培训或技工教育，加强农村

① 《中共中央、国务院关于实现巩固拓展脱贫攻坚成果同乡村振兴有效衔接的意见》，中国政府网，2021年3月22日。

高技能人才和乡村工匠培养。[①]同年11月，人力资源社会保障部、国家乡村振兴局发布《关于加强国家乡村振兴重点帮扶县人力资源社会保障帮扶工作的意见》，从强化就业帮扶促进持续增收、强化技能帮扶实现技能提升、落实社保帮扶兜牢基本生活底线、加大人才人事帮扶增强内生发展能力、加强东西部人社协作推动人才技能双向流动等5个方面提出21条倾斜支持政策措施。截至2021年底，我国脱贫劳动力务工规模达到3145万人，160个重点帮扶县脱贫人口务工规模达到628万人。

二、深化劳务品牌建设

劳务品牌具有地域特色、行业特征和技能特点，带动就业能力强，是推动产业发展、推进乡村振兴的有力支撑。2021年2月，中共中央办公厅、国务院办公厅印发《关于加快推进乡村人才振兴的意见》，提出打造农民工劳务输出品牌。同年6月，人力资源社会保障部办公厅、国家乡村振兴局综合司、全国妇联办公厅发出《关于开展家政服务劳务对接助力乡村振兴行动的通知》，提出以脱贫人口、防止返贫监测对象和欠发达地区农村劳动力为重点，组织72个中心城市家庭服务体系建设联系点城市与欠发达地区开展家政服务劳务对接，按照政府引导、市场运作、优势互补、协同推进的原则，健全完善对接工作机制，搭建家政服务供需平台，加大有组织劳务输出力度，引导和鼓励农村劳动力到家政服务领域就

① 《人力资源社会保障部、国家乡村振兴局关于印发〈国家乡村振兴重点帮扶地区职业技能提升工程实施方案〉的通知》，人社部网站，2021年6月28日。

业，促进农村劳动力就业增收，进一步推动家政服务业提质扩容，巩固拓展家政服务劳务对接成果，助力全面推进乡村振兴。[①]

2021 年 8 月，人力资源社会保障部、国家发改委等二十部门发布《关于劳务品牌建设的指导意见》，提出在“十四五”期间，要通过市场化运作、规范化培育、技能化开发、规模化输出、品牌化推广、产业化发展，推动领军劳务品牌持续涌现，劳务品牌知名度明显提升，带动就业创业、助推产业发展效果显著增强。各地人社部门结合本地资源禀赋、文化特色、产业基础等优势，积极培育、创建、发展一批有特色、有口碑、有规模的劳务品牌。例如，2021 年 10 月，四川省农民工工作领导小组对首批 20 个“川字号”特色劳务品牌进行了集中授牌。在劳务品牌的引领带动下，2021 年共转移输出农村劳动力 2613.08 万人，实现劳务收入 6461.94 亿元，增加 788.38 亿元、增长 13.9%。再如，2021 年，青海省重点打造“青海拉面”、“青绣”、“枸杞”系列劳务品牌，聚力发展壮大“大通生态旅游”、“黄南热贡艺术”、“循化撒拉人家”等具有民族特色和区域优势的优秀劳务品牌，带动农牧区劳动力转移就业，通过发展劳务品牌累计带动农民工转移就业 42.3 万人次，占年度劳动力转移就业 110.54 万人次的 38.27%。

三、开展就业协作帮扶活动，举办职业技能大赛

2021 年 7 月，人力资源社会保障部办公厅、国家发展改革委

① 《人力资源社会保障部办公厅、国家乡村振兴局综合司、全国妇联办公厅关于开展家政服务劳务对接助力乡村振兴行动的通知》，人社部网站，2021 年 6 月 18 日。

办公厅、国家乡村振兴局综合司发出《关于开展易地扶贫搬迁安置区就业协作帮扶专项活动的通知》，部署实施为期半年、以“强服务 拓渠道 协作帮扶促就业”为主题的就业协作帮扶专项活动，帮助特大型安置区提升公共就业服务能力，丰富拓展就业渠道，增加就业岗位供给，努力帮助搬迁群众实现就业创业。

2021 年 9 月，人力资源社会保障部、国家乡村振兴局和新疆维吾尔自治区人民政府在新疆维吾尔自治区乌鲁木齐市以“展技能风采、促乡村振兴”为主题联合举办全国乡村振兴职业技能大赛，内容围绕农村实用技能，设置砌筑工、农机修理工等 11 个比赛项目和中式面点师（馕制作）表演项目，是首次专门面向农业家庭户籍人员、首次在新疆举办的国家级专项职业技能赛事。来自全国 28 个省份和新疆生产建设兵团的 600 多名选手参赛，充分展示了新时代乡村技能人才的精湛技艺和良好风貌。对于营造良好的技能成才氛围，促进脱贫人口通过提升技能增收致富发挥积极作用。

第十一章
推动实现更加充分和更高质量就业目标

▼

党的十八大以来，以习近平同志为核心的党中央把促进就业放在经济社会发展的优先位置，推动我国就业工作取得历史性成就。特别是近年来面对新冠肺炎疫情的影响，各地区、各部门深入贯彻落实党中央、国务院关于“六稳”、“六保”的决策部署，坚决扛起稳就业保就业的政治责任，强化就业优先政策，深入实施减负稳岗扩就业组合拳，落实落细各项政策措施，推动就业局势保持总体稳定，为民生改善和经济发展提供了重要支撑。

第一节　更加充分和更高质量就业目标的确立

一、更加充分和更高质量就业目标提出的背景

20 世纪 90 年代末，受国际金融危机的影响，世界经济持续低迷，劳动力市场随之出现了一系列新变化，失业率上升、就业质量下降已经成为困扰世界各国的共同问题。为了应对全球化的挑战，国际劳工组织提出“体面劳动”*的概念，具体指通过促进就业、

* 1999 年 6 月，国际劳工组织新任局长索马维亚在第 87 届国际劳工大会上首次提出“体面劳动”（decent work）的概念，明确“体面劳动”意味着生产性的劳动，包括劳动者的权利得到保护、有足够的收入、充分的社会保护和足够的工作岗位。“体面劳动”的提出，就是通过促进就业、加强社会保障、维护劳动者基本权益，以及开展政府、企业组织和工会三方的协商对话，保证广大劳动者在自由、公正、安全和有尊严的条件下工作。

加强社会保障、维护劳动者基本权益，以及开展政府、企业组织和工会三方的协商对话，来保证广大劳动者在自由、公正、安全和有尊严的条件下工作。在这种背景下，提高劳动者的就业质量，让所有劳动者都能够更加体面地工作，已经成为整个国际社会高度关注和亟待解决的重大现实问题。

中国是劳动力资源最为丰富的国家，促进就业关系到国民生计和经济社会发展。就业不仅解决人的生存问题，而且还关系到人的发展问题。改革开放以来，随着我国市场经济体制的建立和发展，市场配置成为劳动者就业的主要渠道。

（一）就业总量压力依然较大，就业结构性矛盾突出

新中国成立以来，我国人口的数量不断增长，截至 2011 年，人口总量已达 13.47 亿人。虽然劳动年龄人口进入负增长的历史拐点，2011 年劳动年龄人口占比为 74.4%，我国劳动年龄人口在相当长时期里第一次出现了绝对下降。[①] 与此同时，我国劳动参与率也呈现出逐年下降的趋势，由 2005 年的 76.0%降到 2011 年的 70.8%。尽管中国劳动年龄人口绝对数量开始下降，但是降低的幅度并不大，劳动力供给数量仍然不可小觑。劳动参与率虽然有所下降，但是与世界同等收入水平国家相比，中国的劳动力参与率仍处于高位水平，经济活动人口的数量同样不会出现大幅减少。

随着产业转型升级和劳动力供给结构发生变化，我国劳动力供需矛盾逐步从过去劳动力供大于求的总量矛盾转变为供需匹配的结

① 《中华人民共和国 2011 年国民经济和社会发展统计公报》，国家统计局网站，2012 年 2 月 22 日。

构性矛盾，这一矛盾是劳动者对高质量就业的需求和高质量工作岗位供给不平衡不充分的集中体现，各地普遍反映“招工难”和“就业难”的两难性矛盾日益突出。具体表现为：一是劳动者技能素质与现代产业发展要求不适应，适应产业转型升级需要的高层次研发人员、高技能工人和创新型复合型人才较为不足；二是部分企业用工条件与劳动者不断提升的就业预期不适应，表现为普工越来越难找，很多制造业企业越来越难以吸引到年轻人；三是高等教育水平和经济社会发展水平不适应，表现为高校毕业生就业难，部分专业就业率偏低，很多毕业生找不到专业对口工作；四是区域产业布局和当地人力资源状况不适应，表现为人力资源分布不均衡，人才表现出向大城市和沿海地区集中趋势；五是劳动者横向流动过大和企业稳定用工需求不适应，“短工化”趋势显现，导致企业稳定用工受到影响。

（二）就业环境与收入状况有待改善

我国人力资源开发、配置和利用水平与经济社会发展不相适应，劳动力培养难以满足产业发展需求，高技能人才较为紧缺。加强我国劳动者的职业能力建设，是适应经济发展方式转变和经济结构战略性调整的迫切任务。

随着经济社会的发展，尽管我国劳动力市场在政府的培育和引导下有了长足发展，发挥了配置劳动力资源的基础性作用，但要让其在配置劳动力资源中发挥决定性作用还需要进一步深化改革，消除阻碍劳动力市场发挥作用的因素。劳动力市场中劳动者及劳方组织、企业及企业组织的主体地位有待进一步确立。城乡二元的劳动力市场分割阻碍了农业人口的有序流动，难以在城市中获得均等的公共服务和公平的就业机会，部分劳动者就业质量不高。另外劳动力市场中的性别、年龄、学历等就业歧视仍然存在，影响劳动者公平就业。

工资收入是衡量就业质量的重要标准之一。虽然我国劳动者收入总体上在逐年增长，但在收入水平、结构和公平性方面还需要不断改善。首先，从宏观层面看，劳动报酬在初次分配中的比重略有下降，从 1997 年的 54%下降为 2009 年的 49.1%。其次，部门、行业和企业之间的收入差距还需扭转，城镇私营单位就业人员平均工资水平略低，2010—2012 年分别为 20759 元、24556 元、28752 元，为同期城镇非私营单位就业人员平均工资的 56.3%、58.7%、61.5%；行业之间平均工资水平的差距有待改善，2012 年城镇非私营单位最高与最低行业就业人员平均工资之比为 3.96：1。

（三）劳动条件仍需优化，社会保障水平需要提高

为了赚取更多收入，不少员工通常不得不通过加班、兼职等方式延长工作时间，以维持个人及家庭生活等需要。2011 年 11 月，全国城镇就业人员调查周平均工作时间为 46.2 小时，其中制造业、建筑业、批发和零售业、住宿和餐饮业等民营企业员工较多的行业周平均工作时间分别为 48.1、48.8、49.8、51.5 小时。从人群来看，部分劳动者工作时间更长。根据国家人口计生委的调查，流动人口的工作时间普遍较长，平均每周工作 54.6 小时。部分劳动者不得不在较差的劳动条件下工作。另外，我国安全生产总体形势有所改善，但仍需努力。

此外，我国社会保障制度建设已经实现重大突破，但也面临着经济发展方式转变、城镇化、老龄化带来的挑战；社会保障制度有待完善，管理体制有待规范，城乡发展不平衡有待改善，社会保障

体系建设的任务十分艰巨。[①]实际覆盖率和保障水平有待进一步提高，不同就业人群的待遇公平方面、适应劳动者流动就业方面以及保证制度可持续方面有待加强。尤其是农民工、非公有制组织从业人员、灵活就业人员等群体的社会保障覆盖面有待进一步扩大。以农民工为例，2012年，全国农民工总量达到26261万人，参加城镇基本养老保险、医疗保险、失业保险和工伤保险的农民工数量分别为4543万人、4996万人、2702万人和7179万人，比例分别为17.3%、19.0%、10.3%和27.3%。[②]农民工还不能普遍享受与就业相关的社会保障。

综上所述，就业领域面临劳动者就业难度加大、就业结构矛盾凸显、劳动者合法权益保护不足等问题，不但影响劳动者的生产和生活质量，也影响了社会的安定与和谐。与此同时，中国经济发展从粗放型扩张向追求质量和效益型转变发展，就业也需要从数量扩张转向更注重质量的提高。[③]在这种背景下，关注就业数量增长的同时，也需要高度重视提高就业质量，特别是就业困难群体的就业质量问题。

二、更加充分和更高质量就业目标提出的过程

党的十八大以来，以习近平同志为核心的党中央高度重视就业

① 尹蔚民：《推动实现更高质量的就业、全面建成覆盖城乡居民的社会保障体系》，《人民日报》，2012年12月11日。

② 《2012年全国农民工监测调查报告》，《中国信息报》，2013年5月28日。

③ 张小建：《贯彻十八大精神，推动高质量就业》，《职业》，2013年07期。

问题，提出了促进充分就业和提高就业质量并重的就业目标。2012年11月，党的十八大报告明确了到2020年全面建成小康社会时的就业目标，即“就业更加充分”；将促进就业作为保障和改善民生的重要内容，提出要“推动实现更高质量的就业”；提出了新时期的就业方针，即“要贯彻劳动者自主就业、市场调节就业、政府促进就业和鼓励创业的方针”①；从促进就业、鼓励创业、做好重点群体就业工作、加强职业技能培训、健全人力资源市场、完善就业服务体系、加强失业保险对促进就业的作用等方面，进一步明确了加强就业工作的基本要求。

2017年10月，党的十九大报告进一步提出，要坚持就业优先战略和积极就业政策，实现更高质量和更充分就业。2018年7月，中央政治局会议提出要做好“六稳”工作，即稳就业、稳金融、稳外贸、稳外资、稳投资、稳预期，“稳就业”被摆在首要位置。2019年3月，《政府工作报告》首次将就业优先政策置于宏观政策层面。同年10月，党的十九届四中全会通过的提出要“健全有利于更充分更高质量就业的促进机制”，为实现更充分更高质量就业提供了根本遵循。2020年10月，党的十九届五中全会通过《中共中央关于制定国民经济和社会发展第十四个五年规划和二〇三五年远景目标的建议》提出“民生福祉达到新水平。实现更加充分更高质量就业，居民收入增长和经济增长基本同步，分配结构明显改善，基本公共服务均等化水平明显提高，全民受教育程度不断提升，多

① 胡锦涛：《坚定不移沿着中国特色社会主义道路前进 为全面建成小康社会而奋斗——在中国共产党第十八次全国代表大会上的报告》，北京：人民出版社，2012年版，第35页。

层次社会保障体系更加健全，卫生健康体系更加完善，脱贫攻坚成果巩固拓展，乡村振兴战略全面推进”[①]。2021 年 3 月，《中华人民共和国国民经济和社会发展第十四个五年规划和 2035 年远景目标纲要》明确提出，“实现更加充分更高质量就业，城镇调查失业率控制在 5.5%以内，居民人均可支配收入增长与国内生产总值增长基本同步，分配结构明显改善，基本公共服务均等化水平明显提高，全民受教育程度不断提升，劳动年龄人口平均受教育年限提高到 11.3 年，多层次社会保障体系更加健全，基本养老保险参保率提高到 95%，卫生健康体系更加完善，人均预期寿命提高 1 岁，脱贫攻坚成果巩固拓展，乡村振兴战略全面推进，全体人民共同富裕迈出坚实步伐”[②]。同年 8 月，国务院印发《“十四五”就业促进规划》，提出了“十四五”时期促进就业的指导思想、基本原则、主要目标、重点任务和保障措施，为推动就业高质量发展提供了工作指引。

第二节　实现更加充分和更高质量就业目标的政策措施

就业是民生之本，党和政府历来都高度重视就业工作，千方百计扩大就业，推动就业质量提高。特别是从党的十八大以来，制定

① 《中共中央关于制定国民经济和社会发展第十四个五年规划和二〇三五年远景目标的建议》，北京：人民出版社，2020 年版，第 9 页。

② 《中华人民共和国国民经济和社会发展第十四个五年规划和 2035 年远景目标纲要》，人民出版社，2021 年版，第 10 页。

出台并实施了一系列政策措施，初步形成了中国特色的积极就业政策体系，对推动实现更充分和更高质量就业起到了重要作用。

一、将就业优先政策上升到宏观政策层面

随着我国经济增速放缓，经济发展进入新常态。与此同时，劳动年龄人口总量进入负增长时代，农村富余劳动力转移速度趋缓，劳动力供给总量逐年减少。长期以来的就业总量压力有所缓解，但受产业结构调整、供给侧改革、技术进步等多种因素影响，“招工难”和“就业难”问题并存，劳动者技能素质与市场需求不匹配的问题日渐显现。面对这些新情况、新问题，我国不断丰富和拓展就业优先战略的内涵，就业优先战略在经济社会发展中的地位也更加凸显。

2018 年 12 月，中央经济工作会议提出“社会政策要强化兜底保障功能，实施就业优先政策，确保群众基本生活底线，寓管理于服务之中”，实现就业优先战略向就业优先政策的转变。2019 年 3 月，《政府工作报告》提出，“要正确把握宏观政策取向，继续实施积极的财政政策和稳健的货币政策，实施就业优先政策，加强政策协调配合，确保经济运行在合理区间，促进经济社会持续健康发展”，同时对将就业优先政策置于宏观政策层面的目的进行了阐述，“就业优先政策要全面发力。就业是民生之本、财富之源。今年首次将就业优先政策置于宏观政策层面，旨在强化各方面重点就

业、支持就业的导向”[①]。由此，就业优先政策正式置于宏观政策层面，这表明就业优先不仅是一个目标，而且是宏观经济政策的重要组成部分，把就业稳定作为宏观经济稳定的主要内容，宏观政策的目标更加明确，目标与手段更加统一，积极就业政策也更具可操作性。

二、提出新时期的就业方针

党的十八大报告提出“劳动者自主就业、市场调节就业、政府促进就业和鼓励创业”的方针，并要求引导劳动者转变就业观念，鼓励多渠道多形式就业，促进创业带动就业。从 20 世纪 80 年代初实行劳动部门介绍就业、自愿组织起来就业和自谋职业相结合的“三结合”就业方针，打开了就业的多种渠道，到 20 世纪 80 年代中期实行劳动制度四项改革，改革了企业用工制度；从 20 世纪 90 年代初正式提出“培育和发展劳动力市场”，20 世纪 90 年代末制定实施“劳动者自主择业、市场调节就业、政府促进就业”的就业方针，再到新时期“劳动者自主就业、市场调节就业、政府促进就业和鼓励创业”的方针，以市场为导向的就业机制得以建立并逐步完善。

我国通过积极培育和发展劳动力市场，逐步确立企业作为劳动力市场的用人主体、劳动者作为供给主体的地位。在新时期就业方针指导下，市场在人力资源配置中的决定性作用进一步凸显，供求

---

① 李克强：《政府工作报告——2019 年 3 月 5 日在第十三届全国人民代表大会第二次会议上》，北京：人民出版社，2019 年版，第 13 页。

双方在统一、公开、平等、规范的条件下，通过市场双向选择和竞争实现就业。同时更好发挥政府作用，加强劳动力市场制度建设，加大就业支持力度，积极破除妨碍劳动力市场功能充分发挥的体制性因素，大力推动户籍制度改革，合理引导农业人口有序向城镇转移，有序推进农业转移人口市民化，统筹推进就业岗位创造和就业质量提高。

新时期劳动者就业观念也有了新的转变，从下岗职工自谋职业到农民工返乡创业，再到大学生创业创新，新一代劳动者彻底转变了“等靠要”的旧观念，也用自主就业和创业的实践改变了中国就业格局，大众创业、万众创新在带动就业方面发挥越来越重要的作用。

三、将就业置于“六保”之首

面对突如其来的新冠肺炎疫情，党中央、国务院果断决策、精心部署，及时采取了一系列重大政策措施。

（一）以“保”促“稳”，统筹推进

2020 年 1 月，习近平总书记主持中央政治局常委会会议，决定成立中央应对新型冠状病毒感染肺炎疫情工作领导小组。同年 2 月，人力资源社会保障部、教育部、财政部、交通运输部、国家卫健委发出《关于做好疫情防控期间有关就业工作的通知》，提出确保重点企业用工、支持中小微企业稳定就业、完善高校毕业生就业举措、推广优化线上招聘服务等方面的措施。同年 3 月，国务院办公厅印发《关于应对新冠肺炎疫情影响强化稳就业举措的实施意见》，提出实施就业优先政策、引导农民工安全有序转移就业、拓

宽高校毕业生就业渠道、加强困难人员兜底保障、完善职业培训和就业服务五方面措施。

2020 年 4 月，中共中央政治局会议分析国内外新冠肺炎疫情防控形势，提出加大“六稳”工作力度，保居民就业、保基本民生、保市场主体、保粮食能源安全、保产业链供应链稳定、保基层运转，坚定实施扩大内需战略，维护经济发展和社会稳定大局，确保完成决战决胜脱贫攻坚目标任务，全面建成小康社会。这是中央首次提出“六保”，将“保居民就业”放在首位。5 月，中共中央政治局会议强调，就业优先政策要全面强化。要加大宏观政策实施力度，着力稳企业保就业。同时，《政府工作报告》提出，城镇新增就业 900 万人以上，城镇调查失业率 6%左右，城镇登记失业率 5.5%左右。

党中央、国务院对复工复产稳就业的一系列新要求都集中体现了稳中求进，以新的发展冲破困局，变被动为主动的战略态势，勾画了实现更加充分更高质量就业的蓝图，大大激发了全国劳动者为美好前景而奋斗的信心和意志。

（二）减负、稳岗、扩就业

2020 年 2 月和 6 月，人力资源社会保障部、财政部、国家税务总局相继发出《关于阶段性减免企业社会保险费的通知》《关于延长阶段性减免企业社会保险费政策实施期限等问题的通知》，部署实施了力度空前的阶段性减免企业社会保险费等政策，全年共为企业减负 1.54 万亿元，有力支持了企业渡过暂时性困难。

减税降费是稳企业保就业、支持市场主体纾困和发展的重要举措。为此，财政部门连续发布实施了 7 批 28 项减税降费政策。其中，既有支持疫情防控保供的应急措施，如全额退还疫情防控重点保障物资生产企业增值税增量留抵税额、对疫情防控重点保障物资生产企业新购置设备允许一次性税前扣除等；也有帮扶受疫情影响较大困难行业的措施，如对受疫情影响较大的交通运输、餐饮、住宿、旅游、电影等行业企业延长亏损结转年限，免征文化事业建设费、国家电影事业发展专项资金和航空公司缴纳的民航发展基金，对受疫情影响较大行业企业给予房产税、城镇土地使用税困难减免等；还有支持企业复工复产的措施，如完善出口退税、免征进出口货物港口建设费、减半征收船舶油污损害赔偿基金等稳外贸税费支持政策，出台扩大汽车消费的税收政策等；2020 年新增减税降费规模超过 2.6 万亿元，较好助力企业纾困发展，有力支持稳就业、保民生，有针对性的减税降费政策。

（三）返岗复工服务

2020 年 2 月，中央应对新冠肺炎疫情工作领导小组会议要求有针对性地制定实施农民工返岗运输组织方案，开行“点对点”直达包车，帮助农民工有序返岗。随后，人力资源社会保障部、公安部、交通运输部、国家卫健委、国家乡村振兴局、中国民航局、国家铁路集团发出《关于做好农民工返岗复工“点对点”服务保障工作的通知》，建立了农民工返岗复工“点对点”服务机制，打通了返岗堵点，接上了复工断点。2020 年上半年，累计运送 600 多万名农民工安全有序返岗，满足了农民工外出务工需求，助推企业复工复产。同年 3 月，人力资源社会保障部开通两大求助平台，分别是面向企业的用工对接服务平台和面向劳动者的出行服务小程序。企业可登录填报返岗遇阻人员信息，劳动者可扫码填报返岗需求。

人社部门将协助输出地、输入地及时联系对接，畅通劳动者返岗路。上线5天后，就有7383家企业填报信息，涉及用工需求近6万人。

此外，人力资源社会保障部门还实施重点企业用工调度保障行动，2020年累计帮助1万多家中央转办企业和地方重点企业解决招用工55.4万人，确保重点防护物资及生活必需品有序生产、应急保供。

在分级分区差异化防控指导下，各地政府和有关部门综合施策、多措并举，积极推进复工复产复市，在短时间内重振了市场活力和就业动力，有效控制大规模失业和恢复就业增长，在确保就业稳定的基础上实现了劳动者收入止降有增。2020年，全年实现新增就业1186万人，完成全年目标任务的131.8%。[①]

在经济社会发展面临严峻风险挑战的情况下，党中央、国务院立足全局、着眼长远，坚持高质量发展方向不动摇，顺势而为，推动新产业、新业态、新模式逆势发展，引导鼓励传统产业转型升级。在应对新冠肺炎疫情中，许多企业响应防控新冠肺炎疫情急需，迅速开展技改扩能和转产扩产，医疗救治、卫生防疫等行业快速发展，线上课堂、网上办公、远程医疗、共享用工等新业态成长迅猛，信息传输、软件和信息技术服务业增加值同比增长13.2%。这些逆势成长的新增长极，不仅弥补了传统产业和传统就业的损失，促进了经济复苏和就业新增，而且展示了中国经济和市场巨大的发展潜力。

---

①《2020年中国城镇新增就业1186万人，超额完成年度目标任务——全力确保就业形势持续向好》，中国政府网，2021年2月27日。

四、完善重点群体就业支持体系，增强就业保障能力

（一）把高校毕业生就业作为工作的重中之重

党的十八大以来，我国高校毕业生总量持续扩大，就业率保持较高水平，就业形势保持总体稳定。与此同时，高校毕业生就业总量压力与结构性矛盾并存。对此，党中央、国务院高度重视，《“十四五”就业促进规划》专设青年就业篇章，推出了一系列有针对性的政策举措，千方百计帮助高校毕业生就业创业。人力资源社会保障部每年还印发关于做好当年全国高校毕业生就业创业工作的通知。

2013 年 5 月，人力资源社会保障部发出《关于实施离校未就业高校毕业生就业促进计划的通知》，要求各地综合运用各项政策措施和服务手段，力争使每一名有就业意愿的离校未就业高校毕业生在毕业半年内实现就业或参加到就业准备活动中。2016 年 10 月，人力资源社会保障部、教育部印发《关于实施高校毕业生就业创业促进计划的通知》，2019 年 3 月，人力资源社会保障部、共青团中央发出《关于实施青年就业启航计划的通知》，提出将 16 ~ 35 岁有劳动能力、失业一年以上的青年纳入计划，以“就业启航，梦想扬帆”为主题，建立健全覆盖求职创业全过程的帮扶机制，使有需要的失业青年都能得到相应就业政策和服务帮扶。①

此外，我国还实施大学生志愿服务西部计划、教师特设岗位计划、“三支一扶”等基层项目，推动高校毕业生向基层一线流动。

① 《人力资源社会保障部、共青团中央关于实施青年就业启航计划的通知》，人社部网站，2019 年 4 月 1 日。

其中，党的十八大以来，已有30余万名高校毕业生通过“三支一扶”计划投身基层，广泛参与脱贫攻坚、乡村振兴、农村教育、乡村医疗和社保等各类基层民生工作，在一定程度上改善了基层人才队伍的年龄、学历和知识结构，缓解了基层人才匮乏的矛盾。

（二）积极推进农村富余劳动力转移就业和返乡创业

党的十八大以来，农村富余劳动力转移就业规模持续增加，就业质量显著提高，收入水平日益提升，劳动权益保障更加有力，基本公共服务覆盖面逐步扩大。与此同时，返乡入乡创业呈现蓬勃发展态势，激发了全社会创新创业创造活力，助推了脱贫攻坚，加快了乡村振兴，促进了城镇化建设和城乡融合发展，稳定扩大就业效果逐步显现。

2014年9月，国务院印发《关于进一步做好为农民工服务工作的意见》，从战略全局上对稳定和扩大农民工就业创业工作进行系统部署；2016年1月，国务院办公厅印发《关于全面治理拖欠农民工工资问题的意见》，以治理工程建设领域拖欠农民工工资问题为重点，明确工资支付各方主体责任，推行银行代发工资制度。2015年11月，国家发改委、工业和信息化部、财政部、人力资源社会保障部等部门发出《关于结合新型城镇化开展支持农民工等人员返乡创业试点工作的通知》，截至2020年底，先后分三批组织了341个县（市、区）开展支持农民工等人员返乡创业试点工作，充分发挥返乡创业激发“双创”活力、培育经济发展新动能、促进就业增收和脱贫攻坚的积极作用。在此期间，各试点地区不断完善政策措施，着力优化创业环境，扎实推进项目建设，返乡入乡创业工作不断取得新突破，形成了一批可复制可推广的经验做法，涌现出一批可资借鉴的典型案例。在试点地区带动下，全国返乡入乡创业质量加快提升、产业持续拓展、成效不断显现。“归雁”群体及其带来的“归雁经济”已成为一个不能忽视的时代现象。截至2020年上半年，341个试点县（市、区）返乡入乡创业人员达280万人。在试点带动下，全国返乡入乡创业人员总量达到近900万人，带动的就业人数达3000万人。[①]

2019年12月，人力资源社会保障部、财政部、农业农村部印发《关于进一步推动返乡入乡创业工作的意见》，提出建立返乡入乡创业企业用工需求信息采集制度，提供信息发布、用工指导等服务。2020年1月，国家发改委、教育部、科技部、人力资源社会保障部等单位发布《关于推动返乡入乡创业高质量发展的意见》，提出到2025年，打造一批具有较强影响力、一二三产业融合发展的返乡入乡创业产业园、示范区（县）。

截至2021年底，全国返乡入乡创业创新人员数量累计达1120万人，70%是返乡创业农民工，创办项目80%以上是第一、第二、第三产业融合发展项目，平均每个创业创新主体能带动6.5个农民就业，为乡村振兴注入澎湃动能。

（三）建立健全城镇就业困难人员的就业援助制度

2018年7月，退役军人事务部、民政部、财政部、人力资源社会保障部等部门发布《关于促进新时代退役军人就业创业工作的意见》，要求提升退役军人就业创业能力，优化退役军人创业环

① 《返乡创业成效显现 “归雁经济”渐成规模》，《中国经济导报》，2021年1月14日。

境，政府投资或社会共建的创业孵化基地和创业园区可设立退役军人专区，有条件的地区可专门建立退役军人创业孵化基地。2019年2月，人力资源社会保障部、教育部等九部门发出《关于进一步规范招聘行为促进妇女就业的通知》，进一步规范招聘行为，促进妇女平等就业，禁止招聘环节中的就业性别歧视。同年3月，人力资源社会保障部、财政部、国家发改委、工信部发出《关于失业保险支持企业稳定就业岗位的通知》，决定对在调整优化结构过程中不裁员、少裁员的企业，由失业保险基金给予稳岗补贴。2020年1月，人力资源社会保障部办公厅发出《关于进一步做好失业登记工作强化失业人员就业服务的通知》。同年5月，人力资源社会保障部、财政部、自然资源部等部门发出《关于进一步用好公益性岗位发挥就业保障作用的通知》，做好就业困难人员认定，合理利用临时性城镇公益性岗位。

党的十八大以来，人力资源社会保障部、中国残联还持续开展就业援助月专项活动，由全国各地人力资源社会保障和残联部门组织，全力促进困难群众就业创业，确保零就业家庭动态清零，取得积极成效。活动期间，各地普遍建立了重点帮扶对象清单，加强适合困难群众的岗位储备，举办多频次、分行业、分工种的专场招聘，加密举办线上招聘，创新直播带岗等就业服务新模式，促进人岗精准匹配对接。同时，聚焦零就业家庭成员、残疾失业人员、脱贫人口、长江禁捕退捕渔民等群体实施重点帮扶。

五、维护劳动者合法权益，构建和谐劳动关系

劳动者合法权益的保护是保障就业质量的重要措施。我国不断

建立健全劳动者权益保护的法律法规，积极构建中国特色和谐劳动关系，初步形成适应社会主义市场经济体制的劳动关系治理体系。

（一）不断完善劳动关系法律体系

实现劳动关系法治化，既是构建和谐劳动关系的基本途径，也是劳动关系是否和谐的基本衡量指标。党的十八大以来，人力资源社会保障部相继发布《劳务派遣行政许可实施办法》《劳务派遣暂行规定》，进一步规范劳务派遣用工行为，明确劳务派遣单位、用工单位和被派遣劳动者三方的权利义务，维护被派遣劳动者的合法权益。这为依法调整劳动关系提供了有力支撑，企业依法用工、职工依法维权的意识逐步增强。也让劳动关系工作推进有法可依、有法必依的良好局面初步形成，中国特色和谐劳动关系体制机制框架基本确立。

在完善体制机制框架的同时，我国改革创新的试点也在同步推进，比如江苏苏州工业园区开发运行的管理平台就显示出了创新所带来的强大“威力”——50余项劳动管理业务应网尽网、一网通办，企业和职工足不出户即可办妥全部业务。

地方试点亮点频出的同时，全国人力资源社会保障系统层面的改革创新试点也在同步推进。2019年7月，人力资源社会保障部发布《深化构建和谐劳动关系综合配套改革试点方案》，确定在天津滨海新区、苏州工业园区等8个地区开展构建和谐劳动关系综合配套改革试点，同时在江苏昆山市开展构建和谐劳动关系综合试验区建设，探索新时代构建中国特色和谐劳动关系工作的体制机制、制度方法和理念理论。在两年多的改革试点中，9个地区勇于探索，大胆创新，取得了积极成效和丰硕成果，不仅推动了本地区经济社会稳定健康发展，而且为其他地区提供了可复制、可推广的经验和模式，进一步推进了中国特色和谐劳动关系创新发展。

新兴业态逐步兴起，成为促进我国经济发展的新引擎，带动了就业增长，促进了创新创业。支持新就业形态发展，是新时代就业工作的重要内容，是实现更高质量更加充分就业的重要渠道。例如，外卖平台的迅猛发展，不仅方便了百姓生活、活跃了市场经济，也创造了大量就业岗位。特别是外卖骑手这一职业，门槛相对较低、工作时间灵活、收入也不低，吸引了大量劳动者加入。然而，在高速发展的同时，一些新兴业态也逐步暴露出用工不够规范、劳动者权益保障不够到位等问题。面对新就业形态快速发展所带来的劳动保障问题，2018 年，人力资源社会保障部陆续开展了“平台经济发展对我国劳动关系的影响”、“新业态从业人员参保问题”、“新业态从业人员职业伤害保障”等专题研究，组织了滴滴出行、首汽约车、美团点评、百度外卖等典型新业态企业座谈，并赴北京、浙江、国家邮政集团等地实地调研，深入研究新业态用工现状，听取专家学者、新业态企业和劳动者的意见和建议。

2021 年 4 月，“支持和规范发展新就业形态”被确定为全国人民代表大会常务委员会办公厅重点督办建议。人力资源社会保障部作为主办单位，将办理相关建议与推动工作开展紧密结合，充分听取和吸收代表意见，同年 7 月，人力资源社会保障部、国家发改委、交通运输部等八部委发布《关于维护新就业形态劳动者劳动保障权益的指导意见》，积极支持和规范发展新就业形态，切实维护新就业形态劳动者劳动保障权益，促进平台经济规范健康持续发展。9 月，人力资源社会保障部会同交通运输部、市场监管总局、全国总工会召开平台企业行政指导会，就维护新就业形态劳动者劳动保障权益对美团、饿了么、滴滴、达达、闪送、货拉拉、满帮、到家集团、阿里巴巴、腾讯10家头部平台企业开展联合行政指导，要求对符合确立劳动关系情形的新就业形态劳动者要依法订立劳动合同，保障其合法权益，对不完全符合确立劳动关系情形的劳动者要订立书面协议，保障其劳动报酬、休息、劳动安全等权益。

（二）积极提高劳动人事争议调解仲裁工作效能

党的十八大以来，人力资源社会保障部会同有关部门发布《关于加强非公有制企业劳动争议预防调解工作的意见》《关于进一步加强劳动人事争议调解仲裁完善多元处理机制的意见》，聚焦预防协商、调解、仲裁、调裁审衔接和基础保障五大机制，完善劳动人事争议多元处理机制，强化企业在劳动人事争议处理中的第一道防线作用，加强协商调解在劳动人事争议处理中的基础地位，充分发挥调解仲裁在社会矛盾纠纷多元处理机制中的作用。此后，劳动人事争议处理工作被纳入地方各级党委、政府议事日程，全国有31个省级单位将这项工作纳入了综治工作或平安建设考评，有的地方还纳入了社会治安综合治理领导责任制，劳动人事争议多元处理格局基本形成。2018年，人力资源社会保障部发出《关于下发第一批劳动人事争议调解仲裁基本制度目录及地方范本的通知》，包括7个调解制度和7个仲裁制度。这也标志着我国已经建立了“法律、规章、政策、制度”四级仲裁法律制度体系。

在这一时期，各地区在调解仲裁政策制度创新方面也进行了大胆尝试。比如，在强化预防调解方面，江苏省指导各设区市组织争议案件量排名前三县区建立劳动人事争议联合调处中心，并推动纳入全省“法治惠民实事项目”，取得明显成效；在优化仲裁办案机制方面，北京市朝阳区仲裁院内设立仲裁监察综合立案窗口、调查室和调解室，2021年联合调解案件5300余件；在创新区域合作机制方面，京津冀、长三角、粤港澳大湾区分别建立健全区域劳动人事争议处理交流协作机制。

通过上述改革与探索，调解仲裁政策制度落地见效。党的十八大以来，全国各级调解仲裁机构着力解决制度供给不完善、服务供给不充分等问题，扎实推进调解仲裁工作规范化、标准化、专业化和信息化建设，终局裁决率由2012年的19.2%上升到2021年的40.1%，快速维护当事人权益，仲裁结案率由2012年的83.9%上升到2021年的97.0%。

（三）加大劳动保障监察执法力度

针对拒不支付劳动报酬犯罪案件的相关文件密集出台，恶意欠薪得到有效遏制。2013年1月，最高人民法院发布《关于审理拒不支付劳动报酬刑事案件适用法律若干问题的解释》；2012年12月和2014年12月，人力资源社会保障部与最高人民法院、最高人民检察院、公安部相继联合发出《关于加强涉嫌拒不支付劳动报酬案件查处工作的通知》《关于加强涉嫌拒不支付劳动报酬犯罪案件查处衔接工作的通知》，对拒不支付劳动报酬犯罪的打击力度不断加大。

劳动保障监察队伍建设也取得闪亮成绩。2015年7月，人力资源社会保障部与中央编办、财政部发布《关于加强劳动保障监察执法能力建设的意见》，提出了加强劳动保障监察执法能力建设的总体要求和目标。2016年7月和9月，人力资源社会保障部相继发布《企业劳动保障诚信等级评价办法》《重大劳动保障违法行为社会公布办法》，为提高欠薪企业违法成本，有效震慑违法行为提供了有力的制度保障。2017 年 9 月，人力资源社会保障部发布《拖欠农民工工资“黑名单”管理暂行办法》，进一步完善了劳动保障监察长效制度机制。从 2018 年 1 月施行至 2021 年底，全国各地方共将 3038 个用人单位列入“黑名单”，人力资源社会保障部从中选取公布 11 批次 490 个，在惩戒震慑欠薪行为、推进根治欠薪工作方面发挥了重要作用。[①] 2021 年 1 月，人力资源社会保障部发布《拖欠农民工工资失信联合惩戒对象名单管理暂行办法》，进一步提升劳动保障监察执法效能，也是营造守法诚信劳动用工环境的重要手段。

2021 年，我国各级劳动保障监察机构立案查处工资类违法案件 6.3 万件，为 45 万名农民工追发工资等待遇 56.5 亿元。各地公布恶意欠薪等重大劳动保障违法行为 2056 件，将 779 个失信主体纳入“黑名单”管理；向公安机关移送涉嫌拒不支付劳动报酬罪案件 3441 件，公安机关立案 2614 件。[②]

六、加强职业技能培训，提高劳动者就业能力

职业培训是提升劳动者就业和创业能力、增强就业稳定性的重要手段。为建立和完善适应社会主义市场经济体制和满足人民群众

---

① 《列入失信惩戒名单期限内再次欠薪不予信用修复》，《法制日报》，2019 年 11 月 29 日。

② 《人力资源社会保障部关于 2021 年法治政府建设情况的报告》，人社部网站，2022 年 3 月 28 日。

终身学习需要的现代职业培训体系，党的十八大以来，职业技能培训工作有新的发展。

（一）确定终身职业技能培训的导向

过去的职业技能培训工作覆盖面不够广泛，而终身职业技能培训是覆盖全体劳动者的，包括就业人员和准备就业创业的人员在内。“终身”则意味着一个长期的、动态调整的过程。也就是说，一个劳动者从劳动预备开始，到劳动者实现就业创业并贯穿学习和职业生涯全过程，都有机会参与职业技能培训，都能享受政府职业技能培训补贴。这也是终身职业技能培训制度的题中之义。

2013 年 11 月，党的十八届三中全会通过《中共中央关于全面深化改革若干重大问题的决定》，要求完善城乡均等的公共就业创业服务体系，构建劳动者终身职业培训体系。2015 年 10 月，党的十八届四中全会通过《中共中央关于制定国民经济和社会发展第十三个五年规划的建议》，提出推行终身职业技能培训制度，为面向全体劳动者的终身职业培训体系的构建指明了方向，提供了宏观政策环境。同年，人力资源社会保障部组织研究制定职业培训包开发技术规程，试开发了维修电工、餐厅服务员职业培训包。天津等地人力资源社会保障部门探索开展了职业培训包开发工作。2016 年 10 月，人力资源社会保障部办公厅发出《关于推进职业培训包工作的通知》。

2018 年 4 月，国务院常务会议提出推行终身职业技能培训制度的政策措施，提高劳动者素质、促进高质量发展。同年 5 月，国务院印发《关于推行终身职业技能培训制度的意见》，提出建立并推行覆盖城乡全体劳动者、贯穿劳动者学习工作终身、适应就业创业和人才成长需要以及经济社会发展需求的终身职业技能培训制度。

党的十八大以来，“面向城乡全体劳动者”的终身职业技能培训制度不断完善。当前，我国已经初步建立终身职业技能培训体系，扎实推进工学一体化教学改革，健全技能人才培养、使用、评价、激励机制，加强高技能人才队伍建设，广泛开展职业技能竞赛。

（二）加强技能人才队伍建设

加强技能人才队伍建设，是加快经济发展方式转变、促进产业结构调整的重要基础，也是解决就业矛盾，特别是结构性矛盾的根本举措。2013 年 2 月，人力资源社会保障部发出《关于在全国百家城市中开展技能振兴专项活动的通知》，决定在全国百家城市中开展技能振兴专项活动。2015 年 8 月，人力资源社会保障部、财政部发出《关于开展企业新型学徒制试点工作的通知》，启动企业新型学徒制试点工作，通过企校合作等方式，组织有培训需求的企业技能岗位新招用人员和新转岗人员参加新型学徒培训，探索企业职工培训新模式。

2017 年 6 月，中共中央、国务院印发《新时期产业工人队伍建设改革方案》，明确提出把产业工人队伍建设作为实施科教兴国战略、人才强国战略、创新驱动发展战略的重要支撑和基础保障，纳入国家和地方经济社会发展规划，造就一支有理想守信念、懂技术会创新、敢担当讲奉献的宏大的产业工人队伍。就产业工人队伍建设改革专门进行谋划和部署，在我们党和国家历史上尚属首次，充分体现了以习近平同志为核心的党中央对包括产业工人在内的工人阶级的高度重视和亲切关怀，释放了党中央始终坚持以人民为中心的发展思想和全心全意依靠工人阶级方针的强烈信号，对全面提高产业工人素质具有重大而深远的意义。为加强技能人才队伍建设，全面提升劳动者就业创业能力，2018 年 10 月，人力资源社会保障部发布《技能人才队伍建设实施方案（2018—2020 年）》，分目标任务、基本原则、重点举措和组织保障四个部分，是新时期全面贯彻落实就业优先战略、人才强国战略、创新驱动发展战略、科教兴国战略和打好精准脱贫攻坚战的重要举措。

截至 2021 年底，全国技能劳动者总量超过 2 亿人，占 7.5 亿就业人员的 26%；高技能人才超过 6000 万人，占技能劳动者的 30%，其中高级工 4700 万人、技师 1000 万人、高级技师 300 万人。[①]

（三）加强对职业技能开发的激励

职业技能开发是提高劳动者就业创业能力的重要途径，是人力资源开发的重要组成部分，加强职业技能开发也是促进劳动者实现高质量就业、高质量劳动的最积极、最有效的措施，是解决就业矛盾，特别是结构性矛盾的根本举措。

2017 年 5 月，人力资源社会保障部、财政部发出《关于失业保险支持参保职工提升职业技能有关问题的通知》，对参保三年以上的企业职工给予技能提升补贴。2018 年 3 月，中共中央办公厅、国务院办公厅印发《关于提高技术工人待遇的意见》，提出创新技能导向的激励机制，营造劳动光荣的社会风尚和精益求精的敬

① 《全国技能人才总量超 2 亿 占就业人员比例超过 26%》，中国政府网，2022 年 6 月 3 日。

业风气，提高技术工人待遇。2019 年 8 月，人力资源社会保障部发布《关于改革完善技能人才评价制度的意见》，提出建立健全以职业资格评价、职业技能等级认定和专项职业能力考核等为主要内容的技能人才评价制度，形成有利于技能人才成长和发挥作用的制度环境，促进优秀技能人才脱颖而出。[①] 同年 5 月，国务院办公厅印发《职业技能提升行动方案（2019—2021 年）》，坚持需求导向，紧紧围绕“稳就业”，强调把职业技能培训作为保持就业稳定、缓解结构性就业矛盾的关键举措，作为经济转型升级和高质量发展的重要支撑，面向城乡各类劳动者大规模开展职业技能培训。

2020 年，人力资源社会保障部开始启动职业培训券试点，确定 11 个省 38 个地市作为试点地区。职业培训券是人社部门给劳动者的一张“技能充值卡”。依托电子社会保障卡发放，作为构建劳动者免垫付和实名便捷享受职业技能培训服务的载体，实现对参加职业技能培训人员的合理引导、培训检索报名、实名培训服务、精确资金监管、宏观分析、就业推介服务等功能。2021 年 4 月，人力资源社会保障部办公厅发出《关于深入推进职业技能提升行动全面推广职业培训券有关工作的通知》，决定深入推进职业技能提升行动，在全国全面推广职业培训券工作。截至 2021 年末，全国共发放职业培训券 1926.72 万张，用券 500.72 万张。[②]

---

① 《人力资源社会保障部关于改革完善技能人才评价制度的意见》，人社部网站，2019 年 8 月 19 日。

② 《全国已发放职业培训券超 1900 万张》，中国政府网，2022 年 2 月 6 日。

七、更充分和更高质量就业目标的内涵

更充分和更高质量就业目标的内涵丰富、方向明确、影响深远，是对促进就业工作的总要求，其实质是要求不断提高就业效率和就业质量，进而不断满足广大劳动者的获得感、幸福感和安全感。充分就业目标和就业质量目标既相互统一，又各有侧重。

（一）更充分就业的基本内涵

参考国际上的解释，结合我国实际情况，充分就业是指在一定工资水平下，愿意就业的劳动者都能够就业的状况。需要注意的是，充分就业并不是人人都有就业岗位，在充分就业状态下仍然存在一定数量的结构性失业和摩擦性失业，即因技术进步、产业结构、劳动年龄和需求偏好变化而引起的职业转换过程中的暂时失业，这种失业是优化人力资源配置的动态调整过程，是经济发展和社会进步的需要。[①] 随着经济发展和技术变革，标志充分就业的自然失业率水平也会有所变化。就全国来讲，5%是一个可参用的高限指标。但在不同地区，由于发展状况和就业条件差异较大，也都应当对标全国的指标，结合本地实际设立不同的指标，在推进本地就业工作的同时，确保全国目标的实现。从新中国成立到改革开放初期的几十年时间里，因为我国经济发展水平不高，且劳动力供大于求的矛盾长期存在，一直面临的是就业岗位不足问题。因此，从实际出发，我们确定的目标任务是千方百计扩大就业和有效解决下

---

① 刘燕斌：《更高质量和更充分就业的内涵及其衡量指标——学习党的十九大报告体会》，《中国就业》，2017 年 12 期。

岗失业问题。而近十年来，当我国经济发展到一定水平且劳动力供大于求的矛盾有所缓解，特别是实行积极就业政策不断取得成效和经验的情况下，为适应全面建设小康社会的要求，结合分析目前就业的总体状况及其发展趋势，我国陆续提出实现就业比较充分和更加充分的目标任务。

更加充分就业与充分就业在本质上是相同的，只是量化的程度有所区别。所谓更加充分就业：一是指人力资源得到充分有效利用。即在就业扩大与经济发展形成良性互动的基础上，劳动力资源的供给增长与经济发展所带动的就业需求基本平衡。愿意就业的城乡劳动者都能够获得相应的就业机会。二是失业得到有效控制。即处于暂时失业的人群比例小，失业周期短，且都能通过组织培训和就业服务参与到就业的准备之中。三是就业渠道畅通有序。即劳动力市场机制进一步健全，劳动者自主创业、自由流动环境良好，企业用工需求与人力资源的匹配功效更高。四是全社会就业的稳定性不断增强。劳动者对就业岗位的认同感和归属感逐步提高，能够支撑充分就业的劳动参与率得以保持。如果用通俗易懂的话来归纳，实现更加充分就业就是：就业多，失业少，流得动，稳得住。①

由此可以看出，实现更加充分就业不仅要有经济发展较高水平和结构优化扩展的就业空间，而且还要依托全方位高效精准的就业服务体系，保生活、促就业、防失业三位一体的失业保险制度，以及良好的劳动力市场机制环境等来支撑。

---

① 中国就业促进会课题组：《关于实现更加充分更高质量就业的研究报告》，《中国就业》，2021 年 08 期。

（二）更高质量就业的基本内涵

根据国内外研究实践，就业质量是指劳动者在与生产资料相结合从事社会劳动过程中工作条件的优劣程度。就业质量是一个衡量劳动者在就业过程中的就业状况、各方面满意程度的综合概念。就业质量的内涵很广，既有宏观和微观方面的界定，又有主观和客观方面的考量。微观层面上的就业质量通常指劳动者的主观感受，高质量就业意味着稳定的就业机会、良好的就业环境、合理的报酬增长、受到有效保护的劳动权益和完善的社会保障等；宏观层面的就业质量则指一个国家或地区劳动力市场的运行状况和资源配置效率，包括劳动力供求状况、就业规模与就业结构、公共就业服务质量以及平等的工作机会等。另外，更高质量就业在不同阶段也有不同的内涵，其实现过程也是一个持续不断的动态变化过程。在生产力水平较低的发展阶段，提高就业质量的诉求往往集中于正规就业、安全的工作环境和职业健康以及基本劳动权益保障等方面。当生产力发展到较高水平、基本就业权益得到满足后，劳动者会更看重就业的发展性、成就感和价值感，对就业质量的诉求更多涉及劳动者的发展和尊严，如价值实现、工作生活平衡、公平性等。

进入21世纪后，我国在逐步解决下岗失业、农村劳动力转移和各类重点群体就业问题的同时，就业的主要矛盾发生了重大变化。除结构性矛盾凸显外，就业质量方面存在的问题日渐突出，引起社会的普遍关注，不仅影响就业总体稳定，而且影响经济高质量发展。就业工作的重心不仅是开辟渠道，使劳动者有业可就，而且要着力解决在就业质量方面存在的主要问题，使就业质量不断提升。国家从经济高质量发展和就业促进的总体部署考虑，提出实现更高质量就业的要求，是就业工作与时俱进的具体体现，是“以人民为中心”的内在要求，为促进就业工作确定了持续发展的目标。

更高质量就业与高质量就业的本质是相同的，是在解决影响就业质量问题的基础上，与经济社会高质量发展和科技进步相适应，使劳动者就业的质量不断得到改善和提高。主要包括：一是劳动者工资收入和劳动报酬的合理提升，并与经济增长同步提高；二是劳动者职业素质和工作能力的不断增强，教育培训与生产发展和科技进步更好结合；三是劳动关系与职业安全的不断改善，企业与劳动者的劳动关系更加和谐，职业安全和健康得到保证；四是就业的稳定性与健全的社会保障制度相辅相成，劳动者的工作与生活得以平衡协调，对劳动者更好的权益维护成为稳定就业的支撑。如果用基层同志和人民群众通俗易懂的话来归纳，实现更高质量就业就是：在劳动者实现就业的同时，收入能增长，素质有提高，条件得改善，权益获保障。①

由此可以看出，实现更高质量的就业是一个全面的系统工程，需要经济的高质量发展提供支撑，需要政府、企业和劳动者各方共同发力，并在就业优先政策的引领下，推进收入分配、教育培训、社会保障等事业的改革发展，保持劳动关系的和谐稳定，才能为实现更高质量就业奠定基础，创造条件。

① 中国就业促进会课题组：《关于实现更加充分更高质量就业的研究报告（摘要）》，《中国就业》，2021 年 08 期。

（三）更加充分就业与更高质量就业的辩证关系

1．促进就业提升在数量和质量上协调共进

实现更加充分更高质量就业的目标是对促进就业工作的总体要求，是推动就业从数量和质量两个方面协同发展。扩大规模和提升质量应当放在同等重要的位置，统筹兼顾，协调推进。[①] 从实践上看，一方面，更加充分就业主要表明的是就业不断扩展，为更多人提供实现就业的机会。同时，这也是实现更高质量就业的必要条件和有力支撑。只有在实现和保持充分就业的同时，就业质量的提升才有可能逐步实现。另一方面，就业质量的不断提升，更高质量就业的逐步实现，会大大增强就业的稳定性，促进就业的可持续健康发展，进而为实现更加充分就业提供引领方向和推进动力。正确理解和把握扩大就业数量和提高就业质量两者之间的关系，可以在经济运行的不同阶段，找准就业工作与经济发展相适应的着力点。在经济增长下行期，由于经济发展对就业的拉动作用相对减弱，应着重考虑千方百计开辟就业门路，挖掘就业增长点，努力扩大就业容量，力争实现“人人有活干，人人有钱挣”。这不仅是实现充分就业的基本要求，也是为以后提高就业质量创造条件，打下基础。而在经济增长上升期，经济发展对就业的拉动作用明显增强，应着重考虑提高就业质量。同时，通过就业质量的提升，促使充分就业得到进一步巩固。形成这种良性循环持续推进就业的格局，既与经济发展相适应，也符合逐步实现更加充分更高质量就业的客观要求。

① 信长星：《努力推动实现更高质量的就业》，《中国人口科学》，2012 年 06 期。

2．提高就业效益在宏观和微观上相互结合

更加充分更高质量就业也可以从就业效益的角度在宏观和微观层面进行观察。总的来说，更加充分就业应着重反映整体的就业效益，可侧重从宏观方面即全社会层面考察，衡量一个国家（地区）劳动者就业整体水平是否提升，失业是否得到有效控制；在微观层面也可结合劳动者个人的就业是否充分来观察。更高质量就业着重反映的是劳动者个体的就业效益，可侧重从微观方面即企业和单个劳动者层面考察，衡量劳动者在从事社会劳动中的就业质量是否提高、工作条件是否改善，在宏观层面也可结合人力资源是否有效利用来观察。

八、更充分和更高质量就业目标提出的意义

更充分和更高质量就业目标的提出，反映了新时期我国从改善民生的大局出发，对就业工作提出的新要求，同时也顺应了广大人民追求美好生活的期望，对于推动经济发展、保障和改善民生、全面建设小康社会具有重要意义。

（一）有助于人民群众实现对美好生活向往

就业是民生之本，能够得到一份更好、更稳定的工作是每一位劳动者及其家人的期盼，推动实现更高质量就业，反映了亿万劳动者的心声。新时代我国社会主要矛盾已经转化为人民日益增长的美好生活需要和不平衡、不充分的发展之间的矛盾，实现全面小康，必须提高民生福祉。

就业是最大的民生，不仅是劳动者生存的经济基础，也是其融

入社会、共享发展成果的前提。实现更加充分就业，可使低收入家庭的生活来源更加稳定，使广大劳动者的收入逐步增长，是扶贫减贫和提高人民群众生活水平的有效途径。因此，它与广大劳动者最关心、最直接、最现实的利益息息相关。对每个劳动者来讲，其最大的期盼就是获得一份好的、稳定的工作，为家庭安定幸福提供持久、可靠的经济支撑。[①]实现更加充分就业，适应了广大群众的需求。

（二）有助于实现中华民族伟大复兴的中国梦

我国是一个人口众多的发展中国家，解决好就业问题事关经济社会发展全局。就业问题不仅是重大的经济问题、社会问题，也是重大的政治问题。就业不仅是劳动者生存的经济基础，也是其融入社会、共享发展成果的前提。作为一个永恒的课题，就业牵动着千家万户的生活，如果就业问题处理不好，就会造成严重的社会问题。[②]从国家层面来讲，解决好亿万劳动者的就业问题，并不断提高整体就业水平，也是持续改善民生、提高福祉，实现中华民族伟大复兴的前提和基础。当前国内外经济形势中不稳定因素不断增加，加剧就业市场的压力和矛盾，就业质量问题较为紧迫。完善相关政策制度，实现更高质量的就业，能够维护劳动者的就业权益、实现公平就业；保障劳有所得，并随着劳动生产率的提高，不断提高劳动者工资收入水平；不断改善劳动条件，创造安全卫生健康的工作环境；实现人人享受社会保障，做到病有所医、老有所养等。

---

① 中国就业促进会课题组：《关于实现更加充分更高质量就业的研究报告》，《中国就业》，2021 年 08 期。

② 张纪南：《推动实现更高质量和更充分就业》，《求是》，2018 年 12 期。

以上都体现了以人民为中心的思想，体现了党全心全意为人民服务的宗旨。

构建和谐社会，必须夯实社会公平正义的基石，其中保证和维护公平就业具有关键作用。在实现更加充分更高质量就业的过程中，建立健全平等就业的制度，营造公平就业的环境，保证人人都有通过公平合理的竞争获得职业发展、体现自身价值的机会，使妇女、残疾人和农村贫困者等易受损伤的群体享有平等的劳动权利，获得必要的扶助和保护，亦是其中之要义。

（三）有助于顺应新的就业形势要求和科技革命发展变化

我国坚持实施就业优先战略，把促进充分就业作为经济社会发展的优先目标，出台了一系列积极的就业政策，确保了就业形势的总体稳定。但随着我国经济进入新常态，人口规模和结构发生变化，就业问题也显现出新的特征，长期就业总量压力有所减缓，就业矛盾的焦点从规模扩张向质量提升转变，促进就业的政策思路转向更高质量就业的实现。我国结合经济社会高质量发展和提高民生福祉的总要求，提出了更加充分更高质量就业目标。“十四五”时期经济社会发展主要目标之中，继续明确在就业领域坚持实现更加充分更高质量就业目标不动摇，并且作为促进就业的长期目标，要求强化就业优先政策和一系列措施，健全促进就业工作机制，推进就业事业持续健康发展的总体要求，充分显示了我们经历多次冲击并逐步解决重点问题之后，已经具备了全面扩展和提升就业水平的条件。这是党和政府向人民群众的承诺，也是激励全党同志为实现新目标而奋斗的动力，更是我们在推进就业工作的具体实践中，以目标为导向，逢山开道，遇水搭桥，一步步实现理想的行动指南。

同时，推进更加充分更高质量就业涉及相关经济社会发展多个方面。例如，要求通过发展经济改善就业结构以创造更多就业机会，要求发展教育培训事业以提高劳动者素质能力，要求推进社会和谐公平正义以实现劳动关系和谐与公平就业，要求更好的公共服务和社会保障，使劳动者能够获得就业帮助和就业稳定，要求完善社会分配体制以提高劳动者的工薪报酬，要求改善市场环境和工作条件以提升创业的活力和保证职业安全健康，等等。以此目标来推进政策的制定和工作的开展，其内涵更加丰富、范围更加广泛、政策设计更为积极，推进工作更为主动，对推动中国就业事业长远发展具有极其重要的意义。[①]

新科技革命带来了新产业、新业态和新经济，这将对全球就业市场产生复杂而深刻的影响。一方面，高度自动化的生产会导致低技能岗位的减少；另一方面，智能化的生产又会创造出新的工作机会，既有一些技术附加值高的就业岗位，有助于就业质量的提升，也有一些新就业形态的出现，带来用工关系复杂、权益保障不足的风险。为顺应新科技革命的发展趋势，我国也需要在目标导向上将推动产业升级的过程变成促进高质量就业、提升人力资本结构的过程。

---

① 中国就业促进会课题组：《关于实现更加充分更高质量就业的研究报告（摘要）》，《中国就业》，2021 年 08 期。

主要参考资料

1. 习近平. 习近平谈治国理政（第二卷）[M]. 北京：外文出版社，2017.
2. 邓小平. 邓小平文选（第二卷）[M]. 北京：人民出版社，1994.
3. 邓小平. 邓小平文选（第三卷）[M]. 北京：人民出版社，1993.
4. 赵德馨. 中华人民共和国经济史（1967—1984）[M]. 郑州：河南人民出版社，1989.
5. 邓力群、马洪、武衡. 当代中国的劳动力管理[M]. 北京：中国社会科学出版社，1990.
6. 夏积智、张小建. 中国劳动力市场实务全书[M]. 北京：红旗出版社，1994.
7. 李建民. 人力资本通论[M]. 上海：上海三联书店，1999.
8. 林毅夫. 就业理论与失业治理[M]. 北京：中国经济出版社，2000.
9. 胡鞍钢. 扩大就业与挑战失业——中国就业政策评估（1949—2001 年）[M]. 北京：中国劳动社会保障出版社，2002.
10. 杨宜勇. 中国转轨时期的就业问题[M]. 北京：中国劳动社会保障出版社，2002.
11. 刘永仁. 人力资源管理[M]. 北京：中国人事出版社，2002.
12. 马于军. 高等教育大众化背景下——大学生就业问题研究[M]. 长沙：湖南人民出版社，2002.

13. 莫荣. 2002 年中国就业报告[M]. 北京：中国劳动社会保障出版社，2003.
14. 李秋芳. 中国妇女就业、现状与对策[M]. 北京：中国妇女出版社，2003.
15. 杨云彦. 城市就业与劳动力市场转型[M]. 北京：中国统计出版社，2004.
16. 赵曼. 人力资源开发与管理[M]. 北京：中国劳动社会保障出版社，2004.
17. 徐章辉. 青年失业现状与再就业政策评估研究[M]. 北京：中国大百科全书出版社，2005.
18. 潘光军. 中国就业问题的宏观经济研究[M]. 北京：中国财政经济出版社，2006.
19. 杨伟国. 转型中的中国就业政策[M]. 北京：中国劳动社会保障出版社，2007.
20. 蔡昉. 中国人口与劳动问题报告[M]. 北京：社会科学文献出版社，2009.
21. 郜风涛. 中国经济转型期就业制度研究[M]. 北京：人民出版社，2009.
22. 张小建. 民生之本——为实现劳动者充分就业而奋斗[M]. 北京：中国劳动社会保障出版社，2011.
23. 陈跃. 建国以来中国共产党就业政策与实践研究[M]. 北京：人民出版社，2011.
24. 赖德胜. 2011 中国劳动力市场报告——包容性增长背景下的就业质量[M]. 北京：北京师范大学出版社，2011.
25. 王晓初、信长星. 就业促进与职业能力建设[M]. 北京：中国劳动社会保障出版社，2012.
26. 莫荣. 中国积极就业政策：形式、发展和完善[M]. 北京：社会科学文献出版社，2015.
27. 袁霓. 中国女性非正规就业研究[M]. 北京：中国社会科学出版社，2015.
28. 韩胜娟. 中国劳动力就业结构动态调整研究[M]. 北京：知识产权出版社，2015.
29. 曹亚. 劳动供求匹配、就业适度增长与城乡经济均衡发展研究[M]. 北京：中国经济出版社，2016.
30. 鲍春雷. 中国青年就业创业问题研究[M]. 北京：社会科学文献出版社，2017.
31. 张小建. 中国就业改革发展 40 年[M]. 北京：中国劳动社会保障出版社，2019.
32. 刘燕斌、孟续铎、黄湘闽. 化解过剩产能就业政策研究[M]. 北京：社会科学文献出版社，2019.
33. 莫荣. 领导干部就业工作读本[M]. 北京：中国劳动社会保障出版社，2019.
34. 莫荣. 中国就业发展报告（2020）[M]. 北京：社会科学文献出版社，2020.
35. 陈云. 就业蓝皮书：中国就业发展报告（2021）[M]. 北京：社会科学文献出版社，2021.
36. 王晓君. 八五期间职业技能开发的主要成就[J]. 中国培训，1996（08）.
37. 王文杰、李维平. 在三个“1500 万”的背后——我国劳动就业方针初探[J]. 瞭望周刊，1988（02）.

38. 张永麟. 技能人才表彰制度的建立与思考[J]. 中国培训，1999（01）.
39. 刘燕斌. 推动实现更高质量就业的思考[J]. 中国劳动，2003（01）.
40. 陈斯毅. 贯彻市场就业方针加快并轨步伐[J]. 中国劳动保障，2005（05）.
41. 唐镳. 从就业能力角度探讨政府、企业和个人在残疾人就业中的作用[J]. 教学与研究，2008（03）.
42. 傅佳庆. 推进高质量就业以筑牢返贫防线的建议[J]. 乡村科技，2020（08）.
43. 杨立雄. 从“居养”到“参与”：中国残疾人社会保护政策的演变[J]. 社会保障研究，2009（04）.
44. 武友政. 我国妇女就业政策的结构及其扩展[J]. 重庆社会科学，2009（12）.
45. 张小建. 中国就业的改革发展新时期就业方针的提出[J]. 中国就业，2009（12）.
46. 朱家德、胡海青. 建国以来我国高校毕业生就业政策的变迁逻辑——基于历史制度主义的分析[J]. 中国高教研究，2010（04）.
47. 刘斐. 简评我国高校毕业生就业制度的阶段特征[J]. 经济研究导刊，2011（08）.
48. 信长星. 努力推动实现更高质量的就业[J]. 中国人口科学，2012（06）.
49. 谭永生. 向实现更高质量的就业转变[J]. 中国发展观察，2013（02）.

50. 张丽宾. 促进城乡一体化与减贫的就业政策[J]. 当代经济管理，2014（04）.
51. 曹晔、盛子强. 我国职业资格证书制度的历史、现状与趋势[J]. 职教论坛，2015（01）.
52. 高圆圆. 从生存保障到择业自由的残疾人就业政策变革[J]. 残疾人研究，2016（02）.
53. 张立新. 我国职业能力建设工作回顾与前瞻[J]. 中国培训，2017（02）.
54. 刘燕斌. 更高质量和更充分就业的内涵及其衡量指标——学习党的十九大报告体会[J]. 中国就业，2017（12）.
55. 张倩、宁永红、刘书晓. 新中国成立以来的技工教育：历程、回归与超越[J]. 中国职业技术教育，2017（24）.
56. 毛健. 回忆“三条保障线”的确立[J]. 中国人力资源社会保障. 2018（04）.
57. 王大犇. 改革开放 40 年来中国就业制度的转变[J]. 工会理论研究，2018（06）.
58. 鲍春雷. 高校毕业生就业政策十年回顾与展望[J]. 中国人力资源社会保障，2018（08）.
59. 潘姿曲、祁占勇. 改革开放四十年我国职业培训政策的变迁逻辑与未来走向[J]. 职教论坛，2018（11）.
60. 张纪南. 推动实现更高质量和更充分就业[J]. 求是，2018（12）.
61. 桂桢. 兜牢民生底线、维护就业稳定——中国特色失业保险制度的变革与发展[J]. 中国劳动，2018（12）.
62. 张左己. 劳动服务公司沿革与中国就业改革[J]. 中国人力资

源社会保障，2018（12）.

63. 徐艳、陈玉杰. 新中国职业技能培训70年：历程、经验与趋势[J]. 中国劳动，2019（11）.

64. 张涛、张琦. 新中国70年易地扶贫搬迁的就业减贫历程回顾及展望[J]. 农村经济. 2020（01）.

65. 蔡昉. 为什么将就业优先政策置于宏观政策层面[J]. 企业观察家，2020（03）.

66. 赵文. 中美贸易摩擦对我国就业的影响及对策[J]. 国际贸易，2020（08）.

67. 平卫英、罗良清、张波. 我国就业扶贫的现实基础、理论逻辑与实践经验[J]. 管理世界，2021（07）.

68. 桂桢. 构建具有中国特色积极的失业保险制度[J]. 中国社会保障，2022（05）.

CHINA'S REFORM AND OPENING UP

第二部分

史料篇

口述资料

▼

张左己：从劳动服务公司的发展看中国就业的改革①

2018年是改革开放40周年，“两个确保”实施20周年，中国积极就业政策发布16周年。同时也是知识青年上山下乡运动50周年，劳动服务公司创建40周年。今天，我们又回到了南戴河，回顾中国就业制度改革的历史进程，展望社会主义新时代中国就业前景，是十分有意义的事情。2018年8月下旬，党中央、国务院下发通知，部署下半年工作。通知明确要求，要把就业放在更加突出的位置，在做好“稳就业、稳金融、稳外贸、稳外资、稳投资、稳预期”的“六稳”工作中，就业被列为第一稳。

我本人从事劳动工作有三个阶段。第一阶段，是入行。即1987年从兵器部调入劳动人事部至1991年去西安挂职为止，共四年。这一阶段，主要是学习和历练。第二阶段，是立法。1993

① 根据中国劳动保障科学研究院访谈资料整理。

年初，从西安回部任副部长，到1994年到国务院工作，共一年多时间，只做了一件事，就是主持制定《劳动法》。第三阶段，是主政。1998年初，受命组建劳动和社会保障部，工作一个任期，2003年初离开。前后加起来共十多年。我的感觉，最具挑战性的阶段，是入行时期。

我刚到劳动部第一年，就让我组建劳动力管理和就业司。俗话说隔行如隔山。虽然在这一年里，我对劳动业务进行了一番恶补，但对就业工作还是蛮生的。只能放下身段，向张小建、王英才、王文龙他们求教学习。说实话，他们以及整个就业系统的同志都是我从事就业工作的开山老师。

当年，遇到的第一个问题是“劳动服务公司的红旗到底能扛多久”。这在劳动系统已争论很久，现在归属一个新的管理部门，到了非解决不可的地步。我知道，这既是部里的一个亟待破解的难题，也是就业系统同志对我的一次考验，大家眼睁睁地等待我的表态。

劳动服务公司的同志们当然期望我能站在他们一边，且情绪激昂、言辞激烈，火药味很浓，大有同劳动服务公司共存亡之势。但反对的意见太多太大，我的压力也很大。从劳动系统内部说，就业处室与劳动服务公司业务交叉有矛盾，劳动力处室对劳动服务公司涉足劳动力管理有意见，部里其他司局甚至部领导也不支持。外部更不用说，几乎是一个声音，就是清理、整顿、撤销。

对于劳动服务公司系统的情绪，我并不介意。相反，他们对劳服的热爱，对事业的执着，以及对目标的追求和锲而不舍的劲头，让我十分欣赏。干工作、搞改革，就需要有这么一股劲、一股气。值此用人之际，只要厘清思路、理顺情绪，不都是一把好手、一拨干将嘛！

所以，我欣然接受这种挑战和考验。我要和他们一起调研，明确方向，一句不漏地听取他们的意见，包括相同的不同的，中听的不中听的。

我们的调研，从劳动服务公司搞得风生水起的山西大同出发，一直走到劳动服务公司在全省全面开花的广东，从北到南一路看去，人们对劳动服务公司的评价是毁誉参半。我的印象是两个方面的。一个方面是居功甚伟。一是解决城镇 16 岁以上待业青年和上山下乡知识青年返城后的就业问题；二是填补城镇服务业空白，为解决当时的吃饭难、做衣难、修理难等生活诸难帮了大忙；三是对城乡劳动者实行职业介绍、上岗培训和统一管理；四是为劳动系统补充了办公经费。

另一个方面，问题明显。一是依附性太强。一般劳动服务公司都依附一个企业和单位，其本来就是为安置本单位子女就业而成立的，离不开母体，加重了企业的社会负担，后来没有转型的劳动服务公司，也确实成为国企改革的沉重包袱，这在东北地区十分明显。二是财务管理不规范。对进城农民工实施管理的劳动服务公司政企不分，有偿服务不规范，其收入也是灰色地带。经营好的劳动服务公司做大，不服劳动部门管理，更不心甘情愿为劳动部门填补经费，有的地方劳动服务公司经理和劳动局长一个级别，造成内斗和分裂，影响正常工作。一些劳动服务公司财务管理混乱，产生经济问题。三是企业没有经营自主权。劳服企业产权关系不明晰，主管单位干涉企业生产经营自主权，无理或非法干涉企业内部改革和领导班子配备，在经济上搞平调或侵权，随意上收、归并、撤销劳服企业，几经折腾，把劳服企业搞得精疲力竭，半死不活。四是生产经营困难。劳服企业经营机制陈旧，在劳动分配经营管理照搬、套用国企模式，把劳服企业办成了“二全民”，违背了集体经济属性。加之很多地方对劳服企业政策不落实，竞争不公平。劳服企业资金短、人才少、税负重、包袱大、困难多。这些问题都严重制约了劳服企业的发展。

调研使我有了发言权。为中国的就业计、民生计，现阶段，劳动服务公司的大旗要高举，不能砍。此时，中央也明确指出，劳动服务公司不在机关经商办企业之列，也不能清理。

有了这个底气，我们在湖南召开了“株洲会议”，业内称“一期黄埔”。在广东召开了“惠州会议”，业内称“二期黄埔”，对劳服系统进行集中整训，坚定信念、明确方向、政企分开管理，再创第二个十年的新业绩。

会议总结了劳动服务公司前十年的发展成就和经验，部署了后十年的发展方向和任务。这两个会议，统一了对劳动服务公司的认识，稳定了劳动服务公司的队伍，对劳动服务公司的体制、政策、任务进行一次正规系统的培训。与此同时，部里树立了两个典型，一个是生产服务型，即大同市劳动服务公司，经理叫林永年。他们的养鸡场为大同市场供应了二分之一的肉鸡，三分之二的鸡蛋，这是国营商业办不到的。另一个是管理服务型，即广东省劳动服务公司，经理叫林吉孝。他们对进城务工的农民工管理一直延伸到乡村，为广东的经济发展提供了源源不断的劳动大军。业内称此为“南北双林”。

为了进一步充分发挥劳动服务公司在新形势下的重要作用，来年，在劳动服务公司创办十周年之际，部里下发了《关于劳动服务公司发展和建设中若干问题的意见》等文件。文件中指出，各地劳动部门要同劳动服务公司进一步厘清工作关系，加强和改善领导，改变行政管理和生产经营职责不分的状况，促进劳动服务公司更好地发挥其社会和经济作用。决定县以上各级劳动部门原设置的劳动服务公司，是承担政府行政职能的就业管理机构，今后不再称劳动服务公司，其名称改为就业服务局。就业服务局是在劳动行政部门领导下，并受其委托管理社会劳动力，组织集体经济，扩大劳动就业，进行职业介绍，开展就业训练，管理职工待业保险，归口管理劳动服务公司的事业机构，自己不再搞生产经营活动。由此开始建立起中国公共就业服务体系的框架。企事业单位劳动服务公司任务不变，继续安置待业人员，进行生产经营活动。1990 年，国务院颁发《劳动就业服务企业管理规定》，明确要求劳动服务公司去掉“公司”二字，定性为集体所有制经济组织，定名为“劳动就业服务企业”。由此形成独具中国特色的就业型企业群体。

在国务院文件的推动下，劳动就业服务企业积极性、创造性倍增，出现了新一轮发展的热潮。20 世纪 90 年代初劳动就业服务企业发展到 20 多万个，从业人员近千万人，生产经营额达 900 多亿元，利税 80 多亿元，拥有固定资产 170 多亿元，拥有流动资金 150 亿元，累计上缴税金近 200 亿元。当时办得好的劳动服务公司层出不穷。年产值千万元、年利润百万元以上的骨干企业不断涌现。在一些省市地方财政收入中劳动服务公司的贡献率占 10%到 15%。如茂名市劳动服务公司，建机场、修公路，为最初的城市基础设施建设做出贡献；株洲市劳动服务公司在火车站旁建起了商务酒店，成为全市最高的地标性建筑；温州劳动服务公司、杭州劳动服务公司率先办起劳务市场，开展职业介绍，为用工单位和求职者洽谈对接开启了新路；东北地区的央企所办的劳动服务公司，把员工直接派到了母厂的生产线上作业，成为“劳务派遣”的最初模式，形成能进能出的劳动力的蓄水池。

随着改革开放的深化、经济社会的发展，特别是乡镇企业的兴起，劳动服务公司完成了历史使命，开始转型改制，逐步演化成乡镇企业、民营企业。经营不善的退出了市场，经营有方的做大做强，成为国民经济发展不可或缺的力量。比较典型的像株洲市的劳动服务公司，发展成大房地产商；浙江的万向节厂发展成超大型民营企业。

劳动服务公司，是在改革开放前20年经济体制转型的特殊时期的特殊产物，是中国劳动者的伟大创举，是中国就业史上的一面旗帜。其产生发展至消亡，是改革开放不断深化，最终建立社会主义市场经济体制的必然趋势。在其20年的生命中，为解民忧、保稳定、促发展不遗余力，像璀璨的流星一样，它虽然在历史的天空瞬间划过，但倾情地绽放出奇异的光彩。“春蚕到死丝方尽，蜡炬成灰泪始干”。我们有理由向那一代劳动服务公司带头人和从业者致敬。

劳动服务公司的历程值得回顾，并且对现实工作有很多启迪。一是有改革开放特质。它发端于20世纪70年代末，奏响了中国就业制度改革的第一乐章。二是有创新创业特质。劳动服务公司就是最初的“双创”模式和形态。没有现成的岗位等他就业，而是自找门路，生产经营自救，闯出一片新的天地。三是有市场取向的特质。市场缺什么补什么，所从事的都是投资少、见效快、就业容量大，与经济发展和人民生活保障密切相关的，当时最短缺的轻工、手工、商贸、服务、餐饮、修理业等，满足了社会生产生活需求，调整了严重失衡的产业结构。这在当时由计划经济向市场经济转型的过程中，不可或缺。

我认为任何经济形态、社会现象，都可以从就业这个角度和视野来观察。劳动服务公司的异军突起，是我国在当年特定的历史时期、特定的社会环境和特定的经济发展阶段，产生的一种新的就业形态和就业管理模式。它同我国在不同历史时期曾经产生过的新中国成立初期解放军官兵成建制地转业到地方，组建生产建设兵团，开发北大荒，开发海南岛和新疆；文化大革命时期，百万知青上山下乡，在广阔天地里劳动锻炼；改革开放后，农民离开祖祖辈辈耕耘的土地进城务工等，都是一种新的就业形态。

现在，随着经济飞速发展，城市化进程加快，人们生活方式和消费观念的转变，一下子冒出来多少新的就业形态，快递、外卖、保安、保洁、电商等。据有关数据统计，从事快递、外卖工作的“快递小哥”就有 1400 多万人，网约车司机也有 1000 多万人，小微企业从业人数超过 7000 万人，其发展速度之快，就业容量之大，十分惊人，是我当年的思维不可想象的。另有资料显示，一个网络直播，在高速发展中，带热了相关职业，什么前所未闻的调音师、场景包装师、游戏测评师等都大火起来。有报道称，在“95后”最向往的新兴职业排行榜中，有超过 54%的人渴望当主播、网红，排名其后的是声优、化妆师，等等。还有报道称，随着外卖、快递的兴起，“跑腿”这个行业日渐火爆。“跑腿”服务，包含代买、代送、代取、代排队，只要用户在跑腿App上下单，“跑男”几乎可以满足一切“代办”需求。“跑腿”服务，本质上是同城内点对点即时物流，“跑男”多为闲置人力资源，多是利用闲暇时间，是一个有潜力的创业方向和灵活的就业平台，有投资竞争的发展前景。根据有关统计，今年前七个月App整体渗透率持续上升，用户规模达到 513 万，同比增加一倍。

据此，我们可以展望，随着经济发展、社会进步、科技腾飞，以及人口总量和结构的变化，劳动力素质的提高，还有人们生活方式和消费理念的变革，等等，新的就业形态会层出不穷，就业管理的方式也会不断更新。所以我说就业制度改革永远在路上，就业工作者大有作为，中国就业促进会也会大有作为。

柏莉：与就业工作改革同行 为就业服务发展尽力[①]

本文追记个人所亲历就业工作中的事件，从一个侧面反映就业服务发展的历史足迹。从劳动就业制度改革的突破到建立劳动服务公司，从组织开展就业训练到培育劳动力市场，从创建就业服务体系到深化职业指导，等等，就业服务工作历经数十年的积极探索日臻完善。回想走过的路，不仅备感艰辛并且深感来之不易。

一、突破劳动制度，就业政策首次改革

20 世纪 70 年代后期，随着调整知识青年上山下乡的政策，集中返城与城镇新增待业人员一两年间增加近千万人，青年就业成为当时稳定社会的大事。城市就业压力加大，带来社会问题增多，原有的劳动就业体制制度明显不适应。1978 年 5 月，中央决定将国务院知青办与国家劳动总局合署办公并逐步并入总局，以落实中央关于解决返城知青安置工作的部署。1979 年底，国家劳动总局成立就业司，统筹解决返城知青与城镇待业人员的就业问题。

为研究相关工作思路和政策，司里派出了几个调查组，分别到各大地区了解情况，梳理问题，研究解决措施。调查中大家的共识是：继续按老办法解决就业的路子是行不通了，必须另辟蹊径。但在当时，要想破除旧体制首先要解放思想。至今让我记忆犹新的是，当时我陪同第一任就业司司长华阴昌同志拜访经济学者林子立、厉以宁等专家，介绍了我们的基本想法，与专家取得共识，并

① 根据中国劳动保障科学研究院访谈资料整理。

请他们出面向中央建言。在一次中央听取就业工作座谈筹备会议上，几位经济学家提出：单一的国有经济已不适应发展，应适度放宽集体经济和个体经济，发展第三产业，同时改革劳动就业制度，以吸纳解决更多就业。专家的建议得到中央的认可。1980年，党中央、国务院召开了全国劳动就业工作会，会议指出：今后，解决劳动就业问题要打破劳动力全部由国家包下来的老框框，要在国家统筹规划指导下实行劳动部门介绍就业、自愿组织起来就业和自谋职业相结合的就业方针。

这是自新中国成立以来，中央对劳动就业制度作出的重大改革和调整，应该说是具有历史意义的突破。此后，由国家包下来统一分配的就业政策被逐渐取消。1981年，党中央、国务院颁布了《关于广开门路，搞活经济，解决城镇就业问题的若干决定》，指出今后在调整产业结构的同时，必须着重开辟在集体经济和个体经济中的就业渠道，大力提倡和指导待业青年组织起来在集体经济单位就业，适当发展城镇劳动者个体经济，增加自谋职业的渠道。这也就是当时被叫响，后来一直坚持并遵循多年的“三结合”就业方针。这一方针的组织实施，对推动我国多种经济的发展，有效解决青年就业问题起到了积极和重要的推动作用。可称为改革旧体制、创建新体制的一次突破。这段经历让我体会到：其一，对重大问题的突破，如何找到一条成功率高的捷径？借助第三方特别是专家的力量是一个较好的选择。其二，解决就业问题，不能仅从就业谈就业，要把就业放在宏观经济当中统筹考虑，有了大局观就能避免单纯的部门之见。其三，老领导和老同事们处理和解决问题的思路和方法确实高明，要深入调研，要有明确思路，同时还要有使正确主张被领导和社会接受的方式方法。这些都为我以后做好工作提供了很大的帮助。

二、发展劳动服务公司，组织就业训练

20 世纪 80 年代初，为解决大量待业和失业人员的就业问题，中央在明确发展多种经济的同时，提出要建立劳动服务公司，开展就业训练，兴办集体经济实体，把青年组织起来就业。但是当时返城知青和城镇待业人员数量很大，矛盾集中，且涉及千家万户，仅靠政府组织发展多种经济力量有限。为了解决特殊时期的困难，在当时推出了一条不成文的内部措施，叫“谁家的孩子谁来抱”，“没人抱的孩子”由劳动部门组织街道或者企业兴办劳动服务公司。一时间，全社会办企业，机关事业单位、企业办劳动服务公司，搞多种经营的场面如火如荼。劳动服务公司也就是在那个阶段得到了长足的发展，使原来游荡在社会的待业人员得到安置，对稳定社会和发展多种经济起到了重要的作用。

记得当时我在劳动服务公司处，为推动劳动就业服务经济的发展，在领导的倡导下还直接促成了几个地方协作项目，如上海杨浦区与北京建外街道的刺绣联谊合作、上海卢湾区与北京朝阳区的长毛绒玩具联谊合作等项目。由于有国家政策的扶持，特别是因为有一批热爱事业、勇于担当、身先士卒的干将，劳动服务公司犹如雨后春笋，在短短几年间就得到了快速发展，而且门类五花八门，特别是促进了服务业、餐饮业、修理业等第三产业迅速发展。在此期间，我还经历了一件非常有趣和有意义的事。为了推动劳动服务公司的发展，鼓励各地安置就业，1985 年劳动部作出了一个大胆的决定，即举办“全国劳动服务公司产品展销会”，由劳动部门出面组织搞经济活动，这可能也算得上是空前绝后的壮举。当时，30 个省、市、自治区都派团带人带产品到北京参展，许多劳动就业服务公司安置就业的事迹由此传颂，许多劳动就业服务企业产品一炮

打响。经过全体同志的共同努力，轰动一时的劳动服务公司产品展销会举办得非常成功，场面也很热烈，社会影响很大。说起1985年的展销会，当时为了解决来京参展人员的住宿问题，在社会经济还不大发达的时期，我们处里的同志几乎跑遍了北京市所有的宾馆和招待所预订床位，总算解决了基本吃住的问题，保证了展销会的顺利进行。

国家当时提出举办劳动服务公司，主要是从缓解就业压力出发，建立劳动力的“蓄水池”。其中，明确了一项主要功能就是要组织待业人员开展就业前训练，通过组织各种培训班开展短期就业技能培训，让青年既学到技能又能缓解就业压力。为了推动这项工作，当时还制定了“先培训后就业”的原则，让待业人员先进行短期培训再安排就业，这确实比不培训就直接就业的效果要好得多。但随着时间的推移和提高就业质量的要求，零散的游击式培训已不适应需求。许多省市劳动就业部门都提出应该建立固定场所，根据本地区经济发展需要，开展相对固定的专业培训。这也就是建立就业训练中心的前期背景。

要在全国各地兴建就业训练中心也不是一件容易的事，它不仅需要当地政府和劳动部门主管领导在场地、资金、师资等多方面提供支持，更需要工商、税务等部门给予优惠政策支持。特别是工商税务方面，地方反映公关很难，属垂直领导的体制，如果上面不发话，下面绝对不敢乱开口子，记得当时领导让我负责协调此事，为了拿下这个政策，我们着实费了不少脑筋，做了不少功课。先是和下面同志接触，又请领导和局长接触，最后我们硬是请出主管税务的处长和司长与我们一起调研，白天陪他们去看困难典型，晚上就找几个能说出道道的主任向他们诉苦，在我们的真情、热情的感动下，当然也有多方面研磨，局长终于答应可以考虑了。1991 年，劳动部下发《就业训练中心管理规定》，明确提出组织开办以培训待业青年为主的就业训练中心，可适当减免企业所得税与经营税。这条政策的突破，凝聚着我们这条战线同志们的智慧与辛苦，也确实为地方解决了开办就业训练中心，开展就业培训的实际问题。之后，我们又制定了《就业训练管理办法》，这为推动就业训练工作的顺利开展创造了比较好的条件。

三、培育劳动力市场，引入职业指导

1978 年，实行“三结合”就业方针，以对应国有、集体、个体三种不同的经济成分解决城镇待业人员的就业问题。1986 年，国务院又颁布了关于劳动制度改革的四个暂行办法。多种经济的发展，不同所有制、不同地区、跨行业、跨部门人员需求的流动，都需要身份、手续、信息的匹配和对接。在顺应形势、客观需求和市场呼唤中，各地劳动就业部门经过成功探索，一个个劳动力交流的场所应运而生，并逐渐得到迅速发展。劳务市场的建立，在一定程度上为劳动者实现就业交流提供了便捷，从不同程度上满足了劳动者的需求。“就业找市场，不再找市长”格局的出现，使人们的就业观念也随之逐步得到转变。为更大范围、更加全面满足求职者和用人单位的需求，就业市场的招聘形式由定期举办招聘会逐渐转为常态化。随着市场经济发展的不断深入，就业服务的功能也在不断扩展。

在这里，我特别想要强调的是“职业指导”工作的引进。我国著名教育学家黄炎培先生早在新中国成立初期就曾经倡导“使无业者有业，使有业者乐业”，应该说这一理念至今仍对职业教育和职业指导发挥着重要作用。而在国际上，职业指导始于20世纪初，已经有上百年的历史，并在许多发达国家都有成功的经验。随着改革开放和对外交流合作的加强，我们能有幸走出去，看到国外发达国家的成功做法。1990年，我们与原天津职业技术师范学院的几位老教授共同完成了《职业指导研究》课题。在我国劳动力市场发育日臻成熟和完善过程中，劳动者和用人单位已经逐渐成为市场的主体，市场就业要通过供求双方的相互选择来实现，求职者非常需要有专业人员帮助他们解决在职业生涯中遇到的各种问题。新的就业形势迫切需要我们加快职业指导，完善就业服务，我就是在这时走上了职业指导之路。这是一项全新的工作，习惯了行政管理套路的做法，如何去开创职业指导服务？我记得在这个时候，小建同志作为就业司司长，果断地提出要制定一部《职业指导办法》，告诉大家，什么是职业指导，职业指导的指导思想、方法、内容是什么，同时要明确工作的措施和手段等。《职业指导办法》最终于1994年正式颁布，这是我国第一部职业指导办法，“职业指导”这个名词也是第一次被列入我国职业大典。职业指导工作的引进，对完善我国就业服务，提高就业服务质量起到了一定的基础作用。为推动职业指导工作的开展，我们在1999年又制定了《职业指导人员国家职业标准》，并在专业和技术方法上出台了多项措施，为这项工作日后的发展尽了一点绵薄之力。

刘丹华：加入就业工作“铁军”的第一课[①]

1990年5月3日，我成为劳动部劳动力管理和就业司的一名干部，从此和就业工作结缘。其实，在此之前没有想过会到这里工作。年轻人爱幻想，我想过要当农村基层干部、当农村改革政策的研究工作者、当小说作家、当优秀的小学语文教师，为此换了几次工作，唯独没有想过当一名国家部委机关干部。在20世纪80年代，在我的印象中机关干部是思想保守的群体，机关工作是死板清闲的职业。这一年正当我把全部热情投入儿童教育，想将一系列新的理念和方法引入小学教学中，做一个孩子们喜欢的老师时，一个新的选择摆在我的面前，我被告知，劳动部正要研究农村就业问题，自己所具有的插队知青、农村基层干部、农村政策研究部门工作者的17年农口工作经历对这项工作将很有用，我因此动了心。于是，经过司里组织的考试和人事部门的考察，我在37岁这个令人尴尬的年龄，从一所北京市重点小学调到劳动部，进入了一个陌生的工作领域。真没想到，这一干就是23年。

刚到劳动就业司，机关干部的清贫、工作的繁重大大超出了我的想象。我不仅收入减少了一大半，没有了寒暑假，每天上下班费时两个小时，而且加班成了家常便饭。那时司长是张左己，工作要求极高，我所在的综合处处长是张小建，被人称作“工作狂”。当时日记中记载：“刚到处里，没有一点熟悉工作的时间，立刻就被卷进了‘绞肉机’。”这时国务院刚下发了关于就业工作的28号文

① 根据中国劳动保障科学研究院访谈资料整理。

件，综合处牵头准备电话会议，写国务院副秘书长讲话、部长讲话、《人民日报》社论素材、介绍材料，同时还有许多日常工作。那个年代不但没有电脑，连后来比较先进的四通机都没有，全司只有一台老式卡西欧打字机，没几个人会用，我有点英文打字的基础，赶着学会应急，但只有最后上报稿才打出来，平时所有的材料都靠手写手抄，修改一遍就要抄写一遍。于是，写稿、抄稿、打字，从早忙到晚。每周工作 6 天，几乎天天加班，一加就是三四个小时。多少个夜晚，8 点多，9 点多，甚至 10 点，从部机关走十几分钟到地铁站，还要倒一次地铁才能到家，回到家就已经筋疲力尽，常常饭都不吃倒头就睡。

这样忙碌了半个多月后，农村就业问题研究正式开始了。在来司里以前，我已经抽空学习了《劳动就业发展战略研究》和《培育和发展我国劳务市场机制》两篇研究报告。这是两篇高水平的研究报告。一篇回顾 10 年来就业领域的改革和就业工作，深入分析当前就业形势和面临的突出问题，提出今后 7 年就业发展的战略目标和主要政策措施。另一篇以改革的思路深入分析劳动力市场调节机制在就业工作中的作用，对市场机制在就业领域的发展进行评估，提出培育发展劳务市场机制的设想和路径。两篇报告每篇都近两万字，既有理论分析，又有对实际工作的总结，还有进一步改革的设想和具体政策建议，就是放到 20 多年后的今天也算得上是研究报告中的上乘之作。这正是当时阮崇武部长支持，张左已司长点将组成的“劳动就业问题研究小组”这一两年中的成果。农村就业问题研究正式列为这个小组新的研究课题。这一次，我荣幸地成为小组的成员。

5 月 22 日，我第一次参加了研究小组关于农村就业问题的讨论。这时我才知道，没有一分钱课题经费，没有专门的课题组，甚至没有整块的时间，研究就是在繁忙的日常工作中抽空进行的。研究小组的核心有三人，形成“铁三角”，其他人员根据研究内容组织。我刚一进入，就被小组热烈的气氛深深地吸引了。“三核心”各有特点：劳科所劳动力室主任党晓捷理论功底深厚，讨论中能够抽丝剥茧，点出问题实质，并做出前瞻性分析，报告中一些深刻的论断往往来自于他。法规司综合处处长于法鸣思想敏锐，敢于打破框框，讨论时常常慷慨激昂，报告中一些大胆的改革设想经常由他提出。劳动就业司综合处处长张小建沉稳务实，对整个就业工作的历史和现状有深入研究，又有较强的归纳能力，总能把处处闪光的发散式讨论拉回主题，把别人提出的改革设想变成可行的政策措施。参加这个课题的还有劳科所莫荣、法规司刘霞辉和我们司的刘旭，这几个年轻人都是研究生，朝气蓬勃，精力旺盛。第一次讨论就很有收获。

农村劳动力的就业对劳动部来说是个新的课题，过去劳动部只管城市就业问题，农民进城被严格限制。但随着联产承包制的实行，越来越多的农民进城打工，甚至在 1989 年春节第一次形成“民工潮”，引起全社会关注。农村劳动力的涌入对城市原有的就业体制造成冲击，劳动部门被动限制，难以应对。劳动部领导认为，劳动部不能只做管理城市全民所有制工业的劳动部，要加强对农村劳动力资源开发问题的研究，农村就业课题有紧迫的现实意义。经过几次热烈的讨论和大量资料收集工作，大家初步确定了研究报告的基本思路。那段时间忙上加忙，日常工作之外又加上了研究工作，周末也常常搭上。7 月初，课题组成员来到河南辉县，一边到农村调研一边修改稿子，在农村改革的氛围中思考农村就业问题。干了6天，终于完成了报告初稿。报告中常常被人引用的一句话就是："在全国5.5亿社会劳动力中，农村劳动力占75%，其数量之大，素质水平相对之低，就业不充分之严重，都是举世瞩目的。从这个角度来说，中国的就业问题，主要是农村的就业问题。"这个研究报告中的观点和建议得到劳动部领导的肯定和重视，后来成为就业工作中重要的指导思想。

农村就业问题研究报告刚刚完成，劳动就业司已经和农口研究部门建立了密切的联系，农口研究的"农村劳动力资源开发问题"和劳动部门研究的"农村劳动力就业问题"相互补充，深化了认识，促进了政策的完善。在此过程中，我也利用自己对农口的了解，做了一些联络工作。1990年下半年，经过积极筹备，一个合作项目酝酿成形。1991年5月，劳动部、农业部、国务院发展研究中心和中国农村劳动力资源开发研究会共同建立了"中国农村劳动力开发就业试点项目"。在项目启动会上，劳动就业司张左己司长作了感人的发言，第一句话说的是："我是农民的儿子，从农村走出来，但惭愧得很，为农民做的事不多!"从此，劳动就业工作的规划和政策把亿万农民纳入了视野，城镇的就业服务也开始逐步向农村延伸。

张左己："两个确保"的由来——长春会议侧记 ①

"两个确保"，即确保国有企业下岗职工基本生活、确保企业离退休人员养老金按时足额发放，是1998年春党中央、国务院交给新组建的劳动和社会保障部的第一项任务，时间紧迫，工作繁重，难度极大。劳动保障部将它作为新部的"三二一"目标中最重要的任务，披坚执锐、攻坚克难，经过三年的全系统上下同心、努力拼搏，终于在党中央、国务院的直接领导下，在各省市党委、政府的精心组织和操作下，在各部门的大力配合下，在国有企业广大职工的理解支持下，完成了预定工作目标。

"两个确保"产生的时代背景，已有亲历者、见证者在纪实文章中作了深刻阐述，分析得都很精辟透彻，在这里我不再赘述。我要介绍的是"两个确保"中"保发放"（"保生活"另文有记）形成的具体过程。

"两个确保"的提出，既同步也不同步。说"不同步"是两者有先有后，提出确保下岗职工生活在先，提出确保养老金发放在后；说"同步"是指党中央、国务院作出决策，前后只隔一天，近似于同步。这要从党中央、国务院召开的三次重要会议说起。我重点讲中间这个会议，即"长春会议"。

第一个会议是国务院全体人员第一次会议。1998年3月24日（在九届人大一次会议闭幕，刚刚批准国务院机构改革方案第五天）上午，国务院领导同志在部署当前工作时讲，目前迫在眉睫的

① 根据中国劳动保障科学研究院访谈资料整理。

工作有六项：一是经济发展速度“保 8”；二是降息减轻企业负担；三是再就业工程，确保下岗职工基本生活；四是粮食流通体制改革；五是住房制度改革；六是医疗体质改革。六项工作中，劳动和社会保障部占了两项。确保下岗职工基本生活和推进再就业工程，在新一届中央政府成立之前，就有安排和部署，也取得了一定成绩，但是在亚洲金融危机和巨大的下岗潮冲击面前，在新的形势要求更高层次设计和推动、采取更加有力举措的情况下，作为新一届政府“迫在眉睫的工作”正式提出，这是首次。这就是第一个确保。

第二个会议即“长春会议”，是党中央、国务院在长春召开的东北三省一区“再就业工作和粮食工作座谈会”。3 月 24 日下午，国务院全体人员第一次会议刚刚结束，国务院领导同志即带领劳动保障部、国家发展计划委、国家经贸委、财政部、国家农发行、国家粮食储备局、全国总工会等部门主要负责同志赶赴长春。我部王爱文同志随行。第二天，3 月 25 日上午即以党中央、国务院的名义，召开辽宁、吉林、黑龙江、内蒙古四省区党政主要负责同志座谈会，听取他们对国有企业下岗职工安置和实施再就业工程以及深化粮食流通体制改革的意见和建议。我在会上作关于国有企业下岗职工安置和实施再就业工程意见的说明，王春正同志作关于粮食流通体制改革意见的说明。会后，国务院领导同志关于再就业工程讲了四句话：第一，国有企业三年脱困，减人是关键，当务之急是减人。第二，国企减人增效是方向，是政策，是振兴国企最根本的措施。中国最大的问题是就业，但不能都往企业里塞。企业要出效益，把保险交上来，用保险养下岗的人。第三，下岗职工的基本生活水平必须保证。经费由财政、社会和企业共同负担，各出三分之一。第四，千方百计实施再就业工程，改变下岗职工择业观念，再采取必要措施，一定能就好业（粮食工作也是四句话，略）。

下午，分两组座谈，我主持一个组，时任国家经贸委主任的盛华仁主持另一组。座谈中对两个主题的意见都表示赞同，发言中涉及的意见也不多。而发言反映最集中、最强烈的却是一个会议议题之外、大家意料之外的问题，即企业离退休人员养老金拖欠的问题。地方同志反映，现在影响稳定的最大问题，还不是下岗职工，而是退休职工，出来上访告状的，都是那些发不了养老金、缴不上社保费的企业里的退休职工。当晚，召集两个小组碰头会，我们即向国务院汇报了这个问题。第三天，即3月26日，上午座谈会闭幕，国务院领导在讲话中，除了讲下岗职工的安置政策，进一步明确工作重点、适用范围、费用标准和强化统计外，很明显地新加了一个内容，即养老金发放问题。退休职工领不到养老金，原因很复杂，有企业困难的问题，也有社保体制机制的问题。现行体制是“现收现付，差额拨付”，“没有积累，总量不足”，“条块分割，难以调剂”，要求我们回去认真研究。同时强调，一旦不发养老金，退休工人就会流离失所，一定要发。要扩大覆盖面，提高收缴率，要统筹调剂。要加强管理和征缴，养老基金只能买国库券，不许干别的，防止挪用。还提出了由劳动和社会保障部、财政部、国务院体改办共同研究发国债充实养老保险基金和收取社会保险税的一些设想。这就是第二个确保的最初由来。

如果我们把第一个会议和第二个会议联系起来看，头一个会部署了“保生活”，后一个会在部署“保生活”的同时又部署了“保发放”，两会只隔一天，不是同步提出，却似同步部署。就这样，我去的时候是扛着一个任务，只解决下岗职工问题，回来时则背了两个任务，多了一个解决离退休人员问题。于是，一个确保变成两个确保，单肩挑变成双肩挑，任务倍增，压力沉重。所以，我在部机关干部大会传达长春会议精神时说，这次座谈会，实际上是为即将召开的“国有企业下岗职工基本生活保障和再就业工作会议”进行筹备的会议，开得非常及时，非常成功。它是在一个关键的时刻，到一个关键地区，召开了一个关键性会议，部署了劳动和社会保障部两个最关键最重要的职责和任务。会议不仅明确了下岗职工安置和再就业工作指导方针、政策措施，而且提出解决发不出养老金的问题，把两项工作提到同等重要的位置，共同部署实施。我同时指出，民以食为天，我国粮食连年丰收，饭是有的吃的。但对下岗职工来说没有一个就业岗位，就没有了饭碗，饭还是吃不到嘴里。长春会议就是抓就业，抓粮食，就是解决饭和碗的问题，具有不同寻常的意义。

这次座谈会之后，按照国务院的要求，劳动保障部随即开展对全国养老金拖欠问题的调查和统计工作。调查统计结果表明，在养老保险基金管理上有两个严重问题。一是企业拖欠离退休人员养老金。不仅东北有，其他地区也有，具有普遍性，而且面广量大，拖欠时间长，数额大。二是企业欠缴养老保险基金，且数额较大。欠缴问题已经到了非解决不可的地步。

经过调研，劳动保障部根据长春会议精神，提出了解决问题的对策建议。一是解决当前，采取应急措施“保发放”。主要是：“开仓放粮”，动用历年滚存积累基金；“余缺调剂”，城市间抽肥补瘦；“以收补欠”，强化当期征缴，追缴历年欠费，清理回收挤占挪用基金，“三收补一欠”；财政借支，有的动用省长预备金；“开源节流”，社会保险机构不再提取管理费，改吃“皇粮”。除优化资本结构试点城市的破产企业和“砸锭”的纺织行业的两个工种之外，不得搞提前退休等。这些措施对突击“保发放”起到立竿见影的效果，但难以治本，也难以持久。二是考虑长远，研究提出从根本解决体制性、机制性问题，拓展基金筹集渠道，调整财政支出结构，通过立法保证应缴尽缴和基金安全。在具体做法上主要包括扩大覆盖面，提高征缴率，实行省级统筹，行业统筹下放，制定社保基金征缴条例，统一缴费比例，实行五险统一合并征收，改差额缴拨为全额缴拨，改企业发放为社会发放。这些对策建议得到党中央、国务院的批准，并在 1998 年第三季度攻坚、1999 年第二季度决战中逐步实施，也为改革完善和实行统一的社会保障制度奠定了基础。

第三次会议是国有企业下岗职工基本生活保障和再就业工作会议。5 月 14 日至 16 日，党中央、国务院在北京召开基本生活保障和再就业工作会议。会议的主要任务就是讨论《关于切实做好国有企业下岗职工基本生活保障和再就业工作的通知》，对“两个确保”作出全面动员和重点部署。

至此，一场“两个确保”的攻坚战打响了。

王爱文：回忆“两个确保”有关政策出台及落实中的五件事[1]

2016年5月，收到我曾经的班长——人社部原副部长张小建同志（1998—2001年张小建同志任劳动和社会保障部培训就业司司长，我任副司长）寄来的三份材料：一份是部里同志们对积极就业政策出台情况的回忆，一份是关于1998年保障国有企业下岗职工基本生活和离退休职工养老金发放（简称“两个确保”）有关政策出台的回忆，最精彩的第三份是老部长张左己同志回顾这段难忘岁月时充满深情的讲话。看了这些珍贵的资料，不禁回想起了那激情澎湃的岁月。7月中旬，见到张左己同志。他和我讲，部里的老部下们建议把“两个确保”的这段历史记录整理下来。鉴于我那时直接参与了有关政策的制定，因此，让我也写一篇。这是一项既光荣又艰巨的任务。光荣不必说，艰巨在于我后来工作多次变动，许多笔记早已难寻。当时，党中央、国务院下发的文件还要上网细细查，所以只能根据回忆完成这篇命题作文了。

第一件事，“再就业中心”之由来，按照中央领导要求推广上海经验。

20世纪90年代中期以后，随着我国就业形势的变化，形成了三大类就业政策，即城市新生劳动力的“就业”，下岗职工的“再就业”和农村转移劳动力的“开发就业”。再就业特指下岗职工。在此之前，部里已经实施了下岗职工再就业工程，在上海等100多

[1] 根据中国劳动保障科学研究院访谈资料整理。

个大中城市产生积极影响，并初显效果。由于下岗职工问题已经成为全国性的突出问题，需要在国家层面出台大政策。

上海的各项劳动保障工作在全国一向有“领头羊”的作用。他们在抓再就业的同时，把下岗职工的基本生活保障也纳入进来，在下岗职工比较多的行业建立了“再就业中心”，对下岗职工进行托管，发放三年基本生活费，同时提供再就业培训等服务。三年后，下岗职工出中心，同时解除和原企业的劳动关系。开始在下岗职工问题突出的纺织行业试验，后来推广到其他行业。这个做法的好处是职工下岗有组织管理，不推给社会，最大限度地减轻了大规模下岗职工对社会的影响。按照国务院领导的要求，原劳动部和国家经贸委还专门组织了培训班，学习推广上海做法。1997 年底，劳动部责成就业司（毛健同志任司长，我任副司长），研究向国务院领导汇报国有企业下岗职工再就业工作的材料，重点是报告下岗的严峻形势和请示出台的政策。记得汇报材料多次讨论修改，后期，时任国务院副秘书长的张左己同志（联系劳动部）提示我们注意吸收上海经验，突出生活保障，并对汇报稿进行把关审定。

2 月初，我随同李其炎、林用三两位副部长参加了向国务院领导同志的汇报。根据国务院领导同志的要求，确定了先保生活，再考虑就业的政策取向。明确了建立再就业服务中心托管下岗职工，发放基本生活费，帮助再就业，资金从政府、企业、失业保险基金三个渠道筹集的工作要求。这既是“进中心、保生活、再就业”的解决下岗职工问题政策框架的起源，也是“下岗职工基本生活保障—失业保险—城市居民最低生活保障”三条线政策的起源。这次汇报中，经贸委的负责同志明确要求让劳动部牵头抓再就业工作，由此，保障国有企业下岗职工基本生活和再就业工作任务落在劳动部头上。

当年5月，在党中央、国务院召开的“国有企业下岗职工基本生活保障和再就业工作会议”上，“再就业服务中心”成为解决下岗职工问题的总抓手，也是主要的政策支点。

第二件事，1998年3月参加东北地区“三省一区”下岗职工问题座谈会。

1998年3月24日，我作为工作人员，随同新任部长张左己同志前往长春召开东北三省和内蒙古自治区主要负责同志座谈会，听取对下岗职工基本生活保障和再就业政策的意见。座谈会开始时，国务院领导对国务院拟解决下岗职工安置问题的基本政策作了说明。“三省一区”的负责同志对党中央、国务院出台下岗职工安置政策十分欢迎。用他们的话说，作为国有企业十分集中且下岗问题突出的东北，这套政策让他们十分“解渴”。东北地区国有企业最多的是辽宁，辽宁企业最多的是沈阳，沈阳企业最集中的是铁西区。这个被称为“东方鲁尔”工厂林立的工业区当时已经变成了中国最大的“下岗职工聚集地”，一大批国企职工处于“两不找”状态。当时，对“下岗”没有一致的说法。这个词来源于上海。东北当时叫“两不找”，还有的地方叫“放长假”，各地说法不统一。有人还提出，既然没有工作了，就不应该叫“职工”。后来，我们代中央和国务院起草文件，统一为“下岗职工”一词，并明确为“没有国有企业职工身份”，“无工作、无收入”，“没有和企业解除劳动关系”三个标准。还有的同志提出，“安置”一词计划经济色彩浓，下岗职工再就业不宜用“安置”一词。后来，就规范为下岗职工基本生活保障和再就业政策。回想“两个确保”政策的制定过程，上海和东北地区是从实践经验层面贡献最多的地区。

这次座谈会上，“三省一区”的同志还讲到，企业离退休职工养老金拖欠问题的严重程度和解决的紧迫性一点也不亚于下岗职工生活保障问题。也是这次会议，把离退休职工养老金保发放的题目加了进来。5 月份，党中央、国务院召开的会议明确，由“一个确保”增加到“两个确保”。离退休人员养老金发放政策的出台和落实，使广大离退休人员欢呼雀跃，纷纷感谢党和政府。下岗职工政策在执行中尽管比较顺利，但也出现了一些不同意见。有人担心把下岗职工集中起来三年就不了业，到解除劳动关系时职工不愿离开单位会有意见。甚至还有的人说下岗职工是“睡着的孩子”，进中心就被“拍醒”了。所以，各地下岗职工进中心进度偏慢且差距很大。由此发起了“7、8、9”三个月的攻坚战。2000 年以后，随着下岗职工出中心时间的到来，部里加强了对出中心再就业政策的研究，向党中央、国务院提出建议，出台了再就业中心与失业保险并轨政策和促进再就业政策。最终，针对 20 世纪 90 年代后期出现的大规模“下岗潮”制定的应急性政策顺利过渡到积极的就业政策，就业工作开拓出了一片新天地。

第三件事，解决军工等特殊行业的“两个确保”问题。

军工是个特殊行业，也是当时最困难的行业之一，其中，三线军工企业尤其困难，它们没有城市依托，就业和社保都不好解决。黑龙江有一户军工企业——庆华厂（626 厂），后来被首钢集团收购。这户企业多年困难，“两个确保”政策出台后，按照政策设定的筹资模式，下岗职工基本生活费由财政、失业保险、企业各出三分之一。企业出不起的部分，由所在集团或主管部门解决。当时庆华厂没钱可出，首钢也不愿出，失业保险的三分之一地方也出不起，解决问题难度很大。为此，主管副部长林用三同志直接到首钢集团协调，搞了个“三方协议”，首钢与黑龙江省主签，部里见证，才把资金落实下来。当时首钢接收的13家军工企业分布在许多省份，都面临类似问题，但庆华厂是最难的。后来，我们比照庆华厂模式与各省和首钢协调，最后都落实了生活保障资金来源。还有建筑企业，由于施工地点不固定，其下岗职工分散在许多地方，地方认为企业注册和失业保险缴纳都不在当地，不愿意出失业保险的三分之一。如唐山的二十二冶、陕西勉县的九冶、江西鹰潭的十冶等，都是我们一家一家地协调才解决了生活保障资金来源。类似这种个案很多，都是国务院领导批示，劳动保障部与财政部协调各方解决的。记得1998年、1999年、2000年国务院领导关于落实“两个确保”的批示每年都有100多件。至于各类片会、督查更是数不过来。那几年，和平里中街12号办公楼大片的灯光常常亮到晚上八九点钟，许多同志在办公室里放个旅行箱，随时准备出差。

“两个确保”政策已经过去近20年了，但在那个年代形成的无怨无悔的奉献精神，忙碌且高效率的工作节奏，中央机关同志同基层一线干部以及下岗职工、离退休职工同呼吸共命运的同志情感一直深深激励着我。在后来的工作中，遇到再苦再累再难的事心中也有底气。因为只有不忘初心，才有前进动力。

第四件事，1999年9月到黑龙江督查离退休职工拖欠养老金补发工作。

实施了“两个确保”之后，企业退休职工养老金由差额缴拨变为全额缴拨，打破了企业“自求平衡”的缴费与发放模式。养老保险成为真正意义上的“社会保险”，没有再发生新的拖欠。但在过去差额缴拨的机制下，拖欠离退休职工的养老金数额依然很大。解决这块“存量”不仅是广大离退休职工的期盼，也是党中央、国务院的牵挂。1999 年，适逢中华人民共和国成立 50 周年大庆，党中央、国务院准备为广大人民群众办几件实事，让大家感受到中华人民共和国成立 50 周年经济发展、社会进步带来的好处。提出在中华人民共和国成立 50 周年到来之前由中央财政安排资金，一次性解决历史拖欠养老金问题，要求劳动保障部与财政部共同研究拿出方案。两部立即紧锣密鼓地开展了工作，要求到 9 月底解决到位。这本来是一件好事，却引发了一些麻烦。不少省份提出，原来上报的拖欠缺口不准确，实际拖欠数额比上报的大，要求重新上报追加中央财政补助。此时再追加资金已无可能，调整数据也不严肃。一些地方担心拖欠底数不清、资金不够，所以不敢发放。国务院要求两部就此事到各省督办。

9 月下旬，我带队到黑龙江去督办，到了问题最突出的齐齐哈尔。在和平厂（一户军工企业）召开了离退休职工座谈会。十多个老同志围着我，情绪十分激动，他们说已经从报纸上看到中央要补发拖欠的养老金，感到十分高兴，但到现在还没拿到手，质问是怎么回事。一位老同志拄着拐杖说："你是部里来的同志，必须给我们解决问题，否则就不要走了!"那天，进企业时我就知道是一场考验。事先也和省、市的同志研究了办法，省里和市里已经决定从财政安排、银行贷款和动用社保结余三个渠道筹资。所以，我劝告老同志不要激动，向他们介绍了国家补发拖欠离退休职工养老金的安排，还有省、市筹资的安排。费了一大通口舌，老同志们才放我出来。

"两个确保"政策出台解决了当期养老金发放和下岗职工基本生活保障问题。但国企多年困难和差额缴拨造成的拖欠养老金和工资的历史遗留问题是在后来才解决的。2008 年我到伊春工作，当时国家出台政策帮助解决历史拖欠工资。我了解了一下，由于林区管理分散、体制特殊，除了拖欠的工资，还有一些历史拖欠养老金没有清算，后来争取省里支持，把拖欠的养老金一次性解决了。冰冻三尺非一日之寒，解三尺之冰也非一日之暖。历史遗留问题的解决是随着我国国力的增强才具备了解决条件的。我到黑龙江工作后发现，老工业基地遗留的历史问题真不少，老知青、大集体、五七工、棚户区等都是计划经济初期遗留下来的。好在党和政府关心群众生活，承认历史贡献，后来又陆续解决了很多问题。

第五件事，出台资源枯竭关闭破产企业职工安置政策。

1997 年，中央确定，要用三年左右的时间让大多数国有企业摆脱困境。主要政策措施是当时著名的五句话："鼓励兼并、规范破产、下岗分流、减员增效和再就业工程。"为此，国务院设立了专门办公室，设在经贸委。主要部门有经贸委、财政部、劳动部、中国人民银行 4 家，我是代表部里的联络员。这个办公室的主要任务是处理破产问题。主要政策有四方面，审定拟兼并破产企业，核销贷款呆坏账，清偿债务，解决职工安置问题。按照国务院领导的要求，要逐个行业解决脱困问题。于是，就有了这个顺序：1997 年解决纺织行业压锭问题，1998 年解决中央直属煤炭企业下放问题，1999 年解决煤炭有色行业脱困问题，2000 年后解决军工问题。其间，还有天然林保护区林业企业关闭、山东重汽重组、三峡库区淹没区企业搬迁关闭等系列个案问题。而且，对国企破产问题逐户研究，几乎每个破产个案都抽调有关部门人员组成工作组。当时，直接兼并重组难度大，多数困难企业都走了关闭破产的路子，即使有的进行了兼并，也有局部破产的情形。

关闭破产工作最初选择在辽宁的煤炭和有色行业开展试点。

1999年3月，按照国务院指示，经贸委、财政部、劳动保障部几个部委的主要负责同志赶赴辽宁，研究解决关闭破产企业工作中遇到的问题。我作为主要工作人员和其他司局的同志随张左己部长到了沈阳。

按当时政策，关闭破产企业离退休职工管理和养老金发放工作交地方，距离退休不满五年的职工提前退休，其余职工发放补偿金一次性解除劳动关系。这个政策在有城市依托的企业执行没有太大问题。但到了矿区，问题就来了，职工就业困难，退休职工一下子增加太多，属地社保承受不了，还有伴生的“怀抱大集体”职工，属集体身份但在国企“混岗”职工，企业所办学校、医院等社会服务业的职工一旦母体企业关闭，都失去了依附。另外，破产企业资产流失严重，即使免除银行债务也难以变现资金。因此，地方普遍要求进一步出台更优惠的政策。主要有：一是井下等特殊工种的职工退休政策再提前五年，二是“混岗”集体职工一起安排，三是对增加的退休职工和移交的社会服务事业由中央财政增加补助。记得在辽宁的北林宾馆，各部委领导开了几乎一夜的会。难题在于突破现行政策不仅担心引起攀比，而且中央财政负担较大，社保压力也大。其间有一件趣事，我印象深刻。张左己部长和财政部副部长高强同志都吸烟，他们带进会场的烟随着会议的延长抽完了，高强同志向张左己亮了亮空烟盒，张左己微笑着也向高强亮了一下自己面前的空烟盒。张左己示意我取烟，我赶紧出门找他秘书让送进两盒。经过反复讨论，多数同志认为，没有城市依托的资源枯竭企业破产应当给予更优惠的政策，只要把政策限制在这个范围，其他企业和地区不会攀比。同时，煤矿是中央刚刚下放给地方的，中央应当管。中央负责给够政策，地方负责维护稳定。最后，辽宁提的多数政策要求被采纳。2000 年，中办、国办出台文件，把这套政策正式确立下来。在做法上还有所调整，比如把职工解除劳动关系的补偿金不一次发放，而是除了按月发生活费外，剩余部分抵顶职工到退休年限缴纳的社会保险费，以便接续社保关系，保障职工退休后正常领取养老金。后来辽宁的一些厂矿都按此政策实施了关闭破产，总体还算顺利。后来军工三线企业搬迁也比照了这个政策。由于这套政策的出台，资源枯竭企业和三线军工企业的下岗职工和离退休职工基本生活有了更加可靠的保障。

林用三：加强劳动力市场建设促进并轨稳步实现[①]

从1998年到2001年，我在新组建的劳动保障部分管就业培训工作，且超期服役了三年，亲历了“两个确保”，特别是确保下岗职工基本生活的工作，并指导启动了加强劳动力市场建设和推进并轨工作按照党中央、国务院的统一部署，在各级党委、政府的领导和各部门、各方面的共同努力下，经过三年艰苦奋斗，“两个确保”不断得到巩固。1998年至2001年6月，全国2429万名下岗职工中，有2300多万人进入再就业服务中心，进中心的下岗职工又有99%左右能按时领到基本生活费。与此同时，我们在确保企业离退休人员基本养老金按时足额发放方面，也取得了可喜的成果。

实践证明，实现“两个确保”，一方面有力地维护了社会稳定，为各项改革的顺利进行和经济发展创造了安定团结的社会局面，另一方面有效地促进了国有企业富余人员分流安置、进入社会等问题的解决，使得国有企业能够减员增效，轻装上阵，实现三年改革脱困的目标。此外，通过这样一种特殊的过渡性保障措施，既维护了职工的切身利益，又缓解了职工直接进入社会所带来的冲击，实现了“软着陆”，同时还建立了一套从上到下的运作机制，包括政策的制定、资金的调节、服务的完善、观念的转变等。

一、保生活是过渡，建市场是目标

在部署“两个确保”时，党中央、国务院就十分明确地提出，

① 根据中国劳动保障科学研究院访谈资料整理。

下岗职工进中心保生活的政策是过渡性的，是在社会保障体系不健全、劳动力市场发育不充分的情况下，不得已而为之的一种过渡措施，最终的目标是要用5年左右的时间建立起市场就业机制。为此，必须加快劳动力市场建设，完善社会保障体系。

为尽快将此精神落到实处，1999年6月，劳动保障部在贵阳市召开全国劳动力市场建设座谈会（以下简称贵阳会议），这次会议在对全国100个城市开展劳动力市场科学化、规范化、现代化即“三化”建设试点进行部署的同时，张左己部长还首次明确提出了“双轨、转轨、并轨”三步走的战略思路，得到了党中央、国务院领导的肯定，并在实践中产生了重大影响。可以说，劳动力市场建设，在这三个阶段中都有着重要的作用。贵阳会议后，劳动力市场建设进入了大踏步前进的时期，朝着科学化、规范化、现代化的方向迈上了一个新台阶，也促进了转轨、并轨的实现。

与此同时，在完善社会保障体系方面，党中央、国务院也出台了一系列重大改革措施，其中对推进并轨具有最直接作用的有三个方面：一是预筑失业保险堤防。先是在1998年将失业保险征缴比例由1%提高到3%，并引入个人缴费机制，紧接着在1999年借两个条例出台的有利时机抓扩面征缴，“高筑堤、广集资、善管理”，不仅保障了失业人员的基本生活和促进了再就业，而且增强了失业保险基金向再就业服务中心的资金调剂能力，为顺利推进并轨创造了条件。二是大力推进医疗保险制度改革，使下岗职工走向社会时可以获得医疗保险。三是进一步完善养老保险制度，使下岗职工养老保险得以接续。社会保障体系的逐步完善，进一步解除了下岗职工的后顾之忧，为推进并轨，形成市场导向的就业机制创造了条件。

几年的工作实践启示我们，要将工作不断向前推进，必须立足当前，着眼长远。建中心、保生活是当务之急，保就业、建机制是长远目标。几年间，我们在切实做好“两个确保”的前提下，不失时机地提出了建立社保体系的措施，提出了要把工作重点转移到促进就业上来，提出了大力开展社区就业，为推进转轨、并轨，最终建立市场导向就业机制奠定了基础。

几年的工作实践同时启示我们，在整体推进工作的同时，必须因地制宜，分类指导。中国地域辽阔，东中西部不同地区存在着巨大差异，在同一个省、自治区之内，不同地市的经济发展水平、市场发育程度、改革进展等也同样存在较大差异，不可能用一种模式、按同一进度解决所有问题。贵阳会议上，张左己部长提出要唱“南腔北调”，即在经济比较发达、就业环境相对宽松、市场观念比较强、承受能力也比较强的东南沿海地区可以率先实行转轨、并轨。其他地区则从本地实际情况出发，择机逐步建立和完善市场就业机制，不搞齐步走、“一刀切”。实践证明，这个部署是十分正确的。

二、建中心虽已完成，出中心又成新挑战

进入 2001 年，“两个确保”面临的形势和任务发生一系列新的变化，最大的特点就是从进中心转到出中心。当初建中心、进中心是因为我们市场不健全，社保不完善，没有条件将下岗职工释放到社会；现在撤中心、出中心，是因为经过三年的艰苦努力，实现“两个确保”，经过平稳过渡，下岗职工观念转变，市场机制和社保体系的建设也加快推进，已有能力承接出中心的下岗职工。如果说前三年我们工作的重点是进中心、筹资金、保生活，那么之后一个时期的工作重点则是出中心及出中心后的管理服务、保障接续

和就业援助；如果说前三年我们建市场、抓社保，建立“三条保障线”，主要还是预筑堤防，那么之后一个时期的劳动力市场、就业服务和失业保险工作，就到了经受现实严峻考验，充分发挥作用的时候；如果说前三年企业再就业服务中心作为对下岗职工进行管理服务的主要依托，发挥着关键性的桥梁和蓄水池作用，那么之后一个时期，随着越来越多的下岗职工协议到期出中心，就业服务机构将成为承担下岗失业人员管理服务的主要载体。新的形势下，国有企业下岗职工基本生活保障和再就业工作任务更重，难度更大，主要存在着四个方面的问题：

第一个问题是如何应对大批下岗职工协议期满出中心。第二个问题是如何应对空前加大的就业压力和失业率攀升。第三个问题是如何应对下岗失业人员管理服务社会化的要求。第四个问题是如何解决好下岗职工出中心后进入失业保险和低保。因此加强“三条保障线”衔接工作迫在眉睫。

三、加快建市场，促进再就业，推动并轨工作

面对上述问题，我们在看到任务艰巨性并增强责任感和紧迫感的同时，也看到了改革方向、原则和政策已经明确；看到经过三年工作，各级政府都建立起一套目标责任制，并将这项工作纳入了政府工作重要日程；看到资金有了固定来源以及经过三年努力，工作已有相当基础等诸多有利条件，进而坚定了解决问题的信心。

在此情况下，主要启动了这样几个方面的工作。

（一）全面推进劳动力市场建设，完善就业服务体系

经过两年多的试点，全国的劳动力市场建设已经上了一个台阶，打下了很好的基础。但是，这样一种基础毕竟还只是分布在若

干个点上，就整体而言，进展还极不平衡，这就需要大力推广“三化”建设的试点经验，使之在更大的范围内开花结果。

一是努力在就业服务机构向街道、社区延伸上有较大突破。基础不牢地动山摇。街道、社区的就业服务力量加强了，有这样一个机构和一支队伍，就业服务网络就在社区扎下了根，就可以把管理服务工作落实在社区，把大量矛盾化解在社区，把政府的关怀送到下岗失业人员家里。

二是在建立健全公共就业服务制度上实现了较大突破。开展公共就业服务是就业服务体系的一项基本的也可以说是最核心的功能。1998 年中央 10 号文件中首次明确提出，公共职业介绍机构要对下岗职工实行免费服务。100 个试点城市已经比较好地落实了这一要求。在服务内容和形式上，各地也有许多创新，如“即时服务”、“承诺服务”、多种形式的职业指导和免费培训、为就业困难的下岗失业人员购买公益性岗位等。把各地的经验集中归纳起来，已经可以清晰地看到我国公共就业服务制度的基本轮廓和主要内容。在此基础上，我们选择尽快在各个城市将这项制度真正建立起来作为工作重点，特别是细化和落实财政预算中促进就业的经费支出项目，使政府促进就业的投入制度化，使对就业困难群体的免费服务和各种扶持就业的具体措施成为长期稳定的政策。

三是在拓展服务范围和服务功能上有较大突破。在强化公益性服务的基础上，我们努力使就业服务机构瞄准市场需求，大力拓展服务领域，只要是市场需要的服务项目，我们都积极开拓。我们还要坚持眼睛向内，不断完善内部管理体制和运行机制，不断提高服务效率和服务质量，增强就业服务机构的整体功能。

四是在构筑社会化的就业服务体系和规范劳动力市场秩序上有

较大突破。规范劳动力市场秩序，严厉打击各类非法职业中介，切实保护劳动者合法权益。

（二）积极稳妥地做好出中心、再就业工作，这是推进并轨的当务之急

协议期满下岗职工出中心工作政策性强、涉及面广、敏感度高，必须高度重视，合理把握节奏和力度，以慎重的态度加以处理。在此方面，我们主要做了这样几项工作：一是坚持1998年中央10号文件关于建立市场导向就业机制的方向和协议期满出中心的原则不动摇，在这个前提下，进一步完善有关政策。按照规定支付经济补偿金和清偿债务，分清政府与企业的责任。对法律、法规规定属于企业的责任，坚持以企业为主体进行处理，而不是政府包揽下来。二是坚持区别对待的原则。对实行合同制前后参加工作的职工、老下岗职工、新企业裁员等，提出了不同的对策，对年龄偏大的下岗职工给予适当的照顾，确保这些下岗职工无论在中心内还是出中心后，基本生活都能得到切实保障。三是把解决建立新体制遇到的问题与解决历史遗留问题区分开来，推进并轨。

解决下岗职工问题的根本出路在于再就业。在大批下岗职工协议期满集中出中心的形势下，再就业就显得愈加重要。因为再就业是下岗职工最基本的需求和最迫切的愿望，我们只有把工作着力点放在再就业上，才能真正得到职工群众的拥护和支持。同时，也只有在使比较多的下岗职工实现了再就业或者是妥善安置的情况下，出中心、解除劳动关系的问题才能更容易被职工所理解和接受。我们深知，解决就业问题的根本出路在于经济发展，较快的经济增长速度和产业结构的不断优化是拉动就业增长的火车头，因此必须实施一系列有利于扩大就业的产业政策、财政政策、贸易政策和货币

政策。但是我们同时也认识到，经济增长对就业的拉动并不是一个自然而然的过程。在既定的经济增长速度和产业结构的格局下，实现劳动力供给与需求的合理匹配，特别是帮助那些劳动力市场中的弱势群体找到就业机会，必须辅之以积极的劳动力市场政策，这是我们的劳动力市场和就业服务机构大展身手的领域。因此，我们继续借鉴过去落实再就业优惠政策、开展再就业培训、开发社区就业岗位、探索灵活多样的就业形式方面积累的经验，进一步推动政策的落实和服务质量的提高。同时于 2001 年 6 月提出了以协议期满出中心的下岗职工特别是就业困难的人员为重点对象，以保生活、促就业、接保险为主要内容的再就业援助行动。

同时我们还看到，当时滞留在中心的下岗职工大多是年龄偏大、技能单一、就业能力较弱的就业困难人员，他们对出中心以后的再就业、社会保险关系接续和基本生活保障普遍存在顾虑。因此，我们将做好这些人员的再就业和社会保障工作作为当时解决下岗职工问题的重中之重。对出中心的下岗职工，绝不是推出去不管，而是继续关心他们的就业和生活问题。要求就业服务机构要满腔热情地向他们提供就业服务，提供有针对性的职业指导、职业培训和职业介绍，帮助他们尽快找到新的就业岗位，同时还要帮助他们接续社会保险关系。帮助下岗职工平稳出中心，尽快再就业，顺利接保险，就能使他们感受到党和政府的关心，感受到社会的温暖，保持社会的稳定。

（三）继续保持财政支持力度，切实用好资金，这是推进并轨的重要保障

推进并轨工作，资金支持是必不可少的。2001 年后，虽然多数地区企业裁员不再进中心，但工作压力不是轻了，而是重了，而

且有多重压力，在中心的要继续发生活费，出中心的要再就业或享受失业保险，要做的事情更多，要花的钱也更多。在这种形势下，要进一步推进工作走向深入，一方面需要继续保持应有的财政支持力度，另一方面则需要根据工作的进展和要求，相应安排用于出中心、再就业和补充失业保险的资金。基于如此要求，当时，国务院领导同志多次明确提出，中央财政将继续保持已有的支持力度，中央财政资金的总规模几年内不减少，各级政府原来安排用于下岗职工基本生活保障和再就业的资金规模也不能减，同时应在确保已进中心下岗职工基本生活的前提下，根据新的形势和任务要求，按照有利于促进下岗职工出中心、再就业，有利于保障失业人员和生活困难居民基本生活的原则，合理安排资金。2000 年国务院 42 号文件则规定，财政支持资金在确保下岗职工基本生活的前提下，可以合理调整资金使用方向，具体办法由省级人民政府制定。根据文件精神，各地纷纷制定相关办法，加强与财政等部门的协调，用足用好政策，把已有的各项政策落到实处。在管好资金，从严掌握的同时，确保有限的资金用在刀刃上。

多年的持续努力，不仅使 1998—2003 年成为社会保障制度改革力度最大、再就业工作进展最快的一个时期，基本完成从计划经济向市场经济转轨过程中劳动力结构的大调整，并通过制定积极的就业政策，对新时期就业工作从战略方针和具体措施上做出了全面部署，还促使社会保障体系框架在我国基本确立，市场导向的就业机制在华夏大地初步形成。

孔长起：从“两个确保”到“积极的就业政策”[①]

20世纪90年代初，天津市委、市政府主动抓住历史机遇，明确实施“三五八十”的发展战略。其中“八”是用8年左右时间，对国有大中型企业嫁接调整改造一遍。这既是天津发展的战略选择，也是浴火重生的痛苦抉择。天津是中国近代工业的发祥地，工业发达、门类齐全，新中国第一台电视机、第一部电话、第一架照相机、第一台汽车发动机、第一块手表均产自天津。但是作为老工业城市，也面临着国有企业技术设备落后、冗员较多、效率低下等问题，实施转型调整必然带来严峻的职工安置压力。加上1997年开始的亚洲金融危机的影响，大批国有企业开始出现大面积集中下岗。许多企业生产经营困难，下岗职工基本生活费保证不了，离退休人员养老金不能按时足额发放，给全社会带来了巨大压力。市委、市政府高度重视，多次听取专题汇报，进行重点研究。1997年，经局党组研究，我由政策法规处处长提任局长助理兼就业处处长，从政策研究冲到了就业工作的第一线，对当时面临的泰山压顶般的工作情景至今记忆犹新。

大约到就业处工作半年后，1998年5月，党中央、国务院召开了国有企业下岗职工基本生活保障和再就业工作会议，会议作出了“两个确保”的重大战略部署，明确指出，解决下岗职工的基本生活保障和再就业问题，是深化国有企业改革的基础条件。能不能在3年内力争大多数国有大中型亏损企业实现摆脱困境的目标，关

① 根据中国劳动保障科学研究院访谈资料整理。

键在于下岗职工能否得到妥善安置，各级党政领导干部都要给予高度重视，加大工作力度，由此奠定了中国积极就业政策的基础和中国特色社会保障体系的基石。对于天津这个老工业城市来说，“两个确保”为维护社会大局稳定，实现“三五八十”阶段性奋斗目标提供了有力支持。此后，在应对2008年国际金融危机、企业转型升级、供给侧结构改革、化解过剩产能中，以“两个确保”为基础的积极就业政策都发挥了重要作用。

按照中央对“两个确保”的部署，天津市委、市政府确立了“想问题、定政策、办事情，始终着眼于中低收入群众”的工作基调，提出了“用积极的态度、发展的办法解决就业问题”的工作思路。积极的态度，就是要带着对人民群众的深厚感情，政府促进、搭建平台，政策扶持、加大投入，各方支持、形成合力，对职工群众不搞“一脚踢”；发展的办法，就是在经济发展中创造更多的就业岗位，扩大就业规模，实现经济发展与扩大就业并举、良性互动。我们一方面开始在企业建立再就业服务中心，筹集发放基本生活保障基金，较好地保障了下岗职工的基本生活；另一方面加大政策扶持和服务力度，积极推进下岗职工出中心、进市场，从根本上解决再就业问题。在实践中，形成了一系列具有天津特色的就业工作理念、政策和机制，走出了一条由“两个确保”到积极的就业政策的路子。

一、由单位人转向社会人

在计划经济体制下，国有企业为职工提供了内容丰富的保障方式。企业减人增效、职工下岗分流改革实施后，必须建立健全社会化的管理服务体系，在这方面要舍得下力气、花本钱。由此，我们加强了“两级政府、三级管理、四级网络、五级平台”的公共就业人才服务体系建设。原国家人事部和劳动保障部在天津建立了中国北方人才市场、中国天津人力资源开发服务中心、中国天津职业技能公共实训中心，搭建了国家级服务平台；市政府投资新建了人力资源发展促进中心、职业培训和职业技能鉴定中心，搭建了市级服务平台；21个区县全部建立人力资源市场和社会保障中心，106个街道和241个乡镇全部建立劳动保障服务中心，1800个社区和3600个行政村全部建立劳动保障服务工作站。这样就在社会上搭建起多层次的服务平台，为下岗职工提供就业指导、培训等多方面服务。为了把就业政策落到实处，就业服务平台建立了“一联盟、二对接、三同时”的工作机制。“一联盟”是由就业部门发起并动员各类企业参加，把提供岗位与兑现政策和服务紧密结合起来而形成的再就业联盟制度，既聚拢了企业发展所需的就业岗位，又通过政策支持、就业服务等措施支持企业的发展。“二对接”是把新建工程项目库与人力资源库相对接，实现沟通供求，合理配置，提高再就业的针对性和有效性。“三同时”是项目建设与促进就业工作同时进行，凡是政府投资项目、新建扩建项目、公益性项目，在立项审批的同时，签订招用下岗失业人员协议；在开工奠基的同时，签订员工培训协议；在投入运营的同时，帮助企业和职工签订劳动合同、参加社会保险、兑现扶持政策。“一二三”就业机制一直延续至今，使我市就业岗位的开发理念和工作方式发生了深刻变化。过去是被动地等，静态地管，等职工下岗进行登记、劳动力上岗后管理；现在是统筹安排、提前介入，主动上门落实岗位，及时输送、按需配置、提供服务、兑现政策，形成了岗位开发与资源配置协调发展的局面。

二、由生活保障转向就业保障

“两个确保”题中之义是确保下岗职工和离退休人员基本生活。“三条保障线”的建立解决了下岗失业人员和城镇生活困难人员的基本生活保障问题，但就业不充分，群众生活困难还没有从根本上解决。由此，我们实行再就业与失业保险和城镇低保工作联动，对享受失业保险和城镇低保的人员提供就业服务，帮助他们再就业和自谋职业，结余的失业保险基金和低保资金全部用于支持再就业。这样，变失业为就业，变下岗为上岗，变吃“低保”为通过就业获得劳动报酬，走出了一条由生活保障向就业保障发展的新路子。当时，一些下岗职工主动适应市场需求，已经从事了灵活就业，但是由于单位生产经营困难，使社会保险没着落，始终存有后顾之忧。我们从实际需要出发，出台了促进灵活就业的社会保险补贴政策，一直补贴到退休，通过社会保险的连续性实现了就业的稳定性。这项政策的实施得到了下岗职工的拥护，也维护了社会的平和与稳定。

在2008年金融危机和2016年去产能过程中，我们又将社保补贴政策延伸到了企业帮扶上，取得了很好的效果。在建立再就业服务中心过程中，我们发现还有千余户困难企业，多数企业无产品、无经营、无岗位，无力偿还职工的历史欠债和支付经济补偿金。这些企业约有23万名在职职工，我们经过认真调研认为，这些职工大部分已经实现再就业，应先抓住主要矛盾，在有条件的企业建立再就业服务中心，先易后难，循序渐进，随后再解决这些历史遗留问题，用时间争取空间。一直到2004年，“并轨”工作全部完成后，我们按照职工全部安置、债务一次结清、企业退出市场的原则，实施了困难企业平稳退出市场、整体分流安置职工政策。对

"4050"人员、丧失劳动能力人员，建立托管中心，给予社保补贴到退休；对转移和解除劳动关系的人员依法给予经济补偿金；对吸纳这些人员的企业给予就业安置补贴。全市共筹集资金18亿元，使困难企业的历史遗留问题得到妥善解决，化解了不稳定因素。

三、由促进就业转向鼓励创业

创业是高质量的就业。让下岗失业人员凭借自己的勤劳与努力，成就一番事业，才是永不下岗的保障。为此，我们坚持以创业带动就业，加大了创业培训和创业服务工作力度。2000年，市政府投资建立了1.2万平方米的天津市创业培训中心。2002年，中心引进了国际劳工组织SYB系列培训项目，并将创业培训与小额贷款有机结合，建立了创业培训、项目开发、专家咨询、小额贷款、跟踪服务"五位一体"创业服务模式，形成了"以培育创业主体为先导、以建设创业载体为基础、以提供创业资金为保障、以推介创业项目为手段"的创业工作格局。2003年，中心被列为"国家创业示范基地"和"中国北方创业师资培训中心"。十余年来创业培训中心培育了一大批创业成功的小老板，发挥了创业带动就业的倍增效应，并为其他省市培训了300多名创业师资。国际劳工组织评价创业培训中心创立了"天津工作模式"，2007年出席亚洲就业论坛的代表专门到中心进行考察。

我们坚持创业要因地制宜、因时制宜，针对下岗女工年龄偏大、技能单一、实现市场就业有一定困难的问题，制定专门政策扶持组建天津市妇女手工编织站，组织下岗女工足不出户实现再就业，累计帮助了15万名大龄下岗女工，被誉为"小小编织站，就业大舞台"。

这两年，在“大众创业、万众创新”的时代背景下，创业培训中心集多年的实践积累，融合了创业贷款、天使投资、融资租赁等资金扶持政策，着力搭建“孵化器—加速器—产业园”的推进模式，力争在“双创”特区建设中发挥更大的作用。

四、由企业负担变为社会财富

过去一般都认为，下岗失业人员是社会不稳定因素。但是在多年的工作实践中，我们深切感受到，下岗失业人员是财富，不是包袱。只要我们的再就业政策落实到位，就业服务工作到位，支持他们自主创业和实现再就业，就能够激发他们的积极性和创造性，成为促进经济建设和社会发展的重要力量。在2003年抗“非典”期间，我们一手抓抗“非典”，一手抓再就业，组织万名下岗失业人员成立了1800余支消毒保洁服务队，这些人成为社区消毒保洁的中坚力量，他们用忠诚和勇气来体现价值，回报社会，成为当时津城抗击“非典”一道亮丽的风景线。这些消毒保洁队以后顺势转化为公益性再就业组织，活跃在交通协管、社区绿化等公益性岗位上。一批下岗失业人员在创业成功后，不忘回馈社会，连续多年开展“同献爱心，回报社会”慰问活动，主动捐款，提供岗位，与下岗失业人员困难家庭开展结对帮扶。2003年末市委举办“三五八十”成果展览活动，我们组织万名下岗失业人员参观展览，使他们融入和感受家乡的发展变化，下岗失业人员纷纷在“为天津经济跨越式发展做出新贡献”30米条幅上庄重签名，很多人表示我们是“三五八十”的建设者，也是受益者，要自觉投身天津未来的建设中。条幅现已保存在天津市档案馆，成为历史的见证。

从“两个确保”到“积极的就业政策”，这是我们在世纪之交国有企业波澜壮阔的改革背景下经历的一场攻坚战。回顾这段全系统日夜兼程、并肩作战、殚精竭虑、攻坚克难的日子，尽管时过境迁，心里仍然充满激情。往事并不如烟，当时探索建立的就业政策和工作机制，不但推动了国有企业改革和天津“三五八十”发展战略的实现，帮助几十万下岗职工渡过了难关，而且作为积极就业政策的组成部分，一直发挥着重要作用。我觉得，这种探索和实践对于我们解决当前和今后一个时期的就业问题仍具有重要的启迪和借鉴作用。

王文龙：努力探索，开拓社区就业新领域[①]

社区就业是20世纪90年代末开启的就业新领域，主要是为下岗失业人员提供就业岗位，开展就业服务，并通过小额担保贷款推动社区基层就业。参与这项工作，特别是为推动社区就业和小额担保贷款做出努力和贡献，也是我职业生涯中值得回忆的事情。

一、启动社区就业之初衷

1998年7月，部里在北戴河开会研究下岗职工进中心（再就业服务中心）保生活，三年以后出中心就业问题怎么解决的问题，要求我们下去调研了解情况。当时对下岗职工出中心以后怎么办，我们头脑中也是一片空白。到河北、江苏、江西、安徽、四川几个省和地方劳动部门、就业服务机构的同志直接进入街道、社区居委会，经过20多天的调研，召开了各类人员座谈会11个，基本上摸清了几个问题。一是有的城市的下岗职工没有进中心，已回到社区。社区居委会对他们进行了登记，并推荐了工作。二是居委会同志直截了当地反映：你们劳动保障部门要提前介入这项工作，我们现在是替你们干活，你们可以派人来，也可以提供经费，由我们聘人来做这项工作。三是基层区、街道、社区居委会一致认为，今后大力发展社区经济，第三产业、社区服务、公共服务、生产生活服务的就业岗位要大力开发，就业的空间很大，只要下岗职工不挑不拣，就业没有问题。四是一些地方就业服务机构的同志对社区就业

① 根据中国劳动保障科学研究院访谈资料整理。

积极性不高，有些同志认为这是劳动保障部门的整体工作，希望我们不要大包大揽。

11月底，司里要求我们进一步了解基层开展工作情况。通过1998年对辽宁本溪、河北邯郸、江苏常州、安徽马鞍山、福建南平、四川南充调研，发现这些城市街道社区都在不同程度上开展了对下岗职工的服务工作，多数是采取了由就业服务机构派一名工作人员到社区，费用由就业部门负担，还有的是地方政府出经费、街道社区聘人、就业服务机构管理。当时江苏省常州市的做法有一定代表性，这个市对下岗职工组织进中心的比较少，大多是直接进入街道社区，市政府为每个街道社区增加一名工作人员为下岗职工服务，经费由市政府拨发。当时他们把这个工作机构叫下岗职工社区服务站，与居委会合署办公，由市就业服务机构直接管理。向司里汇报后，张小建司长说常州的做法挺好，并讲这个站就是社区就业工作平台，条件成熟时可在常州开个现场会。我与江苏省就业服务机构的同志进一步总结提炼了常州的做法，使其在原来的基础上又提高了一步。1999年4月，劳动和社会保障部在常州市召开了关于发展社区服务业、小企业促进再就业现场会，林用三副部长、张小建司长分别在会议上作了重要讲话。从此社区就业工作在全国推广开来。

二、创建充分就业社区

社区就业工作推动平台建设，平台建设又促进了社区就业工作。各地在工作中总结了一些很好的做法，如开展无失业社区、“零失业”社区、先进就业社区、“零失业”居委会、最充分就业社区等，真是百花齐放，令人振奋。部里充分肯定了这些做法，并要求统一称为“充分就业社区”，还决定在100个重点联系城市搞试点。我们起草了方案，制定了标准，张小建副部长亲自做了修改，于2001年下发了《关于指导重点联系城市制定社区就业工作方案的意见》。由此，100个重点联系城市创建充分就业社区的工作开展起来了。《中共中央、国务院关于进一步做好下岗失业人员再就业工作的通知》文件提出，“要充分发挥社区在就业和社会保障方面的服务功能，街道劳动保障工作机构要在社区聘用专门的服务人员，并提供工作经费，建立统一的社会保障和劳动就业工作体系”。促使劳动保障平台建设进入了一个新的发展阶段，编制、经费也得以解决。劳动保障协理员队伍建设的进一步加强，大大推动了100个重点联系城市创建充分就业社区工作的开展。我们还组织了充分就业社区评估、表彰工作。到2006年2月，全国正式命名充分就业社区1500个。充分就业社区使有就业愿望的下岗失业人员实现了再就业，就业率达95%，“4050”人员再就业100%，持《失业证》和《再就业优惠证》的人员和长期失业者就业率达90%。

三、开展信用社区工作

为了解决下岗失业人员在社区创办社区就业实体、微小型企业过程中遇到的开办资金的难题，根据部领导的指示，2001年11月，我们组13个省、7个地市的同志，邀请中国人民银行、国家经贸委召开了座谈会。大家一致认为这个问题应该解决。之后，我与人民银行信贷司的同志下去调研。地方银行的同志提出，如果要下决心解决这个问题，就应采取小额担保贷款的办法，由地方财政负责担保资金，成立担保机构。大家都认为这个主意挺好，但要实现难度很大，需要财政部、中国人民银行报国务院审批后才能施行。回来后，我们向张小建副部长作了汇报，他听后很高兴，并让我负责协调下面，他负责协调上面。在我的记忆中，从2002年2月我们提出这个建议，到9月中央召开下岗失业人员再就业工作会议并下发《中共中央、国务院关于进一步做好下岗失业人员再就业工作的通知》，近8个月时间里，部领导对上对下做了大量的宣传、协调和争取工作，最后在文件中明确规定了“各省、自治区、直辖市和地级以上城市要建立下岗失业人员贷款担保基金，所需资金主要由同级财政筹集，担保机构由当地政府确定”，“个人自愿申请、社区推荐、劳动保障服务机构审查、担保机构承诺担保……中央财政据实全额贴息”，这项优惠政策真是来之不易。

开展信用社区工作，把小额担保贷款政策切实落实到位。政策在全国贯彻执行中出现了新问题，下岗失业人员反映：“小额担保贷款是块好肉，但是我们没有福气，吃不到嘴里。”听到这个反映后，我和处里的同志立即去一些省市的银行、担保机构了解情况，担保机构确实没有给下岗失业人员提供担保，其原因是担保机构没有信用记录，按规定不能提供担保。担保机构曾提出让劳动保障部门的就业服务机构或街道、社区居委会承担这个责任，始终没有得到解决。后来，我向中国人民银行有关同志反映了这个问题，他很支持。正好国务院派出再就业政策督查组对地方贯彻落实政策情况进行督查。张小建副部长把我和时任中国人民银行副行长吴晓玲分到一个组，对湖北、湖南进行督查。一路上，我向吴行长多次反映这个问题，她说我们共同想办法。在与湖北、湖南银行和担保机构同志座谈后，她提出再多看几个社区就业平台，看完后，她说：“文龙，你们有这么好的社区就业平台，怎么不利用起来搞信用社区呢?”她提出让担保机构和社区就业平台联合起来共同创建信用社区，这样问题就好解决了。当时我请湖南赵湘平厅长研究，厅长说这是好事，可以先搞试点。张小建副部长对这件事十分重视，很快组织我们召开会议，布置在 100 个重点联系城市的充分就业社区开展创建信用社区工作。各地积极性很高，地方的就业服务机构、街道、社区、银行、担保机构联合起来创建信用社区工作，进展很快。建立信用社区的下岗失业人员贷款过程很顺利，下岗失业人员在信用社区取得信用证明后，交担保机构，担保机构在两天内完成担保手续，银行则在 5 天内发放贷款，大大提高了贷款效率。后来，我们又对 100 个重点联系城市的小额担保贷款工作进行月调度工作，这项工作使我们对每个月下岗失业人员期末累计申请贷款数、期末累计发放贷款数、期末累计到期还款数、期末累计逾期未还款数都清清楚楚，还款率一直保持在 95%以上。银行和担保机构的人说，下岗失业人员还款率在全国都是很高的。下岗失业人员在银行、担保机构取得了很好的信用。后来银行把贷款额从 2 万元逐步放大，有力地调动了下岗失业人员创办社区就业实体及小企业的积极性。这项优惠政策对促进就业发挥了重要作用。

王喆：回顾失业保险创立和发展[①]

我国的失业保险制度已经走过30年的历程，回顾这项制度在中国从无到有，从建立到逐步发展的轨迹，不仅是由于借鉴了国际经验，更重要的是做到了从本国实际出发，创新理念，创新制度，创新政策，探索了一条具有中国特色失业保险发展路子。这其中，凝聚着广大实际工作者和理论研究者的智慧和心血，我作为这支队伍的一员，能亲身参与这项工作，并为这项制度的发展和完善做出自己的努力和贡献，深感荣幸。下面谈谈我亲历的几项重大改革。

一、“三位一体”的功能定位

国际上失业保险制度的功能定位，通常是保障生活和促进就业，而我国失业保险制度的功能定位，已从这两项发展到“三位一体”，即保障生活，预防失业，促进就业。

一是金融危机时期的失业保险援企稳岗政策。为应对国际金融危机对我国就业的冲击，2008年底，人力资源社会保障部与财政部、国家税务总局三部门联合发文，明确了减轻企业负担稳定就业局势的“五缓、四减、三补贴”的援企稳岗政策，其中失业保险的“一缓、一减、两补贴”是政策主体，即允许困难企业缓交或少交失业保险费，给予困难企业社会保险补贴、岗位补贴。援企稳岗政策的实施，帮助企业减轻了负担，缓解了资金压力，有助于企业渡过难关，做到不裁员或少裁员，稳定了就业局势。也使失业保险在

① 根据中国劳动保障科学研究院访谈资料整理。

预防失业方面显现了制度优势，做出了历史性贡献。

二是调整优化产业结构中的失业保险稳岗政策。为了做好企业兼并重组工作，化解产能严重过剩矛盾，调整优化产业结构，2014年，国务院发文明确提出，“对采取有效措施稳定职工队伍的企业，给予稳定岗位补贴，所需资金从失业保险基金中列支”。并明确了该项政策执行到2020年底，这项政策的实施是把失业保险的防线提前，着力点放在调整结构的企业，既支持了国家调整优化产业结构的工作，又激励了企业承担稳定就业的社会责任，不裁员或少裁员，进而保持就业局势的稳定，这是继应对国际金融危机失业保险援企稳岗政策实施后，失业保险的又一次制度创新，是积极预防失业的新亮点。不仅能够很好地发挥失业保险的作用，而且使失业保险制度的发展保持旺盛的活力。

三是推动就业创业中的失业保险稳岗政策。2015年，国务院发布《关于进一步做好新形势下就业创业工作的意见》，明确提出，“积极预防和有效调控失业风险，将失业保险基金支持企业稳岗政策实施范围由兼并重组企业、化解产能过剩企业、淘汰落后产能企业等三类企业扩大到所有符合条件的企业”。不仅扩大了适用范围，而且打开了实施时间，基本实现了对象的普惠、制度的固定安排、政策和机制的长效，是新形势下失业保险制度再度创新，不仅使失业保险制度能够发挥更大的作用，也为今后制定新的失业保险法律法规明确了政策取向，打下了坚实的基础。

上述失业保险稳岗政策的实行，把适用对象从困难企业扩大到结构调整企业，再到所有企业，把执行期限从短期性延长为阶段性，再到长效性，经历了一个调整和逐步扩展的过程。在其不同阶段作出的政策规定，充分体现了我们对失业保险制度发展规律和应有作用认识的逐步深化，并在工作实践中做到与时俱进、不断创新。

二、“两个确保”中的重要作用

1998 年，为推动国有企业改革和经济结构调整，中央明确提出“实行鼓励兼并，规范破产，下岗分流，减员增效和再就业工程”。要求实行“两个确保”，其中一项就是，在有下岗职工的国有企业建立再就业服务中心，保障下岗职工的基本生活和促进再就业。资金来源采取“三三制”，即财政预算安排 1/3、企业负担 1/3、社会筹集 1/3，社会筹集的这部分主要是使用失业保险基金。从 1998 年到 2001 年，全国国有企业下岗职工累计 2500 多万人，绝大多数进入了再就业服务中心，领到了生活费，以后又较平稳地实现了“并轨”——出中心和再就业。在此期间，失业保险适应当时企业改革的需要，适时调整相关政策，首次将基金用于企业，开辟了基金使用的新领域，为保障国有企业下岗职工基本生活作出了重要贡献。

三、地震重建时期的应急响应

2008 年，四川汶川发生特大地震灾害，为支持灾后重建工作，国务院发文规定，“省级人民政府在确保失业保险基金按时足额发放的前提下，对受灾地区企业采取适当降低失业保险费率等措施”。据此，在部里的指导下，四川省实行了灾后重建时期的应急措施。主要政策包括：受灾企业恢复生产经营期间失业保险费率下调；灾区参保的企业在停产歇业期间，对其暂时失去工作岗位的职工，预先进行失业登记，发放失业保险金；自谋职业自主创业的，可一次性领取失业保险金；自主创业并招用其他失业人员就业的，从失业保险金中一次性给予3000元创业补助金。这样，面对突如其来的特大自然灾害，失业保险做出了快速反应，果断实行应急措施，及时解决了当时的困难，缓解了就业压力，稳定了人心，有力地支持了灾后重建工作。

四、促进就业的新探索

失业保险具有促进就业的功能，伴随着就业形势的严峻和失业保险基金支撑能力的增强，需要其在促进就业方面更有作为。为此我们进行了积极的探索。

一是部署东部地区进行试点。2006年，经国务院同意，劳动保障部、财政部联合发文，部署在东部地区即北京、上海、江苏、浙江、山东、福建和广东等7省市，进行适当扩大失业保险基金支出范围的试点，可以对全体失业人员（不仅是参保人员）从失业保险基金中支出职业培训补贴（后又扩大到鉴定补贴）、职业介绍补贴、社会保险补贴、岗位补贴和小额担保贷款贴息。以后又几次发文延长试点政策执行时间。东部7省市的试点工作，历经数载，成效明显。试点实践表明，这些扩展型政策是以积极主动促进就业的态势运用失业保险基金，亦是在国家统一政策基础上的地区分类指导，也是完善制度和促进发展的创新探索。

二是实行就业新起点计划。为进一步做好国有企业关闭破产需要安置人员的再就业工作，2006年，劳动保障部发出文件，要求有条件的地区普遍实施就业新起点计划。该计划采取“七个一”的措施，即“向企业派一次再就业服务组，组织一次再就业政策指导会，与服务对象签订一个实施协议，提供一份求职补贴，一次个性化的职业指导，一次免费职业培训服务，一次免费职业介绍服务”，并从失业保险基金中列支有关费用，充分运用再就业政策和失业保险基金，促进服务对象尽快实现再就业。这项计划的指导思想，是把失业保险的服务视线前移，着眼点放在了预防失业和促进就业上，也是将此做实的一次新尝试和新探索。

五、保障生活的新举措

近几年，通过调整失业保险缴费标准，提高失业保险金待遇，提供医疗保障待遇等，增强了失业保险保障基本生活的功能。

一是失业保险金发放标准与物价上涨挂钩，并随着社会收入水平的提高相应提高。从而使失业保险金发放能够联动调整，对失业人员提供切实的生活保障。

二是失业人员参加职工基本医疗保险。在失业人员领取失业保险金期间，个人应缴纳的医疗保险费从失业保险基金中支付，接续失业人员的基本医疗保险关系，保障他们医疗待遇水平，减轻失业人员就医的负担。

三是建立了缴费费率动态调整机制。特别是几次下调企业和个人的缴费标准，为企业和职工个人减轻负担。

在参加失业保险制度改革发展的工作过程中，我深深地体会到：我们在学习借鉴国外有益经验的基础上，立足国情，创新制度，创造性地发展了失业保险，在国际失业保险制度大家庭中，彰显了独具特色的思想理念和制度优势。同时，在失业保险制度中所确定预防失业和促进就业的政策取向与积极就业政策的导向是完全一致的，而在服务对象和资金的使用上，既有区别，又能互补，两方面的政策有机结合，产生了最大效益。从这个角度来看，可以说失业保险在中国促进就业和稳定就业中，功不可没。

于法鸣：为生民立命[①]

2011年初，我从工作十年的就业行政管理岗位调离；2016年初，我正式办理了退休手续。虽然我已经退出了工作岗位，但我当就业司司长这些年的经历，令我终生难忘。其中有一件最得意之作，就是在前面几位司长共同努力的基础上，在我任内完成了就业的立法工作，《就业促进法》的出台，使中国就业走上法制化、制度化的轨道。这里，我就把在《就业促进法》起草中的一些理解和体会写出来与大家分享。

《就业促进法》是2007年8月30日由全国人大常委会高票通过并正式颁发的。而这部民生法律之所以能够顺利出台，正是源于前期实行"两个确保"和实施积极就业政策取得的显著成效和奠定的工作基础，正是源于吴邦国同志对"两个确保"和再就业工作的高度重视和持久关注，在当年任分管副总理时为此倾注的大量心血，在以后任全国人大常委会委员长后对这部法律审议出台的有力指导和大力推动。

一、为民执政的理念

大家都记得，20世纪90年代末和21世纪初，中国共产党，特别是党的领导集体，在中国经济社会发生重大变化的关键时刻，思考着一个非常重大的政治问题，就是中国共产党在打下天下以后，在长期的执政过程中，如何巩固党的执政基础。任何一个执政

① 根据中国劳动保障科学研究院访谈资料整理。

党都有它的执政基础和建立在这个基础之上的执政理念，中国共产党在新的历史时期，提出中国共产党始终代表中国先进生产力的发展要求，始终代表中国先进文化的前进方向，始终代表中国最广大人民的根本利益的重要思想。代表最广大人民的根本利益，当然就会巩固我们党的执政基础，会长期地、持久地执政下去。那么，什么是最广大人民的根本利益？就业问题就是最根本利益之一。就业是民生之本，它不仅仅是人们生活的出路，更重要的是人们融入社会、实现自身价值、给家庭甚至给后代带来希望的一个重要渠道。因此，就业是广大人民群众的生存权、发展权和政治权的集中体现。如果就业问题不解决，就根本谈不上代表最广大人民的根本利益。

有了这样的一个政治认识，当然就有相应的政治行动。大家都记得 2002 年 9 月 15 日，党中央、国务院召开了全国再就业工作座谈会。也正是在这次会议上，提出“就业是民生之本”。扩大就业、促进再就业，关系改革发展稳定大局，关系人民生活水平的提高，关系国家的长治久安，不仅是重大的经济问题，也是重大的政治问题。所以我们党要抓就业问题，要解决老百姓最关心、最直接、最现实的问题；所以我们党要情为民所系、权为民所用、利为民所谋；所以我们党要坚持执政为民的理念，要解决老百姓最大的大事。“就业是民生之本”，真正代表着我们党的执政理念，自从这次会议之后，举国上下各级党政领导异口同声，一直喊到现在，而且越喊越响，“就业是民生之本”响彻全国。

进入 21 世纪以来，党中央和国务院对就业工作更加重视。党的十六大提出了全面建设小康社会和构建和谐社会的目标，党的十七大对科学发展观进行了深刻阐述。什么是科学发展观？就是坚持以人为本，实现人和自然、经济和社会的协调可持续发展。我们改革开放将近 30 年，创造了世界任何一个经济学家都解释不了的中国现象，就是我国GDP（国内生产总值）每年以 9.7%的速度递增。中国打破了经济学界的禁锢，给经济学家出了一个新的哥德巴赫猜想，27 年，平均每年递增 9.7%，这样一个神话，谁都解释不了。但是中国不仅没有放慢速度，而且在新一届党中央和国务院的领导下，进入了又好又快的发展阶段。为什么？因为有科学发展观作指引，经济发展的质量和速度都是空前的。这种科学发展观，不仅把就业工作当成民生之本，而且切实将就业工作放在了经济社会发展的重要位置。也正因为有了这种科学发展观，有了这种构建和谐社会的理念，我们的就业工作才被摆到了经济社会发展更加突出的位置。大家知道，2003 年，新一届党中央和国务院第一次把扩大就业放到了宏观经济发展的四大宏观调控指标中，而且在发展经济、扩大就业、稳定物价、国际收支平衡四大宏观调控指标中，把扩大就业放在了第二位，恐怕再突出不过了。当然有的学者提出来，应该把扩大就业放在第一位，叫就业优先战略，我也赞成。但是就业跟经济的发展关系，也是一个经济学家众说纷纭的问题，不管放在哪里，只要是放在更加突出的位置，这项工作就有了应有的地位。

2003 年，党中央和国务院刚刚向全国人民宣布，今年要新增就业岗位 800 万个，但是由于“非典”袭来，到 6 月份不仅没有增加新的就业岗位，全国还丢失了几百万个就业岗位。为了真正兑现党和政府向全国人民的承诺，下半年，我们在抗击“非典”的同时大力抓就业工作，出台了一系列的政策，通过建立健全工作制度，加强目标调控，采取切实有效措施，真正将就业问题作为政治任务来抓，使积极的就业政策顺利落实，产生了积极的政策效应，圆满完成了既定的目标任务。

作为一个执政党，作为一个政府，最关心国计民生，但是国计是为了民生，是服务民生，是改善民生。那么，什么是民生？民生包括就业、社保、教育、医疗、住房和安全等方面，其中就业是民生第一要务。因此，“就业是民生之本”是基于党的根本宗旨、遵循社会经济发展规律提出的理念。也正因为有了这样的理念，就要把就业摆在经济社会发展更加突出的位置，实现三个转变，即要把经济持续健康发展的过程变成促进就业持续扩大的过程，努力把经济结构调整的过程变成对就业拉动能力不断提高的过程，努力把城乡二元经济转换的过程变成统筹城乡就业的过程。

有了这样的政治背景，有了这样的政治理念，《就业促进法》作为民生之法，必然呼之欲出。就业代表着我们党的执政理念，代表着最广大人民的最根本的利益，因此，就业是广大老百姓安身立命之本，促进就业是党和政府安国兴邦之策，社会和谐稳定之基。《就业促进法》在这种政治背景下必然诞生。

二、政策升华的必然

大家都知道，20 世纪 90 年代，我们的经济改革进入了最关键的时期，整个经济体制开始实现并轨，整个经济结构开始进行力度更大的调整，整个国有企业改革开始进入最深的层面，进入实质性的改革阶段。那时，几千万国有企业职工纷纷下岗失业。改革前，国有企业、集体企业是解决中国就业问题的主渠道，高峰时国有企业职工有 7500 万人，集体企业职工有 3800 万人，两项之和超过了 1.1 亿人；可是到 2006 年底，按国家统计局的统计，国有企业和集体企业在岗职工总数为 3300 万人，有 8000 多万名劳动者从原来就业存量中减下来，而且大部分进入了市场。那个时候，国有企业、集体企业不仅不是解决就业的主渠道，而且成为排放劳动力、形成下岗失业大军的主渠道。

在那种情况下，我们党和政府一方面要抓改革，坚定不移地坚持改革，另一方面要抓社会稳定。大家都知道1998年中央出台了10号文件，核心问题是“两个确保”，为了保证国有企业改革的顺利进行，为了保证经济体制转轨的畅通，必须坚定不移地执行“两个确保”。当时国务院的领导对劳动保障部的要求就是只要完成了“两个确保”，就完成了劳动保障部任务的99%。正因为有“两个确保”的支持，国有企业改革才得以顺利进行，推动了经济体制向市场经济转轨，确保了社会的稳定。但是，5年以后，到2002年的时候，出现了一些不稳定因素，最大的事件发生在黑龙江大庆，大庆油田一下有5万人解除劳动合同，人均拿到8万多元经济补偿金，最多的将近20万元。虽然基本生活保障了，“两个确保”落实了，但是，仍然有两万人喊着：我们要工作。这件事震惊了党中央、国务院的领导，引发了深刻的思考，光确保生活可能是不行的。

我记得非常清楚，2002年3月20日，部里调我到培训就业司工作，当时张左己部长庄重而严肃地对我说：我感觉就业战线上的大战即将来临。你是搞政策研究的，党组决定调你到培训就业司，就是要抓紧促进就业的政策研究，做好就业政策储备。第二天，就接到国务院的通知，吴邦国副总理要亲自带领11个部门出去调研再就业问题。从东到西、从北到南，调查了许多地方后，决定研究制定积极的就业政策。我们在广泛调研的基础上，初步拿出了一个促进就业再就业的政策框架稿，在湖南交给了吴邦国同志。随后吴邦国同志在河北主持召开了11个省和11个部委领导的座谈会，共同研究修改这些政策。11个省的领导纷纷表示，如果中央出台了这些促进就业再就业政策，他们一定能保一方平安。在中央层面开了三个高规格的会。一是在中央财经领导小组会议上，讨论积极的就业政策。二是在政治局常委会议上，进一步讨论积极的就业政策。三是在北戴河政治局全体会议上，最终通过了积极的就业政策。在这里讲这些，就是说在重大问题上，确实要有一个统一思想、统一认识的过程，党中央、国务院的决策是英明的、正确的。这些政策为《就业促进法》奠定了雄厚的政策基础，使立法成为可能，这是立法的可行性。法律的核心和灵魂是什么？是政策。几年来，经过了这么艰苦的争取、协调，这些政策通过我们就业战线上的各位同志贯彻落实下去，体现出我们党的执政理念，体现出国务院对每一个下岗失业人员的关心和爱护。同时，必须要把这些好的就业政策在法律上作出规定，形成制度性安排。

三、实践工作的使然

积极的就业政策经过 5 年的实践，就业工作取得了举世瞩目的成就，如果真正用经济发展来拉动的话，按照我国当时的经济结构和就业弹性系数，GDP每增长 1 个百分点，只能创造出 60 万～70 万个就业岗位。而我们每年解决 800 万人、900 万人，甚至是上千万人就业，2007 年我国的城镇新增就业目标又定在了 1200 万人，显然单靠经济拉动并不能完全解决问题，还要靠政策效应。一些就业岗位对经济发展并没有推动作用，比如说公益性岗位。又比如说很多灵活就业岗位，对市场没有什么影响，对GDP也没什么贡献，但是我们积极的就业政策就支持了它们，连续 5 年，我们每年新增就业平均超过 1000 万人，2007 年，超过了 1200 万人。年年完成国务院交给我们的任务，就是靠经济拉动和政策落实效应这两套马车。

在每年都超额完成国务院交给我们的宏观调控就业目标任务的背后，是就业战线上各位同志在落实政策过程中做的大量工作，以及花费的大量心血。也正因为如此，各地在工作中出现了很多的亮点，积累了很多经验。比如每年把就业的目标任务指标层层分解下去，建立目标管理责任制；比如辽宁、广东等一些省份，针对零就业家庭，全面实施对困难群体的就业援助，解决了老百姓眼下最迫切、最需要解决的问题；比如吉林、江西等省份，搞全民创业促就业，把创业培训项目融入扶持创业促进就业工作之中；比如在江西、河南、重庆等地小额担保贷款做得红红火火，还款率达到了98%以上（我们的老百姓是最讲信誉的）等等。各地在工作中创造的这些经验，也成为《就业促进法》的重要内容。《就业促进法》是在总结了各地经验的基础上，在总结了行之有效的积极就业政策的基础上，作出的法律规定和制度性安排。这就是我们立法的基础，也构成了《就业促进法》的亮点。

张亚力：加强国际合作，助推劳动保障改革[①]

1998年，刚刚组建的劳动和社会保障部（以下简称劳动保障部）临危受命，承担了“两个确保”任务。本人作为从事国际交流与合作和国际问题研究的干部，虽然没有战斗在第一线，但亲眼见证了新组建的劳动保障部面对压力勇于担当，面对挑战果断应对。同时，虚心学习和借鉴国际经验，全力实施改革，从而以实现“两个确保”的胜利成果，向全社会和全体人民交上了满意的答卷，赢得了国际同行的赞誉。

一、善用国际资源、善鉴国际经验、善纳国际建言，为推进就业和社会保障改革发展服务

新组建的劳动保障部十分注重国际资源的利用，根据“两个确保”和深化改革的需要，对原劳动部实施的国际合作项目进行了调整并努力开发了新的合作项目。例如，我部利用瑞典政府支持的“积极的劳动力市场政策”项目二期（1997—1999年），将积极的劳动力市场政策与当地经济发展和体制改革相结合，引进先进的职业指导和职业介绍方法，建立计算机化的劳动力市场信息系统；2000年，我部在成功实施“农村就业促进项目”基础上，与国际劳工组织/日本政府启动“城市就业促进项目”，通过创业培训、小额担保贷款和后续支持服务，帮助下岗失业人员创业；创业培训（SYB，即创办你的企业）是我部从国际劳工组织与越南合作的项

① 根据中国劳动保障科学研究院访谈资料整理。

目中引进的，引入后，会同中外专家，结合中国情况进行本地化开发，迅速成为下岗失业人员自主创业必备的培训教材，我部项目官员受邀在国际劳工组织“全球SIYB（提升你的企业）国际研讨会”上介绍中国经验，与会代表一致认为SYB在中国取得了比原项目本身还要显著的成果；1999 年，世界银行正式批准“中国养老保险制度改革项目”，为期三年，提供 500 万美元贷款，支持我国养老保险政策和规划的制定、养老保险管理信息系统建设和人员培训。

部领导还十分注重国际经验的学习和借鉴，主动听取国际专家对中国改革方案的意见和建议。2000 年 8 月，国务院发展研究中心举办“中国发展论坛・社会保障体制改革国际研讨会”，张左己部长和林用三副部长出席，分别介绍中国社会保障改革和完善失业保险制度的进展情况；同年 12 月，按照国务院领导要求，我部与国务院体改办在钓鱼台国宾馆共同召开“中国社会保障体系改革国际研讨会”，邀请 30 多位国内外顶级专家对《关于完善城乡社会保障体系试点方案（征求意见稿）》提出意见和建议。这次会议的成果，为形成中国社会保障体系框架奠定了基础。

2002 年，在中央筹备召开全国再就业工作会议期间，根据中央领导关于抓紧整理各国就业概况资料的指示，我部迅速成立课题组，在一周时间内，翻译整理出 12 个国家的相关资料。这份资料及这一时期对国际促进就业政策措施的深入研究，为中国积极就业政策的制定提供了重要参考借鉴。

二、以国际组织为重点，主动出击，宣传中国劳动保障改革成果，树立我部良好的对外形象

劳动保障部自 1998 年 3 月开始组建后，在全力完成国内繁重工作任务的同时，还要在国际战场上开拓推进，既要沉着应对来自国际的严峻挑战，还要建立良好的国际合作交流关系。在劳动保障领域，与我部对口的国际组织主要有国际劳工组织（ILO）和国际社会保障协会（ISSA）。处理好与这两个组织的关系，是国际工作的重点。

国际劳工组织成立于1919年，是一个以国际劳工标准处理有关劳工问题的联合国专门机构，一直以西方意识形态为主导，又被人们称作“第二人权战场”。在每次劳工大会召开之时，总有人拿结社自由、强迫劳动、童工问题，来攻击中国。如何应对这种挑战，成为我们必须直面的课题。

劳动保障部组建之后，紧紧抓住国际劳工组织领导层即将新老交替的契机，先是邀请即将卸任的总干事汉森来华访问，让他亲眼看到中国改革的现状和成果。接着，于1998年底正式批准了国际劳工组织《就业最低年龄公约》，这是我国批准的第二个核心公约，体现了我国对国际劳工组织的重视，也强化了我国负责任的政府形象。在1999年新任国际劳工组织总干事胡安·索马维亚上任之后，张左己部长连续两年率团访问国际劳工组织日内瓦总部，与其坦诚交流。特别是在2000年，张左己部长借出席劳工大会之机，举行了大型招待会，邀请索马维亚和到会各国劳工部部长出席，广泛宣传我国劳动保障改革取得的成就，阐述我国对重大国际劳工事务的原则和立场，扩大了我国在国际社会的影响，开启了我国同国际劳工组织和有关国家在劳动保障领域加强交流与合作崭新的一页。与我部签订了《中华人民共和国劳动和社会保障部与国际劳工局合作谅解备忘录》，这也是国际劳工组织自1919年成立以来首次签署的国家间合作协议，协议的签署为转变长期以来我国在该组织的被动局面奠定了基础；2001年，张左己部长再次率团赴日内瓦出席全球就业大会，在大会上阐述了全球化背景下，中国政府对促进世界和平与发展的观点，以及扩大就业和消除贫困的主张，宣传了我国在经济社会发展，特别是促进就业方面的成就，让世界看到中国政府新的形象和中国劳动保障事业取得的新成就。

国际社会保障协会是国际社会保障领域规模最大的国际组织，其宗旨是在世界范围内促进各国社会保障事业的发展。我国于 1994 年加入该组织，一直积极参与其活动。1998 年，王建伦副部长率代表团参加在摩洛哥召开的国际社会保障协会第 26 届全球大会，在大会发言中介绍了我国建立统一的社会保障管理机构和社会保障制度改革的情况。大会主席评价中国的改革是“鼓舞人心的”。2001 年，王建伦副部长率代表团参加了在瑞典斯德哥尔摩召开的国际社会保障协会第 27 届全球大会并被大会推举为副主席，主持了专题论坛。我代表团成员在全会和各技术会议上都被安排作专题发言，充分显示了我国在国际社会保障领域地位的提高。

新部组建之后，几位部领导先后率团出访，所到之处都主动介绍劳动保障部的新职能、近期的工作重点、中国劳动保障面临的挑战和应对措施以及取得的成果，解疑释惑，赢得了国际社会的理解和支持。特别值得一提的是，1999 年 3 月，张左己部长率团出访美国、加拿大，实现了中美两国劳工部部长历史性对话，对开辟中国和美国、加拿大在劳动保障领域更广泛的合作具有深远的意义。我们还主动邀请各国劳动保障部门来华访问，让他们亲眼看到中国的发展、改革取得的成效和政府所做的努力。很短的时间内，我部便在国际劳动保障领域树立起中国“民生”职能部的良好形象，并先后与 40 多个国家及国际组织签署或续签了 60 多份协议，为国内改革的顺利进行创造了良好的国际环境。

三、中国“两个确保”及就业和社会保障改革的成功经验得到国际社会的高度评价和认可

（一）“就业是民生之本，社会保障是民生之基”成为国际共识

2004 年，经过两年筹备，国际劳工组织和我部共同发起的“中国就业论坛”在北京举办，27 个国家和地区的政府代表团以及 400 多位中外专家出席。围绕经济全球化、结构调整与促进就业这一主题，重点讨论了促进就业与全球化、促进就业与消除贫困、促进就业与劳动力市场建设等问题。中方在论坛上介绍了制定积极就业政策的框架体系和实施“两个确保”的经验。中国的实践经验得到与会代表的高度赞赏。在论坛最后形成的“2004 中国就业论坛共识”（以下简称“共识”）中明确提出：“就业是民生之本，是经济社会持续发展和生活水平提高的关键。就业不仅是劳动世界男女谋生的手段，也是融入社会、给个人和家庭带来希望的重要途径，这使得就业成为社会和谐稳定的一个重要因素。”“共识”对中国促进就业取得的成果予以高度评价：“作为世界上人口最多的发展中国家，中国在经济发展和社会进步方面取得了巨大进展，促进就业和消除贫困成果显著。在经济转轨过程中，中国政府制定并实施了有中国特色的积极就业政策，努力将促进就业与建立社会保障制度相结合，将扩大就业与经济结构调整相结合，将提高就业质量与人力资源开发相结合，针对新时期就业的形势和特点，解决了下岗失业人员的再就业问题。”

同年 9 月，应国际社会保障协会要求，中国政府承办了第 28 届全球社会保障大会。来自 130 多个国家和地区的 1000 多名代表围绕“社会保障——确保社会公平”进行了广泛的交流和探讨。中方在大会中强调：社会保障水平必须根据中国的实际，与经济发展

水平相适应，政府要创造更多的就业机会，实施积极的就业政策，引导劳动者通过就业获得收入，保障和提高家庭生活质量。中国将在继续做好“两个确保”和“三条保障线”工作的同时，着眼长远，建立和完善有中国特色的社会保障制度，推动中国社会保障事业的发展。大会期间专门举行了“中国特别全会”，这是国际社会保障协会成立77年来第一次特别为东道国安排的会议，会议专题介绍了近年来中国社会保障体系建设和完善的情况及改革思路。

上述的两次会议是中国就业和社会保障改革成果面向世界的一次展示，也是对五年来“两个确保”取得的成绩的重要总结。

（二）国际劳工组织将促进就业调整为四大战略的首位

1999年，国际劳工组织总干事索马维亚上任伊始便提出《体面劳动工作报告》，将促进工作中的权利、就业、社会保护和社会对话作为今后一个时期国际劳工组织的四个战略目标，将促进国际劳工核心标准落实，主张结社自由、集体谈判、反对强迫劳动即促进工作中的权利作为国际劳工组织的首要任务。在全球经济形势急剧变化的情况下，特别是在中国就业论坛期间，各国看到中国在就业领域取得的显著成绩，中国政府努力将促进就业与建立社会保障制度相结合取得实效后，普遍认为就业是民生之本，是经济社会持续发展和生活水平提高的关键，这一共识促使国际劳工组织将促进就业提升为体面劳动议程核心任务的首位，成为重中之重。

（三）国际社会高度评价我国劳动保障领域改革取得的成果，各国纷纷前来参观学习，我国在国际舞台上话语权增大、作用增强

国际社会普遍认为，中国实施的“两个确保”在体制改革的关键时期起到了保障工人权益，稳定社会的重要作用，占世界人口三分之一的中国能解决就业问题、能保障劳动者的生活是对世界最大

的贡献。很多国家，特别是发展中国家和正在实施改革的国家纷纷提出要到中国考察学习或请中国介绍经验。一时间，北京、天津、上海的再就业服务中心、创业培训中心和后来的职业介绍中心成了外事接待必去参观的“景点”。越南劳动部代表团来中国考察后，借鉴我国 1999 年颁布的《失业保险条例》，出台了该国第一部劳动保障领域的法律《失业保险法》；应埃及政府的要求，我部援助其建立了就业培训中心；南非提出请我们派专家在南非建立一个跟中国一模一样的再就业服务中心和职业介绍中心；厄瓜多尔提出请中国帮助建立国家的就业服务体系；王东进、张小建副部长先后访问古巴时，应古巴劳动和社会保障部的邀请，为该部官员介绍中国国企改革、社会保障体系建立、促进就业再就业的政策措施和做法经验。中国“两个确保”五年的艰苦实践和取得的成功经验让我们在国际舞台发声的底气更足了，内容更实了，案例更生动了，因此凝聚的朋友也更多了，获得的支持也更大了。

（四）“两个确保”的成功经验为应对 2008 年全球金融危机奠定了基础

“两个确保”攻坚战坚持了保障与改革两不误、双推进的原则，其间通过改革建立起的就业和社保体系框架、实施“两个确保”的政策措施和方法手段为应对 2008 年全球金融危机奠定了坚实的基础，也为我国成功应对危机提供了保障。按照保就业保生活理念，2008 年出台的援助企业稳定岗位的“五缓四减三补贴”等政策被很多国家效仿，我们创立的部门协调机制和联席会制度被推崇，我们主张的劳资政三方协调、合力应对危机的理念被广泛接受，取代了三方对立、谈判的惯用思维。

莫荣：发挥专家作用积极促进就业[①]

中国就业促进会（以下简称就促会）是一个特别注重协会搭台、发挥专家智库作用、积极促进就业的学术性专业机构，从它建立开始就已经形成了基因。2005 年 3 月，就促会在北京成立，我十分荣幸被聘为专家顾问。当时，共聘有 27 位专家，其中包括蔡昉、曾湘泉等在就业领域理论造诣深、有影响的专家学者代表。2010 年 3 月，为进一步发挥专家的决策咨询作用，就促会成立了专家委员会，张小建会长担任名誉主任，副会长陈宇担任主任，我和国务院参事陈全生、中国人民大学劳动人事学院院长曾湘泉教授、首都经济贸易大学劳动经济学院院长杨河清教授担任了副主任。专家委员会先后邀请了 30 多名来自国家科研机构、大学、有关部委以及部内和系统的资深专家，还有新闻单位的同志。一方面，是为就业专家们提供一个建言献策的平台；另一方面，是用外脑来增强就促会的研究能力。之后，虽然我的工作单位在 2012 年 3 月发生了变化，调到国际劳动保障研究所任所长，但一直与就促会保持紧密的联系，深感就促会聚集了一大批国内顶尖的专家学者，为国家就业工作起到了重要参谋助手作用，几十名专家在推动就业政策和应用理论研究上不仅有重点突破，并且有方法创新，研究成果对行政决策和地方工作亦产生了积极影响。十多年来，就促会几乎每年都完成几个极有价值的研究报告，如《关于就业优先发展战略研究》《绿色就业研究报告》等，并且每年组织专家对当年

① 根据中国劳动保障科学研究院访谈资料整理。

的就业形势进行分析，为就业决策提供重要的专业意见。

让我印象深刻的一次是2011年6月，在人力资源社会保障部指导下，就促会举办的“就业形势分析会”。这是就促会召开的最早的一次就业形势分析会，参加会议的有就促会专家委员会陈淮、王小鲁等专家，还有部内有关司局负责同志等，我也很荣幸应邀参加了这次会议。人社部副部长信长星同志，就促会会长张小建同志出席会议并作了重要讲话。与会专家重点围绕2011年上半年经济形势和就业形势，以及“招工难”“就业难”等问题进行了分析和探讨，对做好新形势下就业工作提出了意见建议，会议取得了积极成果。

信长星副部长在讲话中对就促会组织这样的会议给予了充分的肯定，认为这次会议开得非常好，搭建了一个很好的平台，专家们对形势分析的意见和建议对人社部把握形势、推进就业工作很有帮助，对就业管理者拓宽思路，从更多视角分析判断就业形势很有启发和借鉴意义。他希望这种对就业形势的分析会能每年继续搞下去。同时，建议就促会把专家们的发言要点整理出来，提供给部领导和有关司局参考。另外，也希望今后这样的会议多一些互动讨论，以有利于加深理解和交流，把会议开得更好。

张小建会长在讲话中也重点强调发挥专家作用的重要意义，指出每年在部里行政部门进行就业形势分析之前，就促会请专家先做一个前期的基础性分析，为高层进行形势判断提供参考，有利于行政部门更准确地把握形势，更好地推动就业工作。要求今后要形成制度，每年举办1~2次就业形势分析会，通过就促会搭建一个专家和政府部门沟通的平台。

在这次会议上，我主要谈了两点看法。一个是对当前就业形势的看法，另一个是对小额贷款促进就业作用的认识。对当前就业形势的判断，我认为2011年上半年就业形势总体保持基本稳定。一是就业岗位保持增长态势。2011年1—5月，全国城镇新增就业人数532万人，比上年同期多增长4.5%。如照此延续，2011年是有希望增加上千万就业岗位的。二是失业率稳定在4.1%的较低水平，一季度新领失业保险人数48.7万人，同比减少15.2%，调查失业率有平稳下降的态势。三是人力资源市场需求处于上升通道。一季度需求人数增加了31.7万人，增长了7.1%，求职人数增加18.9万人，增长4.4%，求人倍率上升0.03。以上各角度均得出，2011年上半年就业总体形势良好。

同时，我对就业的结构性矛盾用“越来越突出”作表述，充分表达了我的担心。我认为，当时结构性问题开始占据主导地位主要表现在劳动力素质不适应、第三产业就业人数偏低两方面。还强调了我国至少还有20年人口红利期。按照人口红利的定义，我国人口抚养比将在2013年达最低值（38.3%），劳动力供给将达到峰值。到2030年后我国人口的抚养比超过50%时，才意味着该定义下数量意义上的人口红利期结束。

此外，我在会上对真实劳动力供给进行了说明。以往专家都是用劳动年龄人口，即用16岁以上新进入劳动力市场的人口来预测劳动力供给，这样看的结果是，从“十二五”开始，我国劳动力供给将出现较大幅度的下降。但我们研究发现，实际上达到16岁的劳动年龄人口近90%并不能马上进入劳动力市场，他们高中毕业已经18岁，大学毕业22岁，硕士毕业24岁，博士毕业已近27岁，导致进入人力资源市场的劳动年龄推迟。按照实际进入人力资源市场的年龄计算，发现“十五”期间实际上是劳动力供给的低谷，“十一五”开始增加，“十二五”达到了高峰，峰值在2013—

2014年。之后供给有一点点下降，维持在一个比较高的水平。

另外，我在会议上对小额贷款的重要性也进行了论述。小企业生存比较困难，获得贷款也很困难。如果银行收紧银根，大家都缺钱的情况下，对小企业的生产经营影响更大。我们在江西做了一个较大规模的随机抽样调查，从20多万家2003年以来获得小额贷款的企业中抽了4000多家进行调查，最后得出的结论：一是个体创业由生存型为主转为发展型为主，发展型创业比例已上升到60%以上。二是小额贷款产生了非常好的政策效应。2003年以来，江西省个人创业累计实现就业81.5万人，加上其他小额贷款扶持企业，就业人数达到100万人。小额贷款政策优化了就业结构，创业增加了第三产业的发展机会。创业项目的就业效应非常好，每个创业项目当年平均提供3.84个就业机会。三是小额贷款政策促进就业的效果和生产经营收入效果非常好，同时也带动了其他投入。小额贷款在个人创业初期投入中的比例平均为40.1%，拉动其他投资额度为贷款额度的1.5倍，31.9%的企业通过小额贷款带动其他资金投入。四是小额贷款对创业者收入改善很大，贷款当年平均年收入比前一年增加24.4%，每万元贷款增加收入约2300元。对员工、对创业者收入增加影响都是非常好的。

这次会议也是我首次参加的由协会组织的就业形势分析会。这种形式最大限度地调动了社会智力资源，既为专家提供了一个发挥才智的平台，更为行政部门决策、制定政策提供了重要参考。我在会议上提出的关于就业形势的判断得到认可，尤其是关于劳动力供给的新计算方法得出的结论被就业司采纳，这种方法沿用至今，成为判断就业形势的重要方法手段。关于小额贷款问题的建议也得到认可，人社部门对小额贷款政策的支持力度不断增强。

政策法规

▼

中共中央、国务院关于广开门路，搞活经济，解决城镇就业问题的若干决定（节选）①

（1981 年 10 月 17 日）

一、城镇青年就业是国民经济中的一个重大问题。它关系到人民群众的切身利益，关系到国家的安定团结和四化前途，应当根据国民经济调整和发展的需要，有计划有步骤地加以解决. 要不断地调查研究，总结经验，在一段时间内，逐步形成一套有利于发展国民经济和改善人民生活的劳动就业制度。

党的十一届三中全会以后，对于解决城镇劳动就业问题，中央曾经提出要注意广开门路，发展集体所有制经济；去年中央召开的全国劳动就业工作会议，又进一步提出“在国家统筹规划和指导下，实行劳动部门介绍就业、自愿组织起来就业和自谋职业相结合”的方针，并且下达了中发〔1980〕64 号文件。实践证

① 《中共中央、国务院关于广开门路，搞活经济，解决城镇就业问题的若干决定（摘要）》，《劳动工作》，1981 年 12 期。

明中央提出的方针政策是正确的。经过各地区、各部门的共同努力，近三年来安置了二千多万人就业。现在，已有十个省、市、自治区把一九七九年以前的待业人员基本上安置完毕，并有一些城市和县镇基本上解决了待业人员的就业问题。千百万人走上劳动岗位，对于发展经济，改善生活，锻炼青年一代，促进安定团结，起了重要的作用。城镇劳动就业工作取得了很大成绩。同时，也存在一些问题，主要是有些地方没有注意广开门路，而偏重于往国营企业、事业单位安排人，使一些单位人浮于事的状况更加严重，对于改善经营管理十分不利。必须认真总结经验，吸取教训，积极加以改进。

在“六五”期间，大量新成长的劳动力有待就业，同时下马和关停单位的职工以及推行经济责任制后的多余职工又需要安排，全国城镇劳动就业的任务是长期的、十分繁重的。但是应当看到，随着三中全会以后纠正“左”的错误，整个形势逐步好转，为解决城镇就业问题提供着日益有利的前提条件。一九八〇年十二月中央工作会议以来，全国政治、经济形势进一步好转，特别是农村形势愈来愈好。农业的发展为轻工业的发展创造了有利条件，向重工业的发展提出了新的要求；农业、轻工业的发展又为商业、服务业的发展创造了有利条件；党中央、国务院对城镇集体经济和个体经济的发展采取积极扶持的方针，为城镇就业开拓着广阔的前景。因此，我们既要正视面临的种种困难，也要充分看到有利条件，坚定信心，按照中央的方针政策，结合国民经济的调整，坚持不懈地抓下去。除个别地区以外，争取在一九八五年以前大体上解决好历年积累下来的（即上一年度以前的）城镇待业青年的就业问题。

二、广开就业门路，应该结合调整产业结构和所有制结构，在发展经济和各项建设事业的基础上来进行。长期以来，由于“左”的错误，加之经验不足，在产业结构方面，过分偏重于发展工业，特别是重工业，致使增加的新职工中，百分之五十以上集中在工业部门，在工业部门中，百分之七十又集中于重工业。许多企业人浮于事，劳动生产率很低；而与人民生活息息相关的许多服务性行业和一部分消费品生产行业，却又人员不足，甚至没有人干。在所有制方面，限制集体，打击、取缔个体，城镇集体企业急于向单一的全民所有制过渡，既阻碍了经济建设的发展，又堵塞了劳动就业的多种渠道。三中全会以来，这种状况有了初步的改善，但还远远不够，必须加快前进的步伐。

从历史经验、目前需要和今后趋势看，结合各地的具体条件，发展与人民生活关系密切的商业、服务性行业和消费品生产行业的前景是广阔的，解决城镇劳动就业的潜力是很大的，要把大力发展这些行业作为重要课题，认真研究解决。

今后在调整产业结构的同时，必须着重开辟在集体经济和个体经济中的就业渠道。在我国，国营经济和集体经济是社会主义经济的基本形式，一定范围的劳动者个体经济是社会主义公有制经济的必要补充。国营经济在各种经济形式中起着主导作用，为了适应生产力发展的状况，以及人民群众多方面的需要，还必须同时发挥集体、个体等多种经济形式的积极作用。在社会主义公有制经济占优势的根本前提下，实行多种经济形式和多种经营方式长期并存，是我党的一项战略决策，决不是一种权宜之计。只有这样，才能搞活整个经济，较快较好地发展各项建设事业，扩大城镇劳动就业。中央要求全党同志，首先是各条战线的领导同志，从指导思想上求得明确一致的认识，并同心协力地付之实践。

三、努力办好城镇集体所有制经济，大力提倡和指导待业青年组织起来，在集体经济单位就业。

（中略）

四、按照国民经济的需要适当发展城镇劳动者个体经济，增加自谋职业的渠道。目前，城镇劳动者个体经济有了初步的恢复和发展，但不能适应国民经济发展和需要，必须按照国务院国发〔1981〕108号文件，进一步调整政策，广泛深入地宣传党的方针，说明城镇劳动者个体经济对于发展生产、搞活经济、满足需要、扩大就业的重要作用，消除干部、群众和待业青年的思想顾虑，使城镇劳动者个体经济得到健康的发展。

对个体工商户，应当允许经营者请两个以内的帮手；有特殊技艺的可以带五个以内的学徒。对于个体劳动者的税收，要规定合理的税率。只要不从事违法活动，就不要从收入水平上卡他们。个体劳动者可以在所在城镇成立个体劳动者协会或联合会，接受工商行政管理部门或当地人民政府指定的部门指导。

个体劳动者，是我国社会主义的劳动者。他们的劳动，同国营、集体企业职工一样，都是建设社会主义所必需的，都是光荣的。对于他们的社会和政治地位，应与国营、集体企业职工一视同仁。其中的先进分子，符合党员、团员条件的，同样可以按照党章、团章规定，吸收入党入团。在从事集体经济和个体经济的人员中，要根据需要，逐步建立党、团组织。

五、党中央、国务院的各个有关部门，要采取积极态度，坚决地迅速地改变那些歧视、限制、打击、并吞集体经济和个体经济的政策措施，代之以引导、鼓励、促进、扶持的政策措施。要对过去的有关规定限期进行认真的清理，并提出改革的具体办法。各级党委和政府要责成计委、经委、建委、财办、商业、供销、物资、粮食、物价、财政、银行、税务、工商、外贸、城建、公安、侨办、教育、卫生、劳动、知青办和各产业部门，以及工会、共青团、妇联、侨联和民建会、工商联等组织，在统筹规划下，协同动作，为发展城镇集体经济和个体经济切实负起应尽的责任。要根据各地的具体情况，指定一个适宜的综合部门担负组织、协调工作。有关部门要加强对集体经济和个体经济的指导和管理，并且抓紧研究制定包括资金筹集、税收政策、经营场地、供销渠道、招工带徒、价格管理、工资福利、劳动保护和社会保险等方面的政策，以及进行党、团、工会的组织建设和加强政治思想工作的措施。当前要特别注意抓紧研究解决集体经济和个体经济的经营场地、货源供应等问题。国务院有关部门要对上述各项问题作出原则规定，各地应结合实际情况，拟定实施办法，贯彻落实。

集体企业和个体劳动者的财产所有权，正常的经营活动和正当的收入，应当受到法律的保护，任何部门和单位不得非法干涉、平调、升级和并吞。他们除按国家税法和各省、市、自治区人民政府的有关规定，交纳税款和费用以外，任何部门和单位不得再以任何名义收取费用。要教育集体企业人员和个体劳动者，遵守国家的政策法令，接受有关部门的管理、监督，不得进行走私、投机倒把、买空卖空、哄抬物价、偷税漏税、行贿受贿等违法活动，违者要依法论处。

六、逐步改革国营企业的经济体制和劳动制度，有效地提高经营管理水平和经济效果。目前国营企业的一大弊病就是“大锅饭”、“铁饭碗”。这不仅不利于调动企业和职工的积极性和主动性，而且“吸引”着许多人千方百计地进入国营企业中去，这种情况，既增加国营经济的负担和压力，又使集体经济和个体经济的发展遭到困难。国营企业必须坚持体制改革的方向，积极而稳妥地解决存在的问题。招工用人要坚持实行全面考核，择优录用。要实行合同工、临时工、固定工等多种形式的用工制度，逐步做到人员能进能出。要切实整顿劳动纪律，对于违法乱纪、屡教不改的职工，根据情节轻重，给予处分，直至经过职工代表大会讨论和同级工会同意后予以开除。“六五”期间在国营企业、事业中，除新建单位必需增加的人员和按国家规定统一分配的人员以外，一般不再增加固定职工。当前，对那些小型国营企业，首先是零售商店和服务网点，可以先走一步，经过试点，分批实行独立核算、自负盈亏、以税收利的办法；也可以包给集体或个人经营，有一部分可以改为合作商店、合作小组。

七、建立和健全劳动服务公司的机构，充实人员，更好地发挥它的作用。劳动服务公司既担负着组织社会劳动力，进行经济活动的任务，又担负着劳动部门的部分行政职能，它可以直接推动待业人员自力更生、因陋就简地发展各种行业的集体经济事业，以至自谋职业；可以组织就业训练，对待业青年传授职业技能和进行管理教育；可以按照企业需要介绍职工。应当使之逐步发展成组织经济事业、统筹劳动就业、输送和管理企业临时用工、开展就业训练的一种综合性机构。为了加强这方面的工作，应即着手筹组中国劳动服务总公司。市、县、区一级的劳动服务公司，可以是事业单位，也可以是企业单位，受同级劳动部门领导。在一个城镇的范围内，可以通过劳动服务公司逐步把待业人员组织起来，进行就业训练和从事临时性的劳动。劳动服务公司可以逐步做到发挥劳动力蓄水池的作用。

对于劳动服务公司以及社会各方面所组织的以扩大就业为主要目的的集体经济事业，有关部门要从供产销渠道、银行贷款、经营场地、财政税收政策、开办经费等方面给予必要的支持和帮助。国家财政要向劳动服务公司提供适当的补助费。列入地方财政包干使用的知青安置经费，要作为城镇安置就业（包括补助劳动服务公司）的基金使用，在没有下乡任务的地方，仍要保证这部分经费的数量和来源。安置就业经费要专款专用，不准移作他用。此项经费由各级劳动部门、知青部门和财政部门共同管理。劳动服务公司要坚持自力更生、勤俭节约的原则，严格财经纪律，加强财务管理。

除了地方劳动部门举办的劳动服务公司以外，有条件的厂矿企业和机关、团体等事业单位，也可以根据需要举办劳动服务公司，发展独立核算、自负盈亏的集体经济和个体经济，指导和组织职工的待业子女就业。

八、大力加强职业技术培训工作，逐步提高职工的政治思想觉悟和业务技术水平。在国民经济调整过程中，要切实按照中共中央、国务院《关于加强职工教育工作的决定》，有计划地实行全员培训，逐步建立正规的职工教育制度和严格的考核制度，把学习成绩优劣同调资晋级以及工作安排结合起来。

对于关键性的技术岗位，要逐步实行未经考核合格不准上岗位的制度。

要普遍开展对城镇待业青年就业前的培训，逐步做到使一切需要进行培训的人员，先经过培训以后再就业。培训内容要适应经济发展和社会生活的需要，既须包括技术业务，也要包括政治思想。对需要特别发展的行业和工种（专业），要及早培养人才。要加强职业技术教育师资的培训和教师队伍的建设。要调动各方面办学的积极性，继续办好技工学校；教育部门要有计划地改一部分普通中学为职业学校，或者在普通高中内增设职业培训班、职业选科；主管部门和企业开办职业学校和训练班；劳动服务公司要举办各种职业技术训练班，有条件的地方可以建立就业训练中心；城市街道可以组织有技能的退休职工担任教师开办训练班；要鼓励有技术专长的个体劳动者带学徒。组织就业训练的方式要灵活多样，学制可长可短，规模可大可小。要提倡半工半读，勤工俭学。职业学校和各种训练班，要积极为集体经济和个体经济培训人才。学员学习期满后，经过考核合格，发给证书，不包分配，由用人单位公开招考、择优录取；也可以帮助他们组织起来就业或自谋职业。

九、严格控制农村劳动力流入城镇。对农村多余劳动力，要通过发展多种经营和兴办社队企业，就地适当安置，不使其涌入城镇。根据目前我国的经济情况，对于农村人口、劳动力迁进城镇，应当按照政策从严掌握。对于违反政策将家居农村的干部子女和亲属的户口迁进了城镇的，必须坚决制止和纠正。情节严重者，要给予必要的纪律处分。各级党政领导机关要严肃认真地对待这个问题。今后，农村人口迁入城镇的要严格履行审批手续，公安、粮食、劳动等部门要分工合作把好关，不要政出多门。要严格控制使用农村劳动力，继续清理来自农村的计划外用工。

要积极办好城镇郊区和林区、工矿区的知青场队和农副业基地。近年来，这种经济形式已经在一些地方成为一个不可忽视的因素。它在扩大就业门路、安排已婚插队知青、解决部分职工两地分居问题、改善职工生活条件、发展小城镇和卫星城镇建设、稳定农村劳动力等方面，都起着积极作用。应当根据具体情况，因地制宜地有计划地加以发展。要采取政治动员和经济吸引相结合的办法，鼓励城镇待业青年去从事种植业和养殖业，积极发展多种经营；那些有条件的单位，还应当向农工商联合企业发展，使它们成为城镇部分待业青年就业的场所。为了鼓励和支持知青场队的发展，除国务院有关文件规定的应税产品外，其它产品和经营业务收入仍继续按照中发〔1978〕74号文件的有关规定执行。

到农村插队的知青已同当地农民结婚的，要就地就近妥善安置。对于居住农村的非农业户口的待业青年，要坚持就地广开门路进行安置，农村社队企业要欢迎他们在那里就业。

十、大力加强对城镇劳动就业工作的领导。这项工作不能全靠劳动部门，各级党委和政府必须建立强有力的领导和办事机构，主要领导干部应当亲自动手，排除各种阻力，紧紧抓住不放，真正解决问题。要把结合产业结构和所有制结构的调整，解决城镇劳动就业的规划，作为“六五”计划的一项重要内容，认真制定并组织实施。安排劳动就业由过去主要靠国营企业招工，转到今后通过国营、集体、个体多种渠道，这一重大变化已经在干部、群众中引起种种思想反应。因此，各级党委、政治工作机关、宣传、教育、文化、新闻出版、理论等部门和各人民团体，都要加强对干部、群众和待业青年的思想教育，继续肃清左的影响，纠正轻集体、鄙视个体，以及轻消费、鄙薄商业和服务行业等传统的旧观念。在一切在业和待业的人员中，都要加强思想政治教育和组织管理工作。要发扬社会主义的新风尚，批评和克服歪风邪气，进一步发展安定团结的大好局面。广大干部，特别是各级领导干部，要带头贯彻执行中央和国务院的决定，教育自己的待业子女和亲属，乐于从事集体经济和个体经营，从事服务行业的工作。

党中央、国务院相信，经过各地区、各部门、各单位的领导者和全体人民共同努力，正确贯彻执行各项方针、政策，将会为我国城镇劳动就业工作开创出一个新局面，为发挥社会主义制度的优越性，进一步地促进安定团结，促进国民经济的调整和发展，作出更大的贡献。

国务院关于做好劳动就业工作的通知[①]

（1990 年 4 月 27 日）

各省、自治区、直辖市人民政府，国务院各部委、各直属机构：

党的十一届三中全会以来，我国的劳动就业工作取得很大成绩。经过各地区、各部门共同努力，历史上积累的城镇就业问题已经基本解决，近十年来陆续成长起来的劳动力也大部分得到安排。这对帮助人民群众克服困难，维护安定团结的政治局面，促进国民经济发展，起到了重要作用。但是必须看到，我国人口多，劳动力供大于求，解决就业问题是一项长期艰巨的任务。特别在当前治理整顿期间，劳动力需求减少，待业队伍正在不断扩大，就业问题再次突出，不少地区已经压力很大。因此，必须继续努力做好就业工作，从各方面采取有效措施妥善安置待业人员，保证大局稳定和进一步治理整顿、深化改革的顺利进行。现就有关问题通知如下：

一、广开就业门路，积极拓宽就业渠道。解决城镇就业问题，仍然贯彻实行在国家统筹规划和指导下，劳动部门介绍就业、自愿组织起来就业与自谋职业相结合的方针。除全民所有制单位按照国家计划安排就业外，更多的要靠发展集体经济和发挥个体经济、私营经济的作用，广开就业门路、拓宽就业渠道。

要继续提倡全民所有制单位积极举办独立核算、自负盈亏、以安置待业人员为主的集体企业，并加以扶持和指导；提倡更多地集聚社会闲散资金和个人消费资金，创办集体企业和其它经济实体；

① 《国务院关于做好劳动就业工作的通知》，《中华人民共和国国务院公报》，1990 年 09 期。

引导现有的集体企业创造条件，开辟新的门路，扩大经营规模，吸收更多的人员就业；鼓励城镇待业人员就近到农村乡镇企业中就业。对个体经济和私营经济，要在加强组织管理和指导帮助的同时，鼓励它们在国家允许的范围内继续发展，发挥其积极作用，增加从业人员。

要积极研究探索并努力创造条件，因地制宜地发展人民群众需要的社会服务性事业，动员和组织更多的待业人员从事这方面的工作。还要积极开拓渠道，搞好组织管理，充分发挥我国劳动力资源的优势，扩大对外劳务输出。

二、继续办好劳动服务公司，扩大就业安置。劳动服务公司是从我国实际情况出发创办起来的，以安置待业人员为主要目的，进行生产自救的集体所有制社会经济组织，是城镇扩大就业安置的一条重要渠道。要鼓励它们坚持为劳动就业服务的方向，通过进一步搞好多种经营，吸收安置更多的待业人员。同时通过清理整顿，加强教育管理和指导帮助，使其自觉遵守国家法纪，完善规章制度，提高管理水平和人员素质，更好地发挥作用。

根据一九八九年八月十七日《中共中央、国务院关于进一步清理整顿公司的决定》精神，县以上劳动部门设置的劳动服务公司，因是承担政府行政职能的就业管理机构，不宜再称公司，各地区应根据实际情况确定其机构设置和名称。该机构要继续履行好自己的职责，在劳动行政部门领导下并受其委托，管理社会劳动力，组织集体经济扩大劳动就业，进行职业介绍，开展就业训练，管理职工待业保险和归口管理劳动服务公司。

三、实行扶持政策，采取有效措施。目前，扩大就业安置面临的困难很多，需要从实际出发，实行适当照顾的政策加以扶持，采取各种有效措施帮助解决。过去行之有效的扩大就业的政策和措施要继续实行，并要根据变化了的情况加以改进、完善和作必要的补充，以利于切实做好就业工作。

对积极安置待业人员的城镇集体企业，特别是其中安置待业人员任务较重，确有困难又符合国家产业政策的，财政、税务、银行、物资、工商、城建等部门要在资金、税收、物资、场地等方面制定政策，作出规定，给予支持和照顾。各级财政部门要根据就业任务安排好就业经费，任务重、压力大的地区还应增拨一些。对就业经费，各级劳动、财政部门要加强管理，保证专款专用，提高使用效益。同时，银行应提供一定数量的专项贷款，扩大就业所需资金。有条件的地区，还可试行建立就业基金制度。

四、扩大就业训练规模，提高待业人员素质。为帮助待业人员适应社会各方面的需要，应积极开展有计划、有组织的培训。动员社会有关方面的力量，通过技工学校、职业中学、就业训练中心，以及厂矿企业、社会团体等单位和私人办的职业训练班，扩大就业前培训的规模，并适当增加培训内容和延长培训时间。应指导各类职业学校，安排教学时结合就业工作统筹规划，专业设置服从社会生产、工作的需要，积极开展定向培训和委托培训。

五、加强待业人员管理，搞好劳动就业服务。要改进和健全待业人员登记制度，准确掌握他们的基本状况和动态；充分发挥劳务市场机制的作用，利用各种形式促进劳动力供求信息的交流与传播，通过职业介绍所等服务机构开展职业介绍、进行就业咨询等。对组织起来就业和自谋职业的待业人员，应给予更多的支持。对生活处境艰难的待业人员和有劳动能力的残疾人，以及劳改、劳教释放人员等有特殊困难的，要根据条件和可能尽量帮助解决就业问题。同时进一步完善待业保险制度，为符合条件的待业职工及时提供待业救济。

要针对待业人员思想状况，按照培养“有理想、有道德、有文化、有纪律”的社会主义新人的目标，开展多种形式的宣传教育活动，提高他们的思想政治觉悟。对于一部分人员存在的单纯依赖国家安排就业的传统观念，重国营、轻集体、不愿干个体的就业意识，以及期望过高的择业倾向，也要进行教育和引导。另一方面，应结合深化改革积极研究摸索，通过采取有力的政策、措施，合理调节社会劳动力流向，逐步扭转目前就业难与某些行业、工种招工难并存的局面。

六、合理控制农村劳动力的转移，减轻城镇就业压力。解决农村劳动力过剩问题，根本办法是切实做好农村计划生育工作，不得自行突破国家有关政策规定，各级领导必须认真抓好这项基本国策的贯彻落实。对于已经成长起来的劳动力，应当看到农业劳动力向非农产业转移，要同农业本身及整个国民经济的发展相适应；农村劳动力向城镇转移，要同建设事业的发展和城镇的承受能力相适应，对此必须加以合理控制和积极疏导。要首先保证农业有足够数量和必要素质的劳动力，使农业生产能够持续稳定的发展。对农村富余劳动力，要引导他们“离土不离乡”，因地制宜地发展林牧副渔业，沿着正确方向办好乡镇企业，开展多种服务业，搞好农村建设，使农村富余劳动力就地消化和转移。防止出现大量农村劳动力盲目进城找活干的局面。

对农村劳动力进城务工，要运用法律、行政、经济的手段和搞好宣传教育，实行有效控制，严格管理。确定一个时期内城市使用农村劳动力的规划，由劳动部门本着从严的精神负责统一审批，并建立临时务工许可证和就业登记制度，加强对单位用工的监督检查。对现有计划外用工，要按照国家政策做好清退工作，重点清退来自农村的计划外用工，使他们尽早返回农村劳动。

要严格控制“农转非”过快增长，把“农转非”纳入国民经济与社会发展规划，实行计划指标管理，认真按照国家有关政策规定审批。对自行规定政策或放宽条件、扩大“农转非”范围的，要抓紧进行清理整顿。

七、挖掘企业潜力，妥善安置富余人员。企业的富余人员主要由企业内部消化，不能推向社会。要从本单位实际出发，通过改善经营管理，提高科技水平，搞好内部劳动组织，以及开展多种经营，扩大生产服务领域等，千方百计加以妥善安置。生产经营很困难的企业，要适应产业结构、产品结构和企业组织结构调整的需要，积极进行企业间的联合或并转，尽量减少关停。对关停企业及撤销公司的人员，应采取由其主管部门统筹安排工作和自谋职业相结合的办法，对一时难以安置的，发给适当的工资或生活费保障基本生活。各有关主管部门和劳动部门要密切配合，帮助企业做好这方面的工作。要注意合理组织劳动力调配，及时搞好行业、企业之间的劳动力余缺调剂，并指导企业积极开展职工培训包括转业训练的工作。

八、加强领导，动员社会各方面力量共同做好劳动就业工作。劳动就业不是单纯的经济问题，必须从大局着眼妥善处理，决不可掉以轻心。各级人民政府和各有关部门要把就业工作纳入国民经济和社会发展规划，在努力发展生产的基础上安置更多的待业人员，把控制待业率作为一件大事，切实办好；要按照党中央、国务院的要求，深入调查研究，制定具体的政策、措施，搞好实施方案，做到统筹安排、精心指导、抓紧落实，并注意加强思想政治工作和总结交流经验；要充分发挥社会各方面的积极性，齐心协力为扩大就业创造条件，解决好就业安置中的问题。各级劳动部门应及时反映有关情况，劳动部要定期将全国劳动就业工作情况及存在的问题进行汇总分析，报告国务院。

国务院关于在若干城市试行国有企业破产有关问题的通知[①]

（1994年10月25日）

各省、自治区、直辖市人民政府，国务院各部委、各直属机构：

为配合在18个城市（上海、天津、齐齐哈尔、哈尔滨、长春、沈阳、唐山、太原、青岛、淄博、常州、蚌埠、武汉、株洲、柳州、成都、重庆、宝鸡）进行企业优化资本结构试点工作的开展，建立和完善企业优胜劣汰机制，指导和规范这些城市国有企业（以下简称企业）破产工作，根据《中华人民共和国企业破产法（试行）》（以下简称《破产法》）和其他有关法律、行政法规的规定，现就有关问题通知如下：

一、实施企业破产必须首先安置好破产企业职工

《破产法》第四条规定，“国家通过各种途径妥善安排破产企业职工重新就业，并保障他们重新就业前的基本生活需要，具体办法由国务院另行规定”。据此，各有关城市人民政府要按照本通知，在实施企业破产中，采取各种有效措施，首先妥善安置破产企业职工，保持社会稳定。

二、破产企业土地使用权的处置

企业破产时，企业依法取得的土地使用权，应当以拍卖或者招

① 《国务院关于在若干城市试行国有企业破产有关问题的通知》，中国政府网，2010年11月15日。

标方式为主依法转让，转让所得首先用于破产企业职工的安置；安置破产企业职工后有剩余的，剩余部分与其他破产财产统一列入破产财产分配方案。

三、破产财产的处置

破产财产处置前，应当由具有法定资格的资产评估机构进行评估，并以评估价值作底价，通过拍卖、招标等方式依法转让。

处置企业土地使用权所得不足以安置破产企业职工的，不足部分应当从处置其他破产财产所得中拨付。

企业在破产前为维持生产经营，向职工筹借的款项，视为破产企业所欠职工工资处理，借款利息按照借款实际使用时间和银行同期存款利率计算。职工在企业破产前作为资本金投资的款项，视为破产财产。

破产企业的职工住房、学校、托幼园（所）、医院等福利性设施，原则上不计入破产财产，由破产企业所在地的市或者市辖区、县的人民政府接收处理，其职工由接收单位安置。但是，没有必要续办并能整体出让的，可以计入破产财产。

四、担保的处理

破产企业作为抵押物的财产，债权人放弃优先受偿权利的，抵押财产计入破产财产；债权人不放弃优先受偿权利的，超过抵押债权的部分计入破产财产。

企业对其同一财产设定两个以上抵押权的，企业破产时，抵押权人按照抵押顺序受偿。

一个企业为另一个企业提供担保的，被担保企业破产后，担保企业应当按照担保合同承担担保责任。但是，偿债期限可以由担保企业与被担保企业的债权人协商确定。

行政机关为企业提供担保的，应当按照国家有关规定确认担保合同无效。

五、破产企业职工的安置

破产企业所在地的市或者市辖区、县的人民政府应当采取转业培训、介绍就业、生产自救、劳务输出等各种措施，妥善安排破产企业职工重新就业，并保障他们在重新就业前的基本生活需要。

政府鼓励破产企业职工自谋职业。对自谋职业的，政府可以根据当地的实际情况，发放一次性安置费，不再保留国有企业职工身份。一次性安置费原则上按照破产企业所在市的企业职工上年平均工资收入的 3 倍发放，具体发放标准由各有关市人民政府规定。

破产企业职工失业期间，依照《国有企业职工待业保险规定》享受失业保险待遇。失业保险期满无法重新就业的职工，符合社会救济条件的，由当地民政部门按照规定发给社会救济金。

破产企业离退休职工的离退休费和医疗费由当地社会养老、医疗保险机构负责管理。破产企业参加养老保险、医疗保险基金社会统筹的，其离退休职工的离退休费、医疗费由当地社会养老、医疗保险机构分别从养老保险、医疗保险基金社会统筹中支付。没有参加养老保险、医疗保险基金社会统筹或者养老保险、医疗保险基金社会统筹不足的，从企业土地使用权出让所得中支付；处置土地使用权所得不足以支付的，不足部分从处置其他破产财产所得中拨付。

破产企业中因工致残或者患严重职业病、全部或者大部分丧失劳动能力的职工，作为离退休职工安置。距离退休年龄不足 5 年的职工，经本人申请，可以提前离退休。

破产企业中的劳动合同制职工的安排，依照《国营企业实行劳动合同制暂行规定》等法律、行政法规的规定办理；临时工的安排，依照《全民所有制企业临时工管理暂行规定》办理。

破产企业职工的安置费用来源不足的，按照企业隶属关系，由破产企业所在地的市或者市辖区、县的人民政府负担。

六、银行因企业破产受到的贷款损失的处理

银行因企业破产受到的贷款本金、利息损失，应当严格按照国家有关规定，经国家有关银行总行批准后，分别在国家核定银行提取的呆帐准备金和坏帐准备金控制比例内冲销。

七、破产企业的整体接收

人民法院裁定清算组提出的破产财产分配方案后，执行分配方案前，其他企业整体接收破产企业财产、承担分配方案确定清偿的破产企业债务、安置破产企业职工的，可以按照国家有关规定，享受兼并企业的优惠待遇。

八、濒临破产企业的重组

对濒临破产的企业，企业所在地的市或者市辖区、县的人民政府可以采取改组企业管理层、改变企业资产经营形式、引导企业组织结构调整等措施，予以重组。企业所在地的市或者市辖区、县的人民政府认为企业不宜破产的，应当给予资助或者采取其他措施，帮助企业清偿债务。

濒临破产的企业在申请破产前，经拥有三分之二以上债权额的

债权人同意，并经企业所在地的市或者市辖区、县的人民政府批准，可以将企业效益好的部分同企业分立。分立后的企业，应当按照商定的比例承担原企业的债务。

九、实施企业破产的组织领导

实施企业破产，涉及面广，政策性强，难度很大。有关城市的人民政府要加强对这项工作的组织领导，由一名政府负责人牵头，经贸委（经委、计经委）、计委、财委、银行、劳动、审计、税务、国有资产管理、土地、工会等部门和单位参加的工作机构，统一负责组织、协调、解决实施企业破产中遇到的问题，确保这项工作的顺利开展。要根据当地社会的承受能力，制定切实可行的企业破产预案，要采取积极、稳妥的措施，及时处理实施企业破产中的重点、难点问题。要发挥有关社会中介组织在企业破产实施中的作用。实施企业破产中遇到的紧急情况和重大问题，要及时上报。

国务院办公厅转发劳动部关于实施再就业工程报告的通知（节选）①

（1995 年 4 月 16 日）

（上略）

一、进行再就业工程试点的有关情况

再就业工程是充分发挥政府、企业、劳动者和社会各方面的积极性，综合运用政策扶持和就业服务手段，实行企业安置、个人自谋职业和社会帮助安置相结合，重点帮助失业 6 个月以上的职工和生活困难的企业富余职工尽快实现再就业。具体做法是：利用各种就业服务设施和培训、安置基地，通过职业指导，为失业职工介绍职业信息和求职方法；通过开展转业训练，提高再就业的能力；通过提供求职面谈和工作试用，促进双向选择；通过兴办劳动就业服务企业，组织开展生产自救；通过政策指导，鼓励、支持失业职工和企业富余职工组织起来就业和自谋职业。

经过一年的试点工作，一些城市较好地解决了失业职工再就业和企业富余职工的分流安置问题。沈阳市 1994 年帮助 3000 多名失业 6 个月以上的职工走上了新的工作岗位，分流安置了企业富余职工 4 万余人。辽宁省在总结沈阳等城市试点经验的基础上，决定在全省实施再就业工程，并作为企业深化改革的重要措施列入政府工作目标，计划在 4 年内解决 75 万名失业职工和企业富余职工的再就业和安置问题。上海市对失业职工中的特困人员开展了重点服

① 《国务院办公厅转发劳动部关于实施再就业工程报告的通知》，中国政府网，2010 年 11 月 11 日。

务，1994 年使 85%的人员实现了再就业，最近又制定了 8 条政策措施，通过推动企业发展第三产业扩大安置、支持富余职工自谋职业和大力组织转业转岗培训等，促进企业下岗人员再就业。杭州市大力发展劳动就业服务企业，通过扩大生产服务和生活服务领域，分流安置企业富余职工 1.7 万人。试点城市的实践表明，实施再就业工程是促进失业职工再就业和企业富余职工分流安置的有效途径。这项工作得到了有关地方政府和企业、职工的肯定，也得到了社会各方面的支持和帮助。

二、全面实施再就业工程的意见

为了深入贯彻中央经济工作会议精神，积极配合企业深化改革，保持社会稳定，建议在继续做好城乡就业工作的基础上，在全国推广实施再就业工程。初步设想是：从 1995 年开始，在 5 年时间内，组织 800 万失业职工和企业富余职工参加再就业工程。通过提高他们的再就业能力和创造新的就业机会，帮助他们实现再就业。整个工作拟安排为三个阶段：1995 年为准备阶段，主要是总结 30 个试点城市的经验，指导各地制定切实可行的实施方案，做好有关准备工作。1996 年至 1998 年为全面实施阶段，主要是抓好各项政策措施的落实，建立健全有关制度，广开门路，使再就业和分流安置工作取得明显成效。1999 年为总结完善阶段，主要是系统总结实施再就业工程的经验，进一步完善有关政策措施，逐步形成失业职工再就业和企业富余职工分流安置的新机制。为保证这项工作的顺利实施并达到预期目的，现提出以下意见和建议：

（一）建议各地政府借鉴辽宁、上海等地的经验，将实施再就业工程列入议事日程，实行目标责任制，研究制定切实可行的政策措施和实施方案并抓好落实。要加强宣传，动员社会各方面关心和支持再就业工程，共同做好这项工作。

（二）在实施再就业工程的工作中，应按照国务院规定使用失业保险基金的转业训练费和生产自救费，加强对经费使用的管理监督，严格掌握使用方向，提高使用效益。同时积极筹集资金，保证必要的投入。有条件的地方可建立专项基金或专项经费，用于资助安置失业职工和企业富余职工。破产企业在资产变现中按规定划拨的安置费，应优先用于本企业职工的安置。

（三）对失业职工应按规定及时发放失业救济金，切实保障其基本生活。同时要认真组织好职业指导、职业介绍、转业训练、转岗培训、工作试用、生产自救等活动，促进他们再就业。转业训练和转岗培训，应适应劳动力市场的需求，充分利用现有的培训基地，采取多种形式进行。

（四）鼓励企业对富余职工进行开发性安置。支持社会各有关方面大力兴办劳动就业服务企业生产自救基地，安置失业职工和企业富余职工。新办第三产业安置失业职工和企业富余职工达到一定比例的，可按照国家有关规定享受扶持优惠政策。创办和发展生产自救基地所需资金，应采取多方筹集和劳动积累相结合的办法解决。

（五）鼓励用人单位招用失业职工和企业富余职工。支持企业组织富余职工到乡镇企业或其他联营企业从事生产经营和劳务工作，支持企业主管部门对富余职工进行行业、企业间的调剂，有关部门应提供相应的咨询指导和信息服务，协助办理有关手续。

（六）对失业职工和企业富余职工组织起来就业和自谋职业所需的场地、摊位、设施、能源等，有关部门应积极协助做好安排。对组织起来就业和自谋职业有困难的失业职工，可运用失业保险基金中的生产自救费适当资助；对自谋职业的富余职工，由企业按规定支付安置费并解除劳动关系。

（七）对国务院确定的现代企业制度试点企业分流到社会上的职工，劳动就业服务机构应予以接收，给付失业保险待遇并帮助其实现再就业。对各地确定的现代企业制度试点企业和企业优化资本结构的 18 个试点城市，要在认真调查摸底，掌握基本情况的基础上，制定失业保险基金使用计划和人员安置计划，切实做好企业改革试点中分流到社会上的职工的接收、救济和安置工作，保障他们的基本生活并帮助他们尽快实现再就业。

以上如无不妥，建议转发各地区、各部门贯彻执行。

国务院关于在若干城市试行国有企业兼并破产和职工再就业有关问题的补充通知（节选）[①]

（1997 年 3 月 2 日）

各省、自治区、直辖市人民政府，国务院各部委、各直属机构：

根据《中华人民共和国企业破产法（试行）》（以下简称《破产法》）、《国务院关于若干城市试行国有企业破产有关问题的通知》（国发〔1994〕59 号）的精神和有关规定，企业兼并破产工作已逐步展开，工作是有成绩的。但是，也出现了一些城市和地区违反国发〔1994〕50 号文件适用范围实施企业破产的问题。国务院强调：国发〔1994〕59 号文件中有关破产方面的政策，只适用于国务院确定的企业“优化资本结构”试点城市（以下简称试点城市，名单见附件）范围内的国有工业企业。非试点城市和地区的国有企业破产，只能按照《破产法》的规定实施，即破产企业财产处置所得，必须用于按比例清偿债务，安置破产企业职工的费用只能从当地政府补贴、民政救济和社会保障等渠道解决。非国有企业的破产，要严格按照《中华人民共和国民事诉讼法》实施。为规范企业破产，鼓励企业兼并，对国有企业富余职工实施再就业工程，促进产业结构调整、企业优化资本结构和转换经营机制，现就试点城市国有企业（以下简称企业）兼并破产和职工再就业有关问题补充通知如下：

---

① 《国务院关于在若干城市试行国有企业兼并破产和职工再就业有关问题的补充通知》，《中华人民共和国国务院公报》，1997 年 08 期。

一、企业兼并破产和职工再就业工作的组织领导

国家经贸委负责全国企业兼并破产和职工再就业的组织协调工作。为加强对试点城市企业兼并破产和职工再就业工作的组织领导，成立全国企业兼并破产和职工再就业领导小组（以下简称全国领导小组），由国家经贸委（组长）、国家体改委、财政部、劳动部、中国人民银行、国家土地局、国家国有资产管理局等部门组成，并邀请全国人大法工委、最高人民法院参加。其中主要职责是：负责全国试点城市企业兼并破产和职工再就业工作的组织领导与协调；制订《企业兼并破产和职工再就业工作计划》的编制办法；下达省、自治区、直辖市（以下简称省、区、市）核销呆、坏帐准备金的预分配规模；审核省、区、市《企业兼并破产和职工再就业工作计划》；指导省、区、市企业兼并破产和职工再就业工作协调小组（以下简称省、区、市协调小组）的工作；制订《全国企业兼并破产和职工再就业工作计划》并监督执行。全国领导小组的日常工作由国家经贸委负责，有关部门要通过合作、协调一致，重大问题提交国务院国有企业改革工作联席会议讨论决定。

省、区、市成立由经贸委（经委、计经委，下同）为组长，有关部门组成，并邀请省、区、市人大法工委、高级人民法院参加的省、区、市协调小组。其主要职责是：负责本地区试点城市企业兼并破产和职工再就业工作的组织协调；审核试点城市《企业兼并破产和职工再就业工作计划》，制订本省、区、市《企业兼并破产和职工再就业工作计划》。

试点城市成立由市经贸委（组长）、体改委、财政局、中国人民银行和各债权银行分行、劳动局、土地局、国有资产管理局等部门组成，并邀请市人大法工委、人民法院参加的试点城市企业兼并

破产和职工再就业工作协调小组（以下简称试点城市协调小组）。其主要职责是：负责企业兼并及进入破产程序前、终结后和职工再就业工作的组织协调；制订本市《企业兼并破产和职工再就业工作计划》；负责制订企业破产预案；组织实施企业兼并和职工再就业工作；监督、查处、纠正不规范的做法。

二、《企业兼并破产和职工再就业工作计划》的制订与审批

各试点城市协调小组要在深入调查研究、充分听取主要债权银行意见的基础上，提出兼并、破产和解困企业名单（中央、省属企业要由主管部门商国家经贸委及地方经贸委后提出），按照下达的核销呆、坏帐准备金的预分配规模，制订本市《企业兼并破产和职工再就业工作计划》。各债权银行总行派人或总行授权当地分行参加计划编制，财政部门、银行要对企业兼并破产和职工再就业拟核销的银行呆、坏帐准备金进行审核。

试点城市《企业兼并破产和职工再就业工作计划》每年编制一次。试点城市要在 11 月底以前将下一年度本市《企业兼并破产和职工再就业工作计划》报省、区协调小组；由省、区协调小组审核汇总后，在 12 月底以前报全国领导小组。全国领导小组在审核省、区、市《企业兼并破产和职工再就业工作计划》的基础上，统筹研究制订当年《全国企业兼并破产和职工再就业工作计划》，报国务院国有企业改革工作联席会议审议。一般应于 2 月底以前下达。《全国企业兼并破产和职工再就业工作计划》下达后，由全国领导小组会同有关部门和省、区、市人民政府，对各试点城市计划的执行情况负责检查落实。

各试点城市《企业兼并破产和职工再就业工作计划》批准下达

后，在执行中不得突破经过批准的计划规模，需要在计划规模内进行调整的，由省、区、市协调小组审核并汇总后，报全国领导小组审定。

各省、区、市和试点城市协调小组每季度要向全国领导小组报告一次企业兼并破产和职工再就业工作计划执行情况；中国人民银行总行每季度要向国务院国有企业改革工作联席会议报告一次呆、坏帐准备金核销情况。

三、企业破产预案的制订

各试点城市要依据《全国企业兼并破产和职工再就业工作计划》，由拟破产企业主管部门负责向试点城市协调小组提供制订企业破产预案所需材料。其主要内容包括：企业概况，会计报表及亏损情况说明，债权、债务状况，资产处置方案，职工安置渠道及费用标准，拟核销呆、坏帐准备金数额等。

试点城市协调小组制订企业破产预案后，方可进入破产程序，并报省、区、市协调小组备案。主要债权银行对企业破产预案有异议的，须提请省、区、市协调小组决定，同时将情况报全国领导小组备案。经省、区、市协调小组协调仍不能形成决议的，报全国领导小组决定。

四、资产评估机构资格及破产财产处置

企业破产财产处置前，应由破产清算组委托具有国务院国有资产管理行政主管部门认证的资产评估机构进行评估，并由国有资产管理行政主管部门确认评估结果。其中，涉及以划拨方式取得的土地使用权或涉及改变出让合同条件的土地使用权价格评估的，须由具有土地估价能力的资产评估机构进行评估，并由土地行政主管部门确认评估结果后，并入整体资产评估结果。资产评估及地价评估要努力降低评估费用，不得重复收取评估费用。凡确认有误的，须承担相应的行政和经济责任。

企业破产财产应以评估确认的价格为依据，按国家有关规定确定底价，以拍卖方式为主，依照有关法律、法规转让。转让价格由市确定。

五、妥善安置破产企业职工

各试点城市人民政府要积极推广上海市实施再就业工程的经验，结合劳动就业、社会保障制度的改革和当地的具体情况，从上到下建立再就业服务中心，积极开拓就业门路，关心破产企业职工生活，妥善安置破产企业职工，保持社会稳定。

安置破产企业职工的费用，从破产企业依法取得的土地使用权转让所得中拨付。破产企业以土地使用权为抵押物的，其转让所得也应首先用于安置职工，不足以支付的，不足部分从处置无抵押财产、抵押财产所得中依次支付。破产企业财产拍卖所得安置职工仍不足的，按照企业隶属关系，由同级人民政府负担。

职工安置费一律拨付到再就业服务中心，统筹使用。安置费标准，原则上按照破产企业所在试点城市的企业职工上年平均工资收入的3倍计算，试点城市人民政府根据当地实际情况从严掌握，不得随意突破。暂时尚未就业的职工，由再就业服务中心发给基本生活费，再就业后即停止拨付。自谋职业的可一次性付给安置费，标准不高于试点城市的企业职工上年平均工资收入的3倍。

破产企业离退休职工的离退休费和医疗费由当地社会养老、医疗保险机构负责管理。破产企业参加养老保险、医疗保险基金社会统筹的，其离退休费、医疗费由所在试点城市社会养老、医疗保险机构分别从养老保险、医疗保险基金社会统筹中支付。没有参加养老、医疗保险基金社会统筹或者养老保险、医疗保险基金社会统筹不足的，从企业土地使用权出让所得中支付；处置土地使用权所得不足以支付的，不足部分从处置无抵押财产、抵押财产所得中依次支付。

破产企业进入破产程序后，职工的生活费从破产清算费中支付，具体支付办法按照财政部《国有企业试行破产有关财务问题的暂行规定》（财工字〔1996〕226号）执行。破产企业财产处置所得，在支付安置职工的费用后，其剩余部分按照《破产法》的规定，按比例清偿债务。

六、简化呆、坏帐核销手续

因实施《全国企业兼并破产和职工再就业工作计划》而形成的银行贷款本金、利息损失需核销呆、坏帐准备金的，由各债权银行总行依照《中华人民共和国商业银行法》和有关规定，在国务院确定的用于企业兼并破产和职工再就业工作的银行呆、坏帐准备金总规模内审批并核销。具体办法按照《财政部关于修订〈关于国家专业银行建立贷款呆帐准备金的暂行规定〉的通知》（（92）财商字232号）执行。

要简化银行呆、坏帐准备金的核销手续。具体操作办法由中国人民银行总行会同各债权银行总行商国家经贸委、财政部等有关部门提出，经全国领导小组批准，在本通知发布后2个月内下发。

七、破产责任的追究

企业被宣告破产后，政府有关部门应按照《破产法》的有关规定，对企业破产原因和责任进行调查和审计，依据情节轻重严肃处理。对企业破产负有重要责任的法定代表人，不得再担任其他企业的负责人；构成犯罪的，要依法追究刑事责任。对企业破产负有重要责任、情节严重的企业主管部门负责人，也要追究责任。对利用企业破产逃废债务的，一经查实，要依法追究相应责任。对于企业被宣告破产后，企业的组织机构、人员不变，仍在原场地继续生产的，要坚决制止并予以纠正。

八、严格按照有关文件规定规范企业破产

国发〔1994〕59 号文件及本通知有关破产方面的政策，适用于试点城市市区内的国有工业企业和试点城市管辖的县（市）内的市属以上（含市属）国有工业企业，不包括试点城市管辖的县（市）属企业。非试点城市和地区以及试点城市的非国有工业企业擅自使用试点城市有关破产法规政策的，要依法予以纠正，由政府有关部门采取善后措施。对因越权超范围使用有关文件政策而形成的银行呆、坏帐损失不予核销，该损失由银行在其上缴当地的营业税中抵扣，处理结果报全国领导小组。

只有破产企业真正做到停产关闭（取消法人资格）、土地使用权及企业财产被拍卖变现、职工得到妥善安置的，其银行贷款本金和利息损失，方可按照国发〔1994〕59 号文件及本通知的有关规定，从银行提取的呆、坏帐准备金中核销。

九、加大鼓励企业兼并的政策力度

国家鼓励优势企业兼并困难企业，兼并企业要全部承担被兼并企业的债务并负责人员安置，不能搞“假破产、真逃债”的“整体接收”或“整体收购”方式。被兼并企业的富余职工也要实行下岗分流，下岗职工进入兼并企业再就业服务中心。兼并企业承担被兼并企业的全部债务，其中银行债务可按《中国人民银行 国家经贸委 财政部关于鼓励和支持18个试点城市优势国有企业兼并困难国有工业生产企业后有关银行贷款及利息处理问题的通知》（银发〔1995〕130号）的有关规定精神，享受免除利息、分年还本的优惠。优势企业（包括国有控股企业）兼并连续3年亏损的企业，经银行核准，可免除被兼并企业原欠贷款利息；被兼并企业原欠贷款本金分5年还清，如5年内还本仍有困难，可给予1至2年的宽限期。在宽限期和计划还款期内，对被兼并企业原贷款本金免息，不能按约定计划还款部分，恢复计息。对免除利息造成的损失，在银行提取的坏帐准备金中核销，坏帐准备金不足，可用呆帐准备金核销。

有关企业兼并政策的适用范围可以扩大到：试点城市内国有内贸、外贸、建筑和安装企业；兼并和被兼并企业有一方属于国务院确定的大中型重点企业或被兼并方属于试点城市的企业。对缺乏兼并条件而又需要进行兼并的企业，须由省、区、市协调小组报全国领导小组审批。

借用外国政府贷款或转贷款，偿还任务尚未落实的企业，不适用此项规定。

十、以产定人，下岗分流，适当减免贷款利息，缓解企业困难

对那些产品有市场、企业经营管理比较好，但债务负担较重，

又缺乏兼并破产条件的亏损企业，也要列入《企业兼并破产和职工再就业工作计划》，采取在一定期限内不同程度减免银行贷款利息，实施再就业工程的办法，缓解企业困难。

要把以产定人，富余职工下岗分流作为缓解企业困难的基本做法，把实施再就业工程与缓解企业困难工作紧密结合起来，富余职工下岗后，可进入再就业服务中心，领取基本生活费，通过再就业培训，帮助下岗职工逐步重新就业。

对一些生产经营十分困难、确无支付职工工资能力的企业，按照《中共中央办公厅国务院办公厅关于进一步解决部分企业职工生活困难问题的通知》（中办发〔1996〕29号）规定，经当地政府主管机构核定，实行地方财政贴息、企业主管部门调剂一部分资金、银行提供一部分工资性贷款的“三家抬”办法解决职工的基本生活费。

除上述规定外，有关企业破产案件的审理程序、法律适用问题，按照《破产法》、《中华人民共和国担保法》、《中华人民共和国民事诉讼法》、和《最高人民法院关于当前人民法院审理企业破产案件应当注意的几个问题的通知》（法发〔1997〕2号）执行。

有关企业兼并破产和职工再就业政策方面的实施细则，各有关部门提出后一律由国务院国有企业改革工作联席会议审定后下发。

（下略）

中共中央、国务院关于切实做好国有企业下岗职工基本生活保障和再就业工作的通知（节选）[1]

（1998 年 6 月 9 日）

（上略）

一、统一思想认识，增强紧迫感和责任感

各级党委和政府要充分认识到，近年来出现职工大量下岗的现象，是计划经济条件下实行的就业体制和就业政策在经济转轨过程中的必然反映，也是长期以来重复建设、盲目建设以及企业经营机制深层次矛盾多年积累的结果。我们要建立起社会主义市场经济体制和现代企业制度，不可避免地要经历这样一个历史过程。从长远看，随着改革深入、科技进步和经济结构的调整，劳动力的相应调整与流动也会经常发生。要用 3 年左右的时间使大多数国有大中型亏损企业摆脱困境，促进国民经济发展实现良性循环，一个重要条件就是要切实解决企业人员臃肿、人浮于事的问题。虽然这会给一部分职工带来暂时的困难，但从根本上说，有利于经济发展和社会全面进步，符合工人阶级的长远利益。同时，还必须充分认识到，妥善解决国有企业下岗职工基本生活保障和再就业问题，不仅是一个重大的经济问题，也是重大的政治问题；不仅是现实的紧迫问题，也是关系长远的战略问题。做好这项工作，既是社会主义制度的本质要求，也是党和政府应尽的责任。它关系着国有企业改革的成败，关系着社会稳定和社会主义政权的巩固。因此，必须从改

---

① 中共中央文献研究室编，《十五大以来重要文献选编（上）》，北京：人民出版社，2000 年版，第 347–356 页。

革、发展、稳定的全局着眼，增强紧迫感和责任感，采取一切必要的措施，切实把这件事情办好，为实现党的十五大提出的跨世纪宏伟蓝图创造良好的社会环境。

二、明确目标任务，加强宏观调控

根据国有企业改革的总体部署并考虑到社会各方面的承受能力，中央要求，当前和今后一个时期，主要解决国有企业下岗职工基本生活保障和再就业问题，把保障他们的基本生活作为首要任务，并力争每年实现再就业的人数大于当年新增下岗职工人数，1998 年使已下岗职工和当年新增下岗职工的 50%以上实现再就业。争取用 5 年左右的时间，初步建立起适应社会主义市场经济体制要求的社会保障体系和就业机制。

各地区、各有关部门（行业）要坚持认真负责、尽力而为、突出重点、加强调控的指导思想，围绕落实上述目标任务，制定切实可行的工作计划，明确具体目标和要求，使这项工作有组织、有计划地进行。同时，要坚持减员增效与促进再就业相结合、职工下岗与社会承受能力相适应的原则，把握好企业兼并破产、减员增效、下岗分流的节奏，加强宏观调控。要规范职工下岗程序，建立职工下岗申报备案制度。企业要充分考虑国家利益和社会责任，对本企业的职工负责到底。企业拟定职工下岗方案，应同时提出下岗职工基本生活保障和再就业的措施，在充分听取职代会意见后组织实施。为保障职工家庭的基本生活，夫妻在同一企业的，不要安排双方同时下岗；不在同一企业的，如果一方已下岗，另一方所在企业不要安排其下岗。要尽量避免全国及省（部）级劳动模范、烈军属、残疾人下岗。要普遍实行劳动预备制度，对城镇未能继续升学的初、高中毕业生，进行1—3年的职业技术培训。要继续鼓励和引导农村剩余劳动力就地就近转移，合理调控进城务工的规模。

三、普遍建立再就业服务中心，保障国有企业下岗职工基本生活

建立再就业服务中心是保障国有企业下岗职工基本生活和促进再就业的有效措施，是当前一项具有中国特色的社会保障制度。各地要自下而上地建立再就业服务中心组织体系。凡是有下岗职工的国有企业，都要建立再就业服务中心或类似机构，下岗职工不多的企业也可由有关科室代管。再就业服务中心（包括类似机构或代管科室）负责为本企业下岗职工发放基本生活费和代下岗职工缴纳养老、医疗、失业等社会保险费用，组织下岗职工参加职业指导和再就业培训，引导和帮助他们实现再就业。为加强再就业服务中心的组织、管理力量，可从行政机关抽调得力人员到中心工作。

进入再就业服务中心的对象，主要是实行劳动合同制以前参加工作的国有企业的正式职工（不含从农村招收的临时合同工），因企业生产经营等原因而下岗，但尚未与企业解除劳动关系、没有在社会上找到其他工作的人员。对于实行劳动合同制以后参加工作但合同期满的人员，可按照《中华人民共和国劳动法》和国务院有关规定终止劳动关系；合同期未满而下岗的，也要安排进入再就业服务中心。下岗职工在再就业服务中心的期限一般不超过3年；3年期满仍未再就业的，应与企业解除劳动关系，按规定享受失业救济或社会救济。下岗职工在再就业服务中心期间的基本生活费，原则上可按略高于失业救济的标准安排并按适当比例逐年递减，但最低不得低于失业救济水平，具体标准由各地根据实际情况确定。

再就业服务中心用于保障下岗职工基本生活和缴纳社会保险费用的资金来源，原则上采取“三三制”的办法解决，即财政预算安排三分之一、企业负担三分之一、社会筹集（包括从失业保险基金中调剂）三分之一，具体比例各地可根据情况确定。财政承担的部分，中央企业由中央财政解决，地方企业由地方财政解决。对于困难较多的中西部地区和老工业基地，中央财政给予一定的支持。国有独资盈利企业和国有参股、控股企业保障下岗职工基本生活的资金，原则上都由本企业负担。财政承担和社会筹集的资金，由财政部门按专项资金管理。资金的安排，由再就业工作主管部门商财政部门研究提出意见，然后由财政部门统一拨付。保障下岗职工基本生活的资金，一定要加强管理和监督，保证专款专用，不得挪用于其他任何方面开支。再就业服务中心的管理费用和工作人员的工资、福利等，不得在保障下岗职工基本生活的资金中列支。

国务院确定的111个企业“优化资本结构”试点城市，以及兵器工业总公司、航天工业总公司列入《全国企业兼并破产和职工再就业工作计划》的企业和纺织行业下岗职工分流安置和再就业工作，仍按国务院的有关规定执行。

四、加大政策扶持力度，拓宽分流安置和再就业渠道

我国人口众多，做好就业工作是一项长期任务。解决这一问题的根本途径，是保持国民经济持续快速健康发展，不断开拓新的就业领域。各地区和有关部门要抓住调整和优化经济结构的机遇，积极培育经济增长点，继续加强基础产业和基础设施建设，因地制宜地发展劳动密集型产业，以利于扩大就业。要把发展第三产业，特别是商业、饮食业、旅游业、家庭和社区居民服务业等，作为下岗职工再就业的主要方向。对下岗职工从事社区居民服务业的，要简化工商登记手续，3 年内可免征营业税、个人所得税以及行政性收费。要把发展中小型企业、劳动就业服务企业作为促进再就业的重要途径。各国有商业银行应设立小型企业信贷部，为其发展提供必要的贷款支持。要大力发展集体和个体、私营经济，鼓励下岗职工自谋职业或组织起来就业。对下岗职工申请从事个体工商经营、家庭手工业或开办私营企业的，工商、城建等部门要及时办理有关手续，开业一年内减免工商管理等行政性收费；对符合产业政策、产品适销对路的，金融机构应给予贷款。要鼓励企业主动吸收安置下岗职工，对企业利用现有场地、设施和技术发展多种经营，多渠道分流本企业富余人员和安置下岗职工的，要给予必要的政策扶持。具体政策措施，由各省、自治区、直辖市人民政府研究制定。

有条件的地区，还应安排专项资金，组织下岗职工参加市政与道路建设、环境保护、植树种草等公共工程，为下岗职工提供更多的就业机会。一些边远地区和矿区，可采取相应政策，鼓励下岗职工开发荒山、荒地、荒滩，从事农、林、牧、渔业生产。

五、加快社会保障制度改革，完善社会保障体系

要与建立社会主义市场经济体制和现代企业制度的要求相适应，在所有企业（包括个体、私营等非国有企业）以及外商投资企业的中方职工中推行和深化养老、医疗、失业等社会保险制度及住房制度的改革，建立健全社会保障体系，为劳动力资源的合理配置和正常流动创造条件。

对于下岗职工无论以何种方式实现再就业或不再就业，过去的连续工龄和养老保险缴费年限与以后的缴费年限合并计算，达到法定退休年龄时，按规定享受相应的养老保险待遇。下岗职工分流安置和再就业后，在原企业的住房，已按房改政策购买的，应根据有关规定明确个人和原企业的产权关系；未购买的，可以继续租用，租金标准按当地政府规定执行。对生活特别困难的下岗职工子女就学，应减免学杂费。要加快建立城市居民最低生活保障制度，使下岗职工家庭的基本生活得到保证。同时，要使社会保险制度、下岗职工基本生活保障制度和城市居民最低生活保障制度相互衔接、相互补充，不断完善社会保障体系。

为了完善失业保险机制，提高失业保险基金的支付能力，从1998年开始将失业保险基金的缴费比例由企业工资总额的1%提高到3%，由企业单方负担改为企业和职工个人共同负担，其中个人缴纳1%，企业缴纳2%。

在做好国有企业下岗职工基本生活保障工作的同时，要继续深化企业职工养老保险制度改革，加快立法步伐。要确保离退休人员的基本生活，保证按时足额发放养老金，不得发生新的拖欠，对过去拖欠的应逐步予以补发。要扩大养老保险覆盖面，加强养老保险基金的收缴工作，努力提高收缴率。1998年，要在全国实现基本养老保险省级统筹，建立养老保险基金调剂机制，省、自治区、直辖市社会保险经办机构实行系统管理；中央有关部门（单位）实行养老保险行业统筹的企业改为参加地方统筹，具体实施办法请有关部门抓紧研究制定。要尽快完善养老保险基金收支两条线的管理办法，形成财政、银行、社会保险机构相互监督的机制。要将养老保险基金差额缴拨改为全额缴拨，推进社会化管理进程。要严格控制企业职工提前退休。除国务院规定的111个企业“优化资本结构”试点城市的破产工业企业和3年内有压锭任务的国有纺织企业的细纱和织布工种中符合条件的职工，可提前退休外，各地区、各部门不得自行扩大提前退休的范围。

六、加强劳动力市场建设，强化再就业培训

要建立和完善市场就业机制，实行在国家政策指导下，劳动者自主择业、市场调节就业和政府促进就业的方针。要按照科学化、规范化、现代化的要求，大力加强劳动力市场建设。各地区特别是各大中城市要充分利用电视、广播等现代化信息网络，提供求职、招聘、职业指导等方面的信息和咨询服务。公共职业介绍机构要开设专门服务窗口，加强对下岗职工的职业指导，并实行免费服务。要进一步加强街道就业服务工作，对再就业难度较大的下岗职工要逐一列出名单，由专人负责帮助他们实现再就业。对用人单位要实行空岗报告、招聘广告审查等制度，鼓励用人单位优先招用下岗职工，特别是下岗女工。要认真贯彻执行《中华人民共和国劳动法》及其他有关规定，不得歧视下岗职工，切实保护他们的合法权益。要加强劳动力市场的管理、监督和检查，防止乱收费等不正之风，坚决取缔非法劳务中介，严厉打击欺诈行为，维护劳动力市场秩序。

要动员社会各方面的力量，大力开展再就业培训。实行在政府指导和扶持下，个人自学、企业组织和社会帮助相结合的办法，根据下岗职工特点和社会需要，突出培训的实用性和有效性，提高下岗职工的再就业能力。对为下岗职工提供再就业培训的，可给予一定的补贴。劳动力市场建设和促进再就业的经费，由财政部门核拨。

七、切实加强思想政治工作，搞好宣传教育

要充分发挥我们党的思想政治工作优势，发扬党同人民群众同呼吸、共命运、心连心的优良传统，切实加强下岗职工的思想政治工作。各级领导机关和领导干部要不断改进工作作风和工作方法，坚决制止和克服官僚主义倾向。要深入企业、深入下岗职工家庭，及时了解和掌握下岗职工的生活状况，体察他们的疾苦，听取他们的呼声，主动为他们排忧解难，决不允许采取不闻不问、麻木不仁的态度。企业经营者在抓好企业生产经营、千方百计使企业摆脱困境的同时，要积极组织下岗职工开展生产自救，努力帮助他们解决生活中的困难和问题，做好经常性的思想工作，坚持与职工群众同甘共苦、不搞特殊化。要动员全社会都来关心、支持下岗职工基本生活保障和再就业工作，多为他们办好事、献爱心、送温暖，形成良好的社会氛围。要大力宣传党和政府的有关方针政策，教育下岗职工及广大人民群众理解和体谅国家困难，积极支持企业改革，自觉维护社会稳定。要注重树立并大力宣扬下岗职工自强不息、积极创业的先进典型，引导下岗职工摒弃“等、靠、要”的思想，帮助他们树立正确的择业观，使他们认识到在国家政策、法律允许的范围之内，做任何工作都没有高低贵贱之分，不论从事什么职业都是光荣的，从而去主动适应社会主义市场经济的要求。

八、切实加强领导，确保国有企业下岗职工基本生活保障和再就业工作顺利进行

各级党委、政府和有关部门必须把国有企业下岗职工基本生活保障和再就业工作列入重要议事日程，实行党政“一把手”负责制，并纳入政绩考核的重要内容。要结合本地区、本部门（行业）实际，抓紧研究制定贯彻本通知的具体办法，确保本通知精神落到实处。要充分发挥各民主党派、工商联和工会、共青团、妇联等群众团体的作用，群策群力，共同做好这方面的工作。要认真总结和推广好的经验与做法，及时研究解决工作中遇到的新情况、新问题，不断把这项工作引向深入。为有利于这项工作的开展，中央确定，由国务院国有企业改革工作联席会议负责指导和组织协调，具体工作由劳动和社会保障部、国家经济贸易委员会组织实施。各地区也可采取相应的组织形式，以确保国有企业下岗职工基本生活保障和再就业工作的顺利进行。

城镇集体企业下岗职工基本生活保障和再就业工作，由各省、自治区、直辖市党委和人民政府根据本地区的实际情况研究制定具体办法。

中共中央、国务院关于进一步做好下岗失业人员再就业工作的通知[①]

（2002 年 9 月 30 日）

各省、自治区、直辖市党委和人民政府、各大军区党委、中央和国家机关各部委、军委各总部、各军兵种党委、各人民政府：

一九九八年以来，按照党中央、国务院的部署和要求，各级党委、政府坚决贯彻执行“鼓励兼并、规范破产、下岗分流、减员增效、实施再就业工程”和建立国有企业下岗职工基本生活保障制度、失业保险制度、城市居民最低生活保障制度“三条保障线”等政策措施，确保了绝大多数下岗职工的基本生活，并使一大批下岗职工通过多种途径实现了再就业。实践证明，这些政策措施是完全正确的，必须继续全面贯彻执行。当前和今后一个较长时期内，我国就业形势仍十分严峻。我国就业方面的主要矛盾，是劳动者充分就业的需求与劳动力总量过大、素质不相适应之间的矛盾。当前，主要表现在劳动力供求总量矛盾和就业结构性矛盾同时并存，城镇就业压力加大和农村富余劳动力向非农领域转移速度加快同时出现，新成长劳动力就业和失业人员再就业问题相互交织。焦点集中在下岗失业人员再就业上。这已经成为一个带有全局性影响的重大经济和社会问题。为了确保社会稳定，为深化改革和促进发展奠定更好的基础，必须采取切实有效的措施，进一步做好就业工作特别是下岗失业人员再就业工作。现就有关问题通知如下：

---

① 中共中央文献研究室编，《十五大以来重要文献选编（下）》，北京：中央文献出版社，2011 年版，第 743–755 页。

一、统一认识，加强领导，明确再就业工作目标和责任

（一）各级党委、政府和各有关部门必须充分认识就业和再就业工作的极端重要性。要从维护改革发展稳定大局，实现国家长治久安的高度，将就业和再就业工作作为一项长期的战略任务和重大的政治任务，作为全面贯彻“三个代表”要求的重要措施，着眼长远，立足当前，统筹兼顾，坚持不懈地抓好。要坚持通过发展和改革的办法促进就业和再就业，正确处理发展经济、经济结构调整、深化改革、城乡经济协调发展、完善社会保障体系与扩大就业的关系，逐步走出一条既能充分促进就业，又能保证经济持续快速健康发展的路子。要坚持市场导向的就业机制，实施积极的就业政策，多渠道开发就业岗位，努力改善就业环境，支持劳动者自谋职业和自主创业，鼓励企业更多吸纳就业，帮助困难群体就业。当前和今后一个时期，要在进一步巩固“两个确保”，逐步完善社会保障体系的基础上，重点做好有劳动能力和就业愿望的下岗失业人员再就业工作。

（二）各级党委、政府对本地区就业工作负主要责任。要把控制失业率和增加就业岗位作为宏观调控的重要指标，纳入国民经济和社会发展计划。把净增就业岗位、落实再就业政策、强化再就业服务、加大再就业资金投入和帮助困难群体就业作为具体工作目标，层层分解，督促落实，并作为政绩考核的重要内容，定期进行检查。对落实好的予以表扬，对落实不好的予以批评，对因工作不力造成严重后果的要追究领导责任。

各级劳动保障、计划、经贸、教育、民政、财政、建设、税务、工商、银行、物价等部门要切实履行职责，加强协调配合。要充分发挥各民主党派、工商联和工会、共青团、妇联等人民团体的

作用，群策群力，共同做好就业特别是下岗失业人员再就业工作。

（三）充分发挥基层党组织和思想政治工作在促进就业和再就业工作中的作用。在实施企业改制重组、关闭破产、下岗分流和再就业工作过程中，必须把保障群众生活、促进就业和维护社会稳定作为基层党组织的主要任务。要动员全社会都来关心和支持就业工作特别是下岗失业人员的再就业工作。充分发挥党的思想政治工作优势，大力宣传党和政府的有关方针政策，用再就业的典型事例，帮助下岗失业人员理解和支持企业改革，转变观念，自强自立，自觉维护社会稳定，在国家政策扶持和社会帮助下，依靠自身努力实现再就业。

二、努力开辟就业门路，积极创造就业岗位

（四）坚持扩大内需的方针，保持国民经济必要增长速度，积极调整经济结构，千方百计扩大就业。在制定涉及全局的经济社会政策和确定建设项目时，要在注重提高竞争力的同时，把扩大就业作为重要因素考虑。积极发展具有比较优势的劳动密集型产业和企业，提高经济增长对就业的拉动能力。

（五）努力开辟就业和再就业的门路。

大力发展第三产业，继续拓展商贸、餐饮等传统服务业领域的就业渠道，努力发展旅游业增加就业，尤其要积极开发社区服务业的就业岗位，重点开发面向社区居民生活服务、机关企事业单位后勤保障和社区公共管理的就业岗位以及清洁、绿化、社区保安、公共设施养护等公益性岗位。

鼓励发展个体、私营、外商投资、股份合作等多种所有制经济扩大就业，积极发展有市场需求的劳动密集型中小企业，继续发展

劳动就业服务企业，更多吸纳下岗失业人员。

促进跨地区的劳务协作和对外劳务输出。鼓励就业压力大的地区特别是资源开采型城市和独立工矿区，按市场需求发展接续性产业，组织下岗失业人员到有劳务需求的地区就业，到农村承包荒山、荒地，从事种植业和养殖业。

鼓励有条件的国有大中型企业在进行结构调整、重组改制和主辅分离中，利用非主业资产和闲置资产，通过多种方式分流和安置企业富余人员，对破产企业要利用其有效资产安置职工。

鼓励下岗失业人员通过非全日制、临时性、季节性、弹性工作等灵活多样形式实现就业。通过发展劳务派遣、就业基地等组织形式，为他们灵活就业提供服务和帮助。

三、完善和落实促进再就业的扶持政策

（六）实施再就业扶持政策的对象范围是有劳动能力和就业愿望的下列人员（以下简称下岗失业人员）：

1．国有企业的下岗职工；

2．国有企业的失业人员；

3．国有企业关闭破产需要安置的人员；

4．享受最低生活保障并且失业一年以上的城镇其他失业人员。

（七）鼓励下岗失业人员自谋职业和自主创业。

1．对下岗失业人员从事个体经营（国家限制的行业除外）的，三年内免征营业税、城市维护建设税、教育费附加和所得税，并免收属于管理类、登记类和证照类的所有各项行政事业性收费。国务院有关部门和省级人民政府要明确免收的项目，并向社会公布。严禁各种形式的集资、摊派和乱收费。各类中介机构对下岗失业人员从事个体经营涉及的各种服务性收费，要按照最低标准收取，严禁强制服务和强行收费。

2. 各省自治区、直辖市和地级以上城市要建立下岗失业人员贷款担保基金，所需资金主要由同级财政筹集，担保机构由当地政府确定。为下岗失业人员自谋职业和自主创业提供的小额贷款，按照个人自愿申请、社区推荐、劳动保障服务机构审查、担保机构承诺担保、商业银行核贷的程序进行。贷款额度一般掌握在二万元左右。贷款期限最长不超过二年，到期确需延长的，可申请展期一次。贷款利息按照中国人民银行公布的贷款利率确定，对从事微利项目的，由中央财政据实全额贴息，展期不贴息。担保最高限额为担保基金的五倍，期限与贷款期限相同。各国有商业银行、股份制商业银行、城市商业银行和有条件的城市信用社，都要开办此项贷款业务，并且要简化手续，提供开户和结算便利。

对下岗失业人员合伙经营和组织起来就业的，可根据人数和经营项目扩大贷款规模。

3. 各级政府和有关部门要切实转变职能，改革行政审批程序，简化下岗失业人员开业的相关手续，提高服务效率。根据需要，有条件的地方应设立专门窗口，由有关行政审批部门参加，提供“一条龙”服务。

4. 各级政府在城市规划建设和整顿市容时，要统筹解决好下岗失业人员自谋职业和自主创业的经营场地问题。有条件的地方，可安排相对集中的生产经营培育性场所。

5. 对下岗失业人员以非全日制、临时性和弹性工作等灵活形式就业的，要适应其特点，抓紧制定劳动关系形式、工资支付方式和社会保险等方面的配套办法，保障他们的合法权益。

（八）鼓励服务型企业吸纳下岗失业人员。

1. 对现有的服务型企业（国家限制的行业除外）新增加的岗位，当年新招用下岗失业人员达到职工总数百分之三十以上，并与其签订三年以上期限劳动合同的，经劳动保障部门认定，税务机关审核，三年内根据招用人数按年度应缴所得税额的一定比例减征企业所得税。

2. 对新办的服务型企业（国家限制的行业除外）当年新招用下岗失业人员达到职工总数百分之三十以上，并与其签订三年以上期限劳动合同的，经劳动保障部门认定，税务机关审核，三年内免征企业应缴纳的营业税、城市维护建设税、教育费附加和企业所得税。当年新招用下岗失业人员不足百分之三十的，根据招用人数，按应缴所得税额的一定比例减征企业所得税。

3. 对各类服务型企业（包括商贸、餐饮、服务业企业，国家限制的行业除外）新增岗位新招用国有企业下岗失业人员，并与其签订三年以上期限劳动合同的，经劳动保障部门审核后，从再就业资金中按招用人数提供为期三年的社会保险补贴。补贴标准按单位应为所招人员缴纳的养老保险费和失业保险费之和计算，个人应缴的养老保险费和失业保险费仍由本人负担。

（九）对国有大中型企业通过主辅分离和辅业改制分流安置本企业富余人员兴办的经济实体（国家限制的行业除外），凡符合以下条件的，经有关部门认定，税务机关审核，三年内免征企业所得税。

1. 利用原企业的非主业资产、闲置资产或关闭破产企业的有效资产；2. 独立核算、产权清晰并逐步实现产权主体多元化；3. 吸纳原企业富余人员达到百分之三十以上；4. 与安置的职工变更或签订新的劳动合同。

（十）上述有关社会保险补贴和减免税费的政策暂定执行到二○○五年底。

（十一）适当提高营业税和增值税的起征点。具体办法由财政部、国家税务总局制定。

（十二）各级政府要把有劳动能力和就业愿望的男性五十周岁以上，女性四十周岁以上，就业困难的下岗失业人员作为再就业援助的主要对象（以下简称大龄就业困难对象），提供即时岗位援助等多种帮助。由政府投资开发的公益性岗位要优先安排大龄就业困难对象。在社区开发的公益性岗位安排原属国有企业大龄就业困难对象就业，从再就业资金中给予社会保险补贴。补贴标准按单位应为所招人员缴纳的养老保险费和失业保险费之和计算，个人应缴的养老保险费和失业保险费仍由本人负担。同时，各地可根据实际提供适当比例的岗位补贴，补贴标准由当地政府确定，资金由地方财政解决。

（十三）各级政府要调整财政支出结构，加大再就业资金投入，将促进再就业资金列入财政预算。在《政府预算收支科目》中增设“就业补助”款级科目，以反映各级财政用于社会保险补贴、岗位补贴、小额贷款担保和贴息、再就业培训补贴、职业介绍补贴等项支出。各级财政还要安排资金，用于社区劳动和社会保障工作经费与劳动力市场信息网络建设。

各级财政原来安排用于国有企业下岗职工基本生活保障的资金规模不减，在确保下岗职工基本生活的前提下，根据当地工作需要，安排一部分用于促进再就业。

对中西部地区和老工业基地，中央财政将在原国有企业下岗职工基本生活保障专项转移支付资金项下，增加再就业补助资金，支持地方促进再就业工作，严禁挪作他用。

中央财政增加的再就业补助资金，主要用于补助：（1）小额贷款贴息的全部资金；（2）社会保险补贴的部分资金；（3）职业介绍和再就业培训补贴的部分资金。

（十四）各级党委和政府要采取有力措施，认真抓好再就业扶持政策的落实。要组织劳动保障、监察、计划、经贸、公安、财政、建设、文化、卫生、税务、工商、银行、物价等部门和工会每年对再就业扶持政策的落实情况进行专项检查，并充分发挥社会监督和群众监督的作用，使再就业扶持政策真正落实到基层单位和下岗失业人员身上。

（十五）各地要严格掌握扶持政策的对象范围。各级劳动保障部门负责为符合条件人员免费核发《再就业优惠证》，作为享受扶持政策的凭证。要依托街道和企业审核认定下岗失业人员，对证件发放和使用进行严格的管理和监督。对出租、转让和伪造《再就业优惠证》的行为，依法严肃处理。对采取各种形式骗取国家资金和优惠政策的企业和个人，要严肃查处，情节严重的依法追究刑事责任。

四、改进就业服务，强化再就业培训

（十六）各级政府要建立公共就业服务制度，对城镇登记失业人员和国有企业下岗职工，提供免费职业介绍，对城镇就业转失业人员和国有企业下岗职工提供免费再就业培训，所需经费主要由地方财政承担，中央财政对困难地方给予适当补助。要建立再就业援助制度，为就业困难对象提供专门的帮助和服务。在各级公共职业介绍机构中，要实行求职登记、职业指导、职业介绍、培训申请、鉴定申报、档案管理、社会保险关系接续“一站式”就业服务。要加快就业服务信息化建设，健全劳动力市场信息网及其公开发布系统，提供及时、便捷的就业信息服务。

要根据劳动力市场变化和产业结构调整的需要，大力加强职业教育和再就业培训。各地要充分利用全社会现有的教育资源，组织开展多层次、多形式的再就业培训，提高下岗失业人员的就业能力。对从事技术性工作的劳动者开展的技能培训，应与推行和规范国家职业资格证书制度相结合。对有开业条件的人员开展的创业培训和开业指导，应提供项目咨询、跟踪扶持等服务，加快培养一批创业带头人。

各级政府可在资质认定的基础上，委托社会各类职业培训机构和职业中介机构为下岗失业人员提供职业培训和就业服务，由政府给予资金补贴的免费培训和服务项目，要进行严格、科学的效果评估。

（十七）城乡基层组织要承担起做好下岗失业人员再就业和企事业单位退休人员的管理、服务工作的责任。

街道和工作任务重的乡镇，可设立或确定负责劳动保障事务的机构，具体由各地党委、政府根据实际情况决定。

要充分发挥社区在就业和社会保障方面的服务功能，街道劳动保障工作机构要在社区聘用专门的服务人员，并提供工作经费，建立统一的社会保障和劳动就业工作体系。

（十八）规范劳动力市场秩序，加强对各类职业中介行为的监管，严厉打击非法职业中介和各类欺诈行为。

加大劳动保障执法监察力度，规范执法监察行为，对各类企业招聘人员不签订劳动合同、滥用试用期、随意压低和克扣工资、拒缴社会保险费等违法行为，要依法查处。根据工作需要，充实劳动保障执法监察队伍的人员，保证工作经费。

五、坚持统筹兼顾，搞好就业的宏观调控

（十九）正确处理深化国有企业改革与扩大就业的关系，既要坚持国有企业改革方向，推进企业减员增效，又要切实加强对关闭破产企业职工安置和正常生产经营企业裁员的指导。实施政策性关闭破产的企业，职工安置方案必须经职工代表大会讨论通过，并报当地政府企业兼并破产和职工再就业工作协调小组审核批准。凡职工安置方案和社会保障办法不明确、资金不到位的，不得进入关闭破产程序。正常生产经营企业成规模裁减人员，人员裁减方案要经企业职工代表大会讨论。凡不能依法支付解除劳动合同的经济补偿金并妥善解决企业拖欠职工债务的，不得裁减人员。国有大型企业一次性减员超过一定数量和比例的，要事前向当地政府报告。

各地要按属地管理原则，将中央企业的再就业纳入当地的再就业工作规划，统筹安排落实。中央企业集团公司（总公司）也要切实负起责任，配合地方共同做好下属企业的再就业工作。中央企业关闭破产，由地方与中央有关单位组成联合工作班子，负责协调离退休人员管理、企业办社会职能移交、职工安置等工作。

（二十）建立城镇劳动力抽样调查制度，定期开展全国城镇劳动力抽样调查，及时反映全国及各地的就业和失业动态变化。建立失业预警机制，在下岗失业总量接近或超过警戒线时，各级政府要及时采取措施缓解矛盾。

（二十一）在重点做好下岗失业人员再就业工作的同时，要统筹兼顾城镇新成长劳动力的就业和农村富余劳动力的转移工作。对城镇新成长的劳动力，要引导和帮助他们参与市场竞争就业，对城镇未能继续升学的初、高中毕业生普遍实行劳动预备制度，加强职业教育和培训，延缓就业压力。对农村劳动力进城就业要公平对待，合理引导，完善管理，搞好服务，认真清理不合理的限制政策，切实保障他们的合法权益。各类企业招用农民工，应签订劳动合同，必须依法缴纳社会保险费。

六、巩固“两个确保”，完善社会保障体系

（二十二）各级政府要继续按照“三三制”原则落实下岗职工基本生活保障资金，努力扩大社会保险覆盖范围，加强社会保险费的征缴，进一步巩固“两个确保”，不得发生新的拖欠。中央财政对中西部地区和老工业基地，继续通过专项转移支付的方式给予支持。

积极稳妥地做好下岗职工出中心向失业保险并轨工作。完善社会保障体系的省级试点目前只在辽宁进行，其他地方要从实际出发，在确保稳定的前提下，因地制宜、分类指导、分别处理，积极探索下岗职工出中心向失业保险并轨的办法和途径。对企业新裁减人员和出中心的下岗职工，要按规定及时提供失业保险，符合条件的，纳入城市居民最低生活保障。对协议期满暂时无法解除劳动关系的下岗职工，各级政府和企业要继续运用现有各类资金渠道筹措的资金保障其基本生活。

加强城市居民最低生活保障工作。将所有符合条件的城市贫困居民都纳入保障范围，做到“应保尽保”。对特殊困难群体的最低生活保障情况进行检查，帮助解决他们在生活保障以及医疗、住房、取暖、子女入学、水电煤气等方面遇到的问题。

（二十三）完善下岗失业人员的社会保险关系接续办法，做好接续服务。下岗失业人员离开企业时，其过去的社会保险缴费年限和个人账户继续保留，企业和个人欠缴的社会保险费要一次性补缴。下岗失业人员由企业招用再就业的，应由新的用人单位和职工个人按规定继续缴纳社会保险费；自谋职业和灵活就业的，可以按照个体工商户参保办法参加养老保险。继续参加养老保险并按规定缴费的，其前后缴费年限合并计算；未继续参加养老保险中断缴费的，达到退休年龄后按实际缴费年限计发基本养老金。对接近内部退养年龄的下岗职工，经企业与职工协商一致，在解除劳动关系时，可以签订社会保险缴费协议，按规定缴纳社会保险费。

社会保险经办机构要开设专门窗口，方便下岗失业人员继续参保缴费，并积极探索适合下岗失业人员从事个体经营和灵活就业的社会保险办法。对尚未纳入基本医疗保险范围的下岗失业人员，实施社会医疗救助。

各地区、各有关部门要结合实际，抓紧研究制定贯彻本《通知》的具体办法和实施细则，确保本《通知》精神落到实处。

关于国有大中型企业主辅分离辅业改制分流安置富余人员的实施办法（节选）①

（国家经济贸易委员会 财政部 劳动和社会保障部 国土资源部
中国人民银行 国家税务总局 国家工商行政管理总局
中华全国总工会）

（2002 年 11 月 18 日）

（上略）

一、总体思路和原则

（一）坚持党的十五届四中全会确定的国有企业改革方向，鼓励有条件的国有大中型企业在进行结构调整、重组改制和主辅分离中，利用非主业资产、闲置资产和关闭破产企业的有效资产（以下简称“三类资产”），改制创办面向市场、独立核算、自负盈亏的法人经济实体，多渠道分流安置企业富余人员和关闭破产企业职工，减轻社会就业压力（以下简称改制分流）。

（二）国有大中型企业改制分流遵循以下原则：

1. 正确处理改革、发展、稳定的关系，充分考虑企业、职工和社会的承受能力，整体规划，分步实施，确保稳定；

2. 实施改制分流要与企业的结构调整、改制重组和做强主业相结合，符合国家产业政策，有利于加快企业发展，促进企业资产结构、组织结构、人员结构的优化；

3. 实施改制分流要依法进行，规范操作，坚持“公开、公

① 《关于国有大中型企业主辅分离辅业改制分流安置富余人员的实施办法》，《中华人民共和国国务院公报》，2004 年 04 期。

平、公正”的原则，维护国家、企业及职工的合法权益，防止国有资产流失和逃废银行债务。

二、改制企业享受扶持政策的条件

（三）国有大中型企业主辅分离，辅业改制，分流安置本企业富余人员兴办的经济实体，凡符合以下条件的，经有关部门认定，税务机关审核，可享受《通知》规定的三年内免征企业所得税的政策。

1．利用原企业的“三类资产”；

2．独立核算、产权清晰并逐步实现产权主体多元化；

3．吸纳原企业富余人员达到30%（含）以上；

4．与安置的职工变更或签订新的劳动合同。

三、改制分流的范围

（四）国有大中型企业应根据企业发展战略和结构调整的需要，以精干主业、减员增效、安置富余人员为目标，从本企业实际出发，合理界定“三类资产”的范围。

非主业资产指按照企业改革发展的要求和专业化分工原则，需要分离的辅业资产、后勤服务单位的资产以及与主业关联度不大的其他资产；

闲置资产指闲置一年以上的企业资产；

关闭破产企业的有效资产指政策性关闭破产企业中，符合国家产业政策、有一定获利能力，并用于抵偿职工安置等费用部分的资产。

（五）改制企业安置的富余人员，是指原企业需精简分流的富余人员。

四、改制分流的形式

（六）改制企业应当按照《中华人民共和国公司法》和其他有关法律法规的规定，通过合资、合作、出售等方式，逐步实现产权主体多元化。具备一定市场生存能力的改制企业，可直接改制为非国有法人控股的法人实体；暂时不具备上述条件的改制企业，可保持国有法人的控股地位，但必须产权明晰、独立核算、面向市场、自负盈亏。

改制企业与原主体企业除产权关系外，不再具有行政隶属关系，原主体企业仅以出资额为限承担有限责任，并依法享有股东权利。

（七）改制企业要建立以产权关系为基础的法人治理结构，建立健全相应的组织机构，制定各项管理制度，完善监督约束机制。原主体企业在改制企业设立过程中，有责任帮助推荐考核经营者人选并监督其产生程序的合法性。防止恶意侵犯投资者和职工合法权益的行为。

五、资产处置

（八）改制分流过程中涉及资产定价、损失核销、产权变更等有关国有资本管理与财务处理的事项，按照财政部《企业公司制改建有关国有资本管理与财务处理的暂行规定》（财企〔2002〕313号）办理。

（九）改制企业可用国有净资产支付解除职工劳动关系的经济补偿金等，由此造成的账面国有资产减少，按规定程序报批后冲减国有资本。

（十）改制企业的国有净资产按规定进行各项支付的不足部

分，应由原主体企业予以补足；剩余部分可向改制企业的员工或外部投资者出售，也可采取租赁、入股或转为债权等方式留在改制企业。

已完成改制分流的单位，原主体企业要按规定及时办理相关的资产转移、产权登记手续。

（十一）按照国家和当地土地管理的有关法律法规，改制企业占用的原主体企业的行政划拨土地，只要不改变土地用途，经所在地县级（含）以上人民政府批准，可继续以划拨方式使用；需要转让土地使用权的，依法办理转让手续；需要改变用途的，应按照《划拨土地目录》（国土资源部令第9号）核定，改变后的用途符合《划拨土地目录》的可继续以划拨方式使用，不符合《划拨土地目录》的，应依法办理土地有偿使用手续，允许将土地出让收益用于支付改制成本，具体办法由各地人民政府制定。

六、债权债务关系

（十二）原主体企业要做好改制企业的债仅债务清理工作，进行必要的债务审计，落实债权债务人。防止利用改制之机逃废银行或其他债权人的债务。

改制企业原为独立法人的，要继续承担和落实原有的债权债务关系；从原主体企业分立重组的改制企业，按商定的比例承担债务，并及时办理有关手续。

（十三）改制企业对所欠原主体企业的债务，要制定出切实可行的还款计划，按期偿还；原主体企业要按规定妥善处理拖欠职工的集资款、工资、医药费和欠缴社会保险费等债务问题。

七、劳动关系的处理

（十四）依法规范劳动关系。对从原主体企业分流进入改制企业的富余人员，应由原主体企业与其变更或解除劳动合同，并由改制企业与其变更或重新签订三年以上期限的劳动合同。变更或签订新的劳动合同应在改制企业工商登记后30天内完成。

（十五）对分流进入改制为非国有法人控股企业的富余人员，原主体企业要依法与其解除劳动合同，并支付经济补偿金。职工个人所得经济补偿金，可在自愿的基础上转为改制企业的等价股权或债权。

（十六）对分流进入改制为国有法人控股企业的富余人员，原主体企业和改制企业可按国家规定与其变更劳动合同，用工主体由原主体企业变更为改制企业，企业改制前后职工的工作年限合并计算。

（十七）改制企业要及时为职工接续养老、失业、医疗等各项社会保险关系。

八、申报程序

（十八）中央企业所属企业改制分流按以下程序办理：

1. 中央企业所属企业改制分流的总体方案，在与当地政府协调衔接的同时，报国家经贸委、财政部、劳动保障部联合批复；各部门在接到企业的改制分流方案后20个工作日内出具批复意见。

2. 中央企业依据批复的意见，对所属企业改制分流中利用“三类资产”和实现产权主体多元化的情况，逐个进行审核认定，并出具相关认定证明，分别报财政部和国家经贸委备案；其中规范劳动关系、吸纳富余人员的比例以及接续各项社会保险的情况，由改制企业所在地省级劳动保障部门审核认定，并出具相关认定证明，报劳动保障部备案。

3. 改制企业可凭上述联合批复意见和有关认定证明以及税务机关规定的其他有关材料，向当地主管税务机关提出免税申请。具体办法按照税务总局、劳动保障部《关于促进下岗失业人员再就业税收政策具体实施意见的通知》执行。

（十九）地方企业改制分流方案的申报程序，由省级人民政府参照本办法和税务总局、劳动保障部《关于促进下岗失业人员再就业税收政策具体实施意见的通知》要求，另行规定。

（二十）企业的改制分流方案须经过改制企业职工代表大会讨论，充分听取职工意见。其中涉及职工分流安置和用于安置职工的资产处置等有关事项，要经职工代表大会审议通过；未经审议通过，不得实施企业改制分流工作。

九、其他相关事项

（二十一）各级地方人民政府要按照属地化管理原则，及时将非国有法人控股的改制企业中党、团等组织关系、职工的各项社会保险关系以及职工档案管理、职称评定等移交接收工作，进行统一归口管理。原企业要积极做好改制企业属地管理的交接工作。

（二十二）各级政府和工商、税务、土地、经贸、财政、劳动保障等部门要按照《通知》和本办法的要求，主动做好服务，简化有关的审批手续，对在改制分流过程中发生的资产置换以及土地、房产、车辆过户等各项行政性收费，应予以适当减免，为企业改制分流、安置富余人员创造有利条件。

（二十三）企业在改制分流中要做好深入细致的思想政治工作，重视发挥企业党团组织和工会的作用，做好政策解释和宣传工作，引导职工和分流富余人员增强改革意识和承受能力，转变就业观念，使职工理解、支持改革并主动参与改革。

（二十四）要注意防止企业改制过程中弄虚作假、骗取优惠政策的不正当行为。对于侵占国有权益、无偿量化国有资产、擅自核销国有资本等行为，各级政府和有关部门要依法查处，并追究有关人员的责任；对不符合条件享受免税政策的企业，经查实后，取消其政策优惠并补缴税款，给予经济处罚，并依法追究有关人员的责任。

（二十五）各地可根据《通知》精神和本办法的原则，结合本地区实际，因地制宜，制定地方企业改制分流的实施细则。

关于贯彻落实中共中央国务院关于进一步做好下岗失业人员再就业工作的通知若干问题的意见（节选）[①]

（劳动和社会保障部 国家计委 国家经贸委 监察部 财政部 建设部 中国人民银行 国家税务总局 国家工商总局 中央编办 全国总工会）

（2002 年 11 月 25 日）

（上略）

一、关于享受再就业扶持政策对象的认定和管理

（一）具有劳动能力、并有就业愿望的下列人员（以下简称下岗失业人员）可享受《通知》中规定的再就业扶持政策：

1．国有企业的下岗职工；

2．国有企业的失业人员；

3．国有企业关闭破产需要安置的人员；

4．享受最低生活保障并且失业一年以上的城镇其他失业人员。

享受再就业扶持政策的对象不包括下列人员：已按规定办理企业内部退养的人员；《通知》下发前已领取营业执照从事个体经营、被用人单位招收以及通过其他途径实现再就业已有稳定收入的人员。

（二）下岗失业人员再就业时，凭《再就业优惠证》享受相应

① 《劳动和社会保障部、国家计委、国家经贸委、监察部、财政部、建设部、中国人民银行、国家税务总局、国家工商总局、中央编办、全国总工会关于贯彻落实中共中央国务院关于进一步做好下岗失业人员再就业工作的通知若干问题的意见》，人社部网站，2002 年 11 月 25 日。

的扶持政策。《再就业优惠证》的申领程序如下：准备再就业的下岗失业人员，持经劳动保障部门确认的下岗失业凭证和社区居委会出具的证明，向街道（镇）劳动和社会保障工作机构（以下简称街道劳动保障机构）提出申请。街道劳动保障机构经张榜公示核实后，报县级以上劳动保障部门审批。经认定符合条件者，由劳动保障部门发放《再就业优惠证》。未设立街道劳动保障机构和社区居委会的独立工矿区，经由劳动保障部门委托，其下岗失业人员可通过企业向县级以上劳动保障部门申请。

各地对申请领取《再就业优惠证》的人员，经核实符合下列条件的，应按有关程序为其办理《再就业优惠证》：

1. 仍在再就业服务中心，或协议期满出中心、但未解除劳动关系，且仍未再就业的国有企业下岗职工；

2. 处于领取失业保险金期间，尚未再就业的原国有企业的失业人员；

3. 已按全国企业兼并破产计划关闭破产的企业中，领取一次性安置费且仍未再就业的人员；

4. 正在享受城市居民最低生活保障待遇、且登记失业一年以上的城镇其他就业转失业人员。

各地要提高办事效率，明确规定办理《再就业优惠证》各环节的具体时限。

（三）《再就业优惠证》采用实名制，限持证者本人使用。下岗失业人员从事个体经营的，《再就业优惠证》由本人保管。被用人单位录用的，享受扶持政策期间，《再就业优惠证》由用人单位保管。

《再就业优惠证》的式样由劳动保障部统一制定，内容包括：下岗失业人员的基本情况、再就业扶持政策和享受政策记录等，具体内容由省级劳动保障部门会同有关部门根据本地实际情况确定，并统一印制，免费发放。《再就业优惠证》工本费从再就业资金中列支。

各级劳动保障部门要加强对《再就业优惠证》发放和使用的管理。建立享受扶持政策的人员和用人单位公示制度，接受群众的监督。严格《再就业优惠证》审核发放程序，防止弄虚作假，欺骗冒领等行为。对下岗失业人员转让、出租《再就业优惠证》的，没收其《再就业优惠证》。对用人单位或个人伪造、租借《再就业优惠证》骗取国家扶持政策和资金的行为，要严肃查处，情节严重的要依法追究有关责任人员的刑事责任。对发证机构违反有关规定变卖或滥发《再就业优惠证》的，要严肃处理，对有关责任人员给予行政处分。

（四）对领取《再就业优惠证》的下岗失业人员要实行动态管理。各地劳动保障部门要依托街道劳动保障机构和社区居委会建立下岗失业人员基础情况档案和再就业情况数据库，随时掌握下岗失业人员享受扶持政策的情况。下岗失业人员享受扶持政策再就业后，正在领取基本生活费或失业保险金的，应停发基本生活费和失业保险金；正在享受城市居民最低生活保障待遇的，要重新核实其家庭收入情况。

二、关于对下岗失业人员从事个体经营的扶持

（五）各地城市规划、建设和管理部门要从本地实际出发，在城市规划建设、建立商贸市场时，要为下岗失业人员再就业适当安排经营场所。在整顿市容市貌时，要采取切实有效的措施，帮助解决好再就业者的经营场地问题。新办贸易市场的经营摊位，可安排一定比例租售给下岗失业人员。有条件的地方，可为下岗失业人员安排相对集中的生产经营实验和培育性场所，鼓励他们自谋职业和自主创业。

（六）各有关部门要加强对下岗失业人员从事个体经营的指导，明示办事程序，提供相关政策咨询和创业培训服务。要简化审批程序，提出办理各项手续的具体时限。有条件的地方，应设立专门窗口，由有关行政部门参加，采取集中办公形式，为下岗失业人员提供一次办完工商登记、税务登记、社会保险登记和其他有关手续的“一条龙”服务。

（七）从事个体经营的下岗失业人员，可持《再就业优惠证》及税务机关规定的有关材料，向其当地主管税务机关申请减免有关税收。具体办法按《财政部、国家税务总局关于下岗失业人员再就业有关税收政策的通知》（以下简称《税收政策通知》）、《国家税务总局、劳动和社会保障部关于促进下岗失业人员再就业有关税收政策具体实施意见的通知》（以下简称《税收政策实施意见》）执行。

（八）下岗失业人员自谋职业、自主创业或合伙经营与组织起来就业，资金不足的，经当地贷款担保机构承诺担保，可向商业银行或其分支机构申请小额担保贷款；从事微利项目的，可享受中央财政据实全额贴息。具体办法按《中国人民银行、财政部、国家经贸委、劳动和社会保障部关于下岗失业人员小额担保贷款的管理办法》执行。

（九）全面落实下岗失业人员从事个体经营的各项免收费政策。各地要对下岗失业人员从事个体经营涉及的各项行政事业性收费进行一次全面认真清理，并进一步明确免收的具体项目，向社会公布。严禁各级管理执法机构借管理服务之名，向从事个体经营的下岗失业人员集资、摊派，或强行推销报刊等行为。各类中介机构对下岗失业人员从事个体经营涉及的服务性收费，要按照自愿有偿的原则收取。坚决纠正各种对下岗失业人员从事个体经营强行服务、强制收费的行为。

三、关于对企业吸纳下岗失业人员和安置富余人员的扶持

（十）符合享受税收减免政策条件的服务型企业，可向当地县级以上劳动保障部门申请享受税收减免政策的认定。劳动保障部门对企业新招用并与其签订3年以上劳动合同的下岗失业人员人数和比例核实认定后，根据企业状况，出具《新办服务型企业吸纳下岗失业人员认定证明》或《现有服务型企业吸纳下岗失业人员认定证明》。企业凭劳动保障部门的认定证明及税务机关规定的有关材料，向其当地主管税务机关申请减免有关税收。具体办法按《税收政策通知》、《税收政策实施意见》执行。

（十一）符合《通知》规定主辅分离和辅业改制条件的国有大中型企业兴办的经济实体，可凭有关部门出具的相关认定证明及税务机关规定的有关材料，向当地主管税务机关申请减免有关税收。具体办法按《国家经贸委、财政部、劳动和社会保障部、国土资源部、中国人民银行、国家税务总局、国家工商行政管理总局、全国总工会关于国有大中型企业主辅分离辅业改制分流安置富余人员的实施办法》、《税收政策通知》、《税收政策实施意见》执行。

（十二）各类服务型企业（包括商贸、餐饮、服务业企业，国家限制的行业除外）新增岗位新招用国有企业下岗失业人员，可持以下材料向当地县级以上劳动保障部门申请享受社会保险补贴：

1. 营业执照副本和税务登记证副本；

2. 上年底职工花名册和现有职工花名册；

3. 企业工资支付凭证；

4. 企业与新招收的下岗失业人员签订的劳动合同，新招收下岗失业人员的《再就业优惠证》及与原企业解除劳动关系的证明；

5. 当地劳动保障部门要求的其他文件。

县级以上劳动保障部门对企业新增岗位新招用并与其签订3年以上劳动合同的国有企业下岗失业人员人数审核后，出具《企业吸纳国有企业下岗失业人员审核证明》。企业凭审核证明到社会保险征缴、经办机构办理有关社会保险缴费手续，并核定社会保险补贴人数和应补额度。

（十三）社会保险补贴实行“先缴后补”。用人单位按规定为招用的国有企业下岗失业人员缴纳社会保险费。社会保险征缴、经办机构按季向当地财政部门出具企业缴费证明，财政部门审核后，从再就业资金中将应补贴的社会保险费按季直接拨付给企业在银行开设的基本帐户，同时将拨款情况向劳动保障部门通报。具体办法及相关管理，按《财政部、劳动和社会保障部关于促进下岗失业人员再就业资金管理有关问题的通知》（以下简称《资金管理通知》）执行。

四、关于对大龄就业困难对象的再就业援助

（十四）有劳动能力和就业愿望、且就业困难的下岗失业人员，申请领取《再就业优惠证》时，男性年满50周岁，女性年满40周岁，经街道劳动保障机构上报，县级以上劳动保障部门审核后，可认定为大龄就业困难对象，并在《再就业优惠证》上予以注明。

（十五）各地对大龄就业困难对象应实施再就业援助。凡由各级政府投资开发的公益性岗位，要优先安排适合岗位要求的大龄就业困难对象。街道、社区对大龄就业困难对象要列出名单，重点帮助。公共职业介绍机构要根据大龄就业困难对象的特长和就业需求，按年度制定专门的援助计划，有针对性地开展就业服务，并与街道劳动保障机构密切配合，对愿意接受政府有关部门提供公益性岗位的大龄就业困难对象，在一定时间内，为其提供公益性就业岗位。

（十六）对在社区开发的公益性岗位安排原属国有企业的大龄就业困难对象就业，申领社会保险补贴的具体办法及相关管理，按《资金管理通知》执行。

对在社区开发的公益性岗位安排大龄就业困难对象就业，各地可根据本地实际提供适当比例的岗位补贴，补贴标准和办法由当地政府确定。

五、关于职业介绍和再就业培训

（十七）各地要按《通知》要求，建立公共就业服务制度。公共职业介绍机构要免费为城镇登记失业人员和国有企业下岗职工提供职业介绍和职业指导服务。要实行求职登记、职业指导、职业介绍、培训申请、鉴定申报、档案管理、社会保险关系接续“一站式”就业服务。要制定“一站式”服务标准、业务流程和工作制度，提高工作效率。

对各类职业介绍机构免费介绍城镇登记失业人员和国有企业下岗职工就业成功的，根据职业介绍机构推荐证明、被介绍人员的《下岗证》或《失业证》等下岗失业证明、用人单位与下岗失业人员签订并经当地劳动保障部门确认的劳动合同复印件，从再就业资金给予职业介绍补贴。

（十八）城镇登记失业人员中由就业转失业人员，以及国有企业下岗职工，可享受免费再就业培训。具备资质条件的社会各类教育培训机构，面向上述人员开展免费培训的，经劳动保障、财政部门对其培训合格率、培训后再就业等情况进行审核后，从再就业资金给予培训补贴。

（十九）职业介绍补贴和再就业培训补贴标准，由省级劳动保障部门商财政部门确定。资金具体拨付办法及相关管理，按《资金管理通知》执行。

（二十）各地要加强劳动力市场信息网络建设，广泛收集信息，建立公开发布系统，逐步实现就业服务信息化，为各类求职者，特别是下岗失业人员提供优质高效的就业服务。要在城市建立就业服务与失业保险基础数据库，在市级公共职业介绍机构建立局域网，实现与辖区内主要区、县公共职业介绍机构和失业保险经办机构信息联网，并逐步做到与各类职业培训机构信息共享。大中城市要将信息网络联接到街道劳动保障机构。

六、关于社会保险关系的接续

（二十一）社会保险经办机构要及时为实现再就业的下岗失业人员接续社会保险关系。下岗失业人员解除劳动关系离开企业时，本人欠缴以及企业应当为其缴纳的社会保险费，要一次性予以补缴。用人单位招收下岗失业人员，要及时到社会保险经办机构为其办理社会保险关系接续和转移手续。社会保险经办机构要适应下岗失业人员就业方式多样化的需要，采取不同的接续方式，普遍开设专门窗口，方便职工以个人身份参保缴费。要认真核对职工的缴费记录和个人缴费年限等基础数据，规范接续程序。对无固定单位的灵活就业人员和相对集中经营的个体工商户，可以依托街道劳动保障机构和公共职业介绍机构代理接续和缴费手续。下岗失业人员未再就业的，社会保险经办机构要保留其原有的社会保险关系；在下岗失业期间达到国家规定的退休年龄的，由保管其档案的单位或部门代其办理申请退休手续。社会保险经办机构要加强与就业服务机构的沟通和联系，及时准确掌握下岗失业人员的就业变动情况。

（二十二）社会保险经办机构要向下岗失业人员发放《社会保险缴费接续通知书》。《社会保险缴费接续通知书》包括如下内容：社会保险个人帐户基金结存情况和累计缴费（含视同缴费）年限；办理社会保险缴费接续时应携带的相关证明材料；不同就业方式的参保方法和相关政策；享受社会保险待遇的条件和社会保险待遇计发办法；申请享受社会保险待遇的程序；社会保险经办机构的咨询电话与联系方式等。

七、关于街道、社区劳动保障工作

（二十三）街道和工作任务重的乡镇，可设立或确定负责劳动保障事务的机构，具体由各地党委、政府根据实际情况决定。街道劳动保障机构要在社区聘用专门人员负责劳动保障工作。要建立统一的基层劳动保障工作体系，为便于工作，提高效率，负责劳动保障工作的机构，可称为劳动保障事务所（站）。街道劳动保障机构人员编制由各地劳动保障部门提出方案，商同级编制部门确定。街道劳动保障机构的人员和工作经费，以及社区劳动和社会保障工作经费由财政安排。

（二十四）明确街道劳动保障机构的职责和社区工作人员的任务。街道劳动保障机构要认真做好《再就业优惠证》的核发和下岗失业人员管理工作，为自谋职业的下岗失业人员申请小额担保贷款办理有关手续，开发社区公益岗位，组织实施社区就业项目，动员组织未能继续升学的新成长劳动力参加劳动预备制培训，组织开展就业服务。负责退休人员的社会化管理，协助有关部门在退休人员中建立健全党的组织，开展文体活动，指导帮助社会服务机构提供医疗卫生服务。做好劳动保障统计调查工作。

社区劳动保障工作人员要掌握本辖区内下岗失业人员的基本情况，掌握退休人员的基本信息，为下岗失业人员再就业和退休人员生活提供相关服务。

（二十五）要切实加强对基层劳动保障工作人员的业务培训和工作指导。要建立工作目标责任制，完善基础管理，制定工作标准，实行业绩考核，逐步提高基层工作人员的工作水平。要指导基层工作人员转变工作作风，提高工作效率，提供切实有效的服务，帮助下岗失业人员和退休人员解决实际问题。

八、关于再就业工作部门责任

（二十六）各地要按照《通知》要求，在当地党委、政府确定的促进就业目标责任体系下，层层落实有关部门促进就业的责任制。要定期组织有关部门对再就业扶持政策的落实情况进行监督检查，确保各项政策落实到位。

劳动保障部门要加强对下岗失业人员认定和管理，协调有关部门完善和落实各项再就业扶持政策；加快建立社区工作平台，大力推行“一站式”就业服务，组织开展再就业培训，搞好再就业援助；

继续巩固两个确保，做好下岗失业人员社会保险关系接续工作；加强劳动监察，维护劳动者合法权益。

计划部门要将控制失业率和增加就业岗位纳入当地经济和社会发展计划；研究制定有利于促进就业的宏观经济社会政策；协调各项经济社会政策形成有利于扩大就业的合力；价格主管部门要协调和督促检查各项减免收费政策的落实。

经贸部门要通过改善融投资环境、市场准入等方面措施，促进中小企业发展，创造更多就业岗位；鼓励国有大中型企业实施主辅分离和辅业改制拓宽富余人员分流安置渠道；把关闭破产企业职工安置和社会保障工作落到实处，积极稳妥地做好优势企业减员增效工作。

监察部门要加强对政府部门落实再就业各项扶持政策情况的监督检查，对政府部门和国家公务人员不落实政策及其他违反法律、法规和行政纪律的行为要依法查处。

财政部门要加大财政支出结构调整力度，加大再就业资金投入，加强对再就业资金监督管理；协调和督促有关部门采取措施认真落实下岗失业人员从事个体经营的各项减免收费项目。

城市规划、建设、管理部门要妥善安排下岗失业人员自谋职业经营场地；要制定优惠扶持政策等具体措施，在物业管理、环境卫生、园林绿化等劳动密集型行业，优先安置下岗失业人员。

人民银行要指导、督促各商业银行对符合条件的下岗失业人员及时提供小额担保贷款支持。

税务部门要坚持依法治税，规范执法，采取跟踪问效的措施，及时了解再就业税收扶持政策落实情况，发现问题及时解决；开展对再就业税收扶持政策执行情况的专项检查，确保各项税收扶持政策落实到位。

工商部门要积极鼓励、支持个体私营经济发展，促进下岗失业人员再就业；要设立专门窗口，为下岗失业人员申办个体户和企业登记提供开业指导及相关政策、法规和信息的咨询服务；要依法办理个体户和企业开业登记，简化相关手续。

机构编制部门要协调解决劳动保障监察和街道（乡镇）、社区劳动保障工作机构、编制等问题。

工会组织要积极参与地方再就业政策的制定和实施工作；充分发挥群众组织的监督作用，督促各项扶持政策落实到位；教育和引导职工转变观念，为下岗失业人员特别是就业困难群体再就业办实事。

各部门要按照科学合理、方便群众、简化手续、提高效率的原则，制定规范的业务工作程序，加强协调配合。要建立再就业扶持政策定期检查制度，对扶持政策不落实或落实不力的，要通报批评。

（二十七）各地要加大劳动保障监察执法力度，会同有关部门定期对劳动力市场进行清理整顿，保障劳动者合法权益。对各类企业招聘人员不签订劳动合同、滥用试用期、克扣和无故拖欠工资、拒缴社会保险费等违法行为，要依法查处。对各种非法职业中介机构和各类欺诈行为要严厉打击。要建立失业登记、录用备案和就业登记、职业介绍行政许可制度，规范单位用人、劳动者求职就业和职业介绍机构的行为。

要在市、县级劳动保障部门普遍建立劳动保障监察机构，配备专、兼职劳动保障监察人员。建立劳动保障法律监督员制度，在工会、妇联、共青团等人民团体和企业聘请法律监督员。要按《通知》要求保证劳动保障监察执法队伍的工作经费。

（二十八）中央企业下岗失业人员的再就业工作按属地化原则，纳入当地的再就业工作规划，统筹安排落实。中央企业下岗失业人员再就业享受当地各项再就业扶持政策和就业服务，其认定、管理、服务和统计等工作由当地有关部门统一负责。中央企业集团公司（总公司）也要切实负起责任，配合地方共同做好下属企业下岗失业人员的再就业工作。

地方劳动保障、计划、经贸、监察、财政、建设、人民银行、税务、工商、物价、编制等部门和工会组织，要在当地党委、政府的领导下，切实按照本意见的要求，结合本地实际情况，制定具体的落实措施。执行中出现的问题，应及时向上级主管部门报告。

国务院办公厅关于做好农民进城务工就业管理和服务工作的通知（节选）[1]

（2003 年 1 月 5 日）

（上略）

一、进一步提高对做好农民进城务工就业管理和服务工作的认识

农村富余劳动力向非农产业和城镇转移，是工业化和现代化的必然趋势。农民进城务工就业，促进了农民收入的增加，促进了农业和农村经济结构的调整，促进了城镇化的发展，促进了城市经济和社会的繁荣。做好农民进城务工就业管理和服务工作，不仅有利于促进国民经济持续快速健康发展，而且有利于维护城乡社会稳定。

各地区、各有关部门要认真学习和领会党的十六大精神，全面贯彻“三个代表”重要思想，充分认识做好农民进城务工就业工作的重要意义，把农民进城务工就业工作列入重要工作日程，在国民经济和社会发展计划中强化政策引导，切实加强领导，按照公平对待、合理引导、完善管理、搞好服务的原则，采取有效措施，全面做好农民进城务工就业管理和服务的各项工作。

二、取消对农民进城务工就业的不合理限制

各地区、各有关部门要取消对企业使用农民工的行政审批，取消对农民进城务工就业的职业工种限制，不得干涉企业自主合法使

① 《国务院办公厅关于做好农民进城务工就业管理和服务工作的通知》，《中华人民共和国国务院公报》，2003 年 05 期。

用农民工。要严格审核、清理农民进城务工就业的手续，取消专为农民工设置的登记项目，逐步实行暂住证一证管理。各行业和工种尤其是特殊行业和工种要求的技术资格、健康等条件，对农民工和城镇居民应一视同仁。

在办理农民进城务工就业和企业用工的手续时，除按照国务院有关规定收取的证书工本费外，不得收取其他费用。严禁越权对农民工设立行政事业性收费项目，提高收费标准。各级物价、财政部门要严格检查、督促落实，防止变换手法继续向农民工乱收费。

要严格执行《城市流浪乞讨人员收容遣送办法》的规定，不得将遣送对象范围扩大到农民工，更不得对农民工强制遣送和随意拘留审查。

三、切实解决拖欠和克扣农民工工资问题

用人单位必须依法与农民工签订劳动合同。劳动合同中要明确规定劳动合同期限、工作内容、劳动保护及劳动条件、劳动报酬和违反劳动合同的责任等内容。其中有关劳动报酬的条款，应明确工资支付标准、支付项目、支付形式以及支付时间等内容。劳动合同履行期间，农民工享有《劳动法》规定的各项权利。解除劳动合同，用人单位应当依法支付经济补偿金。

劳动保障部门要加大对农民工劳动合同的监督检查力度，及时受理劳动合同纠纷。对不与农民工签订劳动合同、采取欺诈和威胁等手段签订合同，以及不履行合同的用人单位，要责令其纠正；对农民工合法利益造成损害的，要责令其进行赔偿；造成严重后果的，要依法严肃处理。

用人单位必须以法定货币形式支付农民工工资，不得以任何名目拖欠和克扣。劳动保障部门要加强对用人单位工资支付情况的监督检查，建立农民工工资支付监控制度。对拖欠和克扣农民工工资的用人单位，要责令其及时补发，不能立即补发的，要制定清欠计划，限期补发。对恶意拖欠和克扣工资的企业，涉嫌犯罪的，移交司法机关依法严肃处理。企业在依法破产、清偿债务时，要按照《企业破产法》的规定，把拖欠的农民工工资纳入第一清偿顺序。

各级建设、劳动保障等有关部门要重点做好对建筑施工企业拖欠和克扣农民工工资违法行为的查处工作，严厉打击恶意拖欠、克扣农民工工资的违法行为。因建设单位拖欠施工企业工程款，致使施工企业不能按时发放农民工工资的，要追究建设单位的责任；施工单位拖欠农民工工资的，要追究施工单位的责任。

四、改善农民工的生产生活条件

各地区、各有关部门要高度重视农民工的生产安全和职业病防治问题。使用农民工的单位，必须按照国家标准和行业要求，为农民工提供必要的安全生产设施、劳动保护条件及职业病防治措施。从事矿山、建筑和危险物品生产经营作业的农民工上岗前必须依法接受培训。要严格执行安全生产规章制度，加大生产安全监察工作力度，严防重大生产安全事故的发生。要做好将农民工纳入工伤保险范围的工作。发生生产安全事故要严格追究事故责任人的法律责任，并保证在事故中受到损害的农民工依法享有各项工伤保险待遇。

要关心农民工的生活，切实解决他们的实际困难。卫生部门要做好农民工的计划免疫和健康教育工作，建立农民工集中居住地的环境卫生和食物安全检查制度，严防发生群体疫病传染和食物中毒事件。用人单位为农民工安排的宿舍，必须具备一定的卫生条件，并保证农民工的人身安全。在农民工居住较集中的地段，当地政府应提供必要的基础设施，改善公共交通和环境卫生状况。有条件的地方可探索农民工参加医疗保险等具体办法，帮助他们解决务工就业期间的医疗等特殊困难。

要认真贯彻落实《禁止使用童工规定》。依法保护女工的合法权益。严厉惩处各种污辱农民工人格、侵害农民工人身权利的违法行为。

五、做好农民工培训工作

各地区、各有关部门应把农民工的培训工作作为一项重要任务来抓，结合实际，制定专门的培训计划，提高农民工素质。流出地政府在组织劳务输出时，要搞好农民工外出前的基本权益保护、法律知识、城市生活常识、寻找就业岗位等方面的培训，提高农民工遵守法律法规和依法维护权益的意识。流出地和流入地政府要充分利用全社会现有的教育资源，委托具备一定资格条件的各类职业培训机构为农民工提供形式多样的培训。为农民工提供的劳动技能性培训服务，应坚持自愿原则，由农民工自行选择并承担费用，政府可给予适当补贴。用人单位应对所招用的农民工进行必要的岗位技能和生产安全培训。劳动保障、教育等有关部门要对各类培训机构加强监督和规范，防止借培训之名，对农民工乱收费。

六、多渠道安排农民工子女就学

要保障农民工子女接受义务教育的权利。流入地政府应采取多种形式，接收农民工子女在当地的全日制公办中小学入学，在入学条件等方面与当地学生一视同仁，不得违反国家规定乱收费，对家庭经济困难的学生要酌情减免费用。要加强对社会力量兴办的农民工子女简易学校的扶持，将其纳入当地教育发展规划和体系，统一管理。简易学校的办学标准和审批办法可适当放宽，但应消除卫生、安全等隐患，教师要取得相应任职资格。教育部门对简易学校要在师资力量、教学等方面给予积极指导，帮助完善办学条件，逐步规范办学，不得采取简单的关停办法，造成农民工子女失学。流入地政府要专门安排一部分经费，用于农民工子女就学工作。流出地政府要配合流入地政府安置农民工子女入学，对返回原籍就学的，当地学校应当无条件接收，不得违规收费。

七、加强对农民工的管理

流入地政府要高度重视流动人口的治安管理工作。公安部门要及时为进城务工就业农民在现居住地办理暂住户口登记和暂住证。使用农民工的单位和农民工现居住地的社区组织，要实行治安管理责任制，密切配合公安机关对农民工进行遵纪守法教育，最大限度地预防和减少农民工的违法犯罪行为。

要把农民工及其所携家属的计划生育、子女教育、劳动就业、妇幼保健、卫生防病、法律服务和治安管理工作等，列入各有关部门和社区的管理责任范围，并将相应的管理经费纳入财政预算，严格禁止向用工企业和农民工摊派。要运用多种形式，特别是发挥新闻媒体的舆论监督作用，引导社会正确对待和尊重农民工，鼓励他们自律自重，积极向上。

流出地政府要主动做好对外出就业农民的管理，向流入地政府通报有关农民工身份、计划生育、子女教育等方面的真实信息。要贯彻中央关于农村家庭承包经营的基本政策，稳定土地承包关系，不得强行收回外出务工就业农民的承包地。支持和鼓励外出农民工自愿、依法、有偿转让承包地使用权，保护农民工的权益，维护农村社会的稳定。要严格执行国家的农村税费改革政策，不得在规定承担的有关税费外，向外出务工的农民加收其他任何费用。

农民进城务工就业管理和服务工作涉及多个方面，各地区、各有关部门要加强协调配合，结合当地社会经济发展，制定农民进城务工就业的具体管理办法和服务措施。近期，要集中对涉及农民进城务工就业的不合理规定进行清理，并针对克扣和拖欠工资等突出问题组织一次专项检查，确保各项政策措施的落实。

国务院关于进一步加强就业再就业工作的通知[1]

（2005 年 11 月 4 日）

各省、自治区、直辖市人民政府，国务院各部委、各直属机构：

就业是民生之本，也是构建社会主义和谐社会的重要内容。党中央、国务院高度重视就业再就业工作，2002 年下发了《关于进一步做好下岗失业人员再就业工作的通知》（中发〔2002〕12 号），重点围绕解决国有企业下岗失业人员再就业问题，制定了积极的就业政策，连续 3 年召开全国性会议，对就业再就业工作进行部署。各地区和有关部门认真贯彻，各社会团体积极发挥作用，使各项就业再就业扶持政策得到较好落实，市场导向就业机制进一步完善，就业总量有较大增加，一大批下岗失业人员实现了再就业，对促进经济发展、深化国有企业改革、维护社会稳定产生了积极影响。但是必须看到，我国劳动力供大于求的基本格局在相当长时期内不会改变。今后几年，就业再就业工作的重点仍是解决体制转轨遗留的下岗失业人员再就业问题和重组改制关闭破产企业职工安置问题。同时，也要继续做好高校毕业生、进城务工农村劳动者和被征地农民等的就业再就业工作。为进一步做好就业再就业工作，现就有关问题通知如下：

一、进一步明确目标任务，多渠道开发就业岗位

（一）就业再就业工作的指导思想是：按照科学发展观和构建

---

① 《国务院关于进一步加强就业再就业工作的通知》，《中华人民共和国国务院公报》，2005 年 35 期。

社会主义和谐社会的要求，落实“十一五”时期国民经济和社会发展规划，将扩大就业摆在经济社会发展更加突出的位置，进一步贯彻落实“劳动者自主择业、市场调节就业和政府促进就业”的方针，在重点解决好体制转轨遗留的再就业问题的同时，努力做好城镇新增劳动力就业和农村富余劳动力转移就业工作，有步骤地统筹城乡就业和提高劳动者素质，探索建立市场经济条件下促进就业的长效机制。

（二）就业再就业工作的主要任务是：基本解决体制转轨遗留的下岗失业问题，重点做好国有企业下岗失业人员、集体企业下岗职工、国有企业关闭破产需要安置人员的再就业工作，巩固再就业工作成果，增强就业稳定性；努力做好城镇新增劳动力的就业工作，积极推动高校毕业生就业工作，在开发就业岗位的同时，大力提升劳动者职业技能和创业能力；改善农村劳动者进城就业环境，积极推进城乡统筹就业；加强失业调控，将城镇登记失业人数控制在合理范围内，减少长期失业人员数量；加快就业法制建设，逐步建立就业与社会保障工作的联动机制。

（三）围绕经济发展多渠道开发就业岗位，千方百计扩大就业。

1. 坚持在发展中解决就业问题，努力实现促进经济增长与扩大就业的良性互动。把深化改革、促进发展、调整结构与扩大就业有机结合起来，在制定涉及全局的经济社会政策和确定重大建设项目时，要把扩大就业作为重要因素考虑，在注重提高竞争力的同时，确立有利于扩大就业的经济结构和增长模式，及时分析国内外经济形势变化对就业的影响，积极采取相应对策。

2. 全面落实鼓励、支持和引导个体、私营等非公有制经济发展的方针政策，认真贯彻执行国家关于发展第三产业和服务业的政策措施，在推动第三产业和多种所有制经济发展中广开就业门路。

3. 注重发展具有比较优势的劳动密集型行业和中小企业，增加就业容量。对就业容量大且有市场需求的行业，制定相应的鼓励增加就业的扶持政策。

4. 推进跨地区的劳务协作和对外劳务输出。鼓励资源开采型城市和独立工矿区按市场需求发展接续产业，引导劳动力转移就业。

5. 鼓励劳动者通过多种形式实现就业，加快完善和实施与灵活就业相适应的劳动关系、工资支付和社会保险等政策，为灵活就业人员提供帮助和服务。

6. 坚持城乡经济协调发展，调整农村经济结构，加快小城镇建设，引导和组织农村劳动力向非农产业转移和向城市有序流动。

二、进一步完善和落实再就业政策，促进下岗失业人员再就业

（四）对有劳动能力和就业愿望的国有企业下岗失业人员，国有企业关闭破产需要安置的人员，国有企业所办集体企业下岗职工，享受城市居民最低生活保障且失业 1 年以上的城镇其他登记失业人员，发放《再就业优惠证》，提供相应的政策扶持。

1. 鼓励自谋职业和自主创业。

对持《再就业优惠证》人员从事个体经营的（国家限制的行业除外），在规定限额内依次减免营业税、城市维护建设税、教育费附加和个人所得税；并免收属于管理类、登记类和证照类的各项行政事业性收费，期限最长不超过 3 年。对 2005 年底前核准减免税费但未到期的人员，在剩余期限内按此政策执行。

地方各级人民政府和有关部门要进一步统筹解决好自谋职业和自主创业人员的经营场地问题。

对持《再就业优惠证》人员和城镇复员转业退役军人从事个体经营自筹资金不足的，可提供小额担保贷款，贷款额度一般掌握在2万元左右，贷款期限最长不超过2年，到期确需延长的，可展期1次。对合伙经营和组织起来就业的，可根据人数和经营项目扩大贷款规模。对利用上述两类贷款从事微利项目的，由中央财政据实全额贴息（展期不贴息），具体项目由各省、自治区、直辖市人民政府结合实际确定，并报财政部、劳动保障部、人民银行备案。对其他城镇登记失业人员申请小额担保贷款并从事微利项目的，由财政给予50%的贴息（中央财政和地方财政各承担25%）。

2．鼓励企业吸纳就业。

对商贸企业、服务型企业（国家限制的行业除外）、劳动就业服务企业中的加工型企业和街道社区具有加工性质的小型企业实体，在新增加的岗位中，当年新招用持《再就业优惠证》人员，与其签订1年以上期限劳动合同并缴纳社会保险费的，按实际招用人数，在相应期限内定额依次减免营业税、城市维护建设税、教育费附加和企业所得税，期限最长不超过3年。对2005年底前核准减免税但未到期的企业，在剩余期限内仍按原方式继续享受减免税政策。

同时，对上述企业中的商贸企业、服务型企业，在相应期限内给予社会保险补贴，期限最长不超过3年。社会保险补贴标准按企业应为所招人员缴纳的养老、医疗和失业保险费计算，个人应缴纳的养老、医疗和失业保险费仍由本人负担。对2005年底前核准社会保险补贴但未到期的企业，在剩余期限内按此政策执行。

对符合贷款条件的劳动密集型小企业，在新增加的岗位中，新招用持《再就业优惠证》人员达到企业现有在职职工总数30%以上，并与其签订 1 年以上期限劳动合同的，根据实际招用人数，合理确定贷款额度，最高不超过人民币 100 万元。财政贴息、经办银行的手续费补助、呆坏账损失补助等按照已经明确的有关规定执行。

3. 提高灵活就业人员的稳定性。

对持《再就业优惠证》的“4050”人员（即女 40 周岁以上，男 50 周岁以上。计算年龄的截止时间由各地确定，最晚至 2007 年底）灵活就业后，申报就业并参加社会保险的，给予一定数额的社会保险补贴，期限最长不超过 3 年。

（五）对持《再就业优惠证》的就业困难对象（包括：国有企业下岗失业人员、厂办大集体企业下岗职工和国有企业关闭破产需要安置人员中的“4050”人员；享受城市居民最低生活保障、就业确有困难的长期失业人员），可作为就业援助的重点，提供相应的政策扶持：

1. 政府投资开发的公益性岗位要优先安排就业困难对象。在公益性岗位安排就业困难对象，并与其签订 1 年以上期限劳动合同的，按实际招用的人数，在相应期限内给予社会保险补贴。社会保险补贴标准按单位应为所招人员缴纳的养老、医疗和失业保险费计算。上述“4050”人员在公益性岗位工作超过 3 年的，社会保险补贴期限可相应延长（超过 3 年的社会保险补贴所需资金由地方财政解决）。对 2005 年底前核准社会保险补贴但未到期的，按此政策执行。

2. 各地可根据实际对就业困难对象在公益性岗位工作的提供适当的岗位补贴，补贴标准由当地政府确定，所需资金由地方财政解决。

（六）各地应按照属地管理原则，进一步做好辖区内中央管理企业下岗失业人员的再就业工作。将这些企业的下岗失业人员纳入当地的再就业工作规划，统筹安排落实。对中央管理企业的下岗失业人员，要及时核发《再就业优惠证》，落实再就业政策，所需资金由地方财政统筹解决。

（七）切实加强《再就业优惠证》发放和使用的管理。严格《再就业优惠证》审核发放程序，防止发生弄虚作假，欺骗冒领等行为。对出租、转让和伪造《再就业优惠证》的，要依法严肃处理。各有关部门要加强沟通协调，建立下岗失业人员再就业信息交换和协查制度，在提供政策扶持后，要及时在《再就业优惠证》上进行标注，对已办理退休手续的应及时收回《再就业优惠证》。《再就业优惠证》在核发证件的本省（区、市）范围内适用，具体办法由省级人民政府制定。

（八）各地可根据本地实际，将上述政策（不含税收政策）的适用范围扩大到城镇其他集体企业下岗职工，所需资金由地方财政解决。

三、促进城乡统筹就业，改进就业服务，强化职业培训

（九）建立覆盖城乡的就业管理服务组织体系，统筹管理城乡劳动力资源和就业工作。统筹做好下岗失业人员再就业与城镇新成长劳动者的就业工作，认真落实高校毕业生和复员转业退役军人就业的有关政策，加强相关的就业服务和职业培训。改善农民进城就业环境，取消农村劳动力进城和跨地区就业的限制，完善农村劳动者进城务工和跨地区就业合法权益保障的政策措施。在有条件的地区开展城乡一体化劳动力市场的试点工作。

（十）完善公共就业服务制度。按照制度化、专业化、社会化的要求，全面推进“以人为本”的就业服务，提高公共就业服务的质量和效率。对持《再就业优惠证》人员、城镇其他登记失业人员，以及进城登记求职的农村劳动者，公共就业服务机构要提供免费的职业介绍服务。发展和规范各种专业性职业中介机构和劳务派遣、职业咨询指导、就业信息服务等社会化服务组织，鼓励社会各类职业中介机构为城乡劳动者提供诚信、有效的就业服务。要完善职业介绍补贴政策，建立与服务成效挂钩的机制，对提供免费职业介绍服务的各类职业中介机构给予补贴。

（十一）加强劳动力市场信息系统建设。按照“金保工程”建设总体要求，对劳动力市场信息系统建设进行统一规划，整体推进。围绕就业工作的主要任务和服务对象的需求，优化业务流程，逐步实现就业服务和失业保险业务的全程信息化。实现各级公共就业服务机构的信息联网，定期分析和发布职业供求和工资水平信息，完善网上职业介绍功能，为求职者和用人单位提供方便快捷的信息服务，提高劳动力市场供求匹配效率。

（十二）加强街道（乡镇）社区劳动保障工作平台建设，充分发挥其在促进就业再就业和退休人员社会化管理服务方面的基础作用。依托街道（乡镇）社区劳动保障工作平台建立再就业援助制度，对就业困难对象实施重点帮助，提供有针对性的就业服务和公益性岗位援助。街道和乡镇负责劳动保障事务的机构，要进一步完善服务功能，健全工作手段，加强基础管理。继续加强社区劳动保障工作队伍建设，强化业务培训，提高工作质量，落实工作经费。

总结部分地区创建信用社区的经验，结合个人信用制度的建立，探索建立信用社区、创业培训与小额担保贷款联动机制，为下岗失业人员自谋职业和自主创业创造条件。

（十三）广泛发动全社会教育培训资源，为城乡劳动者开展多层次、多形式的职业培训，并积极推行创业培训，提高劳动者就业能力和创业能力。对持《再就业优惠证》人员、城镇其他登记失业人员，以及进城务工的农村劳动者，提供一次性职业培训补贴。要通过资质认定，确定一批培训质量高、就业效果好的教育培训机构作为定点机构。完善培训补贴与培训质量、促进就业效果挂钩机制，引导各类教育培训机构针对市场需求，积极开展定向培训。动员全社会力量，加快培养适应企业需要的高技能人才。

充分发挥创业带动就业的倍增效应。对有创业愿望和具备创业条件的城乡劳动者开展创业培训，并提供开业指导、项目开发、小额担保贷款、跟踪扶持等“一条龙”服务，为创业培训结业者提供小额担保贷款资金扶持，努力做好后续服务。

大力开展职业培训，提升进城务工农村劳动者的就业能力。根据他们的特点和就业需求，开展有较强针对性、实用性的培训并提供职业技能鉴定服务。充分利用电视远程培训等手段，将技能知识和就业信息送到农户。在吸纳进城务工农村劳动者较多的重点行业和组织劳务输出的贫困地区，组织实施国家培训项目。

有关被征地农民的培训和就业服务，由各地统筹考虑，所需资金与征地费用统筹安排。

（十四）加强职业技能实训和技能鉴定服务工作。在有条件的地区建设公共实训基地，面向社会开展职业技能操作训练和职业技能鉴定服务。逐步开展专项职业能力考核，为开发就业岗位，提高劳动者就业能力提供公共服务。为参加职业培训的下岗失业人员提供职业技能鉴定服务，对持《再就业优惠证》人员通过初次技能鉴定（限国家规定实行就业准入制度的指定工种）、生活确有困难的，可申领一次性职业技能鉴定补贴，所需资金由地方财政解决。

四、开展失业调控，加强就业管理

（十五）建立失业预警机制，制定预案和相应措施，综合运用法律的、经济的和必要的行政手段，对失业进行调控，缓解失业引发的各种矛盾。对因国内国际经济形势发生重大变化直接影响就业的行业和企业，以及失业问题突出的困难地区、困难行业，要及时采取专项政策措施，努力减少失业，保持就业局势稳定。

（十六）继续鼓励国有大中型企业进行主辅分离、辅业改制，充分利用原企业的非主业资产、闲置资产和关闭破产企业的有效资产，改制创办面向市场、独立核算、自负盈亏的法人经济实体（国家限制的行业除外），分流安置企业富余人员。对于产权明晰并逐步实现产权多元化、吸纳原企业富余人员达到30%以上，并与其变更或签订新的劳动合同的，经有关部门认定、税务部门审核，3年内免征企业所得税。

（十七）稳步推进国有企业重组改制和关闭破产工作，严格审核并监督落实职工安置方案，规范企业操作行为，维护职工合法权益。国有企业实施重组改制和关闭破产，职工安置方案须经企业职工代表大会或职工大会讨论通过，凡职工安置方案和社会保障办法不明确、资金不落实的企业，不得进入重组改制和破产程序。要指导企业在关闭破产准备阶段通过多种有效形式，深入宣传政策，使职工了解政策内容和操作程序。要切实加强对企业关闭破产过程中职工安置工作的监督指导。关闭破产终结后，要及时做好职工分流安置和社会保障工作，妥善处理遗留问题。

（十八）规范企业裁员行为。切实加强对企业裁员的指导。对于企业成规模裁减人员的，裁员方案要经企业职工代表大会讨论。企业一次性裁员超过一定数量和比例的，要事前向当地政府报告。凡不能依法支付解除劳动合同的经济补偿金并妥善解决拖欠职工债务的，不得裁减人员。

（十九）深化劳动力市场制度改革，打破劳动力市场城乡、地区的分割。规范劳动力市场秩序，切实维护城乡劳动者合法权益。定期开展劳动力市场清理整顿活动，加强对各类职业中介行为的监管，严厉打击劳动力市场中的违法乱纪行为，规范劳动者求职、用人单位招用和职业中介行为。建立劳务派遣行政许可制度，规范劳务派遣行为。充实劳动保障执法监察队伍，加大执法监察力度，严格禁止和坚决纠正超时工作、不签订劳动合同、故意压低和拖欠工资、不按规定缴纳社会保险费和随意裁员等行为。

（二十）完善就业和失业统计制度。加强失业登记统计工作，建立劳动力调查制度，定期开展全国城镇劳动力调查，准确掌握全国劳动力市场供求变化。

（二十一）加快推进就业工作法制建设。认真总结就业再就业的工作经验，抓紧研究制定促进就业的法律法规，明确和强化行之有效的政策措施，为形成市场经济条件下解决就业问题的长效机制奠定基础。

五、进一步完善社会保障制度，建立与促进就业的联动机制

（二十二）建立就业与失业保险、城市居民最低生活保障工作的联动机制。切实保障享受失业保险和城市居民最低生活保障人员的基本生活，进一步完善失业保险金和城市居民最低生活保障金的申领办法，结合其求职和参加职业培训的情况完善申领条件，健全促进就业的激励约束机制，促进和帮助享受失业保险和城市居民最低生活保障的人员尽快实现就业，并妥善处理好其就业后的生活保障和社会保险问题。要合理确定失业保险和城市居民最低生活保障水平，拉开最低工资标准、失业保险金标准、城市居民最低生活保障标准之间的距离，分清层次，相互衔接，形成合理配套的标准体系，既要切实保障困难群体的基本生活，更要有利于调动有劳动能力人员就业的积极性。

（二十三）进一步加强对失业人员和城市居民最低生活保障对象的基础管理。充分发挥街道（乡镇）社区劳动保障工作平台的职能作用，加强劳动保障、民政等部门的沟通合作，及时掌握失业人员和城市居民最低生活保障对象的就业及收入状况，实施有针对性的帮助和服务。

（二十四）妥善处理并轨遗留问题。从 2006 年起，企业新裁减人员通过劳动力市场实现再就业，没有实现再就业的，按规定享受失业保险及城市居民最低生活保障待遇。各地要继续采取有效措施，妥善解决并轨人员在再就业、社会保险关系接续、劳动关系处理等方面的遗留问题。

（二十五）进一步发挥失业保险制度促进再就业的功能。东部地区在认真分析失业保险基金收支、结余状况，统筹考虑地方财政就业再就业资金安排的前提下，可以结合本地实际进行适当扩大失业保险基金支出范围试点，具体办法由劳动保障部、财政部制定。

（二十六）进一步完善社会保险制度。继续加强社会保险扩面征缴工作，切实做好下岗失业人员再就业后的社会保险关系接续工作，将更多的劳动者纳入到社会保险制度的覆盖范围。要逐步统一城镇个体工商户、灵活就业人员参加养老保险的政策，改进基本养老金计发办法，强化缴费与待遇挂钩的激励约束机制，形成促进就业与完善社会保险制度的良性互动。积极创造条件为进城务工农村劳动者提供必要的社会保障。

六、继续加强组织领导，动员全社会力量广泛参与就业再就业工作

（二十七）各级人民政府和各有关部门要继续巩固和强化就业再就业工作目标责任制。继续把新增就业人员和控制失业率纳入国民经济和社会发展宏观调控指标。把解决体制转轨遗留的下岗失业问题、促进城镇新增劳动力就业、推进城乡统筹就业、加强失业调控和实现就业与社会保障制度的联动机制作为主要目标任务，层层分解，并纳入政绩考核的重要内容，定期进行督促检查。

（二十八）各级人民政府和各有关部门要进一步加强对就业再就业工作的领导和统筹协调。适应新的形势任务要求，国务院决定将再就业工作部际联席会议制度调整为就业工作部际联席会议制度，地方各级人民政府也要对联席会议制度作相应调整，形成统一领导、分工协作的工作机制。在各级人民政府的直接领导下，联席会议各成员单位要认真履行职责，加强协调配合，共同做好就业再就业工作。

（二十九）各级人民政府要根据就业形势变化和就业工作需要，积极调整财政支出结构，加大资金投入，将促进就业再就业资金列入财政预算。对中西部地区和老工业基地，中央财政继续通过专项转移支付的方式给予适当补助，主要用于职业介绍补贴、职业培训补贴、社会保险补贴、小额担保贷款贴息。此外，各级财政还要合理安排用于劳动力市场、街道（乡镇）社区劳动保障工作平台建设等经费。要切实加强对就业再就业资金拨付使用的监督检查，专款专用，提高资金使用效率。

（三十）充分发挥各民主党派、工商联，以及工会、共青团、妇联等人民团体在协助政府制定政策，团结各方积极参与，以及宣传动员、社会监督，帮助群众创业就业等方面的积极作用。对他们组织各类培训、开展多种形式服务和提高创业就业服务能力给予支持，形成全社会共同参与，齐心协力做好就业再就业工作的局面。

（三十一）各新闻单位要继续通过广播、电视、报刊、互联网等多种形式把就业再就业政策宣传到群众、企业和基层单位。继续树立和宣传劳动者自谋职业、自主创业和企业积极吸纳就业、基层单位切实落实政策的先进典型，引导广大劳动者转变就业观念，营造全社会支持和帮助就业再就业工作的良好气氛。要进一步加强基层组织建设，加大思想政治工作力度，依托企业、街道（乡镇）社区等基层组织和单位，通过耐心细致的思想政治工作和舆论宣传，引导广大下岗失业人员在国家政策扶持和社会帮助下，依靠自身努力实现再就业。

（三十二）上述有关扶持政策自2006年起开始执行，政策审批的截止时间暂定到2008年底。在政策执行过程中，如果国家对税收制度进行改革，有关税收政策按新的税收政策执行。

各地区、各有关部门要结合本地实际，抓紧研究制定贯彻本《通知》的具体办法和实施细则，确保本《通知》精神落到实处。在不涉及税收政策、不影响中央非税收入、不增加中央财政补助的前提下，还可制定有利于本地扩大城乡就业的其他政策。

国务院关于解决农民工问题的若干意见（节选）[①]

（2006 年 1 月 31 日）

（上略）

一、充分认识解决好农民工问题的重大意义

（一）农民工问题事关我国经济和社会发展全局。农民工分布在国民经济各个行业，在加工制造业、建筑业、采掘业及环卫、家政、餐饮等服务业中已占从业人员半数以上，是推动我国经济社会发展的重要力量。农民外出务工，为城市创造了财富，为农村增加了收入，为城乡发展注入了活力，成为工业带动农业、城市带动农村、发达地区带动落后地区的有效形式，同时促进了市场导向、自主择业、竞争就业机制的形成，为改变城乡二元结构、解决“三农”问题闯出了一条新路。返乡创业的农民工，带回资金、技术和市场经济观念，直接促进社会主义新农村建设。进一步做好农民工工作，对于改革发展稳定的全局和顺利推进工业化、城镇化、现代化都具有重大意义。

（二）维护农民工权益是需要解决的突出问题。近年来，党中央、国务院高度重视农民工问题，制定了一系列保障农民工权益和改善农民工就业环境的政策措施，各地区、各部门做了大量工作，取得了明显成效。但农民工面临的问题仍然十分突出。主要是：工资偏低，被拖欠现象严重；劳动时间长，安全条件差；缺乏社会保障，职业病和工伤事故多；培训就业、子女上学、生活居住等方面

① 《国务院关于解决农民工问题的若干意见》，《中华人民共和国国务院公报》，2006 年 10 期。

也存在诸多困难，经济、政治、文化权益得不到有效保障。这些问题引发了不少社会矛盾和纠纷。解决好这些问题，直接关系到维护社会公平正义，保持社会和谐稳定。

（三）解决农民工问题是建设中国特色社会主义的战略任务。农业劳动力向非农产业和城镇转移，是世界各国工业化、城镇化的普遍趋势，也是农业现代化的必然要求。我国农村劳动力数量众多，在工业化、城镇化加快发展的阶段，越来越多的富余劳动力将逐渐转移出来，大量农民工在城乡之间流动就业的现象在我国将长期存在。必须从我国国情出发，顺应工业化、城镇化的客观规律，引导农村富余劳动力向非农产业和城镇有序转移。我们要站在建设中国特色社会主义事业全局和战略的高度，充分认识解决好农民工问题的重要性、紧迫性和长期性。

二、做好农民工工作的指导思想和基本原则

（四）指导思想。以邓小平理论和“三个代表”重要思想为指导，按照落实科学发展观和构建社会主义和谐社会的要求，坚持解放思想，实事求是，与时俱进；坚持从我国国情出发，统筹城乡发展；坚持以人为本，认真解决涉及农民工利益的问题。着力完善政策和管理，推进体制改革和制度创新，逐步建立城乡统一的劳动力市场和公平竞争的就业制度，建立保障农民工合法权益的政策体系和执法监督机制，建立惠及农民工的城乡公共服务体制和制度，拓宽农村劳动力转移就业渠道，保护和调动农民工的积极性，促进城乡经济繁荣和社会全面进步，推动社会主义新农村建设和中国特色的工业化、城镇化、现代化健康发展。

（五）基本原则。

——公平对待，一视同仁。尊重和维护农民工的合法权益，消除对农民进城务工的歧视性规定和体制性障碍，使他们和城市职工享有同等的权利和义务。

——强化服务，完善管理。转变政府职能，加强和改善对农民工的公共服务和社会管理，发挥企业、社区和中介组织作用，为农民工生活与劳动创造良好环境和有利条件。

——统筹规划，合理引导。实行农村劳动力异地转移与就地转移相结合。既要积极引导农民进城务工，又要大力发展乡镇企业和县域经济，扩大农村劳动力在当地转移就业。

——因地制宜，分类指导。输出地和输入地都要有针对性地解决农民工面临的各种问题。鼓励各地区从实际出发，探索保护农民工权益、促进农村富余劳动力有序流动的办法。

——立足当前，着眼长远。既要抓紧解决农民工面临的突出问题，又要依靠改革和发展，逐步解决深层次问题，形成从根本上保障农民工权益的体制和制度。

三、抓紧解决农民工工资偏低和拖欠问题

（六）建立农民工工资支付保障制度。严格规范用人单位工资支付行为，确保农民工工资按时足额发放给本人，做到工资发放月清月结或按劳动合同约定执行。建立工资支付监控制度和工资保证金制度，从根本上解决拖欠、克扣农民工工资问题。劳动保障部门要重点监控农民工集中的用人单位工资发放情况。对发生过拖欠工资的用人单位，强制在开户银行按期预存工资保证金，实行专户管理。切实解决政府投资项目拖欠工程款问题。所有建设单位都要按照合同约定及时拨付工程款项，建设资金不落实的，有关部门不得发放施工许可证，不得批准开工报告。对重点监控的建筑施工企业实行工资保证金制度。加大对拖欠农民工工资用人单位的处罚力度，对恶意拖欠、情节严重的，可依法责令停业整顿、降低或取消资质，直至吊销营业执照，并对有关人员依法予以制裁。各地方、各单位都要继续加大工资清欠力度，并确保不发生新的拖欠。

（七）合理确定和提高农民工工资水平。规范农民工工资管理，切实改变农民工工资偏低、同工不同酬的状况。各地要严格执行最低工资制度，合理确定并适时调整最低工资标准，制定和推行小时最低工资标准。制定相关岗位劳动定额的行业参考标准。用人单位不得以实行计件工资为由拒绝执行最低工资制度，不得利用提高劳动定额变相降低工资水平。严格执行国家关于职工休息休假的规定，延长工时和休息日、法定假日工作的，要依法支付加班工资。农民工和其他职工要实行同工同酬。国务院有关部门要加强对地方制定、调整和执行最低工资标准的指导监督。各地要科学确定工资指导线，建立企业工资集体协商制度，促进农民工工资合理增长。

四、依法规范农民工劳动管理

（八）严格执行劳动合同制度。所有用人单位招用农民工都必须依法订立并履行劳动合同，建立权责明确的劳动关系。严格执行国家关于劳动合同试用期的规定，不得滥用试用期侵犯农民工权益。劳动保障部门要制定和推行规范的劳动合同文本，加强对用人单位订立和履行劳动合同的指导和监督。任何单位都不得违反劳动合同约定损害农民工权益。

（九）依法保障农民工职业安全卫生权益。各地要严格执行国家职业安全和劳动保护规程及标准。企业必须按规定配备安全生产和职业病防护设施。强化用人单位职业安全卫生的主体责任，要向新招用的农民工告知劳动安全、职业危害事项，发放符合要求的劳动防护用品，对从事可能产生职业危害作业的人员定期进行健康检查。加强农民工职业安全、劳动保护教育，增强农民工自我保护能力。从事高危行业和特种作业的农民工要经专门培训、持证上岗。有关部门要切实履行职业安全和劳动保护监管职责。发生重大职业安全事故，除惩处直接责任人和企业负责人外，还要追究政府和有关部门领导的责任。

（十）切实保护女工和未成年工权益，严格禁止使用童工。用人单位要依法保护女工的特殊权益，不得以性别为由拒绝录用女工或提高女工录用标准，不得安排女工从事禁忌劳动范围工作，不得在女工孕期、产期、哺乳期降低其基本工资或单方面解除劳动合同。招用未成年工的用人单位，应当在工种、劳动时间、劳动强度和保护措施等方面严格执行国家有关规定。对介绍和使用童工的违法行为要从严惩处。

五、搞好农民工就业服务和培训

（十一）逐步实行城乡平等的就业制度。统筹城乡就业，改革城乡分割的就业管理体制，建立城乡统一、平等竞争的劳动力市场，逐步形成市场经济条件下促进农村富余劳动力转移就业的机制，为城乡劳动者提供平等的就业机会和服务。各地区、各部门要进一步清理和取消各种针对农民工进城就业的歧视性规定和不合理限制，清理对企业使用农民工的行政审批和行政收费，不得以解决城镇劳动力就业为由清退和排斥农民工。

（十二）进一步做好农民转移就业服务工作。各级人民政府要把促进农村富余劳动力转移就业作为重要任务。要建立健全县乡公共就业服务网络，为农民转移就业提供服务。城市公共职业介绍机构要向农民工开放，免费提供政策咨询、就业信息、就业指导和职业介绍。输出地和输入地要加强协作，开展有组织的就业、创业培训和劳务输出。鼓励发展各类就业服务组织，加强就业服务市场监管。依法规范职业中介、劳务派遣和企业招用工行为。严厉打击以职业介绍或以招工为名坑害农民工的违法犯罪活动。

（十三）加强农民工职业技能培训。各地要适应工业化、城镇化和农村劳动力转移就业的需要，大力开展农民工职业技能培训和引导性培训，提高农民转移就业能力和外出适应能力。扩大农村劳动力转移培训规模，提高培训质量。继续实施好农村劳动力转移培训阳光工程。完善农民工培训补贴办法，对参加培训的农民工给予适当培训费补贴。推广“培训券”等直接补贴的做法。充分利用广播电视和远程教育等现代手段，向农民传授外出就业基本知识。重视抓好贫困地区农村劳动力转移培训工作。支持用人单位建立稳定的劳务培训基地，发展订单式培训。输入地要把提高农民工岗位技能纳入当地职业培训计划。要研究制定鼓励农民工参加职业技能鉴定、获取国家职业资格证书的政策。

（十四）落实农民工培训责任。完善并认真落实全国农民工培训规划。劳动保障、农业、教育、科技、建设、财政、扶贫等部门要按照各自职能，切实做好农民工培训工作。强化用人单位对农民工的岗位培训责任，对不履行培训义务的用人单位，应按国家规定强制提取职工教育培训费，用于政府组织的培训。充分发挥各类教育、培训机构和工青妇组织的作用，多渠道、多层次、多形式开展农民工职业培训。建立由政府、用人单位和个人共同负担的农民工培训投入机制，中央和地方各级财政要加大支持力度。

（十五）大力发展面向农村的职业教育。农村初、高中毕业生是我国产业工人的后备军，要把提高他们的职业技能作为职业教育的重要任务。支持各类职业技术院校扩大农村招生规模，鼓励农村初、高中毕业生接受正规职业技术教育。通过设立助学金、发放助学贷款等方式，帮助家庭困难学生完成学业。加强县级职业教育中心建设。有条件的普通中学可开设职业教育课程。加强农村职业教育师资、教材和实训基地建设。

六、积极稳妥地解决农民工社会保障问题

（十六）高度重视农民工社会保障工作。根据农民工最紧迫的社会保障需求，坚持分类指导、稳步推进，优先解决工伤保险和大病医疗保障问题，逐步解决养老保障问题。农民工的社会保障，要适应流动性大的特点，保险关系和待遇能够转移接续，使农民工在流动就业中的社会保障权益不受损害；要兼顾农民工工资收入偏低的实际情况，实行低标准进入、渐进式过渡，调动用人单位和农民工参保的积极性。

（十七）依法将农民工纳入工伤保险范围。各地要认真贯彻落实《工伤保险条例》。所有用人单位必须及时为农民工办理参加工伤保险手续，并按时足额缴纳工伤保险费。在农民工发生工伤后，要做好工伤认定、劳动能力鉴定和工伤待遇支付工作。未参加工伤保险的农民工发生工伤，由用人单位按照工伤保险规定的标准支付费用。当前，要加快推进农民工较为集中、工伤风险程度较高的建筑行业、煤炭等采掘行业参加工伤保险。建筑施工企业同时应为从

事特定高风险作业的职工办理意外伤害保险。

（十八）抓紧解决农民工大病医疗保障问题。各统筹地区要采取建立大病医疗保险统筹基金的办法，重点解决农民工进城务工期间的住院医疗保障问题。根据当地实际合理确定缴费率，主要由用人单位缴费。完善医疗保险结算办法，为患大病后自愿回原籍治疗的参保农民工提供医疗结算服务。有条件的地方，可直接将稳定就业的农民工纳入城镇职工基本医疗保险。农民工也可自愿参加原籍的新型农村合作医疗。

（十九）探索适合农民工特点的养老保险办法。抓紧研究低费率、广覆盖、可转移，并能够与现行的养老保险制度衔接的农民工养老保险办法。有条件的地方，可直接将稳定就业的农民工纳入城镇职工基本养老保险。已经参加城镇职工基本养老保险的农民工，用人单位要继续为其缴费。劳动保障部门要抓紧制定农民工养老保险关系异地转移与接续的办法。

七、切实为农民工提供相关公共服务

（二十）把农民工纳入城市公共服务体系。输入地政府要转变思想观念和管理方式，对农民工实行属地管理。要在编制城市发展规划、制定公共政策、建设公用设施等方面，统筹考虑长期在城市就业、生活和居住的农民工对公共服务的需要，提高城市综合承载能力。要增加公共财政支出，逐步健全覆盖农民工的城市公共服务体系。

（二十一）保障农民工子女平等接受义务教育。输入地政府要承担起农民工同住子女义务教育的责任，将农民工子女义务教育纳入当地教育发展规划，列入教育经费预算，以全日制公办中小学为主接收农民工子女入学，并按照实际在校人数拨付学校公用经费。城市公办学校对农民工子女接受义务教育要与当地学生在收费、管理等方面同等对待，不得违反国家规定向农民工子女加收借读费及其他任何费用。输入地政府对委托承担农民工子女义务教育的民办学校，要在办学经费、师资培训等方面给予支持和指导，提高办学质量。输出地政府要解决好农民工托留在农村子女的教育问题。

（二十二）加强农民工疾病预防控制和适龄儿童免疫工作。输入地要加强农民工疾病预防控制工作，强化对农民工健康教育和聚居地的疾病监测，落实国家关于特定传染病的免费治疗政策。要把农民工子女纳入当地免疫规划，采取有效措施提高国家免疫规划疫苗的接种率。

（二十三）进一步搞好农民工计划生育管理和服务。实行以输入地为主、输出地和输入地协调配合的管理服务体制。输入地政府要把农民工计划生育管理和服务经费纳入地方财政预算，提供国家规定的计划生育、生殖健康等免费服务项目和药具。用人单位要依法履行农民工计划生育相关管理服务责任。输出地要做好农民工计划生育宣传、教育和技术服务工作，免费发放《流动人口婚育证明》，及时向输入地提供农民工婚育信息。加强全国流动人口计划生育信息交换平台建设。

（二十四）多渠道改善农民工居住条件。有关部门要加强监管，保证农民工居住场所符合基本的卫生和安全条件。招用农民工数量较多的企业，在符合规划的前提下，可在依法取得的企业用地范围内建设农民工集体宿舍。农民工集中的开发区和工业园区，可建设统一管理、供企业租用的员工宿舍，集约利用土地。加强对城乡接合部农民工聚居地区的规划、建设和管理，提高公共基础设施保障能力。各地要把长期在城市就业与生活的农民工居住问题，纳入城市住宅建设发展规划。有条件的地方，城镇单位聘用农民工，用人单位和个人可缴存住房公积金，用于农民工购买或租赁自住住房。

八、健全维护农民工权益的保障机制

（二十五）保障农民工依法享有的民主政治权利。招用农民工的单位，职工代表大会要有农民工代表，保障农民工参与企业民主管理权利。农民工户籍所在地的村民委员会，在组织换届选举或决定涉及农民工权益的重大事务时，应及时通知农民工，并通过适当方式行使民主权利。有关部门和单位在评定技术职称、晋升职务、评选劳动模范和先进工作者等方面，要将农民工与城镇职工同等看待。依法保障农民工人身自由和人格尊严，严禁打骂、侮辱农民工的非法行为。

（二十六）深化户籍管理制度改革。逐步地、有条件地解决长期在城市就业和居住农民工的户籍问题。中小城市和小城镇要适当放宽农民工落户条件；大城市要积极稳妥地解决符合条件的农民工户籍问题，对农民工中的劳动模范、先进工作者和高级技工、技师以及其他有突出贡献者，应优先准予落户。具体落户条件，由各地根据城市规划和实际情况自行制定。改进农民工居住登记管理办法。

（二十七）保护农民工土地承包权益。土地不仅是农民的生产资料，也是他们的生活保障。要坚持农村基本经营制度，稳定和完善农村土地承包关系，保障农民工土地承包权益。不得以农民进城务工为由收回承包地，纠正违法收回农民工承包地的行为。农民外出务工期间，所承包土地无力耕种的，可委托代耕或通过转包、出租、转让等形式流转土地经营权，但不能撂荒。农民工土地承包经营权流转，要坚持依法、自愿、有偿的原则，任何组织和个人不得强制或限制，也不得截留、扣缴或以其他方式侵占土地流转收益。

（二十八）加大维护农民工权益的执法力度。强化劳动保障监察执法，加强劳动保障监察队伍建设，完善日常巡视检查制度和责任制度，依法严厉查处用人单位侵犯农民工权益的违法行为。健全农民工维权举报投诉制度，有关部门要认真受理农民工举报投诉并及时调查处理。加强和改进劳动争议调解、仲裁工作。对农民工申诉的劳动争议案件，要简化程序、加快审理，涉及劳动报酬、工伤待遇的要优先审理。起草、制定和完善维护农民工权益的法律法规。

（二十九）做好对农民工的法律服务和法律援助工作。要把农民工列为法律援助的重点对象。对农民工申请法律援助，要简化程序，快速办理。对申请支付劳动报酬和工伤赔偿法律援助的，不再审查其经济困难条件。有关行政机关和行业协会应引导法律服务机构和从业人员积极参与涉及农民工的诉讼活动、非诉讼协调及调解活动。鼓励和支持律师和相关法律从业人员接受农民工委托，并对经济确有困难而又达不到法律援助条件的农民工适当减少或免除律师费。政府要根据实际情况安排一定的法律援助资金，为农民工获得法律援助提供必要的经费支持。

（三十）强化工会维护农民工权益的作用。用人单位要依法保障农民工参加工会的权利。各级工会要以劳动合同、劳动工资、劳动条件和职业安全卫生为重点，督促用人单位履行法律法规规定的义务，维护农民工合法权益。充分发挥工会劳动保护监督检查的作用，完善群众性劳动保护监督检查制度，加强对安全生产的群众监督。同时，充分发挥共青团、妇联组织在农民工维权工作中的作用。

九、促进农村劳动力就地就近转移就业

（三十一）大力发展乡镇企业和县域经济，扩大当地转移就业容量。这是农民转移就业的重要途径。各地要依据国家产业政策，积极发展就业容量大的劳动密集型产业和服务业，发展农村二、三产业和特色经济，发展农业产业化经营和农产品加工业；落实发展乡镇企业和非公有制经济的政策措施，吸纳更多的农村富余劳动力在当地转移就业。有关部门要抓紧研究制定扶持县域经济发展的相关政策，增强县域经济活力。

（三十二）引导相关产业向中西部转移，增加农民在当地就业机会。积极引导东部相关产业向中西部转移，有利于促进农村劳动力就地就近转移就业，也有利于形成东中西良性互动、共同发展的格局。要在产业政策上鼓励大中城市、沿海发达地区的劳动密集型产业和资源加工型企业向中西部地区转移。中西部地区要在有利于节约资源和保护环境的前提下，主动承接产业转移，为当地农村劳动力转移就业创造良好环境。

（三十三）大力开展农村基础设施建设，促进农民就业和增收。按照建设社会主义新农村的要求，统筹规划城乡公共设施建设。各级人民政府要切实调整投资结构，把对基础设施建设投入的重点转向农村，改善农村生产生活条件，带动农村经济发展和繁荣。加快形成政府支持引导、社会资金参与、农民劳动积累相结合的农村建设投入机制。农村基础设施建设要重视利用当地原材料和

劳动力，注重建设能够增加农民就业机会和促进农民直接增收的中小型项目。

（三十四）积极稳妥地发展小城镇，提高产业集聚和人口吸纳能力。按照循序渐进、节约用地、集约发展、合理布局的原则，搞好小城镇规划和建设。加大对小城镇建设的支持力度，完善公共设施。继续实施小城镇经济综合开发示范项目。发展小城镇经济，引导乡镇企业向小城镇集中。采取优惠政策，鼓励、吸引外出务工农民回到小城镇创业和居住。

十、加强和改进对农民工工作的领导

（三十五）切实把解决农民工问题摆在重要位置。解决好涉及农民工利益的问题，是各级人民政府的重要职责。各级人民政府要切实把妥善解决农民工问题作为一项重要任务，把统筹城乡就业和促进农村劳动力转移纳入国民经济和社会发展中长期规划和年度计划。做好农民工工作的主要责任在地方，各地都要制定明确的工作目标、任务和措施，并认真落实。地方各级人民政府要建立农民工管理和服务工作的经费保障机制，将涉及农民工的劳动就业、计划生育、子女教育、治安管理等有关经费，纳入正常的财政预算支出范围。

（三十六）完善农民工工作协调机制。国务院建立农民工工作联席会议制度，统筹协调和指导全国农民工工作。联席会议由国务院有关部门和工会、共青团、妇联等有关群众团体组成，联席会议办公室设在劳动保障部。各有关部门要各司其职、分工负责，检查督促对农民工的各项政策的落实。地方人民政府也应建立相应的协调机制，切实加强对农民工工作的组织领导。输出地和输入地的基层组织要加强协调沟通，共同做好农民工的教育、引导和管理工作。

（三十七）引导农民工全面提高自身素质。农民工是我国产业大军中的一支重要力量。农民工的政治思想、科学文化和生产技能水平，直接关系到我国产业素质、竞争力和现代化水平，必须把全面提高农民工素质放在重要地位。要引导和组织农民工自觉接受就业和创业培训，接受职业技术教育，提高科学技术文化水平，提高就业、创业能力。要在农民工中开展普法宣传教育，引导他们增强法制观念，知法守法，学会利用法律、通过合法渠道维护自身权益。开展职业道德和社会公德教育，引导他们爱岗敬业、诚实守信，遵守职业行为准则和社会公共道德。开展精神文明创建活动，引导农民工遵守交通规则、爱护公共环境、讲究文明礼貌，培养科学文明健康的生活方式。进城就业的农民工要努力适应城市工作、生活的新要求，遵守城市公共秩序和管理规定，履行应尽义务。

（三十八）发挥社区管理服务的重要作用。要建设开放型、多功能的城市社区，构建以社区为依托的农民工服务和管理平台。鼓励农民工参与社区自治，增强作为社区成员的意识，提高自我管理、自我教育和自我服务能力。发挥社区的社会融合功能，促进农民工融入城市生活，与城市居民和谐相处。完善社区公共服务和文化设施，城市公共文化设施要向农民工开放，有条件的企业要设立农民工活动场所，开展多种形式的业余文化活动，丰富农民工的精神生活。

（三十九）加强和改进农民工统计管理工作。充分利用和整合统计、公安、人口计生等部门的资源，推进农民工信息网络建设，实现信息共享，为加强农民工管理和服务提供准确、及时的信息。输入地和输出地要搞好农民工统计信息交流和工作衔接。

（四十）在全社会形成关心农民工的良好氛围。社会各方面都要树立理解、尊重、保护农民工的意识，开展多种形式的关心帮助农民工的公益活动。新闻单位要大力宣传党和国家关于农民工的方针政策，宣传农民工在改革开放和现代化建设中的突出贡献和先进典型，加强对保障农民工权益情况的舆论监督。对优秀农民工要给予表彰奖励。总结、推广各地和用人单位关心、善待农民工的好做法、好经验，提高对农民工的服务和管理水平。

（下略）

国务院关于做好促进就业工作的通知（节选）[①]

（2008 年 2 月 3 日）

（上略）

一、明确就业工作目标任务，强化政府促进就业的领导责任

（一）强化政府责任，把扩大就业放在经济社会发展的突出位置。坚持劳动者自主择业、市场调节就业、政府促进就业的方针，努力创造公平就业环境。县级以上人民政府要把扩大就业作为经济和社会发展的重要目标，纳入国民经济和社会发展规划，并制定促进就业的中长期规划和年度工作计划，在发展经济和调整产业结构、规范人力资源市场、完善就业服务、加强职业教育和培训、提供就业援助等方面制订具体措施，努力实现社会就业更加充分的目标。

（二）实施积极的就业政策，多渠道增加就业岗位。贯彻实施鼓励、支持和引导个体、私营等非公有制经济发展以及加快发展服务业等一系列有利于促进就业的政策措施，促进非公有制经济和第三产业有序发展。采取有效措施，促进中小企业发展，鼓励发展劳动密集型产业，广开就业门路。鼓励和规范灵活就业形式。拓宽就业渠道，统筹做好城镇新增劳动力就业、农业富余劳动力转移就业和失业人员就业工作。

（三）改善创业环境，促进创业带动就业。完善支持自主创业、自谋职业政策体系，建立健全政策扶持、创业服务、创业培训

① 《国务院关于做好促进就业工作的通知》，《中华人民共和国国务院公报》，2008 年 08 期。

三位一体的工作机制。简化程序，规范操作，提高效率，增加融资渠道，放宽市场准入限制，加强信息服务。加强创业意识教育，转变就业观念，营造鼓励自主创业的社会环境，使更多的劳动者成为创业者。

（四）积极做好高校毕业生就业工作。把高校毕业生就业纳入就业工作总体部署，明确目标，落实责任，健全工作机制，进一步加强对高校毕业生的公共就业服务，广泛开展技能培训和就业见习，提高高校毕业生实践能力和就业能力，引导高校毕业生面向基层就业和创业。

（五）加强失业调控，努力减少失业。县级以上人民政府在安排政府投资和确定重大建设项目时，要按照科学发展观的要求，更加注重对就业的影响，处理好宏观调控与增加就业岗位的关系，妥善做好相关人员的安置工作。要建立健全失业预警制度，对因国内国际经济形势发生重大变化直接影响就业的行业和企业，以及失业问题突出的困难地区、困难行业，制订失业调控预案，实施失业预防、调节和控制，保持就业局势稳定。

（六）健全就业工作目标责任制度。把城镇新增就业、控制失业率、失业人员就业、就业困难人员就业及减少有劳动能力长期失业人员、城市居民最低生活保障人员作为就业工作主要目标任务，逐级分解，建立目标责任体系，并作为政府政绩考核的重要指标。要将统筹城乡就业、建立社会保障与促进就业联动机制纳入政府就业工作目标责任。县级以上人民政府要按照目标责任制度的要求，依法加强对所属有关部门和下一级人民政府的考核、检查和监督。

二、完善政策支持体系，进一步实施积极的就业政策

（七）妥善处理现行政策与法律规定的衔接问题。按照法律要求，对政策进行完善和规范，明确政策支持对象和内容，调整完善操作办法，解决政策落实中的难点问题，提高政策的实施效果。

（八）《国务院关于进一步加强就业再就业工作的通知》（国发〔2005〕36号）规定的各项税收政策继续有效，审批截止日期为2008年底，2009年以后的税收政策另行规定。登记失业人员创办企业的，凡符合相关条件，可按国家规定享受税收优惠政策。符合有关残疾人就业优惠条件的，可以享受现行增值税、营业税、企业所得税、个人所得税等税收优惠政策。

（九）登记失业人员和残疾人从事个体经营的，按规定免收属于管理类、登记类和证照类的各项行政事业性收费，政策扶持期限最长不超过3年。具体政策由财政部、发展改革委制定。

（十）进一步完善小额担保贷款政策，创新小额担保贷款管理模式。各地可根据实际情况适当提高小额担保贷款额度和扩大贷款范围。经办银行可将小额担保贷款利率在人民银行公布的贷款基准利率的基础上上浮3个百分点，其中微利项目增加的利息由中央财政负担。小额贷款担保基金由地方财政安排。中央财政要进一步拓宽贴息资金的使用渠道，从贴息资金中安排部分资金支持完善担保基金的风险补偿机制和贷款奖励机制。推动信用社区与经办银行加强合作，鼓励担保机构降低反担保门槛或取消反担保。进一步加大对符合条件的劳动密集型小企业的贷款贴息支持力度，鼓励利用小额贷款担保基金为劳动密集型小企业提供贷款担保服务。具体政策由人民银行、财政部、劳动保障部制定。对2007年底前核准的小额担保贷款项目仍按原政策执行。

（十一）扶持就业困难人员就业。就业困难人员一般指大龄、身有残疾、享受最低生活保障、连续失业一年以上，以及因失去土地等原因难以实现就业的人员。具体范围和申请认定程序，由各省、自治区、直辖市人民政府根据本地实际情况规定。对各类企业招用就业困难人员，签订劳动合同并缴纳社会保险费的，在相应期限内给予基本养老保险、基本医疗保险和失业保险补贴；各地政府投资开发的公益性岗位，要优先安排符合岗位要求的就业困难人员，并视其缴纳社会保险费的情况，在相应期限内给予基本养老保险、基本医疗保险和失业保险补贴以及适当的岗位补贴；对就业困难人员灵活就业后申报就业并缴纳社会保险费的，给予一定数额的社会保险补贴。社会保险补贴和岗位补贴期限，除对距法定退休年龄不足五年的人员可延长至退休外，其余人员最长不超过三年。

（十二）国发〔2005〕36 号文件规定的对持《再就业优惠证》人员的各项社会保险补贴、岗位补贴政策继续执行，审批截止到 2008 年底，期限最长不超过三年。

（十三）县级以上人民政府要根据就业状况和就业工作目标，加大资金投入，在同级财政预算中安排就业专项资金用于促进就业工作。就业专项资金用于职业介绍、职业培训、公益性岗位、职业技能鉴定、特定就业政策和社会保险等的补贴，小额贷款担保基金和微利项目的小额担保贷款贴息，以及扶持公共就业服务等。特定就业政策需经国务院批准。对各地职业介绍补贴、职业培训补贴、公益性岗位补贴、职业技能鉴定补贴、特定就业政策补助、社会保险补贴，以及扶持公共就业服务资金，中央财政继续通过专项转移支付的方式给予适当补助，并对中西部地区和老工业基地给予重点支持。对微利项目的小额担保贷款，中央财政按规定据实贴息。就业专项资金的使用管理办法，由财政部、劳动保障部制订。失业保险基金用于促进就业的支出，按有关规定执行。

三、进一步加强就业服务和管理，健全面向全体劳动者的职业技能培训制度

（十四）各地要按照建立统一开放、竞争有序的人力资源市场的要求，加强部门协调，完善管理制度，维护人力资源市场的良好秩序。县级以上人民政府要加强人力资源市场信息网络及相关设施建设，建立健全人力资源市场信息服务体系，完善市场信息发布制度。鼓励社会各方面依法开展就业服务活动，加强对职业中介机构的管理，提高其服务质量。对为登记失业人员提供就业服务并实现就业的各类职业中介机构，按规定给予职业介绍补贴。

（十五）县级以上人民政府要建立健全公共就业服务体系，规范公共就业服务机构，明确服务职责和范围，合理确定各级公共就业服务机构的人员编制，加强公共就业服务能力建设，将公共就业服务经费纳入同级财政预算，保障其向劳动者提供免费的就业服务。县级以上公共就业服务机构要建立综合性服务场所，为劳动者和用人单位提供“一站式”就业服务；街道、社区公共就业服务机构要设立服务窗口，开展公共就业服务。要规范公共就业服务机构服务流程和标准，提高服务质量和效率。

（十六）各地要建立健全就业登记和失业登记制度。公共就业服务机构负责为劳动者免费办理就业登记和失业登记，并做好登记统计工作。登记失业人员应当积极求职，参加公共就业服务机构安排的就业服务活动，并定期向公共就业服务机构报告就业失业状况。各省、自治区、直辖市在本行政区域内实行统一的就业失业登记证（以下简称登记证），向劳动者免费发放，并注明可享受的扶持政策。登记失业人员凭登记证在核发证件的省（区、市）内享受公共就业服务和就业扶持政策，对就业困难人员在登记证上予以注明。就业登记、失业登记的具体程序和登记证的样式，由各省、自治区、直辖市制订。要切实加强登记证发放和使用的管理。

（十七）建立健全面向全体劳动者的职业技能培训制度。鼓励支持各类职业院校、职业技能培训机构和用人单位依法开展就业前培训、在职培训、再就业培训和创业培训；鼓励劳动者参加各种形式的培训。对失业人员、符合条件的进城务工农村劳动者参加职业培训的，按规定给予职业培训补贴，具体办法由财政部、劳动保障部等制订。对就业困难人员、进城务工农村劳动者通过初次职业技能鉴定（限国家规定实行就业准入制度的特殊工种），取得职业资格证书的，给予一次性的职业技能鉴定补贴。要根据职业培训的实际需要，合理确定补贴标准；现行补贴标准不足弥补实际培训成本的，可提高补贴标准。完善职业培训补贴办法，建立健全职业培训补贴与培训质量、促进就业效果挂钩机制，提高劳动者参加培训和各类职业教育培训机构提供培训的积极性。要完善劳动预备制度，对有就业要求和培训愿望的初高中毕业生实行 3 个月以上、12 个月以内的预备制培训，使其取得相应的职业资格或者掌握一定的职业技能。积极探索职业培训项目化运作模式，将补贴资金与项目运作紧密结合起来，提高职业培训的针对性和有效性。

四、进一步完善面向所有就业困难人员的就业援助制度，及时帮助零就业家庭解决就业困难

（十八）各地要进一步建立健全就业援助制度，积极帮助和扶

持有就业愿望和就业能力，且积极求职的就业困难人员就业。要通过公益性岗位援助等多种途径，对所有就业困难人员实行优先扶持和重点帮助。

（十九）加强对零就业家庭的就业援助。各地要依托街道社区公共就业服务机构进一步完善零就业家庭申报认定制度，规范审核认定程序，建立专门台账，及时接受零就业家庭的就业援助申请。要多渠道开发就业岗位，提供有针对性的职业介绍、职业培训等就业服务和公益性岗位援助，通过多种形式帮扶零就业家庭人员实现就业。对其中符合条件的就业困难人员，要及时兑现各项扶持政策。建立动态管理、动态援助的长效工作机制，确保城市有就业需求的家庭至少有一人就业。

（二十）鼓励资源开采型城市和独立工矿区发展与市场需求相适应的接续产业，引导劳动者转移就业。对因资源枯竭或者经济结构调整等原因造成就业困难人员集中的地区，上级人民政府应当给予必要的扶持和帮助。

五、进一步加强组织领导，切实做好就业促进法的贯彻实施工作

（二十一）各地要进一步加强对促进就业工作的组织领导，建立健全促进就业工作协调机制，巩固和加强县级以上人民政府就业工作联席会议制度，强化统一领导、分工协作的工作机制。各有关部门要按照职责分工，切实履行职能，并加强协调配合，及时交流情况，解决问题。要进一步发挥工会、共青团、妇联、残联以及其他社会组织的作用，共同做好就业再就业工作。

（二十二）各地要充分利用各种新闻媒介，深入做好就业宣传工作。大力宣传国家促进就业的法律法规和经济社会政策，宣传各地区、各有关部门和单位促进就业的好做法，宣传劳动者转变就业观念、自主创业、自谋职业和用人单位承担社会责任、促进就业的典型经验。各级人民政府和有关部门要对在促进就业工作中取得显著成绩的单位和个人给予表彰和奖励，为就业工作营造良好的舆论环境和社会氛围。

（二十三）各地区、各有关部门要加强干部的法律知识培训，不断提高依法行政的能力和水平。要抓紧制定配套法规和政策，使法律的原则、要求具体化，增强法律的可操作性。要加强就业促进法实施情况的督促检查，采取有效措施，确保各项工作落实到位。

（二十四）各地劳动保障、民政、财政等部门要密切协作，促进失业保险、社会救助与促进就业工作的有机结合。完善失业保险和社会救助制度，形成促进就业的激励约束机制。严格失业保险金、城市居民最低生活保障金的申领条件和程序，在准确区分申请人员有无劳动能力的基础上，将申领条件与接受职业介绍、职业培训以及参加公益性劳动情况相挂钩，逐步形成促进就业的政策导向。要将享受失业保险待遇人员和有劳动能力、有就业愿望的城市居民最低生活保障人员组织到职业介绍、职业培训、公益性劳动等活动中，采取多种措施，鼓励和吸引其积极就业。

（二十五）各地区、各有关部门要结合实际，抓紧研究制订贯彻本通知的具体办法，确保本通知精神落到实处。对工作中的重大问题，及时报告国务院。

国务院办公厅关于切实做好当前农民工工作的通知（节选）①

（2008 年 12 月 20 日）

（上略）

一、采取多种措施促进农民工就业

采取更加积极的就业政策，广开农民工就业门路。落实中央关于扩大内需、减轻企业负担、促进经济增长的政策措施，帮助企业解困，在加快发展方式转变和结构调整中创造更多的就业机会。积极扶持中小企业、劳动密集型产业和服务业，增强吸纳农民工就业的能力。发挥政府投资和国有企事业单位对稳定就业的导向作用，尽可能提供较多的就业岗位。对生产经营遇到暂时困难的企业，要引导其与农民工开展集体协商，采取灵活用工、弹性工时、组织培训等办法，尽量不裁员或少裁员，稳定现有就业岗位。引导企业履行社会责任，防止出现大规模集中裁员现象；对可能出现的大规模裁员，要采取有效措施进行调控。对符合享受失业保险待遇条件的农民工，要按规定及时核发一次性生活补助。公共就业服务机构要加强对农民工的就业指导、职业介绍和就业信息服务，收集适合农民工的岗位信息，通过多种渠道及时发布。大力发展劳务经济，加强输出地和输入地的相互协作，开展有组织的培训就业和劳务输出；在有关部门指导下，依托市场机制发展各类培训就业服务组织，多渠道推动农民工就业；积极培育劳务品牌，建设劳务基地，

---

① 《国务院办公厅关于切实做好当前农民工工作的通知》，《人民日报》，2008 年 12 月 21 日。

形成示范效应，带动农村劳动力转移就业；积极开展国际合作与交流，促进农民工劳务输出。灾后重建、农田水利、交通能源等重大基础设施建设项目，要尽量多招用因企业关停或减产裁员而失去工作的农民工。

二、加强农民工技能培训和职业教育

加大对农民工培训的投入，改进培训方式，扩大培训效果。各有关部门和教育培训机构要继续做好农村劳动力技能就业计划、阳光工程、农村劳动力转移培训计划、星火科技培训、雨露计划等培训项目的实施工作。要围绕市场需求开展订单培训和定向培训，提高农民工择业竞争能力；围绕产业结构调整和企业技术改造新开工项目开展职业技能培训，提高农民工就业的适应能力；围绕回乡创业组织开展创业培训，提高农民工的自主创业能力；围绕农业现代化、产业化开展农村实用技术培训，提高返乡农民工的农业技能；对青年农民工开展劳动预备制培训，适当延长培训期限，强化职业技能实训，使其至少熟练掌握一项职业技能。在中等职业学校开展面向返乡农民工的职业教育培训，根据返乡农民工的特点开设专业和课程，采取灵活多样的学习方式，突出培训的针对性和实用性。

三、大力支持农民工返乡创业和投身新农村建设

按照国家有关规定，抓紧制定扶持农民工返乡创业的具体政策措施，引导掌握了一定技能、积累了一定资金的农民工创业，以创业带动就业。地方人民政府要在用地、收费、信息、工商登记、纳税服务等方面，降低创业门槛，给予农民工返乡创业更大的支持。推行联合审批、“一站式”服务、限时办结和承诺服务等，开辟农民工创业“绿色通道”。鼓励农民工发展农产品加工业、农村二三产业、生态农业和县域中小企业。做好农民工返乡创业的金融服务工作，鼓励和引导金融机构加大信贷产品支持力度，提供符合农民工返乡创业特点的金融产品，继续加大农民工银行卡特色服务推广力度。农民工返乡创业属于政府贴息的项目要按照规定给予财政贴息，帮助其解决创业资金困难。

结合推进新农村建设，创新农村小型基础设施建设体制机制，采取以工代赈、以奖代补等多种形式，组织引导返乡农民工积极参与农村危房改造、农村中小学和职业学校、乡镇公共卫生院、计划生育生殖健康服务机构、文化设施等建设。利用当前农民工提前返乡、农村劳动力增加的有利时机，将加强农村基础设施建设和促进返乡农民工就业有机结合起来，加快解决农村供水、用电、修路、求学、就医等突出问题，提升农村基础设施水平和公共服务能力。利用冬春农闲时期大规模开展农田水利建设。大力发展县域经济，调整农业产业结构，大力扶持农产品精深加工，支持农村中小企业发展，最大限度吸纳农民就地就近转移就业。

四、确保农民工工资按时足额发放

努力创造有利于农民工稳定就业的良好环境，维护农民工的劳动保障权益。完善工资保证金制度，加强工资保证金账户管理，强化工资支付监控，确保农民工工资发放。制定应急预案，避免和及时处理因欠薪问题导致的各种突发事件。建立劳动保障、建设、公安、工商、金融、工会等有关部门对企业拖欠农民工工资行为的联动防控机制，及时掌握企业拖欠工资的情况。企业关闭破产必须严格依法进行，对恶意欠薪逃匿的业主要依法予以严肃查处。劳动争议调解仲裁机构要妥善处理农民工与用人单位的劳动争议，本着“快立、快办、快结、办好”的原则，对事实清楚、权利义务关系明确的农民工劳动争议案件，尽可能采取简易程序处理，对小额劳动报酬争议案件实行终局裁决。凡符合先予执行条件的案件要依法先予执行。

五、做好农民工社会保障和公共服务

按照国家政策认真做好返乡农民工的社会保障和公共服务。对在输入地受工伤的农民工，农民工输出地劳动保障部门要主动与农民工输入地劳动保障部门进行协调，保障返乡农民工工伤保险权益。抓紧制定农民工社会保险关系异地转移与接续办法。建立健全农民工公共服务体系，做好对农民工的各项公共服务。及时妥善安排返乡农民工子女入学，属于义务教育阶段的要按照就近入学的原则安排，并享受当地义务教育阶段学生的有关待遇，学校不得以任何借口拒绝接收返乡农民工子女入学。教育督导部门要将返乡农民工子女入学情况列入当地教育督导、评估的重要内容。积极引导返乡农民工参加新型农村合作医疗，解决其看病就医问题。加强返乡农民工的疾病预防控制工作，及时做好适龄儿童预防接种的衔接。按照属地化管理的原则，农民工输入地和输出地计划生育管理服务机构要加强协调配合，做好返乡农民工及其随返家属的计划生育服务工作。

做好农民工返乡的管理服务工作。农民工输入地和输出地人民政府要加强相互衔接和协调，及时沟通情况，组织返乡农民工有序流动，帮助他们解决返乡中的实际问题，对困难人员给予适当救助，使农民工顺利回家过节。交通运输部门要针对春运高峰提前的情况，及早制订相应的疏导预案，安排组织好运力，保障交通运输安全。各地区特别是交通枢纽地区要积极做好返乡和回城农民工的交通服务工作，切实维护好车站、码头和客运车船的公共秩序，避免农民工滞留，有效防范、坚决打击侵害农民工人身财产权益的各类违法犯罪活动。

六、切实保障返乡农民工土地承包权益

农民工是流动在城乡之间的特殊群体，耕地仍然是他们的基本保障。违法流转的农民工承包地，农民工要求退还的要坚决退还；因长期占用不能退还的，要负责安排返乡农民工就业。对依据口头协议等方式进行短期流转且农民工要求收回土地承包经营权的，原则上应退还农民工。长期流转又有流转合同的，可依法由双方协商解决；双方有纠纷的，可通过法律程序解决。加强对土地承包经营权流转的管理和服务，农村土地流转要坚持依法、自愿、有偿的原则，任何组织和个人不得强制或限制，也不得截留、扣缴或以其他方式侵占返乡农民工的土地流转收益。积极推进土地承包纠纷调解仲裁工作，切实保障农民工的合法权益。

（下略）

国务院关于加强职业培训促进就业的意见（节选）[1]

（2010年10月20日）

（上略）

当前和今后一个时期，职业培训工作的主要任务是：适应扩大就业规模、提高就业质量和增强企业竞争力的需要，完善制度、创新机制、加大投入，大规模开展就业技能培训、岗位技能提升培训和创业培训，切实提高职业培训的针对性和有效性，努力实现“培训一人、就业一人”和“就业一人、培训一人”的目标，为促进就业和经济社会发展提供强有力的技能人才支持。“十二五”期间，力争使新进入人力资源市场的劳动者都有机会接受相应的职业培训，使企业技能岗位的职工得到至少一次技能提升培训，使每个有培训愿望的创业者都参加一次创业培训，使高技能人才培训满足产业结构优化升级和企业发展需求。

二、大力开展各种形式的职业培训

（三）健全职业培训制度。适应城乡全体劳动者就业需要和职业生涯发展要求，健全职业培训制度。要统筹利用各类职业培训资源，建立以职业院校、企业和各类职业培训机构为载体的职业培训体系，大力开展就业技能培训、岗位技能提升培训和创业培训，贯通技能劳动者从初级工、中级工、高级工到技师、高级技师的成长通道。

① 《国务院关于加强职业培训促进就业的意见》，《中华人民共和国国务院公报》，2010年31期。

（四）大力开展就业技能培训。要面向城乡各类有就业要求和培训愿望的劳动者开展多种形式就业技能培训。坚持以就业为导向，强化实际操作技能训练和职业素质培养，使他们达到上岗要求或掌握初级以上职业技能，着力提高培训后的就业率。对农村转移就业劳动者和城镇登记失业人员，要重点开展初级技能培训，使其掌握就业的一技之长；对城乡未继续升学的应届初高中毕业生等新成长劳动力，鼓励其参加1—2个学期的劳动预备制培训，提升技能水平和就业能力；对企业新录用的人员，要结合就业岗位的实际要求，通过师傅带徒弟、集中培训等形式开展岗前培训；对退役士兵要积极开展免费职业技能培训；对职业院校学生要强化职业技能和从业素质培养，使他们掌握中级以上职业技能。鼓励高等院校大力开展职业技能和就业能力培训，加强就业创业教育和就业指导服务，促进高校毕业生就业。

（五）切实加强岗位技能提升培训。适应企业产业升级和技术进步的要求，进一步健全企业职工培训制度，充分发挥企业在职业培训工作中的重要作用。鼓励企业通过多种方式广泛开展在岗职工技能提升培训和高技能人才培训。要结合技术进步和产业升级对职工技能水平的要求，通过在岗培训、脱产培训、业务研修、技能竞赛等多种形式，加快提升企业在岗职工的技能水平。鼓励企业通过建立技能大师工作室和技师研修制度、自办培训机构或与职业院校联合办学等方式，结合企业技术创新、技术改造和技术项目引进，大力培养高技能人才。鼓励有条件的企业积极承担社会培训任务，为参加职业培训人员提供实训实习条件。

（六）积极推进创业培训。依托有资质的教育培训机构，针对创业者特点和创业不同阶段的需求，开展多种形式的创业培训。要扩大创业培训范围，鼓励有创业要求和培训愿望、具备一定创业条件的城乡各类劳动者以及处于创业初期的创业者参加创业培训。要通过规范培训标准、提高师资水平、完善培训模式，不断提高创业培训质量；要结合当地产业发展和创业项目，根据不同培训对象特点，重点开展创业意识教育、创业项目指导和企业经营管理培训，通过案例剖析、考察观摩、企业家现身说法等方式，提高受培训者的创业能力。要强化创业培训与小额担保贷款、税费减免等扶持政策及创业咨询、创业孵化等服务手段的衔接，健全政策扶持、创业培训、创业服务相结合的工作体系，提高创业成功率。

三、切实提高职业培训质量

（七）大力推行就业导向的培训模式。根据就业需要和职业技能标准要求，深化职业培训模式改革，大力推行与就业紧密联系的培训模式，增强培训针对性和有效性。在强化职业技能训练的同时，要加强职业道德、法律意识等职业素质的培养，提高劳动者的技能水平和综合职业素养。全面实行校企合作，改革培训课程，创新培训方法，引导职业院校、企业和职业培训机构大力开展订单式培训、定向培训、定岗培训。面向有就业要求和培训愿望的城乡劳动者的初级技能培训和岗前培训，应根据就业市场需求和企业岗位实际要求，开展订单式培训或定岗培训；面向城乡未继续升学的应届初高中毕业生等新成长劳动力的劳动预备制培训，应结合产业发展对后备技能人才需求，开展定向培训。

（八）加强职业技能考核评价和竞赛选拔。各地要切实加强职业技能鉴定工作，按统一要求建立健全技能人才培养评价标准，充分发挥职业技能鉴定在职业培训中的引导作用。各级职业技能鉴定机构要按照国家职业技能鉴定有关规定和要求，为劳动者提供及时、方便、快捷的职业技能鉴定服务。完善企业技能人才评价制度，指导企业结合国家职业标准和企业岗位要求，开展企业内职业技能评价工作。在职业院校中积极推行学历证书与职业资格证书“双证书”制度。充分发挥技能竞赛在技能人才培养中的积极作用，选择技术含量高、通用性广、从业人员多、社会影响大的职业广泛开展多层次的职业技能竞赛，为发现和选拔高技能人才创造条件。

（九）强化职业培训基础能力建设。依托现有各类职业培训机构及培训设施，加大职业培训资源整合力度，加强职业培训体系建设，提高职业培训机构的培训能力。在产业集中度高的区域性中心城市，提升改造一批以高级技能培训为主的职业技能实训基地；在地级城市，提升改造一批以中、高级技能培训为主的职业技能实训基地；在经济较发达的县市，提升改造一批以初、中级技能培训为主的职业技能实训基地，面向社会提供示范性技能训练和鉴定服务。完善职业分类制度，加快国家职业技能标准和鉴定题库的开发与更新，为职业培训和鉴定提供技术支持。加强职业培训师资队伍建设，依托有条件的大中型企业和职业院校，开展师资培训，加快培养既能讲授专业知识又能传授操作技能的教师队伍。实行专兼职教师制度，建立和完善职业培训教师在职培训和到企业实践制度。根据职业培训规律和特点，加强职业培训特别是高技能人才培训的课程体系、培训计划大纲以及培训教材的开发。

（十）切实加强就业服务工作。加强覆盖城乡的公共就业服务体系建设，为各类劳动者提供完善的职业培训政策信息咨询、职业指导和职业介绍等服务，定期公布人力资源市场供求信息，引导各类劳动者根据市场需求，选择适合自身需要的职业培训。基层劳动就业和社会保障公共服务平台要了解、掌握培训需求，收集、发布培训信息，积极动员组织辖区内各类劳动者参加职业培训和职业技能鉴定，及时提供就业信息和就业指导，协助落实相关就业扶持政策，促进其实现就业。

（十一）鼓励社会力量开展职业培训工作。各地要根据国家有关法律法规规定，明确民办职业培训机构的师资、设备、场地等基本条件，鼓励和引导社会力量开展职业培训，在师资培养、技能鉴定、就业信息服务、政府购买培训成果等方面与其他职业培训机构同等对待。同时，要依法加强对各类民办职业培训机构招生、收费、培训等环节的指导与监管，进一步提高民办职业培训机构办学质量，推动民办职业培训健康发展。

（十二）完善政府购买培训成果机制。各地要建立培训项目管理制度，完善政府购买培训成果机制，按照“条件公开、自愿申请、择优认定、社会公示”的原则，制定承担政府补贴培训任务的培训机构的基本条件、认定程序和管理办法，组织专家进行严格评审，对符合条件的向社会公示。要严格执行开班申请、过程检查、结业审核三项制度。鼓励地方探索第三方监督机制，委托有资质的社会中介组织对培训机构的培训质量及资金使用情况进行评估。

四、加大职业培训资金支持力度

（十三）完善职业培训补贴政策。城乡有就业要求和培训愿望的劳动者参加就业技能培训或创业培训，培训合格并通过技能鉴定取得初级以上职业资格证书（未颁布国家职业技能标准的职业应取得专项职业能力证书或培训合格证书），根据其获得职业资格证书或就业情况，按规定给予培训费补贴；企业新录用的符合职业培训补贴条件的劳动者，由企业依托所属培训机构或政府认定培训机构开展岗前培训的，按规定给予企业一定的培训费补贴。对通过初次职业技能鉴定并取得职业资格证书或专项职业能力证书的，按规定给予一次性职业技能鉴定补贴。对城乡未继续升学的应届初高中毕业生参加劳动预备制培训，按规定给予培训费补贴的同时，对其中农村学员和城市家庭经济困难学员给予一定生活费补贴。

（十四）加大职业培训资金投入。各级政府对用于职业培训的各项补贴资金要加大整合力度，具备条件的地区，统一纳入就业专项资金，统筹使用，提高效益。各级财政要加大投入，调整就业专项资金支出结构，逐步提高职业培训支出比重。有条件的地区要安排经费，对职业培训教材开发、师资培训、职业技能竞赛、评选表彰等基础工作给予支持。由失业保险基金支付的各项培训补贴按相关规定执行。

（十五）落实企业职工教育经费。企业要按规定足额提取并合理使用企业职工教育经费，职工教育经费的60%以上应用于一线职工的教育和培训，企业职工在岗技能提升培训和高技能人才培训所需费用从职工教育经费列支。企业应将职工教育经费的提取与使用情况列为厂务公开的内容，定期或不定期进行公开，接受职工代表的质询和全体职工的监督。对自身没有能力开展职工培训，以及未开展高技能人才培训的企业，县级以上地方人民政府可依法对其职工教育经费实行统筹，人力资源社会保障部门会同有关部门统一组织培训服务。

（十六）加强职业培训资金监管。各地人力资源社会保障部门要会同财政部门加强对职业培训补贴资金的管理，明确资金用途、申领拨付程序和监管措施。2012 年底前，各省（区、市）地级以上城市要依托公共就业服务信息系统建立统一的职业培训信息管理平台，对承担培训任务的培训机构进行动态管理，对参训人员实行实名制管理，不断提高地区之间信息共享程度。要根据当地产业发展规划、就业状况以及企业用人需要，合理确定并向社会公布政府补贴培训的职业（工种），每人每年只能享受一次职业培训补贴。要按照同一地区、同一工种补贴标准统一的原则，根据难易程度、时间长短和培训成本，以职业资格培训期限为基础，科学合理地确定培训补贴标准。根据培训对象特点和培训组织形式，在现有补贴培训机构方式的基础上，积极推进直补个人、直补企业等职业培训补贴方式，有条件的地区可以探索发放培训券（卡）的方式。要采取切实措施，对补贴对象审核、资金拨付等重点环节实行公开透明的办法，定期向全社会公开资金使用情况，审计部门依法加强对职业培训补贴资金的审计，防止骗取、挪用、以权谋私等问题的发生，确保资金安全，审计结果依法向社会公告。监察部门对重大违纪违规问题的责任人进行责任追究，涉及违法的移交司法机关处理。

五、加强组织领导

（十七）完善工作机制。地方各级人民政府、各有关部门要进一步提高对职业培训工作重要性的认识，进一步增强责任感和紧迫感，从全局和战略的高度，切实加强职业培训工作。要把职业培训工作作为促进就业工作的一项重要内容，列入重要议事日程，定期研究解决工作中存在的问题。要建立在政府统一领导下，人力资源社会保障部门统筹协调，发展改革、教育、科技、财政、住房城乡建设、农业等部门各司其职、密切配合，工会、共青团、妇联等人民团体广泛参与的工作机制，共同推动职业培训工作健康协调可持续发展。

（十八）科学制定培训规划。各地要根据促进就业和稳定就业的要求，在综合考虑当地劳动者职业培训实际需求、社会培训资源和能力的基础上，制定中长期职业培训规划和年度实施计划，并纳入本地区经济社会和人才发展总体规划。各地人力资源社会保障部门要结合本地区产业结构调整和发展状况、企业用工情况，对劳动力资源供求和培训需求信息等进行统计分析，并定期向社会发布。充分发挥行业主管部门和行业组织在职业培训工作中的作用，做好本行业技能人才需求预测，指导本行业企业完善职工培训制度，落实职业培训政策措施。

（十九）加大宣传表彰力度。进一步完善高技能人才评选表彰制度，并对在职业培训工作中作出突出贡献的机构和个人给予表彰。充分运用新闻媒体，广泛开展主题宣传活动，大力宣传各级党委、政府关于加强职业培训工作的方针政策，宣传技能成才和成功创业的典型事迹，宣传优秀职业院校和职业培训机构在职业培训方面的特色做法和显著成效，营造尊重劳动、崇尚技能、鼓励创造的良好氛围。

财政部 国家税务总局关于支持和促进就业有关税收政策的通知[①]

（2010 年 10 月 22 日）

各省、自治区、直辖市、计划单列市财政厅（局）、国家税务局、地方税务局，新疆生产建设兵团财务局：

为扩大就业，鼓励以创业带动就业，经国务院批准，现将支持和促进就业有关税收政策通知如下：

一、对持《就业失业登记证》（注明“自主创业税收政策”或附着《高校毕业生自主创业证》）人员从事个体经营（除建筑业、娱乐业以及销售不动产、转让土地使用权、广告业、房屋中介、桑拿、按摩、网吧、氧吧外）的，在 3 年内按每户每年 8000 元为限额依次扣减其当年实际应缴纳的营业税、城市维护建设税、教育费附加和个人所得税。

纳税人年度应缴纳税款小于上述扣减限额的，以其实际缴纳的税款为限；大于上述扣减限额的，应以上述扣减限额为限。

本条所称持《就业失业登记证》（注明“自主创业税收政策”或附着《高校毕业生自主创业证》）人员是指：1.在人力资源和社会保障部门公共就业服务机构登记失业半年以上的人员；2.零就业家庭、享受城市居民最低生活保障家庭劳动年龄内的登记失业人员；3.毕业年度内高校毕业生。高校毕业生是指实施高等学历教育的普通高等学校、成人高等学校毕业的学生；毕业年度是指毕业所

① 《财政部 国家税务总局关于支持和促进就业有关税收政策的通知》，《中华人民共和国国务院公报》，2011 年 05 期。

在自然年，即1月1日至12月31日。

二、对商贸企业、服务型企业（除广告业、房屋中介、典当、桑拿、按摩、氧吧外）、劳动就业服务企业中的加工型企业和街道社区具有加工性质的小型企业实体，在新增加的岗位中，当年新招用持《就业失业登记证》（注明“企业吸纳税收政策”）人员，与其签订1年以上期限劳动合同并依法缴纳社会保险费的，在3年内按实际招用人数予以定额依次扣减营业税、城市维护建设税、教育费附加和企业所得税优惠。定额标准为每人每年4000元，可上下浮动20%，由各省、自治区、直辖市人民政府根据本地区实际情况在此幅度内确定具体定额标准，并报财政部和国家税务总局备案。

按上述标准计算的税收扣减额应在企业当年实际应缴纳的营业税、城市维护建设税、教育费附加和企业所得税税额中扣减，当年扣减不足的，不得结转下年使用。

本条所称持《就业失业登记证》（注明“企业吸纳税收政策”）人员是指：1.国有企业下岗失业人员；2.国有企业关闭破产需要安置的人员；3.国有企业所办集体企业（即厂办大集体企业）下岗职工；4.享受最低生活保障且失业1年以上的城镇其他登记失业人员。以上所称的国有企业所办集体企业（即厂办大集体企业）是指20世纪70、80年代，由国有企业批准或资助兴办的，以安置回城知识青年和国有企业职工子女就业为目的，主要向主办国有企业提供配套产品或劳务服务，在工商行政机关登记注册为集体所有制的企业。厂办大集体企业下岗职工包括在国有企业混岗工作的集体企业下岗职工。

本条所称服务型企业是指从事现行营业税“服务业”税目规定

经营活动的企业。

三、享受本通知第一条、第二条优惠政策的人员按以下规定申领《就业失业登记证》、《高校毕业生自主创业证》等凭证：

（一）按照《就业服务与就业管理规定》（中华人民共和国劳动和社会保障部令第28号）第六十三条的规定，在法定劳动年龄内，有劳动能力，有就业要求，处于无业状态的城镇常住人员，在公共就业服务机构进行失业登记，申领《就业失业登记证》。其中，农村进城务工人员和其他非本地户籍人员在常住地稳定就业满6个月的，失业后可以在常住地登记。

（二）零就业家庭凭社区出具的证明，城镇低保家庭凭低保证明，在公共就业服务机构登记失业，申领《就业失业登记证》。

（三）毕业年度内高校毕业生在校期间凭学校出具的相关证明，经学校所在地省级教育行政部门核实认定，取得《高校毕业生自主创业证》（仅在毕业年度适用），并向创业地公共就业服务机构申请取得《就业失业登记证》；高校毕业生离校后直接向创业地公共就业服务机构申领《就业失业登记证》。

（四）本通知第二条规定的人员，在公共就业服务机构申领《就业失业登记证》。

（五）《再就业优惠证》不再发放，原持证人员应到公共就业服务机构换发《就业失业登记证》。正在享受下岗失业人员再就业税收优惠政策的原持证人员，继续享受原税收优惠政策至期满为止；未享受税收优惠政策的原持证人员，申请享受下岗失业人员再就业税收优惠政策的期限截至2010年12月31日。

（六）上述人员申领相关凭证后，由就业和创业地人力资源和社会保障部门对人员范围、就业失业状态、已享受政策情况审核认定，在《就业失业登记证》上注明“自主创业税收政策”或“企业吸纳税收政策”字样，同时符合自主创业和企业吸纳税收政策条件的，可同时加注；主管税务机关在《就业失业登记证》上加盖戳记，注明减免税所属时间。

四、本通知规定的税收优惠政策的审批期限为 2011 年 1 月 1 日至 2013 年 12 月 31 日，以纳税人到税务机关办理减免税手续之日起作为优惠政策起始时间。税收优惠政策在 2013 年 12 月 31 日未执行到期的，可继续享受至 3 年期满为止。下岗失业人员再就业税收优惠政策在 2010 年 12 月 31 日未执行到期的，可继续享受至 3 年期满为止。

五、本通知第三条第（五）项、第四条所称下岗失业人员再就业税收优惠政策是指《财政部 国家税务总局关于下岗失业人员再就业有关税收政策问题的通知》（财税〔2005〕186 号）、《财政部 国家税务总局关于延长下岗失业人员再就业有关税收政策的通知》（财税〔2009〕23 号）和《财政部 国家税务总局关于延长下岗失业人员再就业有关税收政策审批期限的通知》（财税〔2010〕10 号）所规定的税收优惠政策。

本通知所述人员不得重复享受税收优惠政策，以前年度已享受各项就业再就业税收优惠政策的人员不得再享受本通知规定的税收优惠政策。如果企业的就业人员既适用本通知规定的税收优惠政策，又适用其他扶持就业的税收优惠政策，企业可选择适用最优惠的政策，但不能重复享受。

六、上述税收政策的具体实施办法由国家税务总局会同财政部、人力资源和社会保障部、教育部另行制定。

各地财政、税务部门要加强领导、周密部署，把大力支持和促进就业工作作为一项重要任务，贯彻落实好相关税收优惠政策。同时，要密切关注税收政策的执行情况，对发现的问题及时逐级向财政部、国家税务总局反映。

国务院关于进一步做好为农民工服务工作的意见（节选）①

（2014年9月12日）

（上略）

一、进一步做好为农民工服务工作的总体要求

（一）指导思想。以邓小平理论、“三个代表”重要思想、科学发展观为指导，全面贯彻落实党的十八大、十八届三中全会、中央城镇化工作会议精神和国务院的决策部署，按照工业化、信息化、新型城镇化、农业现代化同步发展的要求，积极探索中国特色农业劳动力转移道路，着力稳定和扩大农民工就业创业，着力维护农民工的劳动保障权益，着力推动农民工逐步实现平等享受城镇基本公共服务和在城镇落户，着力促进农民工社会融合，有序推进、逐步实现有条件有意愿的农民工市民化。

（二）基本原则。

——坚持以人为本、公平对待。推进以人为核心的城镇化，公平保障农民工作为用人单位职工、作为城镇常住人口的权益，帮助农民工解决最关心最直接最现实的利益问题，实现改革发展成果共享。

——坚持统筹兼顾、优化布局。按照区域发展总体战略和国家新型城镇化规划，逐步完善生产力布局和城镇化布局，引导农民工在东中西不同区域、大中小不同城市和小城镇以及城乡之间合理

① 《国务院关于进一步做好为农民工服务工作的意见》，《中华人民共和国国务公报》，2014年29期。

分布。

——坚持城乡一体、改革创新。适应推动城乡发展一体化的需要，着力改革城乡二元体制机制，逐步建立完善有利于农民工市民化的基本公共服务、户籍、住房、土地管理、成本分担等制度。

——坚持分类推进、逐步实施。按照自愿、分类、有序的要求，因地制宜、存量优先，尽力而为、量力而行，重点促进长期在城镇居住、有相对稳定工作的农民工有序融入城镇，循序渐进地推进农民工市民化。

（三）总体目标。到 2020 年，转移农业劳动力总量继续增加，每年开展农民工职业技能培训 2000 万人次，农民工综合素质显著提高、劳动条件明显改善、工资基本无拖欠并稳定增长、参加社会保险全覆盖，引导约 1 亿人在中西部地区就近城镇化，努力实现 1 亿左右农业转移人口和其他常住人口在城镇落户，未落户的也能享受城镇基本公共服务，农民工群体逐步融入城镇，为实现农民工市民化目标打下坚实基础。

二、着力稳定和扩大农民工就业创业

（四）实施农民工职业技能提升计划。加大农民工职业培训工作力度，对农村转移就业劳动者开展就业技能培训，对农村未升学初高中毕业生开展劳动预备制培训，对在岗农民工开展岗位技能提升培训，对具备中级以上职业技能的农民工开展高技能人才培训，将农民工纳入终身职业培训体系。加强农民工职业培训工作的统筹管理，制定农民工培训综合计划，相关部门按分工组织实施。加大培训资金投入，合理确定培训补贴标准，落实职业技能鉴定补贴政策。改进培训补贴方式，重点开展订单式培训、定向培训、企业定岗培训，面向市场确定培训职业（工种），形成培训机构平等竞争、农民工自主参加培训、政府购买服务的机制。鼓励企业组织农民工进行培训，符合相关规定的，对企业给予培训补贴。鼓励大中型企业联合技工院校、职业院校，建设一批农民工实训基地。将国家通用语言纳入对少数民族农民工培训的内容。（人力资源社会保障部、国务院农民工工作领导小组办公室〔以下简称农民工办〕会同发展改革委、教育部、科技部、财政部、住房城乡建设部、农业部、安全监管总局、统计局、扶贫办、全国总工会、共青团中央、全国妇联负责）

（五）加快发展农村新成长劳动力职业教育。努力实现未升入普通高中、普通高等院校的农村应届初高中毕业生都能接受职业教育。全面落实中等职业教育农村学生免学费政策和家庭经济困难学生资助政策。鼓励各地根据需要改扩建符合标准的主要面向农村招生的职业院校、技工院校，支持没有职业院校或技工院校的边远地区各市（地、州、盟）因地制宜建立主要面向农村招生的职业院校或技工院校。加强职业教育教师队伍建设，创新办学模式，提高教育质量。积极推进学历证书、职业资格证书双证书制度。（教育部、人力资源社会保障部会同发展改革委、财政部、扶贫办负责）

（六）完善和落实促进农民工就业创业的政策。引导农民工有序外出就业、鼓励农民工就地就近转移就业、扶持农民工返乡创业。进一步清理针对农民工就业的户籍限制等歧视性规定，保障城乡劳动者平等就业权利。实现就业信息全国联网，为农民工提供免费的就业信息服务。完善城乡均等的公共就业服务体系，有针对性地为农民工提供政策咨询、职业指导、职业介绍等公共就业服务。加强农民工输出输入地劳务对接，输出地可在本地农民工相对集中的输入地设立服务工作站点，输入地应给予支持。组织开展农民工就业服务“春风行动”，加强农村劳动力转移就业工作示范县建设。大力发展服务业特别是家庭服务业和中小微企业，开发适合农民工的就业岗位，建设减免收费的农贸市场和餐饮摊位，满足市民生活需求和促进农民工就业。积极支持农产品产地初加工、休闲农业发展，引导有市场、有效益的劳动密集型产业优先向中西部转移，吸纳从东部返乡和就近转移的农民工就业。将农民工纳入创业政策扶持范围，运用财政支持、创业投资引导和创业培训、政策性金融服务、小额担保贷款和贴息、生产经营场地和创业孵化基地等扶持政策，促进农民工创业。做好老少边穷地区、牧区、库区、渔区农牧渔民转移就业工作和农民工境外就业服务工作。（人力资源社会保障部会同发展改革委、教育部、民政部、财政部、住房城乡建设部、农业部、商务部、人民银行、税务总局、工商总局、扶贫办、全国总工会、共青团中央、全国妇联负责）

（下略）

国务院关于进一步做好新形势下就业创业工作的意见（节选）①

（2015年4月27日）

（上略）

一、深入实施就业优先战略

（一）坚持扩大就业发展战略。把稳定和扩大就业作为经济运行合理区间的下限，将城镇新增就业、调查失业率作为宏观调控重要指标，纳入国民经济和社会发展规划及年度计划。合理确定经济增长速度和发展模式，科学把握宏观调控的方向和力度，以稳增长促就业，以鼓励创业就业带动经济增长。加强财税、金融、产业、贸易等经济政策与就业政策的配套衔接，建立宏观经济政策对就业影响评价机制。建立公共投资和重大项目建设带动就业评估机制，同等条件下对创造就业岗位多、岗位质量好的项目优先安排。

（二）发展吸纳就业能力强的产业。创新服务业发展模式和业态，支持发展商业特许经营、连锁经营，大力发展金融租赁、节能环保、电子商务、现代物流等生产性服务业和旅游休闲、健康养老、家庭服务、社会工作、文化体育等生活性服务业，打造新的经济增长点，提高服务业就业比重。加快创新驱动发展，推进产业转型升级，培育战略性新兴产业和先进制造业，提高劳动密集型产业附加值；结合实施区域发展总体战略，引导具有成本优势的资源

① 《国务院关于进一步做好新形势下就业创业工作的意见》，《中华人民共和国国务院公报》，2015年14期。

加工型、劳动密集型产业和具有市场需求的资本密集型、技术密集型产业向中西部地区转移，挖掘第二产业就业潜力。推进农业现代化，加快转变农业发展方式，培养新型职业农民，鼓励有文化、有技术、有市场经济观念的各类城乡劳动者根据市场需求到农村就业创业。

（三）发挥小微企业就业主渠道作用。引导银行业金融机构针对小微企业经营特点和融资需求特征，创新产品和服务。发展政府支持的融资性担保机构和再担保机构，完善风险分担机制，为小微企业提供融资支持。落实支持小微企业发展的税收政策，加强市场监管执法和知识产权保护，对小微企业亟需获得授权的核心专利申请优先审查。发挥新型载体聚集发展的优势，引入竞争机制，开展小微企业创业创新基地城市示范，中央财政给予综合奖励。创新政府采购支持方式，消除中小企业享受相关优惠政策面临的条件认定、企业资质等不合理限制门槛。指导企业改善用工管理，对小微企业新招用劳动者，符合相关条件的，按规定给予就业创业支持，不断提高小微企业带动就业能力。

（四）积极预防和有效调控失业风险。落实调整失业保险费率政策，减轻企业和个人负担，稳定就业岗位。将失业保险基金支持企业稳岗政策实施范围由兼并重组企业、化解产能过剩企业、淘汰落后产能企业等三类企业扩大到所有符合条件的企业。生产经营困难企业可通过与职工进行集体协商，采取在岗培训、轮班工作、弹性工时、协商薪酬等办法不裁员或少裁员。对确实要裁员的，应制定人员安置方案，实施专项就业帮扶行动，妥善处理劳动关系和社会保险接续，促进失业人员尽快再就业。淘汰落后产能奖励资金、依据兼并重组政策规定支付给企业的土地补偿费要优先用于职工安置。完善失业监测预警机制，建立应对失业风险的就业应急预案。

二、积极推进创业带动就业

（五）营造宽松便捷的准入环境。深化商事制度改革，进一步落实注册资本登记制度改革，坚决推行工商营业执照、组织机构代码证、税务登记证“三证合一”，年内出台推进“三证合一”登记制度改革意见和统一社会信用代码方案，实现“一照一码”。继续优化登记方式，放松经营范围登记管制，支持各地结合实际放宽新注册企业场所登记条件限制，推动“一址多照”、集群注册等住所登记改革，分行业、分业态释放住所资源。运用大数据加强对市场主体的服务和监管。依托企业信用信息公示系统，实现政策集中公示、扶持申请导航、享受扶持信息公示。建立小微企业目录，对小微企业发展状况开展抽样统计。推动修订与商事制度改革不衔接、不配套的法律、法规和政策性文件。全面完成清理非行政许可审批事项，再取消下放一批制约经济发展、束缚企业活力等含金量高的行政许可事项，全面清理中央设定、地方实施的行政审批事项，大幅减少投资项目前置审批。对保留的审批事项，规范审批行为，明确标准，缩短流程，限时办结，推广“一个窗口”受理、网上并联审批等方式。

（六）培育创业创新公共平台。抓住新技术革命和产业变革的重要机遇，适应创业创新主体大众化趋势，大力发展技术转移转化、科技金融、认证认可、检验检测等科技服务业，总结推广创客空间、创业咖啡、创新工场等新型孵化模式，加快发展市场化、专业化、集成化、网络化的众创空间，实现创新与创业、线上与线下、孵化与投资相结合，为创业者提供低成本、便利化、全要素、开放式的综合服务平台和发展空间。落实科技企业孵化器、大学科技园的税收优惠政策，对符合条件的众创空间等新型孵化机构适用科技企业孵化器税收优惠政策。有条件的地方可对众创空间的房租、宽带网络、公共软件等给予适当补贴，或通过盘活商业用房、闲置厂房等资源提供成本较低的场所。可在符合土地利用总体规划和城乡规划前提下，或利用原有经批准的各类园区，建设创业基地，为创业者提供服务，打造一批创业示范基地。鼓励企业由传统的管控型组织转型为新型创业平台，让员工成为平台上的创业者，形成市场主导、风投参与、企业孵化的创业生态系统。

（七）拓宽创业投融资渠道。运用财税政策，支持风险投资、创业投资、天使投资等发展。运用市场机制，引导社会资金和金融资本支持创业活动，壮大创业投资规模。按照政府引导、市场化运作、专业化管理的原则，加快设立国家中小企业发展基金和国家新兴产业创业投资引导基金，带动社会资本共同加大对中小企业创业创新的投入，促进初创期科技型中小企业成长，支持新兴产业领域早中期、初创期企业发展。鼓励地方设立创业投资引导等基金。发挥多层次资本市场作用，加快创业板等资本市场改革，强化全国中小企业股份转让系统融资、交易等功能，规范发展服务小微企业的区域性股权市场。开展股权众筹融资试点，推动多渠道股权融资，积极探索和规范发展互联网金融，发展新型金融机构和融资服务机构，促进大众创业。

（八）支持创业担保贷款发展。将小额担保贷款调整为创业担保贷款，针对有创业要求、具备一定创业条件但缺乏创业资金的就业重点群体和困难人员，提高其金融服务可获得性，明确支持对象、标准和条件，贷款最高额度由针对不同群体的 5 万元、8 万元、10 万元不等统一调整为 10 万元。鼓励金融机构参照贷款基础利率，结合风险分担情况，合理确定贷款利率水平，对个人发放的创业担保贷款，在贷款基础利率基础上上浮 3 个百分点以内的，由财政给予贴息。简化程序，细化措施，健全贷款发放考核办法和财政贴息资金规范管理约束机制，提高代偿效率，完善担保基金呆坏账核销办法。

（九）加大减税降费力度。实施更加积极的促进就业创业税收优惠政策，将企业吸纳就业税收优惠的人员范围由失业一年以上人员调整为失业半年以上人员。高校毕业生、登记失业人员等重点群体创办个体工商户、个人独资企业的，可依法享受税收减免政策。抓紧推广中关村国家自主创新示范区税收试点政策，将职工教育经费税前扣除试点政策、企业转增股本分期缴纳个人所得税试点政策、股权奖励分期缴纳个人所得税试点政策推广至全国范围。全面清理涉企行政事业性收费、政府性基金、具有强制垄断性的经营服务性收费、行业协会商会涉企收费，落实涉企收费清单管理制度和创业负担举报反馈机制。

（十）调动科研人员创业积极性。探索高校、科研院所等事业单位专业技术人员在职创业、离岗创业有关政策。对于离岗创业的，经原单位同意，可在 3 年内保留人事关系，与原单位其他在岗人员同等享有参加职称评聘、岗位等级晋升和社会保险等方面的权利。原单位应当根据专业技术人员创业的实际情况，与其签订或变更聘用合同，明确权利义务。加快推进中央级事业单位科技成果使用、处置和收益管理改革试点政策推广。鼓励利用财政性资金设立的科研机构、普通高校、职业院校，通过合作实施、转让、许可和投资等方式，向高校毕业生创设的小微企业优先转移科技成果。完善科技人员创业股权激励政策，放宽股权奖励、股权出售的企业设立年限和盈利水平限制。

（十一）鼓励农村劳动力创业。支持农民工返乡创业，发展农民合作社、家庭农场等新型农业经营主体，落实定向减税和普遍性降费政策。依托现有各类园区等存量资源，整合创建一批农民工返乡创业园，强化财政扶持和金融服务。将农民创业与发展县域经济结合起来，大力发展农产品加工、休闲农业、乡村旅游、农村服务业等劳动密集型产业项目，促进农村一二三产业融合。依托基层就业和社会保障服务设施等公共平台，提供创业指导和服务。鼓励各类企业和社会机构利用现有资源，搭建一批农业创业创新示范基地和见习基地，培训一批农民创业创新辅导员。支持农民网上创业，大力发展“互联网+”和电子商务，积极组织创新创业农民与企业、小康村、市场和园区对接，推进农村青年创业富民行动。

（十二）营造大众创业良好氛围。支持举办创业训练营、创业创新大赛、创新成果和创业项目展示推介等活动，搭建创业者交流平台，培育创业文化，营造鼓励创业、宽容失败的良好社会氛围，让大众创业、万众创新蔚然成风。对劳动者创办社会组织、从事网络创业符合条件的，给予相应创业扶持政策。推进创业型城市创建，对政策落实好、创业环境优、工作成效显著的，按规定予以表彰。

三、统筹推进高校毕业生等重点群体就业

（十三）鼓励高校毕业生多渠道就业。把高校毕业生就业摆在就业工作首位。完善工资待遇进一步向基层倾斜的办法，健全高校毕业生到基层工作的服务保障机制，鼓励毕业生到乡镇特别是困难乡镇机关事业单位工作。对高校毕业生到中西部地区、艰苦边远地区和老工业基地县以下基层单位就业、履行一定服务期限的，按规定给予学费补偿和国家助学贷款代偿。结合政府购买服务工作的推进，在基层特别是街道（乡镇）、社区（村）购买一批公共管理和社会服务岗位，优先用于吸纳高校毕业生就业。对小微企业新招用毕业年度高校毕业生，签订1年以上劳动合同并缴纳社会保险费的，给予1年社会保险补贴。落实完善见习补贴政策，对见习期满留用率达到50%以上的见习单位，适当提高见习补贴标准。将求职补贴调整为求职创业补贴，对象范围扩展到已获得国家助学贷款的毕业年度高校毕业生。深入实施大学生创业引领计划、离校未就业高校毕业生就业促进计划，整合发展高校毕业生就业创业基金，完善管理体制和市场化运行机制，实现基金滚动使用，为高校毕业生就业创业提供支持。积极支持和鼓励高校毕业生投身现代农业建设。对高校毕业生申报从事灵活就业的，按规定纳入各项社会保险，各级公共就业人才服务机构要提供人事、劳动保障代理服务。技师学院高级工班、预备技师班和特殊教育院校职业教育类毕业生可参照高校毕业生享受相关就业补贴政策。

（十四）加强对困难人员的就业援助。合理确定就业困难人员范围，规范认定程序，加强实名制动态管理和分类帮扶。坚持市场导向，鼓励其到企业就业、自主创业或灵活就业。对用人单位招用就业困难人员，签订劳动合同并缴纳社会保险费的，在一定期限内给予社会保险补贴。对就业困难人员灵活就业并缴纳社会保险费的，给予一定比例的社会保险补贴。对通过市场渠道确实难以实现就业的，可通过公益性岗位予以托底安置，并给予社会保险补贴及适当岗位补贴。社会保险补贴和岗位补贴期限最长不超过3年，对初次核定享受补贴政策时距退休年龄不足5年的人员，可延长至退休。规范公益性岗位开发和管理，科学设定公益性岗位总量，适度控制岗位规模，制定岗位申报评估办法，严格按照法律规定安排就业困难人员，不得用于安排非就业困难人员。加强对就业困难人员在岗情况的管理和工作考核，建立定期核查机制，完善就业困难人员享受扶持政策期满退出办法，做好退出后的政策衔接和就业服务。依法大力推进残疾人按比例就业，加大对用人单位安置残疾人的补贴和奖励力度，建立用人单位按比例安排残疾人就业公示制度。加快完善残疾人集中就业单位扶持政策，推进残疾人辅助性就业和灵活就业。加大对困难人员就业援助力度，确保零就业家庭、最低生活保障家庭等困难家庭至少有一人就业。对就业困难人员较集中的地区，上级政府要强化帮扶责任，加大产业、项目、资金、人才等支持力度。

（十五）推进农村劳动力转移就业。结合新型城镇化建设和户籍制度改革，建立健全城乡劳动者平等就业制度，进一步清理针对农民工就业的歧视性规定。完善职业培训、就业服务、劳动维权“三位一体”的工作机制，加强农民工输出输入地劳务对接，特别是对劳动力资源较为丰富的老少边穷地区，充分发挥各类公共就业服务机构和人力资源服务机构作用，积极开展有组织的劳务输出，加强对转移就业农民工的跟踪服务，有针对性地帮助其解决实际困难，推进农村富余劳动力有序外出就业和就地就近转移就业。做好被征地农民就业工作，在制定征地补偿安置方案时，要明确促进被征地农民就业的具体措施。

（十六）促进退役军人就业。扶持自主择业军转干部、自主就业退役士兵就业创业，落实各项优惠政策，组织实施教育培训，加强就业指导和服务，搭建就业创业服务平台。对符合政府安排工作条件的退役士官、义务兵，要确保岗位落实，细化完善公务员招录和事业单位招聘时同等条件优先录用（聘用），以及国有、国有控股和国有资本占主导地位企业按比例预留岗位择优招录的措施。退役士兵报考公务员、应聘事业单位职位的，在军队服现役经历视为基层工作经历，服现役年限计算为工作年限。调整完善促进军转干部及随军家属就业税收政策。

四、加强就业创业服务和职业培训

（十七）强化公共就业创业服务。健全覆盖城乡的公共就业创业服务体系，提高服务均等化、标准化和专业化水平。完善公共就业服务体系的创业服务功能，充分发挥公共就业服务、中小企业服务、高校毕业生就业指导等机构的作用，为创业者提供项目开发、开业指导、融资服务、跟踪扶持等服务，创新服务内容和方式。健全公共就业创业服务经费保障机制，切实将县级以上公共就业创业服务机构和县级以下（不含县级）基层公共就业创业服务平台经费纳入同级财政预算。将职业介绍补贴和扶持公共就业服务补助合并调整为就业创业服务补贴，支持各地按照精准发力、绩效管理的原则，加强公共就业创业服务能力建设，向社会力量购买基本就业创业服务成果。创新就业创业服务供给模式，形成多元参与、公平竞争格局，提高服务质量和效率。

（十八）加快公共就业服务信息化。按照统一建设、省级集中、业务协同、资源共享的原则，逐步建成以省级为基础、全国一体化的就业信息化格局。建立省级集中的就业信息资源库，加强信息系统应用，实现就业管理和就业服务工作全程信息化。推进公共就业信息服务平台建设，实现各类就业信息统一发布，健全全国就业信息监测平台。推进就业信息共享开放，支持社会服务机构利用政府数据开展专业化就业服务，推动政府、社会协同提升公共就业服务水平。

（十九）加强人力资源市场建设。加快建立统一规范灵活的人力资源市场，消除城乡、行业、身份、性别、残疾等影响平等就业的制度障碍和就业歧视，形成有利于公平就业的制度环境。健全统一的市场监管体系，推进人力资源市场诚信体系建设和标准化建设。加强对企业招聘行为、职业中介活动的规范，及时纠正招聘过程中的歧视、限制及欺诈等行为。建立国有企事业单位公开招聘制度，推动实现招聘信息公开、过程公开和结果公开。加快发展人力资源服务业，规范发展人事代理、人才推荐、人员培训、劳务派遣等人力资源服务，提升服务供给能力和水平。完善党政机关、企事业单位、社会各方面人才顺畅流动的制度体系。

（二十）加强职业培训和创业培训。顺应产业结构迈向中高端水平、缓解就业结构性矛盾的需求，优化高校学科专业结构，加快发展现代职业教育，大规模开展职业培训，加大创业培训力度。利用各类创业培训资源，开发针对不同创业群体、创业活动不同阶段特点的创业培训项目，把创新创业课程纳入国民教育体系。重点实施农民工职业技能提升和失业人员转业转岗培训，增强其就业创业和职业转换能力。尊重劳动者培训意愿，引导劳动者自主选择培训项目、培训方式和培训机构。发挥企业主体作用，支持企业以新招用青年劳动者和新转岗人员为重点开展新型学徒制培训。强化基础能力建设，创新培训模式，建立高水平、专兼职的创业培训师资队伍，提升培训质量，落实职业培训补贴政策，合理确定补贴标准。

推进职业资格管理改革，完善有利于劳动者成长成才的培养、评价和激励机制，畅通技能人才职业上升通道，推动形成劳动、技能等要素按贡献参与分配的机制，使技能劳动者获得与其能力业绩相适应的工资待遇。

（二十一）建立健全失业保险、社会救助与就业的联动机制。进一步完善失业保险制度，充分发挥失业保险保生活、防失业、促就业的作用，鼓励领取失业保险金人员尽快实现就业或自主创业。对实现就业或自主创业的最低生活保障对象，在核算家庭收入时，可以扣减必要的就业成本。

（二十二）完善失业登记办法。在法定劳动年龄内、有劳动能力和就业要求、处于无业状态的城镇常住人员，可以到常住地的公共就业服务机构进行失业登记。各地公共就业服务机构要为登记失业的各类人员提供均等化的政策咨询、职业指导、职业介绍等公共就业服务和普惠性就业政策，并逐步使外来劳动者与当地户籍人口享有同等的就业扶持政策。将《就业失业登记证》调整为《就业创业证》，免费发放，作为劳动者享受公共就业服务及就业扶持政策的凭证。有条件的地方可积极推动社会保障卡在就业领域的应用。

（下略）

人力资源社会保障部 发展改革委 工业和信息化部 财政部 民政部 国资委 全国总工会关于在化解钢铁煤炭行业过剩产能实现脱困发展过程中做好职工安置工作的意见（节选）[①]

（2016 年 4 月 7 日）

（上略）

一、总体要求

做好钢铁、煤炭行业化解过剩产能、实现脱困发展中的职工安置工作，要全面落实党的十八大和十八届三中、四中、五中全会精神，树立发展新理念，把握好改革发展稳定的关系，坚持企业主体、地方组织、依法依规，更多运用市场办法，因地制宜、分类有序、积极稳妥地做好职工安置工作，维护好职工和企业双方的合法权益，促进失业人员平稳转岗就业，兜牢民生底线，为推进结构性改革营造和谐稳定的社会环境。

二、多渠道分流安置职工

（一）支持企业内部分流

1．支持企业利用现有场地、设施和技术，通过转型转产、多种经营、主辅分离、辅业改制、培训转岗等方式，多渠道分流安置富余人员。支持兼并重组后的新企业更多吸纳原企业职工。对企业为

① 《人力资源社会保障部 发展改革委 工业和信息化部 财政部 民政部 国资委 全国总工会关于在化解钢铁煤炭行业过剩产能实现脱困发展过程中做好职工安置工作的意见》，《中华人民共和国国务院公报》，2016 年 21 期。

促进职工转岗安置开展的职业培训，可按规定给予职业培训补贴。

2．支持企业开展“双创”，利用“互联网+”、国际产能合作和装备走出去，发展新产品、新业态、新产业，在优化升级和拓展国内外市场中创造新的就业空间。对工艺技术较为先进、市场前景较好，但暂时经营困难的企业，可通过与工会或职工依法协商，采取协商薪酬、灵活工时等，稳定现有岗位。对不裁员或少裁员的企业，按规定由事业保险基金给予一定稳岗补贴。

（二）促进转岗就业创业

1．对拟分流职工的钢铁、煤炭企业，要提前摸清拟分流职工底数，了解就业需求，制订再就业帮扶计划。对拟分流安置人员在100人以上的，要举办专场招聘活动。

2．对依法与企业解除、终止劳动合同的失业人员，要及时办理失业登记，免费提供就业指导、职业介绍、政策咨询等服务，纳入当地就业创业政策扶持体系。对失业人员和长期停产职工，要普遍开展转岗培训或技能提升培训，提升培训的针对性和有效性，按规定给予职业培训补贴。对其中的零就业家庭人员和就业困难人员，在培训期间可按规定给予一定的生活费补助。

3．对有创业意愿的化解过剩产能企业职工和失业人员，按规定提供创业培训，有针对性地提供创业指导、项目咨询和跟踪服务。支持创业平台建设，积极培训适应钢铁、煤炭行业职工特点的创业创新载体，将返乡创业试点范围扩大到矿区，通过加大专项建设基金投入等方式，提高创业服务孵化能力。对从事个体经营或注册企业的，按规定给予税费减免、创业担保贷款、场地安排等政策扶持。

4．对钢铁、煤炭过剩产能企业较为集中、就业门路窄的地区及资源枯竭地区、独立工矿区，要加强工作指导，开展跨地区就业信息对接和有组织的劳务输出，对其中的就业困难人员可按规定给予一次性交通补贴。

（三）符合条件人员可实行内部退养

1. 对距法定退休年龄5年之内、再就业有困难的，在职工自愿选择、企业同意并签订协议后，可实行内部退养。由企业发放生活费，并缴纳基本养老保险费和基本医疗保险费，个人缴费部分由职工继续缴纳，达到退休年龄时正式办理退休手续。

2. 上述人员因破产等原因无企业主体并无出资控股企业的，与原企业终止劳动合同，可自愿选择领取经济补偿金或预留社会保险费和生活费。对于选择预留社会保险费和生活费的人员，企业主体消亡时应在充分考虑当地经济社会发展水平、物价变动、工资增长等因素的基础上，经过测算一次性预留出为其缴纳至法定退休年龄的基本养老保险费、基本医疗保险费和生活费，由地市级以上人民政府指定的机构代发生活费并代缴基本养老保险费和基本医疗保险费，个人缴费部分由职工继续缴纳，达到退休年龄时正式办理退休手续。

3. 对上述继续缴纳社会保险费的退养人员，企业和个人可不再缴纳失业、工伤和生育保险费。

4. 退养人员应在企业职工安置方案通过时一次性确定。

（四）运用公益性岗位托底帮扶

对就业困难人员，要建档立卡，提供“一对一”就业援助，对与就业困难人员签订劳动合同并为其缴纳社会保险费的用人单位，以及从事灵活就业的就业困难人员，按规定给予社会保险补贴。支持各地通过购买服务等方式，引导人力资源服务机构为就业困难人员提供就业信息服务，根据服务成效按规定给予就业创业服务补助。对通过市场渠道确实难以就业的大龄困难人员和零就业家庭人员，要加大公益性岗位开发力度提供托底帮扶。

三、妥善处理劳动关系

（一）企业实施兼并重组吸纳原企业职工的，继续履行原劳动合同。企业发生合并或分立等情形的，由承继其权利和义务的企业继续履行原劳动合同，经与职工协商一致可以变更劳动合同约定的内容，职工在企业合并、分立前的工作年限合并计算为在现企业的工作年限；职工在企业内部转岗安置或内部退养的，双方协商一致后依法变更劳动合同，不支付经济补偿金。

（二）企业在被依法宣布破产、责令关闭或决定提前解散等情形下主体消亡的，应与职工依法终止劳动合同。

（三）企业与职工解除或终止劳动合同的，应依法支付经济补偿金，偿还拖欠职工在岗期间的工资，补缴欠缴的社会保险费。

（四）企业使用被派遣劳动者的，要按照《劳务派遣暂行规定》妥善处理好用工单位、劳务派遣单位、被派遣劳动者三方的权利义务。

四、加强社会保障衔接

（一）对符合领取失业保险金条件的人员，按规定发放失业保险金。领取失业保险金期间，可按规定享受由失业保险基金支付的职工医疗保险等其他失业保险待遇，社保经办机构应做好相应的权益记录。

（二）对符合最低生活保障条件的家庭，应按规定纳入最低生活保障范围。

（三）对解除或终止劳动合同人员重新就业的，新就业单位要为其及时办理参保缴费、社会保险关系及档案转移接续手续，原企业及存档单位要配合做好相关工作。对未被其他单位招用的人员，符合规定的，可按灵活就业人员身份参加职工基本养老保险、医疗保险。

（四）对于工伤人员，各地要按照《工伤保险条例》和人力资源社会保障部、财政部等四部委《关于做好国有企业老工伤人员等纳入工伤保险统筹管理有关工作的通知》（人社部发〔2011〕10号）规定，妥善解决工伤人员的待遇问题。

（下略）

国务院关于做好当前和今后一段时期就业创业工作的意见（节选）①

（2017 年 4 月 13 日）

（上略）

一、坚持实施就业优先战略

（一）促进经济增长与扩大就业联动。稳增长的主要目的是保就业，要创新宏观调控方式，把稳定和扩大就业作为区间调控的下限，保持宏观政策连续性稳定性，促进经济中高速增长，增强对就业拉动能力。若城镇新增就业大幅下滑、失业率大幅攀升，要加大财政政策和货币政策调整实施力度，促进经济企稳向好，确保就业稳定。加强经济政策与就业政策衔接，在制定财税、金融、产业、贸易、投资等重大政策时，要综合评价对就业岗位、就业环境、失业风险等带来的影响，促进经济增长与扩大就业联动、结构优化与就业转型协同。（国家发展改革委、财政部、工业和信息化部、商务部、人民银行、税务总局等负责。列第一位者为牵头单位，下同）

（二）促进产业结构、区域发展与就业协同。优化发展环境，推进实施政府和社会资本合作，大力发展研究设计、电子商务、文化创意、全域旅游、养老服务、健康服务、人力资源服务、服务外包等现代服务业。完善多元化产业体系，既注重发展资本、技术和知识密集的先进制造业、战略性新兴产业，又要支持劳动密集型产业发展，降低实体经济成本，推进传统产业绿色改造，创造更多就

① 《国务院关于做好当前和今后一段时期就业创业工作的意见》，《中华人民共和国国务院公报》，2017 年 12 期。

业机会。结合区域发展战略实施，引导东部地区产业向中西部和东北地区有序转移，落实完善中西部地区外商投资优势产业目录，支持中西部地区利用外资，引导劳动者到重点地区、重大工程、重大项目、重要领域就业。（国家发展改革委、科技部、工业和信息化部、民政部、财政部、人力资源社会保障部、商务部、文化部、国家卫生计生委、国家旅游局等负责）

（三）发挥小微企业就业主渠道作用。落实小微企业降税减负等一系列扶持政策和清理规范涉企收费有关政策。着力推进小微企业创新发展，推动小微企业创业创新示范基地建设，搭建公共服务示范平台。加大科研基础设施、大型科研仪器向小微企业开放力度，为小微企业产品研发、试制提供支持。鼓励高校、科研院所及企业向小微企业转移科技成果，有条件的地区可推动开放共享一批基础性专利或购买一批技术资源，支持小微企业协同创新。（工业和信息化部、国家发展改革委、教育部、科技部、财政部、税务总局、国家知识产权局等负责）

（四）缓解重点困难地区就业压力。促进资源型城市转型发展，实施替代产业培育行动计划，扶持劳动密集型产业、服务业和小微企业发展。补齐基础设施短板，加大对商贸流通、交通物流、信息网络等建设和改造项目的倾斜力度，完善公共服务设施，实施西部和东北地区人力资源市场建设援助计划。强化人才支撑，加大招才引智力度，引导科研院所、博士后工作站、高校在具备条件的资源型城市布局，对急需紧缺人才可提供研究场地、科研经费、安家补助等政策支持。对地处偏远、资源枯竭、不适宜居住的独立工矿区，有组织地开展跨地区劳务对接。对去产能任务重、待岗职工多、失业风险大的困难地区，实施就业援助行动。（国家发展改革委、教育部、科技部、工业和信息化部、财政部、人力资源社会保障部、交通运输部、商务部、全国总工会、共青团中央、全国妇联等负责）

二、支持新就业形态发展

（五）支持新兴业态发展。以新一代信息和网络技术为支撑，加强技术集成和商业模式创新，推动平台经济、众包经济、分享经济等创新发展。改进新兴业态准入管理，加强事中事后监管。将鼓励创业创新发展的优惠政策面向新兴业态企业开放，符合条件的新兴业态企业均可享受相关财政、信贷等优惠政策。推动政府部门带头购买新兴业态企业产品和服务。（国家发展改革委、工业和信息化部、财政部、商务部、人民银行、工商总局等负责）

（六）完善适应新就业形态特点的用工和社保等制度。支持劳动者通过新兴业态实现多元化就业，从业者与新兴业态企业签订劳动合同的，企业要依法为其参加职工社会保险，符合条件的企业可按规定享受企业吸纳就业扶持政策。其他从业者可按灵活就业人员身份参加养老、医疗保险和缴纳住房公积金，探索适应灵活就业人员的失业、工伤保险保障方式，符合条件的可享受灵活就业、自主创业扶持政策。加快建设“网上社保”，为新就业形态从业者参保及转移接续提供便利。建立全国住房公积金异地转移接续平台，为跨地区就业的缴存职工提供异地转移接续服务。（人力资源社会保障部、财政部、住房城乡建设部等负责）

三、促进以创业带动就业

（七）优化创业环境。持续推进“双创”，全面落实创业扶持政策，深入推进简政放权、放管结合、优化服务改革。深化商事制度改革，全面实施企业“五证合一、一照一码”、个体工商户“两证整合”，部署推动“多证合一”。进一步减少审批事项，规范改进审批行为。指导地方结合实际整合市场监管职能和执法力量，推进市场监管领域综合行政执法改革，着力解决重复检查、多头执法等问题。（国家发展改革委、中央编办、工商总局等按职责分工负责）

（八）发展创业载体。加快创业孵化基地、众创空间等建设，试点推动老旧商业设施、仓储设施、闲置楼宇、过剩商业地产转为创业孵化基地。整合部门资源，发挥孵化基地资源集聚和辐射引领作用，为创业者提供指导服务和政策扶持，对确有需要的创业企业，可适当延长孵化周期。各地可根据创业孵化基地入驻实体数量和孵化效果，给予一定奖补。（人力资源社会保障部、国家发展改革委、科技部、财政部、住房城乡建设部等负责）

（九）加大政策支持。继续实施支持和促进重点群体创业就业的税收政策。对首次创办小微企业或从事个体经营并正常经营1年以上的高校毕业生、就业困难人员，鼓励地方开展一次性创业补贴试点工作。对在高附加值产业创业的劳动者，创业扶持政策要给予倾斜。（财政部、人力资源社会保障部、税务总局等负责）

（十）拓宽融资渠道。落实好创业担保贷款政策，鼓励金融机构和担保机构依托信用信息，科学评估创业者还款能力，改进风险防控，降低反担保要求，健全代偿机制，推行信贷尽职免责制度。促进天使投资、创业投资、互联网金融等规范发展，灵活高效满足创业融资需求。有条件的地区可通过财政出资引导社会资本投入，设立高校毕业生就业创业基金，为高校毕业生创业提供股权投资、

融资担保等服务。（人民银行、国家发展改革委、财政部、人力资源社会保障部、银监会、证监会等负责）

四、抓好重点群体就业创业

（十一）鼓励高校毕业生多渠道就业。实施高校毕业生就业创业促进计划，健全涵盖校内外各阶段、就业创业全过程的服务体系，促进供需对接和精准帮扶。教育引导高校毕业生树立正确的就业观念，促进他们更好参与到就业创业活动中，敢于通过创业实现就业。实施高校毕业生基层成长计划，引导鼓励高校毕业生到城乡基层、中小微企业就业，落实学费补偿、助学贷款代偿、资金补贴等政策，建立高校毕业生“下得去、留得住、干得好、流得动”的长效机制。鼓励高校毕业生到社会组织就业，对于吸纳高校毕业生就业的社会组织，符合条件的可同等享受企业吸纳就业扶持政策。鼓励科研项目单位吸纳高校毕业生参与研究，按规定将社会保险补助纳入劳务费列支，劳务费不设比例限制。鼓励大学生应征入伍，落实好学费资助、助学贷款代偿、优抚安置等政策。合理安排机关事业单位招录（招聘）和高校毕业生基层服务项目招募时间，优化录用（聘用）流程，为高校毕业生求职就业提供便利。支持高校毕业生到国际组织实习任职。加大就业见习力度，允许就业见习补贴用于见习单位为见习人员办理人身意外伤害保险以及对见习人员的指导管理费用，艰苦边远地区、老工业基地、国家级贫困县可将见习对象范围扩大到离校未就业中职毕业生。加大对困难高校毕业生的帮扶力度，将求职创业补贴补助范围扩展到贫困残疾人家庭、建档立卡贫困家庭高校毕业生和特困人员中的高校毕业生。促进留学回国人员就业创业，实施留学人员回国创新创业启动支持计划，鼓励留学人员以知识产权等无形资产入股方式创办企业。简化留学人员学历认证等手续，降低服务门槛，依法为全国重点引才计划引进人才及由政府主管部门认定的海外高层次留学人才申请永久居留提供便利。实施有效的人才引进和扶持政策，吸引更多人才回流，投身创业创新。（人力资源社会保障部、教育部、工业和信息化部、公安部、财政部、民政部、人民银行、工商总局、国家知识产权局、全国总工会、共青团中央、中国残联等负责）

（十二）稳妥安置化解钢铁煤炭煤电行业过剩产能企业职工。鼓励去产能企业多渠道分流安置职工，支持企业尽最大努力挖掘内部安置潜力，对不裁员或少裁员的，降低稳岗补贴门槛，提高稳岗补贴标准。促进分流职工转岗就业创业，对单位新增岗位吸纳去产能分流人员的，按规定给予企业吸纳就业扶持政策；对自主创业的分流人员，要优先安排入驻各类创业孵化基地，落实创业扶持政策；对确实难以安置的就业困难人员，新增及腾退的公益性岗位要优先安置。要将符合条件的去产能企业下岗职工纳入现行就业创业政策扶持范围。积极稳妥、依法依规处理劳动关系，对本轮化解钢铁煤炭煤电行业过剩企业产能职工因解除劳动合同依法取得的一次性补偿收入，符合相关税收法律法规规定条件的，可享受相关个人所得税政策。稳妥做好国有企业瘦身健体、提质增效、剥离企业办社会职能过程中的职工安置工作。（人力资源社会保障部、国家发展改革委、工业和信息化部、财政部、国务院国资委、税务总局、全国总工会等负责）

（十三）健全城乡劳动者平等就业制度。农村转移劳动者在城镇常住并处于无业状态的，可在城镇常住地进行失业登记。公共就业服务机构要为其提供均等化公共就业服务和普惠性就业政策，并逐步使外来劳动者与当地户籍人口享有同等的就业扶持政策。对在农村常住并处于无地无业状态的劳动者，有条件的地区可探索为其在农村常住地进行失业登记，并提供相应的就业服务和政策扶持。加大对发展潜力大、吸纳农业转移人口多的县城和重点镇用地计划指标倾斜，大力发展特色县域经济、魅力小镇、乡村旅游和农村服务业，为农村劳动者就地就近转移就业创造空间。促进农民工返乡创业，大力发展农民合作社、种养大户、家庭农场、建筑业小微作业企业、“扶贫车间”等生产经营主体，其中依法办理工商登记注册的可按规定享受小微企业扶持政策，对吸纳贫困家庭劳动力就业并稳定就业1年以上的，地方可酌情给予一定奖补。鼓励金融机构按照商业化可持续发展原则，运用扶贫再贷款优先支持带动建档立卡贫困户就业发展的企业及家庭农场、专业大户、农民合作社等经济主体。适应新生代农民工就业创业特点，推进职业培训对新生代农民工全覆盖，创新培训内容和方式，多渠道、广领域拓宽就业创业渠道，引导新生代农民工到以“互联网+”为代表的新产业、新业态就业创业。推动农村劳动力有序外出就业，对人力资源服务机构、劳务经纪人等市场主体开展有组织劳务输出的，给予就业创业服务补贴。加大对贫困人口特别是易地扶贫搬迁贫困人口转移就业的支持力度，确保他们搬得出、稳得住、能致富。（人力资源社会保障部、国家发展改革委、财政部、国土资源部、农业部、人民银行、国家旅游局、国务院扶贫办等按职责分工负责）

（十四）完善就业援助长效机制。全面落实各项扶持政策，促进结构调整、转型升级中的失业人员再就业。合理确定就业困难人员范围，强化分类帮扶和实名制动态管理，确保零就业家庭、有劳动能力的成员均处于失业状态的低保家庭至少有一人稳定就业。加强社会保障与就业联动，对实现就业的低保对象，在核算其家庭收入时可扣减必要的就业成本，增强其就业意愿和就业稳定性。（人力资源社会保障部、民政部、财政部、中国残联负责）

（十五）促进退役军人就业创业。认真做好军队转业干部安置工作，大力扶持自主择业军队转业干部就业创业，积极开展就业服务、职业培训、创业孵化等服务活动，按规定落实相关扶持政策。加大退役士兵安置工作力度，对符合政府安排工作条件的，要采取刚性措施，确保岗位落实、妥善安置。对自主就业的，要强化教育培训，落实优惠政策，提高就业创业成功率。（人力资源社会保障部、民政部等按职责分工负责）

（下略）

国务院关于推动创新创业高质量发展打造“双创”升级版的意见（节选）[1]

（2018年9月18日）

（上略）

（一）指导思想。

以习近平新时代中国特色社会主义思想为指导，全面贯彻党的十九大和十九届二中、三中全会精神，坚持新发展理念，坚持以供给侧结构性改革为主线，按照高质量发展要求，深入实施创新驱动发展战略，通过打造“双创”升级版，进一步优化创新创业环境，大幅降低创新创业成本，提升创业带动就业能力，增强科技创新引领作用，提升支撑平台服务能力，推动形成线上线下结合、产学研用协同、大中小企业融合的创新创业格局，为加快培育发展新动能、实现更充分就业和经济高质量发展提供坚实保障。

（二）主要目标。

——创新创业服务全面升级。创新创业资源共享平台更加完善，市场化、专业化众创空间功能不断拓展，创新创业服务平台能力显著提升，创业投资持续增长并更加关注早中期科技型企业，新兴创新创业服务业态日趋成熟。

——创业带动就业能力明显提升。培育更多充满活力、持续稳定经营的市场主体，直接创造更多就业岗位，带动关联产业就业岗位增加，促进就业机会公平和社会纵向流动，实现创新、创业、就

① 《国务院关于推动创新创业高质量发展打造“双创”升级版的意见》，《中华人民共和国国务院公报》，2018年29期。

业的良性循环。

——科技成果转化应用能力显著增强。科技型创业加快发展，产学研用更加协同，科技创新与传统产业转型升级结合更加紧密，形成多层次科技创新和产业发展主体，支撑战略性新兴产业加快发展。

——高质量创新创业集聚区不断涌现。“双创”示范基地建设扎实推进，一批可复制的制度性成果加快推广。有效发挥国家级新区、国家自主创新示范区等各类功能区优势，打造一批创新创业新高地。

——大中小企业创新创业价值链有机融合。一批高端科技人才、优秀企业家、专业投资人成为创新创业主力军，大企业、科研院所、中小企业之间创新资源要素自由畅通流动，内部外部、线上线下、大中小企业融通发展水平不断提升。

——国际国内创新创业资源深度融汇。拓展创新创业国际交流合作，深度融入全球创新创业浪潮，推动形成一批国际化创新创业集聚地，将“双创”打造成为我国与包括“一带一路”相关国家在内的世界各国合作的亮丽名片。

二、着力促进创新创业环境升级

（三）简政放权释放创新创业活力。进一步提升企业开办便利度，全面推进企业简易注销登记改革。积极推广“区域评估”，由政府组织力量对一定区域内地质灾害、水土保持等进行统一评估。推进审查事项、办事流程、数据交换等标准化建设，稳步推动公共数据资源开放，加快推进政务数据资源、社会数据资源、互联网数据资源建设。清理废除妨碍统一市场和公平竞争的规定和做法，加快发布全国统一的市场准入负面清单，建立清单动态调整机制。（市场监管总局、自然资源部、水利部、发展改革委等按职责分工负责）

（四）放管结合营造公平市场环境。加强社会信用体系建设，构建信用承诺、信息公示、信用分级分类、信用联合奖惩等全流程信用监管机制。修订生物制造、新材料等领域审查参考标准，激发高技术领域创新活力。引导和规范共享经济良性健康发展，推动共享经济平台企业切实履行主体责任。建立完善对“互联网+教育”、“互联网+医疗”等新业态新模式的高效监管机制，严守安全质量和社会稳定底线。（发展改革委、市场监管总局、工业和信息化部、教育部、卫生健康委等按职责分工负责）

（五）优化服务便利创新创业。加快建立全国一体化政务服务平台，建立完善国家数据共享交换平台体系，推行数据共享责任清单制度，推动数据共享应用典型案例经验复制推广。在市县一级建立农村创新创业信息服务窗口。完善适应新就业形态的用工和社会保险制度，加快建设“网上社保”。积极落实产业用地政策，深入推进城镇低效用地再开发，健全建设用地“增存挂钩”机制，优化用地结构，盘活存量、闲置土地用于创新创业。（国务院办公厅、发展改革委、市场监管总局、农业农村部、人力资源社会保障部、自然资源部等按职责分工负责）

三、加快推动创新创业发展动力升级

（六）加大财税政策支持力度。聚焦减税降费，研究适当降低社保费率，确保总体上不增加企业负担，激发市场活力。将企业研发费用加计扣除比例提高到75%的政策由科技型中小企业扩大至所有企业。对个人在二级市场买卖新三板股票比照上市公司股票，对差价收入免征个人所得税。将国家级科技企业孵化器和大学科技园享受的免征房产税、增值税等优惠政策范围扩大至省级，符合条件的众创空间也可享受。（财政部、税务总局等按职责分工负责）

（七）完善创新创业产品和服务政府采购等政策措施。完善支持创新和中小企业的政府采购政策。发挥采购政策功能，加大对重大创新产品和服务、核心关键技术的采购力度，扩大首购、订购等非招标方式的应用。（发展改革委、财政部、工业和信息化部、科技部等和各地方人民政府按职责分工负责）

（八）加快推进首台（套）重大技术装备示范应用。充分发挥市场机制作用，推动重大技术装备研发创新、检测评定、示范应用体系建设。编制重大技术装备创新目录、众创研发指引，制定首台（套）评定办法。依托大型科技企业集团、重点研发机构，设立重大技术装备创新研究院。建立首台（套）示范应用基地和示范应用联盟。加快军民两用技术产品发展和推广应用。发挥众创、众筹、众包和虚拟创新创业社区等多种创新创业模式的作用，引导中小企业等创新主体参与重大技术装备研发，加强众创成果与市场有效对接。（发展改革委、科技部、工业和信息化部、财政部、国资委、卫生健康委、市场监管总局、能源局等按职责分工负责）

（九）建立完善知识产权管理服务体系。建立完善知识产权评估和风险控制体系，鼓励金融机构探索开展知识产权质押融资。完善知识产权运营公共服务平台，逐步建立全国统一的知识产权交易市场。鼓励和支持创新主体加强关键前沿技术知识产权创造，形成一批战略性高价值专利组合。聚焦重点领域和关键环节开展知识产权“雷霆”专项行动，进行集中检查、集中整治，全面加强知识产权执法维权工作力度。积极运用在线识别、实时监测、源头追溯等“互联网+”技术强化知识产权保护。（知识产权局、财政部、银保监会、人民银行等按职责分工负责）

四、持续推进创业带动就业能力升级

（十）鼓励和支持科研人员积极投身科技创业。对科教类事业单位实施差异化分类指导，出台鼓励和支持科研人员离岗创业实施细则，完善创新型岗位管理实施细则。健全科研人员评价机制，将科研人员在科技成果转化过程中取得的成绩和参与创业项目的情况作为职称评审、岗位竞聘、绩效考核、收入分配、续签合同等的重要依据。建立完善科研人员校企、院企共建双聘机制。（科技部、教育部、人力资源社会保障部等按职责分工负责）

（十一）强化大学生创新创业教育培训。在全国高校推广创业导师制，把创新创业教育和实践课程纳入高校必修课体系，允许大学生用创业成果申请学位论文答辩。支持高校、职业院校（含技工院校）深化产教融合，引入企业开展生产性实习实训。（教育部、人力资源社会保障部、共青团中央等按职责分工负责）

（十二）健全农民工返乡创业服务体系。深入推进农民工返乡创业试点工作，推出一批农民工返乡创业示范县和农村创新创业典型县。进一步发挥创业担保贷款政策的作用，鼓励金融机构按照市场化、商业可持续原则对农村“双创”园区（基地）和公共服务平台等提供金融服务。安排一定比例年度土地利用计划，专项支持农村新产业新业态和产业融合发展。（人力资源社会保障部、农业农村部、发展改革委、人民银行、银保监会、财政部、自然资源部、共青团中央等按职责分工负责）

（十三）完善退役军人自主创业支持政策和服务体系。加大退役军人培训力度，依托院校、职业培训机构、创业培训中心等机构，开展创业意识教育、创业素质培养、创业项目指导、开业指导、企业经营管理等培训。大力扶持退役军人就业创业，落实好现有税收优惠政策，根据个体特点引导退役军人向科技服务业等新业态转移。推动退役军人创业平台不断完善，支持退役军人参加创新创业大会和比赛。（退役军人部、教育部、人力资源社会保障部、税务总局、财政部等按职责分工负责）

（十四）提升归国和外籍人才创新创业便利化水平。深入实施留学人员回国创新创业启动支持计划，遴选资助一批高层次人才回国创新创业项目。健全留学回国人才和外籍高层次人才服务机制，在签证、出入境、社会保险、知识产权保护、落户、永久居留、子女入学等方面进一步加大支持力度。（人力资源社会保障部、外交部、公安部、移民局、知识产权局等和各地方人民政府按职责分工负责）

（十五）推动更多群体投身创新创业。深入推进创新创业巾帼行动，鼓励支持更多女性投身创新创业实践。制定完善香港、澳门居民在内地发展便利性政策措施，鼓励支持港澳青年在内地创新创业。扩大两岸经济文化交流合作，为台湾同胞在大陆创新创业提供便利。积极引导侨资侨智参与创新创业，支持建设华侨华人创新创业基地和华侨大数据中心。探索国际柔性引才机制，持续推进海外人才离岸创新创业基地建设。启动少数民族地区创新创业专项行动，支持西藏、新疆等地区创新创业加快发展。推行终身职业技能培训制度，将有创业意愿和培训需求的劳动者全部纳入培训范围。（全国妇联、港澳办、台办、侨办、人力资源社会保障部、中国科

协、发展改革委、国家民委等按职责分工负责）

五、深入推动科技创新支撑能力升级

（十六）增强创新型企业引领带动作用。在重点领域和关键环节加快建设一批国家产业创新中心、国家技术创新中心等创新平台，充分发挥创新平台资源集聚优势。建设由大中型科技企业牵头，中小企业、科技社团、高校院所等共同参与的科技联合体。加大对“专精特新”中小企业的支持力度，鼓励中小企业参与产业关键共性技术研究开发，持续提升企业创新能力，培育一批具有创新能力的制造业单项冠军企业，壮大制造业创新集群。健全企业家参与涉企创新创业政策制定机制。（发展改革委、科技部、中国科协、工业和信息化部等按职责分工负责）

（十七）推动高校科研院所创新创业深度融合。健全科技资源开放共享机制，鼓励科研人员面向企业开展技术开发、技术咨询、技术服务、技术培训等，促进科技创新与创业深度融合。推动高校、科研院所与企业共同建立概念验证、孵化育成等面向基础研究成果转化的服务平台。（科技部、教育部等按职责分工负责）

（十八）健全科技成果转化的体制机制。纵深推进全面创新改革试验，深化以科技创新为核心的全面创新。完善国家财政资金资助的科技成果信息共享机制，畅通科技成果与市场对接渠道。试点开展赋予科研人员职务科技成果所有权或长期使用权。加速高校科技成果转化和技术转移，促进科技、产业、投资融合对接。加强国家技术转移体系建设，鼓励高校、科研院所建设专业化技术转移机构。鼓励有条件的地方按技术合同实际成交额的一定比例对技术转移服务机构、技术合同登记机构和技术经纪人（技术经理人）给予

奖补。（发展改革委、科技部、教育部、财政部等按职责分工负责）

六、大力促进创新创业平台服务升级

（十九）提升孵化机构和众创空间服务水平。建立众创空间质量管理、优胜劣汰的健康发展机制，引导众创空间向专业化、精细化方向升级，鼓励具备一定科研基础的市场主体建立专业化众创空间。推动中央企业、科研院所、高校和相关公共服务机构建设具有独立法人资格的孵化机构，为初创期、早中期企业提供公共技术、检验检测、财税会计、法律政策、教育培训、管理咨询等服务。继续推进全国创业孵化示范基地建设。鼓励生产制造类企业建立工匠工作室，通过技术攻关、破解生产难题、固化创新成果等塑造工匠品牌。加快发展孵化机构联盟，加强与国外孵化机构对接合作，吸引海外人才到国内创新创业。研究支持符合条件的孵化机构享受高新技术企业相关人才激励政策，落实孵化机构税收优惠政策。（科技部、国资委、教育部、人力资源社会保障部、工业和信息化部、财政部、税务总局等按职责分工负责）

（二十）搭建大中小企业融通发展平台。实施大中小企业融通发展专项行动计划，加快培育一批基于互联网的大企业创新创业平台、国家中小企业公共服务示范平台。推进国家小型微型企业创业创新示范基地建设，支持建设一批制造业“双创”技术转移中心和制造业“双创”服务平台。推进供应链创新与应用，加快形成大中小企业专业化分工协作的产业供应链体系。鼓励大中型企业开展内部创业，鼓励有条件的企业依法合规发起或参与设立公益性创业基金，鼓励企业参股、投资内部创业项目。鼓励国有企业探索以子公司等形式设立创新创业平台，促进混合所有制改革与创新创业深度

融合。（工业和信息化部、商务部、财政部、国资委等按职责分工负责）

（二十一）深入推进工业互联网创新发展。更好发挥市场力量，加快发展工业互联网，与智能制造、电子商务等有机结合、互促共进。实施工业互联网三年行动计划，强化财税政策导向作用，持续利用工业转型升级资金支持工业互联网发展。推进工业互联网平台建设，形成多层次、系统性工业互联网平台体系，引导企业上云上平台，加快发展工业软件，培育工业互联网应用创新生态。推动产学研用合作建设工业互联网创新中心，建立工业互联网产业示范基地，开展工业互联网创新应用示范。加强专业人才支撑，公布一批工业互联网相关二级学科，鼓励搭建工业互联网学科引智平台。（工业和信息化部、发展改革委、教育部、科技部、财政部、人力资源社会保障部等按职责分工负责）

（二十二）完善“互联网+”创新创业服务体系。推进“国家创新创业政策信息服务网”建设，及时发布创新创业先进经验和典型做法，进一步降低各类创新创业主体的政策信息获取门槛和时间成本。鼓励建设“互联网+”创新创业平台，积极利用互联网等信息技术支持创新创业活动，进一步降低创新创业主体与资本、技术对接的门槛。推动“互联网+公共服务”，使更多优质资源惠及群众。（发展改革委、科技部、工业和信息化部等按职责分工负责）

（二十三）打造创新创业重点展示品牌。继续扎实开展各类创新创业赛事活动，办好全国大众创业万众创新活动周，拓展“创响中国”系列活动范围，充分发挥“互联网+”大学生创新创业大赛、中国创新创业大赛、“创客中国”创新创业大赛、“中国创翼”创业创新大赛、全国农村创业创新项目创意大赛、中央企业熠星创新创意大赛、“创青春”中国青年创新创业大赛、中国妇女创新创业大赛等品牌赛事活动作用。对各类赛事活动中涌现的优秀创新创业项目加强后续跟踪支持。（发展改革委、中国科协、教育部、科技部、工业和信息化部、人力资源社会保障部、农业农村部、国资委、共青团中央、全国妇联等按职责分工负责）

（下略）

国务院关于做好当前和今后一个时期促进就业工作的若干意见（节选）①

（2018 年 11 月 16 日）

（上略）

一、支持企业稳定发展

（一）加大稳岗支持力度。对不裁员或少裁员的参保企业，可返还其上年度实际缴纳失业保险费的 50%。2019 年 1 月 1 日至 12 月 31 日，对面临暂时性生产经营困难且恢复有望、坚持不裁员或少裁员的参保企业，返还标准可按 6 个月的当地月人均失业保险金和参保职工人数确定，或按 6 个月的企业及其职工应缴纳社会保险费 50%的标准确定。上述资金由失业保险基金列支。（人力资源社会保障部、财政部负责。列第一位者为牵头单位，下同）

（二）发挥政府性融资担保机构作用支持小微企业。充分发挥国家融资担保基金作用，引导更多金融资源支持创业就业。各地政府性融资担保基金应优先为符合条件的小微企业提供低费率的担保支持，提高小微企业贷款可获得性。（财政部、工业和信息化部、人民银行、银保监会负责）

二、鼓励支持就业创业

（三）加大创业担保贷款贴息及奖补政策支持力度。符合创业担保贷款申请条件的人员自主创业的，可申请最高不超过 15 万元

① 《国务院关于做好当前和今后一个时期促进就业工作的若干意见》，《中华人民共和国国务院公报》，2018 年 35 期。

的创业担保贷款。小微企业当年新招用符合创业担保贷款申请条件的人员数量达到企业现有在职职工人数25%（超过100人的企业达到15%）并与其签订1年以上劳动合同的，可申请最高不超过300万元的创业担保贷款。各地可因地制宜适当放宽创业担保贷款申请条件，由此产生的贴息资金由地方财政承担。推动奖补政策落到实处，按各地当年新发放创业担保贷款总额的一定比例，奖励创业担保贷款基金运营管理机构等单位，引导其进一步提高服务创业就业的积极性。（财政部、人力资源社会保障部、人民银行、银保监会负责）

（四）支持创业载体建设。鼓励各地加快建设重点群体创业孵化载体，为创业者提供低成本场地支持、指导服务和政策扶持，根据入驻实体数量、孵化效果和带动就业成效，对创业孵化基地给予一定奖补。支持稳定就业压力较大地区为失业人员自主创业免费提供经营场地。（人力资源社会保障部、科技部、财政部、住房城乡建设部、市场监管总局，各省级人民政府按职责分工负责）

（五）扩大就业见习补贴范围。从2019年1月1日起，实施三年百万青年见习计划；将就业见习补贴范围由离校未就业高校毕业生扩展至16—24岁失业青年；组织失业青年参加3—12个月的就业见习，按规定给予就业见习补贴，并适当提高补贴标准。（人力资源社会保障部等有关部门和单位负责）

三、积极实施培训

（六）支持困难企业开展职工在岗培训。2019年1月1日至12月31日，困难企业可组织开展职工在岗培训，所需经费按规定从企业职工教育经费中列支，不足部分经所在地人力资源社会保障部

门审核评估合格后，可由就业补助资金予以适当支持。（人力资源社会保障部、财政部负责）

（七）开展失业人员培训。支持各类职业院校（含技工院校）、普通高等学校、职业培训机构和符合条件的企业承担失业人员职业技能培训或创业培训。对培训合格的失业人员给予职业培训补贴，补贴标准根据培训成本、培训时长、市场需求和取得相关证书情况等确定；2019 年 1 月 1 日至 2020 年 12 月 31 日，对其中就业困难人员和零就业家庭成员在培训期间再给予生活费补贴。生活费补贴政策每人每年只享受一次，且不可同时领取失业保险金。（人力资源社会保障部、财政部、教育部等有关部门和单位负责）

（八）放宽技术技能提升补贴申领条件。2019 年 1 月 1 日至 2020 年 12 月 31 日，将技术技能提升补贴申领条件由企业在职职工参加失业保险 3 年以上放宽至参保 1 年以上。参保职工取得职业资格证书或职业技能等级证书的，可在参保地申请技术技能提升补贴。所需资金由失业保险基金列支。（人力资源社会保障部、财政部负责）

四、及时开展下岗失业人员帮扶

（九）实行失业登记常住地服务。失业人员可在常住地公共就业服务机构办理失业登记，申请享受当地就业创业服务、就业扶持政策、重点群体创业就业税收优惠政策。其中，大龄、残疾、低保家庭等劳动者可在常住地申请认定为就业困难人员，享受就业援助。（人力资源社会保障部、财政部、税务总局，各省级人民政府按职责分工负责）

（十）落实失业保险待遇。对符合条件的失业人员，由失业保

险基金发放失业保险金，其个人应缴纳的基本医疗保险费从失业保险基金中列支。（人力资源社会保障部、医保局负责）

（十一）保障困难群众基本生活。对符合条件的生活困难下岗失业人员，给予临时生活补助，补助标准根据家庭困难程度、地区消费水平等综合确定。对符合最低生活保障条件的家庭，及时纳入最低生活保障范围。对符合临时救助条件的，给予临时救助。通过综合施策，帮助困难群众解困脱困。（财政部、人力资源社会保障部、民政部等有关部门和单位按职责分工负责）

五、落实各方责任

（十二）落实地方政府主体责任。地方各级人民政府要切实承担本地区促进就业工作的主体责任，建立由政府负责人牵头、相关部门共同参与的工作机制，因地制宜，多措并举，统筹做好本地区促进就业工作，分级预警、分层响应、分类施策。各省、自治区、直辖市人民政府要在本意见印发之日起 30 日内，制定出台具体实施办法，组织有关部门结合本地实际和财力水平合理确定享受政策的困难企业范围，突出重点帮扶对象，合理确定补贴等标准，确保各项政策尽快落地。（各省级人民政府负责）

（十三）明确部门组织协调责任。人力资源社会保障部要统筹协调促进就业政策制定、督促落实、统计监测等工作。财政部要加大资金支持力度，保障促进就业政策落实。其他有关部门和单位要立足职能职责，积极出台促进就业创业的政策措施，开展更多有利于促进就业的专项活动，共同做好促进就业工作。（各有关部门和单位按职责分工负责）

（十四）切实抓好政策服务。各地各有关部门要积极开展政策宣传，向社会公布政策清单、申办流程、补贴标准、服务机构及联系方式、监督投诉电话，深入企业宣讲政策、了解困难、做好帮扶。对申请享受就业创业扶持政策和就业创业服务的困难企业、下岗失业人员，要建立实名制管理服务信息系统。要优化流程，精简证明，加强监管，确保各项政策资金规范便捷地惠及享受对象。（各有关部门和单位，各省级人民政府按职责分工负责）

（十五）指导企业等各方履行社会责任。要引导困难企业更加注重运用市场机制、经济手段，通过转型转产、培训转岗、支持“双创”等，多渠道分流安置职工，依法处理劳动关系。引导职工关心企业生存与发展，困难企业与职工协商一致的，可采取协商薪酬、调整工时、轮岗轮休、在岗培训等措施，保留就业岗位，稳定劳动关系。引导劳动者树立正确就业观，主动提升就业能力，通过自身努力实现就业创业。广泛调动社会各界积极性，形成稳定、扩大就业的合力。（各有关部门和单位，各省级人民政府按职责分工负责）

（下略）

人力资源社会保障部、财政部、国家发展改革委、工业和信息化部关于失业保险支持企业稳定就业岗位的通知（节选）[①]

（2019 年 3 月 11 日）

（上略）

一、加大稳岗支持力度

对不裁员或少裁员的参保企业，可返还其上年度实际缴纳失业保险费的 50%（以下简称“企业稳岗返还”）。2019 年 1 月 1 日至 12 月 31 日，对面临暂时性生产经营困难且恢复有望、坚持不裁员少裁员的参保企业，返还标准可按 6 个月的当地月人均失业保险金和参保职工人数确定，或按 6 个月的企业及其职工应缴纳社会保险费 50%的标准确定（以下简称“经营困难且恢复有望企业稳岗返还”）。上述两项政策实施的基本条件、资金使用、审核认定等按下列规定执行：

（一）失业保险统筹地区实施稳岗返还应同时具备以下条件：实施企业稳岗返还的统筹地区上年失业保险基金滚存结余应具备 12 个月以上支付能力，实施经营困难且恢复有望企业稳岗返还的统筹地区上年失业保险基金滚存结余应具备 24 个月以上支付能力；失业保险基金使用管理规范。

（二）申请稳岗返还的企业应同时具备以下条件：生产经营活动符合国家及所在区域产业结构调整和环保政策；参加失业保险并

---

① 《人力资源社会保障部、财政部、国家发展改革委、工业和信息化部关于失业保险支持企业稳定就业岗位的通知》，人社部网站，2019 年 8 月 7 日。

足额缴纳失业保险费12个月以上；上年度未裁员或裁员率低于统筹地区城镇登记失业率。申请经营困难且恢复有望企业稳岗返还的，还需符合当地人力资源社会保障部门会同财政等相关部门的认定标准，并提供与工会组织协商制定的稳定就业岗位措施。

（三）返还标准。企业稳岗返还标准，可按该企业及其职工上年度实际缴纳失业保险费的50%确定，对去产能企业，各省（区、市）可按规定提高标准。经营困难且恢复有望企业稳岗返还标准，各省（区、市）可结合失业保险基金结余等情况，明确本省（区、市）返还标准是按6个月的当地月人均失业保险金和参保职工人数确定，还是按6个月的企业及其职工上年度应缴纳社会保险费50%的标准确定。

（四）审核认定。企业稳岗返还的审核认定由各地人力资源社会保障部门负责。经营困难且恢复有望企业稳岗返还的审核认定，由各地人力资源社会保障部门会同财政等相关部门制定认定标准和审核办法，建立会审机制并组织实施。对拟给予稳岗返还的企业名单和资金数额应当向社会公示，不少于5个工作日，并及时做好享受稳岗返还企业实名制信息登记工作。

（五）资金使用。激励企业承担稳定就业的社会责任，稳岗返还资金主要用于职工生活补助、缴纳社会保险费、转岗培训、技能提升培训等稳定就业岗位相关支出。返还资金由失业保险基金列支，其中，企业稳岗返还资金从失业保险基金“稳岗补贴”科目支出，经营困难且恢复有望企业稳岗返还资金从“其他支出”科目中列支。稳岗返还资金一次性发放，同一企业同一年度只能享受其中一项。

（六）适当放宽裁员率标准。在计算企业裁员率时，各地可按上年度参保职工减少人数或领取失业保险金人数与上年度参保职工人数比较确定。基金结余规模较大的地区可根据本地实际放宽裁员率标准，对上年度裁员率高于统筹地区城镇登记失业率但低于全国城镇登记失业率的参保企业，可以适用稳岗返还政策，提高政策受益率。

二、放宽技术技能提升补贴申领条件

自 2019 年 1 月 1 日至 2020 年 12 月 31 日，将现行技能提升补贴政策申领条件由企业在职职工累计缴纳失业保险费 36 个月及以上放宽至累计缴纳失业保险费 12 个月及以上。参保职工当年取得职业资格证书或职业技能等级证书，并且证书信息可在人力资源社会保障部职业技能鉴定中心、人事考试中心等全国联网查询系统上查询到的，可在取证之日起 12 个月内到本人失业保险参保地经办机构申领技术技能提升补贴，补贴标准和审核发放办法由各地按现行技能提升补贴政策根据本地实际制定。

三、加大对深度贫困地区的倾斜支持力度

各地要深入落实《关于使用失业保险基金支持脱贫攻坚的通知》（人社部发〔2018〕35 号）要求，对“三区三州”等深度贫困地区的失业保险参保企业，将企业稳岗返还标准提高到该企业及其职工上年度实际缴纳失业保险费总额的 60%，并按规定将吸纳建档立卡贫困人员就业并签订劳动合同的事业单位纳入稳岗返还和技能提升补贴政策范围。加大对深度贫困地区支持力度，充分考虑当地实际情况和客观困难，采取超常规举措，切实落实各项倾斜性政策。

四、发放价格临时补贴

各地要继续落实《关于进一步完善社会救助和保障标准与物价上涨挂钩联动机制的通知》（发改价格规〔2016〕1835号），达到启动条件时，及时对领取失业保险金人员发放价格临时补贴，确保困难群众基本生活水平不因物价上涨降低。

五、优化经办服务

各地要以规范、安全、便捷为原则，提高失业保险经办服务质量和效率。在审核稳岗返还时，要充分利用人力资源社会保障部门已掌握的企业和职工参保信息、领取失业保险金信息进行审核，减少证明材料，减少企业跑腿次数。不得设定集中申报期，企业只要在年度内申报，经办机构都要及时受理；要优化审核流程，强化信息共享，进一步缩短办理时限。要加强对企业使用稳岗返还资金的指导，引导企业更多地用于职工培训，提升就业技能，增强就业稳定性。各地可结合基金结余情况，研究欠费企业补缴后享受稳岗返还的办法，使更多企业受益。大力推广在线办事，直辖市、计划单列市、省会城市要尽快实现稳岗返还、技能提升补贴事项的网上办理，加快释放政策红利。

六、防范基金风险

各地要密切关注失业保险基金支出情况，按月监测基金运行状况，加强情况预判和适时调控，确保基金收支平衡和安全可持续。建立健全资金审核、公示、拨付等监督机制，加强内部监管，严防廉政风险。畅通渠道，严格公示，主动接受社会监督。各地要制定审核工作规程，对经营困难且恢复有望企业稳岗返还涉及资金金额较大的，报请统筹地区人民政府审议。加强技防人防，充分利用信息化手段验证资格条件，减少自由裁量权，防范内外勾结。严防骗取套取，对骗取或套取稳岗返还等资金造成失业保险基金损失的，要依法严肃追究行政责任和刑事责任。

七、工作要求

失业保险支持企业稳定就业岗位，是落实中央稳就业方针的重要举措。各级人力资源社会保障部门要高度重视，按照积极稳妥、突出重点、严格审核的原则，精心组织，加力增效，会同相关部门各司其责，协同配合，有力有序推动政策落实。要及时跟踪了解使用失业保险基金支持企业稳定就业岗位特别是支持深度贫困地区脱贫攻坚的政策效果。加大精准扶持力度，突出对符合产业发展方向、长期吸纳就业人数较多企业的政策支持，对技术落后、没有市场前景、生产恢复无望的“僵尸企业”以及严重失信企业，不宜返还失业保险费。加大宣传力度，结合失业保险援企稳岗“护航行动”、职工技能提升“展翅行动”、失业保险惠企政策进民企和进厂房进工地进矿区等专项活动，主动宣传解读政策；采取短信推送方式，提示符合条件的参保企业和职工及时申领；积极宣传受益企业和职工稳定就业岗位的实际成效，多渠道扩大政策知晓度。各省级人力资源社会保障部门要在本通知下发 1 个月内，制定经营困难且恢复有望企业的认定标准和审核办法，要重点关注基金支付能力相对较弱的统筹地区，发挥省级调剂金作用，尽可能让符合条件的企业、职工、失业人员都能享受政策支持。各地要按月上报政策实施和基金结余情况，在执行中遇到的重大问题及时向人力资源社会保障部、财政部报告。

国务院关于进一步做好稳就业工作的意见（节选）[1]

（2019 年 12 月 13 日）

（上略）

一、总体要求

以习近平新时代中国特色社会主义思想为指导，全面贯彻党的十九大和十九届二中、三中、四中全会精神，坚持把稳就业摆在更加突出位置，强化底线思维，做实就业优先政策，健全有利于更充分更高质量就业的促进机制，坚持创造更多就业岗位和稳定现有就业岗位并重，突出重点、统筹推进、精准施策，全力防范化解规模性失业风险，全力确保就业形势总体稳定。

二、支持企业稳定岗位

（一）加大援企稳岗力度。阶段性降低失业保险费率、工伤保险费率的政策，实施期限延长至 2021 年 4 月 30 日。参保企业面临暂时性生产经营困难且恢复有望、坚持不裁员或少裁员的失业保险稳岗返还政策，以及困难企业开展职工在岗培训的补贴政策，实施期限均延长至 2020 年 12 月 31 日。

（二）加强对企业金融支持。落实普惠金融定向降准政策，释放的资金重点支持民营企业和小微企业融资。鼓励银行完善金融服务民营企业和小微企业的绩效考核激励机制，增加制造业中小微企业中长期贷款和信用贷款。对扩大小微企业融资担保业务规模、降

① 《国务院关于进一步做好稳就业工作的意见》，中国政府网，2019 年 12 月 24 日。

低小微企业融资担保费率等政策性引导较强的地方进行奖补。发挥各级政府中小企业工作领导小组的协调作用，支持中小企业发展，增加就业。发挥各级金融监管机构作用，鼓励银行为重点企业制定专门信贷计划，对遇到暂时困难但符合授信条件的企业，不得盲目抽贷、断贷。

（三）引导企业开拓国内市场。完善省际间信息沟通、收益分享等机制，鼓励中西部和东北地区各类产业园区与东部产业转出地区加强对接，及时掌握有转移意愿的企业清单。推广工业用地长期租赁、先租后让、租让结合和弹性年期供应方式，降低物流和用电用能成本，有条件的地区可加大标准厂房建设力度并提供租金优惠，推动制造业跨区域有序转移。搭建跨部门综合服务平台，加强企业产销融通对接，重点支持相关企业对接国内各大电商平台和各行业、各区域大宗采购项目，支持企业拓展国内市场销售渠道。

（四）规范企业裁员行为。支持企业与职工集体协商，采取协商薪酬、调整工时、轮岗轮休、在岗培训等措施，保留劳动关系。对拟进行经济性裁员的企业，指导其依法依规制定和实施职工安置方案，提前30日向工会或全体职工说明相关情况，依法依规支付经济补偿，偿还拖欠的职工工资，补缴欠缴的社会保险费。

三、开发更多就业岗位

（五）挖掘内需带动就业。实施社区生活服务业发展试点，开展家政服务业提质扩容“领跑者”行动试点工作，深入推进家政培训提升行动和家政服务领域信用建设专项行动。加强旅游公共设施建设，推进区域医疗中心建设，开展支持社会力量发展普惠托育服务专项行动。支持养老服务业发展，通过政府购买服务等方式，支持养老服务机构向重点人群提供服务。鼓励汽车、家电、消费电子产品更新消费，有力有序推进老旧汽车报废更新，鼓励限购城市优化机动车限购管理措施。培育国内服务外包市场，支持行政事业单位、国有企业采购专业服务。

（六）加大投资创造就业。合理扩大有效投资，适当降低部分基础设施等项目资本金比例，加快发行使用地方政府专项债券，确保精准投入补短板重点项目。实施城镇老旧小区改造、棚户区改造、农村危房改造等工程，支持城市停车场设施建设，加快国家物流枢纽网络建设。深入实施新一轮重大技术改造升级工程。

（七）稳定外贸扩大就业。研究适时进一步降低进口关税和制度性成本，扩大出口信用保险覆盖面、合理降低保费，确保审核办理正常退税平均时间在10个工作日以内。发挥行业协会、商会、中介机构等作用，引导企业增强议价能力，鼓励提供公益法律服务。建设国际营销服务体系，加快跨境电子商务综合试验区建设，做大做强外贸综合服务企业。

（八）培育壮大新动能拓展就业空间。加快5G商用发展步伐，深入推进战略性新兴产业集群发展工程，加强人工智能、工业互联网等领域基础设施投资和产业布局。支持科技型企业开展联合技术攻关，完善首台（套）重大技术装备示范应用扶持政策，支持科技型企业到海外投资。加快落实促进平台经济规范健康发展的指导意见，促进新产业新业态新模式快速发展。

四、促进劳动者多渠道就业创业

（九）鼓励企业吸纳就业。降低小微企业创业担保贷款申请条件，当年新招用符合条件人员占现有职工比例下调为20%，职工超过 100 人的比例下调为 10%。对企业吸纳登记失业半年以上人员就业且签订 1 年以上劳动合同并按规定缴纳社会保险的，有条件的地区可给予一次性吸纳就业补贴，实施期限为 2020 年 1 月 1 日至 12 月 31 日。

（十）扶持创业带动就业。持续推进简政放权、放管结合、优化服务改革，进一步优化营商环境，鼓励和支持更多劳动者创业创新。加大创业担保贷款政策实施力度，建立信用乡村、信用园区、创业孵化示范载体推荐免担保机制。实施“双创”支撑平台项目，引导“双创”示范基地、专业化众创空间等优质孵化载体承担相关公共服务事务。鼓励支持返乡创业，年度新增建设用地计划指标优先保障县以下返乡创业用地，支持建设一批农民工返乡创业园、农村创新创业和返乡创业孵化实训基地，建设一批县级农村电商服务中心、物流配送中心和乡镇运输服务站。实施返乡创业能力提升行动，加强返乡创业重点人群、贫困村创业致富带头人、农村电商人才等培训培育。对返乡农民工首次创业且正常经营 1 年以上的，有条件的地区可给予一次性创业补贴。

（十一）支持灵活就业和新就业形态。支持劳动者通过临时性、非全日制、季节性、弹性工作等灵活多样形式实现就业。研究完善支持灵活就业的政策措施，明确灵活就业、新就业形态人员劳动用工、就业服务、权益保障办法，启动新就业形态人员职业伤害保障试点，抓紧清理取消不合理限制灵活就业的规定。对就业困难人员享受灵活就业社会保险补贴政策期满仍未实现稳定就业的，政策享受期限可延长 1 年，实施期限为 2020 年 1 月 1 日至 12 月 31 日。

（十二）加强托底安置就业。加大对就业困难人员的就业援助力度，鼓励围绕补齐民生短板拓展公益性岗位。对从事公益性岗位政策期满仍未实现稳定就业的，政策享受期限可延长 1 年，实施期限为 2020 年 1 月 1 日至 12 月 31 日。在农村中小型基础设施建设、农村危房改造中实施以工代赈，组织建档立卡贫困人口参与工程项目建设。

（十三）稳定高校毕业生等青年就业。继续组织实施农村教师特岗计划、“三支一扶”计划等基层服务项目。公开招聘一批乡村教师、医生、社会工作者充实基层服务力量。扩大征集应届高校毕业生入伍规模。扩大就业见习规模，适当提高补贴标准，支持企业开发更多见习岗位。

五、大规模开展职业技能培训

（十四）大力推进职业技能提升行动。落实完善职业技能提升行动政策措施，按规定给予职业培训补贴和生活费补贴。针对不同对象开展精准培训，全面开展企业职工技能提升培训或转岗转业培训，组织失业人员参加技能培训或创业培训，实施农民工、高校毕业生、退役军人、建档立卡贫困人口、残疾人等重点群体专项培训计划。支持职业院校（含技工院校）积极承担相应培训任务。

（十五）扩大技能人才培养培训规模。推进落实职业院校奖助学金调整政策，扩大高职院校奖助学金覆盖面、提高补助标准，设立中等职业教育国家奖学金。推进各地技师学院、技工学校纳入职业教育统一招生平台。组织城乡未继续升学的初高中毕业生、20 岁以下有意愿的登记失业人员参加劳动预备制培训，按规定给予培训补贴，对其中的农村学员和困难家庭成员给予生活费补贴，实施期限为 2020 年 1 月 1 日至 12 月 31 日。

（十六）加强职业培训基础能力建设。启动国家产教融合建设试点，加强公共实训基地和产教融合实训基地建设。支持各类企业和职业院校（含技工院校）合作建设职工培训中心、企业大学和继续教育基地，鼓励设备设施、教学师资、课程教材等培训资源共建共享。实施新职业开发计划，加大职业技能标准和职业培训包开发力度，建立急需紧缺职业目录编制发布制度。

六、做实就业创业服务

（十七）推进就业服务全覆盖。劳动年龄内、有劳动能力、有就业要求、处于失业状态的城乡劳动者可在常住地进行失业登记，申请享受基本公共就业服务。健全就业信息监测系统，开放线上失业登记入口，实现失业人员基本信息、求职意愿和就业服务跨地区共享。加强重大项目、重大工程、专项治理对就业影响跟踪应对，对涉及企业关停并转的，主管部门要及时将企业信息提供给当地人力资源社会保障部门；对可能造成规模性失业的，要同步制定应对措施。

（十八）加强岗位信息归集提供。政府投资项目产生的岗位信息、各方面开发的公益性岗位信息，在本单位网站和同级人力资源社会保障部门网站公开发布。健全岗位信息公共发布平台，市级以上公共就业人才服务机构要在 2020 年 3 月底前实现岗位信息在线发布，并向省级、国家级归集，加快实现公共机构岗位信息区域和全国公开发布。

（十九）强化常态化管理服务。实施基层公共就业服务经办能力提升计划，建立登记失业人员定期联系和分级分类服务制度，每月至少进行 1 次跟踪调查，定期提供职业介绍、职业指导、创业服务，推介就业创业政策和职业培训项目，对其中的就业困难人员提供就业援助。加强重点企业跟踪服务，提供用工指导、政策咨询、劳动关系协调等服务和指导。公共就业人才服务机构、经营性人力资源服务机构和行业协会提供上述服务的，有条件的地区可根据服务人数、成效和成本等，对其给予就业创业服务补助。

七、做好基本生活保障

（二十）更好发挥失业保险作用。对符合领取失业保险金条件的人员，及时发放失业保险金。对领取失业保险金期满仍未就业且距离法定退休年龄不足 1 年的人员，可继续发放失业保险金直至法定退休年龄。对失业保险金发放出现缺口的地区，采取失业保险调剂金调剂、地方财政补贴等方式予以支持。

（二十一）做好困难人员生活保障。对符合条件的生活困难下岗失业人员，发放临时生活补助。对生活困难的失业人员及家庭，按规定纳入最低生活保障、临时救助等社会救助范围。对实现就业的低保对象，可通过“低保渐退”等措施，增强其就业意愿和就业稳定性。

八、加强组织保障

（二十二）完善工作组织协调机制。县级以上地方政府要切实履行稳就业主体责任，建立政府负责人牵头、相关部门共同参与的工作组织领导机制，明确目标任务、工作责任和督促落实机制，统筹领导和推进本地区稳就业工作和规模性失业风险应对处置，压实促进就业工作责任。

（二十三）完善资金投入保障机制。积极投入就业补助资金，统筹用好失业保险基金、工业企业结构调整专项奖补资金等，用于企业稳定岗位、鼓励就业创业、保障基本生活等稳就业支出。有条件的地方可设立就业风险储备金，用于应对突发性、规模性失业风险。

（二十四）完善就业形势监测机制。持续抓好就业常规统计，提升数据质量和时效性，多维度开展重点区域、重点群体、重点行业、重点企业就业监测。加强移动通信、铁路运输、社保缴纳、招聘求职等大数据比对分析，健全多方参与的就业形势研判机制。

（二十五）完善突发事件处置机制。各地区要第一时间处置因规模性失业引发的群体性突发事件，防止矛盾激化和事态扩大。处置过程中，当地政府可根据需要与可能、统筹不同群体就业需求，依法依规制定临时性应对措施。

（二十六）完善舆论宣传引导机制。大力宣传党中央、国务院稳就业决策部署和支持就业创业政策措施，引导广大劳动者树立正确的劳动观、价值观，选树一批促进就业创业工作典型经验、典型人物，发掘一批在中西部和东北地区、艰苦边远地区、城乡基层就业创业的先进典型，及时开展表彰激励。牢牢把握信息发布和舆论引导主动权，做好舆情监测研判，建立重大舆情沟通协调和应急处置机制，消除误传误解，稳定社会预期。

人力资源社会保障部 财政部关于实施企业稳岗扩岗专项支持计划的通知（节选）①

（2020 年 5 月 9 日）

（上略）

一、总体要求

坚决贯彻中央统筹推进疫情防控和经济社会发展工作部署，强化底线思维，注重精准施策，坚持援企、稳岗、扩就业、保民生并举，用足用好失业保险基金、职业技能提升行动专账资金，大力实施稳岗返还、以工代训，支持企业稳定岗位，鼓励企业吸纳就业，保障劳动者基本生活，努力保持就业局势和社会大局稳定。

二、政策举措

（一）加大稳岗返还力度。加快落实失业保险稳岗返还政策，支持参保企业不裁员、少裁员。其中，对中小微企业，2020 年 12 月 31 日前返还标准最高可提至企业及其职工上年度缴纳失业保险费的 100%。提高返还标准后，各级失业保险经办机构要尽快补发 2020 年度返还资金。对面临暂时性生产经营困难且恢复有望、坚持不裁员或少裁员的参保企业，返还标准可按不超过 6 个月的当地月人均失业保险金和参保职工人数确定，或按不超过 3 个月的企业及其职工应缴纳社会保险费确定。实施企业稳岗返还的统筹地区上年失业保险基金滚存结余应具备 12 个月以上备付能力，实施困难企

① 《人力资源社会保障部 财政部关于实施企业稳岗扩岗专项支持计划的通知》，人社部网站，2020 年 12 月 28 日。

业稳岗返还的统筹地区备付能力应达到24个月以上，对于备付能力不足的统筹地区，要充分发挥省级调剂金作用，帮助当地实施困难企业稳岗返还政策，尽可能让符合条件的企业都能享受政策支持。

（二）拓宽以工代训范围。

支持企业面向新吸纳劳动者开展以工代训，扩岗位、扩就业。对中小微企业吸纳就业困难人员、零就业家庭成员、离校两年内高校毕业生、登记失业人员就业，并开展以工代训的，可根据吸纳人数给予企业职业培训补贴。

支持困难企业开展以工代训，稳岗位、保生活。对受疫情影响出现生产经营暂时困难导致停工停业的中小微企业，组织职工开展以工代训的，可根据组织以工代训人数给予企业职业培训补贴。

各地可结合实际情况，将受疫情影响较大的外贸、住宿餐饮、文化旅游、交通运输、批发零售等行业补贴范围扩展到各类企业。补贴资金主要用于开展以工代训、职工生活补助等支出。符合条件的企业申请以工代训职业培训补贴，应向当地人力资源社会保障部门提供以工代训人员花名册、当月发放工资银行对账单（其中停工停产企业需提供上一季度发放工资银行对账单）。经当地人力资源社会保障部门审核通过后，按规定每月将补贴资金支付到企业在银行开立的基本账户。补贴标准由省级人力资源社会保障、财政部门确定，补贴期限最长不超过6个月，所需资金从职业技能提升行动专账资金中列支。以工代训职业培训补贴政策受理期限截止到2020年12月31日，原有以工代训政策执行期限不变。

三、工作要求

（一）优化经办服务。各地要梳理发布专项支持计划的政策清单、申办流程、补贴标准、服务机构及联系方式、监督投诉电话等，结合本地区重点关注企业清单宣介政策、了解困难、做好帮扶。要精简申领证明材料，对同一企业同时申请多项政策的推行“打包”办理，不得要求重复提交材料。对稳岗返还政策，稳岗返还金额可依据征缴机构提供的上年度缴费记录按规定确定，不再要求提供职工花名册、工资表等；“生产经营活动应符合国家及所在区域产业结构调整和环保政策”的审核可采用企业承诺方式。要提高审核发放效率，做到随报随审，不得设定集中申报期和资金拨付期。要加快建立补贴资金网上申领渠道，推广“不见面”服务，努力实现补贴受理审核发放全程网办。

（二）强化资金保障监管。各地要加大以工代训职业培训补贴资金保障力度，确保政策落实。要按月监测失业保险基金运行状况，加强情况预判和适时调控，确保基金收支平衡和安全可持续。建立健全失业保险基金、职业技能提升行动专账资金监管机制，向社会公示享受政策的单位、额度等情况，加强监督检查和专项审计，对违规使用、骗取套取资金的要依法依规严惩，涉嫌犯罪的及时移交司法机关处理。

（三）加强组织领导。实施稳岗扩岗专项支持计划是当前稳就业、促就业、防失业的重要抓手，各地人力资源社会保障、财政部门要高度重视、精心组织。要制定实施方案，结合本地区就业工作需要，细化实化稳岗返还、以工代训政策，合理确定政策享受对象，明确操作流程和补贴标准。要依托现有信息系统，将以工代训政策实施情况纳入技能提升行动统计范围，按月上报政策落实情况。要强化宣传引导，充分运用各类媒体，及时向社会宣传专项支持计划政策举措、进展成效。专项支持计划实施情况将作为本年度稳就业工作相关督查、技能提升行动落实情况考核的重要内容。

各地实施专项支持计划的有关情况及工作中发现的困难问题，要及时报送人力资源社会保障部、财政部。

国务院办公厅关于支持多渠道灵活就业的意见（节选）[①]

（2020年7月28日）

（上略）

一、总体要求

以习近平新时代中国特色社会主义思想为指导，全面贯彻党的十九大和十九届二中、三中、四中全会精神，坚持以人民为中心的发展思想，把支持灵活就业作为稳就业和保居民就业的重要举措，坚持市场引领和政府引导并重、放开搞活和规范有序并举，顺势而为、补齐短板，因地制宜、因城施策，清理取消对灵活就业的不合理限制，强化政策服务供给，创造更多灵活就业机会，激发劳动者创业活力和创新潜能，鼓励自谋职业、自主创业，全力以赴稳定就业大局。

二、拓宽灵活就业发展渠道

（一）鼓励个体经营发展。持续深化商事制度改革，提供便捷高效的咨询、注册服务。引导劳动者以市场为导向，依法自主选择经营范围。鼓励劳动者创办投资小、见效快、易转型、风险小的小规模经济实体。支持发展各类特色小店，完善基础设施，增加商业资源供给。对下岗失业人员、高校毕业生、农民工、就业困难人员等重点群体从事个体经营的，按规定给予创业担保贷款、税收优

① 《国务院办公厅关于支持多渠道灵活就业的意见》，《中国对外经济贸易文告》，2020年51期。

惠、创业补贴等政策支持。（财政部、人力资源社会保障部、商务部、人民银行、税务总局、市场监管总局等按职责分工负责）

（二）增加非全日制就业机会。落实财政、金融等针对性扶持政策，推动非全日制劳动者较为集中的保洁绿化、批发零售、建筑装修等行业提质扩容。增强养老、托幼、心理疏导和社会工作等社区服务业的吸纳就业能力。加强对非全日制劳动者的政策支持，对就业困难人员、离校2年内未就业高校毕业生从事非全日制等工作的，按规定给予社会保险补贴。（民政部、财政部、人力资源社会保障部、住房城乡建设部、商务部、人民银行等按职责分工负责）

（三）支持发展新就业形态。实施包容审慎监管，促进数字经济、平台经济健康发展，加快推动网络零售、移动出行、线上教育培训、互联网医疗、在线娱乐等行业发展，为劳动者居家就业、远程办公、兼职就业创造条件。合理设定互联网平台经济及其他新业态新模式监管规则，鼓励互联网平台企业、中介服务机构等降低服务费、加盟管理费等费用，创造更多灵活就业岗位，吸纳更多劳动者就业。（国家发展改革委、教育部、工业和信息化部、人力资源社会保障部、交通运输部、商务部、文化和旅游部、国家卫生健康委、市场监管总局等按职责分工负责）

三、优化自主创业环境

（四）加强审批管理服务。开通行业准入办理绿色通道，对需要办理相关行业准入许可的，实行多部门联合办公、一站式审批。在政府指定的场所和时间内销售农副产品、日常生活用品，或者个人利用自己的技能从事依法无须取得许可的便民劳务活动，无须办

理营业执照。加大“放管服”改革力度，引导劳动者规范有序经营。（市场监管总局和地方各级人民政府按职责分工负责）

（五）取消部分收费。取消涉及灵活就业的行政事业性收费，对经批准占道经营的免征城市道路占用费。建立公开投诉举报渠道，依法查处违规收费行为。（财政部、住房城乡建设部、市场监管总局和地方各级人民政府按职责分工负责）

（六）提供低成本场地支持。落实阶段性减免国有房产租金政策，鼓励各类业主减免或缓收房租，帮助个体经营者等灵活就业人员减轻房租负担。有条件的地方可将社区综合服务设施闲置空间、非必要办公空间改造为免费经营场地，优先向下岗失业人员、高校毕业生、农民工、就业困难人员提供。（国家发展改革委、民政部、住房城乡建设部和地方各级人民政府按职责分工负责）

四、加大对灵活就业保障支持

（七）推动新职业发布和应用。密切跟踪经济社会发展、互联网技术应用和职业活动新变化，广泛征求社会各方面对新职业的意见建议，动态发布社会需要的新职业、更新职业分类，引导直播销售、网约配送、社群健康等更多新就业形态发展。及时制定新职业标准，推出新职业培训课程。完善统计监测制度，探索建立新就业形态统计监测指标。（人力资源社会保障部、国家统计局等负责。列第一位者为牵头单位，下同）

（八）开展针对性培训。将有创业意愿的灵活就业人员纳入创业培训范围，组织开展开办店铺、市场分析、经营策略等方面的创业培训，促进提升创业能力和创业成功率。支持各类院校、培训机构、互联网平台企业，更多组织开展养老、托幼、家政、餐饮、维修、美容美发等技能培训和新兴产业、先进制造业、现代服务业等领域新职业技能培训，推进线上线下结合，灵活安排培训时间和培训方式，按规定落实职业培训补贴和培训期间生活费补贴，增强劳动者就业能力。（人力资源社会保障部、教育部、财政部等负责）

（九）优化人力资源服务。把灵活就业岗位供求信息纳入公共就业服务范围，开设灵活就业专区专栏，免费发布供求信息，按需组织专场招聘，送岗位进基层进社区，提供职业指导等服务。指导企业规范开展用工余缺调剂，帮助有“共享用工”需求的企业精准、高效匹配人力资源。有条件的城市可选择交通便利、人员求职集中的地点设立劳务市场或零工市场，组织劳务对接洽谈，加强疫情防控、秩序维护和安全管理。鼓励各类人力资源服务机构为灵活就业人员提供规范有序的求职招聘、技能培训、人力资源外包等专业化服务，按规定给予就业创业服务补助。（人力资源社会保障部、财政部等负责）

（十）维护劳动保障权益。研究制定平台就业劳动保障政策，明确互联网平台企业在劳动者权益保护方面的责任，引导互联网平台企业、关联企业与劳动者协商确定劳动报酬、休息休假、职业安全保障等事项，引导产业（行业、地方）工会与行业协会或行业企业代表协商制定行业劳动定额标准、工时标准、奖惩办法等行业规范。依法纠正拖欠劳动报酬等违法违规行为。持续深入推进工程建设领域农民工按项目参加工伤保险，有针对性地做好工伤预防工作。（人力资源社会保障部、应急部、全国总工会等按职责分工负责）

（十一）加大对困难灵活就业人员帮扶力度。2020 年缴纳基本养老保险费确有困难的灵活就业人员，可按规定自愿暂缓缴费。对符合条件的灵活就业人员，及时按规定纳入最低生活保障、临时救助范围。（民政部、财政部、人力资源社会保障部、税务总局等按职责分工负责）

（下略）

人力资源社会保障部、国家发展改革委、教育部、财政部、中央军委国防动员部关于延续实施部分减负稳岗扩就业政策措施的通知（节选）[①]

（2021 年 5 月 20 日）

各省、自治区、直辖市人民政府，新疆生产建设兵团：

2020 年，新冠肺炎疫情突如其来，对经济和就业造成严重冲击。面对困难局面，党中央、国务院将稳就业、保居民就业摆在“六稳”、“六保”首位，全面强化就业优先政策，推出一系列超常规、阶段性举措，实现了就业局势逐步企稳、好于预期。为贯彻落实 2021 年《政府工作报告》关于就业优先政策要继续强化、聚力增效的部署，做好部分减负稳岗扩就业政策延续实施工作，经国务院同意，现就有关事项通知如下：

一、继续实施普惠性失业保险稳岗返还政策。参保企业上年度未裁员或裁员率不高于上年度全国城镇调查失业率控制目标，30 人（含）以下的参保企业裁员率不高于参保职工总数 20%的，可以申请失业保险稳岗返还。大型企业按不超过企业及其职工上年度实际缴纳失业保险费的 30%返还，中小微企业按不超过 60%返还。社会团体、基金会、社会服务机构、律师事务所、会计师事务所、以单位形式参保的个体经济组织参照实施。实施上述稳岗返还政策的统筹地区，上年度失业保险基金滚存结余备付期限应在 1 年以上。各地可采取后台数据比对方式，直接向符合条件的企业精准

① 《人力资源社会保障部、国家发展改革委、教育部、财政部、中央军委国防动员部关于延续实施部分减负稳岗扩就业政策措施的通知》，中国政府网，2021 年 5 月 25 日。

发放稳岗返还。

二、继续实施以工代训扩围政策。对中小微企业吸纳就业困难人员、零就业家庭成员、离校两年内高校毕业生、登记失业人员就业并开展以工代训的，根据吸纳人数给予企业职业培训补贴。对生产经营出现暂时困难导致停工停业的中小微企业组织职工以工代训的，根据以工代训人数给予企业职业培训补贴。各地可结合实际情况，将受疫情影响较大的住宿餐饮、文化旅游、交通运输、批发零售等行业的各类企业纳入补贴范围。

三、继续实施困难人员培训生活费补贴政策。对脱贫人口、就业困难人员、零就业家庭成员、“两后生”中的农村学员和城市低保家庭学员参加培训的，在落实职业培训补贴的同时，给予生活费（含交通费）补贴。

四、继续放宽技能提升补贴申领条件。参保职工取得职业资格证书或职业技能等级证书的，可按规定申请技能提升补贴。技能提升补贴申领条件，继续放宽至企业在职职工参加失业保险 1 年以上。

五、继续实施就业见习补贴提前发放政策。支持企业扩大见习岗位规模，对见习期未满与高校毕业生签订劳动合同的，给予见习单位剩余期限见习补贴。

六、继续实施失业保险保障扩围政策。对领取失业保险金期满仍未就业的失业人员、不符合领取失业保险金条件的参保失业人员，发放失业补助金；对参保不满 1 年的失业农民工，发放临时生活补助。保障范围为 2021 年 1 月 1 日之后新发生的参保失业人员。上年度失业保险基金滚存结余备付期限不足 2 年的省份，可结合本地原就业形势和基金支付能力，制定具体实施政策，并报人力资源社会保障部、财政部备案。

七、支持毕业生基层就业和升学入伍。稳定“三支一扶”计划等基层服务项目招募规模。适度扩大硕士研究生招生和普通高校专升本招生规模。稳定大学生应征入伍规模和征集比例，突出各级各类学校毕业生征集，拓宽高级技工学校、技师学院毕业生入伍通道。

八、支持毕业生自强自立、就业创业。对自主创业的毕业生，精准提供创业培训、创业服务，按规定落实创业担保贷款及贴息、创业补贴、场地支持等扶持政策。将支持和促进高校毕业生等重点群体创业就业有关税收优惠政策延续实施至 2025 年 12 月 31 日。灵活就业的高校毕业生参加职工基本养老保险，可选择灵活的缴费方式，在本省（自治区、直辖市）规定的个人缴费基数上下限范围内选择适当的缴费基数，选择按月、按季、按半年或按年缴费。

九、政策实施期限。上述第一至七项政策受理期限截至 2021 年 12 月 31 日。对 2020 年度已受理、享受期未满的减负稳岗扩就业政策，可继续按原政策享受至期满为止。鼓励各地根据就业工作需要，按规定制定符合本地实际的就业创业扶持政策。

（下略）

人力资源社会保障部、国家发展改革委、交通运输部、应急部、市场监管总局、国家医保局、最高人民法院、全国总工会关于维护新就业形态劳动者劳动保障权益的指导意见（节选）[①]

（2021 年 7 月 16 日）

（上略）

一、规范用工，明确劳动者权益保障责任

（一）指导和督促企业依法合规用工，积极履行用工责任，稳定劳动者队伍。主动关心关爱劳动者，努力改善劳动条件，拓展职业发展空间，逐步提高劳动者权益保障水平。培育健康向上的企业文化，推动劳动者共享企业发展成果。

（二）符合确立劳动关系情形的，企业应当依法与劳动者订立劳动合同。不完全符合确立劳动关系情形但企业对劳动者进行劳动管理（以下简称不完全符合确立劳动关系情形）的，指导企业与劳动者订立书面协议，合理确定企业与劳动者的权利义务。个人依托平台自主开展经营活动、从事自由职业等，按照民事法律调整双方的权利义务。

（三）平台企业采取劳务派遣等合作用工方式组织劳动者完成平台工作的，应选择具备合法经营资质的企业，并对其保障劳动者权益情况进行监督。平台企业采用劳务派遣方式用工的，依法履行

① 《人力资源社会保障部、国家发展改革委、交通运输部、应急部、市场监管总局、国家医保局、最高人民法院、全国总工会关于维护新就业形态劳动者劳动保障权益的指导意见》，中国政府网，2021 年 7 月 23 日。

劳务派遣用工单位责任。对采取外包等其他合作用工方式，劳动者权益受到损害的，平台企业依法承担相应责任。

二、健全制度，补齐劳动者权益保障短板

（四）落实公平就业制度，消除就业歧视。企业招用劳动者不得违法设置性别、民族、年龄等歧视性条件，不得以缴纳保证金、押金或者其他名义向劳动者收取财物，不得违法限制劳动者在多平台就业。

（五）健全最低工资和支付保障制度，推动将不完全符合确立劳动关系情形的新就业形态劳动者纳入制度保障范围。督促企业向提供正常劳动的劳动者支付不低于当地最低工资标准的劳动报酬，按时足额支付，不得克扣或者无故拖欠。引导企业建立劳动报酬合理增长机制，逐步提高劳动报酬水平。

（六）完善休息制度，推动行业明确劳动定员定额标准，科学确定劳动者工作量和劳动强度。督促企业按规定合理确定休息办法，在法定节假日支付高于正常工作时间劳动报酬的合理报酬。

（七）健全并落实劳动安全卫生责任制，严格执行国家劳动安全卫生保护标准。企业要牢固树立安全“红线”意识，不得制定损害劳动者安全健康的考核指标。要严格遵守安全生产相关法律法规，落实全员安全生产责任制，建立健全安全生产规章制度和操作规程，配备必要的劳动安全卫生设施和劳动防护用品，及时对劳动工具的安全和合规状态进行检查，加强安全生产和职业卫生教育培训，重视劳动者身心健康，及时开展心理疏导。强化恶劣天气等特殊情形下的劳动保护，最大限度减少安全生产事故和职业病危害。

（八）完善基本养老保险、医疗保险相关政策，各地要放开灵活就业人员在就业地参加基本养老、基本医疗保险的户籍限制，个别超大型城市难以一步实现的，要结合本地实际，积极创造条件逐步放开。组织未参加职工基本养老、职工基本医疗保险的灵活就业人员，按规定参加城乡居民基本养老、城乡居民基本医疗保险，做到应保尽保。督促企业依法参加社会保险。企业要引导和支持不完全符合确立劳动关系情形的新就业形态劳动者根据自身情况参加相应的社会保险。

（九）强化职业伤害保障，以出行、外卖、即时配送、同城货运等行业的平台企业为重点，组织开展平台灵活就业人员职业伤害保障试点，平台企业应当按规定参加。采取政府主导、信息化引领和社会力量承办相结合的方式，建立健全职业伤害保障管理服务规范和运行机制。鼓励平台企业通过购买人身意外、雇主责任等商业保险，提升平台灵活就业人员保障水平。

（十）督促企业制定修订平台进入退出、订单分配、计件单价、抽成比例、报酬构成及支付、工作时间、奖惩等直接涉及劳动者权益的制度规则和平台算法，充分听取工会或劳动者代表的意见建议，将结果公示并告知劳动者。工会或劳动者代表提出协商要求的，企业应当积极响应，并提供必要的信息和资料。指导企业建立健全劳动者申诉机制，保障劳动者的申诉得到及时回应和客观公正处理。

三、提升效能，优化劳动者权益保障服务

（十一）创新方式方法，积极为各类新就业形态劳动者提供个性化职业介绍、职业指导、创业培训等服务，及时发布职业薪酬和行业人工成本信息等，为企业和劳动者提供便捷化的劳动保障、税收、市场监管等政策咨询服务，便利劳动者求职就业和企业招工用工。

（十二）优化社会保险经办，探索适合新就业形态的社会保险经办服务模式，在参保缴费、权益查询、待遇领取和结算等方面提供更加便捷的服务，做好社会保险关系转移接续工作，提高社会保险经办服务水平，更好保障参保人员公平享受各项社会保险待遇。

（十三）建立适合新就业形态劳动者的职业技能培训模式，保障其平等享有培训的权利。对各类新就业形态劳动者在就业地参加职业技能培训的，优化职业技能培训补贴申领、发放流程，加大培训补贴资金直补企业工作力度，符合条件的按规定给予职业技能培训补贴。健全职业技能等级制度，支持符合条件的企业按规定开展职业技能等级认定。完善职称评审政策，畅通新就业形态劳动者职称申报评价渠道。

（十四）加快城市综合服务网点建设，推动在新就业形态劳动者集中居住区、商业区设置临时休息场所，解决停车、充电、饮水、如厕等难题，为新就业形态劳动者提供工作生活便利。

（十五）保障符合条件的新就业形态劳动者子女在常住地平等接受义务教育的权利。推动公共文体设施向劳动者免费或低收费开放，丰富公共文化产品和服务供给。

四、齐抓共管，完善劳动者权益保障工作机制

（十六）保障新就业形态劳动者权益是稳定就业、改善民生、加强社会治理的重要内容。各地区要加强组织领导，强化责任落实，切实做好新就业形态劳动者权益保障各项工作。人力资源社会保障部、国家发展改革委、交通运输部、应急部、市场监管总局、国家医保局、最高人民法院、全国总工会等部门和单位要认真履行职责，强化工作协同，将保障劳动者权益纳入数字经济协同治理体系，建立平台企业用工情况报告制度，健全劳动者权益保障联合激励惩戒机制，完善相关政策措施和司法解释。

（十七）各级工会组织要加强组织和工作有效覆盖，拓宽维权和服务范围，积极吸纳新就业形态劳动者加入工会。加强对劳动者的思想政治引领，引导劳动者理性合法维权。监督企业履行用工责任，维护好劳动者权益。积极与行业协会、头部企业或企业代表组织开展协商，签订行业集体合同或协议，推动制定行业劳动标准。

（十八）各级法院和劳动争议调解仲裁机构要加强劳动争议办案指导，畅通裁审衔接，根据用工事实认定企业和劳动者的关系，依法依规处理新就业形态劳动者劳动保障权益案件。各类调解组织、法律援助机构及其他专业化社会组织要依法为新就业形态劳动者提供更加便捷、优质高效的纠纷调解、法律咨询、法律援助等服务。

（十九）各级人力资源社会保障行政部门要加大劳动保障监察力度，督促企业落实新就业形态劳动者权益保障责任，加强治理拖欠劳动报酬、违法超时加班等突出问题，依法维护劳动者权益。各级交通运输、应急、市场监管等职能部门和行业主管部门要规范企业经营行为，加大监管力度，及时约谈、警示、查处侵害劳动者权益的企业。

各地区各有关部门要认真落实本意见要求，出台具体实施办法，加强政策宣传，积极引导社会舆论，增强新就业形态劳动者职业荣誉感，努力营造良好环境，确保各项劳动保障权益落到实处。

人力资源社会保障部 国家发展改革委 民政部 财政部关于实施提升就业服务质量工程的通知（节选）①

（2021 年 9 月 12 日）

（上略）

一、总体要求

（一）指导思想。以习近平新时代中国特色社会主义思想为指导，全面贯彻党的十九大和十九届二中、三中、四中、五中全会精神，坚定不移贯彻新发展理念，突出需求导向和目标导向，坚持扩容与提质并重、均等与精准并举，持续巩固提升覆盖全民、贯穿全程、辐射全域、便捷高效的全方位公共就业服务，为减少失业、促进就业提供坚实保障，为扎实推动共同富裕、构建新发展格局提供有力支撑。

（二）主要目标。到 2025 年，通过实施提升就业服务质量工程，均等化的服务制度更加健全，基本公共就业服务均等化水平明显提高；广覆盖的服务功能和体系不断完善，更好满足多样化、多层次的就业服务需求；专业化智慧化服务能力显著提升，劳动者和用人单位对就业服务满意度保持在较高水平。

二、重点任务

（三）提升就业失业管理服务覆盖面。切实承担辖区内劳动者

① 《人力资源社会保障部 国家发展改革委 民政部 财政部关于实施提升就业服务质量工程的通知》，中国政府网，2021 年 10 月 26 日。

就业失业管理服务职能，凡年满16周岁（含）至依法享受基本养老保险待遇、有劳动能力、有就业要求、处于失业状态的城乡劳动者（含港澳台劳动者），均可在常住地（或户籍地或参保地或就业地）进行失业登记。公共就业服务机构在10个工作日内办结失业登记。对处于就业状态的，由用人单位同步申请办理就业登记、社保登记和用工备案登记。将登记失业人员作为就业帮扶重点对象，落实联系责任、帮扶责任，对登记信息进行动态管理。

（四）提升免费招聘匹配服务供给量。加大招聘信息归集力度，依托现场经办、电话服务、网络登记等渠道全方位采集岗位信息，强化用人单位的主体责任和信息发布者的审查责任，保障信息真实有效。完善岗位信息免费发布机制，扩大公共招聘网岗位信息覆盖范围，加大服务大厅、社区（村）宣传栏等信息投放力度，降低劳动者岗位搜寻成本。探索运用大数据、云计算等技术手段，依据服务对象需求，匹配推送岗位信息。开展免费招聘对接活动，搭建辖区内企业用工调剂平台，组织劳务协作，更好满足市场主体用工需求。

（五）提升重点群体重点企业就业帮扶主动性。完善重点群体主动服务机制，对国家和地方政府确定的重点群体，主动联系，提供职业指导、职业介绍、创业孵化、政策落实等服务。健全重点企业用工常态化服务机制，制定重点企业清单，设立联络服务专员，通过有针对性的招聘服务，努力保障重点企业用工。对生产经营遇到困难的企业，提前介入指导稳岗，同步为被裁减人员提供就业帮扶。

（六）提升职业技能培训针对性。强化就业导向，加强急需紧缺职业（工种）培训，及时开发新职业并颁布新职业标准，帮助劳动者掌握新技术、新装备等实操技能。强化重点群体技能培训和创业培训，持续实施专项培训计划。推进中国特色企业新型学徒制培训，推动产教融合、校企合作，精准开展“菜单”式培训和定岗定向培训，实现培训培养与企业岗位需求的有效衔接。

（七）提升重大任务专项服务保障力。服务重大发展战略，推动就业服务融入现代产业体系、区域发展格局，开展具有行业特色、地域特色的专项就业服务活动，为高质量发展提供人力资源支撑。服务重大改革事项，及时跟踪对企业和劳动者的就业影响，实施专项用工指导和就业帮扶，保障改革任务平稳推进。服务重点地区，对失业风险集聚地区，及时启动失业风险防范应急响应预案，加强应急服务，努力稳定就业形势。

三、保障措施

（八）强化公共就业服务机构建设。县以上政府要设立公共就业服务机构，统筹优化现有的综合性服务场所和人才市场、创业服务机构、职业培训机构等专业化服务场所，提供招聘求职、创业服务、失业管理、重点群体帮扶等服务。街道（乡镇）和社区（村）要加强基层公共就业服务，通过线上线下多种方式，提供政策宣传、业务受理等基本服务。根据服务对象规模，合理优化现有公共就业服务机构人员结构和布局，将就业服务相关事项优先纳入社区工作者工作内容，引导服务力量向基层下沉。结合机构建设、服务成效等情况，开展公共就业服务机构星级评定。

（九）强化经营性人力资源服务机构管理创新。优化人力资源服务行政许可审批流程，支持通过兼并、收购、重组、联盟等方式，分类培育综合性人力资源服务企业和专精特新人力资源服务企业、单项冠军企业，引领行业高质量发展。鼓励服务创新和产品创新，推动高级人才寻访、人才测评、人力资源管理咨询等服务提质增效，满足多样化需求。

（十）强化就业服务社会组织培育。发挥各级各类社会组织参与就业服务积极作用，支持行业协会商会等社会组织结合自身业务范围和专长，依法有序提供就业服务。引导社区社会组织、社工职务机构在城乡基层党组织领导下，开展就业服务工作。组建就业创业服务志愿团队，广泛招募就业服务领域专家、企业家、各行各业有一定专长的热心人士等，深入社区、园区、高校、企业等开展公益性就业创业服务。

（十一）强化零工市场支持。加强零工市场建设，将零工信息纳入公共就业服务范围，有条件的地区可在公共招聘网开设零工信息（灵活就业）专区，组织开展招聘。支持有条件的地区建设一批规范化零工市场，对已经稳定运行的要掌握基本情况，压实属地管理责任，落实疫情防控、安全防范等要求，按需提供水电等基础保障，坚决杜绝直接取缔、“一关了之”等一刀切做法。政府支持的零工市场信息网络建设和运营维护相关支出，可按规定从就业补助资金等渠道列支。强化现有人力资源市场功能细分，根据本地区供需结构，因地制宜建设劳动力市场、人才市场、零工市场，或分时段分区域共享同一市场。

（十二）强化智慧服务体系构建。推进“互联网+”公共就业服务，加快省级集中的就业管理信息系统建设，提升业务管理和公共服务能力。持续推进就业信息联网发布，提升一站式求职招聘服务能力。加快与相关部门数据共享和比对分析，支持更好开展公共就业服务。

（十三）强化专业人员队伍打造。实施公共就业服务人员能力提升计划，举办示范培训班，开展业务轮训。强化专业服务队伍建设，大力推行职业指导、创业指导等相关人员职业技能等级认定工作，建立不同层级、不同类别就业创业指导专家团队。支持建立职业指导工作室，为求职者提供专业化职业指导服务。

（下略）

国务院办公厅关于进一步加大对中小企业纾困帮扶力度的通知（节选）[1]

（2021年11月10日）

（上略）

一、加大纾困资金支持力度。鼓励地方安排中小企业纾困资金，对生产经营暂时面临困难但产品有市场、项目有前景、技术有竞争力的中小企业，以及劳动力密集、社会效益高的民生领域服务型中小企业（如养老托育机构等）给予专项资金支持，减轻房屋租金、水电费等负担，给予社保补贴等，帮助企业应对原材料价格上涨、物流及人力成本上升等压力。落实创业担保贷款贴息及奖补政策。用好小微企业融资担保降费奖补资金，支持扩大小微企业融资担保业务规模，降低融资担保成本。有条件的地方要发挥好贷款风险补偿机制作用。（财政部、工业和信息化部、人力资源社会保障部、人民银行等国务院相关部门及各地区按职责分工负责）

二、进一步推进减税降费。深入落实月销售额15万元以下的小规模纳税人免征增值税、小型微利企业减征所得税、研发费用加计扣除、固定资产加速折旧、支持科技创新进口等税收优惠政策。制造业中小微企业按规定延缓缴纳2021年第四季度部分税费。研究适时出台部分惠企政策到期后的接续政策。持续清理规范涉企收费，确保政策红利落地。（财政部、税务总局、海关总署、市场监管总局等国务院相关部门及各地区按职责分工负责）

---

①《国务院办公厅关于进一步加大对中小企业纾困帮扶力度的通知》，《中华人民共和国国务院公报》，2021年34期。

三、灵活精准运用多种金融政策工具。加强再贷款再贴现政策工具精准“滴灌”中小企业，用好新增3000亿元支小再贷款额度。加大信用贷款投放，按规定实施普惠小微企业信用贷款支持政策。对于受新冠肺炎疫情、洪涝灾害及原材料价格上涨等影响严重的小微企业，加强流动资金贷款支持，按规定实施普惠小微企业贷款延期还本付息政策。（人民银行、银保监会按职责分工负责）

四、推动缓解成本上涨压力。加强大宗商品监测预警，强化市场供需调节，严厉打击囤积居奇、哄抬价格等违法行为。支持行业协会、大型企业搭建重点行业产业链供需对接平台，加强原材料保供对接服务。推动期货公司为中小企业提供风险管理服务，助力中小企业运用期货套期保值工具应对原材料价格大幅波动风险。稳定班轮公司在中国主要出口航线的运力供给。发挥行业协会、商会及地方政府作用，引导外贸企业与班轮公司签订长约合同，鼓励班轮公司推出中小企业专线服务。（国家发展改革委、工业和信息化部、市场监管总局、中国证监会、交通运输部、商务部等国务院相关部门及各地区按职责分工负责）

五、加强用电保障。加强电力产供储销体系建设，科学实施有序用电，合理安排错峰用电，保障对中小企业尤其是制造业中小企业的能源安全稳定供应。推动产业链龙头企业梳理上下游重点企业名单，保障产业链关键环节中小企业用电需求，维护产业链供应链安全稳定，确保企业已有订单正常生产，防范订单违约风险。加快推进电力市场化改革，充分考虑改革进程和中小企业承受能力，平稳有序推动中小企业进入电力市场。鼓励有条件的地方对小微企业用电实行阶段性优惠。（国家发展改革委、工业和信息化部及各地区按职责分工负责）

六、支持企业稳岗扩岗。落实失业保险稳岗返还及社保补贴、培训补贴等减负稳岗扩就业政策，支持中小企业稳定岗位，更多吸纳高校毕业生等重点群体就业。推动各级政府公共服务平台、人力资源服务机构为中小企业发布实时有效的岗位信息，加强用工供需信息对接。（人力资源社会保障部、财政部及各地区按职责分工负责）

七、保障中小企业款项支付。进一步落实《保障中小企业款项支付条例》，制定保障中小企业款项支付投诉处理办法，加强大型企业应付账款管理，对滥用市场优势地位逾期占用、恶意拖欠中小企业账款行为，加大联合惩戒力度。继续开展清理拖欠中小企业账款专项行动。推动各级政府部门、事业单位、大型企业及时支付采购中小企业货物、工程、服务的账款，从源头防范层层拖欠形成“三角债”。严禁以不签合同、在合同中不约定具体付款时限和付款方式等方法规避及时支付义务的行为。（工业和信息化部、国务院国资委、财政部、人民银行等国务院相关部门及各地区按职责分工负责）

八、着力扩大市场需求。加大民生领域和新型基础设施建设投资力度，进一步落实《政府采购促进中小企业发展管理办法》，鼓励各地因地制宜细化预留采购份额、价格评审优惠、降低投标成本、优先采购等支持措施。组织开展供需对接活动，促进大型企业扩大向中小企业采购规模。搭建政银合作平台，开展中小企业跨境撮合服务。依托跨境电商等外贸新业态，为中小企业提供远程网上交流、供需信息对接等服务。加快海外仓发展，保障外贸产业链供应链畅通运转。充分发挥境外经贸合作区作为中小企业“抱团出海”平台载体的作用，不断提升合作区建设质量和服务水平，引导

和支持有合作需求的中小企业入区开展投资合作。（国家发展改革委、财政部、商务部、工业和信息化部按职责分工负责）

九、全面压实责任。各有关部门、各地区要进一步把思想认识行动统一到党中央、国务院决策部署上来，强化责任担当，勇于开拓创新，进一步细化纾困举措，积极采取针对性措施，帮助中小企业应对困难，推动中小企业向“专精特新”方向发展，不断提升市场竞争力。各有关部门要加强对中小企业面临困难和问题的调研，总结经验做法，加强政策储备，适时推动出台；要加大对地方的指导支持力度，扎实推动各项政策措施落地见效。落实情况要及时报送国务院促进中小企业发展工作领导小组办公室。（国务院相关部门及各地区按职责分工负责）

全民所有制工业企业转换经营机制条例（节选）[①]

（1992年7月23日中华人民共和国国务院令第103号发布 根据2011年1月8日《国务院关于废止和修改部分行政法规的决定》修订）

第一章　总则

第一条　为了推动全民所有制工业企业（以下简称企业）进入市场，增强企业活力，提高企业经济效益，根据《中华人民共和国全民所有制工业企业法》（以下简称《企业法》），制定本条例。

第二条　企业转换经营机制的目标是：使企业适应市场的要求，成为依法自主经营、自负盈亏、自我发展、自我约束的商品生产和经营单位，成为独立享有民事权利和承担民事义务的企业法人。

第三条　转换企业经营机制必须遵循下列原则：

（一）坚持党的基本路线；

（二）坚持政企职责分开，保障国家对企业财产的所有权，实现企业财产保值、增殖，落实企业的经营权；

（三）坚持责、权、利相统一，正确处理国家和企业、企业和职工的关系，贯彻按劳分配的原则，把职工的劳动所得与劳动成果联系起来；

（四）发挥中国共产党的基层组织在企业中的政治核心作用，坚持和完善厂长（经理）负责制，全心全意依靠工人阶级；

（五）坚持深化企业改革与推进企业技术进步、强化企业管理相结合；

① 《全民所有制工业企业转换经营机制条例》，《中华人民共和国国务院公报》，1992年22期。

（六）坚持在建设社会主义物质文明的同时，建设社会主义精神文明，建设有理想、有道德、有文化、有纪律的职工队伍。

第四条　围绕转换企业经营机制，按照宏观要管好，微观要放开的要求，政府必须转变职能，改革管理企业的方式，培育和发展市场体系，建立和完善社会保障制度，协调配套地进行计划、投资、财政、税收、金融、价格、物资、商业、外贸、人事和劳动工资等方面的改革。

第五条　企业中的党组织和工会、共青团等组织以及全体职工都应当为实现企业转换经营机制的目标和《企业法》规定的企业根本任务开展工作。社会各有关方面都应当为企业转换经营机制创造条件。

第二章　企业经营权

第六条　企业经营权是指企业对国家授予其经营管理的财产（以下简称企业财产）享有占有、使用和依法处分的权利。

第七条　企业按照国家规定的资产经营形式，依法行使经营权。企业资产经营形式是指规范国家与企业的责、权、利关系，企业经营管理国有资产的责任制形式。

继续坚持和完善企业承包经营责任制。逐步试行税利分流，统一所得税率，免除企业税后负担，实行税后还贷。创造条件，试行股份制。

（中略）

第三章　企业自负盈亏的责任

第二十三条　企业以国家授予其经营管理的财产，承担民事责任。

企业对其法定代表人和其他工作人员，以法人名义从事的经营活动，承担民事责任。

厂长对企业盈亏负有直接经营责任；职工按照企业内部经济责任制，对企业盈亏也负有相应责任。

（下略）

国有企业富余职工安置规定①

（国务院第115次常务会议通过 1993年4月20日中华人民共和国国务院令第111号发布 自发布之日起施行）

第一条 为了妥善安置国有企业富余职工，增强企业活力，提高企业经济效益，制定本规定。

第二条 安置国有企业（以下简称企业）中的富余职工，应当遵循企业自行安置为主、社会帮助安置为辅，保障富余职工基本生活的原则。

第三条 企业安置富余职工应当依照本规定采取拓展多种经营、组织劳务活动、发展第三产业、综合利用资源和其它措施。

企业行政主管部门、劳动行政主管部门和工会组织应当指导、帮助和支持企业做好富余职工安置工作，积极创造条件，培育和完善劳务市场，开辟社会安置渠道。

第四条 企业为安置富余职工而兴办的从事第三产业的独立核算企业，自开业之日起两年免征、三年减半征收企业所得税。

第五条 企业开办的劳动就业服务企业，应当承担安置本企业富余职工的任务。企业应当按照国家有关国有资产管理的规定，在资金、场地、原材料和设备等方面给予扶持。

第六条 企业组织本企业富余职工依法兴办的独立核算企业，可以承担本企业中原由外单位承包的技术改造或者劳务项目。

第七条 企业可以对富余职工实行待岗和转业培训，培训期间

① 《国有企业富余职工安置规定》,《中华人民共和国国务院公报》，1993年08期。

的工资待遇由企业自行确定。

第八条　经企业职工代表大会讨论同意并报企业行政主管部门备案，企业可以对职工实行有限期的放假。职工放假期间，由企业发给生活费。

孕期或者哺乳期的女职工，经本人申请，企业可以给予不超过二年的假期。放假期间发给生活费。假期内含产假的，产假期间按照国家规定发给工资。

第九条　职工距退休年龄不到五年的，经本人申请，企业领导批准，可以退出工作岗位休养。职工退出工作岗位休养期间，由企业发给生活费。已经实行退休费用统筹的地方，企业和退出工作岗位休养的职工应当按照有关规定缴纳基本养老保险费。职工退出工作岗位休养期间达到国家规定的退休年龄时，按照规定办理退休手续。职工退出工作岗位休养期间视为工龄，与其以前的工龄合并计算。

第十条　职工可以申请辞职。经企业批准辞职的职工，在办理辞职手续时，企业应当按照国家有关规定发给一次性生活补助费。

第十一条　按照本规定第八条、第九条规定发放的生活费在企业工资基金中列支，生活费标准由企业自主确定，但是不得低于省、自治区、直辖市人民政府规定的最低标准。

第十二条　企业因生产经营发生重大变化，必须裁减职工的，对劳动合同制职工，经企业职工代表大会讨论同意，可以提前解除劳动合同，但是应当按照合同约定履行义务；合同没有约定的，企业对被提前解除劳动合同的职工，按照其在本企业工作的年限，工龄每满一年，发给相当于本人一个月标准工资的补偿费。

第十三条　各级劳动行政主管部门和企业行政主管部门应当做

好富余职工的社会安置和调剂工作，鼓励和帮助富余职工组织起来就业和自谋职业。企业之间调剂职工，可以正式调动，也可以临时借调；临时借调的，借调期间的工资和福利待遇由双方企业在协议中商定。

第十四条　富余职工由企业自行安置有困难到社会待业的，在待业期间，依法享受待业保险待遇。劳动行政主管部门和有关行政主管部门应当创造条件，帮助职工再就业。

第十五条　企业依照本规定兴办的独立核算企业安置的职工，按照国家有关规定纳入新办企业的职工人数和经济指标的统计范围。

第十六条　省、自治区、直辖市人民政府可以根据本规定制定实施办法。

第十七条　本规定由国务院劳动行政主管部门负责解释。

第十八条　本规定自发布之日起施。

国务院关于职工工作时间的规定[①]

（1994年2月3日中华人民共和国国务院令第146号发布 根据1995年3月25日《国务院关于修改〈国务院关于职工工作时间的规定〉的决定》修订）

第一条　为了合理安排职工的工作和休息时间，维护职工的休息权利，调动职工的积极性，促进社会主义现代化建设事业的发展，根据宪法有关规定，制定本规定。

第二条　本规定适用于在中华人民共和国境内的国家机关、社会团体、企业事业单位以及其他组织的职工。

第三条　职工每日工作8小时、每周工作40小时。

第四条　在特殊条件下从事劳动和有特殊情况，需要适当缩短工作时间的，按照国家有关规定执行。

第五条　因工作性质或者生产特点的限制，不能实行每日工作8小时、每周工作40小时标准工时制度的，按照国家有关规定，可以实行其他工作和休息办法。

第六条　任何单位和个人不得擅自延长职工工作时间。因特殊情况和紧急任务确需延长工作时间的，按照国家有关规定执行。

第七条　国家机关、事业单位实行统一的工作时间，星期六和星期日为周休息日。

企业和不能实行前款规定的统一工作时间的事业单位，可以根据实际情况灵活安排周休息日。

① 《国务院关于职工工作时间的规定》，《中华人民共和国国务院公报》，1994年03期。

第八条　本规定由劳动部、人事部负责解释；实施办法由劳动部、人事部制定。

第九条　本规定自 1995 年 5 月 1 日起施行。1995 年 5 月 1 日施行有困难的企业、事业单位，可以适当延期，但是，事业单位最迟应当自 1996 年 1 月 1 日起施行，企业最迟应当自 1997 年 5 月 1 日起施行。

社会保险费征缴暂行条例（节选）[1]

（1999年1月22日中华人民共和国国务院令第259号发布 根据2019年3月24日《国务院关于修改部分行政法规的决定》修订）

第一章　总则

第一条　为了加强和规范社会保险费征缴工作，保障社会保险金的发放，制定本条例。

第二条　基本养老保险费、基本医疗保险费、失业保险费（以下统称社会保险费）的征收、缴纳，适用本条例。

本条例所称缴费单位、缴费个人，是指依照有关法律、行政法规和国务院的规定，应当缴纳社会保险费的单位和个人。

第三条　基本养老保险费的征缴范围：国有企业、城镇集体企业、外商投资企业、城镇私营企业和其他城镇企业及其职工，实行企业化管理的事业单位及其职工。

基本医疗保险费的征缴范围：国有企业、城镇集体企业、外商投资企业、城镇私营企业和其他城镇企业及其职工，国家机关及其工作人员，事业单位及其职工，民办非企业单位及其职工，社会团体及其专职人员。

失业保险费的征缴范围：国有企业、城镇集体企业、外商投资企业、城镇私营企业和其他城镇企业及其职工，事业单位及其职工。

省、自治区、直辖市人民政府根据当地实际情况，可以规定将城镇个体工商户纳入基本养老保险、基本医疗保险的范围，并可以

---

① 《社会保险费征缴暂行条例》,《中华人民共和国国务院公报》，1999年04期。

规定将社会团体及其专职人员、民办非企业单位及其职工以及有雇工的城镇个体工商户及其雇工纳入失业保险的范围。

社会保险费的费基、费率依照有关法律、行政法规和国务院的规定执行。

第四条　缴费单位、缴费个人应当按时足额缴纳社会保险费。

征缴的社会保险费纳入社会保险基金，专款专用，任何单位和个人不得挪用。

第五条　国务院劳动保障行政部门负责全国的社会保险费征缴管理和监督检查工作。县级以上地方各级人民政府劳动保障行政部门负责本行政区域内的社会保险费征缴管理和监督检查工作。

第六条　社会保险费实行三项社会保险费集中、统一征收。社会保险费的征收机构由省、自治区、直辖市人民政府规定，可以由税务机关征收，也可以由劳动保障行政部门按照国务院规定设立的社会保险经办机构（以下简称社会保险经办机构）征收。

第二章　征缴管理

第七条　缴费单位必须向当地社会保险经办机构办理社会保险登记，参加社会保险。

登记事项包括：单位名称、住所、经营地点、单位类型、法定代表人或者负责人、开户银行账号以及国务院劳动保障行政部门规定的其他事项。

（下略）

就业服务与就业管理规定（节选）[①]

（2007年11月5日劳动保障部令第28号公布 根据2014年12月23日《人力资源社会保障部关于修改〈就业服务与就业管理规定〉的决定》第一次修订 根据2015年4月30日《人力资源社会保障部关于修改部分规章的决定》第二次修订 根据2018年12月14日《人力资源社会保障部关于修改部分规章的决定》第三次修订 根据2022年1月7日《人力资源社会保障部关于修改部分规章的决定》第四次修订）

第一章　总则

第一条　为了加强就业服务和就业管理，培育和完善统一开放、竞争有序的人力资源市场，为劳动者就业和用人单位招用人员提供服务，根据就业促进法等法律、行政法规，制定本规定。

第二条　劳动者求职与就业，用人单位招用人员，劳动保障行政部门举办的公共就业服务机构和经劳动保障行政部门审批的职业中介机构从事就业服务活动，适用本规定。

本规定所称用人单位，是指在中华人民共和国境内的企业、个体经济组织、民办非企业单位等组织，以及招用与之建立劳动关系的劳动者的国家机关、事业单位、社会团体。

第三条　县级以上劳动保障行政部门依法开展本行政区域内的就业服务和就业管理工作。

① 《就业服务与就业管理规定》，人社部网站，2022年11月28日。

第二章　求职与就业

第四条　劳动者依法享有平等就业的权利。劳动者就业，不因民族、种族、性别、宗教信仰等不同而受歧视。

第五条　农村劳动者进城就业享有与城镇劳动者平等的就业权利，不得对农村劳动者进城就业设置歧视性限制。

第六条　劳动者依法享有自主择业的权利。劳动者年满 16 周岁，有劳动能力且有就业愿望的，可凭本人身份证件，通过公共就业服务机构、职业中介机构介绍或直接联系用人单位等渠道求职。

第七条　劳动者求职时，应当如实向公共就业服务机构或职业中介机构、用人单位提供个人基本情况以及与应聘岗位直接相关的知识技能、工作经历、就业现状等情况，并出示相关证明。

第八条　劳动者应当树立正确的择业观念，提高就业能力和创业能力。

国家鼓励劳动者在就业前接受必要的职业教育或职业培训，鼓励城镇初高中毕业生在就业前参加劳动预备制培训。

国家鼓励劳动者自主创业、自谋职业。各级劳动保障行政部门应当会同有关部门，简化程序，提高效率，为劳动者自主创业、自谋职业提供便利和相应服务。

第三章　招用人员

第九条　用人单位依法享有自主用人的权利。用人单位招用人员，应当向劳动者提供平等的就业机会和公平的就业条件。

第十条　用人单位可以通过下列途径自主招用人员：

（一）委托公共就业服务机构或职业中介机构；

（二）参加职业招聘洽谈会；

（三）委托报纸、广播、电视、互联网站等大众传播媒介发布招聘信息；

（四）利用本企业场所、企业网站等自有途径发布招聘信息；

（五）其他合法途径。

（中略）

第四章　公共就业服务

第二十四条　县级以上劳动保障行政部门统筹管理本行政区域内的公共就业服务工作，根据政府制定的发展计划，建立健全覆盖城乡的公共就业服务体系。

公共就业服务机构根据政府确定的就业工作目标任务，制定就业服务计划，推动落实就业扶持政策，组织实施就业服务项目，为劳动者和用人单位提供就业服务，开展人力资源市场调查分析，并受劳动保障行政部门委托经办促进就业的相关事务。

第二十五条　公共就业服务机构应当免费为劳动者提供以下服务：

（一）就业政策法规咨询；

（二）职业供求信息、市场工资指导价位信息和职业培训信息发布；

（三）职业指导和职业介绍；

（四）对就业困难人员实施就业援助；

（五）办理就业登记、失业登记等事务；

（六）其他公共就业服务。

第二十六条　公共就业服务机构应当积极拓展服务功能，根据用人单位需求提供以下服务：

（一）招聘用人指导服务；

（二）代理招聘服务；

（三）跨地区人员招聘服务；

（四）企业人力资源管理咨询等专业性服务；

（五）劳动保障事务代理服务；

（六）为满足用人单位需求开发的其他就业服务项目。

第二十七条　公共就业服务机构应当加强职业指导工作，配备专（兼）职职业指导工作人员，向劳动者和用人单位提供职业指导服务。

公共就业服务机构应当为职业指导工作提供相应的设施和条件，推动职业指导工作的开展，加强对职业指导工作的宣传。

第二十八条　职业指导工作包括以下内容：

（一）向劳动者和用人单位提供国家有关劳动保障的法律法规和政策、人力资源市场状况咨询；

（二）帮助劳动者了解职业状况，掌握求职方法，确定择业方向，增强择业能力；

（三）向劳动者提出培训建议，为其提供职业培训相关信息；

（四）开展对劳动者个人职业素质和特点的测试，并对其职业能力进行评价；

（五）对妇女、残疾人、少数民族人员及退出现役的军人等就业群体提供专门的职业指导服务；

（六）对大中专学校、职业院校、技工学校学生的职业指导工作提供咨询和服务；

（七）对准备从事个体劳动或开办私营企业的劳动者提供创业

咨询服务；

（八）为用人单位提供选择招聘方法、确定用人条件和标准等方面的招聘用人指导；

（九）为职业培训机构确立培训方向和专业设置等提供咨询参考。

第二十九条　公共就业服务机构在劳动保障行政部门的指导下，组织实施劳动力资源调查和就业、失业状况统计工作。

第三十条　公共就业服务机构应当针对特定就业群体的不同需求，制定并组织实施专项计划。

公共就业服务机构应当根据服务对象的特点，在一定时期内为不同类型的劳动者、就业困难对象或用人单位集中组织活动，开展专项服务。

公共就业服务机构受劳动保障行政部门委托，可以组织开展促进就业的专项工作。

第三十一条　县级以上公共就业服务机构建立综合性服务场所，集中为劳动者和用人单位提供一站式就业服务，并承担劳动保障行政部门安排的其他工作。

街道、乡镇、社区公共就业服务机构建立基层服务窗口，开展以就业援助为重点的公共就业服务，实施劳动力资源调查统计，并承担上级劳动保障行政部门安排的其他就业服务工作。

公共就业服务机构使用全国统一标识。

第三十二条　公共就业服务机构应当不断提高服务的质量和效率。

公共就业服务机构应当加强内部管理，完善服务功能，统一服务流程，按照国家制定的服务规范和标准，为劳动者和用人单位提供优质高效的就业服务。

公共就业服务机构应当加强工作人员的政策、业务和服务技能培训，组织职业指导人员、职业信息分析人员、劳动保障协理员等专业人员参加相应职业资格培训。

公共就业服务机构应当公开服务制度，主动接受社会监督。

第三十三条　县级以上劳动保障行政部门和公共就业服务机构应当按照劳动保障信息化建设的统一规划、标准和规范，建立完善人力资源市场信息网络及相关设施。

公共就业服务机构应当逐步实行信息化管理与服务，在城市内实现就业服务、失业保险、就业培训信息共享和公共就业服务全程信息化管理，并逐步实现与劳动工资信息、社会保险信息的互联互通和信息共享。

第三十四条　公共就业服务机构应当建立健全人力资源市场信息服务体系，完善职业供求信息、市场工资指导价位信息、职业培训信息、人力资源市场分析信息的发布制度，为劳动者求职择业、用人单位招用人员以及培训机构开展培训提供支持。

第三十五条　县级以上劳动保障行政部门应当按照信息化建设统一要求，逐步实现全国人力资源市场信息联网。其中，城市应当按照劳动保障数据中心建设的要求，实现网络和数据资源的集中和共享；省、自治区应当建立人力资源市场信息网省级监测中心，对辖区内人力资源市场信息进行监测；劳动保障部设立人力资源市场信息网全国监测中心，对全国人力资源市场信息进行监测和分析。

第三十六条　县级以上劳动保障行政部门应当对公共就业服务机构加强管理，定期对其完成各项任务情况进行绩效考核。

第三十七条　公共就业服务经费纳入同级财政预算。各级劳动保障行政部门和公共就业服务机构应当根据财政预算编制的规定，依法编制公共就业服务年度预算，报经同级财政部门审批后执行。

公共就业服务机构可以按照就业专项资金管理相关规定，依法申请公共就业服务专项扶持经费。

公共就业服务机构接受社会各界提供的捐赠和资助，按照国家有关法律法规管理和使用。

公共就业服务机构为用人单位提供的服务，应当规范管理，严格控制服务收费。确需收费的，具体项目由省级劳动保障行政部门会同相关部门规定。

第三十八条　公共就业服务机构不得从事经营性活动。

公共就业服务机构举办的招聘会，不得向劳动者收取费用。

第三十九条　各级残疾人联合会所属的残疾人就业服务机构是公共就业服务机构的组成部分，负责为残疾劳动者提供相关就业服务，并经劳动保障行政部门委托，承担残疾劳动者的就业登记、失业登记工作。

第五章　就业援助

第四十条　公共就业服务机构应当制定专门的就业援助计划，对就业援助对象实施优先扶持和重点帮助。

本规定所称就业援助对象包括就业困难人员和零就业家庭。就业困难对象是指因身体状况、技能水平、家庭因素、失去土地等原因难以实现就业，以及连续失业一定时间仍未能实现就业的人员。零就业家庭是指法定劳动年龄内的家庭人员均处于失业状况的城市居民家庭。

对援助对象的认定办法，由省级劳动保障行政部门依据当地人民政府规定的就业援助对象范围制定。

第四十一条　就业困难人员和零就业家庭可以向所在地街道、社区公共就业服务机构申请就业援助。经街道、社区公共就业服务机构确认属实的，纳入就业援助范围。

第四十二条　公共就业服务机构应当建立就业困难人员帮扶制度，通过落实各项就业扶持政策、提供就业岗位信息、组织技能培训等有针对性的就业服务和公益性岗位援助，对就业困难人员实施优先扶持和重点帮助。

在公益性岗位上安置的就业困难人员，按照国家规定给予岗位补贴。

第四十三条　公共就业服务机构应当建立零就业家庭即时岗位援助制度，通过拓宽公益性岗位范围，开发各类就业岗位等措施，及时向零就业家庭中的失业人员提供适当的就业岗位，确保零就业家庭至少有一人实现就业。

第四十四条　街道、社区公共就业服务机构应当对辖区内就业援助对象进行登记，建立专门台账，实行就业援助对象动态管理和援助责任制度，提供及时、有效的就业援助。

第六章　职业中介服务

第四十五条　县级以上劳动保障行政部门应当加强对职业中介机构的管理，鼓励其提高服务质量，发挥其在促进就业中的作用。

本规定所称职业中介机构，是指由法人、其他组织和公民个人举办，为用人单位招用人员和劳动者求职提供中介服务以及其他相关服务的经营性组织。

政府部门不得举办或者与他人联合举办经营性的职业中介机构。

（中略）

第七章　就业与失业管理

第六十一条　劳动保障行政部门应当建立健全就业登记制度和失业登记制度，完善就业管理和失业管理。

公共就业服务机构负责就业登记与失业登记工作，建立专门台账，及时、准确地记录劳动者就业与失业变动情况，并做好相应统计工作。

就业登记和失业登记在各省、自治区、直辖市范围内实行统一的就业失业登记证（以下简称登记证），向劳动者免费发放，并注明可享受的相应扶持政策。

就业登记、失业登记的具体程序和登记证的样式，由省级劳动保障行政部门规定。

第六十二条　劳动者被用人单位招用的，由用人单位为劳动者办理就业登记。用人单位招用劳动者和与劳动者终止或者解除劳动关系，应当到当地公共就业服务机构备案，为劳动者办理就业登记手续。用人单位招用人员后，应当于录用之日起 30 日内办理登记手续；用人单位与职工终止或者解除劳动关系后，应当于 15 日内办理登记手续。

劳动者从事个体经营或灵活就业的，由本人在街道、乡镇公共就业服务机构办理就业登记。

就业登记的内容主要包括劳动者个人信息、就业类型、就业时间、就业单位以及订立、终止或者解除劳动合同情况等。就业登记的具体内容和所需材料由省级劳动保障行政部门规定。

公共就业服务机构应当对用人单位办理就业登记及相关手续设立专门服务窗口，简化程序，方便用人单位办理。

第六十三条　在法定劳动年龄内，有劳动能力，有就业要求，处于无业状态的城镇常住人员，可以到常住地的公共就业服务机构进行失业登记。

第六十四条　劳动者进行失业登记时，须持本人身份证件；有单位就业经历的，还须持与原单位终止、解除劳动关系或者解聘的证明。

（下略）

保障农民工工资支付条例（节选）[1]

（2019年12月4日国务院第73次常务会议通过 2019年12月30日中华人民共和国国务院令第724号公布）

第一章　总则

第一条　为了规范农民工工资支付行为，保障农民工按时足额获得工资，根据《中华人民共和国劳动法》及有关法律规定，制定本条例。

第二条　保障农民工工资支付，适用本条例。

本条例所称农民工，是指为用人单位提供劳动的农村居民。

本条例所称工资，是指农民工为用人单位提供劳动后应当获得的劳动报酬。

第三条　农民工有按时足额获得工资的权利。任何单位和个人不得拖欠农民工工资。

农民工应当遵守劳动纪律和职业道德，执行劳动安全卫生规程，完成劳动任务。

第四条　县级以上地方人民政府对本行政区域内保障农民工工资支付工作负责，建立保障农民工工资支付工作协调机制，加强监管能力建设，健全保障农民工工资支付工作目标责任制，并纳入对本级人民政府有关部门和下级人民政府进行考核和监督的内容。

乡镇人民政府、街道办事处应当加强对拖欠农民工工资矛盾的排查和调处工作，防范和化解矛盾，及时调解纠纷。

① 《保障农民工工资支付条例》，北京：中国法制出版社，2020年版。

第五条　保障农民工工资支付，应当坚持市场主体负责、政府依法监管、社会协同监督，按照源头治理、预防为主、防治结合、标本兼治的要求，依法根治拖欠农民工工资问题。

第六条　用人单位实行农民工劳动用工实名制管理，与招用的农民工书面约定或者通过依法制定的规章制度规定工资支付标准、支付时间、支付方式等内容。

第七条　人力资源社会保障行政部门负责保障农民工工资支付工作的组织协调、管理指导和农民工工资支付情况的监督检查，查处有关拖欠农民工工资案件。

住房城乡建设、交通运输、水利等相关行业工程建设主管部门按照职责履行行业监管责任，督办因违法发包、转包、违法分包、挂靠、拖欠工程款等导致的拖欠农民工工资案件。

发展改革等部门按照职责负责政府投资项目的审批管理，依法审查政府投资项目的资金来源和筹措方式，按规定及时安排政府投资，加强社会信用体系建设，组织对拖欠农民工工资失信联合惩戒对象依法依规予以限制和惩戒。

财政部门负责政府投资资金的预算管理，根据经批准的预算按规定及时足额拨付政府投资资金。

公安机关负责及时受理、侦办涉嫌拒不支付劳动报酬刑事案件，依法处置因农民工工资拖欠引发的社会治安案件。

司法行政、自然资源、人民银行、审计、国有资产管理、税务、市场监管、金融监管等部门，按照职责做好与保障农民工工资支付相关的工作。

第八条　工会、共产主义青年团、妇女联合会、残疾人联合会等组织按照职责依法维护农民工获得工资的权利。

第九条　新闻媒体应当开展保障农民工工资支付法律法规政策的公益宣传和先进典型的报道，依法加强对拖欠农民工工资违法行为的舆论监督，引导用人单位增强依法用工、按时足额支付工资的法律意识，引导农民工依法维权。

第十条　被拖欠工资的农民工有权依法投诉，或者申请劳动争议调解仲裁和提起诉讼。

任何单位和个人对拖欠农民工工资的行为，有权向人力资源社会保障行政部门或者其他有关部门举报。

人力资源社会保障行政部门和其他有关部门应当公开举报投诉电话、网站等渠道，依法接受对拖欠农民工工资行为的举报、投诉。对于举报、投诉的处理实行首问负责制，属于本部门受理的，应当依法及时处理；不属于本部门受理的，应当及时转送相关部门，相关部门应当依法及时处理，并将处理结果告知举报、投诉人。

第二章　工资支付形式与周期

第十一条　农民工工资应当以货币形式，通过银行转账或者现金支付给农民工本人，不得以实物或者有价证券等其他形式替代。

第十二条　用人单位应当按照与农民工书面约定或者依法制定的规章制度规定的工资支付周期和具体支付日期足额支付工资。

第十三条　实行月、周、日、小时工资制的，按照月、周、日、小时为周期支付工资；实行计件工资制的，工资支付周期由双方依法约定。

（中略）

第三章　工资清偿

第十六条　用人单位拖欠农民工工资的，应当依法予以清偿。

第十七条　不具备合法经营资格的单位招用农民工，农民工已经付出劳动而未获得工资的，依照有关法律规定执行。

第十八条　用工单位使用个人、不具备合法经营资格的单位或者未依法取得劳务派遣许可证的单位派遣的农民工，拖欠农民工工资的，由用工单位清偿，并可以依法进行追偿。

第十九条　用人单位将工作任务发包给个人或者不具备合法经营资格的单位，导致拖欠所招用农民工工资的，依照有关法律规定执行。

用人单位允许个人、不具备合法经营资格或者未取得相应资质的单位以用人单位的名义对外经营，导致拖欠所招用农民工工资的，由用人单位清偿，并可以依法进行追偿。

第二十条　合伙企业、个人独资企业、个体经济组织等用人单位拖欠农民工工资的，应当依法予以清偿；不清偿的，由出资人依法清偿。

第二十一条　用人单位合并或者分立时，应当在实施合并或者分立前依法清偿拖欠的农民工工资；经与农民工书面协商一致的，可以由合并或者分立后承继其权利和义务的用人单位清偿。

第二十二条　用人单位被依法吊销营业执照或者登记证书、被责令关闭、被撤销或者依法解散的，应当在申请注销登记前依法清偿拖欠的农民工工资。

未依据前款规定清偿农民工工资的用人单位主要出资人，应当在注册新用人单位前清偿拖欠的农民工工资。

第四章　工程建设领域特别规定

第二十三条　建设单位应当有满足施工所需要的资金安排。没有满足施工所需要的资金安排的，工程建设项目不得开工建设；依法需要办理施工许可证的，相关行业工程建设主管部门不予颁发施工许可证。

政府投资项目所需资金，应当按照国家有关规定落实到位，不得由施工单位垫资建设。

第二十四条　建设单位应当向施工单位提供工程款支付担保。

建设单位与施工总承包单位依法订立书面工程施工合同，应当约定工程款计量周期、工程款进度结算办法以及人工费用拨付周期，并按照保障农民工工资按时足额支付的要求约定人工费用。人工费用拨付周期不得超过 1 个月。

建设单位与施工总承包单位应当将工程施工合同保存备查。

第二十五条　施工总承包单位与分包单位依法订立书面分包合同，应当约定工程款计量周期、工程款进度结算办法。

第二十六条　施工总承包单位应当按照有关规定开设农民工工资专用账户，专项用于支付该工程建设项目农民工工资。

开设、使用农民工工资专用账户有关资料应当由施工总承包单位妥善保存备查。

第二十七条　金融机构应当优化农民工工资专用账户开设服务流程，做好农民工工资专用账户的日常管理工作；发现资金未按约定拨付等情况的，及时通知施工总承包单位，由施工总承包单位报告人力资源社会保障行政部门和相关行业工程建设主管部门，并纳入欠薪预警系统。

工程完工且未拖欠农民工工资的，施工总承包单位公示 30 日后，可以申请注销农民工工资专用账户，账户内余额归施工总承包单位所有。

第二十八条　施工总承包单位或者分包单位应当依法与所招用的农民工订立劳动合同并进行用工实名登记，具备条件的行业应当通过相应的管理服务信息平台进行用工实名登记、管理。未与施工总承包单位或者分包单位订立劳动合同并进行用工实名登记的人员，不得进入项目现场施工。

施工总承包单位应当在工程项目部配备劳资专管员，对分包单位劳动用工实施监督管理，掌握施工现场用工、考勤、工资支付等情况，审核分包单位编制的农民工工资支付表，分包单位应当予以配合。

施工总承包单位、分包单位应当建立用工管理台账，并保存至工程完工且工资全部结清后至少 3 年。

第二十九条　建设单位应当按照合同约定及时拨付工程款，并将人工费用及时足额拨付至农民工工资专用账户，加强对施工总承包单位按时足额支付农民工工资的监督。

因建设单位未按照合同约定及时拨付工程款导致农民工工资拖欠的，建设单位应当以未结清的工程款为限先行垫付被拖欠的农民工工资。

建设单位应当以项目为单位建立保障农民工工资支付协调机制和工资拖欠预防机制，督促施工总承包单位加强劳动用工管理，妥善处理与农民工工资支付相关的矛盾纠纷。发生农民工集体讨薪事件的，建设单位应当会同施工总承包单位及时处理，并向项目所在地人力资源社会保障行政部门和相关行业工程建设主管部门报告有关情况。

（中略）

第六章　法律责任

第五十三条　违反本条例规定拖欠农民工工资的，依照有关法律规定执行。

第五十四条　有下列情形之一的，由人力资源社会保障行政部门责令限期改正；逾期不改正的，对单位处 2 万元以上 5 万元以下的罚款，对法定代表人或者主要负责人、直接负责的主管人员和其他直接责任人员处 1 万元以上 3 万元以下的罚款：

（一）以实物、有价证券等形式代替货币支付农民工工资；

（二）未编制工资支付台账并依法保存，或者未向农民工提供工资清单；

（三）扣押或者变相扣押用于支付农民工工资的银行账户所绑定的农民工本人社会保障卡或者银行卡。

第五十五条　有下列情形之一的，由人力资源社会保障行政部门、相关行业工程建设主管部门按照职责责令限期改正；逾期不改正的，责令项目停工，并处 5 万元以上 10 万元以下的罚款；情节严重的，给予施工单位限制承接新工程、降低资质等级、吊销资质证书等处罚：

（一）施工总承包单位未按规定开设或者使用农民工工资专用账户；

（二）施工总承包单位未按规定存储工资保证金或者未提供金融机构保函；

（三）施工总承包单位、分包单位未实行劳动用工实名制管理。

第五十六条　有下列情形之一的，由人力资源社会保障行政部门、相关行业工程建设主管部门按照职责责令限期改正；逾期不改正的，处 5 万元以上 10 万元以下的罚款：

（一）分包单位未按月考核农民工工作量、编制工资支付表并经农民工本人签字确认；

（二）施工总承包单位未对分包单位劳动用工实施监督管理；

（三）分包单位未配合施工总承包单位对其劳动用工进行监督管理；

（四）施工总承包单位未实行施工现场维权信息公示制度。

第五十七条　有下列情形之一的，由人力资源社会保障行政部门、相关行业工程建设主管部门按照职责责令限期改正；逾期不改正的，责令项目停工，并处 5 万元以上 10 万元以下的罚款：

（一）建设单位未依法提供工程款支付担保；

（二）建设单位未按约定及时足额向农民工工资专用账户拨付工程款中的人工费用；

（三）建设单位或者施工总承包单位拒不提供或者无法提供工程施工合同、农民工工资专用账户有关资料。

第五十八条　不依法配合人力资源社会保障行政部门查询相关单位金融账户的，由金融监管部门责令改正；拒不改正的，处 2 万元以上 5 万元以下的罚款。

第五十九条　政府投资项目政府投资资金不到位拖欠农民工工资的，由人力资源社会保障行政部门报本级人民政府批准，责令限期足额拨付所拖欠的资金；逾期不拨付的，由上一级人民政府人力资源社会保障行政部门约谈直接责任部门和相关监管部门负责人，必要时进行通报，约谈地方人民政府负责人。情节严重的，对地方人民政府及其有关部门负责人、直接负责的主管人员和其他直接责任人员依法依规给予处分。

第六十条　政府投资项目建设单位未经批准立项建设、擅自扩大建设规模、擅自增加投资概算、未及时拨付工程款等导致拖欠农民工工资的，除依法承担责任外，由人力资源社会保障行政部门、其他有关部门按照职责约谈建设单位负责人，并作为其业绩考核、薪酬分配、评优评先、职务晋升等的重要依据。

第六十一条　对于建设资金不到位、违法违规开工建设的社会投资工程建设项目拖欠农民工工资的，由人力资源社会保障行政部门、其他有关部门按照职责依法对建设单位进行处罚；对建设单位负责人依法依规给予处分。相关部门工作人员未依法履行职责的，由有关机关依法依规给予处分。

第六十二条　县级以上地方人民政府人力资源社会保障、发展改革、财政、公安等部门和相关行业工程建设主管部门工作人员，在履行农民工工资支付监督管理职责过程中滥用职权、玩忽职守、徇私舞弊的，依法依规给予处分；构成犯罪的，依法追究刑事责任。

第七章　附则

第六十三条　用人单位一时难以支付拖欠的农民工工资或者拖欠农民工工资逃匿的，县级以上地方人民政府可以动用应急周转金，先行垫付用人单位拖欠的农民工部分工资或者基本生活费。对已经垫付的应急周转金，应当依法向拖欠农民工工资的用人单位进行追偿。

第六十四条　本条例自 2020 年 5 月 1 日起施行。

报刊摘要

▼

关于劳动就业发展战略的研究报告

（劳动部劳动就业问题研究小组[①]，《中国劳动科学》，1990 年 01 期）

本报告由劳动部劳动就业问题研究小组完成，是第一个完整的关于就业发展战略的研究报告，回顾了从 1979 年到 1988 年这十年的劳动就业历程，也提出此后七年劳动就业总体设想，制定了总体战略目标，即适应社会主义有计划的商品经济发展的要求，在深化“三结合”就业方针的基础上，培育有计划的市场就业机制，充分开发和利用我国丰富的劳动力资源。分析了实现战略的具体对策，对制定这一阶段的就业规划起到了重要作用。

① 劳动部劳动就业问题研究小组成员有张小建、毛健、于法鸣、党晓捷、莫荣。

培育和发展我国劳务市场机制

（党晓捷、张小建，《经济理论与经济管理》，1991 年 06 期）

本报告由劳动部劳动就业问题研究小组完成，是第一个完整的关于我国劳务市场机制的研究报告。文中首先对我国劳务市场机制作出已有发展但尚处于初创阶段的判断；其次，在劳务市场机制发展模式的选择方面，从“大市场”“大计划”“双轨制”和“一体两制”四种发展模式的分析比较中，确定“一体两制”模式为发展方向；最后，分析市场机制的培育过程，设计基本发展道路，作出基本设想，对培育发展我国劳动力市场起到了重要作用。

关于中国农村就业问题研究

（劳动部劳动就业问题研究小组，《中国劳动》，1990 年 04 期）

本报告由劳动部劳动就业问题研究小组完成，是第一个完整的关于中国农村就业问题的研究报告。首先，本文对农村就业现状作出初步判断，提出农村就业开始出现转机，但尚未完全改观；其次，从理论和实践结合的基础之上，认识农村就业的地位、方位、方式和管理等问题；再次，在对“城市化”“就地消化”和“自我转化”三种道路的分析比较中，确定自我转化为农村就业的发展方向；最后，提出促进农村就业发展的对策措施，对促进农村劳动力流动就业起到了重要作用。

中国劳动就业服务经济研究

（劳动部劳服经济问题研究小组，《经济研究参考》，1992 年 03 期）

本报告由劳动部劳服经济问题研究小组完成，是第一个完整的关于中国劳动就业服务经济的研究报告。本文首先回顾了我国劳动就业服务经济的基本性质、经营机制、发展概况与地位作用；其次，确定了此后十年劳动就业服务经济“突出特色，坚持服务，提高素质，以业养业”的指导思想，并阐述发展设想；最后，提出发展的主要对策思路，对促进劳务经济发展起到了重要作用。

我国劳动力市场的培育与发展研究

（劳动部就业司、劳动部劳科所课题组，《管理世界》，1994 年 03 期）

本报告从确立市场主体、培育运行机制和调整国家干预的角度，设计我国劳动力市场发展的总目标，并拟定实现这一目标近期应采取的对策措施。报告立足于三个基本要求：一是把研究目标放在中期和近期，即以今后七年时间为限，特别突出今后两三年的改革进程；二是以劳动力市场为准绳，评判以往劳动领域的各项重大改革并提出深化改革的方向和道路；三是力求突出可操作性，集中研究面临的难题和实践方法。

城乡统筹是解决就业问题的正确方针

（任扶善，《经济与管理研究》，1995 年 06 期）

本文提出，针对我国今后面临的就业形势，不仅要解决好城镇的待业和失业问题，还要解决好农业剩余劳动力的转移问题，两者必须统筹兼顾，适当安排。解决就业问题是一项复杂而繁重的系统工程，必须从多方面进行艰苦和长期的努力，才能彻底改变中国劳动力供大于求的局面，逐步达到充分就业的要求。

总结经验，积极开拓，搞好农村劳动力资源开发利用

（林用三，《中国劳动科学》，1997 年 01 期）

本文强调，积极引导农业剩余劳动力向非农产业稳步转移，是关系到中国社会经济发展和人民生活水平提高的重大问题，是 20 世纪 90 年代乃至更长时期内一项紧迫而艰巨的任务。文章认真总结农村劳动力开发就业试点工作的成效、基本经验和存在的问题，并提出，要结合农村改革和发展，大力推广试点地区的成功经验和有效做法，深化和拓展试点工作，将国家“九五”计划中提出的农村劳动力转移与就业的任务落到实处。

机会与能力——中国农村劳动力的就业和流动

（周其仁，《管理世界》，1997 年 05 期）

本文在综合利用相关数据和研究成果基础上，扼要地描述中国农村劳动力就业和流动的现状、判断趋势、厘清问题，强调国家发展策略和体制选择决定农村就业的机会空间，农村劳动力的素质决定了抓住就业机会的能力。最后提出，要坚持方向明确的城乡改革政策，加大开发我国城乡人力资源的力度，在提高经济效率的基础上，缓解以致最后消除农村就业的巨大压力。

转轨时期的人力资源开发与就业战略

（载宋晓梧著，《宋晓梧学术自传》，广东经济出版社 2020 年出版，第 95–103 页）

本文围绕计划配置与市场配置的关系、物质资本积累与人力资本积累的关系、经济发展与促进就业的关系、社会保障水平和工资水平以及就业水平的关系、就业总量与就业结构的关系、农村就业与城镇就业的关系等几个方面来阐述。

就业优先：中长期发展战略的必然选择

（陈淮，《中国人力资源社会保障》，1999 年 07 期）

1997 年以来，由于历史性、体制性等多种因素，我国的就业压力骤然增大。文章分析认为，中国原有中长期发展战略有两个重要缺陷：一是“温饱”与“奔小康”战略中对社会化程度较高的城镇地区的基本生活保障措施有所忽略；二是向社会主义市场经济转变战略中主要注重的是如何把物的要素从原有体制的束缚下解脱出来，而人的要素脱离原有体制的改革则严重滞后。要运用有限的存量与增量资源来避免各方面利益矛盾趋于激化，就需要在中长期发展战略中确立就业优先的原则，并提出，就业优先的基本含义是劳动者基本生活保障优先。

世界发展趋势和我国就业政策研究

（劳动保障部专题研究小组，《中国就业》，2003 年 04 期）

就业与民生息息相关。就业状况对一个国家社会经济的发展有着极其重要的影响。我国是世界上人口最多、劳动力资源最丰富的国家，促进就业是一项长期而又艰巨的任务。对于维护改革发展稳定的大局，实现全面建设小康社会的目标，都具有十分重大的意义。

高技能人才培养之不足及对策

（杨河清、吴江，《中国培训》，2005 年 02 期）

文章提出，目前中国高技能人才培养和成长的现实状况可以概括为“老、少、难、旧、缺、软”六个方面，技术工人特别是中高技能人才短缺的现状，影响中国在世界市场上的竞争力。为适应我国经济发展对高技能人才的迫切需要，必须从经济与企业发展的战略高度，整体规划高技能人才的培养与应用。

关于实施扩大就业的发展战略，实现社会就业更加充分研究报告

（劳动保障部专项研究小组，《中国就业》，2008 年 03 期）

就业是民生之本，“充分就业”是小康社会的重要目标，也是就业工作的最高目标。党的十六大将实现社会就业比较充分作为到2020 年全面建设小康社会的重要目标之一，十六届六中全会将实现社会就业比较充分作为构建和谐社会的九大目标和任务之一。党的十七大对实现全面建设小康社会奋斗目标提出了新的更高的要求，提出了实施扩大就业的发展战略，促进以创业带动就业，实现社会就业更加充分的目标。这要求我们加快促进就业工作的进度，加大促进就业政策的力度。正确理解“充分就业”的深刻含义，并根据今后经济和社会发展进程，研究制定相应的经济社会发展战略和政策措施来逐步实现这一目标，具有重要的现实意义和长远的战略意义。

中国实现扩大就业、体面劳动的经验

（田成平，《中国经济周刊》，2007 年 32 期）

本文提出，中国的实践表明，扩大就业、实现体面劳动，必须

妥善处理好经济增长与扩大就业的关系，必须充分发挥政策引导、职业培训和就业服务的重要作用，必须强化平等就业，完善社会保障，建立和谐劳动关系，切实维护劳动者合法权益。

中国就业应对国际金融危机方略系列研究报告

（人力资源社会保障部专题组，《中国就业》，

2009 年 11 期至 12 期，2020 年 01 期）

本系列报告由人力资源社会保障部专题组完成，专题组由张小建、于法鸣指导，游钧、莫荣、赵立卫、廖骏、陈兰组成，莫荣负责起草工作。第一次全面系统深入分析国际金融危机对我国就业的影响，科学评估现行政策成效，并进一步研究如何实现财政、货币、产业政策与就业政策的协调。系列研究报告分别为：《中国就业应对国际金融危机方略系列研究报告报告之一金融危机对我国就业产生的冲击、重大挑战和新机遇》《中国就业应对国际金融危机方略系列研究报告报告之二应对金融危机就业政策的评估》《中国就业应对国际金融危机方略系列研究报告报告之三财政、货币和产业政策与就业政策的协调》，附报告 1：《4 万亿投资能够拉动多少就业岗位？》，附报告 2：《“中国就业应对国际金融危机的方略”高层研讨会专家观点》。

对当前劳动力市场变化的几点认识和思考

（曾湘泉，《CMRC 中国经济观察》，2010 年 7 月 24 日）

文章回顾了 2009 年至 2010 年中国劳动力市场的几起重大事件，在此基础上引出并且分析四个问题：中国劳动力市场供求关系是否已经改变；低工资时代是否预计结束；劳资关系的力量对比是否已经改变；以及政策取向应是什么。最后提出，保障就业首先要保持经济的可持续增长；建立工资的正常增长机制；加大改革力度，缓解结构性失业，提高就业能力；提高养老金水平；加大中介服务建设，减少摩擦性失业；重视劳动科学的研究和人才培养等。

对“十二五”时期就业形势和面临问题的基本判断

（葛延风，《国家行政学院学报》，2010 年 03 期）

文章阐述，从劳动力供需双方的变化趋势看，“十二五”后期，中国很有可能出现劳动力从总量供大于求走向基本平衡的转折点。相比之下，就业结构矛盾、劳动力市场不完善、特殊群体就业压力大等问题在“十二五”时期会进一步凸显，流动就业也会出现一些新特点。

发展绿色就业

（张丽宾，《中国发展观察》，2010 年 02 期）

文章认为，绿色就业发展战略的总体目标是以绿色就业为方向扩大就业。制定促进绿色就业发展的政策，就是要绿化更加积极的就业政策体系，一方面将“绿色”的观念植入现行的政策体系中，另一方面将以往相关的政策纳入这一政策体系，并提出八项促进绿色就业发展的具体政策建议。

坚持民生之本，为实现劳动者充分就业而奋斗

（中共人力资源社会保障部党组，载中国就业促进会编，

《中国就业最新理论研究成果：2003—2012》，

中国劳动社会保障出版社 2012 年出版，第 6–17 页）

此论文被评为庆祝建党 90 周年理论研讨会优秀论文。文中提出，就业问题是一个世界性难题。在中国这样一个世界上人口最多的发展中国家，就业问题的艰巨性和复杂性更是任何国家都无法比拟的。在中国共产党的领导下，坚持就业是民生之本的理念，从实际出发，根据保障和改善民生的需要，不断推进就业的改革和发展，制定和实行积极就业政策，促进就业扩大与经济发展实现良性互动，经过长期不懈的实践探索，逐步走出一条中国特色就业发展道路，取得了举世瞩目的巨大成就。总结我们党领导就业工作的基本经验，一是坚持就业是民生之本，将促进就业作为安国之策；二是坚持依据国情实际，科学确定就业发展战略和目标任务；三是坚

持市场改革方向，充分发挥市场机制的基础性作用；四是坚持积极就业政策，形成促进就业的长效机制。

文中还提出，到2020年全面建成小康社会时，我国实现社会就业更加充分的目标：一是人力资源得到更加充分的开发和利用。二是就业渠道通畅，劳动者自主择业、自由流动、自主创业的环境良好。三是有就业能力和就业愿望的劳动者都能享有平等的就业机会，社会失业率和平均失业周期控制在社会能承受的范围内。四是劳动者的就业权益得到有效保障，就业的稳定性进一步提高。劳动关系更加和谐并形成健全的协调机制。文中强调，实现社会就业更加充分的目标，必须进一步加强党对就业工作的领导，把扩大城乡劳动者的就业作为保障和改善民生的头等大事，作为经济社会发展的优先目标，把充分就业贯穿于整个国民经济和社会发展的始终。

就业扩张与工资增长（2001—2010）
——开放宏观视角下中国劳动力市场报告简报

（卢锋，《CMRC“开放宏观视角下中国就业增长”研讨会》，2011年6月12日）

此报告是北京大学国家发展研究院、中国宏观经济研究中心受人力资源社会保障部就业促进司委托，从开放宏观视角对我国劳动市场和就业形势近年演变特点进行研究的成果，发表在2011年6月12日举办的CMRC“开放宏观视角下中国就业增长”研讨会，共有五篇报告，分别是：《“量价齐增”：中国近年劳动市场事实特征描述——“CMRC开放宏观视角下中国劳动市场”报告简报之一》

《转型仍将持续，就业压力犹存——“CMRC开放宏观视角下中国劳动市场”报告简报之二》《晚近宏观景气增长基本面条件与不平衡表现——“CMRC开放宏观视角下中国劳动市场”报告简报之三》《中国就业扩张面临新矛盾与潜在风险——“CMRC开放宏观视角下中国劳动市场”报告简报之四》《开放宏观与就业政策配套改革建议——“CMRC开放宏观视角下中国劳动市场”报告简报之五》。报告提出，21世纪最初十年特别是“十一五”时期，伴随新一轮宏观经济高增长，我国劳动市场出现前所未有的就业扩张与工资增长局面。报告在观察基本事实的基础上，从供给和需求两方面对我国近年劳动市场变动进行考察，报告更重视考察新一轮宏观经济增长和需求扩张特点，从就业—工资增长与开放宏观经济联系角度评估劳动市场近年发展的稳健程度及可持续性。报告建议“十二五”时期把开放宏观与就业政策结合起来进行配套改革。改革内容和目标包括：以汇率和利率改革为枢纽点加快调整完善开放宏观政策架构，确立以宏观均衡为基准的充分就业目标，加快改革培育现代劳动市场，充实和完善积极就业促进政策。

我国就业转型的特征与启示

（卢锋，《2011冬季CMRC中国经济观察》，2012年2月25日）

本文梳理并概括改革开放以来（1978年至2011年）中国就业转型方面的基本特征，在此基础上总结了我国就业转型的成就、经验和问题，并提出未来就业政策应从侧重数量扩张朝“数量与质量、速度与结构”并重方向调整，并与开放宏观政策和人口土地等深层改革相匹配，保障我国就业和经济整体最终实现成功转型。

关于发展智力密集型产业和开发相关职业岗位的研究初探

（张小建、李越、陈斯毅，《第一资源》，2013 年 04 期）

发展智力密集型产业和开发相关职业岗位，是实现中国就业转型的需要，是主动顺应“世界升级大调整”，打造中国经济“升级版”的必由之路，也是从岗位供给源头解决大学生就业难的根本之道。本文从理论上探讨了智力密集型产业发展和相关职业岗位开发的基本问题和意义，并提出相关政策建议。

就业质量评估指标体系框架研究

（张小建、马永堂，载余兴安主编，《中国人力资源发展报告（2014）》，社科文献出版社 2014 年出版，第 107–122 页）

为更好地贯彻落实党的十八大提出的实现更高质量就业的战略部署和工作要求，本报告在深入研究国内外研究成果的基础上，结合我国现阶段发展的实际国情，初步设计并提出了一套评估就业质量的指标体系，并建议在一些条件较为成熟的地区先行先试，以期在实践中不断总结经验，使其更加完善、科学、简便易行。目的是用其衡量和检测全国与某地区在某一阶段或时期的就业质量情况，发现问题，找出差距，为推进我国实现更高质量就业提供参考。

推动实现更高质量的就业：理论探讨与政策建议

（赖德胜、石丹淅，《第一资源》，2013 年 01 期）

本文指出，提升就业质量有利于经济可持续发展、创新型国家建设、和谐社会构建和法治国家建设，也是全面建成小康社会的必然趋势。实证研究发现，除了少数经济发达的省份以外，当前我国就业质量的总体水平不高，地区间就业质量差异明显。转变经济发展方式、有效实施就业优先战略、平衡好劳动力市场的灵活性和稳定性，加强职业培训提高劳动者的就业能力、构建和谐劳动关系、提高劳动力市场法治程度等有助于以较低成本和较快速度实现高质量就业。

多方着手，实施更加积极的就业政策

（信长星，《劳动保障世界》，2015 年 25 期）

本文表明，在经济增速趋缓的背景下，就业局势保持基本稳定，但当前和今后一个时期，中国又处在增长速度换挡期、结构调整阵痛期、前期刺激政策消化期三期叠加的特殊阶段，就业形势还将更加复杂严峻，并呈现出不同以往的新特点、新挑战。为做好新时期就业工作，要从优化劳动力供给和改善劳动力需求两侧精准发力，深入实施就业优先战略和更加积极的就业政策，扎实做好各项就业工作，用社会政策托底经济转型，全力确保就业局势稳定。

提高就业质量增加人民收入

（莫荣，人民政协网，2018 年 3 月 10 日）

党的十九大报告指出“就业是最大的民生”，要“提高就业质量和人民收入水平”，体现了以人民为中心的发展思想，反映了亿万劳动者的心声。能够得到一份更好、更稳定的工作，是每一位劳动者及其家人共同的期盼。通过高质量就业和辛勤劳动提高收入，是人民实现美好生活的主要途径。

高质量就业意味着充分的就业机会、公平的就业环境、良好的就业能力、合理的就业结构、和谐的劳动关系。实现高质量就业，是我国经济由高速增长阶段转向高质量发展阶段的内在要求，也是解决当前就业总量问题和结构性矛盾的重要抓手。

实现高质量就业主要面临四大挑战：一是我国每年新进入就业市场的劳动力保持在 1500 万人左右，就业总量不减，但由于科技不断进步，可能在短期内导致就业岗位减少。二是传统就业服务虽然在解决就业数量问题等方面卓有成效，但服务理念、服务手段等仍相对落后，缺少解决就业质量问题的经验，也缺乏大幅提高劳动者素质的有效做法。三是就业歧视现象在一定范围内仍然存在，阻碍了劳动力和人才的流动，创新创业中最活跃因素——人的潜力没有得到最大限度的发挥。四是高质量就业尚未完全带来全体人民收入的同步提高，在促进经济结构调整、生产方式现代化等方面的作用发挥不够。为此建议：

一、提高就业政策的前瞻性。建立就业预测和失业预警系统，及早分析预测，提前做好政策储备，解决好短期的就业冲击，让就业结构顺利完成转换。坚定实施就业优先战略和积极的就业政策，在制定宏观经济政策时优先考虑高质量就业，保证充分就业目标实现。

二、完善全方位就业服务。公共就业服务在理念上要以劳动者为中心，对城乡劳动者一视同仁，服务水平要专业化，依靠“互联网+”等现代科技手段提高服务能力，让求职者足不出户、随时随地享受到免费公共就业服务。大力发展人力资源服务产业，通过市场化的民营人力资源服务，满足劳动者多样化的就业需求。职业培训要坚持以服务就业为导向，以提升技能为核心，加强顶层设计，完善政策体系。建立劳动者终生职业技能培训制度，建立适合不同群体的终生培训计划，提高培训的针对性和有效性。充分发挥各类职业院校、培训机构的作用，特别要发挥行业、企业在职工培训和高技能人才培养中的关键作用。统筹使用各类培训资金，加强培训资金效益评估，提高培训资金使用效率。

三、营造公平就业环境。政府要承担起维护公平就业的责任，畅通劳动力和人才流动通道，使创新创业活力在流动中竞相迸发。查找并消除影响平等就业的制度障碍，保障妇女、残疾人以及农民等全体劳动者享有平等的劳动权利，使人人都有通过劳动实现自身发展的机会。职业中介机构在招聘、用人单位在用人过程中要公开透明，向劳动者提供平等的就业机会、公平的就业条件。

四、发挥高质量就业对现代经济体系的支撑作用，实现人民收入同步增长。高质量就业可有效推动经济结构调整，实现生产方式现代化，促进现代经济体系形成，带来全社会劳动生产率的提高。建议按照劳动报酬与劳动生产率同步提高的原则，逐步增加工资，扩大中等收入群体。尊重劳动，鼓励人民参与新业态劳动，拓宽居民劳动和财产收入渠道，实现居民收入与经济同步增长。履行好政府再分配的调节职能，增加低收入者收入，最终实现收入分配合理、社会公平正义、全体人民共同富裕。

加快构建全方位公共就业服务体系研究

（张小建、柏莉、田光哲、马永堂，载莫荣主编，《中国就业发展报告（2019）》，社会科学文献出版社 2019 年出版，第 95–112 页）

党的十九大对新时代公共就业服务的发展提出更新更高要求，将提供全方位公共就业服务作为实现更高质量和更加充分就业目标的重大举措。该研究报告包括三方面研究内容：首先，明确全方位公共就业服务内涵及其工作体系的要素，包括制度标准要素、硬件建设要素、智能建设要素、机构合成要素、能力建设要素、体制保障要素；其次，确定构建全方位公共就业服务体系的战略目标、总体框架和工作思路；最后，提出实施工作的重点和主要措施建议，一是全力提升就业服务能效，使之在落实就业创业新政中发挥积极作用，二是大力推进就业服务均等化，使之在就业扶贫攻坚决战中发挥重要作用，三是努力提升就业服务应对重大事件能力，使之在应对重大危机中为稳定和扩大就业发挥保障作用。

中国就业 40 年改革发展报告

（莫荣、陈云，载莫荣主编，《中国就业发展报告（2019）》，

社会科学文献出版社 2019 年出版，第 1–26 页）

本文阐述了改革开放 40 年来，在改革开放初期、社会主义市场经济体制建立和完善时期以及中国特色社会主义新时代，我国就业改革发展始终与经济发展相适应，针对不同时期的就业形势和主要矛盾，实事求是、不断创新就业理论和政策实践，坚持以人民为中心的价值立场，始终把就业摆在经济社会发展的优先位置，不断创新、丰富和完善就业方针、政策，实现了就业局势的长期持续稳定，就业规模持续扩大，就业结构不断优化，政策和服务体系不断完善。

智能化对就业的影响

（李宗泽，载莫荣主编，《中国就业发展报告（2019）》，

社会科学文献出版社 2019 年出版，第 45–63 页）

本文提出，智能化的发展是重大产业变革，引发就业全面转型、岗位替代和创造同时发生，就业质量提升，创新的职业体系全面扩大。中国处于产业智能化升级的战略机遇期，总体就业转型升级平稳过渡，局部转型风险犹存。技能变迁是智能化就业效应的实质，智能化对行业和地区、就业人群效应各异。面对变革，劳动力市场制度体系要快速升级，建立就业治理、产业就业协同机制，提高人力资源服务和培训的适用性。

中国新就业形态发展报告

（孟续铎，载莫荣主编，《中国就业发展报告（2019）》，
社会科学文献出版社 2019 年出版，第 64–83 页）

本文基于新就业形态的背景和意义，阐述了内涵定义、现状及特征，回顾当前支持新就业形态发展的政策经验，针对目前面临的问题和障碍，提出要坚持支持和促进新就业形态发展的总体思路，实施一系列促进新就业形态发展的就业扶持政策，并完善适应新就业形态特点的社保政策和全方位公共就业服务。

就业扶贫经验、新形势与长效机制建设

（陈云，载莫荣主编，《中国就业发展报告（2021）》，
社会科学文献出版社 2021 年出版，第 134–153 页）

本文概括总结就业扶贫的主要实践内容及经验，分析存在的问题，认为在完成脱贫攻坚任务后，就业扶贫的对象、目标任务、工作内容和方式都将发生新的变化，就业扶贫面临新的形势和挑战。并提出，在新形势下需要探索建立就业扶贫长效机制，包括建立科学的目标设计与有效核查激励机制、政策对象的精准识别和动态调整机制、政策内容创新与调整机制、协调高效的政策实施工作机制、可及可靠可持续的保障机制等。

就业扶贫政策及实施情况

（张丽宾，载莫荣主编，《中国就业发展报告（2019）》，
社会科学文献出版社 2019 年出版，第 144–162 页）

本文首先从中共中央政策文件、国务院及有关部门政策、各地政策三个层次，对 2015 年以来我国就业扶贫政策进行梳理，对其内容、特点进行分类总结。其次从各地鼓励吸纳贫困劳动力就业、支持创业带动就业、开展有组织劳务输出、公益性岗位托底安置、完善就业服务和其他实践六个方面，通过做法介绍、案例分析和经验总结，对就业扶贫政策的实施情况进行研究。在此基础上，提出就业扶贫政策存在的问题和完善就业扶贫政策面临的问题。最后从完善就业扶贫政策的指导思想、完善就业扶贫载体的政策、进一步完善就业扶贫专岗、提高贫困劳动力外出转移的组织化程度、发展县域经济拓宽就地就近就业的空间、提高公共就业服务的可及性和精准性、优化就业扶贫政策提高政策的可及性等八个方面提出完善就业扶贫政策的建议。

中国残疾人就业及政策分析

（李付俊，载莫荣主编，《中国就业发展报告（2019）》，
社会科学文献出版社 2019 年出版，第 227–245 页）

本文在分析全球及国内残疾人就业现状的基础上，提出了当前我国残疾人就业在就业结构矛盾、就业服务精准性、就业歧视以及残疾人自身心理因素等方面存在的问题。同时对新中国成立以来，

我国促进残疾人就业的政策按时间序列进行梳理，并且从劳动力供给、需求以及供求匹配三个方面对当前我国促进残疾人就业政策的创新性做法进行总结和分析。

新就业形态的概念、现状与协同治理

（莫荣，《新经济导刊》，2020 年 03 期）

我国当前独特的大规模移动上网人群具有极大的规模效应，大量互联网服务平台及其联网的企业、消费者和劳动者，形成了特有的互联网生态、网上劳动力市场和新就业形态，这需要我们探索符合中国特色社会主义道路的新就业形态的协同治理机制。本文为国家社科基金重大项目“我国新就业形态的发展趋势、影响与协同治理研究”，第一次提出了新就业形态的概念，明确其概念范围与边界，并给出加强新就业形态综合治理的政策建议。

宏观经济、技术进步与就业发展

（高文书，载莫荣主编，《中国就业发展报告（2020）》，社会科学文献出版社 2020 年出版，第 19–35 页）

本文首先阐述了 2020 年中国宏观经济形势，深入分析新技术革命对社会经济和就业的影响，中国新技术产业发展迅速，给就业带来新机遇和新挑战。提出要利用新技术革命契机，发展新经济，创造新就业。面对新冠肺炎疫情对就业的冲击，要大力推广远程办公、在家办公、弹性工作等新型工作方式；在就业的行业结构方面，要对住宿餐饮业、旅游业、文化娱乐业、交通运输业等受疫情影响严重的行业提供特别政策支持；要大力发展数字经济等新经济形态，培育新的就业增长点。

人工智能对我国重点行业就业的影响

（崔艳，载莫荣主编，《中国就业发展报告（2020）》，
社会科学文献出版社 2020 年出版，第 36–39 页）

本文针对人工智能对我国重点行业就业的影响做出详尽剖析，对其影响机理、当前面临的环境进行深入分析。基于此，本报告提出要探索建立促进就业高质量发展的有效机制、实施促进新就业形态发展的扶持政策、建立适应人工智能发展的教育培训制度、落实和深化创新创业机制、完善行业监管以保障劳动者权益、构筑托底保障机制等建议。

我国人力资源与实体经济协同发展研究报告

（田大洲，载莫荣主编，《中国就业发展报告（2020）》，
社会科学文献出版社 2020 年出版，第 169–199 页）

本报告提出要促进人力资源与实体经济协同发展，就要积极发展服务业、中小企业等劳动密集型产业和部门；要确保产业发展与人力资源协同的政策具有地区属性，允许就业优先政策在省级甚至

是市级行政区划范围内具有针对性，确保政策有效性。

数字经济时代应高度重视就业政策 如何让新技术和数字经济的发展创造更多、更高质量的就业岗位

（蔡昉，《财经界》，2021 年 25 期）

本文强调，数字经济时代在强调技术创新的同时，制度创新的要求更高、任务更重、完成起来更困难。发展数字经济要注重就业，应打造一个更高版本的就业优先政策；需要重新构建一个新型社会保障方式、模式去适应新就业形态；要与时俱进，探索适应新技术，特别是针对新就业形态的劳动力市场制度。

新发展阶段中国经济结构变化对就业形势的影响

（孟续铎、詹婧、赵越，载莫荣主编，《中国就业发展报告（2021）》，社会科学文献出版社 2021 年出版，第 54–66 页）

本章立足过去一段时期以来中国经济产业结构调整大趋势，分析展望“十四五”时期产业结构变化和新经济新业态发展状况，并对可能带来的就业影响进行研究预判，提出要强化就业优先战略，建立就业优先政策协同机制；提高就业质量，助力实现共同富裕；完善灵活就业制度供给，发展新就业形态；重视稳定就业能力不足的人口就业等政策建议。

中国中老年劳动者就业状况、问题及建议
——基于 CHARLS 的分析

（王格玮、赵耀辉，载莫荣主编，《中国就业发展报告（2021）》，社会科学出版社 2021 年出版，第 67–86 页）

本文利用中国健康与养老追踪调查数据分析了中国中老年人口的就业现状，认为在老龄化程度加深的背景下，更好地利用中老年劳动力资源，是一个重要的政策领域。提出为推进积极老龄化战略，政府应推动灵活退休制度，健全中老年就业人员的培训教育机制，制定反对歧视老年人的法律法规，同时加大对农村老年人的经济支持。

中国新就业形态的发展特征与劳动用工政策的演进

（涂伟，载莫荣主编，《中国就业发展报告（2021）》，社会科学文献出版社 2021 年出版，第 248–264 页）

本文阐述了以平台就业为典型代表的新就业形态，对劳动关系认定、从业人员的劳动权益保障带来了巨大的挑战。提出未来中国的劳动用工政策可在三个方面进一步完善，包括尝试构建一套保障平台就业者基本劳动权益的劳动基准体系、扩大社会保障制度的覆盖范围、对“掩盖劳动关系”给予坚决遏制。

促进零工经济劳动力市场规范发展研究

（莫荣、鲍春雷，《中国劳动》，2021 年 04 期）

零工经济快速发展，在全球范围内形成趋势，进而推动零工劳动力市场发生新变化，呈现出就业形式多元化、组织方式平台化、工作安排任务化、用工管理数字化、兼职工作便利化、用工关系复杂化等特点。本文在讲述零工经济的内涵、兴起原因、发展现状和主要特征的同时，还揭示零工经济劳动力市场存在的问题与挑战，提出按照以人民为中心的发展思想规范各类零工就业的概念和范围，完善统计调查制度；实施促进新就业形态发展的就业扶持政策；补齐短板，切实保障新就业形态劳动者的基本权益；完善职业教育培训制度，制定并完善支持零工就业人员的职业培训政策；健全适应零工经济就业特点的社保政策等建议。

研究课题

▼

新时期就业方针

（劳动部劳动科学研究所课题组，载劳动部劳动科学研究所《研究参考》，1997 年 18 期）

新时期就业方针由劳动部劳动科学研究所课题组完成，课题负责人于法鸣，报告执笔人莫荣。本课题的就业方针于 1997 年提出，1998 年使用于系统工作会部长报告中，逐渐成为大家接受的就业方针，通过完善使用至今。就业方针的主要内容共有三点：一是自主择业，是指劳动者进入劳动力市场，通过各种渠道自谋职业。二是市场调节就业，是指通过培育与发展劳动力市场，以市场机制为配置劳动力资源的基础性调节手段，实现用人单位和劳动者的双向选择。三是政府促进就业，是指政府通过宏观经济与就业协调发展的政策发展经济包括发展第三产业、个体私营经济，增加就业岗位；实行积极的就业政策，扩大投入，健全和发展就业服务体系；采取必要措施，帮助下岗职工和其他特殊群体实现就业。

关于当前农民工流动就业数量、结构与特点研究

（劳动保障部第一课题组，2005 年）

本课题首先研究了农民工流动就业的数量。其次提出该阶段我国的农民工流动就业的结构特点。一是以青壮年劳动力为主，男性居多；二是文化素质和接受技能培训的比例虽有所提高，但整体仍显偏低；三是主要为自发外出或亲友介绍方式，也有组织外出逐年增加；四是中西部地区为主要输出地，东部地区为主要输入地，半数农民工跨省流动；五是以从事制造业和建筑业为主，并已成为从业人员主体，服务行业逐渐成为吸纳农民工的重要渠道。六是务工收入呈上升趋势，并成为农村家庭增收的重要来源；七是外出就业时间延长，举家外出比重增大。最后，本课题还阐述了农民工流动就业的趋势和主要问题。一方面是农民工流动就业基本趋势，呈现规模继续扩大，流向呈集中与分散化并存；另一方面，农民工流动就业存在的主要问题，例如就业环境须进一步改善，工资待遇和权益维护与稳定就业存在较大差距，技能人才需求与技能素质偏低的矛盾等。

关于农民工流动就业与劳动力市场建设问题研究

（劳动保障部第二课题组，2005 年）

本课题根据农民工流动就业的现状和特点，提出农民工已成为我国产业大军的主体，以及我国劳动力市场的二元特性；农民工流动就业面临着就业环境有待改善，合法权益得不到有效保护，后续

发展面临困境等主要问题。此外，课题还就农民工流动就业存在的问题进行原因分析，认为其存在着供给大、素质低，管理服务缺失，城乡分割和区域分治的管理体制问题。最后，就建设城乡统一的劳动力市场的基本思路，给出具体政策建议，分别为：一是建立城乡统筹就业的组织领导体制；二是实施综合配套改革，逐步消除制度性障碍；三是建立和完善劳动力市场，促进农民工就业和城乡统一劳动力市场的建立；四是切实加大政府对劳动力市场基础建设的投入。

关于农民工就业服务和培训问题研究

（劳动保障部第三课题组，2005 年）

本课题首先根据就业服务、职业培训的工作现状以及流动就业试点及地方创新经验来分析农民工就业服务和培训的基本情况。其次，阐述存在的主要问题，如公共信息渠道不畅、市场中介行为不规范、培训与生产服务实际脱节等。再次，对问题原因进行了分析：提出政策缺乏、投入不足；服务和培训模式不适应；城乡分割、地区分治和财政分灶吃饭；社会对农民工的歧视等需要改进的方面。最后，课题提出对策措施建议。一是统筹规划、明确责任、完善组织领导体系，加强部门间协调沟通，建立政府牵头、部门相互配合、社会各方参与的工作机制；二是强化公益服务与规范市场服务相结合，推动供求信息的沟通和对接，大力发展适合农民工需要的就业服务；三是制定和实施以项目为龙头的农民工国家培训计划，整合培训资源，创新培训方式，提高培训质量；四是健全农村县乡就业服务体系，形成覆盖城乡的服务网络，从基层抓好组织服务和信息管理工作；五是制定免费职业介绍和培训补贴政策，多渠道、大幅度增加农民工职业培训和就业服务资金投入。

关于农民工工资和劳动保护问题研究

（劳动保障部第四课题组，2005 年）

本课题首先分析了农民工工资和劳动保护工作现状。其次，还对农民工工资和劳动保护方面存在的主要问题进行了阐述，例如，存在拖欠农民工工资现象，加班加点工资却不能足额领取，劳动环境和工作条件比较恶劣等。再次，还剖析了原因，认为还存在歧视农民工的观念；劳动保障法制建设相对滞后；不少用人单位劳动用工管理混乱，农民工自我维权能力较弱等问题。最后，课题还提出针对解决农民工工资和劳动保护问题的对策建议。一方面，从近期看，应从解决当前最突出的矛盾和问题入手，狠抓各项制度的贯彻落实。进一步加大劳动保障监察执法力度，及时处理涉及农民工的劳动争议案件，继续推进预防拖欠工资问题的制度建设，进一步完善劳动合同制度的劳动保护制度，加强法制宣传教育，提高用人单位的法治观念和农民工的依法维权意识。另一方面，从长远看，应逐步健全和完善各项法律法规，加快建立长效机制。加快健全和完善有关劳动法律法规，加强对农民工工资水平的宏观指导和调控，提高农民工组织化程度，推进集体协商制度建设，根本扭转农民工的错误观念。

关于农民工社会保障问题研究

（劳动保障部第五课题组，2005 年）

本课题首先分析了农民工社会保障现状，提出了存在的主要问题及分析，例如就业不稳定导致参保困难，农民工、用人单位和地方政府各有顾虑，社保制度门槛高、转移难等。其次，还阐述了农民工社会保障的基本思路，提出将农民工纳入社会保险、适应流动的需求，坚持低标准准入，根据保障需求与现实可能逐步推进的基本原则。最后，课题还提出具体的政策建议：一是按《工伤保险条例》为农民工参加工伤保险；二是为不稳定就业农民工建立大病医疗保险；三是建立适合不稳定就业农民工特点的过渡性养老保险制度；四是依法为稳定就业农民工参加城镇职工社会保险；五是进一步改革和完善社会保障制度；六是积极探索、建立健全农村社会保障制度；七是建立农民工应急救助机制。

战略研究：统筹城乡劳动力就业

（劳动保障部劳动科学研究所课题组，《中国劳动》，2005 年 05 期）

当前，我国国有企业改革调整和下岗职工再就业取得重大进展，城市化和经济全球化加快推进，这样一种新形势对推进统筹城乡就业工作提出了客观要求，也提供了现实可能。广东省作为我国经济运行市场化程度和经济发展水平较高的地区之一，面临着加快推进统筹城乡就业的现实问题。为提高对统筹城乡就业问题的认识，为科学决策提供依据，2004 年，广东省劳动保障厅委托劳动科学研究所开展了广东省统筹城乡就业战略专题研究。目前，课题研究工作已完成。虽然本研究主要是针对广东的，但统筹城乡就业是全国性的重大战略课题。广东的经验对全国其他地区特别是沿海发达地区具有重要的先导和示范作用，基于广东的研究对于全国特别是东部沿海地区具有重要的借鉴意义，我们将课题研究报告的部分内容整理成文，供读者参考。

“十二五”实施就业优先战略势在必行
——关于“就业优先发展战略”的若干思考

（中国就业促进会课题组，《人力资源开发》，2011 年 02 期）

本课题首先介绍就业优先的由来、含义及其意义。其次，强调就业优先应该形成长效机制。其中，在总体布局上，更加注重选择有利于扩大就业的经济社会发展战略；在要素投入上，更加注重通过人力资源的充分开发利用来促进经济增长；在部署安排和具体实施上，注重将促进就业融入经济社会发展进程。最后，提出应该牢固树立“就业优先”意识，建立“就业优先”目标评估体系，把就业效应作为评估经济社会发展成果和解决民生问题的重要指标。

关于经济发展与就业增长的关系研究

（人力资源社会保障部课题组，载中国就业促进会编，《中国就业最新理论研究成果（2003—2012）》，中国劳动社会保障出版社2012 年出版，第 160–189 页）

本课题为人力资源社会保障部 2011 年重大课题研究成果，由张小建指导，莫荣为组长，陈云、曹佳、李宏为成员。报告针对我国经济发展与就业增长存在的不匹配问题，结合许多国家出现的“高增长低就业”现象，分析了实现经济发展与就业增长良性互动需要解决的问题，预测“十二五”时期经济发展带动就业的状况，并提出：一是“GDP至上”的发展观，造成在经济发展与就业增长的关系问题上出现了政策目标的偏离。二是经济结构与就业结构的调整不匹配，存在很大的非一致性。近十年经济增长对城镇就业的拉动作用波动较大，经济发展的区域性不平衡导致大规模的劳动力流动。三是人力资源结构制约经济结构升级转型，劳动者素质不能适应经济发展的要求，导致了新兴产业、高技术行业和技能性职业所需人员供不应求，同时大量劳动者职业技能水平偏低导致实现就业困难。

此外，课题还提出实现经济发展与就业增长良性互动的三大任务和基本路径。三大任务即：一是要在发展中同时实现高增长与高就业，避免出现高增长、低就业，同时也要避免经济过热导致的就业波动。二是在产业结构调整中，劳动力资源要得到较好的调整配置，避免产生高失业，同时也要避免转移过程中出现大起大落。三是要更加注重人力资源的开发利用，由此产生推动经济和就业的双重效果，实现经济健康发展和就业的量质齐增。基本路径即：一是把扩大就业作为民生之第一要素，作为经济发展的着力点和优先目标，作为检验和衡量经济社会科学发展的重要标准。二是要在国民经济社会发展的总体布局中体现就业优先战略，更加注重通过人力资源的充分开发利用来促进经济增长。三是综合运用财政、税收、金融、收入分配和社会保障等政策手段实现对就业的宏观调控，将实现促进和稳定就业作为经济社会政策的政策目标之一。四是在统筹发展中实现“三个转变”，把经济持续健康发展的过程变成促进就业持续扩大的过程；把经济结构调整的过程变成对就业拉动能力不断提高的过程；把城乡二元经济转换的过程变成统筹城乡就业的过程。

积极有效地应对就业结构性矛盾
——关于就业结构性问题的研究

（中国就业促进会课题组，人力资源和社会保障部委托课题，2014 年）

本课题是人力资源和社会保障部委托中国就业促进会课题组所做，认为就业结构性矛盾是在市场供求总量基本相当的情况下，人力资源供给与岗位需求产生的不匹配。其突出表现是，在一批劳动者难以实现就业的同时，一批企业难以招到员工。当这个两难问题超过一定程度时，结构性矛盾将上升为主要矛盾。并提出以下三个方面可以观察该矛盾加剧的原因：其一，2001—2012 年的 12 年间，市场岗位空缺与求职人数的比值逐年上升，表明市场供求总量基本相当，但市场供求的匹配度出现越来越大的差距，供求缺口明显加大。其二，在市场就业机会平衡的状况下，以高校毕业生为主体的青年就业难的问题日益突出，许多企业却反映急需的人力资源缺口填不满。其三，第二产业的用人需求比重持续上升，第三产业持续下降，这与优化产业结构和就业结构形成背道而驰之势，由此导致了结构性矛盾的加剧。

网络创业就业统计和社保研究报告

（中国就业促进会课题组，载中国就业促进会组织编，《中国电商网络创业就业进行时》，中国劳动社会保障出版社2016 年出版，第 79–103 页）

2012 年，中国就业促进会联手阿里巴巴集团完成了“关于推进网络创业就业”的综合研究，提出了对网络创业就业要坚持放开搞活方针并大力支持其发展的建议，引起了广泛关注，在国家的政策制定中发挥了重要作用。在此基础上，2013 年中国就业促进会联手阿里巴巴集团围绕社会最关注的网络创业就业规模及网络从业人员最关切的参加和享受社会保险问题组织了专项调研，开展了大规模的网络创业抽样调查。基本摸清了网络创业人员的规模、结构、收入及社会保障等情况，提出了解决问题的基本原则和具有可操作性的政策建议。

关于推进劳务品牌创新发展的研究报告

（中国就业促进会课题组，世界银行委托课题，2014 年）

本课题首先阐述了劳务品牌发展的历程及特征，提出劳务品牌存在的问题及原因。一是载体单一，劳务品牌的市场主体作用还没有得到有效发挥。二是层次较低，劳动者的素质技能还有待进一步提升。三是管理不足，劳务品牌发展的长效机制有待进一步完善。四是认识局限，劳务品牌的发展理念和人文环境有待强化。

其次，揭示了推进劳务品牌创新发展的重要意义，一是以劳务品牌的组织带动，有利于提升转移就业的工作水平，推动就业转型。二是以劳务品牌的服务带动，推动提高就业质量，实现稳定就业。三是以劳务品牌的发展带动，助推优势产业发展和拉动区域经济增长。四是品牌发展直接增加农村居民收入，扩张国内市场购买力，拉动经济增长。

最后，阐述了推进劳务品牌创新发展的指导思想和措施建议，其中指导思想分为三点，一是要把握好劳务品牌发展的素质、质量、管理、诚信这四大核心要素。二是要坚持推进劳务品牌发展的主体格局。即坚持政府引导与市场运作相结合，坚持劳动者主体与社会组织相结合。三是要引导和推动劳务品牌创新发展，引导劳务品牌建设从注重数量规模向数量、质量并重的方向发展。

关于经济结构调整中的失业问题研究

（中国就业促进会课题组，人力资源和社会保障部委托课题，2015 年）

本课题首先根据三次调整结构的失业问题不同，指出化解突出矛盾是关键所在。其次提出就业政策既取得了成效也存在不足，需进一步调整落实。一是援企稳岗政策发挥了积极作用，但工作推进仍不平衡；二是就业创业政策取得了明显成效，但调整落实仍有很大空间；三是职业培训得到加强，但仍不能适应提高劳动者素质的需要；四是失业动态监测工作稳步推进，但相关保障及配套措施不能及时跟进。最后，课题根据应对本轮经济结构调整化解失业风险提出具体的对策建议。一是切实将就业优先战略落到实处，开展深入持久宣传，完善工作机制制度，整合完善现行就业政策；二是向重点地区、重点行业倾斜政策，放宽现行稳岗政策的享受条件，充分发挥就业专项资金和财政资金的作用，采取特殊的就业扶持政策；三是做好失业动态监测及相关工作，加强失业动态监测，强化规模裁员备案制度，及时建立失业预警机制；四是改变供给侧素质结构，提高劳动者整体素质和就业创业能力，深化教育体制改革，强化职业技能培训，统筹改革完善全体劳动者薪酬待遇激励机制；五是扩大需求侧空间，挖掘新的就业增长点，鼓励创新创业催生一批就业岗位，支持新就业形态发展，创造一批就业岗位；六是搭建更加有效的服务平台，促进供需双方及时对接，实现精细化、精准化就业服务，增强劳动力市场的灵活性。

关于发挥经济园区促进就业作用的初步研究

（中国就业促进会课题组，人力资源和社会保障部委托课题，2015 年）

本课题试图从空间区域角度，研究各类经济园区在推动企业形成集群、产业集聚优势的同时，如何给就业数量、质量带来巨大规模效应。课题首先阐述了经济园区的概念、类型、基本特征和发展类型，认为经济园区对扩大就业做出了突出贡献。一是经济园区成为扩大就业、推动创业的重要载体；二是经济园区促进了人才集聚、人才培养并带动就业；三是经济园区促成了劳动力市场一体化，推动了就业政策和就业服务落实。其次，揭示了经济园区发展中面临的主要问题。其一，管理分散，缺少统筹规划，导致产业布局不合理；其二，经济园区“招工难”“留人难”两难问题严重，制约园区经济发展；其三，人才体系建设滞后，导致对经济园区的人力资源供给结构失衡。最后，本课题提出了发挥经济园区促进就业作用的具体对策措施。一是加强统筹规划，促进经济园区与城镇化建设协调发展，实现园区产业发展与人力资源配置相适应；二是加强综合配套，建设宜居环境，增强园区企业吸纳就业的吸引力；三是营造创新创造环境，培育经济园区新的产业增长点，扩大就业空间；四是整合各项创业扶持政策，促进创业带动就业；五是深化教育培训制度改革，着力培养适合园区发展需要的各类职业人才；六是进一步完善园区就业扶持政策，实现园区产业与人力资源的有效配置；七是进一步完善园区公共就业服务平台，提升人力资源综合服务能力。

网络创业就业统计和大学生网络创业就业研究报告

（中国就业促进会课题组，载中国就业促进会组织编写，《中国电商网络创业就业进行时》，中国劳动社会保障出版社 2016 年出版，第 131–160 页）

本课题是中国就业促进会联合阿里巴巴集团于 2014 年开展的第三轮调查研究，采用抽样调查和实地调研相结合的方法，重点研究和分析当前我国网络创业就业统计以及大学生网络创业就业的基本状况、规模、结构特征和面临的困难等问题，并提出推动网络创业就业良性发展的对策和建议。

去产能过程中的失业人员再就业问题研究——剖析钢铁、煤炭行业去产能职工分流安置和再就业工作

（中国就业促进会课题组，人力资源和社会保障部委托课题，2016 年）

本课题首先对受钢铁、煤炭行业去产能影响的职工状况进行分析，认为受影响职工分布集中、特点突出，关联产业和重点区域受牵连、冲击程度不可低估。其次，对职工分流安置现状进行研判，并阐述职工分流安置的制约因素。一是市场倒逼机制有待强化，不能仅靠政府行政推动；二是国有企业主体责任须突出，防止延续用人固有弊端；三是国有企业职工转岗空间狭小，须转变观念打开门路；四是城市产业转型困难，要想方设法扩大就业空间。最后，文章还给出推进职工分流安置的建议。一是坚持去产能工作方向，实现“去、改、安”同推进。一方面，是将去产能工作与深化国有企业改革同步安排，一并推进，做好职工分流安置并革新固有的用人机制；另一方面，是将去产能目标与职工的分流安置工作同步落实，一并督查到位。二是制定特定区域就业援助政策，对困难地区给予强力支持。三是把握就业生长点，大力推进灵活就业。四是引导民营企业依规操作，保障员工的合法权益。

关于我国就业统计的研究报告

（中国就业促进会课题组，2017年）

本课题首先剖析了我国就业统计的沿革发展，认为改革开放后中国就业统计走出了三大步，还分别对六大类22项就业统计相关指标的概念、作用、发布形式进行简要说明。其次，对我国就业统计进行基本评估，进而提出，一方面，我国就业的二元结构和多样性，决定了用复合指标才能反映全貌；另一方面当前的统计体系，可以对就业数量质量的状况和市场供求的走势进行基本判定。最后，课题还对进一步做好就业统计工作给予建议。一是进一步重视就业统计工作；二是做好基础统计工作，完善相关指标体系；三是加强指标的组合分析；四是更好地运用网络信息技术和大数据。

关于我国公共与民营就业服务机构合作状况研究报告（上、下）

（马永堂、田光哲，《中国就业》，2018年01期至02期）

2016年8月底，国际劳工组织邀请中国就业促进会参加一项全球性研究项目：公共就业服务机构同民营就业机构、非盈利性组织和其他社会组织之间的伙伴合作关系。为此，中国就业促进会于2016年9月初专门成立了课题组。从收集资料、撰写报告，到译成英文，特别是天津市、苏州市、吴江区和深圳莲花街道提供的典型案例，使报告内容得以充实，并得到了国际劳工组织专家的认可与肯定。

该研究分上、下两篇，分析了推进公共与民营就业服务机构合作的必要性、意义以及其法制环境、市场机制、地位与作用。提出公共与民营就业服务机构开展合作面临的问题和挑战，并给出了对策与建议。提议制定和完善相关法规政策，适时批准国际公约；制定国家行动规划和实施细则，加快标准化、信息化建设。科学设定服务需求和目标要求，建立服务项目定价和质量标准体系，确立“就业成功率”是购买就业服务的核心指标；确保资金及时到位，及时总结并推广部分地区开展合作的经验做法。

就业优先政策研究报告

（中国就业促进会课题组，《中国就业》，2019 年 12 期）

推进新时代发展需要将就业置于优先位置从GDP为重心转到民生为重心，从高速发展转到高质量发展，就业工作作为民生之本。1.贯彻以人民为中心发展思想，必须抓好民生头等大事，实行就业优先。2.推动经济由高速增长向高质量发展，必须坚持为了人依靠人。实行就业优先，发挥人力资源作为第一资源的效能，对经济的高质量发展具有支撑和推动作用。

应对就业新形势需要就业优先政策予以支撑面对新形势新任务，实施就业优先必须从战略总体要求具化实化到政策措施上来。1.应对就业供求矛盾新变化和市场诸多不确定因素，需要通过强化政策来调节市场失衡，防控重大风险。需要设计实施针对不同时期、不同地区、重点产业、各类企业和各类群体的一整套促进就业政策工具和措施行动。2.缩小高质量充分就业需求与现实不足的差距，需要尽快完善就业政策制度。

落实“六稳”和打好“三大攻坚战”需强化就业调控作用。1.稳就业列为“六稳”之首和宏观调控下限，具有全局性影响力。需要财政、货币、产业等宏观政策与教育、扶贫、环保等社会政策协同发力。2.打好“三大攻坚战”，就业是重要的发力点，也是可持续发展的关键。

构建新型职业培训供给平台和创新资金使用管理研究报告

（中国就业促进会课题组，2020 年）

本课题首先阐述了实施职业技能提升行动所带来的重要启示。一是强化了职业培训对稳定就业、提升就业和促进经济高质量发展的积极作用。二是强化了职业培训解决供需对接瓶颈问题的迫切性和构建新型平台的必要性。三是强化了职业培训解决资金使用管理难点问题的迫切性和创新激励机制的重要性。

其次，揭示了构建新型职业培训供给平台的定义、功能、原则，提出三个模式和“三步走”策略。其中三个模式，即政府整合集中式平台、市场整合的分布式平台、分层整合的集中分布式平台三种可行模式。其中，分层整合的集中分布式可作为新型平台开发与运行的基本模式。而“三步走”策略则是：第一阶段，建立全国性的培训信息和培训项目发布门户。第二阶段，构建实验性的平台数据中心，在部分地区或城市试验性地开发和运行。第三阶段，构建全国性的新型平台数据中心，并推动各省市建立地区级、城市级的相应平台。选择基础条件较好的重点城市率先构建，然后构建省级平台，适时启动全国性平台的构建。

最后，课题提出设立职业培训个人账户，创新培训资金使用管理。针对培训个人账户的定义和功能，一方面，提出职业培训个人账户是指政府职业培训补贴和相关资金通过为劳动者建立的专项账户直接补到个人（包括职业培训个人信用金额、培训券和现金账户几种形式）。使劳动者个人拥有培训资金的所有权和支配权，根据自身就业和职业发展的需要自主选择培训机构和项目，并通过个人账户向培训提供方支付培训费用；同时，运用新型平台和数字技术，对培训的过程和结果与培训资金的使用进行科学有效管理。另一方面，推行分“两步走”。第一步，在有条件的城市，开展为培训个人账户注入“两金”（就业补助金和失业保险专项资金）和以电子培训券形式支付的试点。第二步，在全国面向全体劳动者推开。探索在培训个人账户中增加注入企业职工教育费和个人资费，逐步过渡到采取“两金两费”筹集账户资金。在原则方面实行“三个结合”，即资金筹集实行政、企、劳相结合，直补个人与实行信用金额相结合，劳动者自主使用与坚持专款专用相结合。

关于实现更加充分更高质量就业的研究报告

（中国就业促进会课题组，《中国就业》，2021 年 08 期）

实现更加充分更高质量就业是作为一个整体目标提出的。更加充分更高质量就业是指在经济持续健康发展过程中不断创造新的就业岗位，劳动者都能够就业，且劳动者的就业状况和工作条件不断改善，达到比较理想的状态。其内在要求：一是国家（地区）就业容量持续扩大，就业结构不断优化，失业率得到有效控制。二是用工主体的生产条件、经营环境不断改善，劳动保障更加健全，劳动关系更加和谐，员工队伍相对稳定。三是劳动者个人的就业机会更加公平，劳动收入和工作更为稳定，职业能力提升与职业发展有更多空间，社会保险和权益保障更加可靠。概括起来就是，总体失业率降低，就业稳定性增强，保障覆盖面更全，工作满意度提高。

著作介绍

▼

发展历程类

《中国就业的改革发展》

（张小建主编，中国劳动社会保障出版社 2008 年出版）

本书全面回顾 1978 年到 2008 年我国改革开放 30 年来就业工作所走过的艰难而辉煌的历程，总结就业工作的成果和经验，展示我国就业工作取得的突出成就，并对中国就业的未来进行了展望，探讨了今后就业发展的思路、建议。本书体现了三个结合，即叙事与综合评述相结合，综合评述与总结经验规律相结合，总结经验规律与理论阐述相结合。

《民生之本——为实现劳动者充分就业而奋斗》

（张小建主编，中国劳动社会保障出版社 2011 年出版）

本书通过对中国共产党历届全国代表大会重要决议、中央有关就业方面的重要决策、党和国家领导人的重要讲话的研究，全面、系统、科学地总结和展现1921年至2011年的90年中，党如何在保障就业权利、解决民生问题这个长期目标的指引下，根据经济社会的发展，制定不同时期的相关方针政策，领导中国就业一步步取得的巨大成就。全书以文字叙述为主，穿插图表、图片、专栏等表现形式，数据翔实、准确。

《民生为本 人才优先——人力资源社会保障事业十年发展（2002—2012）》

（尹蔚民主编，中国劳动社会保障出版社2012年出版）

本书在全面梳理2002年至2012年人力资源社会保障事业十年发展的基础上，对我国以“民生为本，人才优先”的战略进行了全方位、多视角的分析和阐述。全书由六大部分内容组成，分别从就业、社会保障、人才队伍建设、人事制度改革、工资收入分配、劳动关系等方面，对我国人力资源社会保障事业的制度构建、实践探索、理论发展等角度进行了论述，揭示了十年来我国人才工作取得的巨大成就、面临的挑战和需进一步调整优化的方向。

《中国就业走向世界之路（研究篇）》

（中国就业促进会组织编，中国劳动社会保障出版社2016年出版）

2010年以来，中国就业促进会围绕就业改革发展组织有关专家学者开展了十几个课题研究。这些课题与行政部门组织的现行政策、热点问题的研究不同，多侧重前瞻性，需要紧跟国际就业研究和发展的前沿。因此，几乎每个课题都安排了对国外相关情况的研究，并通过这些研究，使中国就业战线同志能较好地了解国际就业行情，摸清全球就业脉博，进而开阔视野，并从中汲取营养，提出相关方略和政策建议，为中国就业下一步改革发展做好政策储备。

《增进人民福祉 促进人的全面发展——党的十八大以来人力资源社会保障事业改革与发展》

（人力资源社会保障部编，中国劳动社会保障出版社、中国人事出版社 2017 年出版）

本书集中反映了党的十八大以来人力资源社会保障系统全面深化改革的伟大成就。全书紧密围绕民生为本、人才优先主题，以人力资源社会保障工作重点业务板块为主体，以人力资源社会保障领域全面深化改革、创新发展为主线，重点反映人力资源社会保障工作的制度创新和改革实践，强调权威性与可读性并重，以期达到总结过去、展望未来的目的。本书的出版既是总结梳理，又集中展示了人力资源社会保障事业改革发展的重大成就。

《世纪之交“两个确保”——就业社保改革攻坚纪实》

（中国就业促进会、中国社会保险学会编，

中国劳动社会保障出版社 2017 年出版）

本书以“世纪之交‘两个确保’”为主题，记录了 1998 年到 2003 年五年中，中国就业和社会保险改革的一段历史。全书第一部分用四篇综述性纪实报告，从总体概括了当年“两个确保”的重大决策和强力推进，并以此为起点，创立中国积极就业政策体系和启动完善中国社会保障制度体系的历程，总结了历史经验和体会启示。第二部分汇集了 32 位亲历者的回忆文章，从不同角度不同层面，讲述当年他们参与改革亲身经历的事件和活动，重现了在那个难忘的岁月就业和社保人奋力拼搏的真情实景。第三部分汇集了当时特殊历史背景下的典型言论，再现时代的声音和历史的印迹，并摘用几篇当年的新闻报道，记录了基层一线工作者的艰辛和贡献。

《中国就业改革发展 40 年》

（张小建主编，中国劳动社会保障出版社 2019 年出版）

本书汇集了中国就业 40 年改革发展的十一个重大事件，真实再现了每一个重要时期就业工作面临的挑战，就业改革发展的作为，经过努力所取得的成果，以及从中汲取的经验和教训。一些亲历者讲述，更加生动地再现了改革开放中就业工作者拼搏奋斗的过程和心路历程。

《中国就业 70 年（1949—2019）》

（赖德胜、李长安、张琪主编，中国劳动社会保障出版社、中国人事出版社 2019 年出版）

本书以新时代中国特色社会主义理论为指导，主要围绕 70 年来我国就业形势的变化与发展战略演变两者之间的互动关系，阐述各个历史时期就业形势的特点与难点，以及该时期经济发展战略对促进就业的作用。目的是从 70 年的发展历史中，总结出我国就业战略的选择如何对促进就业产生积极影响的历史经验与教训，从而为当前制定我国实施就业优先的发展战略、推动实现更高质量就业和更充分就业的目标提出操作性强、有针对性的政策建议。本书不仅较为完整地勾画出 70 年来中国就业状况及就业政策的脉络，也基本厘清了 70 年中国特色劳动经济学理论的演变与发展。在此基础上，对全面建成小康社会和未来 30 年的就业与发展战略的选择做出展望。

政策解读类

《就业——民生之本 积极就业政策践行录》

（国务院就业工作部际联席会议办公室编，中国劳动社会保障出版社 2008 年出版）

本书为全面记录 2003 年至 2007 年这五年来我国实施积极就业政策的工作实践，充分展现党中央、国务院高度关注民生，大力促进就业工作决策部署的重要历程，认真总结工作经验。全书汇集了五年中重要的会议、文件和活动。

《中国就业制度》

（郜风涛、张小建主编，中国法制出版社 2009 年出版）

本书将理论与实践相结合，从相关产业政策、财政、金融、税收、教育、社会保障以及国有企业改革等多方位、多视角对就业工作进行较全面的总结回顾，并提出相应完善制度的建议。全书内容涉及国家积极的就业政策各方面，对各个时期的就业政策的解读准确。

《中国积极就业政策形成、发展和完善》

（莫荣 等著，社会科学文献出版社 2015 年出版）

本书以我国 20 世纪 90 年代中期以来的十几年为背景，详细论述了中国共产党和政府在就业是民生之本理念指导下，发展完善符合市场经济要求的就业政策的历程，为解决就业这个世界性难题所进行的艰苦卓绝的探索。

《中国积极就业政策创立与发展》

（中国就业促进会组织编，中国劳动社会保障出版社 2016 年出版）

本书以政策递进形式将积极就业政策的创立和发展予以展示，以引用政策原文为主线，并加以简要说明或评价。本书将积极就业政策从创立到发展总体纵向分为四个阶段：1.0 版“积极就业政策的创立”，2.0 版“积极就业政策的延伸、扩展、调整、充实”，3.0

版“应对危机制定实施更加积极的就业政策”，4.0 版“新时期积极就业政策的提升和创新”。每个阶段都以党中央确定的就业战略方针为主导，以国家社会经济发展计划的要求为主线，以相应时期的标志性政策文件为重点，辅之以相关配套文件，从各个方面梳理出政策的脉络。

《中国就业和社会保障体制改革 40 年》

（蔡昉主编，经济管理出版社 2019 年出版）

本书各章的作者多年来致力于就业和社会保障等领域的研究，熟悉中国劳动经济的理论、实践和政策，他们分别从劳动力市场、收入分配、社会保障和人口变化等不同角度，描述相关制度和政策沿革，阐述存在的问题和面临的挑战，并提出相关政策建议。在劳动力市场方面，本书讨论了劳动力市场改革、农村劳动力配置、低工资制度等内容；在收入分配方面，重点讨论了工资增长与形成机制、居民收入分配格局变化、劳动力流动与城乡居民收入差距；在社会保障方面，本书阐述了养老保障、医疗保障、生育保险、低生活保障和住房保障制度的改革与发展；在人口变化和趋势方面，重点阐述了人口发展与人口红利，以及如何应对人口老龄化。此外，本书还讨论了户籍制度改革、教育体制改革、农民工市民化等重要民生问题。本书对改革开放 40 年来中国就业与社会保障体制的改革与发展进行了较为全面的阐述。

研究成果类

《劳动力市场》

（宋晓梧主编，光明日报出版社 1993 年出版）

《劳动力市场》是“社会主义市场经济十万个为什么”系列丛书之一。本书介绍并简要论述了“为什么用劳动力市场而没有用通常文件和报刊中提到的劳务市场”“劳动力是不是商品”“劳动力商品理论是否是建立和发展劳动力市场的理论前提”“如果劳动力是商品，劳动者的主人翁地位又如何确立”等问题。

本书用更多的篇幅来论述劳动力市场的实际运行问题。

本书还从就业、劳动管理、职业培训、劳动报酬、社会保障、劳动保护、劳动法规与劳动争议、国际劳务合作、国际劳工标准 9 个方面谈劳动力市场。

《中国人力资源开发与就业》

（宋晓梧主编，中国劳动出版社 1997 年出版）

本书以应用理论研究为主，力求坚持马克思主义基本原理与借鉴现代西方经济理论相结合、国际经验与中国实际相结合、定性研究与定量研究相结合，并把科学研究过程与实际工作决策过程有机结合起来，侧重对改革面临的实际问题提出可操作的政策建议，取得了显著成绩。本书在应用理论研究方面提出的许多理论观点，系统总结了国际人力资源开发和就业方面的经验，立足我国实际，提出了一系列政策建议和实施方案。

《中国农村劳动力就业与流动研究报告》

（张小建主编，中国劳动出版社 1999 年出版）

1994 年至 1996 年，劳动部组织了几项大规模的调查，最引人注目的就是对 8 个省 4000 名农户的抽样调查。这些调查，使我们进一步了解了中国农村劳动力就业和流动的现状、问题和特点，劳动者从事农业和非农业劳动的状况，劳动者素质状况和接受教育培训程度与其就业的关系，从中分析经济发展和产业结构调整对农村劳动者就业和收入的影响，研究城市、小城镇和乡村不同地域吸纳劳动力的途径，预测农村剩余劳动力转移的趋势等。本书汇集了 1994—1996 年，劳动部组织的几项大规模的调查，包括对各省 4000 名农户的抽样调查，以及全部基础资料和研究成果，不仅向读者展示了大量翔实的数据，并且通过认真的分析和论证，探索了中国农村劳动力就业和流动的深层次动因，为制定我国农村劳动力资源开发和利用的规划以及相关政策提供了参考的依据。

《面向新世纪的全球就业》

（刘燕斌主编，中国劳动社会保障出版社 2000 年出版）

本书包括对世界不同类型国家和国际劳动组织的就业政策、就业方式、就业服务、职业培训等六个方面的专题研究报告，系统全面地介绍了全球就业中最有代表性的新政策和新经验，改革的动向和发展的趋势。

《劳动力市场主要指标体系》

（国际劳工局编，国际劳工与信息研究所译，中国劳动社会保障出版社 2001 年出版）

本书是国际劳动组织为落实 1995 年世界社会发展首脑会议关于促进就业的目标所作出的新贡献。本书准确阐述了诸如劳动力参与率、就业、失业、受教育程度、工作时间、工资、生产率和劳动成本，以及贫困和收入分配等 18 个关键指标的含义，重点解释了指标的用途，全面揭示了各国劳动力市场的运行状况。本书是国际劳动组织为各国政府、雇主和工人组织，以及社会各界提供的一部工具书。

《中国农民工调研报告》

（国务院研究室课题组编，中国言实出版社 2006 年出版）

本书为 2005 年国务院研究室牵头组织开展的农民工问题调查研究工作，梳理了我国农民工的历史、现状、特点和发展趋势，澄清了当前农民工面临的突出问题及其原因，总结了近几年来各地各部门加强农民工管理和服务的做法和经验，探讨了解决农民工问题的原则思路和政策建议，为起草《国务院关于解决农民工问题的若干意见》奠定了坚实的基础。

《全面建设小康社会进程中的我国就业发展战略研究》

（曾湘泉 等著，经济科学出版社 2010 年出版）

本书通过文献研究、深度访谈、问卷调查、统计分析和计量研究等方法，对我国宏观就业形势和挑战、就业和失业测量、宏观政策（汇率、对外贸易和技术进步）与就业促进、城市化与农村劳动力转移就业、人力资源建设与青年就业战略、劳动力市场中介与就业促进，以及国外就业政策与发展战略等问题进行了系统和深入的研究和探讨。本书提出了“一平台、二提高、三统筹、四加强和五完善”的就业发展战略思路。即构建面向市场的就业失业测量体系平台，为就业战略政策提供科学、及时、准确的信息服务；提高经济的可持续增长能力，加强宏观经济政策的整合程度，实现经济发展和就业增长的统一；统筹城乡经济和劳动力市场发展，制定合乎国情的城市化发展战略，促进农村劳动力转移就业；加强人力资源能力建设，提高青年学生就业能力，减少结构性失业；完善公共就业服务职能，在公共就业服务机构中推行绩效管理制度、制定和完善公共就业服务法律法规等制度措施，进一步发挥就业服务中介组织的就业促进作用，降低摩擦性失业。

《中国就业最新理论研究成果（2003—2012）》

（中国就业促进会组织编，中国劳动社会保障出版社 2012 年出版）

本书为中国就业促进会组织编写的理论研究成果汇编，以新时期促进充分就业的理论与实践探索为基础，收录了近年来人力资源社会保障部有关业务司局、科研院所和中国就业促进会组织的重要课题研究成果，并汇集了就促会专家委员会 29 位专家的个人论文著作的索引。

《产业转型与就业对策》

（刘燕斌主编，社会科学文献出版社 2015 年出版）

本书围绕产业转型升级和梯度转移中的重要议题展开，分析了产业转型升级和梯度转移中的就业形势及发展趋势、产业转型升级和梯度转移中的重点群体就业问题、产业转型升级和梯度转移中的劳动者素质、产业转型升级和梯度转移中的就业政策，并以黑龙江省产业转型升级与技能人才供求情况协同研究、我国产业转型升级和梯度转移的主要情况与发展趋势为例，进行了更细致的研究；最后还分析了以美国、日本、欧盟、印度为代表的典型国家和地区在产业转型升级和梯度转移中促进就业的经验与教训，及其对中国的启示。

《就业课题研究》

（中国就业促进会组织编，中国劳动社会保障出版社 2015 年出版）

本书记录了两次中央政治局集体学习就业专题的情况；收录了 2012 年至 2014 年人力资源社会保障部有关业务司局、科研院所和中国就业促进会组织的重要课题研究成果，并汇集了就促会专家委员会 29 位专家的个人论文著作的索引。

《中国电商网络创业就业进行时》

（中国就业促进会组织编，中国劳动社会保障出版社 2016 年出版）

本书集合了近年来网络创业就业系列研究的成果、专家观点和实践经验。主要包括《推进网络创业促进就业》《网络创业就业统计和社保研究》《网络创业就业统计和大学生网络创业就业研究》三个主报告，以及有关专家对研究成果的解读和评价构成；并从政府扶持、地方探索、电商故事等角度，对网络创业创新做法和典型创业故事进行了集中展现。

《失业预警模型构建与应用》

（莫荣、鲍春雷 等著，中国劳动社会保障出版社 2016 年出版）

本书以多年积累的失业预警理论研究为基础，结合人社部失业预警试点实践，对我国失业预警系统尤其是模型研制问题进行了系统而深入的研究，并就如何加强失业预警体系建设，提出了有针对性的政策建议。书中重点关注失业预警的系统性和可操作性，对失业预警系统的总体框架、失业预警模型构建及预测技术以及部分地区失业预警实践都进行了研究、分析和总结。既有理论研究的探索创新，又有实践应用的具体指导；既有通用性的技术方法，又有针对具体城市的研究；既有对以往经验的总结，又有对未来发展的建议。

《高校毕业生就业研究——产业转型升级下的机遇与挑战》

（莫荣　等著，社会科学文献出版社 2018 年出版）

本书通过大量数据研究、实地调研、政策研究和国际经验研究深入分析原因，积极探索产业转型升级背景下解决高校毕业生就业的结构性问题，提出政策建议。在充分吸收现有理论与研究成果的基础上，将国外产业、就业、教育的有关理论和实践，与中国产业转型升级和高校毕业生就业问题结合起来，在开展大样本调查和大数据分析方法运用的基础上摸清问题。通过判断产业转型升级对高校毕业生就业产生的实际效果寻找准对策。

《就业优先政策研究与探索》

（中国就业促进会组织编，中国劳动社会保障出版社 2019 年出版）

本书以就业优先政策研究报告为主线，收录了有关领导的重要论述、专家学者的观点主张，以及就业战线新老同志的意见、建议，将政策理论研究成果与工作实践经验体会汇集于一体，以使读者能够多维度地了解就业优先政策，为就业一线工作者和理论政策研究者提供充分的参考和借鉴。本书对就业优先从战略到政策的推进、将其置于宏观政策层面需明确的重点和要解决的问题进行分析论述，并提出了具体的政策措施和建议，供行政部门研究参考。在本书的附录中还专门介绍了就业优先在国际上的共识和做法，以及在中国的提出和发展。

《化解过剩产能就业政策研究》

（刘燕斌、孟续铎、黄湘闽 等著，社会科学文献出版社2019年出版）

本书在深刻阐明中外产业发展和就业理论并对相关研究做出评价的基础上，深入分析了我国钢铁、煤炭等行业产能过剩的现状趋势，着重阐明了化解过剩产能中职工就业安置面临的基本形势，总结归纳了国家、地方和企业各个层面为做好化解过剩产能中职工就业安置工作所制定实施的政策措施和做法经验，明确指出了化解过剩产能职工就业安置中的突出问题并深入分析了产生问题的主要原因，明确提出了解决化解过剩产能中职工就业安置问题的基本思路、战略定位、目标任务和一系列政策建议。

《中国就业战略报告 2020——推动实施更高质量的就业》

（曾湘泉 等著，中国人民大学出版社 2020 年出版）

本书就现阶段推动实施更高质量就业的背景、理论基础、统计测量、重点群体就业质量现状及问题、工时错配和过度教育与就业质量的关系、新经济背景下互联网使用对就业质量的影响、未来政策关注的重点等进行了分析和总结。全书系统研究了中国就业质量问题，从我国迈向高质量经济发展新阶段的要求出发，提出制定各项更为精细的就业政策和措施，推动就业质量不断提升等政策建议。

《人工智能与中国就业》

（莫荣、李宗泽、崔艳著，中国劳动社会保障出版社 2020 年出版）

本书是关于人工智能对就业影响的系统性、创新性、实践性研究成果。书中研究了人工智能发展对就业影响的机理、现状和趋势等问题，综合分析了人工智能变革引发的产业和就业转型变化，判断就业变迁趋势，并结合我国人工智能发展的经济、产业和劳动力市场等独特背景，提出了有关高质量和更充分就业的对策建议。

《全力推进更加充分更高质量就业》

（中国就业促进会组织编，中国劳动社会保障出版社 2021 年出版）

本书以“关于实现更加充分更高质量就业的研究”为主线，收录了党中央、国务院关于实现更加充分更高质量就业的总体部署、《“十四五”就业促进规划》相关要求，以及“十三五”促进就业的实践成果和经验等内容，将政策理论研究和工作实践经验相结合，体现了更加充分更高质量就业目标的总体要求、决策部署和推进路径。

专项工作类

《统筹城市乡村 促进充分就业——全国统筹城乡就业试点工作实录》

（人力资源和社会保障部就业促进司组织编写，

中国劳动社会保障出版社 2012 年出版）

2008 年以来，国际金融危机对我国就业工作带来重大冲击，就业工作受国内外宏观经济的影响日益显著，就业工作面临的形势更加复杂，挑战更加严峻。全国各统筹城乡试点地区结合新的形势特点和工作要求，在开展统筹城乡就业试点的基础上，积极应对风险和挑战，进一步开拓创新，扎实推进，在努力稳定城乡就业的同时，千方百计拓展城乡就业新的增长点，不仅确保了就业形势的基本稳定，也将统筹城乡就业工作继续提升到一个新的水平。为更好地总结试点地区近年来的工作进展，进一步宣传推广试点地区已取得的成效和经验，带动全国统筹城乡就业工作深入开展，本书将全国 28 个试点地区统筹城乡就业工作报告汇编成册，主要介绍各地的积极就业政策、城乡平等就业制度等工作成绩和经验。

《典型劳务品牌风采录》

（中国就业促进会组织编，中国劳动社会保障出版社 2019 年出版）

本书为便于各地学习参考，由中国就业促进会组织编写，包括推选出的 34 个典型劳务品牌和 6 个创新型劳务品牌，近几年人力资源社会保障部出台的关于促进农村劳动力转移就业开展就业扶贫等相关文件摘编，中国就业促进会组织撰写的《关于推进劳务品牌创新发展的研究报告（摘要）》等内容。本书对各地深入推进劳务品牌建设，围绕“技能、质量、管理、诚信”品牌建设核心要素，推进劳务品牌向标准化、规范化、精细化发展有所帮助。

《推进全方位公共就业服务最新实践》

（中国就业促进会、中国就业培训技术指导中心组织编，

中国劳动社会保障出版社 2020 年出版）

本书对近年来地方部门在公共就业服务中的典型经验和抗击疫情中的创新做法进行了汇总整理，并请专家逐一进行点评。本书还收录了有关全方位公共就业服务的政策文件、研究成果等内容，集中反映和更好交流各地全方位公共就业服务的最新成果经验。

《就业扶贫——地方典型做法实录》

（人力资源社会保障部就业促进司、中国就业培训技术指导中心组织编，中国劳动社会保障出版社 2021 年出版）

本书按照《人力资源社会保障部办公厅 国家广播电视总局办公厅国务院扶贫办综合司关于开展“劳动最光荣、脱贫靠奋斗”就业扶贫主题宣传的通知》有关要求，根据各地报送的材料编写而成，通过总结地方在推进就业扶贫工作中的典型做法和生动实践，激励干部群众，激发工作热情和内在动力，为各地区脱贫攻坚成果提供参考和借鉴，营造全面推进乡村振兴的社会氛围。

重要文献索引

▼

政策文件

《国务院关于社队企业贯彻国民经济调整方针的若干规定》，《中华人民共和国国务院公报》，1981 年 09 期。

《国务院关于城镇非农业个体经济若干政策性规定》，《中华人民共和国国务院公报》，1981 年 16 期。

《广开门路，搞活经济，解决城镇就业问题的若干决定》，《劳动工作》，1982 年 12 期。

《中共中央 国务院关于国营工业企业进行全面整顿的决定》，《中华人民共和国国务院公报》，1982 年 15 期。

《国务院关于城镇劳动者合作经营的若干规定》《关于城镇非农业个体经济若干政策性规定的补充规定》，《中华人民共和国国务院公报》，1983 年 10 期。

《国务院关于城镇非农业个体经济若干政策性规定的补充规定》，《中华人民共和国国务院公报》，1983 年 10 期。

《国务院关于城镇集体所有制经济若干政策问题的暂行规定》，《中华人民共和国国务院公报》，1983 年 10 期。

《国务院关于进一步扩大国营工业企业自主权的暂行规定》，《中华人民共和国国务院公报》，1984年10期。

《国营企业实施劳动合同制暂行规定》，《中华人民共和国国务院公报》，1986年25期。

《国营企业招用工人暂行规定》，《中华人民共和国国务院公报》，1986年25期。

《国营企业辞退违纪职工暂行规定》，《中华人民共和国国务院公报》，1986年25期。

《国营企业职工待业保险暂行规定》，《中华人民共和国国务院公报》，1986年25期。

《中华人民共和国全民所有制工业企业法》，《中华人民共和国国务院公报》，1988年11期。

《国务院关于做好劳动就业工作的通知》，《中华人民共和国国务院公报》，1990年9期。

《全民所有制企业招用农民合同制工人的规定》，《中华人民共和国国务院公报》，1991年28期。

《国务院关于大力发展职业技术教育的决定》，《中华人民共和国国务院公报》，1991年36期。

《中共中央 国务院关于加快发展第三产业的决定》，《中华人民共和国国务院公报》，1992年18期。

《国务院全民所有制工业企业转换经营机制条例》，《中华人民共和国国务院公报》，1992年22期。

《国营企业职工待业保险规定》，《中华人民共和国国务院公报》，1993年08期。

《国有企业富余职工安置规定》，《中华人民共和国国务院公报》，1993年08期。

《国务院关于在若干城市试行国有企业破产有关问题的通知》,《山西省人民政府公报》，1994 年 11 期。

《国务院办公厅转发劳动部关于实施再就业工程报告的通知》,《四川省人民政府公报》，1995 年 13 期。

《国务院关于在若干城市试行国有企业兼并破产和职工再就业有关问题的补充通知》,《中华人民共和国国务院公报》，1997 年 08 期。

《中共中央 国务院关于进一步做好下岗失业人员再就业工作的通知》,《广西省人民政府公报》，1998 年 21 期。

《中共中央、国务院关于切实做好国有企业下岗职工基本生活保障和再就业工作的通知》,《十五大以来重要文献选编》(上)，人民出版社，2000 年版，第 347–356 页。

《劳动和社会保障部、国家计委、国家经贸委、监察部、财政部、建设部、中国人民银行、国家税务总局、国家工商总局、中央编办、全国总工会关于贯彻落实中共中央国务院关于进一步做好下岗失业人员再就业工作的通知若干问题的意见》，人社部网站，2002 年 11 月 25 日。

《中国的劳动和社会保障状况》,《中华人民共和国国务院公报》，2002 年 19 期。

《国务院办公厅关于做好农民进城务工就业管理和服务工作的通知》,《中华人民共和国国务院公报》，2003 年 05 期。

《国务院办公厅关于加快推进再就业工作的通知》,《中华人民共和国国务院公报》，2003 年 17 期。

《关于国有大中型企业主辅分离辅业改制分流安置富余人员的实施办法》,《中华人民共和国国务院公报》，2004 年 04 期。

《国务院办公厅转发民政部等部门关于扶持城镇退役士兵自谋职业优惠政策意见的通知》,《中华人民共和国国务院公报》，2004 年 09 期。

《中国的就业状况和政策》，《劳动保障通讯》，2004 年 06 期。

《国务院关于表彰全国再就业工作先进集体和个人的决定》，《中国就业》，2004 年 09 期。

《中共中央办公厅、国务院办公厅印发关于引导和鼓励高校毕业生面向基层就业的意见的通知》，《中华人民共和国教育部公报》，2005 年 09 期。

《国务院关于大力发展职业教育的决定》，《中华人民共和国国务院公报》，2005 年 35 期。

《国务院关于进一步加强就业再就业工作的通知》，《中华人民共和国国务院公报》，2005 年 35 期。

《劳动保障部、发展改革委、教育部、监察部、民政部、财政部、建设部、农业部、商务部、人民银行、国资委、税务总局、工商总局、统计局、中央编办、全国总工会、共青团中央、全国妇联关于贯彻落实国务院进一步加强就业再就业工作通知若干问题的意见》，人社部网站，2006 年 1 月 20 日。

《国务院关于解决农民工问题的若干意见》，《中华人民共和国国务院公报》，2006 年 10 期。

《中共中央办公厅 国务院办公厅〈关于进一步加强高技能人才工作的意见〉》，《中华人民共和国国务院公报》，2006 年 21 期。

《中国人民银行、财政部、劳动和社会保障部关于改进和完善小额担保贷款政策的通知》，《中华人民共和国国务院公报》，2007 年 06 期。

《国务院关于做好促进就业工作的通知》，《中华人民共和国国务院公报》，2008 年 08 期。

《中国人民银行、财政部、人力资源社会保障部关于进一步改进小额担保贷款管理积极推动创业促就业的通知》，财政部网站，2008 年 8

月 4 日。

《人力资源社会保障部、财政部、国家税务总局关于采取积极措施减轻企业负担稳定就业局势有关问题的通知》，人社部网站，2008 年 12 月 20 日。

《国务院办公厅关于切实做好当前农民工工作的通知》，《人民日报》，2008 年 12 月 21 日。

《国务院关于支持汶川地震灾后恢复重建政策措施的意见》，《中华人民共和国国务院公报》，2008 年 19 期。

《国务院办公厅转发人力资源社会保障部等部门关于促进以创业带动就业工作指导意见的通知》，《中华人民共和国国务院公报》，2008 年 31 期。

《国务院关于做好当前经济形势下就业工作的通知》，中国政府网，2009 年 2 月 10 日。

《国务院办公厅关于加强普通高等学校毕业生就业工作的通知》，《人民日报》，2009 年 2 月 16 日。

《人力资源社会保障部、财政部、国家税务总局关于进一步做好减轻企业负担稳定就业局势有关工作的通知》，人社部网站，2009 年 12 月 16 日。

《国务院办公厅关于进一步做好农民工培训工作的指导意见》，《中国劳动》，2010 年 02 期。

《国务院关于支持玉树地震灾后重建政策措施的意见》，中国政府网，2010 年 5 月 31 日。

《财政部、国家税务总局关于支持和促进就业有关税收政策的通知》，国家税务总局网站，2010 年 10 月 22 日。

《国务院办公厅关于发展家庭服务业的指导意见》，《中国人力资源社会保障》，2010 年 11 期。

《国务院关于加强职业培训促进就业的意见》，《中华人民共和国国务院公报》，2010 年 31 期。

《国家税务总局、财政部、人力资源社会保障部、教育部、民政部关于支持和促进重点群体创业就业有关税收政策具体实施问题的公告》，国家税务总局网站，2014 年 5 月 30 日。

《劳动和社会保障部、财政部关于适当扩大失业保险基金支出范围试点有关问题的通知》，人社部网站，2014 年 7 月 17 日。

《国务院关于进一步做好为农民工服务工作的意见》，中国政府网，2014 年 9 月 12 日。

《人力资源社会保障部、财政部、国家发改委、工业和信息化部关于失业保险支持企业稳定岗位有关问题的通知》，人社部网站，2014 年 11 月 6 日。

《国务院关于大力推进大众创业万众创新若干政策措施的意见》，中国政府网，2015 年 6 月 11 日。

《国务院关于进一步做好普通高等学校毕业生就业工作的通知》，中国政府网，2015 年 6 月 13 日。

《国务院办公厅关于支持农民工等人员返乡创业的意见》，中国政府网，2015 年 6 月 17 日。

《关于实施大学生创业引领计划的通知》，中国政府网，2015 年 12 月 14 日。

《国务院关于进一步做好新形势下就业创业工作的意见》，《中华人民共和国国务院公报》，2015 年 14 期。

《人力资源社会保障部、国家发展改革委等七部门关于在化解钢铁煤炭行业过剩产能实现脱困发展过程中做好职工安置工作的意见》，人社部网站，2016 年 4 月 7 日。

《国务院办公厅关于建设大众创业万众创新示范基地的实施意见》，《中华人民共和国国务院公报》，2016 年 15 期。

《国务院关于做好当前和今后一段时间就业创业工作的意见》，中国政府网，2017 年 4 月 13 日。

《人力资源社会保障部、财政部关于失业保险支持参保职工提升职业技能有关问题的通知》，人社部网站，2017 年 5 月 15 日。

《中共中央组织部、人力资源社会保障部等五部门关于印发高校毕业生基层成长计划的通知》，人社部网站，2017 年 11 月 16 日。

《国务院关于推行终身职业技能培训制度的意见》，《中华人民共和国国务院公报》，2018 年 14 期。

《国务院关于推动创新创业高质量发展打造“双创”升级版的意见》，《中华人民共和国国务院公报》，2018 年 29 期。

《国务院关于做好当前和今后一个时期促进就业工作的若干意见》，《中华人民共和国国务院公报》，2018 年 35 期。

《人力资源社会保障部、国家发展改革委、财政部关于推进全方位公共就业服务的指导意见》，《中国人力资源社会保障》，2019 年 01 期。

《国务院办公厅关于成立国务院就业工作领导小组的通知》，中国政府网，2019 年 5 月 14 日。

《人力资源社会保障部、财政部、国家发展改革委、工业和信息部关于失业保险支持企业稳定就业岗位的通知》，人社部网站，2019 年 8 月 7 日。

《国务院关于进一步做好稳就业工作的意见》，《中华人民共和国国务院公报》，2020 年 01 期。

《人力资源社会保障部、财政部、农业农村部关于进一步推动返乡入乡创业工作的意见》，中国政府网，2020年1月14日。

《人力资源社会保障部、财政部关于扩大失业保险保障范围的通知》，人社部网站，2020年6月9日。

《国务院办公厅关于应对新冠肺炎疫情影响强化稳就业举措的实施意见》，《中华人民共和国国务院公报》，2020年09期。

《人力资源社会保障部、财政部关于实施企业稳岗扩岗专项支持计划的通知》，人社部网站，2020年12月28日。

《国务院办公厅关于支持多渠道灵活就业的意见》，《中华人民共和国国务院公报》，2020年23期。

《国务院办公厅关于提升大众创业万众创新示范基地带动作用进一步促改革稳就业强动能的实施意见》，《中国对外经济贸易文告》，2020年51期。

《关于做好2021年全国高校毕业生就业创业工作的通知》，中国政府网，2021年3月19日。

《人力资源社会保障部、国家发展改革委、教育部、财政部、中央军委国防动员部关于延续实施部分减负稳岗扩就业政策措施的通知》，中国政府网，2021年5月25日。

《人力资源社会保障部、国家发展改革委、交通运输部、应急部、市场监管总局、国家医保局、最高人民法院、全国总工会关于维护新就业形态劳动者劳动保障权益的指导意见》，中国政府网，2021年7月23日。

《人力资源社会保障部、国家发展改革委等20部门关于劳务品牌建设的指导意见》，人社部网站，2021年9月6日。

《人力资源社会保障部、国家发展改革委、民政部、财政部关于实施提升就业服务质量工程的通知》，人社部网站，2021年9月12日。

《人力资源社会保障部、国家发展改革委、民政部、财政部关于实施提升就业服务质量工程的通知》，中国政府网，2021 年 10 月 26 日。

《人力资源社会保障部、国家发展改革委、财政部、农业农村部、国家乡村振兴局关于切实加强就业帮扶巩固拓展脱贫攻坚成果助力乡村振兴的指导意见》，《中华人民共和国国务院公报》，2021 年 16 期。

《国务院办公厅关于进一步支持大学生创新创业的指导意见》，《中华人民共和国国务院公报》，2021 年 30 期。

《国务院办公厅关于进一步加大对中小企业纾困帮扶力度的通知》，《中华人民共和国国务院公报》，2021 年 34 期。

政府规划

《劳动和社会保障事业发展“十一五”规划纲要（2006—2010 年）》，中国政府网，2006 年 10 月 13 日。

《国务院关于批转促进就业规划（2011—2015 年）的通知》，《中华人民共和国国务院公报》，2012 年 05 期。

《国务院关于印发“十三五”促进就业规划（2016—2020）的通知》，《中华人民共和国国务院公报》，2017 年 06 期。

《国务院关于印发“十四五”就业促进规划（2021—2025）的通知》，《中华人民共和国国务院公报》，2021 年 26 期。

法律规章

《国务院关于职工工作时间的规定》，《中华人民共和国国务院公报》，1994 年 03 期。

《中华人民共和国劳动法》，法律出版社，1994 年版。

《中华人民共和国职业教育法》，人社部网站，1996 年 9 月 1 日。

《失业保险条例》,《中华人民共和国国务院公报》，1999 年 03 期。

《社会保险费征缴暂行条例》,《中华人民共和国国务院公报》，1999 年 04 期。

《禁止使用童工规定》,《中华人民共和国国务院公报》，2002 年 31 期。

《劳动保障监察条例》，法律出版社，2004 年版。

《中华人民共和国就业促进法》，法律出版社，2007 年版。

《残疾人就业条例》,《中华人民共和国国务院公报》，2007 年 11 期。

《职工带薪年休假条例》,《中华人民共和国国务院公报》，2008 年 02 期。

《中华人民共和国残疾人权益保障法》,《中华人民共和国全国人民代表大会常务委员会公报》，2008 年 04 期。

《中华人民共和国劳动争议调解仲裁法》，法律出版社，2008 年 5 月 1 日。

《中华人民共和国劳动合同法实施条例》，法律出版社，2009 年版。

《中华人民共和国社会保险法》，中国法制出版社，2010 年版。

《工伤保险条例》，中国法制出版社，2011 年版。

《女职工劳动保护特别规定》，中国法制出版社，2012 年版。

《中华人民共和国劳动合同法》，中国法制出版社，2013 年版。

《事业单位人事管理条例》，中国法制出版社，2014 年版。

《人力资源市场暂行条例》，中国法制出版社，2018 年版。

《就业服务与就业管理规定》，人社部网站，2018 年 12 月 14 日。

《保障农民工工资支付条例》，中国法制出版社，2020 年版。

期刊文章

信长星,《就业问题将与人类社会长期共存》,《齐鲁学刊》，1986

年 03 期。

张小建，《待业保险刍议》，《中国劳动科学》，1986 年 10 期。

万继勋，《建国以来劳动制度和就业结构的演变》，《瞭望周刊》，1986 年 37 期。

信长星，《亿万农业剩余劳动力往何处去——关于农业劳动力转移方向问题的讨论综述》，《中国劳动科学》，1987 年 03 期。

张小建、赵志强，《根据县镇就业的不同特点探索转化就业难的各种途径》，《中国劳动科学》，1987 年 10 期。

张小建、李燕泥，《厂内“劳务市场”的概况和发展方向初探》，《中国劳动科学》，1988 年 11 期。

张左己，《改革中的我国劳动制度现状·难点·对策》，《瞭望周刊》，1988 年 28 期。

张左己，《劳动服务公司的十年回顾和展望》，《中国劳动科学》，1989 年 05 期。

张小建、李燕泥，《劳务市场信息工作的现状与发展》，《经济工作通讯》，1989 年 06 期。

劳动部劳动就业问题研究小组，《关于劳动就业发展战略的研究报告》，《中国劳动科学》，1990 年 01 期。

莫荣，《我国的就业问题和对策》，《经济理论与经济管理》，1990 年 04 期。

劳动部劳动就业问题研究小组，《关于中国农村就业问题研究》，《中国劳动》，1990 年 04 期。

阮崇武，《阮崇武部长在劳动部贯彻〈国务院关于做好劳动就业工作的通知〉电话会议上发表讲话》，《中国劳动科学》，1990 年 08 期。

莫荣，《解决中国农村就业问题的出路在农村——对河南省新乡市刘庄、孟庄的典型调查》,《中国劳动科学》，1990 年 11 期。

阮崇武,《劳动工作要更好地为国民经济和社会的稳定发展服务——阮崇武部长在全国厅（局）长会议上的讲话（摘要）》,《中国劳动科学》，1991 年 02 期。

党晓捷、张小建,《培育和发展我国劳务市场机制》,《经济理论与经济管理》，1991 年 06 期。

阮崇武,《阮崇武部长在中国劳动就业服务企业协会成立大会上发表讲话》,《中国劳动科学》，1991 年 07 期。

宋晓梧,《中国的劳动力市场》,《经济研究参考》，1992 年 03 期。

劳动部劳服经济问题研究小组,《中国劳动就业服务经济研究》,《经济研究参考》，1992 年 03 期。

张小建,《培育和发展劳务市场中的几个实践问题》,《经济研究参考》，1993 年 01 期。

劳动部就业司、劳科所课题组,《我国劳动力市场的培育与发展研究》,《管理世界》，1994 年 03 期。

张小建,《对失业问题的认识及对策研究》,《中国党政干部论坛》，1994 年 08 期。

李伯勇,《〈再就业工程〉为国分忧，为民解愁》,《中国就业》，1995 年 01 期。

张左己,《再就业工程取得成效 关键是领导重视》,《中国就业》，1995 年 02 期。

李沛瑶,《“再就业工程” 利国利民》,《中国就业》，1995 年 02 期。

任扶善,《城乡统筹是解决就业问题的正确方针》,《经济与管理研究》，1995 年 06 期。

王爱文、莫荣、卢爱红,《中国就业结构问题研究》,《经济研究参考》，1995 年 20 期。

张小建，《中国失业保险改革情况介绍》，《经济研究参考》，1995 年 34 期。

林用三，《把就业工作推向社会引入市场》，《中国就业》，1996 年 06 期。

李伯勇，《深化劳动体制改革 发展劳动力市场》，《求是》，1996 年 10 期。

李伯勇，《转变观念，扩大就业》，《求是》，1996 年 21 期。

陈刚、信长星，《实施〈劳动法〉进展情况分析和几点构想》，《经济研究参考》，1996 年 82 期。

林用三，《总结经验，积极开拓，搞好农村劳动力资源开发利用》，《中国劳动科学》，1997 年 01 期。

周其仁，《机会与能力——中国农村劳动力的就业和流动》，《管理世界》，1997 年 05 期。

张小建，《提高劳动者素质 延缓就业压力的有效措施：建立和实施劳动预备制度》，《中国劳动科学》，1997 年 05 期。

李伯勇，《我国劳动工作再上新台阶》，《人民论坛》，1997 年 07 期。

张小建，《抓住职业技能开发的“牛鼻子”——开拓职业技能鉴定工作和职业资格证书制度的新局面》，《中国劳动科学》，1997 年 12 期。

劳动部劳动科学研究所课题组，《新时期就业方针》，《研究参考》，1997 年 18 期。

张左己，《全力以赴做好国有企业下岗职工基本生活保障和再就业工作》，《紫光阁》，1998 年 07 期。

张小建，《劳动力有“量”更需有“质”》，《中国改革》，1998 年 07 期。

吴邦国，《切实做好国有企业下岗职工基本生活保障和再就业工作》,《求是》, 1998 年 13 期。

莫荣,《我国 1998 年就业形势分析及政策建议》,《经济研究参考》, 1998 年 52 期。

莫荣,《一九九九年我国就业形势分析和政策建议》,《中国劳动》, 1999 年 02 期。

张小建,《探索有中国特色的培训就业之路》,《中国劳动》, 1999 年 03 期。

沈琴琴,《劳动就业：世纪之交的挑战与对策》,《紫光阁》, 1999 年 04 期。

张小建,《发展社区服务业和小企业需要强调的几个问题》,《中国培训》, 1999 年 06 期。

陈淮,《就业优先：中长期发展战略的必然选择》,《中国人力资源社会保障》, 1999 年 07 期。

阳安江,《把握五个环节　推进再就业工程》,《求是》, 1999 年 12 期。

莫荣,《全球就业形势将经受新考验》,《瞭望周刊》, 2000 年 01 期。

张小建,《加入WTO对我国就业的影响及对策研究》,《理论前沿》, 2000 年 16 期。

张左己,《何为阶段性就业　弹性就业》,《人民日报》, 2001 年 1 月 8 日。

莫荣、廖骏,《下岗职工创业：量化描述与模型》,《经济学动态》, 2001 年 08 期。

张车伟、蔡昉,《就业弹性的变化趋势研究》,《中国工业经济》, 2002 年 05 期。

张左己,《我国就业和社会保障改革的历史性成就》,《劳动保障通讯》, 2002 年 11 期。

莫荣,《当前就业形势的特点与对策》,《求是》,2002 年 18 期。

杨宜勇,《以小企业的发展拉动就业增长》,《求是》,2002 年 18 期。

劳动保障部专题研究小组,《世界发展趋势和我国就业政策研究》,《中国就业》,2003 年 04 期。

蔡昉、胡鞍钢、陈淮、曾湘泉、郑东亮、陈宇、田小宝、莫荣、刘军,《专家学者谈非典疫情对就业的影响》,《中国劳动》,2003 年 06 期。

劳动保障部课题组,《"非典与就业"系列研究报告》,《中国劳动》,2003 年 06 期至 07 期。

张小建,《实施积极就业政策》,《经济日报》,2003 年 11 月 27 日。

曾湘泉,《世界就业趋势及各国就业政策》,《求是》,2003 年 18 期。

赖德胜,《怎样认识当前大学毕业生就业难问题》,《求是》,2003 年 16 期。

莫荣,《抓住有利因素 增加就业岗位——今年我国有望实现既定就业目标》,《瞭望周刊》,2003 年 34 期。

吴敬琏、樊纲、蔡昉、钟朋荣、莫荣、王红茹,《破解就业难题》,《中国经济周刊》,2004 年 02 期。

曾湘泉,《中国发展灵活就业的当务之急是制度建设(摘要)》,《中国就业》,2004 年 06 期。

胡鞍钢、杨永恒、盛欣,《经济增长转型与就业促进》,《数据统计与管理》,2004 年 06 期。

张小建,《加强失业调控工作完善失业保险制度》,《红旗文稿》,2004 年 10 期。

张小建,《让失业保险力促就业》,《中国经济周刊》,2004 年 16 期。

郑斯林,《在科学发展观指导下推进就业和再就业工作》,《求是》,2004 年 18 期。

莫荣,《民工短缺的三个视角》,《瞭望周刊》, 2004 年 37 期。

杨河清、吴江,《高技能人才培养之不足及对策》,《中国培训》, 2005 年 02 期。

张小建,《并轨必须解决好下岗职工切身利益》,《中国劳动保障》, 2005 年 04 期。

劳动保障部劳动科学研究所课题组,《战略研究:统筹城乡劳动力就业》,《中国劳动》, 2005 年 05 期。

莫荣,《“民工短缺” 的启示》,《科学决策》, 2005 年 08 期。

毛磊,《反就业歧视立法势在必行》,《紫光阁》, 2005 年 08 期。

杨伟国,《人口老龄化挑战欧洲就业》,《求是》, 2005 年 13 期。

孙安民,《就业:政府宏观调控的一项重要目标》,《求是》, 2005 年 15 期。

黄菊,《全面落实科学发展观 做好新时期就业和社会保障工作》,《人民日报》, 2006 年 1 月 26 日。

莫荣,《统筹城乡就业 构建和谐社会》,《中国劳动保障》, 2006 年 09 期。

张小建,《沿着构建和谐社会的方向推进就业工作再上一个新台阶》,《中国就业》, 2006 年 12 期。

莫荣,《完善我国促进就业的法律制度》,《中国劳动》, 2007 年 04 期。

田成平,《坚持科学发展 积极扩大就业》,《求是》, 2007 年 05 期。

莫荣,《对就业立法的几点建议》,《中国人大》, 2007 年 05 期。

蔡昉、莫荣、徐振斌、曾湘泉、刘庆唐,《发展和谐劳动关系》,《人民日报》, 2007 年 5 月 8 日。

张小建,《努力实现“三个转变”促进就业与经济发展良性互动》,《中国就业》, 2007 年 08 期。

郑功成，《用科学发展观破解我国高增长低就业的困局》，《求是》，2007年10期。

信长星，《建立经济发展和扩大就业良性互动机制》，《中国劳动》，2007年11期。

田成平，《发展劳动保障事业 增进人民福利——十六大以来我国劳动保障事业的主要成就》，《求是》，2007年19期。

田成平，《中国实现扩大就业、体面劳动的经验》，《中国经济周刊》，2007年32期。

张小建，《解决就业政府要承担六项责任》，《中国经济周刊》，2007年39期。

信长星，《关于就业、收入分配、社会保障制度改革中公平与效率问题的思考》，《中国人口科学》，2008年01期。

劳动保障部专项研究小组，《关于实施扩大就业的发展战略，实现社会就业更加充分研究报告》，《中国就业》，2008年03期。

尹蔚民，《用百倍的努力做好促进就业工作》，《工人日报》，2008年5月13日。

尹蔚民，《服务发展 保障民生》，《人民日报》，2008年12月21日。

莫荣，《农民工劳动力市场的状况和政策建议》，《经济研究参考》，2008年31期。

莫荣、陈乐一、杨宜勇，《如何应对严峻的就业形势》，《人民日报》，2009年3月6日。

蔡昉、王美艳，《努力实现就业扩大型的经济增长》，《紫光阁》，2009年04期。

蔡昉，《坚持在结构调整中扩大就业》，《求是》，2009年05期。

朱步楼、庞波、曾湘泉、王霆，《怎样缓解高校毕业生就业难》，《人民日报》，2009 年 6 月 17 日。

杨伟国，《全球紧急应对就业危机》，《求是》，2009 年 07 期。

人力资源社会保障部专题组，《中国就业应对国际金融危机方略系列研究报告》，《中国就业》，2009 年 11 期至 12 期、2020 年 01 期。

赖德胜、李长安，《完善创业教育体系 迎接创业高潮》，《求是》，2009 年 14 期。

张丽宾，《发展绿色就业》，《中国发展观察》，2010 年 02 期。

葛延风，《对“十二五”时期就业形势和面临问题的基本判断》，《国家行政学院学报》，2010 年 03 期。

杨志明，《在应对国际金融危机中发展和谐劳动关系》，《求是》，2010 年 04 期。

温家宝，《关于发展社会事业和改善民生的几个问题》，《求是》，2010 年 07 期。

曾湘泉，《对当前劳动力市场变化的几点认识和思考》，《CMRC中国经济观察》，总第 22 期，2010 年 7 月 24 日。

尹蔚民，《开发人力资源 大力促进就业 实现包容性增长》，《学习时报》，2010 年 10 月 4 日。

尹蔚民，《以高层次、高技能人才为重点统筹推进各类人才队伍建设》，《求是》，2010 年 15 期。

莫荣，《就业优先：实现整体跨越的支点》，《人民论坛》，2010 年 17 期。

莫荣，《发挥失业保险预防失业促进就业的作用》，《新视野》，2011 年 01 期。

宋晓梧，《政府对初次分配大有可为》，《求是》，2011 年 02 期。

宋晓梧,《“十二五”时期就业工作的重点之一——农民工市民化》,《中国就业》, 2011 年 02 期。

中国就业促进会课题组,《“十二五”实施就业优先战略势在必行——关于“就业优先发展战略”的若干思考》,《人力资源开发》, 2011 年 02 期。

莫荣、李慧,《就业优先 民生之本》,《光明日报》, 2011 年 3 月 30 日。

杨志明,《积极解决新生代农民工的权益和发展问题》,《求是》, 2011 年 17 期。

杨宜勇、杨亚哲,《就业:面对复合式压力》,《紫光阁》, 2012 年 01 期。

人力资源和社会保障部课题组、张小建,《促进经济发展与就业增长良性互动》,《中国劳动》, 2012 年 02 期。

信长星,《深入实施就业优先战略和更加积极的就业政策》,《紫光阁》, 2012 年 04 期。

莫荣,《求职与招工,并非偶然的失之交臂——当前我国就业结构性矛盾新特征分析》,《紫光阁》, 2012 年 04 期。

蔡昉,《应对农民工周期性失业现象》,《紫光阁》, 2012 年 04 期。

莫荣,《实施更加积极的就业政策 努力实现社会就业更加充分——学习总书记在中央政治局集体学习时讲话的体会》,《中国劳动》, 2012 年 04 期。

信长星,《坚持就业优先 巩固民生之本》,《经济日报》, 2012 年 5 月 25 日。

尹蔚民,《实施更加积极的就业政策 努力实现社会就业更加充分》,《求是》, 2012 年 07 期。

卢锋,《我国就业转型的特征与启示》,《CMRC中国经济观察》, 总第30期，2012年7月21日。

温家宝，《促进就业是保障和改善民生的头等大事》，《人民日报》，2012年7月23日。

葛延风、张志斌、金三林、张车伟、王小鲁、李实，《应对复杂的就业形势 结构调整是锁钥——2012年上半年就业形势分析会专家观点选登（下）》，《中国就业》，2012年09期。

尹蔚民，《推动实现更高质量的就业 全面建成覆盖城乡居民的社会保障体系》，《人民日报》，2012年12月11日。

赖德胜、石丹淅，《推动实现更高质量的就业：理论探讨与政策建议》，《第一资源》，2013年01期。

尹蔚民，《推动实现更高质量的就业 全面建成覆盖城乡居民的社会保障体系》，《劳动保障世界》，2013年01期。

张小建、李越、陈斯毅，《关于发展智力密集型产业和开发相关职业岗位的研究初探》，《第一资源》，2013年04期。

张小建，《对网络就业"高看一眼"》，《人民日报》，2013年6月14日。

张小建，《十八大精神，推动高质量就业》，《职业》，2013年07期。

莫荣，《多重因素对就业增长产生影响》，《职业》，2013年10期。

尹蔚民，《实施就业优先战略 推进社会保障体系建设》，《紫光阁》，2013年10期。

莫荣、周宵、孟续铎，《就业趋势分析：产业转型与就业》，《中国劳动》，2014年01期。

杨宜勇，《大力促进少数民族就业》，《紫光阁》，2014年03期。

尹蔚民，《全力以赴做好就业这篇大文章》，《求是》，2014年10期。

张小建、马永堂，《就业质量评估指标体系框架研究》，载余兴安主编,《中国人力资源发展报告(2014)》,社科文献出版社,2014 年版,第 107–122 页。

莫荣、陈云,《新常态下的就业形势》,《中国劳动》,2015 年 01 期。

信长星,《大力弘扬劳动光荣、创造伟大的时代精神——学习贯彻习近平总书记在全国劳模表彰大会上的重要讲话》,《求是》,2015 年 10 期。

尹蔚民,《促进就业创业》,《人民日报》,2015 年 12 月 15 日。

信长星,《多方着手,实施更加积极的就业政策》,《劳动保障世界》,2015 年 25 期。

尹蔚民,《促进就业创业 完善社保制度 让发展成果更多更公平惠及全体人民》,《时事报告(党委中心组学习)》,2016 年 04 期。

宋晓梧,《把保障和改善民生作为出发点和落脚点》,《经济日报》,2016 年 5 月 3 日。

尹蔚民,《在推动经济发展中促进就业稳定增加》,《就业与保障》,2016 年 08 期。

中国就业促进会课题组,《为网络创业人员提供支持和保障网络创业就业统计和社保研究报告》,载中国就业促进会组织编写,《中国电商网络创业就业进行时》,中国劳动社会保障出版社,2016 年版,第 79–103 页。

中国就业促进会课题组,《把脉大学生网络创业就业全生态网络创业就业统计和大学生网络创业就业研究报告》,载中国就业促进会组织编写,《中国电商网络创业就业进行时》,中国劳动社会保障出版社,2016 年版,第 131–160 页。

赖德胜、高曼,《地区就业岗位的创造——制造业对服务业的就业乘数效应》,《中国人口科学》,2017 年 04 期。

张左己，《回忆“两个确保”》，《中国人力资源社会保障》，2017年08期。

张小建，《“三步走”开启市场就业机制》，《中国人力资源社会保障》，2017年09期。

曾湘泉，《优化就业结构 提高就业质量》，《中国就业》，2017年09期。

马永堂、田光哲，《关于我国公共与民营就业服务机构合作状况研究报告（上、下）》，《中国就业》，2018年01期至02期。

尹蔚民，《贯彻落实以人民为中心的发展思想 坚持在发展中保障和改善民生》，《时事报告（党委中心组学习）》，2018年02期。

张小建，《对新时代就业工作目标的认识》，《中国就业》，2018年02期。

莫荣，《提高就业质量 增加人民收入》，《人民政协网》，2018年3月10日。

赖德胜、石丹淅，《新时代劳动力市场的宏观调控与实践路径》，《求是学刊》，2018年06期。

莫荣、李心萍，《改变单一产业 拓展就业空间》，《人民日报》，2018年11月21日。

张左己，《劳动服务公司沿革与中国就业改革》，《中国就业》，2018年12期。

张纪南，《推动实现更高质量和更充分就业》，《劳动保障世界》，2018年22期。

宋晓梧，《稳就业应处理好四个关系》，《中国就业》，2019年03期。

赖德胜、蔡宏波，《周期性外部冲击对我国就业的影响及其应对》，《求是学刊》，2019年03期。

张小建，《在改革发展中砥砺前行——感悟中国就业70年历程》，《中国就业》，2019年10期。

中国就业促进会课题组，《就业优先政策研究报告（摘要）》，《中国就业》，2019年12期。

莫荣，《多措并举 实施好就业优先战略和政策》，《中国政协》，2019年19期。

莫荣、陈云，《中国就业40年改革发展报告》，载莫荣主编，《中国就业发展报告（2019）》，社会科学文献出版社，2019年版，第1–26页。

李宗泽，《智能化对就业的影响》，载莫荣主编，《中国就业发展报告（2019）》，社会科学文献出版社，2019年版，第45–63页。

孟续铎，《中国新就业形态发展报告》，载莫荣主编，《中国就业发展报告（2019）》，社会科学文献出版社，2019年版，第64–83页。

张小建、柏莉、田光哲、马永堂，《加快构建全方位公共就业服务体系研究》，载莫荣主编，《中国就业发展报告（2019）》，社会科学文献出版社，2019年版，第95–112页。

张丽宾，《就业扶贫政策及实施情况》，载莫荣主编，《中国就业发展报告（2019）》，社会科学文献出版社，2019年版，第144–162页。

李付俊，《中国残疾人就业及政策分析》，载莫荣主编，《中国就业发展报告（2019）》，社会科学文献出版社，2019年版，第227–245页。

宋晓梧，《转轨时期的人力资源开发与就业战略》，载宋晓梧著，《宋晓梧学术自传》，广东经济出版社，2020年版。

张左己，《现代科技与就业之探索——在2019年中国就业促进会会员主题活动上的讲话》，《中国就业》，2020年01期。

杨志明，《新冠疫情对农民工复工的影响及应对分析》，《中国劳动》，2020年01期。

莫荣，《新就业形态的概念、现状与协同治理》，《新经济导刊》，2020年03期。

莫荣，《贯彻实施好就业优先政策 保持经济长期向好趋势不变》，《中国政协》，2020年05期。

莫荣，《新冠肺炎疫情下稳就业政策的思考》，《中国政协》，2020年08期。

张小建，《关于促进数字经济新就业的几点看法》，《中国就业》，2020年09期。

高文书，《宏观经济、技术进步与就业发展》，载莫荣主编，《中国就业发展报告（2020）》，社会科学文献出版社，2020年版，第19–35页。

崔艳，《人工智能对我国重点行业就业的影响》，载莫荣主编，《中国就业发展报告（2020）》，社会科学文献出版社，2020年版，第36–39页。

田大洲，《我国人力资源与实体经济协同发展研究报告》，载莫荣主编，《中国就业发展报告（2020）》，社会科学文献出版社，2020年版，第169–199页。

赖德胜，《构建新发展格局更好地促进就业》，《中国人口科学》，2021年01期。

张纪南，《强化就业优先政策》，《人民日报》，2021年1月19日。

蔡昉、张丹丹、刘雅玄，《新冠肺炎疫情对中国劳动力市场的影响——基于个体追踪调查的全面分析》，《经济研究》，2021年02期。

莫荣、鲍春雷，《促进零工经济劳动力市场规范发展研究》，《中国劳动》，2021年04期。

张小建，《对实现更加充分更高质量就业要深入研究 坚定信心》，《中国就业》，2021年06期。

莫荣，《新发展阶段要更好地强化就业优先政策》，《中国政协》，2021 年 06 期。

中国就业促进会课题组，《关于实现更加充分更高质量就业的研究报告》，《中国就业》，2021 年 08 期。

中国就业促进会，《企业促进青年就业研究——以麦当劳企业调查为例（摘要）》，《中国就业》，2021 年 09 期。

蔡昉，《数字经济时代应高度重视就业政策 如何让新技术和数字经济的发展创造更多、更高质量的就业岗位》，《财经界》，2021 年 25 期。

黄湘闽、莫荣，《应对非典疫情、国际金融危机、新冠肺炎疫情的经济与就业政策分析》，载莫荣主编，《中国就业发展报告（2021）》，社会科学文献出版社，2021 年版，第 21–35 页。

孟续铎、詹婧、赵越，《新发展阶段中国经济结构变化对就业形势的影响》，载莫荣主编，《中国就业发展报告（2021）》，社会科学文献出版社，2021 年版，第 54–66 页。

王格玮、赵耀辉，《中国中老年劳动者就业状况、问题及建议——基于CHARLS的分析》，载莫荣主编，《中国就业发展报告（2021）》，社会科学出版社，2021 年版，第 67–86 页。

陈云，《就业扶贫经验、新形势与长效机制建设》，载莫荣主编，《中国就业发展报告（2021）》，社会科学文献出版社，2021 年版，第 134–153 页。

涂伟，《中国新就业形态的发展特征与劳动用工政策的演进》，载莫荣主编，《中国就业发展报告（2021）》，社会科学文献出版社，2021 年版，第 248–264 页。

鲍春雷，《新冠肺炎疫情对农民工就业的影响与应对》，载莫荣主编，《中国就业发展报告（2021）》，社会科学文献出版社，2021 年版，第 337–348 页。

图书著作

发展历程类

张小建主编，《中国就业的改革发展》，中国劳动社会保障出版社，2008 年版。

张小建主编，《民生之本——为实现劳动者充分就业而奋斗》，中国劳动社会保障出版社，2011 年版。

尹蔚民主编，《民生为本 人才优先——人力资源社会保障事业十年发展（2002—2012）》，中国劳动社会保障出版社，2012 年版。

中国就业促进会编，《中国就业走向世界之路（理论篇）》，中国劳动社会保障出版社，2016 年版。

中国就业促进会编，《中国就业走向世界之路（实践篇）》，中国劳动社会保障出版社，2016 年版。

人力资源和社会保障部编，《增进人民福祉 促进人的全面发展——党的十八大以来人力资源社会保障事业改革发展》，中国劳动社会保障出版社、中国人事出版社，2017 年版。

中国就业促进会、中国社会保险学会编，《世纪之交“两个确保”——就业社保改革攻坚纪实》，中国劳动社会保障出版社，2017 年版。

张小建主编，《中国就业改革发展 40 年》，中国劳动社会保障出版社，2019 年版。

赖德胜、李长安主编，《中国就业 70 年（1949—2019）》，中国劳动社会保障出版社、中国人事出版社，2019 年版。

制度政策类

国务院就业工作部际联席会议办公室编，《就业——民生之本 积极就业政策践行录》，中国劳动社会保障出版社，2008年版。

郜风涛、张小建主编，《中国就业制度》，中国法制出版社，2009年版。

莫荣等著，《中国积极就业政策形成、发展和完善》，社会科学文献出版社，2015年版。

中国就业促进会编，《中国积极就业政策创立与发展》，中国劳动社会保障出版社，2016年版。

莫荣等著，《领导干部就业工作读本》，中国劳动社会保障出版社，2019年版。

蔡昉、高文书编，《中国就业和社会保体制改革40年》，经济管理出版社，2020年版。

研究成果类

宋晓梧主编，《社会主义市场经济十万个为什么——劳动力市场》，光明日报出版社，1995年版。

宋晓梧主编，张小建、陈宇副主编，《中国人力资源开发与就业》，中国劳动出版社，1997年版。

原劳动部农村劳动力就业与流动研究课题组编，《中国农村劳动力就业与流动研究报告》，中国劳动出版社，1999年版。

刘燕斌主编，《面向新世纪的全球就业》，中国劳动社会保障出版社，2000年版。

国际劳工与信息研究所译，《劳动力市场主要指标体系》，中国劳动社会保障出版社，2001年版。

国务院研究室课题组编,《中国农民工调研报告》，中国言实出版社，2006年版。

曾湘泉等著,《全面建设小康社会进程中的我国就业发展战略研究》，经济科学出版社，2010年版。

蔡昉、都阳、张展新等著,《中国人口与劳动问题报告No.12・十二五时期挑战：人口就业和收入分配（2011版）》，社会科学文献出版社，2011年版。

刘燕斌主编,《产业转型与就业对策》，社会科学文献出版社，2015年版。

中国就业促进会编,《就业课题研究》，中国劳动社会保障出版社，2015年版。

中国就业促进会编,《中国就业最新理论研究成果（2003—2012）》前言（摘要），中国劳动社会保障出版社，2016年版。

中国就业促进会编,《中国电商网络创业就业进行时》序言（摘要），中国劳动社会保障出版社，2016年版。

莫荣、鲍春雷等著,《失业预警模型构建与应用》，中国劳动社会保障出版社，2016年版。

莫荣等著,《高校毕业生就业研究——产业转型升级下的机遇与挑战》，社会科学文献出版社，2018年版。

中国就业促进会编,《就业优先政策研究与探索》序（摘要），中国劳动社会保障出版社，2019年版。

刘燕斌、孟续铎、黄湘闽等著,《化解过剩产能就业政策研究》序言（摘要），社会科学文献出版社，2019年版。

莫荣主编,《中国就业发展报告（2019）》，社会科学文献出版社，2019年版。

曾湘泉等著，《中国就业战略报告2020——推动实施更高质量的就业》内容简介，中国人民大学出版社，2020年版。

莫荣、李宗泽、崔艳著，《人工智能与中国就业》，中国劳动社会保障出版社，2020年版。

莫荣主编，《中国就业发展报告（2020）》，社会科学文献出版社，2020年版。

中国就业促进会编，《全力推进更加充分更高质量就业》，中国劳动社会保障出版社，2021年版。

莫荣主编，《中国就业发展报告（2021）》，社会科学文献出版社，2021年版。

专项工作类

人力资源社会保障部就业促进司编，《统筹城市乡村 促进充分就业——全国统筹城乡就业试点工作实录》，中国劳动社会保障出版社，2012年版。

中国就业促进会编，《典型劳务品牌风采录》，中国劳动社会保障出版社，2019年版。

中国就业促进会、中国就业培训技术指导中心编，《推进全方位公共就业服务最新实践》，中国劳动社会保障出版社，2020年版。

人力资源社会保障部就业促进司、中国就业培训技术指导中心编，《就业扶贫——地方典型做法实录》，中国劳动社会保障出版社，2021年版。

年度纪实类

劳动和社会保障部编，《中国劳动和社会保障年鉴（2005）》，中国劳动社会保障出版社，2006 年版。

劳动和社会保障部编，《中国劳动和社会保障年鉴（2006）》，中国劳动社会保障出版社，2007 年版。

劳动和社会保障部编，《中国劳动和社会保障年鉴（2007）》，中国劳动社会保障出版社，2008 年版。

劳动和社会保障部编，《中国劳动和社会保障年鉴（2008）》，中国劳动社会保障出版社，2009 年版。

人力资源社会保障部编，《中国人力资源和社会保障年鉴（工作卷）（2009—2020）》，中国劳动社会保障出版社、中国人事出版社，2009 年至 2020 年出版。

人力资源社会保障部编，《中国人力资源和社会保障年鉴（文献卷）（2009—2020）》，中国劳动社会保障出版社、中国人事出版社，2009 年至 2020 年出版。

中国就业体制改革大事记

▼

1978 年

4 月 13 日，中共中央批准《关于调整国务院知识青年上山下乡领导小组成员和办公室管理体制的报告》，将国务院知青办由农林部代管改为国家劳动总局党组领导，并调整了领导小组成员。

6 月 2 日，国务院发布《关于工人退休、退职的暂行办法》，规定工人退休、退职后，原则上可以招收其一名符合招工条件的子女参加工作。

9 月 9 日，李先念在国务院务虚会上提出，要成立劳动服务公司，负责介绍、组织待业人员就业。

10 月 31 日—12 月 10 日，国务院在北京召开全国知识青年上山下乡工作会议。

12 月 10 日，中共中央批转《全国知识青年上山下乡工作会议纪要》和《国务院关于知青上山下乡若干问题的试行规定》，决定调整上山下乡工作的方针。

12 月 18 日，党的十一届三中全会在北京召开，决定从 1979 年起，全党工作的重点转移到社会主义现代化建设上来。

1979 年

3 月 30 日，邓小平在党的理论工作务虚会上提出，从中国的特点出发，统筹兼顾发展现代化的生产与解决就业不充分的问题。

4 月 5 日，李先念在中央工作会议上指出，坚持统筹兼顾的方针，广开就业门路，解决好劳动力安排的问题。

7 月 3 日，国务院发布《关于发展社队企业若干问题的规定（试行草案）》，指出发展社队企业的重大意义。

9 月 25 日，党的十一届四中全会在北京召开，通过了《中共中央关于加快农业发展若干问题的决定》。

10 月 4 日，邓小平在省、市、自治区第一书记座谈会上讲话时指出，要从政治、社会，特别是经济角度处理就业和上山下乡青年回城市的问题。

1980 年

8 月 2—7 日，中共中央在北京召开全国劳动就业会议，提出在国家统筹规划和指导下，实行劳动部门介绍就业、自愿组织起来就业和自谋职业相结合的方针。会后，中共中央转发会议议定的文件《进一步做好城镇劳动就业工作》。

9 月 14 日，中共中央召开各省、市、自治区党委第一书记座谈会。会后印发了会议纪要《关于进一步加强和完善农业生产责任制的几个问题》。

12 月 25 日，邓小平在中央工作会议上作了题为《贯彻调整方针，保证安定团结》的讲话，提出要继续广开门路，主要通过集体经济和个体劳动的多种形式，尽可能多地安排待业人员。

1981年

2月13日，国务院批转了国家计委、教育部、国家人事局《关于改进1981年普通高等学校毕业生分配工作的报告》，对毕业生的就业确定为“在国家统一计划下，实行‘抽成调剂，分级安排’的办法”。

5月4日，国务院发布《关于社队企业贯彻国民经济调整方针的若干规定》，肯定了社队企业的重要作用和贡献。

7月7日，国务院发布《关于城镇非农业个体经济若干政策性规定》，明确指出个体经济是国营经济和集体经济的必要补充。

10月17日，中共中央、国务院颁发《关于广开门路，搞活经济，解决城镇就业问题的若干决定》。

1982年

1月1日，中共中央批转《全国农村工作会议纪要》（即第一个“中央一号文件”），对迅速推开的农村改革进行了总结。

1月2日，中共中央、国务院发出《关于国营工业企业进行全面整顿的决定》。其中指出，举办劳动服务公司安排暂时的富余职工和待业青年就业。

5月6日，万里在劳动人事部成立大会上提出，搞好劳动、工资、人事三大制度改革。

12月10日，五届全国人大五次会议批准《中华人民共和国国民经济和社会发展第六个五年计划（1981—1985）》，指出要积极安排城镇劳动就业，逐步改革劳动制度。

1983 年

1 月 2 日，中共中央印发《当前农村经济政策的若干问题》，肯定了家庭联产承包责任制是在党的领导下中国农民的伟大创造。

4 月 13 日，国务院印发《关于城镇劳动者合作经营的若干规定》和《关于城镇非农业个体经济若干政策性规定的补充规定》。

4 月 14 日，国务院颁发《关于城镇集体所有制经济若干政策问题的暂行规定》。

8 月 23—29 日，劳动人事部、国家工商行政管理局、中国社会科学院、中华全国总工会、共青团中央、全国妇联联合召开全国发展集体和个体经济安置城镇青年就业先进表彰大会，决定表彰发展城镇集体经济先进单位 352 个，城镇集体经济单位先进职工 39 名，先进个体劳动者 174 名，扶持城镇集体和个体经济发展取得优异成绩的 28 个单位和 10 名个人，支持子女从事城镇集体和个体经济就业起模范作用的家长 6 名，总共表彰单位 380 个，表彰个人 229 名。

1984 年

1 月 1 日，中共中央印发《关于一九八四年农村工作的通知》，强调要继续稳定和完善联产承包责任制。

3 月 1 日，中共中央、国务院转发农牧渔业部和部党组《关于开创社队企业新局面的报告》，文中首次使用“乡镇企业”这一名称。

5 月 10 日，国务院颁布《关于进一步扩大国营工业企业自主权的暂行规定》，提出企业有权根据生产需要，在劳动部门指导下公开招工，择优录用人员。

10 月 20 日，党的十二届三中全会通过《中共中央关于经济体制改革的决定》。

1985 年

1 月 1 日，中共中央、国务院发出《关于进一步活跃农村经济的十项政策》，取消农副产品统购派购制度。

9 月 23 日，党的十二届四中全会通过《中共中央关于制定国民经济和社会发展第七个五年计划的建议》提出要统筹安排，开辟多种渠道，努力做好新成长劳动力的就业工作。

1986 年

1 月 1 日，中共中央、国务院下发《关于一九八六年农村工作的部署》，肯定农村改革方针政策的正确性。

7 月 12 日，国务院公布《关于发布改革劳动制度四个规定的通知》，即《国营企业实行劳动合同制暂行规定》《国营企业招用工人暂行规定》《国营企业辞退违纪职工暂行规定》《国营企业职工待业保险暂行规定》。

12 月 2 日，六届全国人大常委会第十八次会议通过《中华人民共和国企业破产法（试行）》。

1987 年

3 月 27 日，邓小平在会见喀麦隆总统比亚时指出，大量农业劳动力转移到新兴的城镇和新兴的中小企业，这恐怕就是农业劳动力转移的必由之路。

6 月 23 日，劳动部发布《严格禁止招用童工的规定》。

8 月 21 日，国务院批转劳动人事部报送的《关于我国劳务市场发展情况的报告》。该报告提出，应积极进行实践，不断总结经验，推动劳务市场健康发展。

1988 年

4 月 13 日，七届全国人大一次会议通过《中华人民共和国全民所有制工业企业法》。

7 月 15 日，劳动部、国务院贫困地区经济开发领导小组发布《关于加强贫困地区劳动力资源开发工作的通知》，启动贫困地区农村劳动力开发就业的工作。

7 月 21 日，国务院颁布《女职工劳动保护规定》。

1989 年

3 月 2 日，国务院批转国家教委《关于改革高等学校毕业生分配制度的报告》。

4 月 18 日，劳动部发布《关于开展工人岗位培训工作的意见》。

4 月 25—28 日，劳动部在北京召开“全国就业工作会议”，总结此前十年劳动就业工作的经验，提出 1989 年和 1990 年的就业任务、工作安排和对策。

10 月 1 日，根据《中共中央、国务院关于进一步清理整顿公司的决定》，劳动部发出《关于劳动服务公司清理整顿工作有关问题的通知》和《关于劳动服务公司清理整顿工作的实施意见》，明确提出县以上各级地方劳动部门原设置的劳动服务公司是承担政府行政职能的就业管理机构，其名称可改为就业服务局。

12 月 5 日，国务院发布《全民所有制企业临时工管理暂行规定》。

1990 年

1 月 18 日，劳动部发布《女职工禁忌劳动范围的规定》。

4 月 27 日，国务院发出《关于做好劳动就业工作的通知》，对做好劳动就业工作提出了八点要求。

11 月 22 日，国务院颁布《劳动就业服务企业管理规定》，对劳动就业服务企业的性质、机构、工作内容等问题做了具体要求。

12 月 30 日，党的十三届七中全会通过《中共中央关于制定国民经济和社会发展十年规划和“八五”计划的建议》，提出要积极解决城乡劳动就业问题。

1991 年

4 月 15 日，国务院颁布《禁止使用童工规定》，认定童工是指未满 16 周岁，与单位或者个人发生劳动关系，从事有经济收入的劳动或者从事个体劳动的少年、儿童。同时对任何使用童工的单位或者个人的处罚作出明确规定。

7 月 25 日，国务院发布《全民所有制企业招用农民合同制工人的规定》。

8 月 22 日，劳动部办公厅发出《关于印发〈全国劳动就业工作会议纪要〉的通知》，明确劳动就业工作“八五”时期改革和发展的总体规划，部署 1991 年、1992 年的具体工作。

10 月 17 日，国务院发布《关于大力发展职业技术教育的决定》。

1992 年

4 月 3 日，七届全国人大五次会议通过《中华人民共和国工会法》

修改草案。

6月16日，中共中央、国务院作出《关于加快发展第三产业的决定》，提出逐步建立起社会主义统一市场体系、城乡社会化综合服务体系和社会保障体系。

7月13日，劳动部发出《关于做好劳务输出、境外就业劳动者管理工作的通知》。

7月23日，国务院发布《全民所有制工业企业转换经营机制条例》，对企业行使劳动用工权、人事管理权、工资分配权，以及政府职能作出规定。

1993年

4月12日，国务院发布《国有企业职工待业保险规定》。

4月20日，国务院发布《国有企业富余职工安置规定》。

7月6日，国务院颁布《中华人民共和国企业劳动争议处理条例》。

11月14日，党的十四届三中全会通过《中共中央关于建立社会主义市场经济体制若干问题的决定》，正式使用“劳动力市场”概念，并提出要改革劳动制度，广开就业门路，更多地吸纳城镇劳动力就业。鼓励和引导农村剩余劳动力逐步向非农产业转移和地区间的有序流动。

1994年

2月3日，国务院发布《关于职工工作时间的规定》，自1994年3月1日起实行职工每日工作8小时，平均每周工作44小时的工时制度。

4月7日，国家教委发布《关于进一步改革普通高等学校招生和毕业生就业制度的试点意见》，提出国家不再以行政分配而是以方针政策为指导，以奖学金制度和社会就业需求信息引导毕业生自主择业。

7月5日，八届全国人大常委会第八次会议通过《中华人民共和国劳动法》。

10月25日，国务院发出《关于在若干城市试行国有企业破产有关问题的通知》。

1995年

3月25日，国务院发布《关于修改〈国务院关于职工工作时间的规定〉的决定》，自1995年5月1日起实行职工每日工作8小时，每周工作40小时。

4月16日，国务院办公厅转发劳动部《关于实施再就业工程的报告》。

4月26日，国务院组织召开1995年春运期间组织民工有序流动工作总结会议。

9月7—9日，劳动部、国家经贸委、全国总工会在西安联合召开困难企业职工生活保障和分流安置工作座谈会，提出必须把劳动就业工作列入经济与社会发展规划，把控制失业率作为宏观调控的重要目标，要全面实施再就业工程，进一步抓好农村剩余劳动力有序流动。

9月28日，党的十四届五中全会通过《中共中央关于制定国民经济和社会发展"九五"计划和2010年远景目标的建议》，提出积极拓宽就业渠道，合理调节社会分配关系，建立健全社会保障体系。

1996年

1月9日，人事部印发《国家不包分配大专以上毕业生择业暂行办法》，正式打破包分配格局。

1月22日，劳动部、公安部、外交部、对外贸易经济合作部发布

《关于颁发〈外国人在中国就业管理规定〉的通知》。

10月12—13日，劳动部、农业部、国务院发展研究中心在北京联合召开全国农村劳动力开发就业工作经验交流会。对1991年以来先后在全国8个省和100多个市县开展的农村劳动力开发就业试点工作进行了总结，对今后一个阶段农村就业工作进行部署。

12月4日，国务院召开电视电话会议，部署1997年春运期间组织民工有序流动工作。

1997年

1月9日，国务院在北京召开全国国有企业职工再就业会议，朱镕基在讲话中明确指出，要大力推行再就业工程，对国有企业富余职工实行减员增效、下岗分流。

3月2日，国务院发出《关于在若干城市试行国有企业兼并破产和职工再就业有关问题的补充通知》。

5月28日，全国企业职工解困暨再就业工作经验交流会在北京召开。

9月2日，国务院发出《关于在全国建立城市居民最低生活保障制度的通知》。

11月25日，国务院办公厅转发了劳动部等部门《关于进一步做好组织民工有序流动工作的意见》。

1998年

3月10日，九届全国人大一次会议通过《关于国务院机构改革方案的决定》。其中决定不再保留劳动部，重新组建劳动和社会保障部。

3月24—26日，辽宁、吉林、黑龙江、内蒙古党政主要负责人座谈会在长春召开，听取对国有企业下岗职工基本生活保障和实施再就业工程以及深化粮食流通体制改革的意见和建议。

4月24日，中央政治局听取时任劳动保障部部长张左己关于国有企业下岗职工基本生活保障和再就业工作情况的汇报。

5月14—16日，中共中央、国务院在北京召开国有企业下岗职工基本生活保障和再就业工作会议。

6月9日，中共中央、国务院发出《关于切实做好国有企业下岗职工基本生活保障和再就业工作的通知》，提出实行在国家政策指导下，劳动者自主择业、市场调节就业和政府促进就业的方针。

1999年

1月22日，国务院发布《失业保险条例》和《社会保险费征缴暂行条例》。

5月28日，江泽民在湖北省考察期间，视察了武汉市劳动力市场，了解了就业、再就业及劳动力市场建设情况，并与国有企业下岗职工进行座谈。

6月17日，江泽民在西安召开的国有企业改革和发展座谈会的讲话中指出，要把在深化国有企业改革过程中分离出来的人员安置好。

9月19—22日，党的十五届四中全会审议通过《中共中央关于国有企业改革和发展若干重大问题的决定》，指出要尽最大努力实现国有企业改革和脱困的三年目标。

9月28日，国务院发布《城市居民最低生活保障条例》。

2000年

5月26日，朱镕基在进一步完善社会保障体系座谈会的讲话中提出，要加快完善社会保障体系，建立稳定、可靠的社会保障基金筹措机制。

11 月 28 日，江泽民在中央经济工作会议的讲话中指出，多渠道扩大就业是增加城乡居民收入的重要途径，完善的社会保障体系是社会主义市场经济体制的重要支柱。

2001 年

4 月 27 日，国务院发布《关于整顿和规范市场经济秩序的决定》，其中要求将“规范中介机构的行为，实行中介机构市场准入制度”列为重点工作。

5 月 15 日，第九次亚太经合组织（APEC）领导人非正式会议及系列会议的第一个专业性会议——人力资源能力建设峰会在北京召开。

9 月 11 日，人事部、国家工商总局发布《人才市场管理规定》，强调建立和完善机制健全、运行规范、服务周到、指导监督有力的人才市场体系，优化人才资源配置，规范人才市场活动。

10 月 16 日，劳动和社会保障部和国家工商总局联合颁布《中外合资中外合作职业介绍机构设立管理暂行规定》，自 2001 年 12 月 1 日起，我国劳动力市场正式向外资开放。

11 月 27 日，江泽民在中央经济工作会议上的讲话中指出，积极扩大就业是改善人民生活的重要途径。

2002 年

4 月 29 日，国务院新闻办公室发表名为《中国的劳动和社会保障状况》白皮书。这是我国政府首次以白皮书的形式全面系统地向世界介绍中国的劳动和社会保障事业发展状况。

6月5—6日，吴邦国在石家庄主持召开部分省份和有关负责人参加的再就业工作座谈会。

7月22—24日，朱镕基在辽宁省进行社会保障体系试点和再就业工作考察，并主持召开社会保障工作座谈会。

9月12—13日，中共中央、国务院在北京召开全国再就业工作会议。江泽民出席会议并作重要讲话，提出就业是民生之本。

9月30日，中共中央、国务院发出《关于进一步做好下岗失业人员再就业工作的通知》，明确促进下岗失业人员再就业工作的各项政策措施。

11月8—14日，党的十六大对就业工作提出要求，国家实行促进就业的长期战略和政策，千方百计扩大就业，不断改善人民生活。实现社会就业比较充分。

2003年

3月28日，中共中央政治局进行第三次集体学习，中国人民大学教授曾湘泉、中国社会科学院研究员蔡昉围绕世界就业发展趋势和我国就业政策研究进行讲解，并提出建议。

4月26日，根据国务院第六次常务会议议定的意见，国务院建立再就业工作部际联席会议制度，以劳动保障部为牵头单位，由国家发改委等13个部门和单位组成，国务院办公厅参加，联席会议办公室设在劳动保障部。在联席会议前后，各部门相继出台多个配套文件，使《中共中央、国务院关于进一步做好下岗失业人员再就业工作的通知》的规定具体化。

5月6日，国务院再就业工作部际联席会议召开第一次全体会议。

5月12日，国务院办公厅发出《关于加快推进再就业工作的通知》。

5月29日，国务院办公厅发出《关于做好2003年普通高等学校毕业生就业工作的通知》。

7月24—26日、7月31日—8月2日，黄菊分赴河南、山西考察就业和再就业工作。其间，主持召开国务院再就业工作部际联席会议。

8月15—16日，中共中央、国务院在北京召开全国再就业工作座谈会。

8月20日，国务院再就业工作部际联席会议召开第二次全体会议。

9月14日，中共中央办公厅、国务院办公厅发出《关于对就业再就业工作情况督促检查的通知》。

11月18日，国务院召开再就业工作部际联席会议第三次全体会议，听取关于再就业工作督查情况汇报，并部署做好再就业工作。

2004年

4月17日，国务院办公厅发布《关于进一步做好2004年普通高等学校毕业生就业工作的通知》。

4月26日，国务院新闻办公室发布《中国的就业状况和政策》白皮书。

4月28—30日，劳动保障部与国际劳工组织在北京共同举办首次“中国就业论坛”。温家宝在中南海会见了出席论坛的国际劳工组织总干事胡安·索马维亚和各国劳工部部长及代表团团长。

8月26日，国务院发布《关于表彰全国再就业工作先进集体和个人的决定》。

9月3—4日，全国再就业工作表彰大会在北京召开。

11月30日，国务院再就业工作部际联席会议召开第四次全体会议，听取联席会议成员单位联合调研情况汇报。

2005年

6月6日，中共中央办公厅、国务院办公厅印发《关于引导和鼓励高校毕业生面向基层就业的意见》。

6月29日，国务院再就业工作部际联席会议召开第五次全体会议，听取关于进一步做好就业再就业工作的汇报。

7月3日，吉林等7省区市就业再就业工作座谈会在长春召开，总结就业再就业政策实施情况，研究新形势下的工作任务和政策措施。

9月8日，湖南等9省市就业再就业工作座谈会在长沙召开，听取各地对扩大就业、完善政策的意见和建议。

10月28日，国务院发布《关于大力发展职业教育的决定》。

11月4日，国务院发布《关于进一步加强就业再就业工作的通知》。在此后的两个月内，国务院各相关部门相继出台多个配套文件。

11月11日，国务院就业工作部际联席会议召开第六次全体会议，部署贯彻落实《国务院关于进一步加强就业再就业工作的通知》的有关工作。

2006年

1月31日，国务院发布《关于解决农民工问题的若干意见》。

4月10日，劳动保障部、全国总工会、全国工商联联合在全国组织举办“2006民营企业招聘周”活动。

4月18日，中共中央办公厅、国务院办公厅印发《关于进一步加强高技能人才工作的意见》。

6月23日，部分省份就业再就业工作座谈会在南昌召开，江西等12个省份政府负责同志和国务院有关部门负责同志交流了工作经验。

6月24—25日，劳动保障部、财政部、人民银行联合召开“落实就业政策，推动创业促就业”工作座谈会。

9月6日，国务院就业工作部际联席会议召开第七次全体会议。

10月26日，部分省份就业再就业工作座谈会在西安召开。陕西等12个省政府负责同志交流了工作经验。

2007年

2月14日，国务院第169次常务会议通过了《残疾人就业条例》。

2月28日，国务院就业工作部际联席会议召开第八次全体会议，听取对就业政策落实情况联合检查的汇报。

4月22日，国务院办公厅印发《关于切实做好2007年普通高等学校毕业生就业工作的通知》。

5月25日，由劳动保障部、全国总工会、全国工商联主办的“2007民营企业招聘周”启动仪式在天津举行。

6月1日，部分省份就业再就业工作座谈会在沈阳召开，辽宁等13个省份政府负责同志和国务院有关部门负责同志介绍了工作情况。

6月2—4日，全国促进零就业家庭就业和创建充分就业社区工作经验交流会在辽宁召开。

6月29日，十届全国人大常委会第二十八次会议通过《中华人民共和国劳动合同法》。

8月13日，由国际劳工组织举办、中国政府承办的亚洲就业论坛在北京开幕，主题是“增长、就业与体面劳动”。来自亚洲22个国家和地区的政府、雇主和工人三方代表，国际劳工组织和其他有关国际机构代表出席了论坛。

8月30日，十届全国人大常委会第二十九次会议通过《中华人民共和国就业促进法》。

9月10日，国务院就业工作部际联席会议召开第九次全体会议，就学习、宣传和贯彻实施《中华人民共和国就业促进法》进行部署。

10月15—21日，党的十七大对就业工作提出要求，实施扩大就业的发展战略，促进以创业带动就业，坚持实施积极的就业政策，实现社会就业更加充分。

11月8日，部分省份就业再就业工作座谈会在海口召开，海南等15个省份政府负责同志和国务院有关部门负责同志参加会议。

2008年

2月3日，国务院下发《关于做好促进就业工作的通知》。

3月31日，新组建的人力资源社会保障部正式挂牌。

4月24日，国务院就业工作部际联席会议在北京召开，研究部署全年就业再就业工作。

6月29日，国务院发布《关于支持汶川地震灾后恢复重建政策措施的意见》。

7月12日，国务院办公厅印发《人力资源和社会保障部主要职责内设机构和人员编制规定》。

9月19日，国务院发出《关于印发汶川地震灾后恢复重建总体规划的通知》。

9月26日，国务院办公厅转发人社部等11个部门《关于促进以创业带动就业工作的指导意见》。

2009年

1月7日，人社部、国家发改委、财政部联合下发《关于实施特别职业培训计划的通知》，要求围绕受金融危机影响的各类劳动者的就业需求，依托技工院校和各类职业培训机构，大力开展有针对性的技能培训，进一步提高劳动者就业、再就业和创业能力。

1月19日，国务院办公厅发出《关于加强普通高等学校毕业生就业工作的通知》。

1月23日，人社部办公厅发布《关于公布首批国家级创建创业型城市名单的通知》，在全国确定82个城市率先启动创业型城市创建工作。

2月2日，国务院办公厅发出《关于切实做好当前农民工工作的通知》。

2月3日，国务院发出《关于做好当前经济形势下就业工作的通知》。随后，国务院就业工作部际联席会议有关部门联合制定了多个配套文件。

5月15日，人社部、全国总工会、全国工商联、教育部、国务院扶贫办联合举办的“2009年全国民营企业招聘周”在北京启动。

10月9日，人社部和中央编办发布《关于进一步加强公共就业服务体系建设的指导意见》。

12月16日，人社部、财政部、国家税务总局联合下发《关于进一步做好减轻企业负担稳定就业局势有关工作的通知》，决定根据中央经济工作会议要求，将年底到期的就业扶持政策再延长1年。

12月30日，人社部发布《关于推进公共就业服务信息化建设工作的指导意见》。

2010年

1月12日，国务院就业工作部际联席会议在北京召开全体会议。

1月21日，国务院办公厅印发《关于进一步做好农民工培训工作的指导意见》。

1 月 25 日，人社部印发《关于做好当前失业保险工作稳定就业岗位有关问题的通知》。

3 月 3 日，在十一届全国人大三次会议上，温家宝在《政府工作报告》中指出，扩大就业是保障和改善民生的头等大事。

4 月 2 日，人社部下发《关于继续做好对地震灾区对口就业援助工作的通知》。

4 月 7 日，人社部、教育部、财政部、中国人民银行、税务总局、工商行政管理总局联合下发《关于实施 2010 高校毕业生就业推进行动大力促进高校毕业生就业的通知》。

5 月 19 日，人社部下发《关于进一步加强基层平台就业工作若干问题的意见》。

5 月 27 日，国务院发布《关于支持玉树地震灾后恢复重建政策措施的意见》。

6 月 6 日，《国家中长期人才发展规划纲要（2010—2020 年）》发布。

9 月 10 日，新中国成立以来中国政府第一本专门阐述人力资源状况和政策的白皮书——《中国的人力资源状况》正式发布。

9 月 16 日，第五届亚太经合组织人力资源开发部长级会议在北京开幕，胡锦涛出席开幕式并致辞。

9 月 26 日，国务院办公厅印发《关于发展家庭服务业的指导意见》。

10 月 20 日，国务院印发《关于加强职业培训促进就业的意见》。

10 月 22 日，财政部、国家税务总局联合发出《关于支持和促进就业有关税收政策的通知》。

2011 年

3 月 5 日，十一届全国人大三次会议上，温家宝在《政府工作报告》中指出，要千方百计扩大就业，继续实施更加积极的就业政策，继续把高校毕业生就业放在首位，做好重点人群就业工作。

4月8日，中组部、人社部、教育部、财政部等八部门联合召开2011年高校毕业生“三支一扶”计划实施工作电视电话会议。

5月31日，国务院发布《关于进一步做好普通高等学校毕业生就业工作的通知》。

6月2日，国务院召开全国普通高校毕业生就业工作电视电话会议。

7月6日，中组部、人社部联合发布《高技能人才队伍建设中长期规划（2010—2020年）》。

11月27日，第四届全国就业与社会保障先进民营企业表彰大会在北京召开。

12月16日，温家宝主持召开国务院常务会议，讨论通过《促进就业规划（2011—2015年）》。

2012年

1月24日，国务院印发《关于批转促进就业规划（2011—2015年）的通知》。

2月20日，中共中央政治局就实施更加积极的就业政策举行第三十二次集体学习。人社部劳动科学研究所研究员莫荣、中国社科院人口劳动经济研究所研究员蔡昉围绕“实施更加积极的就业政策”讲解，并提出建议。

2月21日，国务院就业工作部际联席会议在北京召开。

3月5日，在十一届全国人大五次会议上，温家宝在《政府工作报告》中指出，要千方百计扩大就业，就业是关系国家发展和人民福祉的大事，各级政府务必坚持就业优先战略，继续实施更加积极的就业政策。

3月23日，人社部发出《关于做好2012年高校毕业生就业服务工作的通知》。

4月10日，人社部发出《关于推进创业孵化示范基地建设进一步落实创业帮扶政策的通知》。

4月12日，人社部发出《关于深入开展创业型城市创建工作绩效考核评估的通知》。

5月21日，人社部、财政部联合下发《关于东部7省（市）扩大失业保险基金支出范围试点有关问题的通知》。

5月26日，第十届全国“创业之星”经验交流表彰大会在北京举行。

7月17日，国务院在北京召开“全国就业创业工作表彰大会”。

7月25日，人社部发出《关于做好2012届离校未就业高校毕业生实名登记和就业服务工作的通知》。

9月21日，人社部发出《关于推荐认定首批国家级创业孵化示范基地有关问题的通知》。

2013年

3月5日，在十二届全国人大一次会议上，温家宝在《政府工作报告》中指出，2013年，要千方百计扩大就业。坚持实施就业优先战略和更加积极的就业政策。

5月16日，国务院下发《关于做好2013年全国普通高等学校毕业生就业工作的通知》。

同日，中组部、人社部等八部门联合印发《关于做好2013年高校毕业生“三支一扶”计划实施工作的通知》。

5月17日，全国普通高等学校毕业生就业创业工作电视电话会议在北京召开。

5月29日，人社部发出《关于实施离校未就业高校毕业生就业促进计划的通知》。

9月18日，财政部、人社部、中国人民银行联合发出《关于加强小额担保贷款财政贴息资金管理的通知》。

10月31日，人社部办公厅、教育部办公厅发布《关于进一步做好离校未就业高校毕业生就业管理和服务工作的通知》。

11月9—12日，党的十八届三中全会审议通过《中共中央关于全面深化改革若干重大问题的决定》，明确要健全促进就业创业体制机制，建立经济发展和扩大就业的联动机制等任务目标。

2014年

3月5日，在十二届全国人大二次会议上，李克强在《政府工作报告》中强调，要坚持实施就业优先战略和更加积极的就业政策，优化就业创业环境，以创新引领创业，以创业带动就业。

4月29日，财政部、国家税务总局、人社部发布《关于继续实施支持和促进重点群体创业就业有关税收政策的通知》。

5月9日，国务院办公厅发出《关于做好2014年全国普通高等学校毕业生就业创业工作的通知》。

5月13日，全国普通高等学校毕业生就业创业工作电视电话会议在北京召开。

5月22日，人社部、国家发改委、教育部、财政部等九部门联合发出《关于实施大学生创业引领计划的通知》。

5月30日，国家税务总局、财政部、人社部、教育部、民政部联合发出《关于支持和促进重点群体创业就业有关税收政策具体实施问题的公告》。

6月26日，全国政协在北京召开双周协商座谈会，就“大学毕业生创业就业环境优化”问题建言献策。

7月4日，纪念《中华人民共和国劳动法》颁布二十周年座谈会在北京举行。

7月30日，李克强主持召开国务院常务会议，确定适时发布大城市城镇调查失业率数据，更好服务经济社会发展。

9月12日，国务院发布《关于进一步做好为农民工服务工作的意见》。

10月15日，人社部发出《关于确定第二批全国创业孵化示范基地的通知》。

10月28日，贯彻落实《关于进一步做好为农民工服务工作的意见》电视电话会议在北京召开。

11月6日，人社部、财政部、国家发改委、工业和信息化部印发《关于失业保险支持企业稳定岗位有关问题的通知》。

2015年

1月27日，经国务院批准，财政部、国家税务总局、人社部、教育部联合发布《关于支持和促进重点群体创业就业税收政策有关问题的补充通知》。

3月2日，国务院办公厅印发《关于发展众创空间推进大众创新创业的指导意见》。

3月3日，人社部、财政部印发《关于调整失业保险费率有关问题的通知》。

4月21日，李克强主持召开国务院常务会议，部署进一步促进就业鼓励创业，以稳就业惠民生助发展。

4月27日，国务院印发《关于进一步做好新形势下就业创业工作的意见》。

6月11日，国务院印发《关于大力推进大众创业万众创新若干政策措施的意见》。

6月17日，国务院办公厅印发《关于支持农民工等人员返乡创业的意见》。

7月1日，人社部办公厅印发《关于加强离校未就业高校毕业生实名制就业服务工作的通知》。

8月20日，马凯在北京接见载誉归来的第43届世界技能大赛中国代表团成员并与他们座谈。

10月19日，李克强在北京出席首届“全国大众创业万众创新活动周”。

10月19—20日，首届中国“互联网+”大学生创新创业大赛全国总决赛在吉林大学举行，大赛以“‘互联网+’成就梦想，创新创业开辟未来”为主题，旨在激发大学生的创造力。

10月22日，由中国宋庆龄基金会和人社部联合举办的“中国创翼”青年创业创新大赛总决赛在北京举行。

2016年

1月22日，李克强主持召开国务院常务会议，确定进一步化解钢铁煤炭行业过剩产能的措施。

2月1日，国务院印发《关于钢铁行业化解过剩产能实现脱困发展的意见》《关于煤炭行业化解过剩产能实现脱困发展的意见》。

2月14日，国务院办公厅印发《关于加快众创空间发展服务实体经济转型升级的指导意见》。

3月1日，国务院就业工作部际联席会议全体会议在北京召开。

4月7日，人社部、国家发改委等七部门印发《关于在化解钢铁煤炭行业过剩产能实现脱困发展过程中做好职工安置工作的意见》。

5月6日，李克强到人社部考察并主持召开就业工作座谈会。

5月8日，国务院办公厅印发《关于建设大众创业万众创新示范基地的实施意见》。

5月20日，全国普通高等学校毕业生就业创业工作电视电话会议在北京召开，李克强强调要认真细致做好就业创业服务，创造更多高质量就业岗位，保持高校毕业生就业水平总体稳定。

5月31日，全国政协在北京召开“推动大众创业、万众创新”专题协商会。

6月13日，人社部等五部门联合印发《关于实施农民工等人员返乡创业培训五年行动计划（2016—2020年）的通知》。

7月12—13日，二十国集团（G20）劳工就业部长会议在北京召开。本次会议是G20机制建立以来举办的第七次劳工就业部长会议，主题是“创新：让就业机会更加充分、就业能力更加适应、就业质量更高”。

7月15日，人社部举办“7·15”世界青年技能日主题活动。

10月26日，人社部、教育部联合印发《关于实施高校毕业生就业创业促进计划的通知》。

11月15日，李克强主持召开国务院常务会议，通过《全国“十三五”脱贫攻坚规划》。

12月2日，人社部、财政部、国务院扶贫开发领导小组办公室印发《关于切实做好就业扶贫工作的指导意见》。

2017年

1月26日，国务院印发《“十三五”促进就业规划》。

2月17日，国务院就业工作部际联席会议2017年全体会议在北京召开。

3月21日，人社部、国家发改委等五部门联合印发《关于做好2017年化解钢铁煤炭行业过剩产能中职工安置的通知》。

4月13日，国务院印发《关于做好当前和今后一段时期就业创业工作的意见》。

5月10日，全国就业创业工作暨2017年普通高等学校毕业生就业创业工作电视电话会议在北京召开。

6月30日，国务院就业工作部际联席会议在北京召开推动返乡创业工作电视电话会议。

9月12日，人社部印发《关于公布国家职业资格目录的通知》。

9月15—19日，首届全国创业就业服务展示交流活动在山东济南举办。

9月20日，李克强主持召开国务院常务会议，部署进一步促进扩大就业，更好满足人民群众劳动有岗位收入有来源的需求。

10月13日，财政部、人社部印发《关于印发〈就业补助资金管理暂行办法〉的通知》。

10月18日，党的十九大在北京召开。大会报告对就业工作提出要求：要坚持就业优先战略和积极就业政策，实现更高质量和更充分就业，大规模开展职业技能培训，注重解决结构性就业矛盾，鼓励创业带动就业。提供全方位公共就业服务，促进高校毕业生等青年群体、农民工多渠道就业创业。

11月16日，中组部、人社部等五部门联合印发《关于印发高校毕业生基层成长计划的通知》。

11月21日，李克强在中南海会见第44届世界技能大赛上取得优异成绩的中国选手。

2018年

1月17日，李克强主持召开国务院常务会议，确定进一步支持返乡下乡创业的措施，激活农村资源要素促进乡村振兴。

3月16日，人社部、国务院扶贫办联合印发《关于做好2018年就业扶贫工作的通知》。

4月3日，人社部办公厅印发《关于集中开展高校毕业生就业指导活动的通知》。

4月18日，李克强主持召开国务院常务会议，确定推行终身职业技能培训制度的政策措施。

5月3日，国务院印发《关于推行终身职业技能培训制度的意见》。

5月12日，人社部办公厅印发《关于开展劳务品牌征集活动的通知》。

7月10日，国家发改委等17部门联合印发《关于大力发展实体经济积极稳定和促进就业的指导意见》。

9月18日，国务院发布《关于推动创新创业高质量发展打造“双创”升级版的意见》。

11月16日，国务院发布《关于做好当前和今后一个时期促进就业工作的若干意见》。

12月5日，人社部、国家发改委、财政部联合印发《关于推进全方位公共就业服务的指导意见》。

2019年

3月5日，在十三届全国人大二次会议上，李克强在《政府工作报告》中首次将就业优先政策置于宏观政策层面，明确就业是民生之本、财富之源。

4月30日，李克强主持召开国务院常务会议，指出就业优先政策是宏观经济政策的重要组成部分，稳就业是“六稳”的首要任务。

5月13日，全国就业创业工作暨普通高等学校毕业生就业创业工作电视电话会议在北京召开。

5月14日，国务院办公厅印发《关于成立国务院就业工作领导小组的通知》，决定成立国务院就业工作领导小组作为国务院议事协调机构，国务院就业工作部际联席会议同时撤销。

5月18日，国务院办公厅印发《职业技能提升行动方案（2019—2021年）》。

7月3日，人社部、教育部、公安部、财政部、中国人民银行联合印发《关于做好当前形势下高校毕业生就业创业工作的通知》。

10月23日，人社部印发《关于加强贫困地区基层就业和社会保障公共服务平台建设有关工作的通知》。

12月10日，人社部、财政部、农业农村部联合印发《关于进一步推动返乡入乡创业工作的意见》。

12月13日，国务院印发《关于进一步做好稳就业工作的意见》。

2020年

1月25日，中共中央政治局常务委员会召开会议，专门听取新冠肺炎疫情防控工作汇报，对疫情防控进行部署。

1月30日，人社部印发《关于进一步做好新型冠状病毒感染的肺炎疫情防控工作的通知》。

2月3日，习近平总书记主持中共中央政治局常委会会议，研究加强新冠肺炎疫情防控工作。会议对复产复工工作要求：围绕做好“六稳”工作，做好应对各种复杂困难局面的准备。

2月7日，人社部、全国总工会、中国企业联合会、中国企业家协会、全国工商联联合印发《关于做好新型冠状病毒感染肺炎疫情防控期间稳定劳动关系支持企业复工复产的意见》。

2月21日，人社部、国务院扶贫办联合印发《关于应对新冠肺炎疫情进一步做好就业扶贫工作的通知》。

3月3日，国务院办公厅印发《关于进一步精简审批优化服务精准稳妥推进企业复工复产的通知》。

3月11日，中组部办公厅、人社部办公厅联合印发《关于应对新冠肺炎疫情影响做好事业单位公开招聘高校毕业生工作的通知》。

3月12日，人社部办公厅、国务院扶贫办综合司联合印发《关于进一步做好贫困劳动力返岗复工“点对点”服务的通知》。

3月18日，国务院办公厅印发《关于应对新冠肺炎疫情影响强化稳就业举措的实施意见》。

3月25日，国务院新闻办公室举行国务院政策例行吹风会，介绍《国务院办公厅关于应对新冠肺炎疫情影响强化稳就业举措的实施意见》。

4月7日，国务院应对新型冠状病毒感染肺炎疫情联防联控机制印发《全国不同风险地区企事业单位复工复产疫情防控措施指南》。

4月9日，中央应对新型冠状病毒感染肺炎疫情工作领导小组印发《关于在有效防控疫情的同时积极有序推进复工复产的指导意见》。

4月26日，人社部办公厅、财政部办公厅、民政部办公厅联合印发《关于加大湖北地区和湖北籍劳动者就业支持力度的通知》。

5月19日，人社部办公厅、财政部办公厅联合印发《关于做好2020年高校毕业生“三支一扶”计划实施工作的通知》。

5月28日，人社部办公厅印发《关于做好疫情防控常态化条件下技能扶贫工作的通知》。

6月3日，全国普通高等学校毕业生就业创业工作电视电话会议在北京召开。

6月17日，人社部、财政部、国务院扶贫办印发《关于进一步做好就业扶贫工作的通知》。

6月22日，中组部、人社部、民政部、中央文明办、教育部、财政部、国家卫健委联合印发《关于引导和鼓励高校毕业生到城乡社区就业创业的通知》。

7月21日，人社部组织建设的全国性一站式就业服务平台——“就业在线”正式上线运营，助力后疫情时代精准就业，激发经济新活力。

7月22日，李克强主持召开国务院常务会议，部署加强以人为核心的新型城镇化建设，补短板扩内需提升群众生活品质，确定支持多渠道灵活就业的措施，促进增加居民就业和收入。

7月23日，国务院办公厅印发《关于提升大众创业万众创新示范基地带动作用进一步促改革稳就业强动能的实施意见》。

7月28日，国务院办公厅印发《关于支持多渠道灵活就业的意见》。

8月24日，习近平总书记在中南海主持召开经济社会领域专家座谈会。

10月29日，党的十九届五中全会通过《中共中央关于制定国民经济和社会发展第十四个五年规划和二〇三五年远景目标的建议》。

2021年

1月14日，人社部、工信部、民政部、交通运输部、国务院扶贫办、全国总工会、全国妇联联合印发《关于开展“迎新春送温暖、稳岗留工”专项行动的通知》。

1月21日，李克强主持召开的座谈会，听取专家学者和企业界人士对《政府工作报告》《“十四五”规划和二〇三五年远景目标纲要（草案）》两个征求意见稿的意见建议。

1月27日，国务院农民工工作领导小组和根治拖欠农民工工资工作领导小组全体会议召开，强调抓好农民工就业创业和保障工资支付工作，切实加强权益维护和服务保障，更好服务于经济社会发展大局。

2月3日，李克强主持召开国务院常务会议，听取区域全面经济伙伴关系协定生效实施国内相关工作汇报，要求以深化改革开放促进产业升级，部署完善企业特别是中小微企业退出相关政策，提升市场主体活跃度。

2月23日，国务院就业工作领导小组全体会议在北京召开。

3月5日，在十三届全国人大五次会议上，李克强在《政府工作报告》中总结过去一年统筹推进疫情防控和经济社会发展情况，围绕市场主体的急需制定和实施宏观政策，稳住了经济基本盘，优先稳就业保民生，人民生活得到切实保障，并对今后就业工作做出重要部署和安排。

3月10日，人社部印发《关于做好2021年全国高校毕业生就业创业工作的通知》。

3月15日，李克强主持召开国务院常务会议，确定《政府工作报告》重点任务分工，要求抓紧已确定的政策落实，加快把扩大范围后的财政直达资金落实到基层，突出用于保就业保民生保市场主体，抓实抓细针对小微企业的减税降费政策特别是新的结构性减税举措落地。财政、金融等政策都要围绕增加就业协同发力；加强高校毕业生、退役军人、农民工等重点群体就业促进和服务；发挥劳动力、人才、零工“三个市场”作用，拓宽就业渠道。

3月19日，国务院印发《关于落实〈政府工作报告〉重点工作分工的意见》，要求着力稳定现有岗位，对不裁员少裁员的企业，继续给予必要的财税、金融等政策支持。

5月4日，人社部、国家发改委、财政部、农业农村部、国家乡村振兴局联合印发《关于切实加强就业帮扶巩固拓展脱贫攻坚成果助力乡村振兴的指导意见》。

5月12日，李克强主持召开国务院常务会议，决定将部分减负稳岗扩就业政策期限延长到年底，确定进一步支持灵活就业的措施。

5月20日，人社部、国家发改委、教育部、财政部、中央军委国防动员部联合印发《关于延续实施部分减负稳岗扩就业政策措施的通知》。

6月9日，李克强主持召开国务院常务会议，部署推进实施《"十四五"规划纲要》确定的重大工程项目。

6月22日，李克强主持召开国务院常务会议，部署"十四五"时期纵深推进大众创业万众创新，更大激发市场活力促发展扩就业惠民生。

7月7日，李克强主持召开国务院常务会议，指出维护好新就业形态劳动者劳动保障权益，有利于促进灵活就业、增加就业岗位和群众收入，并确定加强新就业形态劳动者权益保障的若干政策措施。

7月8日，国务院印发《关于印发"十四五"残疾人保障和发展规划的通知》，要求多渠道、多形式促进残疾人就业创业。

7月16日，人社部、国家发改委、交通运输部、应急部、市场监管总局、国家医保局、最高人民法院、全国总工会共同印发《关于维护新就业形态劳动者劳动保障权益的指导意见》，明确平台企业对劳动者权益保障应承担相应责任。

8月16日，李克强主持召开国务院常务会议，审议通过《"十四五"

就业促进规划》，全面强化就业优先政策，推动就业扩容提质。

8 月 18 日，国务院新闻办公室举行国务院政策例行吹风会，人社部副部长游钧介绍《关于维护新就业形态劳动者劳动保障权益的指导意见》的情况，该文件从四方面加强新就业形态劳动者权益保障：一是明确了劳动者权益保护责任，二是健全了劳动者权益保障制度，三是优化了劳动者权益保障服务，四是完善了劳动者权益保障工作机制。

8 月 23 日，国务院印发《“十四五”就业促进规划》。对“十四五”的就业工作做出了规划部署安排，提出了政策措施和工作要求。

8 月 24 日，人社部、国家发改委等 20 部门印发《关于劳务品牌建设的指导意见》，指出“十四五”期间，要推动劳务品牌带动就业创业。

9 月 12 日，人社部、国家发改委、民政部、财政部印发《关于实施提升就业服务质量工程的通知》。

10 月 19 日，李克强出席全国大众创业万众创新活动周启动仪式，强调推动双创不断迈上新台阶，汇聚推动经济发展的澎湃力量。

10 月 27 日，李克强主持召开国务院常务会议，指出改革注册资本登记制度，有利于保障劳动创业权利，营造良好营商环境，创造更多就业机会。

12 月 8—10 日，中央经济工作会议在北京举行，提出继续做好“六稳”、“六保”工作，持续改善民生，保持社会大局稳定。

12 月 25—26 日，中央农村工作会议在北京召开，强调要巩固拓展好脱贫攻坚成果，加强产业和就业帮扶，确保不发生规模性返贫。

2022 年

1 月 19 日，国务院召开常务会议，决定延续实施部分到期的减税降费政策，支持企业纾困和发展。

2月8日，国家发改委等部门发出《关于深入实施创业带动就业示范行动 力促高校毕业生创业就业的通知》，提出力争2022年为高校毕业生提供200万个高质量就业机会，为全国做好创业带动就业工作做示范。

3月15日，人社部、国家发改委、财政部发出《关于做好2022年脱贫人口稳岗就业工作的通知》，明确脱贫人口（含防止返贫监测对象）务工规模不低于3000万人。

3月25日，国务院办公厅印发《促进残疾人就业三年行动方案（2022—2024年）》。

5月5日，国务院办公厅发出《关于进一步做好高校毕业生等青年就业创业工作的通知》。

11月9日，人社部等八部门发出《关于实施重点群体创业推进行动的通知》。

11月18日，人社部、国家发改委、财政部、农业农村部、国家乡村振兴局印发《关于进一步支持农民工就业创业的实施意见》。

12月6日，人社部办公厅发出《关于持续发力深入推进就业再攻坚活动的通知》。

图书在版编目（CIP）数据

就业体制改革 / 莫荣主编. — 北京：中国工人出版社，2024.1

ISBN 978-7-5008-8352-4

Ⅰ. ①就… Ⅱ. ①莫… Ⅲ. ①劳动就业–体制改革–研究–中国 Ⅳ. ①F249.214

中国国家版本馆CIP数据核字（2024）第005911号

就业体制改革

出 版 人	董　宽
责任编辑	王晨轩　李滢洁
责任校对	张　彦
责任印制	栾征宇
出版发行	中国工人出版社
地　　址	北京市东城区鼓楼外大街 45 号　邮编：100120
网　　址	http://www.wp-china.com
电　　话	（010）62005043（总编室） （010）62005039（印制管理中心） （010）62382916（工会与劳动关系分社）
发行热线	（010）82029051　62383056
经　　销	各地书店
印　　刷	北京印刷集团有限责任公司
开　　本	710 毫米 × 1000 毫米　1/16
印　　张	47.75
字　　数	560 千字
版　　次	2024 年 6 月第 1 版　2024 年 6 月第 1 次印刷
定　　价	138.00 元